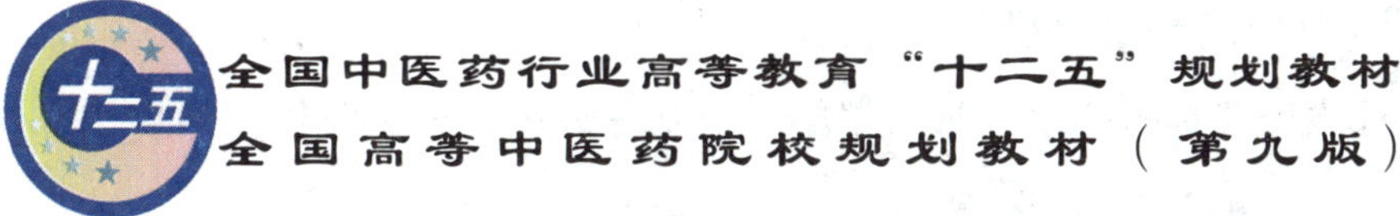

大学语文

（供中医药院校各专业用）

主　编　黄作阵（北京中医药大学）

副主编　（以姓氏笔画为序）

邢永革（天津中医药大学）

何　敏（南京中医药大学）

陈　弘（湖南科技学院）

邰晓芹（安徽中医学院）

贾成祥（河南中医学院）

崔　为（长春中医药大学）

中国中医药出版社

·北　京·

图书在版编目（CIP）数据

大学语文/黄作阵主编．—北京：中国中医药出版社，2012.7（2015.12 重印）
全国中医药行业高等教育“十二五”规划教材
ISBN 978-7-5132-0913-7

Ⅰ.①大… Ⅱ.①黄… Ⅲ.①大学语文课-医学院校-教材 Ⅳ.①H19

中国版本图书馆 CIP 数据核字（2012）第 108417 号

中国中医药出版社出版
北京市朝阳区北三环东路28号易亨大厦16层
邮政编码 100013
传真 010 64405750
北京市卫顺印刷厂印刷
各地新华书店经销
*
开本 787×1092 1/16 印张 25.5 字数 567 千字
2012年7月第1版 2015年12月第2次印刷
书 号 ISBN 978-7-5132-0913-7
*
定价 34.00 元
网址 www.cptcm.com

如有印装质量问题请与本社出版部调换
版权专有 侵权必究

社长热线 010 64405720
购书热线 010 64065415 010 64065413
书店网址 csln.net/qksd/
新浪官方微博 http://e.weibo.com/cptcm

全国中医药行业高等教育“十二五”规划教材
全国高等中医药院校规划教材（第九版）
专家指导委员会

名誉主任委员 王国强（国家卫生和计划生育委员会副主任
国家中医药管理局局长）

邓铁涛（广州中医药大学教授　国医大师）

主任委员 王志勇（国家中医药管理局副局长）

副主任委员 王永炎（中国中医科学院名誉院长　教授　中国工程院院士）

张伯礼（中国中医科学院院长　天津中医药大学校长　教授
中国工程院院士）

洪　净（国家中医药管理局人事教育司巡视员）

委员（以姓氏笔画为序）

王　华（湖北中医药大学校长　教授）

王　键（安徽中医药大学校长　教授）

王之虹（长春中医药大学校长　教授）

王国辰（国家中医药管理局教材办公室主任
全国中医药高等教育学会教材建设研究会秘书长
中国中医药出版社社长）

王省良（广州中医药大学校长　教授）

车念聪（首都医科大学中医药学院院长　教授）

孔祥骊（河北中医学院院长　教授）

石学敏（天津中医药大学教授　中国工程院院士）

匡海学（黑龙江中医药大学校长　教授）

刘振民（全国中医药高等教育学会顾问　北京中医药大学教授）

孙秋华（浙江中医药大学党委书记　教授）

严世芸（上海中医药大学教授）

杨　柱（贵阳中医学院院长　教授）

杨关林（辽宁中医药大学校长　教授）

李大鹏（中国工程院院士）

李亚宁（国家中医药管理局中医师资格认证中心）

李玛琳（云南中医学院院长　教授）

李连达（中国中医科学院研究员　中国工程院院士）
李金田（甘肃中医学院院长　教授）
吴以岭（中国工程院院士）
吴咸中（天津中西医结合医院主任医师　中国工程院院士）
吴勉华（南京中医药大学校长　教授）
肖培根（中国医学科学院研究员　中国工程院院士）
陈可冀（中国中医科学院研究员　中国科学院院士）
陈立典（福建中医药大学校长　教授）
陈明人（江西中医药大学校长　教授）
范永升（浙江中医药大学校长　教授）
欧阳兵（山东中医药大学校长　教授）
周　然（山西中医学院院长　教授）
周永学（陕西中医学院院长　教授）
周仲瑛（南京中医药大学教授　国医大师）
郑玉玲（河南中医学院院长　教授）
胡之壁（上海中医药大学教授　中国工程院院士）
耿　直（新疆医科大学副校长　教授）
徐安龙（北京中医药大学校长　教授）
唐　农（广西中医药大学校长　教授）
梁繁荣（成都中医药大学校长　教授）
程莘农（中国中医科学院研究员　中国工程院院士）
谢建群（上海中医药大学常务副校长　教授）
路志正（中国中医科学院研究员　国医大师）
廖端芳（湖南中医药大学校长　教授）
颜德馨（上海铁路医院主任医师　国医大师）

秘书长　王　键（安徽中医药大学校长　教授）
洪　净（国家中医药管理局人事教育司巡视员）
王国辰（国家中医药管理局教材办公室主任
全国中医药高等教育学会教材建设研究会秘书长
中国中医药出版社社长）

办公室主任　周　杰（国家中医药管理局科技司　副司长）
林超岱（国家中医药管理局教材办公室副主任
中国中医药出版社副社长）
李秀明（中国中医药出版社副社长）

办公室副主任　王淑珍（全国中医药高等教育学会教材建设研究会副秘书长
中国中医药出版社教材编辑部主任）

全国中医药行业高等教育“十二五”规划教材
全国高等中医药院校规划教材（第九版）

《大学语文》编委会

主　编　黄作阵（北京中医药大学）

副主编　（以姓氏笔画为序）

邢永革（天津中医药大学）
何　敏（南京中医药大学）
陈　弘（湖南科技学院）
郜晓芹（安徽中医学院）
贾成祥（河南中医学院）
崔　为（长春中医药大学）

编　委　（以姓氏笔画为序）

刘庆宇（上海中医药大学）
李　庆（成都中医药大学）
张　戬（北京中医药大学）
张宝文（首都医科大学）
陈晓林（广西中医药大学）
孟晓燕（北京中医药大学东方学院）
胡　真（湖北中医药大学）
赵桂新（黑龙江中医药大学）
赵鸿君（辽宁中医药大学）
殷平善（南方医科大学）
葛晓舒（湖南中医药大学）
蔡　群（山东中医药大学）
熊德梁（江西中医学院）
薛芳芸（山西中医学院）

前　言

“全国中医药行业高等教育‘十二五’规划教材”（以下简称：“十二五”行规教材）是为贯彻落实《国家中长期教育改革和发展规划纲要（2010—2020）》《教育部关于“十二五”普通高等教育本科教材建设的若干意见》和《中医药事业发展“十二五”规划》的精神，依据行业人才培养和需求，以及全国各高等中医药院校教育教学改革新发展，在国家中医药管理局人事教育司的主持下，由国家中医药管理局教材办公室、全国中医药高等教育学会教材建设研究会，采用“政府指导，学会主办，院校联办，出版社协办”的运作机制，在总结历版中医药行业教材的成功经验，特别是新世纪全国高等中医药院校规划教材成功经验的基础上，统一规划、统一设计、全国公开招标、专家委员会严格遴选主编、各院校专家积极参与编写的行业规划教材。鉴于由中医药行业主管部门主持编写的“全国高等中医药院校教材”（六版以前称“统编教材”），进入2000年后，已陆续出版第七版、第八版行规教材，故本套“十二五”行规教材为第九版。

本套教材坚持以育人为本，重视发挥教材在人才培养中的基础性作用，充分展现我国中医药教育、医疗、保健、科研、产业、文化等方面取得的新成就，力争成为符合教育规律和中医药人才成长规律，并具有科学性、先进性、适用性的优秀教材。

本套教材具有以下主要特色：

1. 坚持采用“政府指导，学会主办，院校联办，出版社协办”的运作机制

2001年，在规划全国中医药行业高等教育“十五”规划教材时，国家中医药管理局制定了“政府指导，学会主办，院校联办，出版社协办”的运作机制。经过两版教材的实践，证明该运作机制科学、合理、高效，符合新时期教育部关于高等教育教材建设的精神，是适应新形势下高水平中医药人才培养的教材建设机制，能够有效解决中医药事业人才培养日益紧迫的需求。因此，本套教材坚持采用这个运作机制。

2. 整体规划，优化结构，强化特色

“‘十二五’行规教材”，对高等中医药院校3个层次（研究生、七年制、五年制）、多个专业（全覆盖目前各中医药院校所设置专业）的必修课程进行了全面规划。在数量上较“十五”（第七版）、“十一五”（第八版）明显增加，专业门类齐全，能满足各院校教学需求。特别是在“十五”“十一五”优秀教材基础上，进一步优化教材结构，强化特色，重点建设主干基础课程、专业核心课程，增加实验实践类教材，推出部分数字化教材。

3. 公开招标，专家评议，健全主编遴选制度

本套教材坚持公开招标、公平竞争、公正遴选主编的原则。国家中医药管理局教材办公室和全国中医药高等教育学会教材建设研究会，制订了主编遴选评分标准，排除各种可能影响公正的因素。经过专家评审委员会严格评议，遴选出一批教学名师、教学一线资深教师担任主编。实行主编负责制，强化主编在教材中的责任感和使命感，为教材质量提供保证。

4. 进一步发挥高等中医药院校在教材建设中的主体作用

各高等中医药院校既是教材编写的主体，又是教材的主要使用单位。“‘十二五’行规教材”，得到各院校积极支持，教学名师、优秀学科带头人、一线优秀教师积极参加，凡被选中参编的教师都以高涨的热情、高度负责、严肃认真的态度完成了本套教材的编写任务。

5. 继续发挥教材在执业医师和职称考试中的标杆作用

我国实行中医、中西医结合执业医师资格考试认证准入制度，以及全国中医药行业职称考试制度。2004 年，国家中医药管理局组织全国专家，对“十五”（第七版）中医药行业规划教材，进行了严格的审议、评估和论证，认为“十五”行业规划教材，较历版教材的质量都有显著提高，与时俱进，故决定以此作为中医、中西医结合执业医师考试和职称考试的蓝本教材。“十五”（第七版）行规教材、“十一五”（第八版）行规教材，均在 2004 年以后的历年上述考试中发挥了权威标杆作用。“十二五”（第九版）行业规划教材，已经并继续在行业的各种考试中发挥标杆作用。

6. 分批进行，注重质量

为保证教材质量，“十二五”行规教材采取分批启动方式。第一批于 2011 年 4 月，启动了中医学、中药学、针灸推拿学、中西医临床医学、护理学、针刀医学 6 个本科专业 112 种规划教材，于 2012 年陆续出版，已全面进入各院校教学中。2013 年 11 月，启动了第二批“‘十二五’行规教材”，包括：研究生教材、中医学专业骨伤方向教材（七年制、五年制共用）、卫生事业管理类专业教材、中西医临床医学专业基础类教材、非计算机专业用计算机教材，共 64 种。

7. 锤炼精品，改革创新

“‘十二五’行规教材”着力提高教材质量，锤炼精品，在继承与发扬、传统与现代、理论与实践的结合上体现了中医药教材的特色；学科定位更准确，理论阐述更系统，概念表述更为规范，结构设计更为合理；教材的科学性、继承性、先进性、启发性、教学适应性较前八版有不同程度提高。同时紧密结合学科专业发展和教育教学改革，更新内容，丰富形式，不断完善，将各学科的新知识、新技术、新成果写入教材，形成“十二五”期间反映时代特点、与时俱进的教材体系，确保优质教材进课堂。为提高中医药高等教育教学质量和人才培养质量提供有力保障。同时，“十二五”行规教材还特别注重教材内容在传授知识的同时，传授获取知识和创造知识的方法。

综上所述，“十二五”行规教材由国家中医药管理局宏观指导，全国中医药高等教育学会教材建设研究会倾力主办，全国各高等中医药院校高水平专家联合编写，中国中医药出版社积极协办，整个运作机制协调有序，环环紧扣，为整套教材质量的提高提供了保障，打造“十二五”期间全国高等中医药教育的主流教材，使其成为提高中医药高等教育教学质量和人才培养质量最权威的教材体系。

“十二五”行规教材在继承的基础上进行了改革和创新，但在探索的过程中，难免有不足之处，敬请各教学单位、教学人员及广大学生在使用中发现问题及时提出，以便在重印或再版时予以修正，使教材质量不断提升。

国家中医药管理局教材办公室
全国中医药高等教育学会教材建设研究会
中国中医药出版社
2014 年 12 月

编写说明

大学语文在全国高等院校开课已30多年，开课的主要院校是理工类，开设的目的主要是进一步提高大学生的语文水平。但随着课程教学和研究的深入，对大学语文的定性定位逐渐出现了差异：有把大学语文定性为工具课的，即把大学语文当作提高大学生语文读写能力的工具；有把大学语文定性为素质课的，即认为大学语文是全面提高大学生人文素质、增进文化修养的课程；也有简单地把大学语文当作文学修养课程的。而教材编写更是各有定位，各有千秋。

中医药院校全面开设大学语文课程较晚。由于各中医药院校对大学语文课程的定性定位、学时学分、教学目的、教学方式认识不同，因而选用教材也就五花八门，这给本门课程的开设质量造成一定影响。这次国家中医药管理局组织编写中医药行业“十二五”规划教材，是大家互相交流、互相切磋、达成共识的一次良机。本着这样的宗旨，我们邀请了19所中医药院校的大学语文教师参加本教材的编写工作，经过多次交流讨论，大家一致认为：中医药院校的大学语文课程开设及教材编写应该与其他高等院校的大学语文既有区别又有联系；既有相同之处，更应该突出自己的特色。

一、大学语文课程的定性、定位、目的任务

1. 性质：中医药院校的大学语文是中医药院校大学生的语文工具课、文学修养课、人文素质课。大学语文首先是大学生的语文工具课。汉语是全球华人的母语，是华夏民族的心理纽带、精神家园、文化根基。但20多年来，伴随着“英语热”的不断升级，学生的母语水平却在整体下降，这种现象不能不令人担忧。因此，大学语文要责无旁贷地承担起母语教育的重任，要通过本课程提升大学生汉语言文字应用能力。

其次，大学语文应该是一门文学修养课。语文课的开设从小学到中学，已经给学生打下了一定的基础；如果大学语文仅仅是中学语文的重复，势必降低学生的学习兴趣，影响课程效果。因此，大学语文应该从更高层次上培养学生阅读文学名篇的能力，提升学生的审美情趣和修养。

大学语文更应该是大学生的人文素质课。通常说来，大学生素质主要包括思想道德素质、文化素质、专业素质、身体心理素质几个方面。所谓人文素质，是指人们在人文方面所具有的综合品质或达到的发展程度。现代的“人文主义”，在很大程度上是作为“科学主义”、“金钱拜物教”的对立面而出现的。它相对于“科学主义”，强调的是关注人的生命、价值和意义的人本主义；相对于“工具理性”或“技术理性”，强调的是价值理性和目的理性；相对于实用主义，强调的是注重人的精神追求的理想主义或浪漫主义。“科学”、“实用”与“人文”、“理想”是人类生存和发展不可或缺的两个价值向度。中医药院校开设的大学语文，应该特别强调其提高人文素质的功能。医乃仁术，医乃人学。作为医学生，除了要了解人的生理、病理、解剖这些知识外，还要特别了解人与一般动物的区别，了解人之为人的社会、心理、情感、文化因素，从而建立起对于病人的人文关怀。只有这样，才能成为一名合格的医生。因此，我们认为，作为中医药院校，培养大学生的人文素质，其意义尤其重大。总之，大学语文课程应该具有工具性、文学性、人文性和审美性。

2. 定位：大学语文课程是中医药院校的通识课程，而不是专业课、专业基础课。因此本课程应该帮助中医药院校大学生提高语言文学修养，提升审美情趣，奠定人文根基，培养大学生的综合素质。

3. 目的任务：大学语文课程旨在通过古今中外经典作品的阅读、欣赏、熏陶，进一步提升大学生的汉语言文字应用能力，即语言文字的表达、交流与沟通能力；提高大学生的文学修养，即提高大学生对文学作品的鉴赏能力和审美情趣；增强大学生的人文素质，即帮助大学生树立“以人为本”、“人文关怀”的理念；培养大学生健康健全的高尚人格，即树立积极正确的人生观、价值观。

二、本教材主要内容

上编文选部分：第一单元为诸子散文，选取了儒道两家经典名篇，旨在让学生从源头上把握中国传统文化的思想精髓，了解中医理论形成之源。第二单元为历史散文，选取了经典史传散文中的名篇，旨在让学生了解历史散文的特点，欣赏史传文学的风采。第三单元为现当代散文，选取了现当代优秀散文名篇，旨在让学生了解白话文的散文写作风采。第四单元为议论文，选取了古今中外的优秀议论文，旨在让学生了解议论文的特点，学会阐述某项主张的表达方式，培养缜密的逻辑思维能力。第五单元为诗词曲赋骈文，选取了历代有代表性的诗词曲赋骈文作品，旨在让学生了解韵文及骈文的写作特点，提高韵文及骈文的赏析能力。第六单元为小说，选取了不同时代的小说，旨在让学生了解小说的文体特点，培养学生对小说这种文体的赏析能力。第七单元为书序游记，选取了历代优秀书序游记作品，旨在帮助学生了解书序游记的写作特点，提高这类作品的欣赏能力。第八单元为祭文碑铭家书演说，选取了历代优秀祭文碑铭家书演说作品，旨在帮助学生拓展对各类文体的认识，开阔阅读视野。第九单元为医药小品文，选取了与医学有关的、趣味性较强的医药小品文，旨在让学生在进入大学之始，在轻松自然之中了解中医知识，培养对中医药学的兴趣。

下编通论部分：第一章中国文学史概述，旨在让学生了解中国文学史发展的脉络，将所选文学作品放在文学发展史的大背景中进行考察。第二章诗词曲格律常识，旨在帮助学生了解韵文的写作要求，欣赏韵文的神韵风采。第三章中国古代文论史概述及作品选读，旨在帮助学生了解中国文学理论发展的渊源与各个流派的文学主张，更好地欣赏与理解不同时期、不同风格的文学作品。第四章儒、道、佛与中医学，旨在帮助学生了解中国传统文化核心思想儒、道、佛与中医学的关系，从而更好地了解中医学发展的渊源与理论基础。第五章古代文化常识，旨在帮助学生了解传统文化常识，为阅读文选打下一定基础。

三、本教材主要特色

1. 以古文为主。古今中外文学作品皆有所选，但以古文为主；因为中医药院校学生主要学习的是传统文化，古文的阅读欣赏对学习中医药学更有帮助。

2. 以文学作品为主。本门课程着眼于提高学生的审美情趣，所以所选文章都是古今中外文学名作，具有浓郁的文学性。

3. 重视源文化。《周易》、《老子》、《论语》、《礼记》等篇章是中国古代经典著作，是中国文化思想之源，是中医理论之源，语言精炼，寓意深远，学生学习这些经典，不仅可以更好地了解中医学的理论渊源，而且也能感受到经典的语言文化魅力，所以本教材将其列为第一单元。

4. 重视人文性。要培养学生的高尚情操，使学生树立正确的世界观、价值观、人生观，树立起人文关怀的理念，关键在于让学生掌握人类先进的思想成果，因此我们选择文章时，十分重视文章思想的先进性，所选篇目既有中国儒道思想的精华，如《周易》、《老子》、《论语》等，也包括带有现代普世价值观的作品，如爱因斯坦的《我的世界观》、马丁·路德·金的《我有一个梦想》、富兰克林·罗斯福的《在宾夕法尼亚大学的演说》、陈寅恪的《清华大学王观堂先生纪念碑铭》、胡适的《容忍与自由》等，他们代表了人们对民主、自由、平等的思考、向往和追求。

5. 重视审美性、趣味性。提高学生人文素质虽然是本课程目的之一，但不是通过说教，而是通过美文、趣文的感染熏陶。因此选文除优美外，还十分注重趣味性。在“延伸阅读”部分，就选择了不少与课文内容相关的趣闻轶事。

6. 重视年轻性。本教材是编给年轻人看的，所以选文除了活泼，还特别强调给青年人以学习、生活的引导。如《读书的艺术》、《我学国文的经验》、《论快乐》、《赠与今年的大学毕业生》等，对年轻人的学习、生活很有启发。

7. 重视导读性。古今中外优秀文学作品浩如烟海，不可能悉数收入，因此本教材除在“导读”部分尽可能对有关作家作品进行介绍外，还特别设计了“延伸阅读”、“推荐书目”，以便让学生以此为线索，广泛阅读，了解相关作品及知识。

8. 重视与中医药结合。本教材文选有不少是与中医药有关的文章。这些文章既涉及中医药知识，也有一定的趣味性，可以让学生在阅读中感受中医药文化的魅力，热爱中医药事业。

9. 重视感性认识与理性认识的结合。本教材文选部分选择文章60余篇，重在培养学生对文学作品的感性认识；通论各章通过对文学史、古代文论史的概述，可以使学生更好地了解与把握文学发展脉络，了解各种文体特点，更好地领会文学作品的思想内涵；对诗词曲格律知识的介绍目的在于提高学生对诗词的鉴赏水平；对儒、道、佛与中医学的关系、古代文化常识的介绍，目的在于拓展学生的视野，深化对传统文化的认识。

10. 重视学与思的结合。教材课文后面都设计有“思考题”，除便于学生理解文章外，更在于让学生学会思考，充分发挥学生在学习上的主观能动性。

本教材由20所中医药院校大学语文教师集体编写而成，主编负责全面统稿审核，副主编负责各单元组稿审核。各单元负责人及编写教师是（排名第一的为单元负责人，后面为编写者，编写者按姓氏笔画排序）：上编诸子散文、医药小品文黄作阵、韩燕，历史散文邢永革，现当代散文陈弘、黄作阵、熊德梁，议论文赵桂新、蔡群，诗词曲赋骈文崔为、张戬、孟晓燕、胡真、郜晓芹，小说陈弘、李庆、陈晓林、赵鸿君，书序游记郜晓芹、薛芳芸，祭文碑铭家书演说贾成祥、刘庆宇、张宝文，下编通论何敏、张戬、殷平善、黄作阵、葛晓舒。学术秘书张戬老师做了大量协助工作。中国中医药出版社本书责任编辑韩燕老师为本书筹划、编写、校勘作了大量工作，在此一并致谢！

《大学语文》编委会

2012年6月

目　录

上编　文选

下编　通论

上编 文选

第一单元 诸子散文

《周易》五则

（一）天尊地卑

天尊地卑，乾坤定矣[1]。卑高以陈[2]，贵贱位矣[3]。动静有常，刚柔断矣[4]。方以类聚[5]，物以群分，吉凶生矣。在天成象，在地成形，变化见矣[6]。是故刚柔相摩[7]，八卦相荡[8]。鼓之以雷霆，润之以风雨；日月运行，一寒一暑。乾道成男，坤道成女。乾知大始[9]，坤作成物。乾以易知[10]，坤以简能；易则易知，简则易从；易知则有亲，易从则有功；有亲则可久，有功则可大；可久则贤人之德，可大则贤人之业。易、简，而天下之理得矣；天下之理得，而成位乎其中矣[11]。（《系辞上》第一章）

[1]乾坤：乾卦和坤卦。

[2]以陈：已经陈列。以，通“已”。

[3]贵贱位矣：天贵地贱的地位就确立了。位，确定地位。

[4]断：分。

[5]方：高亨《周易大传今注》认为是“人”字之误。

[6]见：同“现”，显现。

[7]摩：摩擦。

[8]荡：激荡。

太极八卦图

[9]知：主。　大始：即太始，指最初创始。

[10]易：平易。

[11]成位：确定位次。

（二）圣人设卦观象

圣人设卦观象，系辞焉而明吉凶[1]，刚柔相推而生变化[2]。是故吉凶者，失得之象也[3]。悔吝者[4]，忧虞之象也[5]。变化者，进退之象也。刚柔者，昼夜之象也。六爻之动，三极之道也[6]。是故君子所居而安者，《易》之序也[7]。所乐而玩者[8]，爻之辞也。是故君子居则观其象而玩其辞，动则观其变而玩其占。是以自天佑之，吉无不利。（《系辞上》第二章）

[1]系辞：系辞于卦下、爻下。

[2]推：推移。

[3]失得：失误与得当。

[4]悔吝：小灾小祸。

[5]忧虞：忧愁思虑。

[6]三极：天、地、人三才。

[7]序：次序。序，一作“象”。

[8]玩：揣摩。

（三）《易》与天地准

《易》与天地准[1]，故能弥纶天地之道[2]。仰以观于天文，俯以察于地理，是故知幽明之故[3]；原始反终[4]，故知死生之说；精气为物[5]，游魂为变[6]，是故知鬼神之情状。与天地相似，故不违；知周乎万物而道济天下[7]，故不过[8]；旁行而不流[9]，乐天知命，故不忧；安土敦乎仁[10]，故能爱。范围天地之化而不过[11]，曲成万物而不遗[12]，通乎昼夜之道而知，故神无方而《易》无体[13]。（《系辞上》第四章）

[1]准：等同。

[2]弥纶：包罗。

[3]幽明：指幽隐无形和显明有形。　故：事理。

[4]原始反终：推求事物的起源和终结。原，推原。反，反求。

[5]精气为物：阴阳精灵之气聚积而成为物质。

[6]游魂为变：精气游散则成为各种变化。游魂，游散的精气。

[7]知：同“智”。

[8]过：差错。

[9]旁行而不流：广泛实行而没有弊端。旁，广泛。流，流弊。

[10]安土敦乎仁：安于所处的环境，敦厚而爱人。

[11]范围：犹言包括。

[12]曲成：曲尽成就。　遗：遗漏。

[13]神：指道的神妙变化。　无方：没有定所。　无体：无定体。

（四）一阴一阳之谓道

一阴一阳之谓道。继之者善也[1]，成之者性也[2]。仁者见之谓之仁，知者见之谓之知[3]，百姓日用而不知，故君子之道鲜矣。显诸仁，藏诸用[4]，鼓万物而不与圣人同忧[5]，盛德大业至矣哉。富有之谓大业，日新之谓盛德。生生之谓易[6]，成象之谓乾[7]，效法之谓坤[8]，极数知来之谓占[9]，通变之谓事，阴阳不测之谓神。（《系辞上》第五章）

[1]继之者善也：谓承继阴阳之道乃为善行。

[2]成之者性也：谓成就阴阳之道乃为人之天性。

[3]知：同“智”。

[4]“显诸仁”二句：谓天地之道显现于仁德，而潜藏于日用。

[5]鼓万物而不与圣人同忧：谓鼓动化育万物而不同于圣人的忧患之心。

[6]生生：生而又生，谓繁衍不绝。

[7]成象之谓乾：乾卦乃效法天道（健运）而成。

[8]效法之谓坤：坤卦乃效法地道（顺从）而成。

[9]极数：穷尽蓍策之数。极，尽。数，指《易》筮中的蓍策之数。

（五）《易》之为书也不可远

《易》之为书也不可远，为道也屡迁。变动不居[1]，周流六虚[2]，上下无常，刚柔相易，不可为典要[3]，唯变所适。其出入以度[4]，外内使知惧，又明于忧患与故[5]，无有师保[6]，如临父母[7]。（《系辞下》第八章）

[1]居：停止。

[2]六虚：六爻之位。

[3]典要：经常不变的准则、标准。

[4]出入：进退。　度：法度。

[5]故：事理。

[6]师保：古代负责教习贵族子弟的师长。

[7]如临父母：谓如同聆听父母教诲一样严肃。

【导读】

本文节选自《周易·系辞》，据中华书局影印清代阮元校刻《十三经注疏》1980 年版。《周易》分为经文和传文两部分，其中经文由六十四卦象、六十四卦名、六十四卦辞、三百八十四爻象、三百八十六爻辞组成，约成书于西周前期；传文由彖辞（上下）、象辞（上下）、系辞（上下）、文言、说卦、序卦、杂卦七种十篇构成，又称为《十翼》，约成书于战国时期。旧传伏羲画卦，文王作辞，孔子作传。经、传早期别行，西汉末及东汉开始合一。汉武帝时《周易》被称为《易经》，为儒家经典之一。

本文所选均出自《系辞》。“系辞”是系在《周易》古经后面的文辞（即说解），为《十翼》之一，是《周易》的通论：追述《易》（此指经文部分，下同）之起源，推论《易》之作用，兼释卦义以补《彖》、《象》、《说卦》之不足，并言明占筮方法等。第一则阐明乾坤及八卦乃天地、贵贱、尊卑、刚柔、男女、吉凶对立变化之象；说明天道至简，地道至易，贤人的德业修养、事业光大在于遵循天地自然之道。第二则论述《易》之卦爻及其变化乃像宇宙事物之运动变化，卦爻辞乃告示人事之得失进退。故君子观象玩辞，趋吉避凶。第三则阐明《易》包括天地万物之理，说明君子深通《易》理，则能测鬼神，穷变化，乐天知命，爱人济物。第四则主要论述《易》道就是阴阳，其本性是阴阳相继、成就万物。君子要善于体察阴阳之道，知常达变，建立功业。第五则论述《易》之要义在于“变”，不可因循成法不知变通；更要知成败相因、祸福相倚，居安思危。

《周易》“经”的部分是占筮，“传”的部分则是哲学阐述。因此，《周易》一书既真实记录了上古中国人的生活，也反映了当时人们对于宇宙、自然、人生、吉凶、成败朴素辩证的思考，是上古中国人智慧的结晶。其对中医学阴阳学说、辨证理论的形成影响至大至深，故学习中医不可不知《周易》。

【研讨】

1. 谈谈你对占卜的看法。
2. 前人认为，“不知《易》，不足以言医”，谈谈你的看法。
3. 你认为《周易》的思想理论对今人还有什么样的指导价值？

【延展】

1. 延伸阅读

宾尝闻之孙真人曰：“不知《易》，不足以言太医。”每窃疑焉。以谓《易》之为书，在开物成务，知来藏往；而医之为道，则调元赞化，起死回生。其义似殊，其用似异。且以医有《内经》，何藉于《易》？舍近求远，奚必其然？而今也年逾不惑，茅塞稍开；学到知羞，方克渐悟。乃知天地之道，以阴阳二气而造化万物；人生之理，以阴阳二气而长养百骸。《易》者易也，具阴阳动静之妙；医者意也，合阴阳消长之机。虽阴阳已备于《内经》，而变化莫大于《周易》。故曰：天人一理者，一此阴阳也；医、《易》同原者，同此变化也。岂非医、《易》相通，理无二致，可以医而不知《易》乎？（明·张介宾《类经附翼》卷一《医易义》）

2. 推荐书目

（1）清·阮元校刻．十三经注疏．中华书局影印，1980.

（2）宋·朱熹．周易本义．中华书局，2009.

（3）高亨．周易大传今注．齐鲁书社，2009.
（4）黄寿祺，张善文．周易注译（修订本）．上海古籍出版社，2004.

《老子》六章

（一）道可道

老子

道可道[1]，非常道[2]；名可名，非常名。无名，天地之始；有名，万物之母。故常无欲，以观其妙；常有欲，以观其徼[3]。此两者同出而异名，同谓之玄。玄之又玄，众妙之门。（第一章）

[1]道：《老子》哲学的核心范畴，指宇宙的本源、世界的实质、自然的规律、社会的准则、人生的最高境界。

[2]常：永恒。

[3]徼（jiào）：边界。

（二）天下皆知美之为美

天下皆知美之为美，斯恶已[1]；皆知善之为善，斯不善已。故有无相生，难易相成，长短相形[2]，高下相倾[3]，音声相和[4]，前后相随。是以圣人处无为之事[5]，行不言之教[6]。万物作焉而不辞[7]，生而不有，为而不恃，功成而弗居[8]。夫唯不居[9]，是以不去。（第二章）

[1]恶：丑。　　已：通“矣”。

[2]相形：相互比较。

[3]相倾：相倾倚，相依靠。

[4]音声：音和声。声，指和声。一说，“音”指乐器的声音，“声”指人唱出的声音。和：应和。

[5]处无为之事：顺着自然来处理世事。无为，不妄为。

[6]行不言之教：施行不用言辞的教化。

[7]作：兴起。　　辞：用言词表白。

[8]居：占有。

[9]唯：因为。

（三）五色令人目盲

五色令人目盲，五音令人耳聋，五味令人口爽[1]，驰骋畋猎令人心发狂[2]，难得之货令人行妨[3]。是以圣人为腹不为目，故去彼取此。（第十二章）

[1]口爽：口舌失去辨味的能力。爽，差失。

[2]畋（tián）：打猎。

[3]行妨：行为受到损害。

（四）致虚极

致虚极，守静笃。万物并作，吾以观其复。夫物芸芸[1]，各复归其根。归根曰静，静曰复命[2]，复命曰常[3]，知常曰明。不知常，妄作凶。知常容[4]，容乃公[5]，公乃王[6]，王乃天[7]，天乃道，道乃久，没身不殆。（第十六章）

[1]芸芸：众多。

[2]复命：复归本性。

[3]常：恒。此指永恒的“道”。

[4]容：包容。

[5]公：公正。

[6]王（wàng）：称王。王，敦煌唐人写卷子本作“全”。

[7]天：合乎天德。用作动词。

（五）道生一

道生一[1]，一生二[2]，二生三[3]，三生万物。万物负阴而抱阳，冲气以为和[4]。人之所恶，唯孤寡不谷[5]，而王公以为称。故物或损之而益[6]，或益之而损。人之所教，我亦教之。强梁者不得其死[7]，吾将以为教父[8]。（第四十二章）

[1]一：指原始的混沌之气。

[2]二：指阴气和阳气。

[3]三：指阴气、阳气混合而变成的中和之气。

[4]冲：马王堆帛书甲本作“中”。

[5]孤寡不谷：均为古代帝王自称。

[6]损：减少。　　益：增加。

[7]强梁者：强横逞凶的人。　　不得其死：谓不得善终。

[8]教父：教育人的头一条。

（六）其安易持

其安易持，其未兆易谋，其脆易泮[1]，其微易散。为之于未有，治之于未乱。合抱之木[2]，生于毫末；九层之台，起于累土；千里之行，始于足下。为者败之，执者失之。是以圣人无为，故无败；无执，故无失。民之从事，常于几成而败之[3]；慎终如始，则无败事。是以圣人欲不欲，不贵难得之货；学不学，复众人之

所过[4]。以辅万物之自然，而不敢为。（第六十四章）

[1]脆：脆弱。　泮（pàn）：融解。

[2]合抱：两臂环抱。比喻树身粗大。

[3]几成：将要成功时。

[4]复众人之所过：从众人错误中返回正道。复，返回。

【导读】

本文选自《老子》，据王弼《老子注》，中华书局《诸子集成》（第三册）1985 年版。作者老子，春秋末期人，姓李，名耳，字聃。楚国苦县（今河南鹿邑县）人，曾为周“守藏室之史”（管藏书的史官）。孔子曾向他问礼，后退隐，著《老子》。为道家之祖。《老子》又称《道德经》，是道家的主要经典，在中国思想史上占有重要的地位。全书 81 章，5264 个字。

《老子》一书内容相当丰富，涉及哲学、政治、军事、文化、自然界和社会生活等许多方面，不少地方包含着丰富的朴素辩证法思想。该书以“道”为中心线索，阐明了关于宇宙的起源、世界存在的方式、事物发展的规律、人类社会的种种矛盾及解决方式等问题。全书文字洗炼，语言深邃，寓情于理，哲理性强，对偶排比，音韵铿锵，是一部哲学散文诗，具有独特的艺术风格和魅力。

第一则提出了“道”的范畴，说明无形的“道”是天地万物产生的根源。第二则指出美丑、善恶、有无、难易、长短、高下、音声、前后，各种矛盾都是相互依存的；圣人处无为之事，行不言之教，反而可以达到治世的目的。这一章充分体现了老子的辩证思想。第三则指出过度追求声色犬马、物质之欲，只会损害人们的身心健康，体现了老子一贯倡导的“恬淡寡欲”的思想。第四则指出万物的生生不息，循环往复，最终都会归于“虚静”；人们应该“致虚守静”，不要妄作。第五则前半部分讲的是老子的宇宙生成论，认为“道”是万物生成的总根源；后半部分讲了柔弱退守是处世的最高原则，是老子辩证思想的处世应用。第六则说明万事万物的发展必始于细小，人们做事必须防微杜渐，慎终如始。

【研讨】

1. 简述《老子》“道”的含义。

2. 谈谈《老子》的辩证思想。

3. 清·魏源在《老子本义·论老子》一文中说：“《老子》，救世书也。”你如何理解?

【延展】

1. 延伸阅读

老子者，楚苦县厉乡曲仁里人也。名耳，字聃，姓李氏。周守藏室之史也。孔子适周，将问礼于老子，老子曰：“子所言者，其人与骨皆已朽矣，独其言在耳。且君子得其时则驾，不得其时则蓬累而行。吾闻之：良贾深藏若虚；君子盛德，容貌若愚。去子之娇气与多欲，态色与淫志，是皆无益于子之身。吾所以告子，若是而已。”孔子去，谓弟子曰：“鸟，吾知其能飞；鱼，吾知其能游；兽，吾知其能走。走者可以为网，游者可以为纶，飞者可以为矰。至于龙，吾不能知其乘风云而上天。吾今日见老子，其犹龙耶?”老子修道德，其学以自隐无名为务。居周久之，见周之衰，乃遂去。至关，关令尹喜曰：“子将隐矣，强为我著书。”于是老子乃著书上下篇，言道德之意，五千余言而去，莫知所终。或曰：老莱子亦楚人也。著书十五篇，言道家之用，与孔子同时云。盖老子百有六十余岁。或言二百余岁，以其修道而养寿也。(选自《史记》卷六十三《老子韩非列传》)

2. 推荐书目

(1) 朱谦之．老子校释（新编诸子集成）．中华书局，1984.

(2) 高明．帛书老子校注（新编诸子集成）．中华书局，1996.

(3) 诸子集成（第 3 册．魏·王弼．老子注，清·魏源．老子本义）．中华书局，2006.

(4) 陈鼓应．老子注译及评介（修订增补本）．中华书局，2009.

《论语》二十则

1. 子曰[1]：“学而时习之[2]，不亦说乎[3]？有朋自远方来[4]，不亦乐乎？人不知而不愠[5]，不亦君子乎[6]？”(《学而》第一)

孔夫子

[1]子：中国古代有地位、有学问的男子的尊称。有时也泛称男子。《论语》中“子曰”的“子”都指孔子。

[2]学：主要指学习西周的礼、乐、诗、书等传统文化典籍。　时习：时常温习、练习。

[3]说（yuè）：同“悦”。

[4]朋：旧注谓“同门曰朋”。这里指志同道合的人。

[5]人不知：别人不了解自己。　愠（yùn）：恼怒，怨恨。

[6]君子：品德高尚的人。

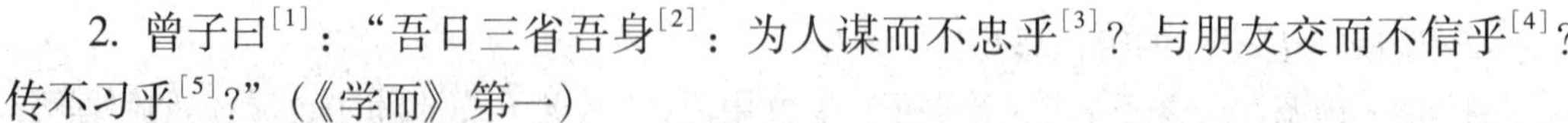

2. 曾子曰[1]：“吾日三省吾身[2]：为人谋而不忠乎[3]？与朋友交而不信乎[4]？传不习乎[5]？”(《学而》第一)

[1]曾子（前 505 – 前 435 年）：名参（shēn），字子舆，春秋末期鲁国人。曾参是孔子的得意门生，以孝出名，据说《孝经》就是他撰写的。

[2]三省（xǐng）：多次反省。省，检查。

[3]忠：对人尽心竭力。

[4]信：诚信。

[5]传：老师传授的知识。

3. 子曰："君子食无求饱，居无求安，敏于事而慎于言[1]，就有道而正焉[2]，可谓好学也已。"(《学而》第一)

[1]敏：勤勉。

[2]就：靠近。　　有道：指有道德的人。　　正：匡正。

4. 子贡曰[1]："贫而无谄，富而无骄，何如?"子曰："可也。未若贫而乐，富而好礼者也。"子贡曰："《诗》云：'如切如磋，如琢如磨[2]。'其斯之谓与?"子曰："赐也始可与言《诗》已矣！告诸往而知来者[3]。"(《学而》第一)

[1]子贡：孔子弟子。姓端木，名赐，字子贡。

[2]如切如磋，如琢如磨：像加工象牙和骨，切了还要磋；像加工玉石，琢了还要磨。意谓反复加工，才能成器。见《诗经·卫风·淇澳》。

[3]告诸往而知来者：意谓能够举一反三。

5. 子曰："道之以政[1]，齐之以刑[2]，民免而无耻[3]；道之以德，齐之以礼，有耻且格[4]。"(《为政》第二)

[1]道：同"导"，引导。

[2]齐：整治。

[3]免：避免，躲避。　　耻：羞耻之心。

[4]格：规矩。此谓遵守规矩。

6. 子曰："吾十有五而志于学[1]，三十而立[2]，四十而不惑，五十而知天命[3]，六十而耳顺[4]，七十而从心所欲[5]，不逾矩[6]。"(《为政》第二)

[1]有：通"又"。

[2]立：自立，学有所成。

[3]知天命：谓懂得顺应天命而为。天命，上天主宰的命运。

[4]耳顺：指对各种意见包括那些于己不利的意见也能正确对待。

[5]从心所欲：随心所欲。从，顺。

[6]逾矩：越过规矩。

7. 子曰："富与贵，是人之所欲也，不以其道得之[1]，不处也[2]；贫与贱，是人之所恶也，不以其道得之，不去也[3]。君子去仁，恶乎成名[4]？君子无终食之间违仁[5]，造次必于是[6]，颠沛必于是[7]。"(《里仁》第四)

[1]道：符合道德规范的途径。

[2]处：接受。

[3]去：摒弃。

[4]恶(wū)乎：怎么。　　成名：成就君子之名。

[5]终食之间：一顿饭的工夫。指时间短。

[6]造次：匆忙。

[7]颠沛：困顿挫折。

8. 子曰：“知之者不如好之者，好之者不如乐之者。”（《雍也》第六）

9. 子曰：“知者乐水[1]，仁者乐山；知者动，仁者静；知者乐，仁者寿。”（《雍也》第六）

[1]知：同“智”。后同。　乐（yào）：喜好。

10. 子贡曰：“如有博施于民而能济众，何如？可谓仁乎？”子曰：“何事于仁[1]？必也圣乎！尧舜其犹病诸[2]！夫仁者，己欲立而立人，己欲达而达人[3]。能近取譬[4]，可谓仁之方也已[5]。”（《雍也》第六）

[1]何事：犹何止。

[2]病：忧虑，担心。　诸：兼词，“之乎”的合音。

[3]“己欲立”二句：意谓要想自己站得住，也要帮助人家一同站得住；要想自己过得好，也要帮助人家一同过得好。达，顺利。立、达，使动用法。

[4]近取譬：谓拿身边的事打比方。

[5]方：方法。

11. 曾子曰：“士不可以不弘毅[1]，任重而道远。仁以为己任，不亦重乎？死而后已，不亦远乎？”（《泰伯》第八）

[1]弘毅：宽宏坚毅。谓抱负远大，意志坚强。

12. 子曰：“知者不惑，仁者不忧，勇者不惧。”（《子罕》第九）

13. 食不厌精，脍不厌细[1]。食饐而餲[2]，鱼馁而肉败[3]，不食。色恶，不食。臭恶[4]，不食。失饪[5]，不食。不时[6]，不食。割不正[7]，不食。不得其酱[8]，不食。肉虽多，不使胜食气[9]。唯酒无量，不及乱。沽酒市脯[10]，不食。不撤姜食，不多食。（《乡党》第十）

[1]脍（kuài）：细切的肉、鱼。

[2]饐（yì）：食物经久发臭。　餲（ài）：食物经久而变味。

[3]馁（něi）：鱼腐烂变质。这里指鱼不新鲜。　败：肉腐烂变质。这里指肉不新鲜。

[4]臭（xiù）：气味。

[5]失饪：烹调生熟失宜。

[6]不时：谓不合朝夕日中之食时。一说，指不是时令蔬菜。

[7]割不正：谓分解牲肉方法不对。

[8]不得其酱：谓鱼肉搭配之酱不合适。酱，肉酱、芥酱之类。

[9]不使胜食气（xì）：（肉）不超过主食。食气，食物。气，同“饩”。

[10]市脯：市场上买来的干肉。

14. 子曰：“君子和而不同[1]，小人同而不和。”（《子路》第十三）

[1]君子和而不同：君子讲求和谐而不同流合污。和（hé），协调。意谓把不同的东西和谐地配合，但彼此并不混同。同，混同。意谓把相同的东西相加或与人相混同。

15. 子贡问曰：“有一言而可以终生行之者乎[1]？”子曰：“其恕乎[2]！己所不欲，勿施于人。”（《卫灵公》第十五）

[1]一言：一个字。

[2]其：大概。

16. 孔子曰：“益者三友，损者三友。友直[1]，友谅[2]，友多闻[3]，益矣；友便辟[4]，友善柔[5]，友便佞[6]，损矣。”（《季氏》第十六）

[1]直：坦率正直。

[2]谅：诚信忠厚。

[3]多闻：广见博学。

[4]便辟（pián pì）：谄媚逢迎。辟，同“僻”，邪僻。

[5]善柔：阿谀奉承。

[6]便佞（pián nìng）：花言巧语，夸夸其谈。

17. 孔子曰：“益者三乐[1]，损者三乐。乐节礼乐[2]，乐道人之善，乐多贤友，益矣。乐骄乐[3]，乐佚游[4]，乐宴乐[5]，损矣。”（《季氏》第十六）

[1]乐（yào）：喜好。

[2]乐（yào）节礼乐（yuè）：谓喜欢用礼乐节制自己的行为。

[3]骄乐：恣情纵欲。

[4]佚游：放纵游荡。佚，通“逸”，放任。

[5]宴乐：宴饮作乐。

18. 孔子曰：“君子有三戒[1]：少之时，血气未定，戒之在色；及其壮也，血气方刚，戒之在斗；及其老也，血气既衰，戒之在得[2]。”（《季氏》第十六）

[1]戒：警戒。

[2]得：贪得。

19. 子张问仁于孔子。孔子曰：“能行五者于天下为仁矣。”请问之。曰：“恭、宽、信、敏、惠。恭则不侮，宽则得众，信则人任焉，敏则有功，惠则足以使人。”

（《阳货》第十七）

20. 子曰："不知命，无以为君子也。不知礼，无以立也。不知言，无以知人也。"（《尧曰》第二十）

【导读】

本文选自《论语》，据中华书局影印清代阮元校刻《十三经注疏》1980版。《论语》是一部记录孔子与弟子之间、孔子弟子之间以及弟子与再传弟子之间对话的问答体著作。孔子（公元前551－前479年），名丘，字仲尼，鲁国陬邑（今山东曲阜市东南）人，春秋末期中国的大思想家、政治家、教育家，儒家学派的创始人。孔子死后，他的弟子、门人编纂了《论语》并传于后世。

《论语》是儒家学派的代表作，其内容十分广泛，包括政治主张、哲学思想、品德修养、伦理道德和教育原则等多个方面，全书共有20篇。《论语》的核心思想是"仁"和"礼"。"仁"是孔子思想的精神内核，在具体的为人处世上，则表现为恭、宽、信、敏、智、勇、忠、恕、孝、悌等诸多内容。"礼"也是孔子在《论语》中提出的重要观念，是孔子一生的学问所在。孔子以"六艺"治世和教育学生，而"礼"则为六艺之道。孔子认为，"礼"是人们内在的真挚情感的外化，它的最高境界就是"仁"。孔子希望通过恢复"周礼"，来达到先王的"仁政"境界。孔子的立意，并不是一时的成败得失，而是社会的长治久安和百姓的幸福安定。正因为如此，他不向当时的统治者妥协，而是竭力推行自己的主张，"知其不可而为之"，体现了他济世救民的圣人心怀。可以说，孔子在《论语》中提出的思想，很多都是我们民族乃至全人类的"精神食粮"，具有不可磨灭的永恒价值。《论语》是语录体的著作，语言朴素，晓畅通俗，言简意赅，精警凝练，含蓄隽永，以及大量运用对比、排比等修辞手法，是其显著艺术特色。

本文所选二十则，内容十分丰富。有论仁的，如第七则、第十则、第十五则、第十九则等；有论礼的，如第二十则等；有论治国的，如第五则等；有论个人修养的，如第二则、第十一则、第十二则等；有论学习的，如第一则、第三则、第八则等；有论交友的，如第十五则等；有论养生的，如第九则、第十三则、第十八则等。《论语》认为，仁者爱人，推己及人；礼是有等级的相互尊重；治国要以德治；个人修养重在反躬自省，修身践行，要以治国、平天下为己任；学习要"乐之"、"说乎"；交友要谨慎；要知言、知天命。至于养生，主张"仁者无忧"，"戒色"，"戒斗"，"戒贪"，注重日常饮食起居。这些真知灼见，虽经千年而历久弥新，是中华民族宝贵的精神财富。

【研讨】

1. 杜甫说："天不生仲尼，万古如长夜。"你怎样理解？

2. 孔子的思想核心是什么？现在还有哪些价值？

【延展】

1. 延伸阅读

孔子生鲁昌平乡陬邑。其先宋人也，曰孔防叔。防叔生伯夏，伯夏生叔梁纥。纥与颜氏女野合而生孔子，祷于尼丘得孔子。鲁襄公二十二年而孔子生。生而首上圩顶，故因名曰丘云。字仲尼，姓孔氏……孔子贫且贱。及长，尝为季氏史，料量平；尝为司职吏而畜蕃息。由是为司空。已而去鲁，斥乎齐，逐乎宋、卫，困于陈蔡之间，于是反鲁。孔子长九尺有六寸，人皆谓之“长人”而异之。

……定公十四年，孔子年五十六，由大司寇行摄相事，有喜色。门人曰：“闻君子祸至不惧，福至不喜。”孔子曰：“有是言也。不曰‘乐其以贵下人’乎?”于是诛鲁大夫乱政者少正卯。与闻国政三月，粥羔豚者弗饰贾，男女行者别于涂，涂不拾遗，四方之客至乎邑者不求有司，皆予之以归。

……孔子之去鲁凡十四岁而反乎鲁……然鲁终不能用孔子，孔子亦不求仕。

……明岁，子路死于卫。孔子病，子贡请见。孔子方负杖逍遥于门，曰：“赐，汝来何其晚也?”孔子因叹，歌曰：“太山坏乎！梁柱摧乎！哲人萎乎！”因以涕下。谓子贡曰：“天下无道久矣，莫能宗予。夏人殡于东阶，周人于西阶，殷人两柱间。昨暮予梦坐奠两柱之间，予始殷人也。”后七日卒。孔子年七十三，以鲁哀公十六年四月己丑卒。

……太史公曰：诗有之：“高山仰止，景行行止。”虽不能至，然心向往之。余读孔氏书，想见其为人。适鲁，观仲尼庙堂车服礼器，诸生以时习礼其家，余祗回留之不能去云。天下君王至于贤人众矣，当时则荣，没则已焉。孔子布衣，传十余世，学者宗之。自天子王侯，中国言六艺者折中于夫子，可谓至圣矣！（选自《史记》卷四十七《孔子世家》）

2. 推荐书目

（1）清·阮元校刻．十三经注疏（论语注疏．魏·何晏集解，宋·邢昺疏）．中华书局影印，1980.

（2）宋·朱熹．四书集注．岳麓书社，2004.

（3）杨伯峻．论语译注．中华书局，2009.

（4）李零．丧家狗．山西人民出版社，2008.

《孟子》五则

（一）齐宣王见孟子于雪宫

孟子

齐宣王见孟子于雪宫[1]。王曰：“贤者亦有此乐乎?”孟子对曰：“有。人不得，则非其上矣[2]。不得而非其上者，非也；为民上而不与民同乐者，亦非也。乐民之乐者，民亦乐其乐；忧民之忧者，民亦忧其忧。乐以天下，忧以天下，然而不王者，未之有也。”（《梁惠王下》）

[1]齐宣王：田辟疆（? －公元前301年），战国时齐国国君，齐威王之子，妫姓，田氏齐国第五代国君，前319－前301年在位。　雪

宫：齐王的郊外别墅。故址在今山东省淄博市东北。其中有池、台、鸟、兽供人游览享受。

[2]非：指责。

（二）浩然之气

（公孙丑问曰）："敢问夫子恶乎长[1]？"

曰："我知言[2]，我善养吾浩然之气。"

"敢问何谓浩然之气？"

曰："难言也。其为气也，至大至刚，以直养而无害[3]，则塞于天地之间。其为气也，配义与道[4]；无是，馁也[5]。是集义所生者，非义袭而取之也[6]。行有不慊于心[7]，则馁矣。我故曰：告子未尝知义[8]，以其外之也[9]。必有事焉，而勿正[10]；心勿忘，勿助长也[11]。无若宋人然：宋人有闵其苗之不长而揠之者[12]，芒芒然归[13]，谓其人曰：'今日病矣[14]！予助苗长矣！'其子趋而往视之，苗则槁矣。天下之不助苗长者寡矣。以为无益而舍之者，不耘苗者也[15]；助之长者，揠苗者也，非徒无益，而又害之。"（《公孙丑上》）

[1]长：擅长。

[2]知言：理解别人的话。

[3]以直养而无害：用正义去培养它，而不用邪恶去伤害它。

[4]配义与道：与仁义道德相配合辅助。

[5]馁：衰弱。

[6]"是集义所生者"二句：意谓这种气是正义的日积月累所产生的，不是一时的投机巧取所能得到的。集，集合，积累。袭，偷袭，此谓投机取巧。

[7]慊（qiàn）：满足。

[8]告子：战国时期思想家，名不详，一说名不害，曾在孟子门下学习。赵岐在《孟子注》中说，告子"兼治儒墨之道"。

[9]外之：认为是心外之物。

[10]正：止。

[11]助长：用外力（违背规律地）帮助它成长。

[12]闵：忧。　　揠（yà）：拔。

[13]芒芒然：匆忙貌。芒，通"忙"。

[14]病：疲困。

[15]耘：除草。

（三）恻隐之心，人皆有之

孟子曰："人皆有不忍人之心[1]。先王有不忍人之心，斯有不忍人之政矣。以不忍人之心，行不忍人之政，治天下可运之掌上。所以谓人皆有不忍人之心者，今人乍见孺子将入于井[2]，皆有怵惕恻隐之心——非所以内交于孺子之父母也[3]，非所以要誉于乡党朋友也[4]，非恶其声而然也。由是观之，无恻隐之心，非人也；无羞恶之心，非人也；无辞让之心，非人也；无是非之心，非人也。恻隐之心，仁之端也[5]；羞恶之心，义之端也；辞让之心，礼之端也；是非之心，智之端也。人之有是四端也，犹其有四体也[6]。有是四端而自谓不能者，自贼者也[7]；谓其君不能者，贼其君者也。凡有四端于我者，知皆扩而充之矣，若火之始然[8]，泉之始达。苟能充之，足以保四海；苟不充之，不足以事父母。"（《公孙丑上》）

[1]忍：残忍。

[2]乍：忽然。　孺子：小孩。

[3]内交：纳交，结交。内，同"纳"。

[4]要（yāo）誉：猎取荣誉。　乡党：周制，五百家为党，一万二千五百家为乡。此指乡里。

[5]端：开始。

[6]四体：四肢。

[7]贼：戕害。

[8]然：同"燃"。

（四）天时不如地利

孟子曰："天时不如地利，地利不如人和。三里之城[1]，七里之郭[2]，环而攻之而不胜。夫环而攻之，必有得天时者矣；然而不胜者，是天时不如地利也。城非不高也，池非不深也，兵革非不坚利也，米粟非不多也；委而去之[3]，是地利不如人和也。故曰：域民不以封疆之界[4]，固国不以山溪之险，威天下不以兵革之利[5]。得道者多助，失道者寡助。寡助之至，亲戚畔之[6]；多助之至，天下顺之。以天下之所顺，攻亲戚之所畔，故君子有不战，战必胜矣。"（《公孙丑下》）

[1]城：内城。

[2]郭：外城。

[3]委：放弃。

[4]域民：限制人口流出。

[5]兵革：兵器和甲胄的总称。此泛指武器军备。

[6]畔：通"叛"。

（五）民贵君轻

孟子曰："民为贵，社稷次之[1]，君为轻。是故得乎丘民而为天子[2]，得乎天子为诸侯，得乎诸侯为大夫。诸侯危社稷，则变置[3]。牺牲既成[4]，粢盛既絜[5]，

祭祀以时，然而旱干水溢，则变置社稷。”（《尽心下》）

[1]社稷：社指土地神，稷指谷神。后代指国家。

[2]丘民：民众。

[3]变置：废旧立新。

[4]牺牲：祭祀用的猪牛羊之类。 成：肥壮。

[5]粢盛（zī chéng）：古代盛在祭器内以供祭祀的谷物。 絜：同“洁”，洁净。

【导读】

本文选自《孟子》，据中华书局影印清代阮元校刻《十三经注疏》1980年版。孟子（约公元前372－前289年），名轲，字子舆，战国中期邹国（今山东邹县东南）人，是著名的思想家、政治家、教育家，孔子学说的继承者，儒家的重要代表人物。元、明时被称为“亚圣”。

孟子和孔子一样，也曾带领学生游历魏、齐、宋、鲁、滕、薛等国，并一度担任过齐宣王的客卿。由于他的政治主张也与孔子一样不被重用，所以便回到家乡聚徒讲学，与学生万章等人著书立说，“序《诗》《书》，述仲尼之意，作《孟子》七篇”（《史记·孟子荀卿列传》）。今天我们所见的《孟子》七篇（《梁惠王》上下；《公孙丑》上下；《滕文公》上下；《离娄》上下；《万章》上下；《告子》上下；《尽心》上下），约35000字，共260章。《孟子》一书反映了孟子的整个思想体系：仁政，是孟子思想的核心，孟子思想体系中最重要范畴；性善论，指人具有共同的先天固有的与生俱来的善性，是孟子仁政学说的理论基础；与民同乐和民贵君轻表现了孟子的民本思想；文风善辩，感情充沛，晓畅通俗，风格多样等是《孟子》一书的语言特色。

本文所选五则，题目为编者所加。第一则主要阐述要想称王天下，就要与民同乐的思想。第二则主要阐述了浩然之气的特点和如何修养浩然之气，认为只有长期修养道德，践履道义，才能达到对人对己毫无愧怍的充实完满的精神境界。第三则主要阐述恻隐之心，人皆有之；有了恻隐之心，则可“推其所得于人”（朱熹《孟子集注》），实行仁政。第四则阐述治国治民关键在于“人和”，“得道者多助，失道者寡助”。第五则主要阐述“民为贵，社稷次之，君为轻”的道理，表现了孟子的民本思想。比喻、对偶、排比等修辞手法的运用，增强了语言的练达和说理的气势，展现了《孟子》文章的一贯风格。

【研讨】

1. 谈谈你对孟子“性善论”的理解。

2. 你认为什么是“大丈夫”？如何做到“大丈夫”？

3. 孟子的民本思想与现代的民主思想有何差异？

【延展】

1. 延伸阅读

天地有正气，杂然赋流形。下则为河岳，上则为日星。于人曰浩然，沛乎塞苍冥。

皇路当清夷，含和吐明庭。时穷节乃见，一一垂丹青。在齐太史简，在晋董狐笔。在秦张良椎，在汉苏武节。为严将军头，为嵇侍中血。为张睢阳齿，为颜常山舌。或为辽东帽，清操厉冰雪。或为出师表，鬼神泣壮烈。或为渡江楫，慷慨吞胡羯。或为击贼笏，逆竖头破裂。是气所旁薄，凛烈万古存。当其贯日月，生死安足论。地维赖以立，天柱赖以尊。三纲实系命，道义为之根。嗟余遘阳九，隶也实不力。楚囚缨其冠，传车送穷北。鼎镬甘如饴，求之不可得。阴房阒鬼火，春院閟天黑。牛骥同一皂，鸡栖凤凰食。一朝濛雾露，分作沟中瘠。如此再寒暑，百沴自辟易。哀哉沮洳场，为我安乐国。岂有他谬巧，阴阳不能贼。顾此耿耿在，仰视浮云白。悠悠我心悲，苍天曷有极。哲人日已远，典刑在夙昔。风檐展书读，古道照颜色。

（宋·文天祥《文山先生全集》卷十四《指南录三》）

2. 推荐书目

（1）清·阮元校刻．十三经注疏（孟子注疏．汉·赵岐注，宋·孙奭疏）．中华书局影印，1980.

（2）宋·朱熹．四书章句集注（新编诸子集成），中华书局，1983.

（3）清·焦循．孟子正义．中华书局，1987.

（4）杨伯峻．孟子译注．中华书局，1960.

《庄子》二则

（一）马蹄

庄子

马，蹄可以践霜雪，毛可以御风寒，龁草饮水[1]，翘足而陆[2]，此马之真性也。虽有义台路寝[3]，无所用之。及至伯乐[4]，曰："我善治马。"烧之[5]，剔之[6]，刻之[7]，雒之[8]，连之以羁馽[9]，编之以皁栈[10]，马之死者十二三矣。饥之，渴之，驰之，骤之，整之，齐之[11]，前有橛饰之患[12]，而后有鞭策之威[13]，而马之死者已过半矣。陶者曰："我善治埴[14]，圆者中规，方者中矩。"匠人曰："我善治木，曲者中钩，直者应绳[15]。"夫埴木之性，岂欲中规矩钩绳哉？然且世世称之曰"伯乐善治马而陶、匠善治埴、木[16]"，此亦治天下者之过也。

吾意善治天下者不然[17]。彼民有常性[18]：织而衣，耕而食，是谓同德[19]；一而不党[20]，命曰天放[21]。故至德之世[22]，其行填填[23]，其视颠颠[24]。当是时也，山无蹊隧[25]，泽无舟梁[26]，万物群生，连属其乡[27]，禽兽成群，草木遂长[28]。是故禽兽可系羁而游[29]，乌鹊之巢可攀援而窥[30]。夫至德之世，同与禽兽居，族与万物并[31]，恶乎知君子小人哉[32]！同乎无知，其德不离[33]；同乎无欲，是谓素朴[34]。素朴而民性得矣。及至圣人，蹩躠为仁，踶跂为义[35]，而天下始疑矣；澶漫为乐[36]，摘僻为礼[37]，而天下始分矣。故纯朴不残[38]，孰为牺尊[39]？白玉不毁，孰为珪璋[40]？道德不废[41]，安取仁义[42]？性情不离，安用礼乐？五色不乱，孰为文采[43]？五声不乱，孰应六律？夫残朴以为器，工匠之罪也；毁道德以为仁义，圣人之过也！

夫马，陆居则食草饮水，喜则交颈相靡[44]，怒则分背相踶[45]。马知已此矣[46]。夫加之以衡扼[47]，齐之以月题[48]，而马知介倪、闉扼、鸷曼、诡衔、窃辔[49]。故马之知而能至盗者，伯乐之罪也。夫赫胥氏之时[50]，民居不知所为，行不知所之，含哺而熙[51]，鼓腹而游[52]，民能以此矣[53]。及至圣人，屈折礼乐以匡天下之形[54]，县跂仁义以慰天下之心[55]，而民乃始踶跂好知，争归于利，不可止也。此亦圣人之过也。

[1]龁（hé）：咬嚼。

[2]翘（qiáo）：扬起。　　陆：通“踛（lù）”，跳跃。

[3]义台：古代行礼仪之高台。义，通“仪”。　　路寝：古代天子、诸侯的正厅。路，大。

[4]伯乐：姓孙名阳，字伯乐，秦穆公时人，相传善于识马、驯马。

[5]烧之：指烧红铁器灼炙马毛。

[6]剔之：指剪剔马毛。

[7]刻之：指凿削马蹄甲。

[8]雒（luò）之：用烙铁留下标记。雒，通“烙”。

[9]连：系缀，连结。　　羁（jī）：马络头。　　馽（zhì）：绊马脚的绳索。

[10]皁（zào）：饲马的槽枥。　　栈：安放在马脚下的编木，用以防潮，俗称马床。

[11]“饥之”六句：谓使马能忍饥渴，能奔驰，能齐步前进。饥、渴、驰、骤、整、齐都是驯马的方法。

[12]橛（jué）：马口所衔之木，今用铁制，谓马口铁。　　饰：指马络头上的装饰。

[13]鞭策：马鞭用皮制成叫鞭，用竹制成就叫“策”。

[14]埴（zhí）：黏土。

[15]“曲者中钩”二句：谓能使弯曲的合于钩弧的要求，笔直的与墨线吻合。钩、绳，木匠用具，用以画线。应，符合。

[16]称：称举，赞扬。

[17]意：认为。

[18]常性：不会改变的、固有的本能和天性。

[19]同德：指人类的共性。

［20］一而不党：浑然一体而无偏私。一，浑然一体。党，偏私。

［21］命：名，称作。　　天放：任其自然。

［22］至德之世：人类天性保留最好的年代，即人们常说的原始社会。

［23］填填：安详缓慢的样子。

［24］颠颠：专一的样子。

［25］蹊（xī）：小路。　　隧：隧道。

［26］梁：桥。

［27］连属（zhǔ）其乡：彼此相连，不分疆界。连属，连接。同义词复用。

［28］遂长：生长。遂，成。

［29］系羁：用绳子牵引。

［30］攀援：攀登爬越。　　窥：观察，探视。

［31］“同与群兽居”二句：谓人与万物禽兽一起混杂而居，并列而存。同，混同。族，聚合。并，比并。

［32］恶（wū）乎：怎么。

［33］离：背离，丧失。

［34］素朴：未染色的生绢曰素，未加工的木料曰朴。“素朴”这里喻指本色。

［35］“蹩躠（bié xuē）为仁”二句：谓勉强用力推行仁义。蹩躠，步履艰难的样子。踶跂（dì qǐ），足跟上提、竭力向上的样子。

［36］澶（dàn）漫：放纵。　　乐：音乐。

［37］摘僻：繁琐。

［38］纯朴：完整的、未曾加过工的木材。

［39］牺尊：雕刻精致的酒器。

［40］珪璋：玉器。上尖下方的为珪，半珪形为璋。

［41］道德：这里指人类原始的自然本性。

［42］仁义：这里指人为的各种道德规范，与上句的“道德”形成对立。

［43］文采：即文彩。错杂华丽的色彩。

［44］靡：通“摩”，触摩。

［45］分背：背对着背。　　踶（dì）：踢。

［46］知：同“智”。　　已：止。

［47］衡：车辕前面的横木。　　扼：同“轭”。叉马颈的条木。

［48］齐：限制。　　月题：马额上状如月形的佩饰。题，额。

［49］介倪：犹睥睨。侧目而视。　　闉（yīn）扼：谓马曲颈脱轭。闉，屈曲。扼，同“轭”。　　鸷曼：抵突。形容马暴戾不驯，欲狂突以去其羁勒。　　诡衔：诡谲地想吐出口里的橛衔。　　窃辔：偷偷地想脱出马络头。

［50］赫胥氏：传说中的上古帝王。

［51］哺：口里所含的食物。　　熙：通“嬉”，嬉戏。

［52］鼓腹：鼓着肚子，意指吃得饱饱的。

[53]以：通“已”，止。

[54]屈折：造作。　　匡：端正，改变。

[55]县跂：悬挂于高处而令人仰慕。县，同“悬”。跂，通“企”，企望。

（二）秋水

秋水时至[1]，百川灌河。泾流之大[2]，两涘渚崖之间[3]，不辩牛马[4]。于是焉河伯欣然自喜[5]，以天下之美为尽在己。顺流而东行，至于北海，东面而视，不见水端。于是焉，河伯始旋其面目[6]，望洋向若而叹曰[7]：“野语有之曰[8]：‘闻道百，以为莫己若者。’我之谓也。且夫我尝闻少仲尼之闻，而轻伯夷之义者[9]，始吾弗信。今我睹子之难穷也，吾非至于子之门，则殆矣。吾长见笑于大方之家[10]。”

北海若曰：“井蛙不可以语于海者[11]，拘于虚也[12]；夏虫不可以语于冰者，笃于时也[13]；曲士不可以语于道者[14]，束于教也。今尔出于崖涘，观于大海，乃知尔丑[15]，尔将可与语大理矣。天下之水，莫大于海：万川归之，不知何时止而不盈；尾闾泄之[16]，不知何时已而不虚[17]；春秋不变，水旱不知。此其过江河之流[18]，不可为量数[19]。而吾未尝以此自多者[20]，自以比形于天地[21]，而受气于阴阳，吾在天地之间，犹小石小木之在大山也。方存乎见少，又奚以自多[22]！计四海之在天地之间也，不似礨空之在大泽乎[23]？计中国之在海内[24]，不似稊米之在大仓乎[25]？号物之数谓之万[26]，人处一焉；人卒九州[27]，谷食之所生，舟车之所通，人处一焉。此其比万物也[28]，不似豪末之在于马体乎[29]？五帝之所连[30]，三王之所争[31]，仁人之所忧[32]，任士之所劳[33]，尽此矣！伯夷辞之以为名[34]，仲尼语之以为博[35]，此其自多也，不似尔向之自多于水乎[36]？”

[1]时：按季节。

[2]泾（jīng）流：水流。泾，直流的水波。

[3]涘：河岸。　　渚崖：河渚岸边。渚，水中小岛。

[4]辩：通“辨”。

[5]河伯：传说中的黄河之神，名冯（píng）夷。

[6]旋其面目：改变原先的表情。旋，转，改变。

[7]望洋：茫然抬头的样子。　　若：海神名。

[8]野语：俗语。

[9]伯夷：商末孤竹国君之子，与弟叔齐争让王位，被认为节义高尚之士。

[10]长：永远。　　大方之家：明白大道理的人。

[11]以：与。

[12]虚：同“墟”，居住的地方。

[13]笃：束缚，限制。

[14]曲士：乡曲之士，孤陋寡闻的人。

[15]丑：鄙陋，缺乏知识。

[16]尾闾：神话中排泄海水的地方。

[17]已：停止。　　虚：空虚。

[18]此其：此、其都指代海。　　过：超过。

[19]为：以，用。

[20]自多：自夸。

[21]比：并列。

[22]奚以：何以，怎么。

[23]礨（lěi）空：蚁穴，小孔穴。　　大泽：大湖泊。

[24]中国：指中原地区。

[25]稊（tí）米：稗草的籽粒。此泛指细小的米粒。

[26]号：称。

[27]卒：通“萃”，聚集。

[28]此其：此、其都指代人。

[29]豪末：毫毛的末梢。豪，通“毫”。

[30]五帝：传说中的五个古代帝王，即黄帝、颛顼（zhuān xū）、帝喾（kù）、唐尧、虞舜。一说指伏羲、神农、黄帝、唐尧、虞舜。　　连：连续（统治）。

[31]三王：指夏禹、商汤、周武王（一说周文王）。

[32]仁人：指专门讲仁义的儒家者流。

[33]任士：以天下为己任的贤能之士。　　劳：劳心劳力。

[34]伯夷辞之以为名：伯夷以辞让君位而获得名声。

[35]仲尼语之以为博：仲尼以谈说天下而显示知识渊博。

[36]向：刚才。

【导读】

本文选自《庄子》，据清·郭庆藩《庄子集释》，中华书局《诸子集成》（第3册）1985年版。作者庄子（约前369－前286年），姓庄，名周，宋国蒙（今河南商丘东北）人，战国中期道家思想的代表人物。其生平事迹难以确考，据《庄子》本文与《史记·老子韩非列传》可知，庄子做过蒙地的漆园吏，家境贫寒，靠织屦维持生计，曾借粟度日，蔑弃权势富贵，拒绝楚威王相位的聘任，终生穷困。庄子被认为是先秦时期最具哲学家气质的人，他主张顺应自然，提倡无为而无不为。其思想对中国人的思想观念和生活方式影响复杂而深远。《庄子》一书，亦称《南华经》，是道家学派的经典。今通行本收文33篇（内篇七、外篇十五、杂篇十一）。相传内篇为庄周自著，外、杂篇是其门人和后学所撰。其文章以充满形象的寓言故事、丰富而奇特的想象、汪洋恣肆而富于诗性的语言，成为后世文学创作的源泉和楷范之一。

第一则《马蹄》，庄子用伯乐善治马，陶、匠善治埴木及圣人之治，说明一切从政者治理天下的规矩和办法都是残害人和事物自然本性和真情的，表现了庄子反对束缚和羁绊，提倡一切返归自然的政治主张。第二则《秋水》可能是庄子的学生所记录。文章通过河伯与北海若的对话，说明天地间一切事物的大小、多少、高下都是相对的，个人的认识和作为是十分有限的，最后归结到任自然而无为。

【研讨】

1. 你同意庄子“自然无为”的政治主张吗？

2. 结合本文所选两则内容，谈谈《庄子》文章的写作特点。

【延展】

1. 延伸阅读

庄子者，蒙人也，名周。周尝为蒙漆园吏，与梁惠王、齐宣王同时。其学无所不窥，然其要本归于老子之言。故其著书十余万言，大抵率寓言也。作《渔父》、《盗跖》、《胠箧》，以诋訾孔子之徒，以明老子之术。《畏累虚》、《亢桑子》之属，皆空语无事实。然善属书离辞，指事类情，用剽剥儒、墨，虽当世宿学不能自解免也。其言洸洋自恣以适己，故自王公大人不能器之。楚威王闻庄周贤，使使厚币迎之，许以为相。庄周笑谓楚使者曰：“千金，重利；卿相，尊位也。子独不见郊祭之牺牛乎？养食之数岁，衣以文绣，以入太庙。当是之时，虽欲为孤豚，岂可得乎？子亟去，无污我。我宁游戏污渎之中自快，无为有国者所羁，终身不仕，以快吾志焉。”（选自《史记》卷六十三《老子韩非列传》）

2. 推荐书目

（1）诸子集成（第3册．清·王先谦．庄子集解，郭庆藩．庄子集释）．中华书局，2006.

（2）王世舜．庄子注译．齐鲁书社，1998.

（3）陈鼓应．庄子今注今译（最新修订重排本）．中华书局，2009.

《礼记》三则

（一）礼运·大同

昔者仲尼与于蜡宾[1]，事毕，出游于观之上[2]，喟然而叹。仲尼之叹，盖叹鲁也[3]。言偃在侧[4]，曰：“君子何叹？”孔子曰：“大道之行也[5]，与三代之英[6]，丘未之逮也[7]，而有志焉。”

“大道之行也，天下为公[8]。选贤与能[9]，讲信脩睦[10]。故人不独亲其亲，不独子其子，使老有所终，壮有所用，幼有所长，矜寡孤独废疾者[11]，皆有所养。男有分[12]，女有归[13]。货恶其弃于地也，不必藏于己；力恶其不出于身也，不必为己。是故谋闭而不兴[14]，盗窃乱贼而不作[15]，故外户而不闭，是谓大同[16]。”

“今大道既隐，天下为家。各亲其亲，各子其子，货力为己；大人世及以为礼[17]，城郭沟池以为固，礼义以为纪；以正君臣，以笃父子，以睦兄弟，以和夫妇，以设制度，以立田里[18]，以贤勇知[19]，以功为己[20]。故谋用是作[21]，而兵由此起。禹、汤、文、武、成王、周公，由此其选也[22]。此六君子者，未有不谨于礼者也。以著其义[23]，以考其信[24]，著有过，刑仁讲让[25]，示民有常[26]。如有不由此者[27]，在势者去[28]，众以为殃，是谓小康[29]。”

[1]与：参与。 蜡（zhà）：古代年终大祭之名。 宾：陪祭者。

[2]观（guàn）：宗庙门外两旁的高建筑物，也叫“阙”。

[3]叹鲁：叹息鲁国。因鲁国处于动乱时代，已丧失古礼。

[4]言偃：字子游，孔子的学生。

[5]大道之行：大道行于天下的（时代）。

[6]三代之英：指夏、商、周三代的杰出人物，即禹、汤、文、武。

[7]逮：赶上。

[8]天下为公：天下是公有的。天子之位，传贤而不传子。

[9]与：通“举”。

[10]讲信脩睦：讲求诚信，增进和睦。脩，通“修”，增进。

[11]矜：通“鳏”，老而无妻或丧妻者。 寡：老而无夫曰寡。 孤：幼年丧父或父母双亡者。 独：老而无子者。 废疾：谓有残疾而不能做事。

[12]分（fèn）：职分，职责。

[13]归：女子出嫁。

[14]谋：奸邪欺诈之心。

[15]乱贼：叛乱造反的人。

[16]大同：儒家理想中天下为公、人人平等的理想社会。

[17]大人：天子诸侯。 世及：父子兄弟相传。

[18]田里：指土地与户籍制度。

[19]以贤勇知（zhì）：把勇者和智者当作贤者。贤，认为……贤。知，同“智”。

[20]以功为（wèi）己：把为己者看作有功。功，认为……有功。

[21]用是：由此。

[22]由此其选：意为由此成为三代诸王中的杰出代表。

[23]以著其义：用（礼）表彰人民做对了的事。著，表彰。

[24]以考其信：用（礼）成全他们讲信用的事。考，成全。

[25]刑仁讲让：把仁爱作为典范，提倡礼让。刑，通“型”，以……为典范。

[26]示民有常：用（礼）指示人们遵循的规范。常，常规。

[27]由：遵循。

[28]在势者去：在位者被罢黜。

[29]小康：小安。此有不及“大同”之意。

（二）大学·三纲八目

曾子

曾子

大学之道[1]，在明明德[2]，在亲民[3]，在止于至善[4]。知止而后有定[5]，定而后能静，静而后能安，安而后能虑[6]，虑而后能得。物有本末，事有终始，知所先后，则近道矣。古之欲明明德于天下者，先治其国；欲治其国者，先齐其家[7]；欲齐其家者，先脩其身[8]；欲脩其身者，先正其心；欲正其心者，先诚其意；欲诚其意者，先致其知[9]。致知在格物[10]。物格而后知至，知至而后意诚，意诚而后心正，心正而后身脩，身脩而后家齐，家齐而后国治，国治而后天下平。自天子以至于庶人[11]，壹是皆以脩身为本[12]。其本乱而末治者否矣[13]；其所厚者薄，而其所薄者厚[14]，未之有也。

[1]大学之道：大学的宗旨。

[2]明明德：彰明光明正大的品德。明德，美德。

[3]亲民：据朱熹注，“亲”应为“新”。新民，谓使民道德不断更新，教民向善。

[4]止：至，达到。

[5]知止：知道目标所在。　　定：确定的志向。

[6]安：精神安宁。　　虑：思虑周详。

[7]齐：整治。

[8]脩：通“修”。

[9]致其知：使自己获得知识。

[10]格物：穷究事物的原理。

[11]庶人：泛指平民百姓。

[12]壹是：一律。　　本：根本。

[13]末：末节，指修身以外的种种事情。　　否：没有。意为不会出现这样的情况。

[14]所厚者薄：该重视的（修身）不重视。　　所薄者厚：不该重视的（细枝末节）却加以重视。

（三）中庸·好学知耻

子思

天下之达道五[1]，所以行之者三。曰：君臣也，父子也，夫妇也，昆弟也[2]，朋友之交也；五者，天下之达道也。知、仁、勇三者[3]，天下之达德也[4]，所以行之者一也。或生而知之，或学而知之，或困而知之[5]，及其知之一也；或安而行之[6]，或利而行之，或勉强而行之，及其成功一也。子曰："好学近乎知，力行近乎仁，知耻近乎勇。"知斯三者，则知所以脩身；知所以脩身，则知所以治人；知所以治人，则知所以治天下国家矣。

诚者，天之道也[7]；诚之者，人之道也[8]。诚者，不勉而中，不思而得，从容中道[9]，圣人也；诚之者，择善而固执之者也[10]。博学之，审问之[11]，慎思之[12]，明辨之，笃行之[13]。有弗学[14]，学之弗能弗措也[15]；有弗问，问之弗知弗措也；有弗思，思之弗得弗措也；有弗辨，辨之弗明弗措也；有弗行，行之弗笃弗措也。人一能之，己百之[16]；人十能之，己千之。果能此道矣，虽愚必明，虽柔必强。

[1]达道：共行的准则。

[2]昆弟：兄和弟，也包括堂兄堂弟。

[3]知：同"智"。

[4]达德：通行不变的道德。

[5]困：困惑。

[6]安而行之：心安理得、自觉自愿地去实行它们。

[7]"诚者"二句：谓真诚，是天道的法则。

[8]"诚之者"二句：谓做到真诚，是做人的法则。

[9]"诚者"四句：谓天生真诚的人，不用勉强就能做到，不用思考就能拥有，和缓不迫，达到中庸之道。

[10]"诚之者"二句：谓人要做到真诚，就要选择美好的目标执著追求。

[11]审问：详细地询问。

[12]慎思：慎重地思考。

[13]笃行：切实地实行。

[14]有：要么。有假设意味。

[15]措：搁置。

[16]人一能之，己百之：别人一次能学会的，自己就学习一百次。

【导读】

本文选自《礼记》，据中华书局影印清代阮元校刻《十三经注疏》1980年版。《礼记》与《周礼》、《仪礼》合称"三礼"，都是儒家的经典著作。《礼记》非一人一时所作，是战国至秦汉之际儒家学者解释《仪礼》的文章选集，是一部儒家思想学说的资料汇编。传本有两种，都是汉人辑录的。戴德辑录的叫《大戴礼记》，原有85篇，现存39篇。戴圣辑录的叫《小戴礼记》，共49篇，即现今通行的本子，自宋代被收入《十三经》中。《礼记》是一部具有一定文学价值的散文作品。其文或用生动短小的故事说明道理；或用心理描写来刻画人物；或气势磅礴，结构谨严；或言简意赅，意味隽永。书中富有大量哲理性的格言、警句，精辟而深刻。

第一则节选自《礼记·礼运》。题目"大同"为编者所加。文章记述了孔子参加完腊祭后，有感于鲁之衰，想到了"天下为公"、以德治民的五帝大同之世和"天下为家”、以礼治民的禹、汤、文、武、成王、周公之治，表现了孔子对大同之世的向往，也反映了孔子对小康社会的肯定。全文借子游和孔子的问答，说明了从上古以来，礼制随着生活方式的改变而逐渐演进的历程，也说明了礼制在人民生活中负担维系社会秩序和道德人心的重要性。理想是照耀人类前进的明灯，孔子对大同社会的向往对我们今天构建和谐社会依然具有重要借鉴意义。

第二则节选自《礼记·大学》。题目“三纲八目”为编者所加。《大学》原是《小戴礼记》中的一篇，相传为曾子所作。北宋理学家程颢、程颐兄弟认为它是“孔氏遗书，而初学入德之门也”。朱熹认为它论述的是“穷理正心，修己治人之道”，这样就把《大学》推到了至高的地位。本文主要阐明了修身的目标和途径，即“三纲八目”。“三纲”是“大学之道”的目标，“八目”则是实现“三纲”的步骤和方法。作者认为，修身要先从格物、致知、诚意、正心做起，身修之后，就可以齐家、治国、平天下。可见，修身是“八目”之中心和关键。

第三则节选自《礼记·中庸》。题目“好学知耻”为编者所加。“中”是“恪守中道”，“庸”是“常”的意思，“中庸”就是常守中道。《中庸》原来是《礼记》中的一篇，相传为子思所作。北宋程颢、程颐认为这是“孔门传授心法”之书，开始大力提倡。到了南宋朱熹，更将其与《大学》一起从《礼记》中划分出来，与《论语》、《孟子》合称为“四书”，并与“五经”列于同等地位，从而对后世产生了巨大的影响。本文主要论述了如何获取知识、实行儒道以到达“诚”的道德境界，并把个人的进学求知、修身养性看成是经世治国的基础和前提，对孔子、孟子的有关思想作了重要的阐发和补充。其中关于博学慎思、明辨笃行的论述，至今可以作为我们治学为人的座右铭。

【研讨】

1. 简述“大同社会”与“小康社会”的不同。
2. 结合课文，谈谈今天如何构建和谐社会。
3. 结合课文，谈谈个人修养与治国安邦的关系。
4. 谈谈中庸之道在现代社会中的作用和意义。

【延展】

1. 延伸阅读

夫礼者，所以定亲疏、决嫌疑、别同异、明是非也。礼不妄说人，不辞费。礼不逾节，不侵侮，不好狎。修身践言，谓之善行。行修言道，礼之质也。礼闻取于人，不闻取人。礼闻来学，不闻往教。

道德仁义，非礼不成；教训正俗，非礼不备；分争辩讼，非礼不决；君臣上下，父子兄弟，非礼不定；宦学事师，非礼不亲；班朝治军，莅官行法，非礼威严不行；祷词祭祀，供给鬼神，非礼不诚不庄。是以君子恭敬、撙节、退让以明礼。鹦鹉能言，不离飞鸟；猩猩能言，不离禽兽。今人而无礼，虽能言，不亦禽兽之心乎？夫唯禽兽无礼，故父子聚麀。是故圣人作，为礼以教人，使人以有礼，知自别于禽兽。（选自《礼记·曲礼上》）

2. 推荐书目

（1）清·阮元校刻．十三经注疏．中华书局影印，1980.

（2）宋·朱熹．四书章句集注（新编诸子集成），中华书局，1983.

（3）钱玄．礼记注译．岳麓书社，2001.

《孝经》四则

（一）开宗明义

仲尼居[1]，曾子侍[2]。子曰："先王有至德要道[3]，以顺天下[4]，民用和睦[5]，上下无怨，汝知之乎？"曾子避席曰[6]："参不敏[7]，何足以知之？"子曰："夫孝，德之本也，教之所由生也[8]。复坐[9]，吾语汝。身体发肤，受之父母，不敢毁伤，孝之始也。立身行道[10]，扬名于后世，以显父母，孝之终也。夫孝，始于事亲，中于事君，终于立身。《大雅》云：'无念尔祖，聿修厥德[11]。'"（第一章）

[1]居：坐。

[2]侍：陪伴尊长。

[3]先王：古代圣王。　　至德：最高的德行。　　要道：重要的道理。

[4]顺天下：使天下人顺服。

[5]用：因而。

[6]避席：离开座位表示尊重。

[7]敏：聪明。

[8]教：教化。古有"五教"之说，即父义、母慈、兄友、弟恭、子孝五种伦理道德的教育。　　所由生：由此而产生。

[9]复：返回。

[10]立身行道：处世道德完美，行事遵循道义。

[11]"无念尔祖"二句：出《诗经·大雅·文王》。意思是，怎能不追念你的祖先？如要追念你祖父文王，你就得先修持你自己的德行。祖，这里指成王的祖父文王。无、聿，句首语气词，无义。

（二）士

资于事父以事母[1]，而爱同；资于事父以事君，而敬同。故母取其爱，而君取其敬，兼之者父也[2]。故以孝事君则忠，以敬事长则顺。忠顺不失，以事其上，然后能保其禄位[3]，而守其祭祀[4]。盖士之孝也[5]。《诗》云："夙兴夜寐，无忝尔所生[6]。"（第五章）

[1]资：取。

[2]兼之者父也：谓侍奉父亲，则兼有爱心和敬心。

[3]禄位：俸禄职位。

[4]守其祭祀：长久保持对祖先的祭祀，而不使祖先蒙羞。

[5]士：古代统治阶级中次于卿大夫、高于庶人的一个阶层。

[6]“夙兴夜寐”二句：出《诗经·小雅·小宛》。意思是，早起晚睡，努力工作，不要愧对生养你的父母。夙，早。兴，起。无，不要。忝（tiǎn），玷辱，愧对。所生，指父母。

（三）三才

曾子曰：“甚哉，孝之大也！”子曰：“夫孝，天之经也，地之义也，民之行也。天地之经，而民是则之[1]。则天之明[2]，因地之利[3]，以顺天下。是以其教不肃而成，其政不严而治。先王见教之可以化民也，是故先之以博爱，而民莫遗其亲；陈之德义，而民兴行[4]；先之以敬让，而民不争；导之以礼乐，而民和睦；示之以好恶，而民知禁。《诗》云：‘赫赫师尹，民具尔瞻[5]。’”（第七章）

[1]则：效法。

[2]明：指日月星辰。

[3]因：顺应。

[4]兴行：兴起身体力行。

[5]“赫赫师尹”二句：出《诗经·小雅·节南山》。意思是，威武显赫的太师尹氏啊，百姓都在仰望着你。赫赫，声威显赫的样子。师，指太师。太师、太保、太傅为周代三公，是周代最高行政长官，其中太师的地位最高。尹，尹氏。尔，你。瞻，仰望。

（四）孝治

子曰：“昔者明王之以孝治天下也[1]，不敢遗小国之臣[2]，而况于公、侯、伯、子、男乎[3]？故得万国之欢心，以事其先王[4]。治国者[5]，不敢侮于鳏寡，而况于士民乎[6]？故得百姓之欢心，以事其先君。治家者[7]，不敢失于臣妾，而况于妻子乎？故得人之欢心，以事其亲。夫然，故生则亲安之[8]，祭则鬼享之[9]。是以天下和平，灾害不生，祸乱不作。故明王之以孝治天下也如此。《诗》云：‘有觉德行，四国顺之[10]。’”（第八章）

[1]明王：圣明的天子。

[2]小国之臣：小国派来朝见天子的使臣。

[3]公、侯、伯、子、男：周朝分封诸侯的五等爵位，根据功劳大小而封，可以世袭。《礼记·王制》：“公、侯田方百里，伯七十里，子、男五十里。”

[4]事其先王：谓参加祭祀先王的祭奠。先王，已经去世的父祖。

[5]国：诸侯国。

[6]士民：泛指士大夫阶层和普通读书人。

[7]家：指卿、大夫受封的采邑。

[8]生：指活着的时候。　　亲：父母。

[9]鬼：指死去的父母。　　享：祭祀时给死者献酒食以供享用。

[10]“有觉德行”二句：出《诗经·大雅·抑》。意思是，天子有如此伟大的品行，他周边的国家没有不仰慕和归顺的。觉，大。四国，四方的国家。

宋人画女孝经图

【导读】

本文选自《孝经》，据中华书局影印清代阮元校刻《十三经注疏》1980 年版。《孝经》是中国古代儒家的伦理学著作。其作者说法众多：有云孔子作者，有云曾子作者，有云曾子门人作者，亦有云子思作者，难以确指。其成书时代大概在战国晚期或秦汉之际。自西汉至魏晋南北朝，注解者达百家。现在流行的版本为唐玄宗李隆基注、宋代邢昺疏。全书共分 18 章。原书本无章名，据邢昺《正义》载，唐玄宗为《孝经》作注，由儒官集议“题其章名”。

本书以“孝”为中心，肯定“孝”是上天所定的规范，指出“孝”是诸德之本，国君可以用“孝”治理国家，臣民能够用“孝”立身理家，保持爵禄。《孝经》首次将“孝亲”与“忠君”联系起来，认为“忠”是“孝”的发展和扩大，“孝悌之至”就能够“通于神明，光于四海，无所不通”。《孝经》对实行“孝”的要求和方法也作了系统而详细的规定，主张把“孝”贯串于人的一切行为之中。《孝经》在唐代被尊为经书，南宋以后被列为《十三经》之一。在中国自汉代至清代的漫长社会历史进程中，它被看作是“孔子述作，垂范将来”的经典，对传播和维护社会纲常、社会太平起了很大作用。

第一则“开宗明义”，即阐述本书宗旨，说明孝道的义理。第二则“士”，论述士人之孝，归结到“夙兴夜寐”，强调事君尽忠的责任。第三则“三才”，论述孝道是“天之经，地之义，民之行”，圣王则之，以教化下民。第四则“孝治”，论述明王以孝道治理天下，就能使“天下和平，灾害不生，祸乱不作”。

【研讨】

1. 《孝经》认为，孝道是“天之经”、“地之义”、“民之行”，谈谈你的看法。

2. 孝道是中华民族的传统美德，你认为在现代社会中应该如何“尽孝”？

【延展】

1. 延伸阅读

朕闻上古其风朴略，虽因心之孝已萌，而资敬之礼犹简。及乎仁义既有，亲誉益著。圣人知孝之可以教人也，因严以教敬，因亲以教爱，于是以顺移忠之道昭矣，立身扬名之义彰矣。子曰："吾志在《春秋》，行在《孝经》。"是知孝者，德之本欤!《经》曰："昔者明王之以孝理天下也，不敢遗小国之臣，而况于公、侯、伯、子、男乎?"朕尝三复斯言，景行先哲，虽无德教加于百姓，庶几广爱刑于四海。嗟乎！夫子没而微言绝，异端起而大义乖。况泯绝于秦，得之者皆煨烬之末；滥觞于汉，传之者皆糟粕之余。故鲁史《春秋》，学开五传；《国风》、《雅》、《颂》，分为四诗。去圣逾远，源流益别。近观《孝经》旧注，踳驳尤甚。至于迹相祖述，殆且百家；业擅专门，犹将十室。希升堂者，必自开户牖；攀逸驾者，必骋殊轨辙。是以道隐小成，言隐浮伪。且传以通经为义，义以必当为主。至当归一，精义无二，安得不翦其繁芜，而撮其枢要也?韦昭、王肃，先儒之领袖。虞翻、刘邵，抑又次焉。刘炫明安国之本，陆澄讥康成之注。在理或当，何必求人？今故特举六家之异同，会五经之旨趣；约文敷畅，义则昭然；分注错经，理亦条贯。写之琬琰，庶有补于将来。且夫子谈经，志取垂训。虽五孝之用则别，而百行之源不殊。是以一章之中，凡有数句；一句之内，意有兼明；具载则文繁，略之又义阙。今存于疏，用广发挥。(唐玄宗《孝经序》)

2. 推荐书目

（1）孝经注疏（唐玄宗注，宋·邢昺疏）. 上海古籍出版社，2009.

（2）胡平生，陈美兰译注. 礼记·孝经（中华经典丛书）. 中华书局，2007.

第二单元 历史散文

洪 范

《尚书》

箕子

武王胜殷[1]，杀受[2]，立武庚[3]，以箕子归[4]。作《洪范》[5]。

惟十有三祀[6]，王访于箕子[7]。王乃言曰："呜呼！箕子。惟天阴骘下民[8]，相协厥居[9]，我不知其彝伦攸叙[10]。"箕子乃言曰："我闻在昔，鲧堙洪水[11]，汩陈其五行[12]。帝乃震怒，不畀洪范九畴[13]，彝伦攸斁[14]。鲧则殛死[15]，禹乃嗣兴[16]，天乃锡禹洪范九畴[17]，彝伦攸叙。初一曰五行，次二曰敬用五事[18]，次三曰农用八政[19]，次四曰协用五纪[20]，次五曰建用皇极[21]，次六曰乂用三德[22]，次七曰明用稽疑[23]，次八曰念用庶征[24]，次九曰向用五福[25]，威用六极[26]。"

[1]武王：即周武王，西周王朝的建立者。姓姬，名发。

[2]受：即"纣"，商纣王，亦称帝辛。

[3]武庚：名禄父，商纣王之子。周武王灭商后，被封为殷君。

[4]箕子：商纣王的叔父，官拜太师。封于箕（今山西太谷东北），故称箕子。曾劝谏纣王，纣王不听，反囚禁之。周武王灭商后将他释放。　归：回归。此指箕子回归镐京。

[5]洪范：篇名。洪，大。范，法。从"武王胜殷"至此为文前说明，以下才是正文。

[6]惟：句首语助词。　十有三祀：指文王建国后的第十三年，武王即位后的第四年，殷商灭亡后的第二年。有，通"又"。祀，年。《尔雅·释天》："夏曰岁，商曰祀，周曰年。"

[7]访：咨询。

[8]阴骘（zhì）：荫庇安定。骘，定。

[9]相（xiàng）：助。　协：和谐。　厥：其，他们的，指下民。　居：日常生活。

[10]彝伦：常理，常道。　攸：所。　叙：次序。引申为规定。

[11]鲧（gǔn）：传说中我国古代部落联盟的首领，大禹的父亲。曾奉命治理洪水，用筑堤堵水之法，九年未成，被尧放逐，死于羽山。　堙（yīn）：堵塞。

[12]汩（gǔ）：扰乱。　陈：列。

[13]畀（bì）：给予。　九畴：九类大法。畴，种类。

[14]斁（dù）：败坏。

[15]殛（jí）死：在流放中死去。殛，流放。

[16]禹：鲧之子，传说奉命治理洪水有功，受各部拥戴为领袖，即夏禹王。　嗣（sì）：继承。　兴：兴起。指治理洪水之事。

[17]锡：通“赐”。

[18]敬用五事：恭敬地做好五方面的事情。五事，指下文的貌、言、视、听、思五件事。

[19]农用八政：重视做好八项政务。农，通“醲”，即浓，浓厚。引申为重视。八政，指下文的食、货、祀、司空、司徒、司寇、宾、师八种政事。

[20]协用五纪：校正历法，使之与日月运行相和协。协，和谐。五纪，指下文的岁、月、日、星辰、历数五种记时法。

[21]建用皇极：建立至高、至大的原则。皇，大。极，中正的准则。

[22]乂（yì）用三德：治理好天下要用三种德行。乂，治理。三德，指下文之正直、刚克、柔克三种品德。

[23]稽疑：考察疑难之事。

[24]念：考虑。　庶征：多种征验。

[25]向：通“享”，享用。

[26]威用六极：采用六种惩罚手段来震慑（臣民）。威，震慑。

一、五行：一曰水，二曰火，三曰木，四曰金，五曰土。水曰润下，火曰炎上，木曰曲直，金曰从革[1]，土爰稼穑[2]。润下作咸[3]，炎上作苦，曲直作酸，从革作辛，稼穑作甘。

二、五事：一曰貌[4]，二曰言，三曰视，四曰听，五曰思。貌曰恭，言曰从[5]，视曰明，听曰聪[6]，思曰睿。恭作肃[7]，从作乂，明作哲[8]，聪作谋，睿作圣[9]。

三、八政：一曰食[10]，二曰货[11]，三曰祀[12]，四曰司空[13]，五曰司徒[14]，六曰司寇[15]，七曰宾[16]，八曰师[17]。

四、五纪：一曰岁[18]，二曰月，三曰日，四曰星辰[19]，五曰历数[20]。

[1]金曰从革：意为金属能按人的意愿熔铸改变。从，顺。革，改变。

[2]土爰稼穑：土地能顺从人的意愿耕种收获。爰，通“曰”，语助词。稼，耕种。

穑，收获。

[3]润下作咸：水之常性是向下滋润，其水卤之气生成咸味。作，生。

[4]貌：仪容。

[5]从：正当合理。

[6]聪：听力好。

[7]作：则。　　肃：恭敬。

[8]哲：明智。

[9]圣：通达事理。

[10]食：管理民食。

[11]货：管理财货。

[12]祀：管理祭祀。

[13]司空：管理居民。

[14]司徒：管理教育。

[15]司寇：治理盗贼。

[16]宾：管理朝觐。

[17]师：管理军事。

[18]岁：年，指纪年。

[19]星辰：指二十八宿和十二时辰。

[20]历数：历法。

五、皇极：皇建其有极。敛时五福[1]，用敷锡厥庶民[2]。惟时厥庶民于汝极[3]。锡汝保极[4]：凡厥庶民，无有淫朋[5]，人无有比德[6]，惟皇作极。凡厥庶民，有猷有为有守[7]，汝则念之。不协于极[8]，不罹于咎[9]，皇则受之[10]。而康而色[11]，曰：'予攸好德[12]。'汝则锡之福。时人斯其惟皇之极[13]。无虐茕独[14]，而畏高明[15]。人之有能有为，使羞其行[16]，而邦其昌[17]。凡厥正人[18]，既富方谷[19]，汝弗能使有好于而家[20]，时人斯其辜[21]。于其无好德，汝虽锡之福，其作汝用咎[22]。无偏无陂[23]，遵王之义；无有作好，遵王之道；无有作恶，遵王之路。无偏无党，王道荡荡；无党无偏，王道平平；无反无侧[24]，王道正直。会其有极，归其有极[25]。曰：皇极之敷言[26]，是彝是训[27]，于帝其训。凡厥庶民，极之敷言，是训是行，以近天子之光。曰：天子作民父母，以为天下王。

[1]敛时五福：把这五福聚集起来。敛，聚。时，这。

[2]用：以。　　敷：普遍。　　厥：那些。

[3]惟时厥庶民于汝极：只有这样，那些庶民才会遵从你的中正的法则。惟，句首语助词。时，此。于，从。汝，你的，指周武王。

[4]锡汝保极：赐给你保有国家的方法。

[5]淫朋：邪党。

[6]人：指统治者，官员。　　比德：结党营私之德行。

[7]猷：计谋。　　为：作为。　　守：操守。

[8]不协于极：行为不合于国之大法。

[9]不罹（lí）于咎：行为不构成犯罪。罹，遭受。咎，罪过，过失。

[10]受：宽容。

[11]而：你。　　康：和悦。　　色：面色。

[12]予攸好德：我所爱好的是美德。攸，所。

[13]时人斯其惟皇之极：这样人们就会只遵从君的法则。斯，就。

[14]无虐茕（qióng）独：不要欺凌虐待无依无靠之人。茕，无兄弟的人。独，老而无子的人。

[15]畏：敬畏。　　高明：指明智显贵之人。

[16]羞：进献。

[17]邦：国。

[18]正人：在位的官员。

[19]既富方谷：言既富又贵。方，并。谷，指禄位。

[20]而家：你的国家。

[21]时人斯其辜：这样人们就会怪罪他们。辜，怪罪。

[22]其作汝用咎：他们就会把灾祸带给你。

[23]无：通“毋”，不要。　　陂：不平。本作“颇”。《新唐书·艺文志》载，开元十四年，玄宗以《洪范》“无颇”声不协，诏改为“无偏无陂”。

[24]无反无侧：不要违反、偏倚法度。

[25]“会其有极”二句：团结那些坚持最高法则的人，人们就会归依最高法则。会，团结。归，归依。

[26]敷：陈述。　　言：言教。

[27]是彝是训：把这作为常法并顺从它。训，顺从。下同。

六、三德：一曰正直，二曰刚克[1]，三曰柔克[2]。平康，正直[3]。强弗友，刚克[4]；燮友，柔克[5]。沉潜，刚克[6]；高明，柔克[7]。惟辟作福，惟辟作威，惟辟玉食[8]。臣无有作福、作威、玉食。臣之有作福、作威、玉食，其害于而家，凶于而国。人用侧颇僻[9]，民用僭忒[10]。

七、稽疑[11]：择建立卜筮人，乃命卜筮。曰雨，曰霁，曰蒙，曰驿，曰克[12]，曰贞，曰悔[13]，凡七。卜五，占用二[14]，衍忒[15]。立时人作卜筮[16]，三人占，则从二人之言。汝则有大疑[17]，谋及乃心[18]，谋及卿士，谋及庶人，谋及卜筮。汝则从[19]，龟从，筮从，卿士从，庶民从，是之谓大同。身其康强，子孙其逢[20]，吉；汝则从，龟从，筮从，卿士逆[21]，庶民逆，吉；卿士从，龟从，筮从，汝则逆，庶民逆，吉；庶民从，龟从，筮从，汝则逆，卿士逆，吉；汝则从，龟从，筮逆，卿士逆，庶民逆，作内吉[22]，作外凶；龟筮共违于人，用静吉[23]，用作凶[24]。

[1]刚克：以刚强取胜。克，胜过。

[2]柔克：以柔弱取胜。

[3]“平康”二句：中正和平就是正直。

[4]“强弗友”二句：强不可亲就是刚克。友，亲近。

[5]“燮友”二句：和顺可亲就是柔克。燮，和顺。

[6]“沉潜”二句：深沉隐伏，指大地之性，为柔，但大地亦藏金石，柔中有刚。

[7]“高明”二句：高远明亮，为天之性，属刚，但天之刚不碍四时风雨，刚中有柔。上四句以天地之互有柔刚，喻治世之君臣亦当效法。

[8]“惟辟作福”三句：辟（bì），君。玉食，美食。

[9]人：指百官。　用：因此。　侧颇：不正之象。指偏离王道国法。僻：邪僻。

[10]僭忒（jiàn tè）：指犯上作乱。僭，超越本分。忒，邪恶。

[11]稽：考察。

[12]雨、霁、蒙、驿、克：均为卜兆的一种。雨为雨形，霁为雨后之晴空，蒙为雾气，驿为时隐时现的云气，克为龟兆交错相侵之状。

[13]贞：内卦。　悔：外卦。

[14]卜五：指占卜时出现的雨、霁、蒙、驿、克五种征兆。　占用二：卜筮所得之内、外卦。

[15]衍忒：推演变化。

[16]时人：这个人。指卜筮官。

[17]则：如果。

[18]谋及乃心：你自己用心谋虑。

[19]从：顺从，赞同。

[20]逢：大，壮大。指繁衍昌盛。

[21]逆：不顺从。此谓反对。

[22]作内吉：谓做事对内则吉。

[23]用静吉：谓宁静不动就吉利。

[24]用作凶：谓有所举动就凶险。作，举动。

八、庶征[1]：曰雨，曰旸[2]，曰燠[3]，曰寒，曰风。曰时五者来备[4]，各以其叙[5]，庶草蕃庑[6]。一极备，凶[7]；一极无，凶[8]。曰休征[9]：曰肃，时雨若[10]；曰乂，时旸若；曰哲，时燠若；曰谋，时寒若；曰圣，时风若。曰咎征[11]：曰狂，恒雨若[12]；曰僭[13]，恒旸若；曰豫[14]，恒燠若；曰急，恒寒若；曰蒙，恒风若。曰王省惟岁[15]，卿士惟月，师尹惟日[16]。岁月日，时无易[17]，百谷用成，乂用明，俊民用章[18]，家用平康。日月岁，时既易，百谷用不成，乂用昏不明，俊民用微[19]，家用不宁。庶民惟星，星有好风[20]，星有好雨。日月之行，则有冬有夏。月之从星，则以风雨。

九、五福：一曰寿，二曰富，三曰康宁，四曰攸好德，五曰考终命[21]。六极：

一曰凶、短、折[22]，二曰疾，三曰忧，四曰贫，五曰恶[23]，六曰弱[24]。

[1]庶征：各种征兆。

[2]旸：晴天。

[3]燠（yù）：温暖。

[4]曰时五者来备：这五种天气齐备。时，这。

[5]叙：次序。此指时序。

[6]蕃：茂盛。　庑：通“芜”，丰茂。

[7]一：指雨、旸、燠、寒、风五种现象中的一种。　极：过度。　备：具备。

[8]极无：过少。

[9]休：美好。　征：征兆。

[10]“曰肃”二句：言君行政恭敬严肃，雨水就会及时到来。肃，恭敬。若，顺。

[11]咎征：不好的征兆。

[12]恒：久。

[13]僭：差错。

[14]豫：安逸。

[15]省：视察。

[16]师尹：卿士下面的治事百官。因其只掌管局部具体事物，故其得失征兆计日可见。

[17]时无易：按时发生，不改变常规。

[18]俊民：才智出众的人。　章：同“彰”，显用。意为提拔任用。

[19]微：不彰显。意为被埋没，不被重用。

[20]好：喜好。

[21]考：老。　终命：终于天年。

[22]凶、短、折：夭折。《史记集解》引郑玄注：“未龀曰凶，未冠曰短，未婚曰折。”

[23]恶：丑陋。

[24]弱：懦弱

【导读】

本文选自《尚书·周书》，据中华书局影印清代阮元校刻《十三经注疏》1980 年版。《尚书》又名《书》、《书经》，是我国现存最早的上古典章制度的汇编，保存了商及西周初期的一些重要史料。相传曾由孔子编选，儒家列为经典之一。汉代流行最早的是伏生所传《尚书》29 篇，因用当时的隶书书写，故称《今文尚书》。汉武帝时在孔子故宅夹壁中发现《尚书》，比《今文尚书》多 16 篇，因用蝌蚪文书写，故称《古文尚书》。至东晋时梅赜献上孔安国传的《古文尚书》，比《今文尚书》多出 25 篇，唐·孔颖达为之作疏，即今《十三经注疏》中的《尚书》。但经宋以后学者考证，认为此系伪书。通行本《尚书》共58篇，包括《虞书》5篇、《夏书》4篇、《商书》17篇、《周书》32篇。注本有唐·孔颖达《尚书正义》、清·孙星衍《尚书今古文注疏》等。

《尚书》的文章结构渐趋完整，且有一定层次，标志着古代散文已经形成。注意运用比喻说明道理，善于通过对话来描摹人物的口气、感情，对后世散文产生了很大影响。其文字古奥难懂，很少使用语气词，所谓“周诰殷盘，佶屈聱牙”（韩愈《进学解》）。

《洪范》是《尚书》的重要篇目之一，是研究我国古代政治史和思想史的重要文献。“洪范”即大法，旧传箕子所述，今人或认为系战国后期儒者所作，或认为作于春秋时期。箕子是殷纣王的亲属和大臣。纣王荒淫，不理国事。箕子进谏，不被接受，于是佯狂为奴。周克商的前一年，纣王杀王子比干，囚禁箕子。公元前1066年，武王克商，封纣王的儿子禄父于殷，又命召公释放箕子。后两年，武王访问箕子，问殷灭亡原因，箕子不忍说殷的恶政，于是武王改问上天安定下民的常道，箕子便告以洪范九畴，即大法九类。史官记录箕子的这篇话，写成《洪范》。本篇分两大部分：第一部分概述人君治理国家的大法；第二部分分述人君治国的九种大法。文中阐述水、火、木、金、土“五行”及其性能作用；主张天子建立“皇极”，实行赏罚，使臣民顺服；提出“正直”、“刚克”、“柔克”三种治民方法；认为龟筮可以决疑，政情可使天象变化，后来成为汉代“天人感应”思想的理论基础。

【研讨】

1. 《尚书》是一部怎样的书？简述其内容。

2. 简述本文所述“五行”的内容和意义。

【延展】

1. 延伸阅读

天地之气，合而为一，分为阴阳，判为四时，列为五行。行者，行也。其行不同，故谓之五行。五行者，五官也。比相生而间相胜也，故为治，逆之则乱，顺之则治。

东方者木，农之本。司农尚仁，进经术之士，道之以帝王之路，将顺其美，匡救其恶。执规而生，至温润下，知地形肥硗美恶，立事生则，因地之宜，召公是也。亲入南亩之中，观民垦草发淄，耕种五谷。积蓄有余，家给人足，仓库充实，司马食谷。司马，本朝也；本朝者，火也，故曰木生火。

南方者火也，本朝。司马尚智，进贤圣之士，上知天文，其形兆未见，其萌芽未生，昭然独见存亡之机，得失之要，治乱之源，豫禁未然之前，执矩而长，至忠厚仁，辅翼其君，周公是也。成王幼弱，周公相，诛管叔、蔡叔，以定天下，天下既宁以安。君官者，司营也；司营者，土也，故曰火生土。

中央者土，君官也。司营尚信，卑身贱体，夙兴夜寐，称述往古，以厉主意，明见成败，微谏纳善，防灭其恶，绝原塞隙，执绳而制四方，至忠厚信，以事其君，据义割恩，太公是也。应天因时之化，威武强御以成。大理者，司徒也；司徒者，金也，故曰土生金。

西方者金，大理，司徒也。司徒尚义，臣死君而众人死父。亲有尊卑，位有上下，各死其事，事不逾矩，执权而伐。兵不苟克，取不苟得，义而后行，至廉而威，质直刚毅，子胥是也。伐有罪，讨不义，是以百姓附亲，边境安宁，寇贼不发，邑无狱讼则亲安。执法者，司寇也；司寇者，水也，故曰金生水。

北方者水，执法，司寇也。司寇尚礼，君臣有位，长幼有序，朝廷有爵，乡党以齿，升降揖让，般伏拜谒，折旋中矩，立则磬折，拱则抱鼓，执衡而藏，至清廉平，赂遗不受，请谒不听，据法听讼，无有所阿，孔子是也。为鲁司寇，断狱屯屯，与众共之，不敢自专。是死者不恨，生者不怨，百工维时，以成器械。器械既成，以给司农。司农者，田官也；田官者木，故曰水生木。（董仲舒《春秋繁露·五行相生第五十八》）

2. 推荐书目

（1）顾颉刚，刘起釪．尚书校释译论．中华书局，2005.

（2）马士远．周秦《尚书》学研究．中华书局，2008.

晋公子重耳出亡[1]

《左传》

晋公子重耳之及于难也[2]，晋人伐诸蒲城[3]。蒲城人欲战，重耳不可[4]，曰：“保君父之命而享其生禄[5]，于是乎得人[6]。有人而校[7]，罪莫大焉[8]。吾其奔也[9]！”遂奔狄[10]。从者狐偃、赵衰、颠颉、魏武子、司空季子[11]。

狄人伐廧咎如[12]，获其二女叔隗、季隗，纳诸公子[13]。公子取季隗[14]，生伯儵、叔刘[15]；以叔隗妻赵衰[16]，生盾。将适齐[17]，谓季隗曰：“待我二十五年，不来而后嫁。”对曰：“我二十五年矣，又如是而嫁，则就木焉[18]！请待子。”处狄十二年而行。

[1]晋公子重耳：晋献公之子。　　亡：逃亡。

[2]及于难（nàn）：僖公四年十二月，晋献公听信骊姬的谗言，逼迫太子申生自缢而死，公子重耳、夷吾也被迫出奔。

[3]伐诸蒲城：到蒲城讨伐重耳。诸，兼词，之于。蒲城，在今山西隰县西北。

[4]可：允许，许可。

[5]保君父之命而享其生禄：倚仗君父的命令而享受养生的俸禄。保，倚仗，依靠。君父，指晋献公。生禄，养生之禄，指古代贵族从封邑中取得的给养。

[6]得人：得到士众的拥戴。

[7]有人：拥有百姓。　　校（jiào）：较量，抵抗。

[8]莫：无指代词，没有什么。　　大焉：比这大。焉，兼词，于此。

[9]吾其奔也：我们还是逃亡吧。其，表希望、劝告的语气副词。

[10]狄：当时北方的少数民族。

[11]狐偃：字子犯，重耳的舅父。　　赵衰（cuī）：字子余。　　颠颉（xié）：从

行者，不详。　魏武子：名犨（chōu），谥武子。　司空季子：胥氏，名臣，字季子，司空是他后来的官名。　因以上五人功劳最大，故列出其姓名。

[12]廧咎（qiáng gāo）如：狄族的别种，姓隗（wěi）。

[13]纳诸公子：把她们送给晋公子重耳。纳，入，送给。诸，之于。

[14]取：同“娶”。

[15]儵：音 chóu。

[16]妻（qì）：用作动词，给……作妻。

[17]适：往，到……去。

[18]就木：进棺材，“死”的委婉说法。就，接近，靠近。

过卫，卫文公不礼焉[1]。出于五鹿[2]，乞食于野人[3]，野人与之块[4]。公子怒，欲鞭之。子犯曰：“天赐也[5]！”稽首[6]，受而载之。

及齐，齐桓公妻之[7]，有马二十乘[8]，公子安之。从者以为不可。将行，谋于桑下。蚕妾在其上[9]，以告姜氏。姜氏杀之，而谓公子曰：“子有四方之志[10]，其闻之者，吾杀之矣。”公子曰：“无之。”姜曰：“行也！怀与安，实败名[11]。”公子不可。姜与子犯谋，醉而遣之[12]。醒，以戈逐子犯。

[1]卫文公不礼焉：卫文公不按礼节对待重耳。卫文公，名燬（huǐ），卫国的中兴之主，鲁僖公元年（公元前 659 年）即位，在位 24 年。

[2]五鹿：卫国地名，在今河南濮阳市南。

[3]野人：乡野农夫。

[4]块：土块。

[5]天赐：上天的赏赐。古人认为，土块代表土地，拥有土地是建立国家的预兆，所以这里叫“天赐”。

[6]稽首：古代最恭敬的跪拜礼，行礼时以头抵地，并稍作停留。

[7]妻（qì）：以女嫁人。

[8]乘（shèng）：四马为一乘。

[9]蚕妾：采桑叶养蚕的女奴。

[10]四方之志：指远大的志向。

[11]“怀与安”二句：贪恋享乐，安于现状，确实可以败坏一个人的功名事业。实，实在，确实。败名，败坏功名。

[12]遣：送走。

及曹，曹共公闻其骈胁[1]，欲观其裸。浴，薄而观之[2]。僖负羁之妻曰[3]：“吾观晋公子之从者，皆足以相国[4]。若以相，夫子必反其国[5]。反其国，必得志于诸侯[6]。得志于诸侯而诛无礼[7]，曹其首也。子盍蚤自贰焉[8]？”乃馈盘飧[9]，置璧焉[10]。公子受飧反璧[11]。

[1]曹共公：名襄，鲁僖公七年（公元前 653 年）即位，在位 35 年。　骈胁：

肋骨连在一起。

[2]薄：迫近，靠近。

[3]僖负羁：曹国大夫。

[4]相国：辅佐国家。相，辅佐。

[5]夫子：那个人，指重耳。夫，那。　　反：同“返”。

[6]得志：实现志向，这里指称霸诸侯。

[7]诛：声讨，追究。　　无礼：对重耳无礼的国家。上文曹共公观看重耳骈胁，是非常无礼的行为。

[8]子盍蚤自贰焉：您何不早些表示您和曹国君主有所不同呢？盍，兼词，何不。蚤，通“早”。贰，两样。

[9]馈（kuì）：赠送。　　盘飧（sūn）：一盘饭食。飧，晚餐。

[10]置璧焉：把璧藏在晚餐里。大夫不能私自和别国来往，“置璧”是为了向重耳表示敬意，同时又不致被人发现。

[11]反：同“返”，返还，退还。

及宋，宋襄公赠之以马二十乘。

及郑，郑文公亦不礼焉。叔詹谏曰[1]：“臣闻天之所启[2]，人弗及也。晋公子有三焉[3]，天其或者将建诸[4]！君其礼焉！男女同姓，其生不蕃[5]。晋公子，姬出也[6]，而至于今，一也；离外之患[7]，而天不靖晋国[8]，殆将启之，二也；有三士足以上人而从之[9]，三也。晋、郑同侪[10]，其过子弟，固将礼焉，况天之所启乎？”弗听。

[1]叔詹：郑国大夫。

[2]天之所启：上天所开导、赞助的人。启，开。

[3]有三焉：有三件（别人达不到的）事。

[4]天其或者将建诸：上天或许有意要树立他吧？其，表推测语气的副词。建，建立，树立。诸，兼词，之乎。

[5]“男女同姓”二句：中国古代有“同姓不婚”的说法，认为夫妻同姓，所生的后代不能繁盛。生，生殖。蕃，繁盛。

[6]姬出：指重耳的父母都为姬姓。

[7]离：通“罹”，遭遇。　　外：流亡在外。

[8]靖：安定，平定。

[9]有三士足以上人而从之：有三个能力超过一般人的贤士跟随他流亡。据《国语》，“三士”指狐偃、赵衰和贾佗。上人，胜过一般人。

[10]晋、郑同侪：晋国和郑国地位相等。侪，辈，类。

及楚，楚子飨之[1]，曰：“公子若反晋国，则何以报不谷[2]？”对曰：“子女玉帛[3]，则君有之；羽毛齿革[4]，则君地生焉。其波及晋国者，君之余也[5]。其何以报君？”曰：“虽然[6]，何以报我？”对曰：“若以君之灵[7]，得反晋国，晋、楚治兵[8]，遇于中原，其辟君三舍[9]。若不获命[10]，其左执鞭弭[11]，右属櫜鞬[12]，以与君周旋。”子玉请杀之[13]。楚子曰：“晋公子广而俭[14]，文而有礼。其从者肃而宽[15]，忠而能力[16]。晋侯无亲，外内恶之[17]。吾闻姬姓唐叔之后[18]，其后衰者也，其将由晋公子乎！天将兴之，谁能废之？违天必有大咎[19]。”乃送诸秦[20]。

[1]楚子飨（xiǎng）之：楚成王设酒宴款待他。楚子，楚成王，楚国为“子”爵。飨，用酒食招待。

[2]不谷：春秋时期诸侯的谦称。谷，善，好。

[3]子女：指男女奴隶。

[4]羽毛齿革：指孔雀翎、牦牛尾、象牙、犀牛皮一类的珍贵土特产。

[5]“其波及晋国者”二句：意思是说，晋国的出产都是楚国剩余的东西。波，播散，扩散。

[6]虽然：尽管如此。

[7]若以君之灵：如果托您的福。灵，神灵，引申为福佑、保佑。

[8]治兵：两国交战的委婉说法。

[9]其辟君三舍：将撤军九十里。其，表推测语气的副词。辟，同“避”。舍，古代行军三十里为一舍。

[10]若不获命：如果得不到您退兵的命令。

[11]其：表委婉语气的副词，可译为“那只好”。　弭（mǐ）：不加装饰的弓。

[12]属（zhǔ）：佩带。　櫜鞬（gāo jiàn）：装箭和弓的袋子。

[13]子玉：指楚令尹成得臣。

[14]广而俭：心胸广阔而行为检点。

[15]肃而宽：为人礼貌，待人宽厚。

[16]忠：忠诚。　力：效力。

[17]“晋侯无亲”二句：晋惠公众叛亲离，国内臣民和国外诸侯都厌恶他。恶（wù），厌恶。

[18]唐叔：周武王之子叔虞被封于唐，故称唐叔。后叔虞子燮父改国号为晋。

[19]咎：灾祸。

[20]诸：兼词，之于。

秦伯纳女五人[1]，怀嬴与焉[2]。奉匜沃盥[3]，既而挥之[4]。怒曰：“秦、晋匹也[5]，何以卑我[6]！”公子惧，降服而囚[7]。

他日，公享之[8]。子犯曰：“吾不如衰之文也[9]，请使衰从。”公子赋《河水》[10]，公赋《六月》[11]。赵衰曰：“重耳拜赐[12]！”公子降[13]，拜，稽首。公降一级而辞焉[14]。衰曰：“君称所以佐天子者命重耳[15]，重耳敢不拜！”

[1]纳女五人：送给他五名女子。

[2]怀嬴与（yù）焉：怀嬴也在其中。怀嬴，秦穆公之女，曾嫁给晋惠公之子圉，

后圉自秦逃归晋国继位为怀公，故称。此时又作为媵妾送给重耳。

[3]奉匜（yí）沃盥（guàn）：（怀嬴）捧着盛水器浇水（给重耳）洗手。奉，同“捧”。匜，盛水器。沃，浇水。盥，洗手。

[4]既而挥之：意思是说，重耳洗完后把水挥洒在怀嬴身上。之，指怀嬴。

[5]匹：相当，匹敌。

[6]卑：轻视。

[7]降服而囚：脱去上衣，自缚以谢罪。

[8]享：通“飨”，设宴款待。

[9]文：言辞有文采，即善于辞令。

[10]公子赋《河水》：重耳朗诵《河水》诗。赋，朗诵。《河水》应是《诗经》中的《沔（miǎn）水》，以海喻秦，取河水朝宗于海之义，借以表达对秦国的尊奉。

[11]《六月》：《诗经》篇名，诗中歌颂了尹吉甫辅佐周宣王北伐获胜而复兴王室之事，穆公以此喻公子重耳能够振兴晋国，并像尹吉甫那样辅佐周王室。

[12]拜赐：拜谢秦穆公的好意。赐，恩赐，好意。

[13]降：下台阶。

[14]辞：辞谢。

[15]君称所以佐天子者命重耳：您用尹吉甫辅佐天子的诗篇教导重耳。命，指教。

二十四年春，王正月[1]，秦伯纳之[2]，不书，不告入也[3]。

及河[4]，子犯以璧授公子，曰：“臣负羁绁从君巡于天下[5]，臣之罪甚多矣。臣犹知之，而况君乎？请由此亡。”公子曰：“所不与舅氏同心者，有如白水[6]！”投其璧于河。

济河[7]，围令狐[8]，入桑泉[9]，取臼衰[10]。

二月甲午[11]，晋师军于庐柳[12]。秦伯使公子絷如晋师[13]，师退，军于郇[14]。辛丑[15]，狐偃及秦、晋之大夫盟于郇[16]。壬寅[17]，公子入于晋师。丙午[18]，入于曲沃[19]。丁未[20]，朝于武宫[21]。戊申[22]，使杀怀公于高梁[23]；不书，亦不告也。

[1]王正月：周历的正月。王，指周天子。

[2]秦伯纳之：秦穆公派人护送重耳回到晋国。纳，使……入。

[3]“不书”二句：意思是，《春秋》没有记载这件事，是由于晋国没有把秦伯送重耳回国的消息通报给鲁国。书，记载。

[4]河：黄河。由秦国到晋国，必须渡过黄河。

[5]负羁绁（jī xiè）：背负着马笼头，牵挽着马缰绳。羁，马笼头。绁，马缰绳。在先秦时期“负羁绁”常作为随行仆役的套语。　巡：巡行。此处指流亡各国。

[6]“所不与舅氏同心者”二句：意思是说，如果我不与舅父同心，就任凭河神惩罚。所，如果，常用于盟誓中。白水，指河神。

[7]济：渡河。

[8]令狐：晋地名，在今山西临猗县西。

[9]桑泉：晋地名，在今山西临猗县境内。

[10]臼衰（cuī）：晋地名，在今山西解县（今并入运城）东南。

[11]甲午：古人用天干地支配合记日，此指公元前636年2月4日。

[12]晋师军于庐柳：晋怀公的军队驻扎在庐柳。意思是说，晋怀公用武力阻止重耳回国。军，驻军。庐柳，晋地名，在今山西临猗县北。

[13]秦伯使公子絷（zhí）如晋师：秦穆公派公子絷去晋国军营。如，到……去。

[14]郇（xún）：晋地名，在今山西临猗县南。

[15]辛丑：指公元前636年2月11日。

[16]盟：结盟，订立盟约。

[17]壬寅：指公元前636年2月12日。

[18]丙午：指公元前636年2月16日。

[19]曲沃：晋地名，晋公室宗庙所在地，在今山西闻喜县东北。

[20]丁未：指公元前636年2月17日。

[21]朝：朝拜祭祀。　　武宫：重耳祖父晋武公的神庙。

[22]戊申：指公元前636年2月18日。

[23]高粱：晋地名，在今山西临汾县东。

吕、郤畏偪[1]，将焚公宫而弑晋侯[2]。寺人披请见[3]，公使让之[4]，且辞焉，曰："蒲城之役，君命一宿，女即至[5]。其后余从狄君以田渭滨[6]，女为惠公来求杀余，命女三宿，女中宿至[7]。虽有君命，何其速也[8]？夫袪犹在[9]，女其行乎！"对曰："臣谓君之入也，其知之矣[10]。若犹未也，又将及难。君命无二[11]，古之制也。除君之恶，唯力是视[12]。蒲人、狄人，余何有焉[13]？今君即位，其无蒲、狄乎[14]？齐桓公置射钩而使管仲相[15]，君若易之，何辱命焉[16]？行者甚众[17]，岂唯刑臣[18]。"公见之，以难告[19]。三月，晋侯潜会秦伯于王城[20]。己丑晦[21]，公宫火。瑕甥、郤芮不获公[22]，乃如河上，秦伯诱而杀之。

晋侯逆夫人嬴氏以归[23]。秦伯送卫于晋三千人[24]，实纪纲之仆[25]。

初，晋侯之竖头须[26]，守藏者也[27]。其出也，窃藏以逃，尽用以求纳之[28]。及入，求见，公辞焉以沐[29]。谓仆人曰："沐则心覆[30]，心覆则图反[31]，宜吾不得见也[32]。居者为社稷之守[33]，行者为羁绁之仆[34]，其亦可也，何必罪居者？国君而仇匹夫，惧者甚众矣。"仆人以告，公遽见之[35]。

[1]吕、郤畏偪：吕，吕甥。郤，郤芮。二人为晋惠公旧臣。偪，通"逼"，逼迫，威胁。

[2]公宫：晋侯的宫廷。　　晋侯：指晋文公重耳。

[3]寺人披：寺人，阉宦，宦官。披，人名。

[4]让：责备。

[5]"蒲城之役"三句：意思是蒲城一战，献公命你一夜后到达，你当天就到了。女，同"汝"。

[6]田：同“畋”，田猎，打猎。

[7]中宿：第二夜。

[8]何其速也：为什么这么快呢？

[9]袪（qū）：衣袖。《左传·僖公五年》记载，寺人披奉献公命讨伐蒲城，重耳“逾垣而走，披斩其袪，遂出奔翟”。

[10]“臣谓君之入也”二句：意思是说，我认为您既然回国做了国君，一定懂得为君之道了。入，指回国做君主。

[11]君命无二：执行国君的命令，没有二心。

[12]唯力是视：宾语前置，即唯视力，唯有尽力而为。

[13]“蒲人、狄人”二句：意思是，你是蒲人还是狄人，与我有什么关系呢？

[14]其无蒲、狄乎：难道就没有如同你当年在蒲地、狄地的反对者？

[15]置：搁置不问，赦免。　相：为相，做相。

[16]“君若易之”二句：意思是，您如果改变齐桓公的做法，（我自会离开），哪里会屈尊您下命令赶我走呢？

[17]行者：畏罪出走的人。

[18]刑臣：刑余之人。这里是寺人披作为宦官的自称。

[19]难（nàn）：灾祸。

[20]潜：暗中，秘密。　王城：秦地名，在今陕西朝邑县东。

[21]己丑：3月29日。　晦：阴历每月最后一天。

[22]瑕甥：即吕甥，因其封地在瑕，故称。

[23]逆：迎接。　嬴氏：即秦穆公之女文嬴。

[24]卫：卫兵。

[25]实纪纲之仆：用以充实治理保卫国家的得力仆臣。实，充实。纪纲，治理。

[26]竖：未成年的小吏。　头须：小吏的名字。

[27]守藏（zàng）者：看守库藏的人。

[28]“其出也”三句：意思是说，重耳出亡时，头须私自带走库藏逃走，为了接纳重耳回国而用尽了资财。

[29]辞：推辞。　沐：洗头。

[30]沐则心覆：洗头时（低头向下）心的位置就颠倒了。

[31]心覆则图反：心的位置颠倒了，那么他的想法也就反常了。

[32]宜：当然，无怪。

[33]居者为社稷之守：留在国内的人做了国家的守卫者。

[34]行者为羁绁之仆：跟随出亡的人做奔波服役的仆人。

[35]遽：立刻。

狄人归季隗于晋，而请其二子[1]。文公妻赵衰[2]，生原同、屏括、楼婴。赵姬请逆盾与其母[3]，子余辞[4]。姬曰：“得宠而忘旧，何以使人？必逆之。”固请，许之。来，以盾为才，固请于公以为嫡子[5]，而使其三子下之。以叔隗为内子[6]，而己下之。

晋侯赏从亡者，介之推不言禄[7]，禄亦弗及。推曰："献公之子九人，唯君在矣。惠、怀无亲，外内弃之。天未绝晋，必将有主。主晋祀者[8]，非君而谁？天实置之[9]，而二三子以为己力[10]，不亦诬乎[11]？窃人之财，犹谓之盗，况贪天之功以为己力乎？下义其罪[12]，上赏其奸[13]，上下相蒙[14]，难与处矣！"其母曰："盍亦求之，以死谁怼[15]？"对曰："尤而效之[16]，罪又甚焉，且出怨言，不食其食[17]。"其母曰："亦使知之若何？"对曰："言，身之文也[18]。身将隐，焉用文之？是求显也。"其母曰："能如是乎？与女偕隐。"遂隐而死。晋侯求之，不获，以绵上为之田[19]，曰："以志吾过[20]，且旌善人[21]。"

[1]请其二子：请求重耳指示如何安置他的两个儿子伯儵和叔刘。一说狄人请求把重耳的两个儿子留在狄。

[2]文公妻（qì）赵衰：晋文公把女儿嫁给赵衰。即下文的赵姬。

[3]盾与其母：赵盾和他的母亲叔隗。

[4]子余：赵衰的字。

[5]嫡子：正妻所生之子。

[6]内子：正妻，卿大夫的嫡妻。

[7]介之推：即介推，之，语气助词。又称介子推。跟随晋文公重耳逃亡的小臣。

[8]主晋祀者：主持晋国祭祀的人，即做晋国国君的人。

[9]天实置之：是上天要立他做国君。实，句中助词，加强语气。

[10]二三子：指跟随重耳逃亡的人。

[11]诬：荒谬。

[12]下义其罪：在下位的人把自己的罪过当作义。义，意动用法，把……当作义。

[13]上赏其奸：在上位的奖赏他们的欺诈行为。

[14]蒙：欺骗。

[15]怼（duì）：怨恨。

[16]尤：谴责。　效：效法。

[17]不食其食：不应该再食其俸禄。

[18]"言"二句：语言是自身行为的表现形式。文，文饰，外表。

[19]绵上：晋地名，在今山西介休县东南。　为之田：作为介之推的祭田。

[20]志：同"志"，记录。

[21]旌：表彰。

谋于桑下图

【导读】

本文选自《左传》的《僖公二十三年》和《僖公二十四年》，据中华书局影印清代阮元校刻《十三经注疏》1980 年版。

《左传》，原名《左氏春秋》，汉儒始称之为《春秋左氏传》，简称《左传》，是我国第一部编年体历史著作。相传为鲁国史官左丘明所作，后又有增益。《左传》记载了从鲁隐公元年（公元前722 年）至鲁哀公十四年（公元前481 年）共242 年的历史，较为详细地记录了春秋时期各诸侯国在政治、经济、军事、外交和文化等方面的重大历史事实，反映了列国之间的矛盾和争霸斗争，具有很高的历史价值。

重耳，晋献公之子，即后来的春秋五霸之一晋文公。鲁僖公四年，晋献公听信骊姬谗言，逼太子申生自杀，重耳被迫逃离晋国，出奔至狄，此后辗转过卫、齐、曹、宋、郑、楚、秦等国，在外流亡 19 年，最后在秦穆公的帮助下夺取了政权。本文主要记载了重耳从出奔、流亡到回国的经历，生动地反映了重耳从一个政治幼稚、养尊处优、耽于享乐、目光短浅、胸无大志的贵族公子，经过艰苦磨炼，最终成为一个有志气、有胆略、有度量的中原霸主的过程。同时也揭露了春秋时期诸侯公室内部的矛盾，从侧面反映出各诸侯国之间相互利用、相互排斥的矛盾斗争，反映了各种人物之间的复杂关系。

本文语言简洁，情节生动，条理清晰。作者善于通过语言描写表现人物性格，通过侧面烘托与正面描写交替使用的方法塑造典型人物，通过矛盾冲突营造典型环境。人物形象鲜明，忠心耿耿的狐偃、深谋远虑的齐姜、大度知礼的赵姬、淡泊名利的介之推……一个个神态毕现。

【研讨】

1. 李源澄在《经学通论・春秋》中评论《左传》说：“左氏叙事之工，文采之富，即以史论，亦当在司马迁、班固之上，不必依傍经书，可以独有千古。”谈谈你对此观点的看法。

2. 你认为重耳是怎样一个人？他最终成就霸业的原因何在？

3. 谈谈重耳曲折的人生经历对自己的启发。

【延展】

1. 延伸阅读

（1）初，晋献公欲以骊姬为夫人，卜之，不吉；筮之，吉。公曰：“从筮。”卜人曰：“筮短龟长，不如从长。且其繇曰：‘专之渝，攘公之羭。一薰一莸，十年尚犹有臭。'必不可!"弗听，立之。生奚齐，其娣生卓子。

及将立奚齐，既与中大夫成谋。姬谓大子曰："君梦齐姜，必速祭之!"大子祭于曲沃，归胙于公。公田，姬置诸宫六日。公至，毒而献之。公祭之地，地坟；与犬，犬毙；与小臣，小臣亦毙。姬泣曰："贼由大子。"大子奔新城。公杀其傅杜原款。

或谓大子："子辞，君必辩焉。"大子曰："君非姬氏，居不安，食不饱。我辞，姬必有罪。君老矣，吾又不乐。"曰："子其行乎!"大子曰："君实不察其罪，被此名也以出，人谁纳我?"十二月戊申，缢于新城。

姬遂谮二公子曰："皆知之。"重耳奔蒲，夷吾奔屈。(《左传·僖公四年》)

(2) 足下

《异苑》曰："介之推逃禄，抱树烧死。文公拊木哀嗟，伐而制屐，每怀其功，俯视其屐曰：'悲乎足下!'"足下之称当缘此尔。史记战国之士，或上书时君，或谈说君前，及相与论难，多相斥曰"足下"，盖自七国相承至今也。(宋·高承《事物纪原》卷二)

2. 推荐书目

(1) 晋·杜预注，唐·孔颖达疏. 春秋·左传正义. 北京大学出版社，2000.

(2) 杨伯峻. 春秋·左传注. 中华书局，1983.

冯谖客孟尝君[1]

《战国策》

孟尝君

齐人有冯谖者，贫乏不能自存[2]，使人属孟尝君[3]，愿寄食门下[4]。孟尝君曰："客何好[5]?"曰："客无好也。"曰："客何能?"曰："客无能也。"孟尝君笑而受之，曰："诺。"

左右以君贱之也，食以草具[6]。居有顷，倚柱弹其剑，歌曰："长铗归来乎[7]！食无鱼。"左右以告。孟尝君曰："食之，比门下之客[8]。"居有顷，复弹其铗，歌曰："长铗归来乎！出无车。"左右皆笑之，以告。孟尝君曰："为之驾[9]，比门下之车客。"于是乘其车，揭其剑[10]，过其友曰[11]："孟尝君客我[12]。"后有顷，复弹其剑铗，歌曰："长铗归来乎！无以为家[13]。"左右皆恶之，以为贪而不知足。孟尝君问："冯公有亲乎[14]?"对曰："有老母。"孟尝君使人给其食用[15]，无使乏。于是冯谖不复歌。

[1]冯谖(xuān)：齐国游说之士。谖，《史记》又作"驩(xuān)"。客，指做门客。孟尝君，姓田名文，齐国贵族，封于薛(今山东滕县东南)，孟尝君是他的封号。齐愍王时，孟尝君先后两次为齐相，主持国政。此人以好养士(门客)而著名，与信陵君(魏)、春申君(楚)、平原君(赵)一起被称为"战国四公子"。

[2]存：生存。

[3]属：同“嘱”，嘱托。

[4]寄食门下：到孟尝君家做个食客，以解决生活问题。

[5]好：爱好，擅长。

[6]食（sì）：给……吃。　草具：粗劣的食物。

[7]铗（jiá）：剑把。这里指剑。　归来乎：回去吧。来，语气词。

[8]比门下之客：按照中等门客的生活待遇。孟尝君对门客的待遇分为三等：下等（草具之客），食无鱼；中等（门下之客），食有鱼；上等（车客），出有车。

[9]为之驾：为他配车。

[10]揭：举。

[11]过：拜访。

[12]孟尝君客我：意为孟尝君待我为上等门客。

[13]无以为家：没有什么用来养家。

[14]亲：父母。

[15]给：供给。　食用：吃的用的东西。

后孟尝君出记[1]，问门下诸客：“谁习计会[2]，能为文收责于薛者乎[3]？”冯谖署曰[4]：“能。”孟尝君怪之[5]，曰：“此谁也？”左右曰：“乃歌夫‘长铗归来’者也[6]。”孟尝君笑曰：“客果有能也，吾负之[7]，未尝见也。”请而见之，谢曰[8]：“文倦于事[9]，愦于忧[10]，而性懦愚[11]，沉于国家之事[12]，开罪于先生[13]，先生不羞[14]，乃有意欲为收责于薛乎[15]？”冯谖曰：“愿之。”于是约车治装[16]，载券契而行[17]，辞曰：“责毕收，以何市而反[18]？”孟尝君曰：“视吾家所寡有者[19]。”

[1]出：拿出。　记：通告，文告。一说指账簿。

[2]习：熟悉。　计会（kuài）：会计工作。

[3]责：同“债”，指借出的钱或物。

[4]署：签名。这里指表示。

[5]怪之：以之为怪。

[6]夫：指示代词，那。

[7]负：对不起。

[8]谢：道歉。

[9]倦于事：被琐事搞得疲劳。

[10]愦于忧：被忧患弄得发昏。愦，昏乱。

[11]性懦（nuò）愚：天性懦弱愚呆。

[12]沉：沉浸。

[13]开罪：得罪。

[14]羞：意动用法，认为……是羞辱。

[15]乃：却。　为（wèi）：后省宾语“文”。　于：到。

[16]约车：准备车马。约，拴系，把马系于车前。　　治装：整理行装。

[17]载券契：用车载着借契，说明借契之多。券契，借契。

[18]市：买。　　反：同“返”。

[19]寡有：少有，缺少。

驱而之薛，使吏召诸民当偿者[1]，悉来合券。券遍合，起，矫命以责赐诸民[2]，因烧其券，民称万岁。

长驱到齐，晨而求见。孟尝君怪其疾也[3]，衣冠而见之，曰：“责毕收乎？来何疾也！”曰：“收毕矣。”“以何市而反？”冯谖曰：“君云‘视吾家所寡有者’。臣窃计，君宫中积珍宝，狗马实外厩[4]，美人充下陈[5]，君家所寡有者以义耳[6]！窃以为君市义。”孟尝君曰：“市义奈何？”曰：“今君有区区之薛，不拊爱子其民[7]，因而贾利之[8]。臣窃矫君命，以责赐诸民，因烧其券，民称万岁，乃臣所以为君市义也[9]。”孟尝君不说，曰：“诺。先生休矣[10]！”

[1]当偿者：应当还债的。

[2]矫命：假托（孟尝君的）命令。

[3]怪其疾：以其疾速而奇怪。疾，快。

[4]实：充满。　　厩（jiù）：马棚，泛指牲口圈。

[5]下陈：堂下陈列礼品、站列婢妾的地方。

[6]以：唯，只。

[7]拊（fǔ）爱：爱抚，爱护。　　子其民：以其民为子。

[8]贾（gǔ）利之：用商人放债的办法来获取利润。

[9]所以：用来……的方式。

[10]休矣：算了罢。

后期年[1]，齐王谓孟尝君曰[2]：“寡人不敢以先王之臣为臣[3]！”孟尝君就国于薛[4]，未至百里[5]，民扶老携幼，迎君道中。孟尝君顾谓冯谖[6]：“先生所为文市义者，乃今日见之！”冯谖曰：“狡兔有三窟[7]，仅得免其死耳。今君有一窟，未得高枕而卧也。请为君复凿二窟！”

孟尝君予车五十乘[8]，金五百斤[9]，西游于梁[10]，谓惠王曰[11]：“齐放其大臣孟尝君于诸侯[12]，诸侯先迎之者，富而兵强。”于是，梁王虚上位，以故相为上将军，遣使者黄金千斤，车百乘，往聘孟尝君。冯谖先驱，诫孟尝君曰：“千金，重币也[13]；百乘，显使也[14]。齐其闻之矣。”梁使三反[15]，孟尝君固辞不往也[16]。

齐王闻之，君臣恐惧，遣太傅赍黄金千斤、文车二驷、服剑一[17]，封书谢孟尝君曰：“寡人不祥[18]，被于宗庙之祟[19]，沉于谄谀之臣[20]，开罪于君，寡人不足为也[21]，愿君顾先王之宗庙[22]，姑反国统万人乎[23]！”冯谖诫孟尝君曰：“愿请先王之祭器[24]，立宗庙于薛[25]。”庙成，还报孟尝君曰：“三窟已就，君姑高枕为乐矣。”

孟尝君为相数十年，无纤介之祸者[26]，冯谖之计也。

[1]期（jī）年：一周年。

[2]齐王：指齐愍（mǐn）王。

[3]“寡人”句：此为委婉语，实际是撤孟尝君的职。史载，当时齐愍王恐孟尝君政治势力扩大，有意排斥他，决定废除他的相位并把他赶到薛地居住。先王，齐愍王称他已死的父亲齐宣王。

[4]就国：到自己的封地去住。国，卿大夫的封地。

[5]未至百里：离目的地还差一百里。

[6]顾：回头看。

[7]窟：洞穴。

[8]乘（shèng）：用四匹马拉的一辆车。

[9]金五百斤：金，与下文的“黄金”都指铜质货币。

[10]游：游说。　梁：魏国，这里指魏国国都大梁（今河南省开封市）。魏原都安邑，魏惠王时迁都大梁，国号也叫梁。

[11]惠王：梁惠王。

[12]放：放逐，指免去孟尝君的相位。

[13]重币：厚礼。币，古代礼物的通称。

[14]显使：显贵的使臣。

[15]三反：往返多次。

[16]固辞：坚决推辞。辞，谢绝，推辞。

[17]太傅：官名。　赍：拿东西送人。　文车：雕刻或绘画着花纹的车。驷：四匹马拉的车，与“乘”同义。　服剑：佩剑。

[18]不祥：没福气。

[19]被：遭受。　宗庙：帝王或诸侯祭祀祖先的地方，借指祖先。　祟：原指鬼神害人，这里指祖宗降下的祸害。

[20]沉：深深地迷惑。

[21]不足为：不值得您看重并辅助。

[22]顾：顾念。

[23]姑：姑且。　万人：指全国人民。

[24]祭器：宗庙里用于祭祀祖先的器皿。

[25]立宗庙于薛：在薛地再建一座齐国宗庙。这是巩固和强化薛作为封地的政治地位的重要举措，因为宗庙一立，封地就不能再取消。

[26]纤介：喻极其微小。纤，细。介，通“芥”，小草。

【导读】

本文选自《战国策·齐策四》，据上海古籍出版社1985年版。《战国策》又名《国事》、《国策》、《事语》、《短长》等，是一部国别体史书，杂记东西周及秦、齐、楚、赵、魏、韩、燕、宋、卫、中山诸国之事，共33卷，约12万字。上接春秋，下至秦并六国，记事约240年（前460年－前220年）。原著者不可考。西汉末年，刘向根据皇家藏书中的六种记录纵横家写本，编订成本书。北宋时，《战国策》散佚颇多，经曾巩校补，是为今本《战国策》。

《战国策》主要记述了战国时纵横家的政治主张和策略，展示了战国时代的历史特点和社会风貌，是研究战国历史的重要典籍。所记人物复杂，有纵横家，如苏秦；有义士，如鲁仲连、唐雎；有侠客，如荆轲、聂政。这些人物形象逼真，刻画得栩栩如生。文章长于说事，无论个人陈述抑或双方辩论，都喜欢渲染夸大，充分发挥，畅所欲言，具有很强的说服力。此外，描写人物形象极为生动，而且善于运用巧妙生动的比喻，通过有趣的寓言故事，增强文章的感染力。

本文记述了策士冯谖为巩固孟尝君的政治地位而进行的种种政治外交活动，展现了冯谖不甘屈居人下、报效知己、深谋远虑的政治识见和多方面的才能，也表现了孟尝君宽容大度、礼贤下士的良好品德，从一个侧面反映了战国时期的社会风貌。本文的艺术特点主要表现在两个方面：一是运用曲折的情节和生动的细节刻画出冯谖的策士形象。如文章开头描写冯谖被认为是个无能的人，不但无能，而且三次提高待遇，他却三次弹铗而歌，表现了他的贪婪。到孟尝君征求门下食客有谁能为他去薛收债时，只有冯谖"署曰：'能'"，孟尝君对他的态度由最初的"贱之"、"怪之"，到最后说："客果有能也"。这些描写使情节显得十分曲折。文中的细节描写也起到同样的作用。如冯谖去薛收债时，先问孟尝君："责毕收，以何市而反"，孟尝君答以"视吾家所寡有者"，显示冯谖早已预料到；他焚券市义，与孟尝君的要求毫不相关，回齐复命时，他抓住孟尝君的话，分析孟尝君家所寡有者是"义"，因而为孟尝君"市义"，既合乎逻辑，又符合孟尝君的要求，充分表现出冯谖这个策士的智慧和善于揣摩他人心理的特点。

二是运用对比手法，表现出有关人物的特点和相互关系。如孟尝君对冯谖，由最初的"笑而受之"，到"怪之"，到"请而见之"，到"不悦"，到称赞，到最后的完全信赖，前后对照，不仅反映出孟尝君了解、认识冯谖的曲折过程，更重要的是使冯谖的聪明才智，随着事态的发展逐一展现在读者面前，使冯谖这个策士的形象显得完整鲜明，给人以深刻的印象。

【研讨】

1. 本文的民本思想对现在有何启示？

2. 试比较《左传》与《战国策》各自的写作特点。

【延展】

1. 延伸阅读

（1）从横家者流，盖出于行人之官。孔子曰："诵《诗》三百，使于四方，不能专对，虽多亦奚以为？"又曰："使乎，使乎！"言其当权事制宜，受命而不受辞。此其所长也。及邪人为之，则上诈谖而弃其信。（《汉书·艺文志·诸子略》）

（2）说秦王书十上而说不行，黑貂之裘弊，黄金百斤尽，资用乏绝，去秦而归。

羸縢履蹻，负书担橐，形容枯槁，面目黧黑，状有归色。归至家，妻不下纴，嫂不为炊，父母不与言。苏秦喟然叹曰：“妻不以我为夫，嫂不以我为叔，父母不以我为子，是皆秦之罪也。”乃夜发书，陈箧数十，得《太公阴符》之谋，伏而诵之，简练以为揣摩。读书欲睡，引锥自刺其股，血流至足，曰：“安有说人主不能出其金玉锦绣、取卿相之尊者乎？”期年，揣摩成，曰：“此真可以说当世之君矣！”于是乃摩燕乌集阙，见说赵王于华屋之下，抵掌而谈。赵王大悦，封为武安君。受相印，革车百乘，锦绣千纯，白璧百双，黄金万溢，以随其后，约从散横，以抑强秦。故苏秦相于赵而关不通。当此之时，天下之大，万民之众，王侯之威，谋臣之权，皆欲决苏秦之策……将说楚王，路过洛阳，父母闻之，清宫除道，张乐设饮，郊迎三十里。妻侧目而视，倾耳而听；嫂蛇行匍伏，四拜自跪而谢。苏秦曰：“嫂何前倨而后卑也？”嫂曰：“以季子之位尊而多金。”苏秦曰：“嗟乎！贫穷则父母不子，富贵则亲戚畏惧。人生世上，势位富贵，盖可忽乎哉！”（《战国策·秦策一》）

2. 推荐书目

（1）战国策．上海古籍出版社，1985.

（2）何建章．战国策注译．中华书局，1996.

垓下之围

《史记》

霸王别姬

项王军壁垓下[1]，兵少食尽，汉军及诸侯兵围之数重。夜闻汉军四面皆楚歌[2]，项王乃大惊曰：“汉皆已得楚乎？是何楚人之多也[3]！”项王则夜起，饮帐中。有美人名虞，常幸从[4]；骏马名骓[5]，常骑之。于是项王乃悲歌慷慨[6]，自为诗曰：“力拔山兮气盖世，时不利兮骓不逝[7]。骓不逝兮可奈何，虞兮虞兮奈若何[8]！”歌数阕[9]，美人和之。项王泣数行下。左右皆泣，莫能仰视[10]。

[1]壁：营垒，用作动词，在……扎营。　垓下：地名，在今安徽灵璧县东南。

[2]楚歌：楚地民歌。

[3]何……之：为什么……这么。

[4]幸从：得到宠爱而跟随左右。

[5]骓（zhuī）：本指毛色黑白相间的马，这里以毛色名马。

[6]慷慨：悲愤激昂。

[7]逝：奔驰。

[8]奈若何：把你怎么办，即怎么安排你。若，你。

[9]歌数阕（què）：唱了好几遍。乐曲终止叫阕。

[10]莫：没有人。

于是项王乃上马骑[1]，麾下壮士骑从者八百余人[2]，直夜溃围南出[3]，驰走。平明[4]，汉军乃觉之，令骑将灌婴以五千骑追之[5]。项王渡淮，骑能属者百余人耳[6]。项王至阴陵[7]，迷失道，问一田父[8]，田父绐曰[9]：“左[10]。”左，乃陷大泽中，以故汉追及之。项王乃复引兵而东，至东城[11]，乃有二十八骑。汉骑追者数千人。项王自度不得脱[12]，谓其骑曰：“吾起兵至今八岁矣，身七十余战[13]，所当者破[14]，所击者服，未尝败北[15]，遂霸有天下。然今卒困于此[16]，此天之亡我，非战之罪也。今日固决死[17]，愿为诸君快战[18]，必三胜之，为诸君溃围，斩将，刈旗[19]，令诸君知天亡我，非战之罪也。”乃分其骑以为四队，四向[20]。汉军围之数重。项王谓其骑曰：“吾为公取彼一将。”令四面骑驰下，期山东为三处[21]。于是项王大呼驰下，汉军皆披靡[22]，遂斩汉一将。是时赤泉侯为骑将[23]，追项王，项王瞋目叱之[24]，赤泉侯人马俱惊，辟易数里[25]。与其骑会为三处。汉军不知项王所在，乃分军为三，复围之。项王乃驰，复斩汉一都尉，杀数十百人，复聚其骑，亡其两骑耳。乃谓其骑曰：“何如？”骑皆伏曰[26]：“如大王言。”

[1]骑：疑为衍文。

[2]麾下：部下。

[3]直夜：当夜。　　溃围：突破重围。

[4]平明：天亮时。

[5]灌婴：刘邦部下，后封为颍阴侯。　　以：率领，带领。

[6]骑（jì）能属（zhǔ）者百余人耳：骑兵能跟从上的只有一百多人了。属，跟随。

[7]阴陵：秦地名，在今安徽定远县西北。

[8]田父：农夫。

[9]绐（dài）：欺骗。

[10]左：用作动词，向左行。

[11]东城：秦地名，在今安徽定远县东南。

[12]度（duó）：揣测，估计。　　脱：脱身。

[13]身：亲身经历。

[14]所当者破：所遇到的敌人被击溃。

[15]未尝：不曾。　　败北：战败。

[16]卒：最终。

[17]固：一定。

[18]快战：痛痛快快地打一仗。

[19]刈（yì）旗：砍倒敌人的战旗。

［20］四向：向着四面。

［21］期山东为三处：约定在山的东面分三处会合。期，约定。

［22］披靡：本指草随风而倒，这里比喻军队溃败。

［23］赤泉侯：指汉将杨喜，后因破项羽有功，封赤泉侯。赤泉，地名，在今河南淅川西。

［24］瞋（chēn）目：瞪大眼睛。

［25］辟易：倒退，退避。辟，同“避”。易，变更，换地方。

［26］伏：通“服”，信服。

于是项王乃欲东渡乌江[1]。乌江亭长舣船待[2]，谓项王曰：“江东虽小，地方千里，众数十万人，亦足王也，愿大王急渡！今独臣有船，汉军至，无以渡。”项王笑曰：“天之亡我，我何渡为[3]！且籍与江东子弟八千人渡江而西，今无一人还，纵江东父兄怜而王我[4]，我何面目见之？纵彼不言，籍独不愧于心乎？”乃谓亭长曰：“吾知公长者[5]。吾骑此马五岁，所当无敌，尝一日行千里，不忍杀之，以赐公。”乃令骑皆下马步行，持短兵接战。独籍所杀汉军数百人，项王身亦被十余创[6]。顾见汉骑司马吕马童[7]，曰：“若非吾故人乎[8]？”马童面之[9]，指王翳曰[10]：“此项王也。”项王乃曰：“吾闻汉购我头千金[11]，邑万户，吾为若德[12]。”乃自刎而死。王翳取其头，余骑相蹂践争项王，相杀者数十人。最其后，郎中骑杨喜，骑司马吕马童，郎中吕胜、杨武，各得其一体。五人共会其体，皆是。故分其地为五[13]：封吕马童为中水侯[14]，封王翳为杜衍侯[15]，封杨喜为赤泉侯，封杨武为吴防侯[16]，封吕胜为涅阳侯[17]。

……

［1］乌江：即今安徽和县东北之乌江浦。

［2］亭长：乡官。秦汉时制度，十里一亭，设亭长一人。　舣（yǐ）船：移船靠岸。

［3］何渡为：为什么要渡江呢？为，语气词。

［4］纵：即使。　王：让……为王。

［5］长者：忠厚有德的人。

［6］被：遭受。　创：创伤。

［7］顾：回头看。　骑司马：骑兵中的执法官。　吕马童：项羽旧部，后背楚投汉。

［8］故人：旧相识。

［9］面：面对，面向。

［10］指王翳：把项王指给王翳看。王翳，汉将。

［11］购：悬赏征求。

［12］吾为若德：我给你好处。

［13］分其地为五：把原来悬赏的万户邑分为五份。

[14]中水：在今河北献县西北。

[15]杜衍：在今河南南阳市西南。

[16]吴防：在今河南遂平县。

[17]涅阳：在今河南镇平县南。

太史公曰[1]：吾闻之周生曰[2]："舜目盖重瞳子[3]"，又闻项羽亦重瞳子，羽岂其苗裔邪[4]？何兴之暴也[5]！夫秦失其政，陈涉首难[6]，豪杰蜂起[7]，相与并争，不可胜数。然羽非有尺寸[8]，乘势起陇亩之中[9]。三年，遂将五诸侯灭秦[10]，分裂天下而封王侯，政由羽出[11]，号为"霸王"，位虽不终[12]，近古以来未尝有也。及羽背关怀楚，放逐义帝而自立[13]，怨王侯叛己，难矣。自矜功伐[14]，奋其私智而不师古[15]，谓霸王之业，欲以力征经营天下[16]，五年卒亡其国，身死东城，尚不觉寤[17]，而不自责，过矣[18]。乃引"天亡我，非用兵之罪也"[19]，岂不谬哉！

[1]太史公：司马迁自称。他曾任太史令，故称。

[2]周生：汉时儒者，名不详。

[3]盖：或许，大概。 重（chóng）瞳子：指一只眼睛里有两个瞳子。

[4]苗裔：后代。

[5]暴：迅速，突然。

[6]首难：首先发难。

[7]蜂起：像蜂群那样飞起。比喻豪杰纷纷涌现。

[8]尺寸：尺寸之地。指极少的封地。

[9]陇亩：田野。指民间。

[10]将：率领。 五诸侯：指楚以外的齐、赵、韩、魏、燕五国。

[11]政：政令。

[12]位虽不终：霸王的权位虽然没能维持到底。

[13]"背关怀楚"二句：背关怀楚，指项羽放弃关中形胜之地而定都彭城之事。背关，离开关中；怀楚，怀思回归楚地。放逐义帝而自立，指项羽的叔父项梁起兵时，立楚王后代熊心为怀王，灭秦后项羽尊其为义帝。后项羽自立为西楚霸王，徙义帝往长沙郴县，并密令于途中杀之。

[14]自矜：自夸，自负。 功伐：功劳。

[15]私智：一己之能。 师古：以古代建功立业的帝王为师。

[16]经营：治理，整顿。

[17]觉寤：觉悟。

[18]过：错误。

[19]引：援引，以……为理由。

【导读】

本文选自《史记》，据中华书局 1959 年校点本，标题为编者所加。作者司马迁

（约公元前 145－约前 87 年），字子长，夏阳（今陕西韩城）人，西汉伟大的史学家、思想家、文学家。其父司马谈，汉武帝时任太史令，学识渊博，曾立志要著一部史书，可惜未及动笔就去世了。司马迁少从经学大师董仲舒、孔安国学习，20 岁起离开国都长安开始壮游，遍踏名山大川，实地考察历史遗迹，了解到许多历史人物的逸闻轶事，以及许多地方的民情风俗、经济生活，为以后撰写《史记》积累了素材。司马迁 38 岁时，正式做了太史令，有机会阅览汉朝官藏的图书、档案以及各种史料。司马迁继承父亲的遗志，于太初元年（公元前 104 年）开始写作《史记》。汉武帝天汉三年（公元前 98 年），司马迁因替李陵辩护而触怒武帝，被下狱处以宫刑。太始元年（公元前 96 年）司马迁出狱。征和二年（公元前 91 年）《史记》全书才得以完成。

《史记》是我国第一部纪传体通史，记载了上自传说中的黄帝，下至汉武帝太初年间，共约 3000 年的历史。全书包括十二本纪、十表、八书、三十世家、七十列传，共 130 篇，52 万余字。《史记》记述历史事实翔实，涉及政治、经济、文化等各个方面，生动地展现了我国古代广阔的社会生活画面。

《史记》对后世史学和文学的发展都产生了深远影响。《史记》和司马光的《资治通鉴》并称“史学双璧”，其首创的纪传体编史方法为后来历代“正史”所继承。《史记》描写人物栩栩如生，善于通过言行刻画人物形象，语言简洁生动，其丰富的艺术表现手法对后世文学创作产生了很大影响，被鲁迅誉为“史家之绝唱，无韵之离骚”。

本文选自《史记·项羽本纪》，主要记叙了西楚霸王项羽最后失败、乌江自刎的历史事实，生动地塑造了一位悲剧英雄的形象。司马迁既肯定了项羽起兵灭秦的历史功绩，又批评了他缺乏政治远见、自矜功伐、刚愎自用的错误。

本文主要通过四面楚歌、东城快战、乌江自刎三个场面描写塑造人物形象，通过夜闻楚歌、霸王别姬、“左右皆泣”、“瞋目叱之”、赠马于亭长、对吕马童说“吾为若德”等细节描写和艺术加工展现人物性格，既表现了项羽众叛亲离、英雄末路的心情，也塑造了其勇猛善战、知耻重义、宁死不辱的形象。

【研讨】

1. 分析项羽的性格特征及其失败的原因。
2. 分析本文塑造人物形象的方法。
3. 讨论：如何看待历史的偶然性与必然性？

【延展】

1. 延伸阅读

诗四首

题乌江亭

杜牧

胜败兵家事不期，包羞忍辱是男儿。
江东子弟多才俊，卷土重来未可知。

乌江亭

王安石

百战疲劳壮士哀，中原一败势难回。
江东子弟今虽在，肯与君王卷土来？

咏项羽

李清照

生当作人杰，死亦为鬼雄。
至今思项羽，不肯过江东。

七律·人民解放军占领南京

毛泽东

钟山风雨起苍黄，百万雄师过大江。
虎踞龙盘今胜昔，天翻地覆慨而慷。
宜将剩勇追穷寇，不可沽名学霸王。
天若有情天亦老，人间正道是沧桑。

2. 推荐书目

（1）司马迁．史记．中华书局，1982.

（2）俞香顺．项羽的“第三种面目”——有关项羽的几则材料钩沉．中国典籍与文化，2002，2.

苏　武　传

《汉书》

武[1]，字子卿，少以父任，兄弟并为郎[2]，稍迁至栘中厩监[3]。时汉连伐胡[4]，数通使相窥观[5]。匈奴留汉使郭吉、路充国等，前后十余辈[6]。匈奴使来，汉亦留之以相当[7]。天汉元年[8]，且鞮侯单于初立[9]，恐汉袭之，乃曰：“汉天子，我丈人行也[10]。”尽归汉使路充国等。武帝嘉其义[11]，乃遣武以中郎将使持节送匈奴使留在汉者[12]，因厚赂单于[13]，答其善意[14]。武与副中郎将张胜及假吏常惠等，募士、斥候百余人俱[15]。既至匈奴，置币遗单于[16]。单于益骄[17]，非汉所望也。

[1]武：苏武。苏武的传附在父亲苏建的传之后，故这里不再写明他的姓氏。

[2]“少以父任”二句：谓苏武年轻时，因为父亲职任的关系而被任用，兄弟都做了郎官。以，因为。任，指其父亲的职任。汉朝制度，凡职位在两千石以上的官吏可以保举子弟一人为郎。并，都。郎，官名。汉代专指皇帝的侍从官。

[3]稍迁至栘（yí）中厩监（jiàn）：渐渐升迁到栘中厩监。稍，渐渐，逐渐。迁，升迁，升任。栘中厩，汉宫有栘园，园中有马厩，故名栘中厩。监，这里指管理马厩

的官。

[4]连：接连。　　胡：此处指匈奴。

[5]数（shuò）通使相窥观：屡次互派使者窥探观察（对方的动静）。数，屡次，多次。

[6]留：扣留。　　辈：批。

[7]当（dàng）：抵押。

[8]天汉元年：汉武帝年号之一，即公元前100年。

[9]且鞮（jū dī）侯：单于的名号。　　单于：匈奴人对其国君的称呼，意为“广大”。

[10]丈人行（háng）：长辈。丈人，对年长者的尊称。行，辈分。

[11]嘉其义：嘉奖他的正确行为。义，合宜的行为或道理。

[12]乃遣武以中郎将使持节送匈奴使留在汉者：就派苏武以中郎将的身份，让他持节出使匈奴，送留在汉朝的匈奴使者。以，凭着……身份。中郎将，统领皇帝侍卫的官。节，使者所持的信物，以竹为竿，上面往往饰以旄牛尾。

[13]因：趁机，趁便。　　厚赂（lù）：赠送丰厚的礼物。赂，赠送财物。

[14]答：回报。

[15]假吏：指临时委任的使臣属吏。　　募士：招募来的士卒。　　斥候：军中负责守卫、侦察的士兵。　　俱：一同出发。

[16]置：陈列。　　币：泛指财物。　　遗（wèi）：赠送。

[17]益：逐渐。　　望：期望。

方欲发使送武等[1]，会缑王与长水虞常等谋反匈奴中[2]——缑王者，昆邪王姊子也[3]，与昆邪王俱降汉，后随浞野侯没胡中[4]——及卫律所将降者[5]，阴相与谋劫单于母阏氏归汉[6]。会武等至匈奴。虞常在汉时，素与副张胜相知[7]，私候胜曰[8]：“闻汉天子甚怨卫律，常能为汉伏弩射杀之[9]。吾母与弟在汉，幸蒙其赏赐[10]。”张胜许之，以货物与常[11]。后月余，单于出猎，独阏氏、子弟在[12]。虞常等七十余人欲发[13]，其一人夜亡[14]，告之。单于子弟发兵与战，缑王等皆死，虞常生得[15]。

单于使卫律治其事[16]。张胜闻之，恐前语发[17]，以状语武[18]。武曰：“事如此，此必及我[19]。见犯乃死，重负国[20]！”欲自杀，胜、惠共止之。虞常果引张胜[21]。单于怒，召诸贵人议[22]，欲杀汉使者。左伊秩訾曰[23]：“即谋单于，何以复加[24]？宜皆降之[25]。”单于使卫律召武受辞[26]。武谓惠等：“屈节辱命[27]，虽生，何面目以归汉！”引佩刀自刺[28]。卫律惊，自抱持武，驰召医[29]。凿地为坎[30]，置煴火[31]，覆武其上，蹈其背以出血[32]。武气绝，半日复息[33]。惠等哭，舆归营[34]。单于壮其节[35]，朝夕遣人候问武[36]，而收系张胜[37]。

[1]方欲发使送武等：单于正要派使者送苏武等人以及以前扣留在匈奴的汉朝使者回国。方，正。发，派遣。

[2]会：恰逢。　　缑（gōu）王：匈奴的一个亲王。　　长水：水名，在今陕西蓝田西北。　　虞常：原为汉朝长水校尉，后投降匈奴。

[3]昆邪（hún yé）王：匈奴的一个亲王，于汉武帝元狩二年（公元前121年）降汉。

[4]浞（zhuó）野侯：汉将赵破奴的封号，太初二年（公元前103年）出击匈奴，兵败投降。　　没：陷落。

[5]及：以及。　　卫律：长水胡人，生长于汉，曾任汉使出使匈奴，后因事株连，畏罪逃奔匈奴，被封为丁零王。　　将：率领。　　降者：投降匈奴的人。

[6]阴：暗中。　　相与：共同，一起。　　阏氏（yān zhī）：对匈奴单于妻子的称呼。这里指且鞮侯单于之父伊秩斜单于的妻子。

[7]素：平素，素来。　　相知：熟识，有交情。

[8]私候：私下拜访。

[9]伏弩：埋伏弓弩手。弩，一种用机械发箭的弓。这里指弓弩手。

[10]幸蒙其赏赐：希望得到汉朝的赏赐。幸，希望。蒙，蒙受，得到。其，指汉朝。

[11]货物：财物。

[12]独阏氏、子弟在：只有阏氏和单于的子弟在家。

[13]发：指发动劫持阏氏归汉之事。

[14]夜亡：夜里逃走。

[15]生得：被活捉。

[16]治其事：审理这个案件。

[17]恐前语发：担心以前（与虞常）的谈话泄露。发，泄露，败露。

[18]以状语武：把情况告诉苏武。语（yù），告诉。

[19]及：牵连。

[20]“见犯乃死”二句：意谓受到（匈奴）侮辱以后才死，更加对不起国家。见，被。重（zhòng），更加。负，辜负，对不起。

[21]引：牵引，指供出。

[22]贵人：指匈奴的贵族。

[23]伊秩訾（zī）：匈奴的王号，有左、右之分。

[24]“即谋单于”二句：假使谋杀单于，又该用什么更重的处罚呢？意思是说，因为谋劫阏氏杀卫律就把汉使处死，处罚太重。

[25]降：使……投降。

[26]受辞：受审讯。

[27]屈节辱命：意为以汉朝使节的身份受审，玷辱国家使命。

[28]引：抽出，拔出。

[29]驰召医：（派人）骑快马召医生来。驰，驱马快跑。

[30]坎：坑。

[31]煴（yūn）火：没有火焰的火。

[32]蹈：通“掐（tāo）”，轻轻敲打。

[33]息：呼吸。

[34]舆：用车载运。

[35]壮其节：钦佩苏武的气节。壮，认为……勇壮。

[36]候问：问候。

[37]收系：拘捕并监禁。系，捆绑。

武益愈[1]。单于使使晓武[2]，会论虞常[3]，欲因此时降武[4]。剑斩虞常已[5]，律曰：“汉使张胜，谋杀单于近臣[6]，当死[7]。单于募降者赦罪[8]。”举剑欲击之，胜请降。律谓武曰：“副有罪，当相坐[9]。”武曰：“本无谋[10]，又非亲属，何谓相坐？”复举剑拟之[11]，武不动。律曰：“苏君，律前负汉归匈奴，幸蒙大恩[12]，赐号称王[13]，拥众数万，马畜弥山[14]，富贵如此。苏君今日降，明日复然。空以身膏草野[15]，谁复知之！”武不应。律曰：“君因我降[16]，与君为兄弟；今不听吾计，后虽欲复见我，尚可得乎？”武骂律曰：“女为人臣子，不顾恩义，畔主背亲[17]，为降虏于蛮夷[18]，何以女为见[19]？且单于信女，使决人死生，不平心持正，反欲斗两主，观祸败[20]。南越杀汉使者，屠为九郡[21]；宛王杀汉使者，头县北阙[22]；朝鲜杀汉使者，即时诛灭[23]。独匈奴未耳！若知我不降明[24]，欲令两国相攻，匈奴之祸，从我始矣！”

[1]益愈：渐渐痊愈。愈，病情好转。

[2]使使晓武：派使者通知苏武。

[3]会：共同，一起。　　论：判罪。

[4]因：趁着。

[5]剑斩：用剑斩杀。

[6]近臣：亲近之臣。这里是卫律自指。

[7]当死：判处死罪。

[8]募降者赦罪：招募愿意投降的人赦免他们的罪过。

[9]相坐：相连坐，即连带（治罪）。

[10]本无谋：本来没有参加谋划。

[11]举剑拟之：举起剑来做要砍的样子。拟，比划。

[12]幸蒙大恩：有幸蒙受（单于的）大恩。

[13]赐号称王：赐（我）爵号称王。卫律被单于封为丁零王。

[14]马畜：马一类的牲畜。　　弥：满。

[15]空以身膏草野：白白地把身体给野草做肥料。指被杀身死。膏，油脂，用作动词，滋润。

[16]因：依靠，凭借。

[17]畔主背亲：背叛主上，离弃双亲。畔，通“叛”。

［18］为降虏于蛮夷：向蛮夷投降做俘虏。蛮夷，古代对少数和边远民族的蔑称。

［19］何以汝为见：即“何以见汝为”，为什么要见你。为，语气助词。

［20］“斗两主”二句：使两国君主互相攻打，（从旁）观看祸乱胜败。斗，使……相斗。

［21］“南越杀汉使者”二句：南越，汉代国名，在今广东、广西一带。汉武帝元鼎五年（前112年），南越王相吕嘉杀死南越王、王太后及汉使者，汉武帝遣将讨伐。次年，南越降，吕嘉被杀。以南越之地，设置儋耳、南海、苍梧等九郡。屠，平定。

［22］“宛王杀汉使者”二句：指汉武帝太初元年（前104年），派壮士车令入大宛（古西域国名，在前苏联乌兹别克东部）求良马，大宛王毋寡不肯献马，并将汉使截杀于归途。武帝派李广利伐大宛，太初三年（前102年），大宛贵族杀毋寡，献马出降。县，同“悬”。北阙，宫殿北面的门楼，是大臣等候朝见或上书奏事的地方。

［23］“朝鲜杀汉使者”二句：汉武帝元封二年（前109年），命使臣涉何说服朝鲜王右渠，右渠杀涉何。武帝派兵征讨，其臣下杀死右渠投降。即时，立刻。

［24］若知我不降明：你明明知道我不会投降。若，你。

律知武终不可胁[1]，白单于[2]。单于愈益欲降之[3]。乃幽武[4]，置大窖中，绝不饮食[5]。天雨雪[6]，武卧啮雪[7]，与旃毛并咽之[8]，数日不死。匈奴以为神，乃徙武北海上无人处[9]，使牧羝[10]，羝乳乃得归[11]。别其官属常惠等[12]，各置他所[13]。武既至海上，廪食不至[14]，掘野鼠、去中实而食之[15]。杖汉节牧羊[16]，卧起操持，节旄尽落[17]。积五六年，单于弟於靬王弋射海上[18]。武能网纺缴[19]，檠弓弩[20]，於靬王爱之，给其衣食[21]。三岁余，王病，赐武马畜、服匿、穹庐[22]。王死后，人众徙去。其冬，丁令盗武牛羊[23]，武复穷厄[24]。

［1］终：终究，到底。　　胁：威胁（而使之屈服）。

［2］白：告诉，禀告。

［3］愈益：更加。　　降之：使之投降。

［4］幽：幽禁。

［5］绝不饮食：断绝供应，不给饮食。饮（yìn），给……喝。食（sì），给……吃。

［6］雨（yù）：动词，下。

［7］啮（niè）：咬，嚼。

［8］旃（zhān）：通“毡”，毛织的毯子。

［9］徙：迁移。　　北海：当时匈奴的北境，在今俄罗斯境内的贝加尔湖一带。

［10］羝（dī）：公羊。

［11］乳：生产，生育。

［12］别：分别，分开。这里有“隔离”之义。　　官属：所属官吏、部下。

［13］他所：别的处所。

［14］廪食：公家供给的粮食。

［15］去：同“弆”（jǔ），收藏。　　屮（cǎo）实：草籽。屮，古“草”字。

[16]杖：执，拄。

[17]节旄：符节上用旄牛尾做的装饰。

[18]於靬（wū jiān）王：且鞮侯单于的弟弟。　弋（yì）射：用带丝绳的箭射猎。这里指狩猎，打猎。

[19]网：结网。　缴（zhuó）：弋射时箭上所带的丝绳。

[20]檠（qíng）弓弩：矫正弓和弩。檠，本是矫正弓弩的工具，此处用作动词，用檠矫正弓弩。

[21]给（jǐ）：供给。

[22]服匿：盛酒酪的瓦器。　穹庐：圆形的毡帐。

[23]丁令：即丁零，匈奴族的一支。

[24]穷厄（è）：穷困，困顿。

初，武与李陵俱为侍中[1]。武使匈奴明年[2]，陵降，不敢求武[3]。久之[4]，单于使陵至海上，为武置酒设乐[5]，因谓武曰："单于闻陵与子卿素厚[6]，故使陵来说足下[7]，虚心欲相待[8]。终不得归汉，空自苦亡人之地[9]，信义安所见乎[10]？前长君为奉车[11]，从至雍棫阳宫[12]，扶辇下除[13]，触柱折辕[14]，劾大不敬[15]，伏剑自刎[16]，赐钱二百万以葬。孺卿从祠河东后土[17]，宦骑与黄门驸马争船[18]，推堕驸马河中，溺死，宦骑亡。诏使孺卿逐捕[19]，不得，惶恐饮药而死[20]。来时，太夫人已不幸[21]，陵送葬至阳陵[22]。子卿妇年少，闻已更嫁矣[23]。独有女弟二人[24]，两女一男[25]，今复十余年，存亡不可知。人生如朝露，何久自苦如此[26]！陵始降时，忽忽如狂[27]，自痛负汉，加以老母系保宫[28]。子卿不欲降，何以过陵[29]？且陛下春秋高[30]，法令亡常[31]，大臣亡罪夷灭者数十家[32]，安危不可知。子卿尚复谁为乎？愿听陵计，勿复有云[33]！"武曰："武父子亡功德，皆为陛下所成就[34]，位列将[35]，爵通侯[36]，兄弟亲近[37]，常愿肝脑涂地[38]。今得杀身自效[39]，虽蒙斧钺汤镬[40]，诚甘乐之[41]。臣事君，犹子事父也，子为父死，亡所恨[42]。愿勿复再言！"陵与武饮数日，复曰："子卿，壹听陵言[43]！"武曰："自分已死久矣[44]！王必欲降武，请毕今日之驩[45]，效死于前[46]！"陵见其至诚，喟然叹曰："嗟呼，义士！陵与卫律之罪，上通于天[47]！"因泣下沾衿[48]，与武决去[49]。陵恶自赐武[50]，使其妻赐武牛羊数十头。

[1]李陵：字少卿，汉代名将李广之孙，汉武帝时为骑都尉，天汉二年（前99年），李陵率兵攻匈奴，因孤军无援，兵败投降匈奴。　侍中：皇帝的侍从官。

[2]明年：第二年。

[3]求：求访。

[4]久之：时间过了很久。之，助词，无实在意义。

[5]置酒设乐：置备酒宴，安排音乐歌舞。

[6]素厚：一向交情很深。

[7]说（shuì）：劝说。

[8]虚心欲相待：（单于）准备以礼相待。

[9]空：白白地。　　亡：通“无”。

[10]信义安所见（xiàn）乎：（您对汉朝的）信义在哪里表现出来呢？安所，哪里。见，同“现”。

[11]长君：长兄，指苏武的哥哥苏嘉。　　奉车：奉车都尉，皇帝出行时的侍从，掌管皇帝的车马。

[12]从至雍棫（yù）阳宫：跟随皇帝到雍邑的棫阳宫。雍，汉邑名，在今陕西凤翔南。棫阳宫，本是秦宫，在雍邑的东边。

[13]辇（niǎn）：指皇帝乘坐的车子。　　除：台阶。

[14]触柱折辕：车子碰到柱子上而车辕折断。

[15]劾（hé）：弹劾。

[16]伏剑自刎：用剑自杀。伏，通“服”，用。

[17]孺卿从祠河东后土：（您的弟弟）孺卿跟从皇上到河东祭祀土地神。孺卿，苏武的弟弟苏贤的字。祠，祭祀。河东，郡名，在今山西夏县北。后土，土神。

[18]宦骑：骑马的宦官。　　黄门驸马：主管皇帝出游时随行副车的官员，是驸马都尉的属官。

[19]逐捕：追捕。

[20]惶恐饮药而死：因害怕而服毒自杀。

[21]太夫人：指苏武的母亲。　　不幸：“去世”的委婉说法。

[22]阳陵：县名，在今陕西咸阳市东。

[23]更（gēng）嫁：改嫁。

[24]女弟：妹妹。

[25]两女一男：指苏武的三个子女。

[26]“人生如朝露”二句：意谓人生像早晨的露水（很快就消失了），何必久久地这样折磨自己？

[27]忽忽：精神恍惚。

[28]系：捆绑，这里指关押。　　保宫：汉代囚禁大臣及其眷属的地方。

[29]“子卿不欲降”二句：意谓您不肯投降的心情，怎么能超过当初的我呢？

[30]春秋高：“年纪大”的委婉说法。

[31]法令亡常：法令没有定规。意思是随意变更法令。

[32]夷灭：灭族。

[33]勿复有云：不要再有什么话说了。

[34]成就：栽培，提拔。

[35]位列将：职位并列为将。苏武的父亲苏建曾为右将军，武为中郎将，兄长苏嘉为奉车都尉，弟苏贤为骑都尉，都是将军的品级。

[36]爵通侯：爵位封为通侯。通侯，爵位名，秦代置爵二十级，最高一级叫彻侯。

汉朝继承秦制，后避汉武帝讳改为通侯。苏建曾被封为平陵侯。

[37]兄弟亲近：兄弟三人都是皇上的亲近之臣。苏武的大哥苏嘉做过奉车都尉，弟弟苏贤做过骑都尉，苏武出使前也是郎官，都是皇帝的侍从官。

[38]肝脑涂地：本形容死亡惨状，这里比喻不惜牺牲生命。

[39]杀身自效：牺牲自己以报效国家。

[40]蒙：遭受。　　斧钺汤镬：这里泛指刑戮。斧钺（yuè），古代用以杀人的斧子。汤镬，煮着沸水的大锅，古代常作刑具用以烹煮罪犯。

[41]诚：的确。　　乐之：以之为乐。

[42]恨：遗憾，不满。

[43]壹：一定，务必。

[44]分（fèn）：料想，认定。

[45]驩：通“欢”。

[46]效死：即“效命”，交出生命。效，献出。

[47]上通于天：达到天那样高。形容罪行严重，无以复加。通，达。

[48]沾衿：同“沾襟”。指流下的泪水沾湿了衣襟。

[49]决：通“诀”，辞别。

[50]恶（wù）：羞恶。指因羞愧而不愿意。

后陵复至北海上，语武：“区脱捕得云中生口[1]，言太守以下吏民皆白服[2]，曰：‘上崩[3]。’”武闻之，南乡号哭[4]，欧血[5]，旦夕临数月[6]。

昭帝即位[7]，数年，匈奴与汉和亲[8]。汉求武等，匈奴诡言武死[9]。后汉使复至匈奴，常惠请其守者与俱[10]，得夜见汉使，具自陈道[11]。教使者谓单于言：“天子射上林中[12]，得雁，足有系帛书，言武等在某泽中。”使者大喜，如惠语以让单于[13]。单于视左右而惊，谢汉使曰[14]：“武等实在[15]。”

[1]区（ōu）脱：匈奴语，指边界。　　云中：汉郡名，在今内蒙古自治区南部。生口：活口，即俘虏。

[2]白服：穿白色衣服，即服孝。

[3]上：指汉武帝。　　崩：指帝王死。

[4]南乡：向着南方。

[5]欧：同“呕”。

[6]临（lìn）：哭吊死者。

[7]昭帝：汉武帝少子，名弗陵，公元前87－前74年在位。

[8]和亲：指与外族议和，缔结婚姻关系。

[9]诡言：欺骗说。

[10]请其守者与俱：请求看守他的人同他一起去（见汉使）。

[11]具自陈道：自己一五一十地陈说（这些年的经历）。具，全，都。陈道，陈述说明。

[12]上林：即上林苑，皇帝游猎的园林，在长安西。

[13]如惠语以让单于：（汉使）依照常惠教给的话责备单于。让，责备。

[14]谢：道歉，谢罪。

[15]实在：的确活着。

于是李陵置酒贺武曰："今足下还归[1]，扬名于匈奴，功显于汉室，虽古竹帛所载[2]，丹青所画[3]，何以过子卿！陵虽驽怯[4]，令汉且贳陵罪[5]，全其老母[6]，使得奋大辱之积志[7]，庶几乎曹柯之盟[8]，此陵宿昔之所不忘也[9]！收族陵家[10]，为世大戮[11]，陵尚复何顾乎[12]？已矣，令子卿知吾心耳！异域之人[13]，壹别长绝[14]！"陵起舞，歌曰："径万里兮度沙幕[15]，为君将兮奋匈奴。路穷绝兮矢刃摧，士众灭兮名已颓[16]。老母已死，虽欲报恩将安归！"陵泣下数行，因与武决。单于召会武官属[17]，前已降及物故[18]，凡随武还者九人[19]。

[1]还归：回归（汉朝）。

[2]竹帛：竹简丝帛。这里代指史籍。

[3]丹青：丹砂和青雘，可作颜料。

[4]驽怯：才能低下，胆小懦弱。

[5]令：假使。　　且：姑且。　　贳（shì）：赦免。

[6]全：保全。　　其：代指李陵自己。

[7]奋：振作，施展。　　大辱：指投降匈奴之事。

[8]庶几：差不多，或许。　　曹柯之盟：《史记·刺客列传》记载，鲁国与齐国作战失败，曹庄公请和，在柯地订立盟约，鲁将曹沫执匕首劫持齐桓公，迫使他答应归还侵占的鲁地。

[9]宿：通"夙"，早晨。　　昔：通"夕"，晚上。

[10]收族陵家：收捕并杀了我的全家。族，灭族。

[11]戮：耻辱。

[12]尚复：还。　　顾：顾念。

[13]异域之人：指李陵。

[14]壹：同"一"。

[15]径：经过。　　沙幕：沙漠。幕，通"漠"。

[16]颓（tuí）：倒塌。此指败坏。

[17]召会：召集会合。

[18]前已降及物故：（除去）以前已经投降匈奴和死去的。物故，死亡。

[19]凡：总共。

武以始元六年春至京师[1]。诏武奉一太牢，谒武帝园庙[2]，拜为典属国[3]，秩中二千石[4]；赐钱二百万，公田二顷，宅一区[5]。常惠、徐圣、赵终根皆拜为中郎，赐帛各二百匹。其余六人老，归家，赐钱人十万，复终身[6]。常惠后至右将军，封列侯，自有传[7]。武留匈奴凡十九岁，始以强壮出[8]，及还，须发尽白。

[1]以：于，在。　　始元：汉昭帝年号。始元六年，即公元前81年。

[2]奉：进献。　　太牢：古代一牛、一豕、一羊的祭品为一太牢。　　园庙：陵园祠庙。

[3]拜：任命。　　典属国：汉朝掌管外族事务的官员。

[4]秩：官吏俸禄的等级。　　中二千石：古代俸米二千石的官秩分三等，其中最高为中二千石，其次为二千石，三等为比二千石。

[5]一区：一处。

[6]复：免除赋税徭役。

[7]自：另外。

[8]强壮：指壮年。

武来归明年[1]，上官桀、子安与桑弘羊及燕王、盖主谋反[2]。武子男元[3]，与安有谋，坐死。初，桀、安与大将军霍光争权[4]，数疏光过失于燕王[5]，令上书告之。又言："苏武使匈奴二十年不降[6]，还，乃为典属国[7]；大将军长史无功劳[8]，为搜粟都尉[9]，光颛权自恣[10]。"及燕王等反，诛，穷治党与[11]。武素与桀、弘羊有旧，数为燕王所讼[12]，子又在谋中，廷尉奏请逮捕武。霍光寝其奏[13]，免武官。

数年，昭帝崩，武以故二千石与计谋[14]，立宣帝。赐爵关内侯[15]，食邑三百户。久之，卫将军张安世荐武明习故事[16]，奉使不辱命，先帝以为遗言。宣帝即时召武待诏宦者署[17]，数进见，复为右曹典属国。以武著节老臣[18]，令朝朔望[19]，号称祭酒，甚优宠之[20]。武所得赏赐，尽以施予昆弟、故人[21]，家不余财。皇后父平恩侯、帝舅平昌侯、乐昌侯、车骑将军韩增、丞相魏相、御史大夫丙吉[22]，皆敬重武。

武年老，子前坐事死，上闵之[23]，问左右："武在匈奴久，岂有子乎[24]？"武因平恩侯自白[25]："前发匈奴时[26]，胡妇适产一子通国[27]，有声问来[28]，愿因使者致金帛赎之。"上许焉。后通国随使者至，上以为郎。又以武弟子为右曹。武年八十余，神爵二年病卒[29]。

[1]来归：回国。

[2]上官桀：字少书，武帝时拜左将军，因功封安阳侯，与霍光同时辅佐昭帝。安：上官安，上官桀之子，车骑将军，娶霍光女为妻，其女六岁时被封为昭帝皇后。上官父子串通燕王，谋废昭帝、杀霍光、立燕王，事败被族诛。　　桑弘羊：武帝时御史大夫。昭帝即位后，与上官父子谋废昭帝，事败自杀。　　燕王：武帝第三子，因与上官父子谋废立之事，事败自杀。　　盖主：汉武帝长女，因其夫封为盖侯，故称盖长公主，简称"盖主"。

[3]武子男元：苏武的儿子苏元。

[4]霍光：字子孟，骠骑将军霍去病同父异母的弟弟。武帝临终时封霍光为大司马、大将军，辅佐昭帝。

[5]数（shuò）：屡次。　　疏：上奏，分条陈述。

[6]二十年：这里举整数而言，实际为十九年。

[7]乃：才，仅仅。

[8]大将军长史：大将军的属官，这里指杨敞。

[9]搜粟都尉：也称治粟都尉，隶属于掌管财政的大司农。

[10]颛：同“专”。　自恣：自己放肆胡为。

[11]党与：同党，同伙。

[12]数为燕王所讼：多次被燕王上书申诉（苏武功劳大而赏赐薄）。讼，申诉。

[13]寝：搁置，压下。

[14]武以故二千石与计谋：苏武以原来二千石俸禄官员的身份参与拥立宣帝的筹划。与（yù），参与。

[15]关内侯：秦汉时的一种封爵，有称号而无实际统辖的土地。

[16]明习：明了熟悉。　故事：过去的典章制度。

[17]待诏：等待皇帝的诏令。　宦者署：宦者令的衙署。

[18]著节：卓著的节操。

[19]朝：上朝。　朔：阴历每月初一。　望：阴历每月十五。

[20]优宠：优待宠幸。

[21]昆弟：兄弟。

[22]平恩侯：宣帝后妃的父亲许广汉。　平昌侯：宣帝母王夫人的哥哥王无故。乐昌侯：王无故的弟弟王武。

[23]闵：同“悯”。

[24]岂：可。

[25]白：禀告。

[26]前发匈奴时：以前出使匈奴时。

[27]适：恰好。

[28]声问：消息。

[29]神爵：汉宣帝年号。神爵二年，即公元前 60 年。

【导读】

苏武牧羊

本文节选自《汉书·李广苏建传》，据中华书局 1962 年点校本。《汉书》是我国第一部纪传体断代史。《汉书》所载，以西汉一朝为主，上起汉高祖元年，下终王莽地皇四年，共 230 年的史事。全书有十二纪、八表、十志、七十列传，凡 100 篇，共 80 余万言。作者班固（公元 32－92 年），字孟坚，东汉安陵（今陕西咸阳）人，著名史学家和文学家。鉴于司马迁著《史记》止于武帝太初时，太初以后便阙而不录，其父班彪乃发愤继续前史，作成“后传”（列传）65 篇。班固继承父志，“亨笃志于博学，以著述为业”，撰成《汉书》的大部分内容。其书的“八表”

和“天文志”，则由其妹班昭及门生马续共同续成。故《汉书》是“凡经四人手，阅三四十年始成完书”。

苏武于汉武帝天汉元年（公元前100年）奉命出使匈奴，被匈奴扣留。文章记述了苏武羁留匈奴的始末，以及19年艰难困苦的生活。面对卫律逼降、李陵劝降，苏武不惧威胁，不为利诱，忠贞不屈。即使断绝饮食，面临死亡的威胁，他仍时刻不忘自己的身份和使命，表现出顽强的毅力、崇高的民族气节和对国家的忠诚。文章描写生动感人，表达了作者对苏武的赞美敬仰之情。

本文按照时间顺序叙事，围绕中心人物选材，详略得当，脉络清晰，语言简洁。作者善于用典型环境、细节描写和人物的言行塑造人物形象，运用正面描写与侧面描写相结合、对比烘托等手法刻画人物性格。

【研讨】

1. 你认为苏武坚守气节的做法在当今是否有意义和价值？谈谈你对个人幸福与国家民族利益关系的认识。

2. 你认为苏武是民族英雄吗？当今时代，该如何评价苏武？

【延展】

1. 延伸阅读

（1）固字孟坚。年九岁，能属文诵诗赋。及长，遂博贯载籍，九流百家之言，无不穷究。性宽和容众，不以才能高人，诸儒以此慕之。

……

父彪卒，归乡里。固以彪所续前史未详，乃潜精研思，欲就其业。既而有人上书显宗，告固私改作国史者，有诏下郡，收固系京兆狱，尽取其家书。固弟超恐固为郡所核考，不能自明，乃驰诣阙上书，得召见，具言固所著述意，而郡亦上其书。显宗甚奇之，召诣校书部，除兰台令史，与前睢阳令陈宗、长陵令尹敏、司隶从事孟异共成《世祖本纪》。迁为郎，典校秘书。固又撰功臣、平林、新市、公孙述事，作列传、载记二十八篇，奏之。帝乃复使终成前所著书。

固以为汉绍尧运，以建帝业，至于六世，史臣乃追述功德，私作本纪，编于百王之末，厕于秦、项之列，太初以后，阙而不录，故探撰前记，缀集所闻，以为《汉书》。起元高祖，终于孝平王莽之诛，十有二世，二百三十年，综其行事，傍贯《五经》，上下洽通，为春秋考纪、表、志、传凡百篇。固自永平中始受诏，潜精积思二十余年，至建初中乃成。当世甚重其书，学者莫不讽诵焉。

……

固后以母丧去官。永元初，大将军窦宪出征匈奴，以固为中护军，与参议。北单于闻汉军出，遣使款居延塞，欲修呼韩邪故事，朝见天子，请大使。宪上遣固行中郎将事，将数百骑与虏使俱出居延塞迎之。会南匈奴掩破北庭，固至私渠海，闻虏中乱，引还。及窦宪败，固先坐免官。

固不教学诸子，诸子多不遵法度，吏人苦之。初，洛阳令种兢尝行，固奴干其车骑，吏椎呼之，奴醉骂，兢大怒，畏宪不敢发，心衔之。及窦氏宾客皆逮考，兢因此捕系固，遂死狱中。时年六十一。诏以谴责兢，抵主者吏罪。

论曰：司马迁、班固父子，其言史官载籍之作，大义粲然著矣。议者咸称二子有良史之才：迁文直而事核，固文赡而事详。若固之序事，不激诡，不抑抗，赡而不秽，详而有体，使读之者亹亹而不厌，信哉其能成名也！彪、固讥迁，以为是非颇谬于圣人。然其论议常排死节，否正直，而不叙杀身成仁之为美，则轻仁义、贱守节愈矣。固伤迁博物洽闻，不能以智免极刑；然亦身陷大戮，智及之而不能守之。呜呼，古人所以致论于目睫也！

赞曰：二班怀文，裁成帝坟。比良迁、董，兼丽卿、云。彪识王命，固迷世纷。（南朝·宋·范晔《后汉书·班固传》）

（2）

题苏武牧羊图

元·杨维桢

未入麒麟阁，时时望帝乡。
寄书元有雁，食雪不离羊。
旄尽风霜节，心悬日月光。
李陵何以别，涕泪满河梁。

2. 推荐书目

（1）汉·班固撰，清·王先谦补注．汉书补注．上海古籍出版社，2008.

（2）张中行．读《汉书·苏武传》．读书，1993，8.

宋　清　传

柳宗元

柳宗元

宋清，长安西部药市人也，居善药[1]。有自山泽来者，必归宋清氏[2]，清优主之[3]。长安医工得清药辅其方，辄易雠[4]，咸誉清。疾病疕疡者[5]，亦皆乐就清求药，冀速已，清皆乐然响应[6]。虽不持钱者，皆与善药，积券如山[7]，未尝诣取直[8]。或不识，遥与券，清不为辞。岁终，度不能报[9]，辄焚券，终不复言。市人以其异，皆笑之曰："清，蚩妄人也[10]。"或曰："清其有道者欤？"清闻之曰："清逐利以活妻子耳[11]，非有道也；然谓我蚩妄者亦谬。"

清居药四十年，所焚券者百数十人，或至大官，或连数州[12]，受俸博[13]，其馈遗清者[14]，相属于户[15]。虽不能立报，而以赊死者千百[16]，不害清之为富也。清之取利远，远故大[17]，岂若小市人哉？一不得直，则怫然怒[18]，再则骂而仇耳。彼之为利，不亦翦翦乎[19]？吾见蚩之有在也。清诚以是得大利[20]，又不为妄，执其道不废，卒以富。求者益众，其应益广。或斥弃沉废[21]，亲与交视之落然者[22]，清不以怠[23]，遇其人，必与善药如故。一旦复柄用[24]，益厚报清。其远取利，皆类此。

吾观今之交乎人者，炎而附[25]，寒而弃，鲜有能类清之为者。世之言，徒曰"市道交[26]"。呜呼！清，市人也，今之交有能望报如清之远者乎？幸而庶几[27]，则天下之穷困废辱得不死亡者众矣，"市道交"岂可少耶？或曰："清，非市道人也[28]。"柳先生曰："清居市不为市之道；然而居朝廷、居官府、居庠塾乡党以士大夫自名者[29]，反争为之不已，悲夫！然则清非独异于市人也。"

[1]居：积聚。

[2]归：这里有"售给"的意思。

[3]优：优厚，指价格优惠。　　主：把……当作主人，即招待恭敬。

[4]辄：总是。　　雠（chóu）：出售。

[5]疕（bǐ）疡：泛指疮疡。疕，头疮。

[6]响应：回应。

[7]券：券契，借据。

[8]诣：前往。　　直：价钱，报酬。

[9]度（duó）：推测，估计。

[10]蚩妄：愚昧无知。蚩，痴愚。

[11]逐利：追逐利益，此处指经商。　　妻子：妻子儿女。

[12]或连数州：有的管理几个州郡。

[13]博：指俸禄丰厚。

[14]馈遗（wèi）：赠送。

[15]相属（zhǔ）：相继，一个接一个。

[16]以赊死者千百：带着赊欠的药账死去的有成百上千人。

[17]"清之取利远"二句：宋清获取利益的眼光长远，所以能够成就广大的利益。

[18]怫（fèi）然：发怒的样子。

[19]翦翦：狭隘，浅薄。

[20]诚：的确。

[21]斥弃沉废：指罢官免职者。沉废，沉埋废黜。

[22]亲与交：亲戚和朋友。　　落然：冷落。

[23]怠：怠慢。

[24]柄用：任用。柄，权柄。指被信任而掌权。

[25]炎：比喻有权势者。　　附：依附。

[26]市道交：以做买卖的手段结交朋友。

[27]庶几：差不多，近似。此处指在为人处世上与宋清近似。

[28]市道人：市侩小人。

[29]庠塾：泛指学校。　　乡党：家乡，乡里。

【导读】

本文选自《柳宗元集》卷十七，据中华书局1979年版。作者柳宗元（公元773－819年），字子厚，河东（今山西永济县）人，世称“柳河东”，唐朝著名文学家，“唐宋八大家”之一。他21岁考中进士，又通过博学宏词科考试被调为集贤殿书院正字，后历任蓝田县尉、监察御史里行、礼部员外郎等职，并参加了王叔文的政治集团。后改革失败，先后被贬为永州司马、柳州刺史，最后卒于柳州，故世人又称他为“柳柳州”。柳宗元积极参加韩愈倡导的古文运动，文学上有较高的造诣，写出了很多揭露现实、反映民生疾苦的诗文。去世后其遗稿由刘禹锡编纂成集，今有《柳河东集》、《柳宗元集》。

本文记录了唐代京城药商宋清的经营活动与经营思想，是反映唐代药业的一份珍贵文献。宋清不仅善于鉴别和收购药材，而且自己给病人配药。他善待病人，无论贫富，一视同仁，有求必应，不计报酬，从不讨要欠账，因此深得人们的信任和敬重。虽然有很多欠账无人归还，但并没有妨碍宋清成为富商。文章称赞了宋清的高尚行为，谴责了当时社会上一般小商人唯利是图的本性，揭露了居于社会上层的官员及士大夫趋炎附势、争名逐利的卑劣行径。文风朴实，语言简洁，夹叙夹议，寓意深刻。

【研讨】

1. 了解中国古代社会中商人的地位，谈谈柳宗元为商人立传的意义。

2. 药商宋清的事迹对当今社会有何启示？

【延展】

1. 延伸阅读

宗元，字子厚，河东人。贞元九年，苑论榜第进士，又试博学宏辞。授校书郎，调蓝田县尉，累迁监察御史里行。与王叔文、韦执谊善，二人引之谋事，擢礼部员外郎，欲大用，值叔文败，贬邵州刺史，半道，有诏贬永州司马。遍贻朝士书言情，众忌其才，无为用心者。元和十年，徙柳州刺史。时刘禹锡同谪，得播州，宗元以播州非人所居，且禹锡母老，具奏以柳州让禹锡，而自往播，会大臣亦有为请者，遂改连州。宗元在柳多惠政，及卒，百姓追慕，立祠享祀，血食至今。公天才绝伦，文章卓伟，一时辈行，咸推仰之。工诗，语意深切，发纤秾于简古，寄至味于淡泊，非余子所及也。司空图论之曰：“梅止于酸，盐止于咸，饮食不可无，而其美常在酸咸之外，可以一唱而三叹也。子厚诗在陶渊明下，韦应物上，退之豪放奇险则过之，而温厉靖深不及也。”今诗赋杂文等三十卷，传于世。（元·辛文房《唐才子传》卷五）

2. 推荐书目

（1）旧唐书·柳宗元传．中华书局，1982.

（2）元·辛文房撰，周本淳校正．唐才子传校正．江苏古籍出版社，1987.

第三单元　现当代散文

我学国文的经验

周作人

我到现在做起国文教员来，这实在在我自己也觉得有点古怪的，因为我不但不曾研究过国文，并且也没有好好地学过。平常做教员的总不外这两种办法，或是把自己的赅博的学识倾倒出来，或是把经验有得的方法传授给学生，但是我于这两者都有点够不上。我于怎样学国文的上面就压根儿没有经验，我所有的经验是如此的不规则，不足为训的，这种经验在实际上是误人不浅，不过当作故事讲也有点意思，似乎略有浪漫的趣味，所以就写它出来，送给《孔德月刊》的编辑[1]，聊以塞责：收稿的期限已到，只有这一天了，真正连想另找一个题目的工夫都没有了，下回要写，非得早早动手不可，要紧要紧。

乡间的规矩，小孩到了六岁要去上学，我大约也是这时候上学的。是日，上午，衣冠，提一腰鼓式的灯笼，上书“状元及第”等字样，挂生葱一根，意取“聪明”之兆，拜“孔夫子”而上课，先生必须是秀才以上，功课则口授《鉴略》起首两句[2]，并对一课[3]，曰“元”对“相”，即放学。此乃一种仪式，至于正式读书，则迟一二年不等。我自己是哪一年起头读的，已经记不清了，只记得从过的先生都是本家，最早的一个号花塍，是老秀才，他是吸鸦片烟的，终日躺在榻上，我无论如何总记不起他的站立着的印象。第二个号子京，做的怪文章，有一句试帖诗云[4]，“梅开泥欲死”，很是神秘，后来终以疯狂自杀了。第三个的名字可以不说，他是以杀尽革命党为职志的，言行暴厉的人。光复的那年[5]，他在街上走，听得人家奔走叫喊“革命党进城了！”立刻脚软了，再也站不起来，经街坊抬他回去；以前应考，出榜时见自己的前一号（坐号）的人录取了，就大怒，回家把院子里的一株小桂花都拔了起来。但是从这三位先生我都没有学到什么东西，到了十一岁时往三味书屋去附读，那才是正式读书的起头。所读的书我还清清楚楚地记得，是一本“上中”，即《中庸》的上半本，大约从“无忧者其唯文王乎”左近读起。书房里的功课是上午背书，上书，读生书六十遍，写字；下午读书六十遍，傍晚不对课，讲唐诗一首。老实说，这位先生的教法倒是很宽容的，对学生也颇有理解，我在书房三年，没有被打过或罚跪。这样，我到十三岁的年底，读完了《论》、《孟》、《诗》、《易》及《书经》的一部分。“经”可以算读得也不少了，虽然也不能算多，但是我总不会写，也看不懂书，至于礼教的精义尤其茫然，干脆一句话，以前所读之经于我毫无益处，后来的能够略写文字及养成一种道德观念，乃是全从别的方面来的。因此我觉得那些主张读经救国的人真是无谓极了，我自己就读过好几经，(《礼记》、《春秋》、《左传》是自己读的，也大略读过，虽然现在全忘了)，总之就是这么一回事，毫无用处，也不见得有损，或者只耗费若干的光阴罢了。恰好十四岁时往杭州去，不再进书房，只在祖父旁边学做八股文试帖诗，平日除规定看《纲鉴易知录》[6]，抄《诗韵》以外[7]，可以随意看闲书，因为祖父是不禁小孩看小说的。他是个翰林[8]，脾气又颇乖戾，但是对于教育却有特别的意见：他很奖励小孩看小说，以为这能使人思路通顺，有时高兴便同我讲起《西游记》来，孙行者怎么调皮，猪八戒怎样老实，——别的小说他也不非难，但最称赏的却是这《西游记》。晚年回到家里，还是这样，常在聚族而居的堂前坐着对人谈讲，尤其是喜欢找他的一位堂弟（年纪也将近六十了罢）特别反复地讲“猪八戒”，仿佛有什么讽刺的寓意似的，以致那位听者轻易不敢出来，要出门的时候必须先窥探一下，如没有人在那里等他去讲猪八戒，他才敢一溜烟地溜出门去。我那时便读了不少的小说，好的坏的都有，看纸上的文字而懂得文字所表现的意思，这是从此刻才起首的。由《儒林外史》、《西游记》等渐至《三国演义》，转到《聊斋志异》，这是从白话转到文言的径路。教我懂文言，并略知文言的趣味者，实在是这《聊斋》，并非什么经书或是《古文析义》之流[9]。《聊斋志异》之后，自然是那些《夜谈随录》等的假《聊斋》[10]，一变而转入《阅微草堂笔记》[11]，这样，旧派文言小说的两派都已入门，便自然而然地跑到《唐代丛书》里边去了[12]。不久而“庚子”来了[13]。到第二年，祖父觉得我的正途功名已经绝望，照例须得去学幕或是经商[14]，但是我都不愿，所以只好“投笔从戎”，去进江南水师学堂[15]。这本是养成海军士官的学校，于国文一途很少缘分，但是因为总办方硕辅观察是很重国粹的[16]，所以入学试验颇是严重，我还记得国文试题是“云从龙风从虎论”[17]，复试是“虽百世可知也论”[18]。入校以后，一礼拜内五天是上洋文班，包括英文科学等，一天是汉文。一日的功课是，早上打靶，上午八时至十二时分两堂，十时后休息十分钟，午饭后体操或升桅，下午一时至四时又是一堂，下课后兵操。在上汉文班时也是如此，不过不坐在洋式的而在中国式的讲堂罢了，功课是上午作论一篇，余下来的工夫便让你自由看书，程度较低的则作论外还要读《左传》或《古文辞类纂》[19]。在这个状况之下，就是并非预言家也可以知道国文是不会有进益的了。不过时运真好，我们正苦枯寂，没有小说消遣的时候，翻译界正逐渐兴旺起来，严几道的《天演论》[20]，林琴南的《茶花女》[21]，梁任公的《十五小豪杰》[22]，可以说是三派的代表。我那时的国文时间实际上便都用在看这些东西上面，而三者之中尤其是以林译小说为最喜看，从《茶花女》起，至《黑太子南征录》止[23]，这其间所出的小说几乎没有一册不买来读过。这一方面引我到西洋文学里去，一方面又使我渐渐觉到文言的趣味，虽林琴南的礼教气与反动的态度终是很可嫌恶，他的拟古的文章也时时成为恶札[24]，容易教坏青年。我在南京的五年，简直除了读新小说以外别无什么可以说是国文的修养。一九零六年南京的督练公所派我与吴周二君往日本改习建筑[25]，与国文更是疏远了，虽然曾经忽发奇想地到民报社去听章太炎讲过两年"小学"[26]。总结起来，我的国文的经验便只是这一点，从这里边也找不出什么学习的方法与过程，可以供别人的参考。除了这一个事实，便是我的国文都是从看小说来的，倘若看几本普通的文言书，写一点平易的文章，也可以说是有了运用国文的能力，现在轮到我教学生去理解国文，这可使我有点为难，因为我没有被教过这是怎样地理解的，怎么能去教人。如非教不可，那么我只好对他们说，请多看书。小说，曲，诗词，文，各种；新的，古的，文言，白话，本国，外国，各种；还有一层，好的，坏的，各种：都不可以不看，不然便不能知道文学与人生的全体，不能磨炼出一种精纯的趣味来。自然，这不要成为乱读，须得有人给他做指导顾问；其次要别方面的学问知识比例地增进，逐渐养成一个健全的人生观。

写了之后重看一遍，觉得上面所说的话平庸极了，真是"老生常谈"，好像是笑话里所说，卖必效的臭虫药的，一重一重地用纸封好，最后的一重里放着一张纸片，上面只有两字曰"勤捉"。但是除灭臭虫本来除了勤捉之外别无好法子，所以我这个方法或者倒真是理解文章的趣味之必效法也未可知哩。

一九二六年九月三十日于北京

[1]《孔德月刊》：北京孔德学校同学会文艺部创办的文艺刊物。1926 年 10 月创刊，1928 年 6 月停刊。

[2]《鉴略》：旧时学塾所用的初级读物，清人王仕云著，四言韵语，上起盘古，下迄明代弘光。

[3]对一课：即对课，旧时私塾中的一种功课，即对对子。

[4]试帖诗：科举考试采用的诗体。起源于唐代，多为五言六韵或八韵排律，出题用经、史、子、集或用前人诗句、成语。

[5]光复的那年：指辛亥 1911 年。据《中国革命记》第 3 册（1911 年上海自由社编印）记载：辛亥九月十四日杭州府为民军占领，绍兴府即日宣布光复。

[6]《纲鉴易知录》：清人吴乘权、吴楚材编著，凡 107 卷，是一部简明的中国编年史。其编著目的是"科童子"。

[7]《诗韵》：供写诗用的一种韵书，按字音的五声（阴平、阳平、上、去、入）分类编排。如清人编写有《诗韵集成》、《诗韵合璧》等。

[8]翰林：我国古代官名。唐朝时从文学侍从中选拔优秀人才充任翰林学士，北宋时开始设为专职，明代翰林学士成为翰林院最高长官，清代以大臣充任，包括侍读学

士、侍讲学士、编修、庶吉士等。

［9］《古文析义》：清代流行的文章写作入门书籍。

［10］《夜谈随录》：清乾隆时和邦额仿《聊斋》之作。

［11］《阅微草堂笔记》：清人纪昀晚年所著笔记小说，原名《阅微笔记》，凡24卷。

［12］《唐代丛书》：即《唐人说荟》。旧有桃源居士编刻本，收小说、杂记144种，清代乾隆间陈莲塘增编为164种，后来坊刻本又改名《唐代丛书》。

［13］庚子：光绪庚子（1900年），八国联军侵入中国，强迫清政府于次年订立《辛丑条约》，规定付给各国"偿款"海关银四亿五千万两，通称"庚子赔款"。

［14］学幕：做衙署聘用的幕僚，即做师爷。当时绍兴籍的幕僚较多，故有"绍兴师爷"之称。

［15］江南水师学堂：清政府1890年设立的一所海军学校。初分驾驶、管轮两科，不久增添鱼雷科。

［16］方硕辅（1854－?）：河南禹县人，清举人。曾任江南水师学堂总办、两淮盐运使等。曾校《王阳明先生传习录》。

［17］云从龙风从虎论：题目出自《易·乾·文言》："云从龙，风从虎；圣人作而万物睹。"意即云跟着龙出现，风跟着虎出现；人世间如果出现了圣明的君主，就能够做出一番事业来。

［18］虽百世可知也论：此题出自《论语·为政》："殷因于夏礼，所损益，可知也；周因于殷礼，所损益，可知也。其或继周者，虽百世可知也。"

［19］《古文辞类纂》：清人姚鼐编，共选上起战国、下迄清初的古文700多篇，把古文分为论辨、序跋、奏议、书说、赠序、诏令、传状、碑志、杂记、箴铭、颂赞、辞赋、哀祭十三类。

［20］严几道：即严复（1854－1921年），字又陵，又字几道，福建侯官人。著有《愈樊堂诗集》、《严几道诗文抄》等，译有《天演论》等。

［21］林琴南：即林纾（1852－1924年），字琴南，福建闽县（今福州）人。他是近代史上绝无仅有的不懂外文却以翻译家而著称于世的翻译家，翻译了170部外国文学作品。

［22］梁任公：即梁启超（1873－1929年），字卓如，号任公，又号饮冰室主人，广东新会人。中国近代维新派代表人物，近代中国的思想启蒙者。著有《饮冰室合集》。

［23］《黑太子南征录》：侦探小说，英国柯南道尔著，林纾、魏易合译。

［24］恶札：不好的文章。札，本指古时写字的小木简，此代指文章。

［25］督练公所：官署名。清光绪三十年（1904年）置于各省，掌编练新军，裁汰旧营。　吴周二君：张菊香《周作人年谱》："一九零六约在五、六月（阴历四、五月），江南督练公所决定派遣周作人、吴一斋和另一个人去日本学建筑，于秋间出发。"

［26］小学：汉代称文字学为小学。因儿童入小学先学文字，故名。

【导读】

本文选自止庵校订《知堂文集》，据河北教育出版社 2002 年版。作者周作人（1885－1967 年），原名櫆寿，又名奎绶，字星杓，自号起孟、启明、知堂等，1903 年改名作人。浙江绍兴人。现代散文家、诗人、文学翻译家，中国新文化运动的代表人物之一。周作人少年时受诗书经传的传统文化教育，1901 年入南京江南水师学堂学习，1906 年赴日本留学，开始学建筑，后来走上文学创作的道路。1911 年回国，曾任浙江省教育司视学、浙江第五中学教员。1917 年到北京，先后任北京大学国史编纂处编纂员、文科教授。1920 年底参与筹组文学研究会，倡导为人生而艺术的现实主义文学。后作为《语丝》周刊的主编和主要撰稿人之一，写了大量散文，针砭时弊，批判封建文化，风格平和冲淡，清隽幽雅。1937 年抗日战争爆发以后，留任北京，曾任伪职，抗战胜利后因汉奸罪被监禁在南京。1949 年后，居家北京从事翻译与写作。著有《自己的园地》、《谈虎集》、《苦茶随笔》、《苦竹杂记》、《知堂文集》等。

本文最初发表于《孔德月刊》第一期，署名岂明。文章用大半篇幅较为详尽地叙述自己学习国文的许多有趣经历和故事，用很少篇幅谈到学习的体会："请多看书"，指出古今中外的各种书都要看一些，包括好的、坏的，都不可以不看，"不然便不能知道文学与人生的全体，不能磨炼出一种精纯的趣味来"，但也须有人"作指导顾问"；"其次要别方面的学问知识比例地增进，逐渐养成一个健全的人生观"。

本文颇能代表周氏亲切幽默、冲和闲适的风格特色。像一个智者以平易自然的态度娓娓道来，沉静飘逸，且令人回味。文章起头即说"我于怎样学国文的上面就压根儿没有经验"，"我所有的经验是如此不规则，不足为训"，"只是这经验当作故事讲也有点意思"，很有些卖关子的味道，引起读者的兴趣；接下来谈自己读小说、读翻译作品，不言自明地指出成就今天周作人的便是这一路读书的好处；最后指出读书的经验是"多看书"。文章表面看来散漫无法，但却是围绕一个读书经验主题，很有大家之风范，于谦虚之中尽显才学智慧。

【研讨】

1. 品味本文，谈谈你对散文"形散而神不散"艺术特点的认识。

2. 作者多次说"自己没有经验"，讲的无非是"老生常谈"，你真的认为他说的"无足道哉"吗？怎样认识"学人谦逊"这句话？

3. 谈谈你对周作人说的读书的经验是"多看书"和"我的国文都是从看小说来的"的看法。

【延展】

1. 延伸阅读

麻醉礼赞

周作人

中国古已有之的国粹的麻醉法，大约可以说是饮酒。刘伶的"死便埋我"，可以算是最彻底了。陶渊明的诗也总是三句不离酒，如云"拨置且莫念，一觞聊可挥"，又云

"天运苟如此，且进杯中物"，又云"中觞纵遥情，忘彼千载忧，且极今朝乐，明日非所求"，都是很好的例。酒，我是颇喜欢的，不过曾经声明过，殊不甚了解陶然之趣，只是乱喝一番罢了。但是在别人确有麻醉的力量，它能引人著胜地，就是所谓童话之国土。我有两个族叔，尤是这样幸福的国土里的住民。有一回冬夜，他们沉醉归来，走过一乘吾乡所很多的石桥，哥哥刚一抬脚，棉鞋掉了。兄弟给他在地上乱摸，说道："哥哥棉鞋有了。"用脚一揣，却又没有。哥哥道："兄弟，棉鞋汪的一声又不见了！"原来这乃是一只黑小狗，被兄弟当作棉鞋捧了来了。我们听了或者要笑，但他们那时神圣的乐趣我辈外人哪里能知道呢？的确，黑狗当棉鞋的世界于我们真是太远了，我们将棉鞋当棉鞋，自己说是清醒，其实却是极大的不幸，何为可惜十二文钱，不买一提黄汤，灌得倒醉以入此乐土乎。（节选自《周作人自编集：看云集》，北京十月文艺出版社 2011 年版）

2. 推荐书目

（1）止庵校订．知堂文集．河北教育出版社，2002.

（2）钱理群．周作人传．北京十月文艺出版社，2001.

读书的艺术

林语堂

林语堂

读书或书籍的享受素来被视为有修养的生活上的一种雅事，而在一些不大有机会享受这种权利的人们看来，这是一种值得尊重和妒忌的事。当我们把一个不读书者和一个读书者的生活上的差异比较一下，这一点便很容易明白。那个没有养成读书习惯的人，以时间和空间而言，是受着他眼前的世界所禁锢的。他的生活是机械化的，刻板的；他只跟几个朋友和相识者接触谈话，他只看见他周遭所发生的事情。他在这个监狱里是逃不出去的。可是当他拿起一本书的时候，他立刻走进一个不同的世界；如果那是一本好书，他便立刻接触到世界上一个最健谈的人。这个谈话者引导他前进，带他到一个不同的国度或不同的时代，或者对他发泄一些私人的悔恨，或者跟他讨论一些他从来不知道的学问或生活问题。一个古代的作家使读者随一个久远的死者交通；当他读下去的时候，他开始想象那个古代的作家相貌如何，是哪一类的人。孟子和中国最伟大的历史学家司马迁都表现过同样的观念。一个人在十二小时之中，能够在一个不同的世界里生活两小时，完全忘怀眼前的现实环境：这当然是那些禁锢在他们的身体监狱里的人所妒羡的权利。这么一种环境的改变，由心理上的影响说来，是和旅行一样的。

不但如此。读者往往被书籍带进一个思想和反省的境界里去。纵使那是一本关于现实事情的书，亲眼看见那些事情或亲历其境，和在书中读到那些事情，其间也有不同的地方，因为在书本里所叙述的事情往往变成一片景象，而读者也变成一个冷眼旁观的人。所以，最好的读物是那种能够带我们到这种沉思的心境里去的读物，而不是那种仅在报告事情的始末的读物。我认为人们花费大量的时间去阅读报纸，并不是读书，因为一般阅报者大抵只注意到事件发生或经过的情形的报告，完全没有沉思默想的价值。

据我看来，关于读书的目的，宋代的诗人和苏东坡的朋友黄山谷所说的话最妙[1]。他说："士三日不读，则其言无味，其容可憎。"他的意思当然是说，读书使人得到一种优雅和风味，这就是读书的整个目的，而只有抱着这种目的的读书才可以叫做艺术。一人读书的目的并不是要"改进心智"，因为当他开始想要改进心智的时候，一切读书的乐趣便丧失净尽了。他对自己说："我非读莎士比亚的作品不可，我非读索福客俪（Sophocles）的作品不可[2]，我非读伊里奥特博士（Dr. Eliot）的《哈佛世界杰作集》不可，使我能够成为有教育的人。"我敢说那个人永远不能成为有教育的人。他有一天晚上会强迫自己去读莎士比亚的《哈姆雷特》（Hamlet），读毕好像由一个噩梦中醒转来，除了可以说他已经"读"过《哈姆雷特》之外，并没有得到什么益处。一个人如果抱着义务的意识去读书，便不了解读书的艺术。这种具有义务目的的读书法，和一个参议员在演讲之前阅读文件和报告是相同的。这不是读书，而是寻求业务上的报告和消息。

所以，依黄山谷氏的说话，那种以修养个人外表的优雅和谈吐的风味为目的的读书，才是唯一值得嘉许的读书法。这种外表的优雅显然不是指身体上之美。黄氏所说的"面目可憎"，不是指身体上的丑陋。丑陋的脸孔有时也会有动人之美，而美丽的脸孔有时也会令人看来讨厌。我有一个中国朋友，头颅的形状像一颗炸弹，可是看到他却使人欢喜。据我在图画上所看见的西洋作家，脸孔最漂亮的当推吉斯透顿。他的髭须、眼镜、又粗又厚的眉毛和两眉间的皱纹，合组而成一个恶魔似的容貌。我们只觉得那个头额中有许许多多的思念在转动着，随时会由那对古怪而锐利的眼睛里迸发出来。那就是黄氏所谓美丽的脸孔，一个不是脂粉装扮起来的脸孔，而是纯然由思想的力量创造起来的脸孔。讲到谈吐的风味，那完全要看一个人读书的方法如何。一个人的谈吐有没有"味"，完全要看他的读书方法。如果读者获得书中的"味"，他便会在谈吐中把这种风味表现出来；如果他的谈吐中有风味，他在写作中也免不了会表现出风味来。

所以，我认为风味或嗜好是阅读一切书籍的关键。这种嗜好跟对食物的嗜好一样，必然是有选择性的，属于个人的。吃一个人所喜欢吃的东西终究是最合卫生的吃法，因为他知道吃这些东西在消化方面一定很顺利。读书跟吃东西一样，"在一人吃来是补品，在他人吃来是毒质"。教师不能以其所好强迫学生去读，父母也不能希望子女的嗜好和他们一样。如果读者对他所读的东西感不到趣味，那么所有的时间全都浪费了。袁中郎曰："所不好之书，可让他人读之。"

所以，世间没有什么一个人必读之书。因为我们智能上的趣味像一棵树那样地生长着，或像河水那样地流着。只要有适当的树液，树便会生长起来，只要泉中有新鲜的泉水涌出来，水便会流着。当水流碰到一个花岗岩石时，它便由岩石的旁边绕过去；当水流涌到一片低洼的溪谷时，它便在那边曲曲折折地流着一会儿；当水流涌到一个深山的池塘时，它便恬然停驻在那边；当水流冲下急流时，它便赶快向前涌去。这么一来，虽则它没有费什么气力，也没有一定的目标，可是它终究有一天会到达大海。世上无人人必读的书，只有在某时某地、某种环境和生命中的某个时期必读的书。我认为读书和婚姻一样，是命运注定的或阴阳注定的。纵使某一本书，如《圣经》之类，是人人必读的，读这种书也有一定的时候。当一个人的思想和经验还没有达到阅读一本杰作的程度时，那本杰作只会留下不好的滋味。孔子曰："五十以学《易》。"便是说，四十五岁时候尚不可读《易经》。孔子在《论语》中的训言的冲淡温和的味道，以及他的成熟的智慧，非到读者自己成熟的时候是不能欣赏的。

且同一本书，同一读者，一时可读出一时之味道来。其景况适如看一名人相片，或读名人文章，未见面时，是一种味道，见了面交谈之后，再看其相片，或读其文章，自有另外一层深切的理会。或是与其人绝交以后，看其照片，读其文章，亦另有一番味道。四十学《易》是一种味道，到五十岁看过更多的人世变故的时候再去学《易》，又是一种味道。所以，一切好书重读起来都可以获得益处和新乐趣。我在大学的时代被学校强迫去读《西行记》（"Westward Ho!"）和《亨利·埃士蒙》（"Henry Esmond"）[3]，可是我在十余岁时候虽能欣赏《西行记》的好处，《亨利·埃士蒙》的真滋味却完全体会不到，后来渐渐回想起来，才疑心该书中的风味一定比我当时所能欣赏的还要丰富得多。

由是可知读书有两方面，一是作者，一是读者。对于所得的实益，读者由他自己的见识和经验所贡献的分量，是和作者自己一样多的。宋儒程伊川先生谈到孔子的《论语》时说[4]："读《论语》，有读了全然无事者；有读了后，其中得一两句喜者；有读了后，知好之者；有读了后，直有不知手之舞之足之蹈之者。"

我认为一个人发现他最爱好的作家，乃是他的知识发展上最重要的事情。世间确有一些人的心灵是类似的，一个人必须在古今的作家中，寻找一个心灵和他相似的作家。他只有这样才能够获得读书的真益处。一个人必须独立自主去寻出他的老师来，没有人知道谁是你最爱好的作家，也许甚至你自己也不知道。这跟一见倾心一样。人家不能叫读者去爱这个作家或那个作家，可是当读者找到了他所爱好的作家时，他自己就本能地知道了。关于这种发现作家的事情，我们可以提出一些著名的例证。有许多学者似乎生活于不同的时代里，相距多年，然而他们思想的方法和他们的情感却那么相似，使人在一本书里读到他们的文字时，好想看见自己的肖像一样。以中国人的语法说来，我们说这些相似的心灵是同一条灵魂的化身。例如有人说苏东坡是庄子或陶渊明转世的，袁中郎是苏东坡转世的[5]。苏东坡说，当他第一次读庄子的文章时，他觉得他自从幼年时代起似乎就一直在想着同样的事情，抱着同样的观念。当袁中郎有一晚在一本小诗集里，发见一个名叫徐文长的同代无名作家时，他由床上跳起，向他的朋友呼叫起来。他的朋友开始拿那本诗集来读，也叫起来，于是两人叫复读，读复叫，弄得他们的仆人疑惑不解。伊里奥特（George Eliot）说她第一次读到卢骚的作品时[6]，好像受了电流的震击一样。尼采（Nietzsche）对于叔本华（Schopenhauer）也有同样的感觉[7]，可是叔本华是一个乖张易怒的老师，而尼采是一个脾气暴躁的弟子，所以这个弟子后来反叛老师，是很自然的事情。

只有这种读书方法，只有这种发见自己所爱好的作家的读书方法，才有益处可言。像一个男子和他的情人一见倾心一样，什么都没有问题了。她的高度，她的脸孔，她的头发的颜色，她的声调和她的言笑，都是恰到好处的。一个青年认识这个作家，是不必经他的教师的指导的。这个作家是恰合他的心意的；他的风格，他的趣味，他的观念，他的思想方法，都是恰到好处的。于是读者开始把这个作家所写的东西全都拿来读了，因为他们之间有一种心灵上的联系，所以他把什么东西都吸收进去，毫不费力地消化了。这个作家自会有魔力吸引他，而他也乐自为所吸；过了相当的时候，他自己的声音相貌，一颦一笑，便渐与那个作家相似。这么一来，他真的浸润在他的文学情人的怀抱中，而由这些书籍中获得他的灵魂的食粮。过了几年之后，这种魔力消失了，他对这个情人有点感到厌倦，开始寻找一些新的文学情人；到他已经有过三四个情人，而把他们吃掉之后，他自己也成为一个作家了。有许多读者永不曾堕入情网，正如许多青年男女只会卖弄风情，而不能钟情于一个人。随便那个作家的作品，他们都可以读，一切作家的作品，他们都可以读，他们是不会有甚么成就的。

这么一种读书艺术的观念，把那种视读书为责任或义务的见解完全打破了。在中国，常常有人鼓励学生“苦学”。有一个实行苦学的著名学者，有一次在夜间读书的时候打盹，便拿锥子在股上一刺。又有一个学者在夜间读书的时候，叫一个丫头站在他的旁边，看见他打盹便唤醒他。这真是荒谬的事情。如果一个人把书本排在面前，而在古代智慧的作家向他说话的时候打盹，那么，他应该干脆地上床去睡觉。把大针刺进小腿或叫丫头推醒他，对他都没有一点好处。这么一种人已经失掉一切读书的趣味了。有价值的学者不知道什么叫做“磨炼”，也不知道什么叫做“苦学”。他们只是爱好书籍，情不自禁地一直读下去。

这个问题解决之后，读书的时间和地点的问题也可以找到答案。读书没有合宜的时间和地点。一个人有读书的心境时，随便什么地方都可以读书。如果他知道读书的乐趣，他无论在学校内或学校外，都会读书，无论世界有没有学校，也都会读书。他甚至在最优良的学校里也可以读书。曾国藩在一封家书中谈到他的四弟拟入京读较好的学校时说[8]：“苟能发奋自立，则家塾可读书，即旷野之地，热闹之场，亦可读书，负薪牧豕[9]，皆可读书。苟不能发奋自立，则家塾不宜读书，即清净之乡，神仙之境，皆不能读书。”有些人在要读书的时候，在书台前装腔作势，埋怨说他们读不下去，因为房间太冷，板凳太硬，或光线太强。也有些作家埋怨说他们写不出东西来，因为蚊子太多，稿纸发光，或马路上的声响太嘈杂。宋代大学者欧阳修说他的好文章都在“三上”得之，即枕上、马上和厕上。有一个清代的著名学者顾千里据说在夏天有“裸体读经”的习惯[10]。在另一方面，一个人不好读书，那么，一年四季都有不读书的正当理由：

春天不是读书天，夏日炎炎最好眠；

等到秋来冬又至，不如等待到来年。

那么，什么是读书的真艺术呢？简单的答案就是有那种心情的时候便拿起书来读。一个人读书必须出其自然，才能够彻底享受读书的乐趣。他可以拿一本《离骚》或奥玛·开俨（Omar Khayyam，波斯诗人）的作品，牵着他的爱人的手到河边去读。如果天上有可爱的白云，那么，让他们读白云而忘掉书本吧，或同时读书本和白云吧。在休憩的时候，吸一筒烟或喝一杯好茶则更妙不过。或许在一个雪夜，坐在炉前，炉上的水壶铿铿作响，身边放一盒淡巴菰[11]，一个人拿了十数本哲学、经济学、诗歌、传记的书，堆在长椅上，然后闲逸地拿起几本来翻一翻，找到一本爱读的书时，便轻轻点起烟来吸着。金圣叹认为雪夜闭户读禁书[12]，是人生最大的乐趣。陈继儒（眉公）描写读书的情调最为美妙[13]：“古人称书画为丛笺软卷，故读书开卷以闲适为尚。”在这种心境中，一个人对什么东西都能够容忍了。此位作家又曰：“真学士不以鲁鱼亥豕为意，好旅客登山不以路恶难行为意，看雪景者不以桥不固为意，卜居乡间者不以俗人为意，爱看花者不以酒劣为意。”

关于读书的乐趣，我在中国最伟大的女诗人李清照（易安，1081－1141年）的自传里，找到一段最佳的描写。她的丈夫在太学作学生，每月领到生活费的时候，他们夫妻总立刻跑到相国寺去买碑文、水果，回来夫妻相对展玩咀嚼，一面剥水果，一面赏碑帖，或者一面品佳茗，一面校勘各种不同的版本。他在《金石录后序》这篇自传小记里写道：

> 余性偶强记，每饭罢，坐归来堂烹茶，指堆积书史，言某事在某书某卷第几页第几行，以中否角胜负，为饮茶先后。中即举杯大笑，至茶倾覆怀中，反不得饮而起。
>
> 甘心老是乡矣！故虽处忧患困穷而志不屈……于是几案罗列，枕席枕藉，意会心谋，目往神授，乐在声、色、狗、马之上……

这篇小记是她晚年丈夫已死的时候写的。当时她是个孤独的女人，因金兵侵入华北，只好避乱南方，到处漂泊。

[1]黄山谷：即黄庭坚，北宋书法家，文学家，“苏门四学士”之一。字鲁直，号山谷道人、涪翁，分宁（今江西省修水县）人。其诗书画号称“三绝”，与当时苏东坡齐名，人称“苏黄”。黄山谷又工文章，擅长诗歌，为江西诗派之宗。著有《山谷集》。

[2]索福客俪：古希腊三大悲剧家之一，代表剧作《俄狄浦斯王》。

[3]《西行记》：为英国作家金斯利在1855年写的小说，描写伊丽莎白时代英国的海外扩张故事。《亨利·埃士蒙》：现通译《亨利·埃斯蒙德》，是英国小说家萨克雷1852年写的一部历史小说，以18世纪初英国对外战争和保王党的复辟活动为背景。萨克雷采用了现实主义的创作方法，他刻意模仿18世纪的文体，并对一些历史人物做了忠实的描绘。

[4]程伊川：即北宋理学家程颐，字正叔，洛阳伊川人，人称伊川先生。与其胞兄程颢共创“洛学”，为理学奠定了基础。

[5]袁中郎：即明代文学家袁宏道，字中郎，号石公。荆州公安（今属湖北公安）人。袁宏道与其兄袁宗道、弟袁中道并有才名，合称“公安三袁”。在文学上他们反对“文必秦汉，诗必盛唐”的风气，提出“独抒性灵，不拘格套”的性灵说。

[6]伊里奥特：现通译乔治·艾略特（George Eliot），英国女作家，与狄更斯和萨克雷齐名。其主要作品有《弗洛斯河上的磨坊》、《米德尔马契》等。　卢骚：即卢梭，法国伟大的启蒙思想家、哲学家、教育家、文学家，是18世纪法国大革命的思想先驱，启蒙运动最卓越的代表人物之一。主要著作有《论人类不平等的起源和基础》、《社会契约论》、《爱弥儿》、《忏悔录》、《新爱洛漪丝》、《植物学通信》等。

[7]尼采（1844－1900年）：德国著名哲学家。西方现代哲学的开创者，同时也是卓越的诗人和散文家。他的写作风格独特，经常使用格言和悖论的技巧。主要作品有《悲剧的诞生》、《查拉图斯特拉如是说》等。尼采非常欣赏叔本华的哲学理论。　叔本华（1788－1860年）：德国哲学家，意志主义的主要代表之一。在人生观上，持悲观主义的观点，主张禁欲忘我。主要作品有《论意志的自由》、《论道德的基础》等。

[8]曾国藩：字伯涵，号涤生，湖南长沙府湘乡县人（现属湖南省娄底市双峰县荷叶镇）。晚清重臣，湘军的创立者和统帅，也是理学家、政治家、书法家、文学家，晚清散文“湘乡派”创立人，著有《曾文正公全集》、《曾国藩家书》等。

[9]负薪牧豕（shǐ）：背着柴火，放养着猪。形容读书环境的恶劣。

[10]顾千里：即顾广圻（1766－1835年），清代著名藏书家，号涧蘋，别号思适居士，人称“万卷书生”，江苏元和人。博学多才，其藏书处为“思适斋”。

[11]淡巴菰：烟草名。清代王士禛《香祖笔记》卷七提到：“吕宋国所产烟草，本名淡巴菰，又名金丝薰。”

[12]金圣叹：明末清初著名的文学家、文学批评家。金圣叹的主要成就在于文学批评，对《水浒传》、《西厢记》、《左传》等书都有评点。

[13]陈继儒：明代文学家、书画家。擅墨梅、山水。

【导读】

本文选自林语堂散文集《人生不过如此》，据群言出版社2011年版。林语堂（1895－1976年），原名林和乐，又名林玉堂。福建龙溪人。1912年入上海圣约翰大学，毕业后任教于清华大学。1919年赴美进哈佛大学文学系，1922年转赴德国莱比锡大学研究语言学，次年获博士学位后回国在北京大学任教。1936年去美国教书和写作。曾为《语丝》的主要撰稿人。后主编《人世间》、《宇宙风》。提倡“以自我为中心，以闲适为格调”的小品文，注重“幽默”和“性灵”。主要作品有《剪拂集》、《孔子的智慧》、《生活的艺术》、《吾国吾民》、《京华烟云》等。

林语堂十分善于运用谈心和说理叙事的方法，层层递进地表现“读书的艺术”。在说理的过程中，紧紧抓住问题的要害，他抨击了当时特别严重的、传统的死读书的学习方法，大力提倡主动的、自觉的、科学的新型读书观。本文逻辑性强，加以入情入理的叙述与分析方法，表现得侃侃而论，娓娓道来，有一种亲切感人的渗透力。古人云：“书中自有黄金屋，书中自有颜如玉”，很多人是为了某种目的读书，或为功名，或为分数，而林语堂认为真正的读书艺术是“当意兴来时便拿起一本书来读”，不拘时间，不拘地点，不拘作家，想读书便拿起一本细细品读，于读书中有自己的体味。

【研讨】

1. 如何理解“士三日不读，则其言无味，其容可憎”这句话的含义。

2. 你觉得读书的艺术是什么？

【延展】

1. 延伸阅读

林语堂提倡幽默，始于1924年。他于这年5月23日《晨报副刊》上发表《征译散文并提倡幽默》一文。这是我国现代文学史上，最早出现的一篇提倡幽默的文章。在这篇文章中，林语堂表示“早就想要做一篇‘幽默’（humour）的文”。为什么呢？他以为中国人虽然富于“诙摹”，但是文字上却少“幽默”，只有“正经话”和“笑话”；而西方人的著作如詹姆士的心理学却常带一两句不相干的笑话，不乏“幽默”之感，“假作一种最高尚的精神消遣”。因而，他主张“在高谈学理的书中或是大主笔的社论中不妨夹些不关紧要的玩意儿的话，以免生活太干燥无聊”。即是说，他以为文章要有幽默感，才不至于过于呆板沉闷，才能给读者一种特殊的精神愉悦。（刘炎生．林语堂——现代中国幽默的拓荒者．广东社会科学，1995，6.）

2. 推荐书目

（1）林语堂．生活的艺术．江苏文艺出版社，2010.

（2）林语堂．京华烟云．江苏文艺出版社，2009.

（3）《博览群书》杂志选编．读书的艺术——如何阅读和阅读什么．九州出版社，2005.

公寓生活记趣

张爱玲

读到“我欲乘风归去，又恐琼楼玉宇，高处不胜寒”的两句词，公寓房子上层的居民多半要感到毛骨悚然。屋子越高越冷。自从煤贵了之后，热水汀早成了纯粹的装饰品[1]。构成浴室的图案美，热水龙头上的H字样自然是不可少的一部分；实

张爱玲

际上呢，如果你放冷水而开错了热水龙头，立刻便有一种空洞而凄怆的轰隆轰隆之声从九泉之下发出来，那是公寓里特别复杂，特别多心的热水管系统在那里发脾气了。即使你不去太岁头上动土，那雷神也随时地要显灵。无缘无故，只听见不怀好意的“嗡……”拉长了半晌之后接着“訇訇”两声，活像飞机在顶上盘旋了一会，掷了两枚炸弹。在战时香港吓细了胆子的我，初回上海的时候，每每为之魂飞魄散。若是当初它认真工作的时候，艰辛地将热水运到六层楼上来，便是咕噜两声，也还情有可原。现在可是雷声大，雨点小，难得滴下两滴生锈的黄浆……然而也说不得了，失业的人向来是肝火旺的。

梅雨时节，高房子因为压力过重，地基陷落的原故，门前积水最深。街道上完全干了。我们还得花钱雇黄包车渡过那白茫茫的护城河。雨下得太大的时候，屋子里便闹了水灾。我们轮流抢救，把旧毛巾、麻袋、褥单堵住了窗户缝；障碍物湿濡了，绞干，换上，污水折在脸盆里，脸盆里的水倒在抽水马桶里。忙了两昼夜，手心磨去了一层皮，墙根还是汪着水，糊墙的花纸还是染了斑斑点点的水痕与霉迹子。

风如果不朝这边吹的话，高楼上的雨倒是可爱的。有一天，下了一黄昏的雨，出去的时候忘了关窗户，回来一开门，一房的风声雨味，放眼望出去，是碧蓝的潇潇的夜，远处略有淡灯摇曳，多数的人家还没点灯。

常常觉得不可解，街道上的喧声，六楼上听得分外清楚，仿佛就在耳根底下，正如一个人年纪越高，距离童年渐渐远了，小时的琐屑的回忆反而渐渐亲切明晰起来。

我喜欢听市声。比我较有诗意的人在枕上听松涛，听海啸，我是非得听见电车响才睡得着觉的。在香港山上，只有冬季里，北风彻夜吹着常青树，还有一点电车的韵味。长年住在闹市里的人大约非得出了城之后才知道他离不了一些什么。城里人的思想，背景是条纹布的幔子，淡淡的白条子便是行驰着的电车——平行的，匀净的，声响的河流，汩汩流入下意识里去。

我们的公寓近电车厂邻，可是我始终没弄清楚电车是几点钟回家。“电车回家”这句子仿佛不很合适——大家公认电车为没有灵魂的机械，而“回家”两个字有着无数的情感洋溢的联系。但是你没看见过电车进厂的特殊情形罢？一辆衔接一辆，像排了队的小孩，嘈杂，叫嚣，愉快地打着哑嗓子的铃：“克林，克赖，克赖，克赖！”吵闹之中又带着一点由疲乏而生的驯服，是快上床的孩子，等着母亲来刷洗他们。车里的灯点得雪亮。专做下班的售票员的生意的小贩们曼声兜售着面包[2]。有时候，电车全进厂了，单剩下一辆，神秘地，像被遗弃了似的，停在街心。从上面望下去，只见它在半夜的月光中袒露着白肚皮。

这里的小贩所卖的吃食没有多少典雅的名色。我们也从来没有缒下篮子去买过东西。（想起《依本痴情》里的顾兰君了。她用丝袜结了绳子，缚住了纸盒，吊下窗去买汤面。袜子如果不破，也不是丝袜了！在节省物资的现在，这是使人心惊肉跳的奢侈）也许我们也该试着吊下篮子去。无论如何，听见门口卖臭豆腐干的过来了，便抓起一只碗来，蹬蹬奔下六层楼梯，跟踪前往，在远远的一条街上访到了臭豆腐干担子的下落，买到了之后，再乘电梯上来，似乎总有点可笑。

我们的开电梯的是个人物，知书达理，有涵养，对于公寓里每一家的起居他都是一本清账。他不赞成他儿子去做电车售票员——嫌那职业不很上等。再热的天，任凭人家将铃揿得震天响[3]，他也得在汗衫背心上加上一件熨得溜平的纺绸小褂，方肯出现。他拒绝替不修边幅的客人开电梯。他的思想也许缙绅气太重[4]，然而他究竟是个有思想的人。可是他离了自己那间小屋，就踏进了电梯的小屋——只怕这一辈子是跑不出这两间小屋了。电梯上升，人字图案的铜栅栏外面，一重重的黑暗往下移，棕色的黑暗，红棕色的黑暗，黑色的黑暗……衬着交替的黑暗，你看见司机人的花白的头。

没事的时候他在后天井烧个小风炉炒菜、烙饼吃。他教我们怎样煮红米饭：烧开了，熄了火，停个十分钟再煮，又松，又透，又不塌皮烂骨，没有筋道。

托他买豆腐浆，交给他一只旧的牛奶瓶。陆续买了两个礼拜，他很简单地报告道："瓶没有了。"是砸了还是失窃了，也不得而知。再隔了些时，他拿了一只小一号的牛奶瓶装了豆腐浆来，我们问道："咦？瓶又有了？"他答道："有了。"新的瓶是赔给我们的呢还是借给我们的，也不得而知。这一类的举动是颇有点社会主义风的。

我们的《新闻报》每天早上他要循例过目一下方才给我们送来。小报他读得更为仔细些，因此要到十一二点钟才轮得到我们看。英文、日文、德文、俄文的报他是不看的，因此大清早便卷成一卷插在人家弯曲的门钮里。

报纸没有人偷，电铃上的钢板却被撬去了。看门的巡警倒有两个，虽不是双生子，一样都是翻领里面竖起了木渣渣的黄脸，短裤与长筒袜之间露出木渣渣的黄膝盖；上班的时候，一般都是横在一张藤椅上睡觉，挡住了信箱。每次你去看看信箱的时候总得殷勤地凑到他面颊前面，仿佛要询问："酒刺好了些罢？"

恐怕只有女人能够充分了解公寓生活的特殊优点：佣人问题不那么严重。生活程度这么高，即使雇得起人，也得准备着受气。在公寓里"居家过日子"是比较简单的事。找个清洁公司每隔两星期来大扫除一下，也就用不着打杂的了。没有佣人，也是人生一快。抛开一切平等的原则不讲，吃饭的时候如果有个还没吃过饭的人立在一边眼睁睁望着，等着为你添饭，虽不至于使人食不下咽，多少有些讨厌。许多身边杂事自有它们的愉快性质。看不到田园里的茄子，到菜场上去看看也好——那么复杂的，油润的紫色；新绿的豌豆，熟艳的辣椒，金黄的面筋，像太阳里的肥皂泡。把菠菜洗过了，倒在油锅里，每每有一两片碎叶子黏在篾篓底上，抖也抖不下来；迎着亮，翠生生的枝叶在竹片编成的方格子上招展着，使人联想到篱上的扁豆花。其实又何必“联想”呢？篾篓子的本身的美不就够了么？我这并不是效忠于国社党，劝诱女人回到厨房里去。不劝便罢，若是劝，一样的得劝男人到厨房里去走一遭。当然，家里有厨子而主人不时的下厨房，是会引起厨子最强烈的反感的。这些地方我们得寸步留心，不能太不识眉眼高低。

有时候也感到没有佣人的苦处。米缸里出虫，所以掺了些胡椒在米里——据说米虫不大喜欢那刺激性的气味，淘米之前先得把胡椒拣出来。我捏了一只肥白的肉虫的头当做胡椒，发现了这错误之后，不禁大叫起来，丢下饭锅便走。在香港遇见了蛇，也不过如此罢了。那条蛇我只见到它的上半截，它钻出洞来矗立着，约有二尺来长。我抱了一叠书匆匆忙忙下山来，正和它打了个照面。它静静地望着我，我也静静地望着它，望了半晌，方才哇呀呀叫出声来，翻身便跑。

提起虫豸之类，六楼上苍蝇几乎绝迹，蚊子少许有两个。如果它们富于想象力的话，飞到窗口往下一看，便会晕倒了罢？不幸它们是像英国人一般地淡漠与自足——英国人住在非洲的森林里也照常穿上了燕尾服进晚餐。

公寓是最合理想的逃世的地方。厌倦了大都会的人们往往记挂着和平幽静的乡村，心心念念盼望着有一天能够告老归田，养蜂种菜，享点清福，殊不知在乡下多买半斤腊肉便要引起许多闲言闲语，而在公寓房子的最上层你就是站在窗前换衣服也不妨事!

然而一年一度，日常生活的秘密总得公布一下。夏天家家户户都大敞着门，搬一把藤椅坐在风口里。这边的人在打电话，对过一家的仆欧一面熨衣裳[5]，一面便将电话上的对白译成德文说给他的小主人听。楼底下有个俄国人在那里响亮地教日文。二楼的那位女太太和贝多芬有着不共戴天的仇恨，一捶十八敲，咬牙切齿打了他一上午；钢琴上倚着一辆脚踏车。不知道哪一家在煨牛肉汤，又有哪一家泡了焦三仙。

人类天生的是爱管闲事。为什么我们不向彼此的私生活里偷偷地看一眼呢！既然被看者没有多大损失而看的人显然得到了片刻的愉悦？凡事牵涉到快乐的授受上，就犯不着斤斤计较了。较量些什么呢？——长的是磨难，短的是人生。

屋顶花园里常常有孩子们溜冰，兴致高的时候，从早到晚在我们头上咕滋咕滋锉过来又锉过去，像瓷器的摩擦，又像睡熟的人在那里磨牙，听得我们一粒粒牙齿在牙龈里发酸如同青石榴的子，剔一剔便会掉下来。隔壁一个异国绅士声势汹汹上楼去干涉。他的太太提醒他道：“人家不懂你的话，去也是白去。”他揎拳掳袖道：“不要紧，我会使他们懂得的！”隔了几分钟他偃旗息鼓嗒然下来了[6]。上面的孩子年纪都不小了，而且是女性，而且是美丽的。

谈到公德心，我们也不见得比人强。阳台上的灰尘我们直截了当地扫到楼下的阳台上去。“啊，人家栏杆上晾着地毯呢——怪不过意的，等他们把地毯收了进去再扫罢！”一念之慈，顶上生出灿烂圆光。这就是我们的不甚彻底的道德观念。

[1]热水汀：暖气。

[2]曼声：舒缓而长的声音。

[3]揿（qìn）：用手按。

[4]缙绅（jìn shēn）：古时官宦插笏（古代朝会时官宦所执的手板，有事就写在上面，以备遗忘）于带，后借指官宦。

[5]仆欧：英语 boy 的音译。指侍者，仆役。

[6]嗒然（tà rán）：形容懊丧的神情。

【导读】

本文选自《张爱玲文集精读本》，据中国华侨出版社 2002 年版。作者张爱玲（1920－1995 年），本名张瑛，家世显赫，祖父张佩纶是清末名臣，祖母李菊耦是朝廷重臣李鸿章的长女。一生创作大量文学作品，类型包括小说、散文、电影剧本以及文学论著。代表作有《半生缘》、《金锁记》、《倾城之恋》等。

张爱玲的散文以抒写平凡生活的琐屑，并从中发现人生之趣见长。本文是沦陷时期上海公寓生活的写真，让人既感琐碎，同时又非常亲切。作者展示的是原汁原味的生活和由此带来的情趣。在一栋年久失修的房子里，张爱玲苦中作乐，并由此发掘出了很多趣味。梅雨时节闹了水灾，高楼的雨也还可爱；市声盈耳带来的是喧闹，“电梯回家”又有几许温馨；看电梯的、巡警无聊中也能给人带来清浅一笑；不雇佣人虽然要亲自下厨，但也体验到乐趣多多；邻里关系难免不快，“牵涉到快乐的授受”，也就少了计较，因为“长的是磨难，短的是人生”。

【研讨】

1. 本文不同于张爱玲作品一贯的苍凉底色，哪些地方体现了公寓生活的趣味性？

2. 本文所写的哪个细节最能打动你？

【延展】

1. 延伸阅读

先看张爱玲的散文。我在其中看见的，是一个世俗的张爱玲。她对日常生活，并且是现时日常生活的细节，怀着一股热切的喜好。在《公寓生活记趣》里，她说：“我喜欢听市声。”城市中，挤挨着的人和事，她都非常留意。开电梯的工人，在后天井生个小风炉烧东西吃；听壁脚的仆人，将人家电话里的对话译成西文传给小东家听；谁家煨牛肉汤的气味。这样热腾腾的人气，是她喜欢的。

她喜欢的就是这样一种熟稔的，与她共时态、有贴肤之感的生活细节。这种细节里有着结实的生计，和一些放低了期望的兴致。

张爱玲对世俗生活的兴趣与苏青不同。她对现实生活的爱好是出于对人生的恐惧，她对世界的看法是虚无的。在《公寓生活记趣》里，她饶有兴味地描述了一系列日常景致，忽然总结了一句：“长的是磨难，短的是人生。”于是，这短促的人生，不如将它安在短视的快乐里，掐头去尾，因头尾两段是与“长的磨难”接在一起的。只看着鼻子底下的一点享受，做人才有了信心。以此来看，张爱玲在领略虚无的人生的同时，

她又是富于感官、享乐主义的，这便解救了她。（节选自王安忆《王安忆读书笔记·世俗的张爱玲》，新星出版社，2007年出版）

2. 推荐书目

（1）张爱玲全集．北京十月文艺出版社，2009.

（2）于青．张爱玲传．花城出版社，2008.

听听那冷雨

余光中

余光中

惊蛰一过，春寒加剧。先是料料峭峭，继而雨季开始，时而淋淋漓漓，时而淅淅沥沥，天潮潮地湿湿，即使在梦里，也似乎把伞撑着。而就凭一把伞，躲过一阵潇潇的冷雨，也躲不过整个雨季，连思想也都是潮润润的。每天回家，曲折穿过金门街到厦门街迷宫式的长巷短巷，雨里风里，走入霏霏令人更想入非非。想这样子的台北凄凄切切完全是黑白片的味道，想整个中国整部中国的历史无非是一张黑白片子，片头到片尾，一直是这样下着雨的。这种感觉，不知道是不是从安东尼奥尼那里来的[1]。不过那一块土地是久违了，二十五年，四分之一的世纪，即使有雨，也隔着千山万山，千伞万伞。二十五年，一切都断了，只有气候，只有气象报告还牵连在一起。大寒流从那块土地上弥天卷来，这种酷冷吾与古大陆分担。不能扑进她怀里，被她的裙边扫一扫吧也算是安慰孺慕之情[2]。

这样想时，严寒里竟有一点温暖的感觉了。这样想时，他希望这些狭长的巷子永远延伸下去，他的思路也可以延伸下去，不是金门街到厦门街，而是金门到厦门。他是厦门人，至少是广义的厦门人，二十年来，不住在厦门，住在厦门街，算是嘲弄吧，也算是安慰。不过说到广义，他同样也是广义的江南人，常州人，南京人，川娃儿，五陵少年[3]。杏花春雨江南，那是他的少年时代了。再过半个月就是清明，安东尼奥尼的镜头摇过去，摇过去又摇过来。残山剩水犹如是，皇天后土犹如是，纭纭黔首纷纷黎民从北到南犹如是。那里面是中国吗？那里面当然还是中国，永远是中国。只是杏花春雨已不再，牧童遥指已不再，剑门细雨渭城轻尘也都已不再。然而他日思夜梦的那片土地，究竟在哪里呢？

在报纸的头条标题里吗？还是香港的谣言里？还是傅聪的黑键白键马思聪的跳弓拨弦[4]？还是安东尼奥尼的镜底勒马洲的望中？还是呢，故宫博物院的壁头和玻璃橱内，京戏的锣鼓声中太白和东坡的韵里？

杏花。春雨。江南。六个方块字，或许那片土就在那里面。而无论赤县也好神州也好中国也好，变来变去，只要仓颉的灵感不灭美丽的中文不老，那形象，那磁石一般的向心力当必然长在。因为一个方块字是一个天地。太初有字，于是汉族的心灵、他祖先的回忆和希望便有了寄托。譬如凭空写一个“雨”字，点点滴滴，滂滂沱沱，淅沥淅沥淅沥，一切云情雨意，就宛然其中了。视觉上的这种美感，岂是什么 rain 也好 pluie 也好所能满足？翻开一部《辞源》或《辞海》，金木水火土，各成世界，而一入“雨”部，古神州的天颜千变万化，便悉在望中，美丽的霜雪雲霞，骇人的雷電霹雹（注一），展露的无非是神的好脾气与坏脾气，气象台百读不厌门外汉百思不解的百科全书。

听听，那冷雨。看看，那冷雨。嗅嗅闻闻，那冷雨。舔舔吧，那冷雨。雨在他的伞上这城市百万人的伞上雨衣上屋上天线上，雨下在基隆港在防波堤在海峡的船上，清明这季雨。雨是女性，应该最富于感性。雨气空濛而迷幻，细细嗅嗅，清清爽爽新新，有一点点薄荷的香味。浓的时候，竟发出草和树沐发后特有的淡淡土腥气，也许那竟是蚯蚓和蜗牛的腥气吧，毕竟是惊蛰了啊。也许地上的地下的生命，也许古中国层层叠叠的记忆皆蠢蠢而蠕，也许是植物的潜意识和梦吧，那腥气。

第三次去美国，在高高的丹佛他山居了两年。美国的西部，多山多沙漠，千里干旱。天，蓝似安格罗－萨克逊人的眼睛；地，红如印第安人的肌肤；云，却是罕见的白鸟。落基山簇簇耀目的雪峰上，很少飘云牵雾。一来高，二来干，三来森林线以上杉柏也止步，中国诗词里“荡胸生层云”或是“商略黄昏雨”的意趣[5]，是落基山上难睹的景象。落基山岭之胜，在石，在雪。那些奇岩怪石，相叠互倚，砌一场惊心动魄的雕塑展览，给太阳和千里的风看。那雪，白得虚虚幻幻，冷得清清醒醒，那股皑皑不绝一仰难尽的气势，压得人呼吸困难，心寒眸酸。不过要领略“白云回望合，青霭入看无”的境界，仍须回来中国。台湾湿度很高，最饶云气氤氲雨意迷离的情调。两度夜宿溪头，树香沁鼻，宵寒袭肘，枕着润碧湿翠苍苍交叠的山影和万籁都歇的岑寂，仙人一样睡去。山中一夜饱雨，次晨醒来，在旭日未升的原始幽静中，冲着隔夜的寒气，踏着满地的断柯折枝和仍在流泻的细股雨水，一径探入森林的秘密，曲曲弯弯，步上山去。溪头的山，树密雾浓，蓊郁的水气从谷底冉冉升起，时稠时稀，蒸腾多姿，幻化无定，只能从雾破云开的空处，窥见乍现即隐的一峰半壑，要纵览全貌，几乎是不可能的。至少入山两次，只能在白茫茫里和溪头诸峰玩捉迷藏的游戏。回到台北，世人问起，除了笑而不答心自闲，故作神秘之外，实际的印象，也无非山在虚无之间罢了。云缭烟绕，山隐水迢的中国风景，由来予人宋画的韵味。那天下也许是赵家的天下，那山水却是米家的山水[6]。而究竟是米氏父子下笔像中国的山水，还是中国的山水上纸像宋画，恐怕是谁也说不清楚了吧？

雨不但可嗅，可观，更可以听。听听那冷雨。听雨，只要不是石破天惊的台风暴雨，在听觉上总是一种美感。大陆上的秋天，无论是疏雨滴梧桐，或是骤雨打荷叶，听去总有一点凄凉，凄清，凄楚。于今在岛上回味，则在凄楚之外，更笼上一层凄迷了。饶你多少豪情侠气，怕也经不起三番五次的风吹雨打。一打少年听雨，红烛昏沉。两打中年听雨，客舟中，江阔云低。三打白头听雨的僧庐下。这便是亡宋之痛，一颗敏感心灵的一生：楼上，江上，庙里，用冷冷的雨珠子串成。十年前，他曾在一场摧心折骨的鬼雨中迷失了自己。雨，该是一滴湿漓漓的灵魂，窗外在喊谁。

雨打在树上和瓦上，韵律都清脆可听。尤其是铿铿敲在屋瓦上，那古老的音乐，属于中国。王禹偁在黄冈，破如椽的大竹为屋瓦。据说住在竹楼上面，急雨声如瀑布，密雪声比碎玉，而无论鼓琴，咏诗，下棋，投壶，共鸣的效果都特别好。这样岂不像住在竹筒里面，任何细脆的声响，怕都会加倍夸大，反而令人耳朵过敏吧。

雨天的屋瓦，浮漾湿湿的流光，灰而温柔，迎光则微明，背光则幽暗，对于视觉，是一种低沉的安慰。至于雨敲在鳞鳞千瓣的瓦上，由远而近，轻轻重重轻轻，夹着一股股的细流沿瓦槽与屋檐潺潺泻下，各种敲击音与划音密织成网，谁的千指百指在按摩耳轮。“下雨了”，温柔的灰美人来了，她冰冰的纤手在屋顶拂弄着无数的黑键啊灰键，把晌午一下子奏成了黄昏。

在古老的大陆上，千屋万户是如此。二十多年前，初来这岛上，日式的瓦屋亦是如此。先是天暗了下来，城市像罩在一块巨幅的毛玻璃里，阴影在户内延长复加深。然后凉凉的水意弥漫在空间，风自每一个角落里旋起，感觉得到，每一个屋顶上呼吸沉重都覆着灰云。雨来了，最轻的敲打乐敲打这城市，苍茫的屋顶，远远近近，一张张敲过去，古老的琴，那细细密密的节奏，单调里自有一种柔婉与亲切，滴滴点点滴滴，似幻似真，若孩时在摇篮里，一曲耳熟的童谣摇摇欲睡，母亲吟哦鼻音与喉音。或是在江南的泽国水乡，一大筐绿油油的桑叶被啮于千百头蚕，细细琐琐屑屑，口器与口器咀咀嚼嚼。雨来了，雨来的时候瓦这么说，一片瓦说千亿片瓦说，轻轻地奏吧沉沉地弹，徐徐地叩吧挞挞地打，间间歇歇敲一个雨季，即兴演奏从惊蛰到清明，在零落的坟上冷冷奏挽歌，一片瓦吟千亿片瓦吟。

在日式的古屋里听雨，听四月，霏霏不绝的黄梅雨，朝夕不断，旬月绵延，湿黏黏的苔藓从石阶下一直侵到他舌底，心底。到七月，听台风台雨在古屋顶上一夜盲奏，千哻海底的热浪沸沸被狂风挟来，掀翻整个太平洋只为向他的矮屋檐重重压下，整个海在他的蜗壳上哗哗泻过。不然便是雷雨夜，白烟一般的纱帐里听羯鼓一通又一通，滔天的暴雨滂滂沛沛扑来，强劲的电琵琶忐忐忑忑忐忐忑忑，弹动屋瓦的惊悸腾腾欲掀起。不然便是斜斜的西北雨斜斜刷在窗玻璃上，鞭在墙上，打在阔大的芭蕉叶上，一阵寒濑泻过，秋意便弥漫日式的庭院了。

在日式的古屋里听雨，春雨绵绵听到秋雨潇潇，从少年听到中年，听听那冷雨。雨是一种单调而耐听的音乐，是室内乐是室外乐，户内听听，户外听听，冷冷，那音乐。雨是一种回忆的音乐，听听那冷雨，回忆江南的雨下得满地是江湖下在桥上和船上，也下在四川在秧田和蛙塘下，肥了嘉陵江下湿布谷咕咕的啼声。雨是潮潮润润的音乐下在渴望的唇上舔舔那冷雨。

因为雨是最最原始的敲打乐从记忆的彼端敲起。瓦是最最低沉的乐器灰蒙蒙的温柔覆盖着听雨的人，瓦是音乐的雨伞撑起。但不久公寓的时代来临，台北你怎么一下子长高了，瓦的音乐竟成了绝响。千片万片的瓦翩翩，美丽的灰蝴蝶纷纷飞走，飞入历史的记忆。现在雨下下来下在水泥的屋顶和墙上，没有音韵的雨季。树也砍光了，那月桂，那枫树，柳树和擎天的巨椰，雨来的时候不再有丛叶嘈嘈切切，闪动湿湿的绿光迎接。鸟声减了啾啾，蛙声沉了阁阁，秋天的虫吟也减了唧唧。七十年代的台北不需要这些，一个乐队接一个乐队便遣散尽了。要听鸡叫，只有去《诗经》的韵里寻找。现在只剩下一张黑白片，黑白的默片。

正如马车的时代去后，三轮车的时代也去了。曾经在雨夜，三轮车的油布篷挂起，送她回家的途中，篷里的世界小得多可爱，而且躲在警察的辖区以外。雨衣的口袋越大越好，盛得下他的一只手里握一只纤纤的手。台湾的雨季这么长，该有人发明一种宽宽的双人雨衣，一人分穿一只袖子，此外的部分就不必分得太苛。而无论工业如何发达，一时似乎还废不了雨伞。只要雨不倾盆，风不横吹，撑一把伞在雨中仍不失古典的韵味。任雨点敲在黑布伞或是透明的塑胶伞上，将骨柄一旋，雨珠向四方喷溅，伞缘便旋成了一圈飞檐。跟女友共一把雨伞，该是一种美丽的合作吧。最好是初恋，有点兴奋，更有点不好意思，若即若离之间，雨不妨下大一点。真正初恋，恐怕是兴奋得不需要伞的，手牵手在雨中狂奔而去，把年轻的长发和肌肤交给漫天的淋淋漓漓，然后向对方的唇上颊上尝凉凉甜甜的雨水。不过那要非常年轻且激情，同时，也只能发生在法国的新潮片里吧。

大多数的雨伞想不会为约会张开。上班下班，上学放学，菜市来回的途中。现实的伞，灰色的星期三。握着雨伞，他听那冷雨打在伞上。索性更冷一些就好了，他想。索性把湿湿的灰雨冻成干干爽爽的白雨，六角形的结晶体在无风的空中回回旋旋地降下来，等须眉和肩头白尽时，伸手一拂就落了。二十五年，没有受故乡白雨的祝福，或许发上下一点白霜是一种变相的自我补偿吧。一位英雄，经得起多少次雨季？他的额头是水成岩削成还是火成岩？他的心底究竟有多厚的苔藓？厦门街的雨巷走了二十年与记忆等长，一座无瓦的公寓在巷底等他，一盏灯在楼上的雨窗子里，等他回去，向晚餐后的沉思冥想去整理青苔深深的记忆。

前尘隔海，古屋不再。听听那冷雨。

（注一）简体的云字与电字，已不属雨部。

一九七四年春分之夜

[1]安东尼奥尼：即米开朗基罗·安东尼奥尼（Michelangelo Antonioni，1912－2007年），意大利现代主义电影导演，也是公认在电影美学上最有影响力的导演之一。

[2]孺慕：孩子对父母的想念。

[3]五陵：汉代五个皇帝的陵墓，即长陵、安陵、阳陵、茂陵、平陵，在长安附近。当时富家豪族和外戚都居住在五陵附近，因此后世诗文常借以指京都富豪聚居之地。此代指长安。

[4]马思聪（1912－1987年）：中国广东海丰县人，中国作曲家、小提琴家和音乐教育家，被誉为“中国小提琴第一人”。他于1937年创作的《思乡曲》，被认为是中国20世纪的音乐经典之一。

[5]荡胸生层云、商略黄昏雨："荡胸生层云"，杜甫《望岳》中的诗句。"商略黄昏雨"，宋姜夔《点绛唇·丁未冬过吴松作》中的词句。商略，准备。

[6]米家山水：米指米芾，北宋书法家，画家，书画理论家。吴人，祖籍太原。因他个性怪异，举止癫狂，遇石称"兄"，膜拜不已，因而人称"米颠"。善诗，工书法，书画自成一家。精于鉴别。其绘画擅长枯木竹石，尤工水墨山水。以书法中的点入画，用大笔触水墨表现烟云风雨变幻中的江南山水，人称米氏云山。

【导读】

本文选自《余光中集》第5卷，据百花文艺出版社2004年版。作者余光中（1928－），现代诗人，散文家。祖籍福建永春，生于江苏南京，1947年入金陵大学外语系（后转入厦门大学），1949年随父母迁香港，次年赴台，就读于台湾大学外文系。1953年，与覃子豪、钟鼎文等共创"蓝星"诗社。后赴美进修，获爱荷华大学艺术硕士学位。返台后先任师大、政大、台大及香港中文大学教授。余光中早期从事西方文学的研究和介绍，同时写诗，翻译，后来也创作散文。诗集主要有《舟子的悲歌》、《钟乳石》、《白玉苦瓜》等，散文集主要有《左手的缪斯》、《逍遥游》、《隔水呼渡》等。

《听听那冷雨》是余光中的散文代表作之一。作者通过对台湾春寒料峭中漫长雨季的细腻描写，真切地勾勒出一个在冷雨中孑然独行的白发游子形象，表现了一个远离故土的知识分子浓重的思乡之情和对传统文化的深情依恋及由衷的赞美。

本文的艺术特色主要表现在：第一，构思新颖。自古以来，写雨的诗文很多，也有不少借秋雨写愁的作品。而本文则是以"冷雨"来写春雨，不仅写了冷雨的可嗅、可观，而且更突出地写了冷雨的可听，从听觉上来表现作者思乡欲归而不能的种种复杂感受。叙述的角度也很独特，作者没有采用一般文章通常使用的第一人称，而是用了第三人称的写法。人物的情感流露仿佛一个个蒙太奇镜头，使读者尽收眼底，真切自然。并且这种人称叙述方法能够更好地使抒情主人公融入景物、背景之中，人景融为一体，造成一种特殊的美感，一种和"夕阳西下，断肠人在天涯"极为相似的艺术表达效果。第二，语言独特。本文大量使用重叠的手法，有的叠字，有的叠词，有的叠句；有的对偶重叠，有的排比重叠，有的则反复重叠。句式上采用长句和短句结合的方式，短句少则二三字，长句多则超过20个字，长短错落的句式与叠字叠句结合起来，造成一种回环往复、连绵不绝的语势和耐人寻味的效果。第三，运用了比喻、拟人等多种修辞手法，大大增强了作品的艺术感染力。比喻如"整个中国整部中国的历史无非是一张黑白片子"，拟人如"温柔的灰美人来了，她冰冰的纤手在屋顶拂弄着无数的黑键啊灰键，把晌午一下子奏成了黄昏"等。

【研讨】

1. 阅读本文，谈谈作者是怎样将中国古典诗词的意趣融入本文之中的。

2. 阅读本文，体会汉字构造所特有的意境美。

【延展】

1. 延伸阅读

我的四个假想敌（节选）

余光中

我的四个假想敌，不论是高是矮，是胖是瘦，是学医还是学文，迟早会从我疑惧的迷雾里显出原形，一一走上前来，或迂回曲折，嗫嚅其词，或开门见山，大言不惭，总之要把他的情人，也就是我的女儿，对不起，从此领去。无形的敌人最可怕，何况我在亮处，他在暗里，又有我家的“内奸”接应，真是防不胜防。只怪当初没有把四个女儿及时冷藏，使时间不能拐骗，社会也无由污染。现在她们都已大了，回不了头；我那四个假想敌，那四个鬼鬼祟祟的地下工作者，也都已羽毛丰满，什么力量都阻止不了他们了。先下手为强，这件事，该乘那四个假想敌还在襁褓的时候，就予以解决的。至少美国诗人纳许（Ogden Nash，1902－1971年）劝我们如此。他在一首妙诗《由女婴之父来唱的歌》（Song to Be Sung by the Father of Infant Female Children）之中，说他生了女儿吉儿之后，惴惴不安，感到不知什么地方正有个男婴也在长大，现在虽然还浑浑噩噩，口吐白沫，却注定将来会抢走他的吉儿。于是做父亲的每次在公园里看见婴儿车中的男婴，都不由神色一变，暗暗想道：“会不会是这家伙?”想着想着，他“杀机陡萌”（My dreams，I fear，are infanticide），便要解开那男婴身上的别针，朝他的爽身粉里撒胡椒粉，把盐撒进他的奶瓶，把沙撒进他的菠菜汁，再扔头优游的鳄鱼到他的婴儿车里陪他游戏，逼他在水深火热之中挣扎而去，去娶别人的女儿。足见诗人以未来的女婿为假想敌，早已有了前例。（选自《余光中集》第6卷，百花文艺出版社2004年版）

2. 推荐书目

（1）余光中集．百花文艺出版社，2004.

（2）余光中．左手的掌纹．江苏文艺出版社，2003.

金岳霖先生

汪曾祺

西南联大有许多很有趣的教授，金岳霖先生是其中的一位。金先生是我的老师沈从文先生的好朋友。沈先生当面和背后都称他为“老金”。大概时常来往的熟朋友都这样称呼他。关于金先生的事，有一些是沈先生告诉我的。我在《沈从文先生在西南联大》一文中提到过金先生。有些事情在那篇文章里没有写进去，觉得还应该写一写。

汪曾祺

金先生的样子有点怪。他常年戴着一顶呢帽，进教室也不脱下。每一学年开始，给新的一班学生上课，他的第一句话总是：“我的眼睛有毛病，不能摘帽子，并不是对你们不尊重，请原谅。”他的眼睛有什么病，我不知道，只知道怕阳光。因此他的呢帽的前檐压得比较低，脑袋总是微微地仰着。他后来配了一副眼镜，这副眼镜一只的镜片是白的，一只是黑的。这就更怪了。后来在美国讲学期间把眼睛治好了——好一些了，眼镜也换了，但那微微仰着脑袋的姿态一直还没有改变。他身材相当高大，经常穿一件烟草黄色的麂皮夹克，天冷了就在里面围一条很长的驼色的羊绒围巾。联大的教授穿衣服是各色各样的。闻一多先生有一阵穿一件式样过时的灰色旧夹袍，是一个亲戚送给他的，领子很高，袖口极窄。联大有一次在龙云的长子、蒋介石的干儿子龙绳武家里开校友会——龙云的长媳是清华校友，闻先生在会上大骂“蒋介石，王八蛋！混蛋！”那天穿的就是这件高领窄袖的旧夹袍。朱自清先生有一阵披着一件云南赶马人穿的蓝色毡子的一口钟。除了体育教员，教授里穿夹克的，好像只有金先生一个人。他的眼神即使是到美国治了后也还是不大好，走起路来有点深一脚浅一脚。他就这样穿着黄夹克，微仰着脑袋，深一脚浅一脚地在联大新校舍的一条土路上走着。

金先生教逻辑。逻辑是西南联大规定文学院一年级学生的必修课，班上学生很多，上课在大教室，坐得满满的。在中学里没有听说有逻辑这门学问，大一的学生对这课很有兴趣。金先生上课有时要提问，那么多的学生，他不能都叫得上名字来——联大是没有点名册的，他有时一上课就宣布：“今天，穿红毛衣的女同学回答问题。”于是所有穿红衣的女同学就都有点紧张，又有点兴奋。那时联大女生在蓝阴丹士林旗袍外面套一件红毛衣成了一种风气——穿蓝毛衣、黄毛衣的极少。问题回答得流利清楚，也是件出风头的事。金先生很注意地听着，完了，说：“Yes！请坐！”

学生也可以提出问题，请金先生解答。学生提的问题深浅不一，金先生有问必答，很耐心。有一个华侨同学叫林国达，操广东普通话，最爱提问题，问题大都奇奇怪怪。他大概觉得逻辑这门学问是挺“玄”的，应该提点怪问题。有一次他又站起来提了一个怪问题，金先生想了一想，说：“林国达同学，我问你一个问题：‘Mr. 林国达 is perpendicular to the blackboard（林国达君垂直于黑板）’，这是什么意思?”林国达傻了。林国达当然无法垂直于黑板，但这句话在逻辑上没有错误。

林国达游泳淹死了。金先生上课，说：“林国达死了，很不幸。”这一堂课，金先生一直没有笑容。

有一个同学，大概是陈蕴珍，即萧珊，曾问过金先生：“您为什么要搞逻辑?”逻辑课的前一半讲三段论，大前提、小前提、结论、周延、不周延、归纳、演绎……还比较有意思。后半部全是符号，简直像高等数学。她的意思是：这种学问多么枯燥！金先生的回答是：“我觉得它很好玩。”

除了文学院大一学生必修课逻辑，金先生还开了一门“符号逻辑”，是选修课。这门学问对我来说简直是天书。选这门课的人很少，教室里只有几个人。学生里最突出的是王浩。金先生讲着讲着，有时会停下来，问：“王浩，你以为如何?”这堂课就成了他们师生二人的对话。王浩现在在美国。前些年写了一篇关于金先生的较长的文章，大概是论金先生之学的，我没有见到。

王浩和我是相当熟的。他有个要好的朋友王景鹤，和我同在昆明黄土坡一个中学教学，王浩常来玩。来了，常打篮球。大都是吃了午饭就打。王浩管吃了饭就打球叫“练盲肠”。王浩的相貌颇“土”，脑袋很大，剪了一个光头——联大同学剪光头的很少，说话带山东口音。他现在成了洋人——美籍华人，国际知名的学者，我实在想象不出他现在是什么样子。前年他回国讲学，托一个同学要我给他画一张画。我给他画了几个青头菌、牛肝菌，一根大葱、两头蒜，还有一块很大的宣威火腿——火腿是很少入画的。我在画上题了几句话，有一句是“以慰王浩异国乡情”。王浩的学问，原来是师承金先生的。一个人一生哪怕只教出一个好学生，也值得了。当然，金先生的好学生不止一个人。

金先生是研究哲学的，但是他看了很多小说。从普鲁斯特到福尔摩斯，都看。听说他很爱看平江不肖生的《江湖奇侠传》。有几个联大同学住在金鸡巷，陈蕴珍、王树藏、刘北汜、施载宣（肖荻）。楼上有一间小客厅。沈先生有时拉一个熟人去给少数爱好文学、写写东西的同学讲一点什么。金先生有一次也被拉了去。他讲的题目是《小说和哲学》。题目是沈先生给他出的。大家以为金先生一定会讲出一番道理。不料金先生讲了半天，结论却是：小说和哲学没有关系。有人问：那么《红楼梦》呢？金先生说：“红楼梦里的哲学不是哲学。”他讲着讲着，忽然停下来：“对不起，我这里有个小动物。”他把右手伸进后脖颈，捉出了一个跳蚤，捏在手指里看看，甚为得意。

金岳霖

金先生是个单身汉（联大教授里不少光棍，杨振声先生曾写过一篇游戏文章《释鳏》，在教授间传阅），无儿无女，但是过得自得其乐。他养了一只很大的斗鸡（云南出斗鸡）。这只斗鸡能把脖子伸上来，和金先生一个桌子吃饭。他到处搜罗大梨、大石榴，拿去和别的教授的孩子比赛。比输了，就把梨或石榴送给他的小朋友，他再去买。

金先生朋友很多，除了哲学家的教授外，时常来往的，据我所知，有梁思成、林徽因夫妇，沈从文，张奚若……君子之交淡如水，坐定之后，清茶一杯，闲话片刻而已。金先生对林徽因的谈吐才华，十分欣赏。现在的年轻人多不知道林徽因。她是学建筑的，但是对文学的趣味极高，精于鉴赏，所写的诗和小说如《窗子以外》、《九十九度中》风格清新，一时无二。林徽因死后，有一年，金先生在北京饭店请了一次客，老朋友收到通知都纳闷：老金为什么请客？到了之后，金先生才宣布：“今天是徽因的生日。”

金先生晚年深居简出。毛主席曾经对他说：“你要接触接触社会。”金先生已经八十岁了，怎么接触社会呢？他就和一个蹬平板三轮车的约好，每天蹬着他到王府井一带转一大圈。我想像金先生坐在平板三轮上东张西望，那情景一定非常有趣。王府井人挤人，熙熙攘攘，谁也不会知道这位东张西望的老人是一位一肚子学问、为人天真、热爱生活的大哲学家。

金先生治学精深，而著作不多。除了一本大学丛书里的《逻辑》，我所知道的，还有一本《论道》。其余还有什么，我不清楚，须问王浩。

我对金先生所知甚少。希望熟知金先生的人把金先生好好写一写。

联大的许多教授都应该有人好好地写一写。

1987 年 2 月 23 日

【导读】

本文选自《蒲桥集》，据作家出版社 1994 年版。作者汪曾祺（1920－1997 年），江苏高邮人，当代作家。1939 年考入昆明西南联合大学中文系，1940 年开始发表小说，1943 年大学毕业后在昆明、上海任中学国文教员和历史博物馆职员。后当过刊物编辑和剧团编剧。著有小说集《汪曾祺短篇小说选》、《寂寞与温暖》等。散文集有《蒲桥集》、《塔上随笔》等。代表作是短篇《受戒》、《大淖记事》。他的小说以散文笔调写出了家乡五行八作的见闻和风物人情、习俗民风，富于地方特色，属于民俗风情小说；散文“记人事，写风景，谈文化，述掌故，兼及草木虫鱼，瓜果食物，皆有精致。兼作小考证，亦可喜。娓娓而谈，态度亲切，不矜持作态，文求雅洁，少雕饰，如行云流水，春初新韭，秋末晚菘，滋味近似。”文中始终贯注着互融相济的儒道文化思想，因此被称为“二十世纪最后一位士大夫”。

金岳霖（1895－1984 年），字龙荪。哲学家、逻辑学家。生于湖南长沙，祖籍浙江诸暨。1911 年考入清华学堂，1914 年毕业于清华学校高等科，同年官费留美。1920 年获美国哥伦比亚大学政治学博士学位。1921 年到英国学习。1925 年回国。1926 年创办清华大学哲学系。以后历任西南联大哲学系教授、清华大学哲学系主任和文学院院长。1948 年被选为第一届中央研究院院士。1952 年后历任北京大学哲学系教授、系主任，中国科学院哲学研究所一级研究员、副所长。1955 年被聘为中国科学院哲学社会科学部学部委员。一生从事哲学和逻辑学的教学、研究和组织领导工作，是最早把现代逻辑学系统地介绍到中国来的主要人物。著有《逻辑》、《论道》和《知识论》等。

金岳霖是著名的国学大师。在本文中，作者通过真挚朴素地描写，表达了作者对老师真诚敬爱的感情。在写作上，作者采取了一种轻松活泼、幽默滑稽的笔法，让世人看到一个极其富于个性的活生生的金岳霖：金岳霖先生具有特殊的性格、特殊的外貌、特殊的言行；在学术上聪明过人，但在现实生活中，不谙世故，头脑单纯；他待人真诚、坦荡，但学生觉得他很可笑；他一心只想学问之事，从不从众从俗，从内心到外表都特立独行，也正是这种孤独精神和单纯心理，才使他静心做学问，成就了他的学问品格。这些描述看起来琐屑随意，却以小见大地写出了金岳霖先生最美好的人性。本文的语言风格可以用“平淡”二字来概括，正如他在《汪曾祺作品自选集自序》中写的：“我的散文大都是记叙文。间发议论，也是夹叙夹议。我写不了像伏尔泰、叔本华那样闪烁着智慧的论著，也写不了像蒙田那样渊博而优美的谈论人生哲理的长篇散文。我也很少写纯粹的抒情散文。我觉得散文的感情要适当克制，感情过于洋溢，就像老年人写情书一样，自然有点不好意思。”整篇文章读来清新自然，实在深远，可以弹掉人世间的浮躁之气，能够荡涤人的心灵。

【研讨】

1. 文中从哪些方面可以看出金先生是个“有趣”的人呢？请具体谈谈。

2. 通过阅读本文，谈谈你对西南联大学术气氛的感受。

3. 在你熟悉的老师和同学中，有哪些言行举止的细节给你留下了深刻的印象？说出来，大家一起欣赏。

【延展】

1. 延伸阅读

我不大懂胡适

金岳霖

我认识的人不多，当中有些还是应该研究研究。胡适就是其中之一。我不大懂他。我想，他总是一个有很多中国历史知识的人，不然的话，他不可能在那时候的北大教中国哲学史。顾颉刚和傅斯年这样的学生，都是不大容易应付的。

这位先生我确实不懂。我认识他很早的时候，有一天他来找我，具体的事忘了。我们谈到 necessary 时，他说："根本就没有什么必须的或必然的事要做。"我说："这才怪，有事实上的必然，有心理上的必然，有理论上的必然……"我确实认为他一定有毛病，他是搞哲学的呀！

还有一次，是在我写了那篇《论手术论》之后。谈到我的文章，他说他不懂抽象的东西。这也是怪事，他是哲学史教授呀！

哲学中本来是有世界观和人生观的。我回想起来，胡适是有人生观，可是，没有什么世界观的。看来对于宇宙、时空、无极、太极……这样一些问题，他根本不去想；看来，他头脑里也没有本体论和认识论或知识论方面的问题。他的哲学仅仅是人生哲学。对这个哲学的评价不是我的回忆问题。

按照我的记忆，胡绳同志告诉我说，他和毛主席曾谈到世界观和人生观的问题。毛主席说对资产阶级，这二者是有分别的；对无产阶级，情况不同。无产阶级从自在的阶级转变为自为的阶级以后，世界观就是它的人生观，它没有独立于革命的世界观的人生观了。这是很重要的指导思想，现在也仍然是。（节选自《金岳霖回忆录》）

2. 推荐书目

（1）金岳霖著．刘培育整理．金岳霖回忆录．北京大学出版社，2011.

（2）汪曾祺作品自选集．漓江出版社，2010.

我与地坛（节选）

史铁生

一

地坛

我在好几篇小说中都提到过一座废弃的古园，实际就是地坛[1]。许多年前旅游业还没有开展，园子荒芜冷落得如同一片野地，很少被人记起。

地坛离我家很近。或者说我家离地坛很近。总之，只好认为这是缘分。地坛在我出生前四百多年就坐落在那儿了，而自从我的祖母年轻时带着我父亲来到北京，就一直住在离它不远的地方——五十多年间搬过几次家，可搬来搬去总是在它周围，而且是越搬离它越近了。我常觉得这中间有着宿命的味道：仿佛这古园就是为了等我，而历尽沧桑在那儿等待了四百多年。

它等待我出生，然后又等待我活到最狂妄的年龄上忽地残废了双腿。四百多年里，它一面剥蚀了古殿檐头浮夸的琉璃，淡褪了门壁上炫耀的朱红，坍圮了一段段高墙又散落了玉砌雕栏[2]，祭坛四周的老柏树愈见苍幽，到处的野草荒藤也都茂盛得自在坦荡。这时候想必我是该来了。十五年前的一个下午，我摇着轮椅进入园中，它为一个失魂落魄的人把一切都准备好了。那时，太阳循着亘古不变的路途正越来越大，也越红。在满园弥漫的沉静光芒中，一个人更容易看到时间，并看见自己的身影。

自从那个下午我无意中进了这园子，就再没长久地离开过它。我一下子就理解了它的意图。正如我在一篇小说中所说的："在人口密聚的城市里，有这样一个宁静的去处，像是上帝的苦心安排。"

两条腿残废后的最初几年，我找不到工作，找不到去路，忽然间几乎什么都找不到了，我就摇了轮椅总是到它那儿去，仅为着那儿是可以逃避一个世界的另一个世界。我在那篇小说中写道："没处可去我便一天到晚耗在这园子里。跟上班下班一样，别人去上班我就摇了轮椅到这儿来。""园子无人看管，上下班时间有些抄近路的人们从园中穿过，园子里活跃一阵，过后便沉寂下来。""园墙在金晃晃的空气中斜切下一溜荫凉，我把轮椅开进去，把椅背放倒，坐着或是躺着，看书或者想事，撅一杈树枝左右拍打，驱赶那些和我一样不明白为什么要来这世上的小昆虫。""蜂儿如一朵小雾稳稳地停在半空；蚂蚁摇头晃脑捋着触须，猛然间想透了什么，转身疾行而去；瓢虫爬得不耐烦了，累了祈祷一回便支开翅膀，忽悠一下升空了；树干上留着一只蝉蜕，寂寞如一间空屋；露水在草叶上滚动，聚集，压弯了草叶轰然坠地摔开万道金光。""满园子都是草木竞相生长弄出的响动，窸窸窣窣窸窸窣窣片刻不息。"这都是真实的记录，园子荒芜但并不衰败。

除去几座殿堂我无法进去，除去那座祭坛我不能上去而只能从各个角度张望它，地坛的每一棵树下我都去过，差不多它的每一米草地上都有过我的车轮印。无论是什么季节，什么天气，什么时间，我都在这园子里呆过。有时候呆一会儿就回家，有时候就呆到满地上都亮起月光。记不清都是在它的哪些角落里了，我一连几小时专心致志地想关于死的事，也以同样的耐心和方式想过我为什么要出生。这样想了好几年，最后事情终于弄明白了：一个人，出生了，这就不再是一个可以辩论的问题，而只是上帝交给他的一个事实；上帝在交给我们这件事实的时候，已经顺便保证了它的结果，所以死是一件不必急于求成的事，死是一个必然会降临的节日。这样想过之后我安心多了，眼前的一切不再那么可怕。比如你起早熬夜准备考试的时候，忽然想起有一个长长的假期在前面等待你，你会不会觉得轻松一点？并且庆幸并且感激这样的安排？

剩下的就是怎样活的问题了，这却不是在某一个瞬间就能完全想透的，不是能够一次性解决的事，怕是活多久就要想它多久了，就像是伴你终生的魔鬼或恋人。所以十五年了，我还是总得到那古园里去，去它的老树下或荒草边或颓墙旁，去默坐，去呆想，去推开耳边的嘈杂理一理纷乱的思绪，去窥看自己的心魂。十五年中，这古园的形体被不能理解它的人肆意雕琢，幸好有些东西是任谁也不能改变它的。譬如祭坛石门中的落日，寂静的光辉平铺的一刻，地上的每一个坎坷都被映照得灿烂；譬如在园中最为落寞的时间，一群雨燕便出来高歌，把天地都叫喊得苍凉；譬如冬天雪地上孩子的脚印，总让人猜想他们是谁，曾在哪儿做过些什么，然后又都到哪儿去了；譬如那些苍黑的古柏，你忧郁的时候它们镇静地站在那儿，你欣喜的时候它们依然镇静地站在那儿，它们没日没夜地站在那儿，从你没有出生一直站到这个世界上又没了你的时候；譬如暴雨骤临园中，激起一阵阵灼烈而清纯的草木和泥土的气味，让人想起无数个夏天的事件；譬如秋风忽至，再有一场早霜，落叶或飘摇歌舞或坦然安卧，满园中播散着熨帖而微苦的味道。味道是最说不清楚的，味道不能写只能闻，要你身临其境去闻才能明了。味道甚至是难于记忆的，只有你又闻到它你才能记起它的全部情感和意蕴。所以我常常要到那园子里去。

二

现在我才想到，当年我总是独自跑到地坛去，曾经给母亲出了一个怎样的难题。

她不是那种光会疼爱儿子而不懂得理解儿子的母亲。她知道我心里的苦闷，知道不该阻止我出去走走，知道我要是老呆在家里结果会更糟，但她又担心我一个人在那荒僻的园子里整天都想些什么。我那时脾气坏到极点，经常是发了疯一样地离开家，从那园子里回来又中了魔似的什么话都不说。母亲知道有些事不宜问，便犹犹豫豫地想问而终于不敢问，因为她自己心里也没有答案。她料想我不会愿意她跟我一同去，所以她从未这样要求过，她知道得给我一点独处的时间，得有这样一段过程。她只是不知道这过程得要多久，和这过程的尽头究竟是什么。每次我要动身时，她便无言地帮我准备，帮助我上了轮椅车，看着我摇车拐出小院；这以后她会怎样，当年我不曾想过。

有一回我摇车出了小院，想起一件什么事又返身回来，看见母亲仍站在原地，还是送我走时的姿势，望着我拐出小院去的那处墙角，对我的回来竟一时没有反应。待她再次送我出门的时候，她说："出去活动活动，去地坛看看书，我说这挺好。"许多年以后我才渐渐听出，母亲这话实际上是自我安慰，是暗自的祷告，是给我的提示，是恳求与嘱咐。只是在她猝然去世之后，我才有余暇设想，当我不在家里的那些漫长的时间，她是怎样心神不定坐卧难宁，兼着痛苦与惊恐与一个母亲最低限度的祈求。现在我可以断定，以她的聪慧和坚忍，在那些空落的白天后的黑夜，在那不眠的黑夜后的白天，她思来想去最后准是对自己说："反正我不能不让他出去，未来的日子是他自己的，如果他真的要在那园子里出了什么事，这苦难也只好我来承担。"在那段日子里——那是好几年长的一段日子，我想我一定使母亲作过了最坏的准备了，但她从来没有对我说过："你为我想想。"事实上我也真的没为她想过。那时她的儿子还太年轻，还来不及为母亲想，他被命运击昏了头，一心以为自己是世上最不幸的一个，不知道儿子的不幸在母亲那儿总是要加倍的。她有一个长到二十岁上忽然截瘫了的儿子，这是她唯一的儿子；她情愿截瘫的是自己而不是儿子，可这事无法代替；她想，只要儿子能活下去哪怕自己去死呢也行，可她又确信一个人不能仅仅是活着，儿子得有一条路走向自己的幸福；而这条路呢，没有谁能保证她的儿子终于能找到——这样一个母亲，注定是活得最苦的母亲。

有一次与一个作家朋友聊天，我问他学写作的最初动机是什么？他想了一会说："为我母亲。为了让她骄傲。"我心里一惊，良久无言。回想自己最初写小说的动机，虽不似这位朋友的那般单纯，但如他一样的愿望我也有，且一经细想，发现这愿望也在全部动机中占了很大比重。这位朋友说："我的动机太低俗了吧？"我光是摇头，心想低俗并不见得低俗，只怕是这愿望过于天真了。他又说："我那时真就是想出名，出了名让别人羡慕我母亲。"我想，他比我坦率。我想，他又比我幸福，因为他的母亲还活着。而且我想，他的母亲也比我的母亲运气好，他的母亲没有一个双腿残废的儿子，否则事情就不这么简单。

在我的头一篇小说发表的时候，在我的小说第一次获奖的那些日子里，我真是多么希望我的母亲还活着。我便又不能在家里待了，又整天整天独自跑到地坛去，心里是没头没尾的沉郁和哀怨，走遍整个园子却怎么也想不通：母亲为什么就不能再多活两年？为什么在她儿子就快要碰撞开一条路的时候，她却忽然熬不住了？莫非她来此世上只是为了替儿子担忧，却不该分享我的一点点快乐？她匆匆离我去时才只有四十九呀！有那么一会，我甚至对世界对上帝充满了仇恨和厌恶。后来我在一篇题为"合欢树"的文章中写道："我坐在小公园安静的树林里，闭上眼睛，想，上帝为什么早早地召母亲回去呢？很久很久，迷迷糊糊的我听见了回答：'她心里太苦了，上帝看她受不住了，就召她回去。'我似乎得了一点安慰，睁开眼睛，看见风正从树林里穿过。"小公园，指的也是地坛。

只是到了这时候，纷纭的往事才在我眼前幻现得清晰，母亲的苦难与伟大才在我心中渗透得深彻。上帝的考虑，也许是对的。

摇着轮椅在园中慢慢走，又是雾罩的清晨，又是骄阳高悬的白昼，我只想着一件事：母亲已经不在了。在老柏树旁停下，在草地上在颓墙边停下，又是处处虫鸣的午后，又是鸟儿归巢的傍晚，我心里只默念着一句话：可是母亲已经不在了。把椅背放倒，躺下，似睡非睡挨到日没，坐起来，心神恍惚，呆呆地直坐到古祭坛上落满黑暗然后再渐渐浮起月光，心里才有点明白，母亲不能再来这园中找我了。

曾有过好多回，我在这园子里待得太久了，母亲就来找我。她来找我又不想让我发觉，只要见我还好好地在这园子里，她就悄悄转身回去。我看见过几次她的背影。我也看见过几回她四处张望的情景，她视力不好，端着眼镜像在寻找海上的一条船，她没看见我时我已经看见她了，待我看见她也看见我了我就不去看她，过一会我再抬头看她就又看见她缓缓离去的背影。我单是无法知道有多少回她没有找到我。有一回我坐在矮树丛中，树丛很密，我看见她没有找到我；她一个人在园子里走，走过我的身旁，走过我经常呆的一些地方，步履茫然又急迫。我不知道她已经找了多久还要找多久，我不知道为什么我决意不喊她——但这绝不是小时候的捉迷藏，这也许是出于长大了的男孩子的倔强或羞涩？但这倔强只留给我痛悔，丝毫也没有骄傲。我真想告诫所有长大了的男孩子，千万不要跟母亲来这套倔强，羞涩就更不必，我已经懂了可我已经来不及了。

儿子想使母亲骄傲，这心情毕竟是太真实了，以致使“想出名”这一声名狼藉的念头也多少改变了一点形象。这是个复杂的问题，且不去管它了罢。随着小说获奖的激动逐日暗淡，我开始相信，至少有一点我是想错了：我用纸笔在报刊上碰撞开的一条路，并不就是母亲盼望我找到的那条路。年年月月我都到这园子里来，年年月月我都要想，母亲盼望我找到的那条路到底是什么。母亲生前没给我留下过什么隽永的哲言，或要我恪守的教诲，只是在她去世之后，她艰难的命运，坚忍的意志和毫不张扬的爱，随光阴流转，在我的印象中愈加鲜明深刻。

有一年，十月的风又翻动起安详的落叶，我在园中读书，听见两个散步的老人说：“没想到这园子有这么大。”我放下书，想，这么大一座园子，要在其中找到她的儿子，母亲走过了多少焦灼的路。多年来我头一次意识到，这园中不单是处处都有过我的车辙，有过我的车辙的地方也都有过母亲的脚印。

三

史铁生

如果以一天中的时间来对应四季，当然春天是早晨，夏天是中午，秋天是黄昏，冬天是夜晚。如果以乐器来对应四季，我想春天应该是小号，夏天是定音鼓，秋天是大提琴，冬天是圆号和长笛。要是以这园子里的声响来对应四季呢？那么，春天是祭坛上空漂浮着的鸽子的哨音，夏天是冗长的蝉歌和杨树叶子哗啦啦地对蝉歌的取笑，秋天是古殿檐头的风铃响，冬天是啄木鸟随意而空旷的啄木声。以园中的景物对应四季，春天是一径时而苍白时而黑润的小路，时而明朗时而阴晦的天上摇荡着串串杨花；夏天是一条条耀眼而灼人的石凳，或阴凉而爬满了青苔的石阶，阶下有果皮，阶上有半张被坐皱的报纸；秋天是一座青铜的大钟，在园子的西北角上曾丢弃着一座很大的铜钟，铜钟与这园子一般年纪，浑身挂满绿锈，文字已不清晰；冬天，是林中空地上几只羽毛蓬松的老麻雀。以心绪对应四季呢？春天是卧病的季节，否则人们不易发觉春天的残忍与渴望；夏天，情人们应该在这个季节里失恋，不然就似乎对不起爱情；秋天是从外面买一棵盆花回家的时候，把花搁在阔别了的家中，并且打开窗户把阳光也放进屋里，慢慢回忆慢慢整理一些发过霉的东西；冬天伴着火炉和书，一遍遍坚定不死的决心，写一些并不发出的信。还可以用艺术形式对应四季，这样春天就是一幅画，夏天是一部长篇小说，秋天是一首短歌或诗，冬天是一群雕塑。以梦呢？以梦对应四季呢？春天是树尖上的呼喊，夏天是呼喊中的细雨，秋天是细雨中的土地，冬天是干净的土地上的一只孤零零的烟斗。

因为这园子，我常感恩于自己的命运。

我甚至现在就能清楚地看见，一旦有一天我不得不长久地离开它我会怎样想念它，我会怎样想念它并且梦见它，我会怎样因为不敢想念它而梦也梦不到它。

……………

五

我也没有忘记一个孩子——一个漂亮而不幸的小姑娘。十五年前的那个下午，我第一次到这园子里来就看见了她，那时她大约三岁，蹲在斋宫西边的小路上捡树上掉落的“小灯笼”。那儿有几棵大栾树[3]，春天开一簇簇细小而稠密的黄花，花落了便结出无数如同三片叶子合抱的小灯笼。小灯笼先是绿色，继而转白，再变黄，成熟了掉落得满地都是。小灯笼精巧得令人爱惜，成年人也不免捡了一个还要捡一个。小姑娘咿咿呀呀地跟自己说着话，一边捡小灯笼；她的嗓音很好，不是她那个年龄所常有的那般尖细，而是很圆润甚或是厚重，也许是因为那个下午园子里太安静了。我奇怪这么小的孩子怎么一个人跑来这园子里？我问她住在哪儿？她随便指一下，就喊她的哥哥，沿墙根一带的茂草之中便站起一个七八岁的男孩，朝我望望，看我不像坏人便对他的妹妹说：“我在这儿呢”，又伏下身去，他在捉什么虫子。他捉到螳螂、蚂蚱、知了和蜻蜓来取悦他的妹妹。有那么两三年，我经常在那几棵大栾树下见到他们，兄妹俩总是在一起玩，玩得和睦融洽，都渐渐长大了些。之后有很多年没见到他们。我想他们都在学校里吧，小姑娘也到了上学的年龄，必是告别了孩提时光，没有很多机会来这儿玩了。这事很正常，没理由太搁在心上，若不是有一年我又在园中见到他们，肯定就会慢慢把他们忘记。

那是个礼拜日的上午。那是个晴朗而令人心碎的上午，时隔多年，我竟发现那个漂亮的小姑娘原来是个弱智的孩子。我摇着车到那几棵大栾树下去，恰又是遍地落满了小灯笼的季节；当时我正为一篇小说的结尾所苦，既不知为什么要给它那样一个结尾，又不知何以忽然不想让它有那样一个结尾，于是从家里跑出来，想依靠着园中的镇静，看看是否应该把那篇小说放弃。我刚刚把车停下，就见前面不远处有几个人在戏耍一个少女，作出怪样子来吓她，又喊又笑地追逐她拦截她，少女在几棵大树间惊惶地东跑西躲，却不松手揪卷在怀里的裙裾，两条腿袒露着也似毫无察觉。我看出少女的智力是有些缺陷，却还没看出她是谁。我正要驱车上前为少女解围，就见远处飞快地骑车来了个小伙子，于是那几个戏耍少女的家伙望风而逃。小伙子把自行车支在少女近旁，怒目望着那几个四散逃窜的家伙，一声不吭喘着粗气，脸色如暴雨前的天空一样一会比一会苍白。这时我认出了他们，小伙子和少女就是当年那对小兄妹。我几乎是在心里惊叫了一声，或者是哀号。世上的事常常使上帝的居心变得可疑。小伙子向他的妹妹走去。少女松开了手，裙裾随之垂落了下来，很多很多她捡的小灯笼便洒落了一地，铺散在她脚下。她仍然算得漂亮，但双眸迟滞没有光彩。她呆呆地望那群跑散的家伙，望着极目之处的空寂，凭她的智力绝不可能把这个世界想明白吧？大树下，破碎的阳光星星点点，风把遍地的小灯笼吹得滚动，仿佛喑哑地响着无数小铃铛。哥哥把妹妹扶上自行车后座，带着她无言地回家去了。

无言是对的。要是上帝把漂亮和弱智这两样东西都给了这个小姑娘，就只有无言和回家去是对的。

谁又能把这世界想个明白呢？世上的很多事是不堪说的。你可以抱怨上帝何以要降诸多苦难给这人间，你也可以为消灭种种苦难而奋斗，并为此享有崇高与骄傲，但只要你再多想一步你就会坠入深深的迷茫了：假如世界上没有了苦难，世界还能够存在么？要是没有愚钝，机智还有什么光荣呢？要是没了丑陋，漂亮又怎么维系自己的幸运？要是没有了恶劣和卑下，善良与高尚又将如何界定自己又如何成为美德呢？要是没有了残疾，健全会否因其司空见惯而变得腻烦和乏味呢？我常梦想着在人间彻底消灭残疾，但可以相信，那时将由患病者代替残疾人去承担同样的苦难。如果能够把疾病也全数消灭，那么这份苦难又将由（比如说）相貌丑陋的人去承担了。就算我们连丑陋，连愚昧和卑鄙和一切我们所不喜欢的事物和行为，也都可以统统消灭掉，所有的人都一样健康、漂亮、聪慧、高尚，结果会怎样呢？怕是人间的剧目就全要收场了，一个失去差别的世界将是一条死水，是一块没有感觉没有肥力的沙漠。

看来差别永远是要有的。看来就只好接受苦难——人类的全部剧目需要它，存在的本身需要它。看来上帝又一次对了。

于是就有一个最令人绝望的结论等在这里：由谁去充任那些苦难的角色？又有谁去体现这世间的幸福、骄傲和快乐？只好听凭偶然，是没有道理好讲的。

就命运而言，休论公道。

那么，一切不幸命运的救赎之路在哪里呢？

设若智慧的悟性可以引领我们去找到救赎之路，难道所有的人都能够获得这样的智慧和悟性吗？

我常以为是丑女造就了美人。我常以为是愚氓举出了智者。我常以为是懦夫衬照了英雄。我常以为是众生度化了佛祖。

………………

[1]地坛：位于北京市区北部，明清以来皇帝皆在此地祭地。

[2]坍圮（tān pǐ）：倒塌，崩坏。

[3]栾树：落叶乔木，树冠近似圆球形，奇数羽状复叶互生，叶缘有齿，春季嫩叶褐红色，秋季变为黄褐色，花小，花瓣黄色，基部有红色斑，在枝顶组成圆锥花序。

【导读】

本文选自《上海文学》1992年第1期。原文共有七节，这里节选了四节。作者史铁生（1951－2010年）生于北京，1967年毕业于清华大学附中，1969年到延安一带插队，因双腿瘫痪于1972年回到北京。后又患肾病及尿毒症。作为中国现代作家，史铁生的长篇散文《我与地坛》感动并鼓励了无数同时代的人。其主要作品还有《我的遥远的清平湾》、《奶奶的星星》、《务虚笔记》、《命若琴弦》、《插队的故事》等。曾先后获全国优秀短篇小说奖、鲁迅文学奖，以及多种全国文学刊物奖。2002年史铁生获得华语文学传媒大奖年度杰出成就奖。他的一些作品被译成英、法、日等文字，单篇或结集在海外出版。曾任中国作家协会全国委员会委员，北京作家协会副主席。

《我与地坛》是史铁生的回忆性抒情散文，真实地记录了在人生的低谷期他对人生意义的追寻与反思，以及对母亲的痛悔和思念之情。地坛给前程迷茫、失魂落魄的他提供了一个逃避喧嚣尘世的安静之地，在这里，他看到了自然的荒凉与生机，人世一角的悲凉与温情，这些渐渐使他焦灼、痛苦的心生动起来，苦难激发的哲思与感恩、坚韧与不屈悄然而生。

史铁生文笔从容睿智，文章意境优美，擅长使用象征手法和诗意的语言，抒情贯穿在叙事和写景中。独特的人生体验，细腻的心境捕捉，使这篇文章寓意丰富，哲理深刻，隽永悠长。

【研讨】

1. 史铁生作品中的写景有怎样独特的视角和特别的语词现象？

2. 史铁生的作品反映了对生与死、宿命与抗争的沉思，结合这篇文章谈谈你的理解。

【延展】

1. 延伸阅读

史铁生是当代中国最令人敬佩的作家之一。他的写作与他的生命完全同构在了一起，在自己的“写作之夜”，史铁生用残缺的身体，说出了最为健全而丰满的思想。他体验到的是生命的苦难，表达出的却是存在的明朗和欢乐，他睿智的言辞，照亮的反而是我们日益幽暗的内心。他的《病隙碎笔》作为2002度中国文学最为重要的收获，一如既往地思考着生与死、残缺与爱情、苦难与信仰、写作与艺术等重大问题，并解答了“我”如何在场、如何活出意义来这些普遍性的精神难题。当多数作家在消费主义时代里放弃面对人的基本状况时，史铁生却居住在自己的内心，仍旧苦苦追索人之为人的价值和光辉，仍旧坚定地向存在的荒凉地带进发，坚定地与未明事物作斗争，这种勇气和执著，深深地唤起了我们对自身所处境遇的警醒和关怀。（华语文学传媒大奖2002年度杰出成就奖得主史铁生授奖词）

2. 推荐书目

（1）陈顺馨. 论史铁生创作的精神历程. 文学评论，1994，2.

（2）史铁生. 史铁生作品集. 中国社会科学出版社，1995.

第四单元　议　论　文

大医精诚

孙思邈

孙思邈

张湛曰[1]："夫经方之难精[2]，由来尚矣[3]。"今病有内同而外异，亦有内异而外同，故五脏六腑之盈虚，血脉荣卫之通塞，固非耳目之所察，必先诊候以审之。而寸口关尺，有浮沉弦紧之乱[4]；俞穴流注[5]，有高下浅深之差；肌肤筋骨，有厚薄刚柔之异。唯用心精微者，始可与言于兹矣。今以至精至微之事[6]，求之于至粗至浅之思，其不殆哉！若盈而益之，虚而损之，通而彻之，塞而壅之，寒而冷之，热而温之，是重加其疾，而望其生，吾见其死矣。故医方卜筮，艺能之难精者也，既非神授，何以得其幽微？世有愚者，读方三年，便谓天下无病可治；及治病三年，乃知天下无方可用。故学者必须博极医源，精勤不倦，不得道听途说，而言医道已了[7]，深自误哉！

凡大医治病，必当安神定志，无欲无求，先发大慈恻隐之心，誓愿普救含灵之苦[8]。若有疾厄来求救者，不得问其贵贱贫富，长幼妍蚩[9]，怨亲善友[10]，华夷愚智[11]，普同一等，皆如至亲之想；亦不得瞻前顾后，自虑吉凶，护惜身命。见彼苦恼，若己有之，深心凄怆，勿避险巇、昼夜、寒暑、饥渴、疲劳[12]，一心赴救，无作功夫形迹之心[13]。如此可为苍生大医，反此则是含灵巨贼。自古名贤治病，多用生命以济危急[14]，虽曰贱畜贵人，至于爱命，人畜一也。损彼益己，物情同患，况于人乎！夫杀生求生，去生更远。吾今此方所以不用生命为药者，良由此也。其虻虫、水蛭之属，市有先死者，则市而用之[15]，不在此例。只如鸡卵一物，以其混沌未分，必有大段要急之处[16]，不得已隐忍而用之[17]。能不用者，斯为大哲，亦所不及也。其有患疮痍、下痢，臭秽不可瞻视，人所恶见者，但发惭愧凄怜忧恤之意，不得起一念蒂芥之心，是吾之志也。

夫大医之体，欲得澄神内视，望之俨然，宽裕汪汪[18]，不皎不昧。省病诊疾，至意深心；详察形候，纤毫勿失；处判针药，无得参差[19]。虽曰病宜速救，要须临事不惑，唯当审谛覃思[20]，不得于性命之上，率尔自逞俊快，邀射名誉[21]，甚不仁矣！又到病家，纵绮罗满目，勿左右顾眄[22]；丝竹凑耳，无得似有所娱；珍羞迭荐[23]，食如无味；醽醁兼陈[24]，看有若无。所以尔者，夫壹人向隅，满堂不乐，而况病人苦楚，不离斯须。而医者安然欢娱，傲然自得，兹乃人神之所共耻，至人之所不为。斯盖医之本意也。

夫为医之法，不得多语调笑，谈谑喧哗[25]，道说是非，议论人物，炫耀声名，訾毁诸医，自矜己德。偶然治差一病[26]，则昂头戴面[27]，而有自许之貌，谓天下无双，此医人之膏肓也。

老君曰[28]："人行阳德[29]，人自报之；人行阴德[30]，鬼神报之。人行阳恶，人自报之；人行阴恶，鬼神害之。"寻此贰途，阴阳报施[31]，岂诬也哉[32]？所以医人不得恃己所长，专心经略财物[33]，但作救苦之心，于冥运道中[34]，自感多福者耳。又不得以彼富贵，处以珍贵之药，令彼难求，自炫功能，谅非忠恕之道[35]。志存救济[36]，故亦曲碎论之[37]，学者不可耻言之鄙俚也[38]。

[1]张湛：字处度，东晋学者，通晓养生之术，著有《养生要集》和《列子注》。

[2]经方：后世一般指《内经》、《伤寒杂病论》等著作中的方剂。此处泛指医道。

[3]尚：久远。

[4]浮沉弦紧：都是脉象名。

[5]俞穴：即腧穴，指穴位。为人体脏腑经络气血输注出入之处。　　流注：指经络气血运行灌注。

[6]今：如果。

[7]了：穷尽。

[8]含灵：人类。古时认为人为万物之灵。也称"含类"、"含生"、"含情"。

[9]妍蚩（chī）：美丑。妍，姣美。蚩，同"媸"，丑陋。

[10]怨亲善友：怨恨的、亲近的、一般的、友好的人。

[11]华夷：华，指汉族。夷，古代对异族的称呼。

[12]险巇（xī）：艰险崎岖。

[13]作：产生。　　功夫：同"工夫"，时间。此指耽搁时间。　　形迹：世故。此指婉言谢绝。

[14]生命：指活物。

[15]市：购买。

[16]大段：重要。

[17]隐忍：内心忍痛。

[18]宽裕汪汪：喻心胸宽广。汪汪，水宽广的样子。

[19]参差：此指差错。

［20］审谛：全面审察。　　覃思：深思。
［21］邀射：追求，谋取。
［22］顾眄（miǎn）：指左右顾盼。顾，回视。眄，斜视。
［23］迭荐：轮流奉上。
［24］醽醁（líng lù）：古代美酒名。　　兼陈：同时陈列。
［25］谈谑：谈笑。谑，开玩笑。
［26］差（chài）：同“瘥”，痊愈。
［27］戴面：仰面。
［28］老君：即老子。
［29］阳德：指公开有德于人的行为。
［30］阴德：指暗中有德于人的行为。
［31］阴阳报施：即上文阳施则有阳报，阴施则有阴报。
［32］诬：欺骗。
［33］经略：谋取。
［34］冥运道：指冥界。
［35］谅：确实。　　忠恕：儒家道德规范。忠，谓尽心为人。恕，谓推己及人。
［36］救济：救世济民。
［37］曲碎：琐碎。
［38］耻：以……为耻。意动用法。　　鄙俚：粗俗。

【导读】

本文选自《备急千金要方》卷一，据人民卫生出版社 1955 年影印宋刊本。作者孙思邈（581－682 年），京兆华原（今陕西耀县）人，唐代著名医学家。他精通诸子百家与佛教经典，擅长医药，长期在民间行医。并根据自己丰富的临证经验和前人的医学成就撰著了《备急千金要方》和《千金翼方》各 30 卷。《备急千金要方》简称《千金要方》或《千金方》，作者认为，“人命至重，有贵千金，一方济之，德逾于此”，故以“千金”命名其书。该书分 233 门，载方论 5300 首，涉及妇、儿、内、外等各科疾病诊治的原则和方法，保存了唐以前不少珍贵的医学文献资料，是我国现存最早的一部临床实用百科全书，对后世医学发展产生了很大影响。

本文论述医德修养的两个问题：一是“精”，即医技要精湛。作者认为，医道是“至精至微之事”，所以医生必须“博极医源，精勤不倦”。二是“诚”，即品德要高尚。作者从“心”、“体”、“法”三个方面对医生提出要求：要有“大慈恻隐”之心，“誓愿普救含灵之苦”；要具大医之体，诊治疾病“至意深心”、“纤毫勿失”，不得“邀射名誉”；要遵为医之法，不得“谈谑喧哗”、炫己毁人，不得“经略财物”等。文章用大量篇幅强调医德的重要性，语言流畅，情感真切，饱含了一位医家对为医者的殷切期望和对病人的慈悲情怀，具有深刻的教育意义。

【研讨】

1. 试分析本文是从哪些方面论述医德修养，又是如何论述的。

2. 本文反映了作者怎样的为医态度？对我们有何启发？

【延展】

1. 延伸阅读

备急千金要方序

孙思邈

吾幼遭风冷，屡造医门，汤药之资，罄尽家产。所以青衿之岁，高尚兹典；白首之年，未常释卷。至于切脉诊候、采药合和、服饵节度、将息避慎，一事长于己者，不远千里，服膺取决。至于弱冠，颇觉有悟。是以乡邻中外有疾厄者，多所济益，在身之患，断绝医门，故知方药本草不可不学。吾见诸方部秩浩博，忽遇仓卒，求检至难，比得方讫，疾已不救矣。呜呼！痛夭枉之幽厄，惜堕学之昏愚，乃博采群经，删裁繁重，务在简易，以为《备急千金要方》一部，凡三十卷。虽不能究尽病源，但使留意于斯者，亦思过半矣。以为人命至重，有贵千金，一方济之，德逾于此，故以为名也。未可传于士族，庶以贻厥私门。（选自人民卫生出版社 1955 年版《备急千金要方》）

2. 推荐书目

（1）孙思邈．备急千金要方．人民卫生出版社，1955.

（2）宋祁．新唐书·孙思邈传．中华书局点校本，1975.

留　侯　论

苏轼

《五老图》（清·汪圻绘）

古之所谓豪杰之士者，必有过人之节[1]。人情有所不能忍者[2]，匹夫见辱[3]，拔剑而起，挺身而斗，此不足为勇也。天下有大勇者，卒然临之而不惊[4]，无故加之而不怒，此其所挟持者甚大[5]，而其志甚远也。

夫子房受书于圯上之老人也[6]，其事甚怪。然亦安知其非秦之世有隐君子者出而试之[7]？观其所以微见其意者[8]，皆圣贤相与警戒之意，世人不察，以为鬼物，亦已过矣。且其意不在书。当韩之亡，秦之方盛也，以刀锯鼎镬待天下之士[9]，其平居无罪夷灭者[10]，不可胜数，虽有贲、育[11]，无所复施。夫持法太急者[12]，其锋不可犯，而其势未可乘[13]。子房不忍忿忿之心，以匹夫之力，而逞于一击之间[14]。当此之时，子房之不死者，其间不能容发，盖亦已危矣。千金之子不死于盗贼[15]，何者？其身之可爱，而盗贼之不足以死也。子房以盖世之才，不为伊尹、太公之谋[16]，而特出于荆轲、聂政之计[17]，以侥幸于不死，此圯上老人之所为深惜者也。是故倨傲鲜腆而深折之[18]，彼其能有所忍也，然后可以就大事，故曰："孺子可教也。"

楚庄王伐郑，郑伯肉袒牵羊以逆[19]。庄王曰："其君能下人[20]，必能信用其民矣。"遂舍之。勾践之困于会稽[21]，而归臣妾于吴者[22]，三年而不倦。且夫有报人之志，而不能下人者，是匹夫之刚也。夫老人者，以为子房才有余，而忧其度量之不足，故深折其少年刚锐之气，使之忍小忿而就大谋。何则？非有平生之素，卒然相遇于草野之间，而命以仆妾之役，油然而不怪者[23]，此固秦皇之所不能惊[24]，而项籍之所不能怒也[25]。

观夫高祖之所以胜，而项籍之所以败者，在能忍与不能忍之间而已矣。项籍唯不能忍，是以百战百胜而轻用其锋。高祖忍之，养其全锋以待其弊，此子房教之也。当淮阴破齐而欲自王，高祖发怒，见于词色[26]。由此观之，犹有刚强不忍之气，非子房其谁全之？

太史公疑子房以为魁梧奇伟，而其状貌乃如妇人女子，不称其志气[27]。呜呼！此其所以为子房欤！

[1]节：节操，气节。

[2]人情：一般人的心理。

[3]匹夫：古代指平民中的男子，后泛指平民百姓。　　见：表被动。

[4]卒（cù）然：突然。卒，通"猝"。

[5]挟（xié）持：夹持，引申为怀藏，这里指抱负。

[6]"夫子房"句：据《史记·留侯世家》载，张良年轻时行刺秦始皇未成，亡匿下邳，一次在桥上遇到一位自称黄石公的老人，老人故意将鞋掉在桥下，让张良为他取来穿上。张良最初很生气，但怜其老，还是忍住了。经过反复考验，老人认为张良"孺子可教矣"，于是授给张良一部兵书。张良熟读此书后，终于帮助刘邦成就帝业。子房，字张良，封于留，故称留侯。圯（yí）上，桥上。

[7]隐君子：隐居的高士。

[8]微见（xiàn）其意：隐约地显示出他的意图。指圯上老人反复考验张良的用意。见，同"现"，显现。

[9]刀锯鼎镬（huò）：指代各种酷刑。刀锯用来割截人的肢体，鼎镬用来烹人。

[10]平居：平素。　　夷灭：铲除，消灭。

[11]贲（bēn）、育：孟贲、夏育。两人都是战国时代著名的勇士。

[12]持法太急者：指秦王朝。急，严峻。

[13]其势未可乘：那形势有利于秦，还无可乘之机。

[14]逞：快意。　　一击：指张良指使力士行刺秦始皇的事。张良在博浪沙（今河南省原阳县东南）找了一个力士，用铁锥狙击巡行途中的秦始皇，误中副车。见《史记·留侯世家》。

[15]千金之子：指富贵人家的子弟。

[16]伊尹、太公之谋：指安邦治国的谋划。伊尹，商汤的大臣。辅佐汤建立商朝。

太公，周初大臣吕尚，称姜太公。辅佐武王伐纣，建立周朝。

[17]特：只是。　荆轲、聂政之计：指行刺的下策。荆轲刺秦王与聂政刺杀韩相侠累两事，均见《史记·刺客列传》。

[18]倨（jù）傲：傲慢。　鲜腆（xiǎn tiǎn）：指说话没礼貌。鲜，少。腆，善。折：挫折。此指折其过于刚勇急躁之气。

[19]楚庄王伐郑：公元前597年，楚庄王率领军队围攻郑国三月，破城而入，郑伯投降。见《左传·宣公十二年》。郑伯，郑襄公。　肉袒牵羊：表示自己以臣仆的身份。肉袒，袒露上身。　逆：迎。

[20]下人：对人卑下，恭谦。

[21]勾践：春秋末年越国国君。　困：被围困。　会（kuài）稽：山名，在今浙江省绍兴市东南。

[22]归臣妾于吴：投降吴国做其仆妾。臣，指男性奴仆。妾，指女性奴仆。

[23]油然：和顺的样子。　怪：以……为怪。意动用法。

[24]惊：使之惊。

[25]怒：使之怒。

[26]“当淮阴”三句：当淮阴侯韩信攻破齐国要自立为王，高祖为此发怒了，语气脸色都显露出来。见《史记·淮阴侯列传》。淮阴，指淮阴侯韩信。词色，言词脸色。

[27]称（chèn）：相称。

【导读】

本文选自《苏东坡集》，据商务印书馆1930年版。作者苏轼（1037－1101年），字子瞻，号东坡居士，眉州眉山（今属四川）人，北宋著名文学家、书画家。嘉祐二年进士，官至翰林学士、知制诰、礼部尚书。卒谥文忠。与父苏洵、弟苏辙合称“三苏”。其散文汪洋恣肆，明白畅达，与欧阳修并称“欧苏”，为“唐宋八大家”之一；其诗清新豪健，善用夸张比喻，与黄庭坚并称“苏黄”；其词开豪放一派，与辛弃疾并称“苏辛”。著有《苏东坡集》、《东坡乐府》。

本文是一篇史论，为嘉祐六年苏轼答御试策所写《进论》之一。作者通过对历史人物的具体评述，提出了一种与历史上通行说法完全不同的见解，认为“忍小忿而就大谋”是张良辅佐刘邦灭秦败楚、成就帝业的关键所在。文章以此为主干，广征史实，不仅引用了郑伯肉袒迎楚、勾践卧薪尝胆等善于隐忍的正面典型，而且引用项羽、刘邦等不善于隐忍的反面典型，从正反两方面加以论证发挥，使得论点更具有说服力。

应该指出的是，文章的结论有失偏颇，对刘邦、项羽成败的关键需要历史辩证地加以分析。

本文见解深刻，论述精辟，论证手法灵活多变，有对比论证，有引征史例的事例论证，有从分析故事入手的推理论证等；加之文笔讲究虚实转折、纵横开阖，使文章跌宕多姿，妙趣横生，令人回味无穷。

【研讨】

1. 这篇史论的论点是什么？你对作者的这一观点持什么态度？

2. 试结合文中两种截然相反的观点，谈谈张良能够辅佐刘邦灭秦建汉的主要原因。

【延展】

1. 延伸阅读

张良遇圯上老人

司马迁

良尝闲，从容步游下邳圯上。有一老父，衣褐，至良所，直堕其履圯下，顾谓良曰："孺子，下取履！"良愕然，欲殴之。为其老，强忍，下取履。父曰："履我！"良业为取履，因长跪履之。父以足受，笑而去。良殊大惊，随目之。父去里所，复还，曰："孺子可教矣。后五日平明，与我会此。"良因怪之，跪曰："诺。"五日平明，良往，父已先在，怒曰："与老人期，后，何也？"去，曰："后五日早会。"五日鸡鸣，良往，父又先在，复怒曰："后，何也？"去，曰："后五日复早来。"五日，良夜未半往。有顷，父亦来，喜曰："当如是。"出一编书，曰："读此则为王者师矣。后十年兴。十三年孺子见我济北，谷城山下黄石即我矣。"遂去，无他言，不复见。旦日视其书，乃《太公兵法》也。良因异之，常习诵读之。（节选自司马迁《史记》卷五十五《留侯世家》）

2. 推荐书目

（1）苏轼著，孔凡礼点校．苏轼文集．中华书局，1986.

（2）司马迁著，甘宏伟、江俊伟注．史记．崇文书局，2009.

与友人论学书

顾炎武

顾炎武

比往来南北[1]，颇承友朋推一日之长[2]，问道于盲[3]。窃叹夫百余年以来之为学者[4]，往往言心言性，而茫乎不得其解也。命与仁，夫子之所罕言也[5]；性与天道，子贡之所未得闻也[6]。性命之理，著之《易传》[7]，未尝数以语人[8]。其答问士也，则曰："行己有耻[9]。"其为学，则曰："好古敏求[10]。"其与门弟子言，举尧、舜相传所谓危微精一之说一切不道[11]，而但曰："允执其中，四海困穷，天禄永终[12]。"呜呼！圣人之所以为学者，何其平易而可循也！故曰："下学而上达[13]。"颜子之几乎圣也[14]，犹曰："博我以文[15]。"其告哀公也，明善之功，先之以博学[16]。自曾子而下[17]，笃实无若子夏[18]，而其言仁也，则曰："博学而笃志，切问而近思[19]。"

今之君子则不然，聚宾客门人之学者数十百人，"譬诸草木，区以别矣[20]"，而一皆与之言心言性。舍"多学而识[21]"，以求一贯之方，置四海之困穷不言，而终日讲危微精一之说，是必其道之高于夫子，而其门弟子之贤于子贡，祧东鲁而直接二帝之心传者也[22]。我弗敢知也。

《孟子》一书，言心言性，亦谆谆矣，乃至万章、公孙丑、陈代、陈臻、周霄、彭更之所问[23]，与孟子之所答者，常在乎出处、去就、辞受、取与之间[24]。以伊尹之元圣[25]，尧舜其君其民之盛德大功，而其本乃在乎千驷一介之不视不取[26]。伯夷、伊尹之不同于孔子也[27]，而其同者，则以“行一不义，杀一不辜，而得天下，不为[28]”。是故性也，命也，天也，夫子之所罕言，而今之君子之所恒言也；出处、去就、辞受、取与之辨，孔子、孟子之所恒言，而今之君子所罕言也。谓忠与清之未至于仁[29]，而不知不忠与清而可以言仁者，未之有也；谓“不忮不求”之不足以尽道[30]，而不知终身于忮且求而可以言道者，未之有也。我弗敢知也。

愚所谓圣人之道者如之何？曰：“博学于文[31]。”曰：“行己有耻。”自一身以至于天下国家，皆学之事也；自子臣弟友以至出入、往来、辞受、取与之间，皆有耻之事也。“耻之于人大矣[32]”！不耻恶衣恶食[33]，而耻匹夫匹妇之不被其泽[34]，故曰：“万物皆备于我矣，反身而诚[35]。”呜呼！士而不先言耻，则为无本之人；非好古而多闻，则为空虚之学。以无本之人，而讲空虚之学，吾见其日从事于圣人而去之弥远也。虽然，非愚之所敢言也，且以区区之见，私诸同志而求起予[36]。

[1]比：近来。

[2]一日之长（zhǎng）：年龄稍大。见《论语·先进》：“子路、曾皙、冉有、公西华侍坐。子曰：‘以吾一日长乎尔，毋吾以也。’”这里指因年龄稍长而受到朋友敬重。

[3]盲：比喻无知的人。是作者的谦词。

[4]百余年以来之为学者：指明代王阳明以来的一些空谈心性的理学家。

[5]“命与”二句：见《论语·子罕》：“子罕言利与命与仁。”夫子，指孔子。

[6]“性与”二句：见《论语·公冶长》：“子贡曰：‘夫子之文章，可得而闻也；夫子之言性与天道，不可得而闻也。’”子贡，姓端木，名赐，孔子的弟子。

[7]易传：即《周易》中与《经》相对而言的《传》的部分，相传为孔子所作。

[8]数（shuò）：屡次。

[9]行己有耻：自身行事有羞耻之心。见《论语·子路》：“子贡问曰：‘何如斯可谓之士矣？’子曰：‘行己有耻，使于四方，不辱君命，可谓士矣。’”

[10]好古敏求：爱好古代的事物而勤勉地探求。见《论语·述而》：“子曰：‘我非生而知之者，好古敏以求之者也。’”

[11]举：凡，完全。　危微精一之说：今《尚书·大禹谟》中载有传说是尧舜禹时代心心相传的话：“人心惟危，道心惟微，惟精惟一，允执厥中。”意思是，人心是危险的，道心是精微的，只能精心专一地守护其中正之道。

[12]“允执”三句：要真诚地坚守着中正之道，如果天下的百姓陷入困苦贫穷，上天给你的禄位也就会永远地终止。见《论语·尧曰》：“尧曰：‘咨！尔舜！天之历数在尔躬，允执其中。四海困穷，天禄永终。’”

[13]下学而上达：学习平常的为人之道，逐渐达到高深的地步。见《论语·宪问》：“子曰：‘不怨天，不尤人，下学而上达。知我者其天乎！’”

[14]颜子：指颜回，字渊，孔子的弟子。

[15]博我以文：用各种文献丰富我的知识。见《论语·子罕》："颜渊喟然叹曰：'……夫子循循然善诱人，博我以文，约我以礼，欲罢不能。'"

[16]"其告"三句：辨明善恶的步骤中博学居于首位，参见《礼记·中庸》。哀公，鲁国之君，姓姬，名蒋。

[17]曾子：指曾参，字子舆，孔子的弟子。

[18]子夏：姓卜，名商，孔子的弟子。

[19]"博学"二句：广泛地学习，坚守自己的志趣；恳切地发问，思考切实的问题。见《论语·子张》："子夏曰：'博学而笃志，切问而近思，仁在其中矣。'"

[20]"譬诸"二句：就像草木一样，应当区分类别来对待。见《论语·子张》："子夏闻之，曰：'……君子之道，孰先传焉？孰后传焉？譬诸草木，区以别矣。'"

[21]多学而识：见《论语·卫灵公》："子曰：'赐也，女以予为多学而识之者与？'"识（zhì），同"志"，记住。

[22]祧（tiāo）东鲁：超越孔子。祧，超越。东鲁，借指孔子。　二帝：指尧、舜。

[23]万章、公孙丑、陈代、陈臻、周霄、彭更：均为孟子的弟子。

[24]出处：出仕与归隐。　去就：辞官与受职。　辞受：不接受与接受。取与：收取与给予他人财物。

[25]伊尹：名挚，商汤的丞相，曾辅佐汤伐桀灭夏。　元圣：大圣人。

[26]千驷一介之不视不取：相传伊尹在田中耕作，对千匹马车或一根草芥，如果不合道义，也都不看一眼，不取一点。参见《孟子·万章上》。驷，四匹马拉的车。介，通"芥"，草。

[27]伯夷：商代末年孤竹君之子，不赞成武王伐纣。商亡，不食周粟，与其弟叔齐饿死于首阳山。参见《孟子·万章下》。

[28]"行一"四句：通过施行不讲仁义和滥杀无辜的手段获得天下，这是他们不会去做的。见《孟子·公孙丑上》："曰：'……行一不义，杀一不辜，而得天下，皆不为也。是则同。'"

[29]忠与清之未至于仁：忠诚与清白都还达不到仁的地步。见《论语·公冶长》："子张问曰：'令尹子文三仕为令尹，无喜色；三已之，无愠色。旧令尹之政，必以告新令尹。何如？'子曰：'忠矣。'曰：'仁矣乎？'曰：'未知。焉得仁？''崔子弑齐君。陈文子有马十乘，弃而违之，至于他邦，则曰：犹吾大夫崔子也。违之。之一邦，则又曰：犹吾大夫崔子也。违之。何如？'子曰：'清矣。'曰：'仁矣乎？'曰：'未知。焉得仁？'"清，谓洁身自好。

[30]不忮（zhì）不求：见《论语·子罕》："子曰：'……不忮不求，何用不臧？'子路终身诵之。子曰：'是道也，何足以臧？'"忮，嫉妒。求，贪求。

[31]博学于文：见《论语·雍也》："子曰：'君子博学于文，约之以礼。'"

[32]耻之于人大矣：见《孟子·尽心上》："孟子曰：'耻之于人大矣，为机变之巧者，无所用耻焉。不耻不若人，何若人有？'"

[33]耻恶衣恶食：以穿破烂的衣服、吃粗茶淡饭为耻辱。见《论语·里仁》："子

曰：‘士志于道，而耻恶衣恶食者，未足与议也。’”

[34]耻匹夫匹妇之不被其泽：以普通百姓没有受到他的恩泽为耻辱。见《孟子·万章上》：“孟子曰：‘……思天下之民，匹夫匹妇，有不被尧舜之泽者，若己推而内之沟中。’”被，受到。

[35]“万物”二句：一切我都具备了，反躬自问，自己是忠诚踏实的。见《孟子·尽心上》：“孟子曰：‘万物皆备于我矣。反身而诚，乐莫大焉。’”反身，反躬自问。

[36]私：私下，不公开。　起予：启发我。

【导读】

本文选自《亭林诗文集·文集》卷三，据民国四年（1915年）上海扫叶山房石印本。作者顾炎武（1613－1682年），原名绛，字忠清，明亡后更名炎武，字宁人，号亭林，亦自署蒋山佣，江苏昆山人。明末清初著名思想家、文学家、学者，与黄宗羲、王夫之并为“明末清初三大儒”。清兵南下时曾投身昆山、嘉定、苏州等地的抗清斗争，失败后清廷屡征不仕，奔走于河北、山东、山西、陕西等省，联络同道，以图兴复，曾提出“保天下者，匹夫之贱，与有责焉耳矣”。顾炎武学识渊博，著述甚丰。除笃志六经外，于国家典制、郡邑掌故、天文仪象、农兵河漕及经史百家、音韵文字等方面均有研究，著有《日知录》、《天下郡国利病书》、《音学五书》、《亭林诗文集》等。

作者针对当时士人承王阳明心学的末流，“往往言心言性，而茫乎不得其解”的空疏学风，认为崇尚空谈、脱离实际因而导致山河变色、误国害民。所以本文旨在针砭空虚学风，提倡实学之道。文中大量引用《论语》、《孟子》两部儒学经典，显得论据充分。以古代圣贤的教诲与“今之君子”的空谈，圣人孔孟和“今之君子”的“恒言”、“罕言”之间的对比论证，增强了文章的说服力。最后作者阐述对“圣人之道”的理解，即“博学于文”、“行己有耻”，强调“耻之于人大矣”，号召士人研究实学，做到“反身而诚”。整篇文章提倡为学应经世致用，证实为本，主张博学多识和砥砺节操，这对明清之际的学风转变有着承上启下的重要作用，也是开风气之先的文学作品。

【研讨】

1. 作者认为的“圣人之道”是什么？在今天是否仍有借鉴意义？
2. 分析并讨论作者在本文中的论证思路是什么？本文在论证方法上有何特点？
3. 查找并整理作者在本文中引用的儒家经典原文，然后写出一篇简要评论。

【延展】

1. 延伸阅读

顾炎武与清学的“黎明运动”

梁启超

当此反动期而从事于“黎明运动”者，则昆山顾炎武其第一人也。炎武对于晚明学风，首施猛烈之攻击，而归罪于王守仁……凡一新学派初立，对于旧学派，非持绝对严正的攻击态度，不足以摧故锋而张新军。炎武之排斥晚明学风，其锋芒峻露，大率类是。自兹以后，王学遂熄。清代犹有袭理学以为名高者，则皆自托于程朱之徒也。虽曰

王学末流极敝，使人心厌倦，本有不摧自破之势，然大声疾呼以促思潮之转捩，则炎武最有力焉。（节选自梁启超《清代学术概论》）

2. 推荐书目

（1）华忱之点校．顾亭林诗文集．中华书局，1983.

（2）钱穆．中国近三百年学术史．商务印书馆，1997.

（3）梁启超．清代学术概论．上海古籍出版社，1998.

用药如用兵论

徐大椿

徐大椿

圣人之所以全民生也，五谷为养[1]，五果为助[2]，五畜为益[3]，五菜为充[4]，而毒药则以之攻邪[5]。故虽甘草、人参，误用致害，皆毒药之类也。古人好服食者[6]，必有奇疾[7]，犹之好战胜者，必有奇殃。是故兵之设也以除暴，不得已而后兴；药之设也以攻疾，亦不得已而后用。其道同也。

故病之为患也，小则耗精，大则伤命，隐然一敌国也[8]。以草木之偏性，攻藏府之偏胜，必能知彼知己，多方以制之，而后无丧身殒命之忧。是故传经之邪[9]，而先夺其未至，则所以断敌之要道也；横暴之疾，而急保其未病，则所以守我之岩疆也[10]。挟宿食而病者，先除其食，则敌之资粮已焚；合旧疾而发者，必防其并，则敌之内应既绝。辨经络而无泛用之药[11]，此之谓向导之师；因寒热而有反用之方[12]，此之谓行间之术[13]。一病而分治之，则用寡可以胜众，使前后不相救，而势自衰；数病而合治之，则并力捣其中坚，使离散无所统，而众悉溃。病方进，则不治其太甚，固守元气，所以老其师；病方衰，则必穷其所之，更益精锐，所以捣其穴。

若夫虚邪之体，攻不可过，本和平之药，而以峻药补之；衰敝之日，不可穷民力也。实邪之伤，攻不可缓，用峻厉之药，而以常药和之；富强之国，可以振威武也。然而，选材必当，器械必良，克期不愆[14]，布阵有方，此又不可更仆数也[15]。孙武子十三篇[16]，治病之法尽之矣。

[1]五谷：五种谷物。说法不一。《素问·脏气法时论》王冰注认为是粳米、小豆、麦、大豆、黄黍。今从王冰说。

[2]五果：指五种果品：枣、李、栗、杏、桃。

[3]五畜：指五种牲畜：牛、犬、猪、羊、鸡。

[4]五菜：指五种蔬菜：葵、韭、藿、薤、葱。

[5]毒药：这里指祛邪治病之药。

[6]服食：指服食丹药。是道家的一种养生法。

[7]奇：大。

[8]隐然：危重貌。这里指严重的样子。

[9]传经之邪：按六经顺传的病邪。即太阳经→阳明经→少阳经→太阴经→少阴经→厥阴经。

[10]岩疆：险要的疆域。

[11]辨经络：指辨别药物的归经。即某药对某些脏腑经络的病变所产生的治疗作用。

[12]反用：即反治。指与常规相反的治法。当疾病出现假象，或大寒证、大热证对正治法产生格拒现象时所采用的治法。又称从治。

[13]行间：离间。《孙子》有《用间篇》。这里指用寒性药治假寒证、热性药治假热证。两寒或两热本应相亲，而使之相仇，故曰“行间”。

[14]克期：约定或限定期限。　　愆（qiān）：失误。

[15]不可更仆数：即“更仆难数”。形容事物繁多，数不胜数。《礼记·儒行》：“遽数之不能终其物，悉数之乃留，更仆未可终也。”

[16]孙武子十三篇：指《孙子兵法》。春秋时齐国孙武著，共13篇。又称《孙子》、《孙武兵法》。

【导读】

本文选自《医学源流论》卷上，据光绪丁未（1907年）清和月医学社本。作者徐大椿（1693－1771年），一名大业，字灵胎，晚号洄溪老人，江苏吴江人，清代著名医家。书读各家，爱好广泛，博学多才，擅长诗文，通晓音律、水利，尤精医道。行医50余年，经验丰富，著述颇多。主要著作有《难经经释》、《神农本草百种录》、《医学源流论》、《兰台轨范》、《医贯砭》、《慎疾刍言》等。《医学源流论》是一部医学论文集，共93篇，分上下两卷，主要阐述医学源流的利弊得失以及理法方药的临床应用。

本文以用兵之道说明用药之法，以战术类比医术，把临床用药与用兵相比拟，使用药法则更易理解，提出临床治病制方的原则，着重强调医生应谨慎用药，辨证施治。作者首先借古人之言，从正反两个方面表明恰当用药的主旨，继而提出“知彼知已，多方以制之”的医技战略思想。最后以治国为喻，指出应根据病人的体质情况而确定使用药物的原则。

作者敏锐地审视用兵与用药的相互关系，将两者并列对举，触类旁通，找出共同点，富于启发性。通篇运用类比的手法，篇幅短小，说理透彻，层次分明。

【研讨】

1. 作者提出的“用药如用兵”的观点对医生临床用药有怎样的指导意义？
2. 本文在行文写作上有何特点？

【延展】

1. 延伸阅读

徐灵胎先生传

袁枚

传曰：先生名大椿，字灵胎，晚自号洄溪老人。家本望族。祖釚，康熙十八年鸿词科翰林，纂修《明史》。先生生有异禀，聪强过人。凡星经、地志、九宫、音律，以至舞刀夺槊、勾卒嬴越之法，靡不宣究，而尤长于医。每视人疾，穿穴膏肓，能呼肺腑与之作语。其用药也，神施鬼设，斩关夺隘，如周亚夫之军从天而下。诸岐黄家目瞠心骇，帖帖詟服，而卒莫测其所以然……先生长身广颡，音声如钟，白须伟然，一望而知为奇男子。少时留心经济之学，于东南水利尤所洞悉……赞曰：纪称德成而先，艺成而后。似乎德重而艺轻。不知艺也者，德之精华也。德之不存，艺于何有？人但见先生艺精伎绝，而不知其平素之事亲孝，与人忠，葬枯粟乏，造修舆梁，见义必为，是据于德而后游于艺者也。宜其得心应手，驱遣鬼神。呜呼！岂偶然哉？（节选自袁枚《小仓山房诗文集》卷三十四）

2. 推荐书目

（1）诸子集成（卷六《孙子十家注》）. 上海书店，1986 年影印.

（2）刘洋. 明清名医全书大成·徐灵胎医学全书. 中国中医药出版社，1999.

呵旁观者文

梁启超

梁启超

天下最可厌、可憎、可鄙之人，莫过于旁观者。

旁观者，如立于东岸，观西岸之火灾，而望其红光以为乐；如立于此船，观彼船之沉溺，而睹其凫浴以为欢[1]。若是者，谓之阴险也不可，谓之狠毒也不可，此种人无以名之，名之曰无血性。嗟乎！血性者，人类之所以生，世界之所以立也；无血性，则是无人类、无世界也。故旁观者，人类之蟊贼[2]，世界之仇敌也。

人生于天地之间，各有责任。知责任者，大丈夫之始也；行责任者，大丈夫之终也；自放弃其责任，则是自放弃其所以为人之具也。是故人也者，对于一家而有一家之责任，对于一国而有一国之责任，对于世界而有世界之责任。一家之人各各自放弃其责任，则家必落；一国之人各各自放弃其责任，则国必亡；全世界之人各各自放弃其责任，则世界必毁。旁观云者，放弃责任之谓也。

中国词章家有警语二句，曰："济人利物非吾事，自有周公孔圣人。"中国寻常人有熟语二句，曰：“各人自扫门前雪，不管他人瓦上霜。”此数语者，实旁观派之经典也，口号也。而此种经典口号，深入于全国人之脑中，拂之不去，涤之不净。质而言之，即“旁观”二字代表吾全国人之性质也，是即“无血性”三字为吾全国人所专有物也。呜呼，吾为此惧！

旁观者，立于客位之意义也。天下事不能有客而无主，譬之一家，大而教训其子弟，综核其财产；小而启闭其门户，洒扫其庭除，皆主人之事也。主人为谁？即一家之人是也。一家之人，各尽其主人之职而家以成。若一家之人各自立于客位，父诿之于子，子诿之于父；兄诿之于弟，弟诿之于兄；夫诿之于妇，妇诿之于夫；是之谓无主之家。无主之家，其败亡可立而待也。惟国亦然。一国之主人为谁？即一国之人是也。西国之所以强者，无他焉，一国之人各尽其主人之职而已。中国则不然，入其国，问其主人为谁，莫之承也。将谓百姓为主人欤？百姓曰：此官吏之事也，我何与焉。将谓官吏为主人欤？官吏曰：我之尸此位也[3]，为吾威势耳，为吾利源耳，其他我何知焉。若是乎一国虽大，竟无一主人也。无主人之国，则奴仆从而弄之，盗贼从而夺之，固宜。《诗》曰：“子有庭内，弗洒弗扫。子有钟鼓，弗鼓弗考。宛其死矣，他人是保[4]。”此天理所必至也，于人乎何尤？

夫对于他人之家、他人之国而旁观焉，犹可言也。何也？我固客也（侠者之义，虽对于他国、他家亦不当旁观，今姑置勿论）。对于吾家、吾国而旁观焉，不可言也。何也？我固主人也。我尚旁观，而更望谁之代吾责也？大抵家国之盛衰兴亡，恒以其家中、国中旁观者之有无多少为差。国人无一旁观者，国虽小而必兴；国人尽为旁观者，国虽大而必亡。今吾观中国四万万人，皆旁观者也。谓余不信，请征其流派：

一曰混沌派。此派者，可谓之无脑筋之动物也。彼等不知有所谓世界，不知有所谓国，不知何者为可忧，不知何者为可惧，质而论之，即不知人世间有应做之事也。饥而食，饱而游，困而睡，觉而起，户以内即其小天地，争一钱可以殒身命，彼等既不知有事，何所谓办与不办？既不知有国，何所谓亡与不亡？譬之游鱼居将沸之鼎，犹误为水暖之春江；巢燕处半火之堂，犹疑为照屋之出日。彼等之生也，如以机器制成者，能运动而不能知觉；其死也，如以电气殛毙者，有堕落而不有苦痛，蠕蠕然度数十寒暑而已。彼等虽为旁观者，然曾不自知其为旁观者，吾命之为旁观派中之天民。四万万人中属于此派者，殆不止三万万五千万人。然此又非徒不识字、不治生之人而已。天下固有不识字、不治生之人而不混沌者，亦有号称能识字、能治生之人而实大混沌者。大抵京外大小数十万之官吏，应乡、会、岁、科试数百万之士子，满天下之商人，皆于其中十有九属于此派者。

二曰为我派。此派者，俗语所谓遇雷打尚按住荷包者也。事之当办，彼非不知；国之将亡，彼非不知。虽然，办此事而无益于我，则我惟旁观而已；亡此国而无损于我，则我惟旁观而已。若冯道当五季鼎沸之际，朝梁夕晋，犹以五朝元老自夸[5]；张之洞自言瓜分之后，尚不失为小朝廷大臣[6]，皆此类也。彼等在世界中，似是常立于主位而非立于客位者。虽然，不过以公众之事业，而计其一己之利害；若夫公众之利害，则彼始终旁观者也。吾昔见日本报纸中有一段，最能摹写此辈情形者，其言曰：

吾尝游辽东半岛，见其沿道人民，察其情态，彼等于国家存亡危机，如不自知者；彼等之待日本军队，不见为敌人，而见为商店之主顾客；彼等心目中，不知有辽东半岛割归日本与否之问题，惟知有日本银色与纹银兑换补水几何之问题[7]。

此实写出魑魅魍魉之情状[8]，如禹鼎铸奸矣。推为我之蔽，割数千里之地，赔数百兆之款，以易其衙门咫尺之地，而曾无所顾惜。何也？吾今者既已六七十矣，但求目前数年无事，至一瞑之后，虽天翻地覆非所问也。明知官场积习之当改而必不肯改，吾衣领饭碗之所在也。明知学校科举之当变而不肯变，吾子孙出身之所由也。此派者，以老聃为先圣，以杨朱为先师[9]，一国中无论为官、为绅、为士、为商，其据要津、握重权者皆此辈也，故此派有左右世界之力量。一国聪明才智之士，皆走集于其旗下，而方在萌芽卵孵之少年子弟，转率仿效之，如麻风、肺病者传其种于子孙，故遗毒遍于天下，此为旁观派中之最有魔力者。

三曰呜呼派。何谓呜呼派？彼辈以咨嗟太息、痛哭流涕为独一无二之事业者也。其面常有忧国之容，其口不少哀时之语，告以事之当办，彼则曰诚当办也，奈无从办起何；告以国之已危，彼则曰诚极危也，奈已无救何；再穷诘之，彼则曰国运而已，天心而已。“无可奈何”四字是其口诀，“束手待毙”一语是其真传。如见火之起，不务扑灭，而太息于火势之炽炎；如见人之溺，不思拯援，而痛恨于波涛之澎湃。此派者，彼固自谓非旁观者也，然他人之旁观也以目，彼辈之旁观也以口。彼辈非不关心国事，然以国事为诗料；非不好言时务，然以时务为谈资者也。吾人读波兰灭亡之记，埃及惨状之史，何尝不为之感叹，然无益于波兰、埃及者，以吾固旁观也。吾人见菲律宾与美血战，何尝不为之起敬，然无助于菲律宾者，以吾固旁观也。所谓呜呼派者，何以异是！此派似无补于世界，亦无害于世界者，虽然，灰国民之志气，阻将来之进步，其罪实不薄也。此派者，一国中号称名士者皆归之。

四曰笑骂派。此派者，谓之旁观，宁谓之后观。以其常立于人之背后，而以冷言热语批评人者也。彼辈不惟自为旁观者，又欲逼人使不得不为旁观者；既骂守旧，亦骂维新；既骂小人，亦骂君子；对老辈则骂其暮气已深，对青年则骂其躁进喜事；事之成也，则曰竖子成名；事之败也，则曰吾早料及。彼辈常自立于无可指摘之地，何也？不办事故无可指摘，旁观故无可指摘。己不办事，而立于办事者之后，引绳批根以嘲讽掊击[10]，此最巧黠之术，而使勇者所以短气，怯者所以灰心也。岂直使人灰心短气而已，而将成之事，彼辈必以笑骂沮之；已成之事，彼辈能以笑骂败之。故彼辈者，世界之阴人也。夫排斥人未尝不可，已有主义欲伸之，而排斥他人之主义，此西国政党所不讳也。然彼笑骂派果有何主义乎？譬之孤舟遇风于大洋，彼辈骂风、骂波、骂大洋、骂孤舟，乃至遍骂同舟之人。若问此船当以何术可达彼岸乎，彼等瞠然无对也。何也？彼辈借旁观以行笑骂，失旁观之地位，则无笑骂也。

五曰暴弃派。呜呼派者，以天下为无可为之事；暴弃派者，以我为无可为之人也。笑骂派者，常责人而不责己；暴弃派者，常望人而不望己也。彼辈之意，以为一国四百兆人，其三百九十九兆九亿九万九千九百九十九人中，才智不知几许，英杰不知几许，我之一人岂足轻重。推此派之极弊，必至四百兆人，人人皆除出自己，而以国事望诸其余之三百九十九兆九亿九万九千九百九十九人。统计而互消之，则是四百兆人，卒至实无一人也。夫国事者，国民人人各自有其责任者也，愈贤智则其责任愈大，即愚不肖亦不过责任稍小而已，不能谓之无也。他人虽有绝大智慧、绝大能力，只能尽其本身分内之责任，岂能有分毫之代我？譬之欲不食而使善饭者为我代食，欲不寝而使善睡者为我代寝，能乎否乎？夫我虽愚不肖，然既为人矣，即为人类之一分子也；既生此国矣，即为国民之一阿屯也[11]。我暴弃己之一身，犹可言也，污蔑人类之资格，灭损国民之体面，不可言也。故暴弃者实人道之罪人也。

六曰待时派。此派者，有旁观之实而不自居其名者也。夫待之云者，得不得未可必之词也。吾待至可以办事之时然后办之，若终无其时，则是终不办也。寻常之旁观则旁观人事，彼辈之旁观则旁观天时也。且必如何然后为可以办事之时，岂有定形哉？办事者，无时而非可办之时；不办事者，无时而非不可办之时。故有志之士，惟造时势而已，未闻有待时势者也。待时云者，欲觇风潮之所向[12]，而从旁拾其余利，向于东则随之而东，向于西则随之而西，是乡愿之本色[13]，而旁观派之最巧者也。

以上六派，吾中国人之性质尽于是矣。其为派不同，而其为旁观者则同。若是乎，吾中国四万万人，果无一非旁观者也；吾中国虽有四万万人，果无一主人也。以无一主人之国，而立于世界生存竞争最剧最烈、万鬼环瞰、百虎眈视之大舞台，吾不知其如何而可也。六派之中，第一派为不知责任之人，以下五派为不行责任之人，知而不行，与不知等耳。且彼不知者犹有冀焉，冀其他日之知而即行也。若知而不行，则是自绝于天地也。故吾责第一派之人犹浅，责下五派之人最深。

虽然，以阳明学知行合一之说论之[14]，彼知而不行者，终是未知而已。苟知之极明，则行之必极勇。猛虎在于后，虽跛者或能跃数丈之涧；燎火及于邻，虽弱者或能运千钧之力。何也？彼确知猛虎、大火之一至，而吾之性命必无幸也。夫国亡种灭之惨酷，又岂止猛虎、大火而已。吾以为举国之旁观者直未知之耳，或知其一二而未知其究竟耳。若真知之，若究竟知之，吾意虽箝其手、缄其口，犹不能使之默然而息，块然而坐也[15]。安有悠悠日月，歌舞太平，如此江山，坐付他族，袖手而作壁上之观，面缚以待死期之至[16]，如今日者耶？嗟呼！今之拥高位，秩厚禄，与夫号称先达名士有闻于时者，皆一国中过去之人也。如已退院之僧[17]，如已闭房之妇[18]，彼自顾此身之寄居此世界，不知尚有几年，故其于国也有过客之观，其苟且以偷逸乐，袖手以终余年，固无足怪焉。若我辈青年，正一国将来之主人也，与此国为缘之日正长。前途茫茫，未知所届。国之兴也，我辈实躬享其荣；国之亡也，我辈实亲尝其惨。欲避无可避，欲逃无可逃，其荣也非他人之所得攘，其惨也非他人之所得代。言念及此，夫宁可旁观耶？夫宁可旁观耶？吾岂好为深文刻薄之言以骂尽天下哉？毋亦发于不忍旁观区区之苦心，不得不大声疾呼，以为我同胞四万万人告也。

旁观之反对曰任。孔子曰："天下有道，丘不与易也。"[19]孟子曰："如欲平治天下，当今之世，舍我其谁也！"[20]任之谓也。

一九零零年二月二十日

[1]凫（fú）浴：浮游。凫，野鸭。

[2]蟊（máo）贼：吃禾苗的两种害虫。《诗·小雅·大田》："去其螟螣，及其蟊贼。"毛传："食根曰蟊，食节曰贼。"比喻危害人民或国家的人。

[3]尸此位：占据此位。尸位，如神像占其位，空享祭祀而不做事。作者用以讥讽那些占其位而不做事的官吏。

[4]"《诗》曰"句：出自《诗经·唐风·山有枢》。考，敲击。保，占有。

[5]"若冯道"句：冯道，882－954年，字可道，自号长乐老。五代瀛洲景城（今河北泊头市）人。历仕后唐、后晋（契丹）、后汉、后周四朝十君，拜相二十余年，人称官场"不倒翁"。

[6]张之洞：1837－1909年，直隶南皮（今属河北）人。晚清大官僚，曾任湖广总督等职。政治态度暧昧而多变。

[7]兑换补水：两种银两成色不同，故兑换时给予一定的贴补费。

[8]魑魅魍魉：指各种各样的坏人。

[9]杨朱：战国时思想家，主张"拔一毛利天下而不为"。

[10]引绳批根：亦作"引绳排根"。比喻合力排斥异己。

[11]阿屯：英语atom，"原子"的旧译。

[12]觇（chān）：看。

[13]乡愿：指乡中貌似谨厚而实与流俗合污的伪善者。

[14]"阳明学"句：明代思想家王阳明主张"知行合一"，强调思想的实践。

[15]块然而坐：木然而坐。

[16]面缚：双手反绑于背而面向前。

[17]退院：离开寺庙。

[18]闭房：停止房事。

[19]"孔子曰"句：见《论语·微子》。

[20]"孟子曰"句：见《孟子·公孙丑下》。

【导读】

本文选自李兴华、吴嘉勋编《梁启超选集》，据上海人民出版社1984年版。作者梁启超（1873－1929年），字卓如，号任公、饮冰室主人等，广东新会人。维新派代表人物，中国近代史上著名政治活动家、启蒙思想家、杰出学者。戊戌变法前后，创办主持了《时务报》、《清议报》、《新民丛报》。1918年后，梁启超脱离政治活动，专心学术研究，于文、史、哲诸方面多有著述，其启蒙思想对胡适、鲁迅、陈独秀、李大钊、毛泽东等都有较深影响。梁启超的文章风格被称作“新文体”，首倡近代各种文体的革新。文学创作上亦有多方面成就：散文、诗歌、小说、戏曲及翻译文学方面均有作品行世，尤以散文影响最大。

本文发表于1900年2月的《清议报》，正值“戊戌变法”一年后流亡日本期间所作，是梁启超的“新文体”代表作之一。作者有感于“维新派变法”没有得到更多的国民关注与支持而导致失败痛心疾首，分析原因。他从关系国家盛衰兴亡的高度，提出了国人旁观之害，并细致入微地剖析了六种旁观者的面目，充分体现了作者对国家命运的深深忧虑和对国民性的清醒认识，对于今人仍有警示意义。

文章运用例证法和类比法的立论方式，议论极尽铺排，纵笔酣畅淋漓，情感炽烈丰沛，批判义正词严，剖析心理透彻，议论严肃深刻，比喻形象生动，行文气势磅礴，语言通俗易懂，富于鼓动性，大有笔扫千军之气魄。尤其是用流利生动的白话语言和激愤情感启迪民智，增强了文章的震撼力和感染力，恰如他自诩自己的文章“笔锋常带情感，对于读者，别有一种魔力焉”一样，对于读者极富鼓动性和煽动力。

【研讨】

1. 你对国民性怎样看待？作者此文的真正目的是什么？

2. 请以“拒绝冷漠”为主题，探讨现实社会生活中出现的某些冷漠心态，并挖掘其深层原因。

3. 作者将自己的思想情感淋漓尽致地表达出来，其写作手法起了怎样的作用？

【延展】

1. 延伸阅读

少年中国说（节选）

梁启超

若我少年者，前程浩浩，后顾茫茫，中国而为牛、为马、为奴、为隶，则烹脔鞭棰之惨酷，惟我少年当之；中国如称霸宇内，主盟地球，则指挥顾盼之尊荣，惟我少年享之，于彼气息奄奄，与鬼为邻者，何与焉？彼而漠然置之，犹可言也；我而漠然置之，不可言也。使举国之少年而果为少年也，则吾中国为未来之国，其进步未可量也；使举国之少年而亦为老大也，则吾中国为过去之国，其澌亡可翘足而待也。故今日之责任，不在他人，而全在我少年。少年智则国智，少年富则国富，少年强则国强，少年独立则国独立，少年自由则国自由，少年进步则国进步，少年胜于欧洲则国胜于欧洲，少年雄于地球则国雄于地球。红日初升，其道大光；河出伏流，一泻汪洋。潜龙腾渊，鳞爪飞扬；乳虎啸谷，百兽震惶。鹰隼试翼，风尘吸张；奇花初胎，矞矞皇皇。干将发硎，有作其芒。天戴其苍，地履其黄。纵有千古，横有八荒。前途似海，来日方长。美哉我少

年中国，与天不老；壮哉我中国少年，与国无疆！（节选自王蘧常选注《梁启超选集》，人民文学出版社 2004 年版）

2. 推荐书目

（1）王蘧常选注．梁启超选集．人民文学出版社，2004.

（2）梁启超．饮冰室合集．中华书局，1989.

容忍与自由

胡适

胡适

十七八年前，我最后一次会见了母校康奈尔大学的史学大师布尔先生（George Lincoln Burr）。我们谈到英国史学大师阿克顿（Lord Acton）一生准备要著作一部“自由之史”，没有完成他就死了。布尔先生那天谈话很多，有一句话我至今没有忘记。他说：“我年纪越大，越感觉到容忍（tolerance）比自由还更重要。”

布尔先生死了十多年了，他这句话我越想越觉得是一句不可磨灭的格言。我自己也有“年纪越大，越觉得容忍比自由还更重要”的感想。有时我竟觉得容忍是一切自由的根本：没有容忍，就没有自由。

我十七岁的时候（1908）曾在《竞业旬报》上发表几条“无鬼丛话”，其中有一条是痛骂小说《西游记》和《封神榜》的。我说：

> 《王制》有之：“假于鬼神时日卜筮以疑众[1]，杀。”吾独怪夫数千年来之掌治权者，之以济世明道自期者，乃懵然不之注意[2]，惑世诬民之学说得以大行，遂举我神州民族投诸极黑暗之世界！……

这是一个小孩子很不容忍的“卫道”态度[3]。我那时候已是一个无鬼论者，所以发出那样摧除迷信的狂论，要实行《王制》的“假于鬼神时日卜筮以疑众，杀”的一条经典。

我在那时候当然没有梦想到说这话的小孩子在十五年后（1923）会很热心的给《西游记》作两万字的考证！我在那时候当然更没有想到那个小孩子在二三十年后还时时留心搜求可以考证《封神榜》的作者的材料！我在那时候也完全没有想想《王制》那句话的历史意义。那一段《王制》的全文是这样的：

> 析言破律，乱名改作，执左道以乱政[4]，杀。作淫声异服奇技异器以疑众[5]，杀。行伪而坚，言伪而辩，学非而博，顺非而泽以疑众[6]，杀。假于鬼神时日卜筮以疑众，杀。此四诛者，不以听[7]。

我在五十年前，完全没有懂得这一段话的“诛”正是中国专制体制下禁止新思想、新学术、新信仰、新艺术的经典的根据。我在那时候抱着“破除迷信”的热心，所以拥护那“四诛”之中的第四诛：“假于鬼神时日卜筮以疑众，杀。”我当时完全没有想到第四诛的“假于鬼神……以疑众”和第一诛的“执左道以乱政”的两条罪名都可以用来摧残宗教信仰的自由。我当时也完全没有注意到郑玄注里用了公输般作“奇技异器”的例子[8]，更没有注意到孔颖达《正义》里举了“孔子为鲁司寇七日而诛少正卯”的例子来解释“行伪而坚[9]，言伪而辩，学非而博，顺非而泽以疑众，杀”。故第二诛可以用来禁绝艺术创作的自由，也可以用来“杀”许多发明“奇技异器”的科学家。故第三诛可以用来摧残思想的自由，言论的自由，著作出版的自由。

我在五十年前引用了《王制》第四诛，要“杀”《西游记》、《封神榜》的作者。那时候我当然没有梦想到十年之后我在北京大学教书时就有一些同样“卫道”的正人君子也想引用《王制》的第三诛，要“杀”我和我的朋友，当年我要“杀”人，后来人要“杀”我；动机是一样的：都是因为动了一点正义的火气，就失掉容忍的度量了。

我自己叙述五十年前主张“假于鬼神时日卜筮以疑众，杀”的故事，为的是要说明我年纪越大，越觉得“容忍”比“自由”还更重要。

我到今天还是一个无神论者，我不信有一个有意志的神，我也不信灵魂不朽的说法。

我自己总觉得，这个国家、这个社会、这个世界，绝大多数人信神的，居然能有这雅量，能容忍我的无神论，能容忍我这个不信神不信灵魂不灭的人，能容忍我在国内和国外自由发表我的无神论的思想，从没有人因此用石头掷我，把我关在监狱里，或把我捆在柴堆上用火烧死。我在这个世界里居然享受了四十多年的容忍与自由。我觉得这个国家、这个社会、这个世界对我的容忍度是可爱的，是可以感激的。

所以我自己总觉得我应该用容忍的态度来报答社会对我的容忍。所以我自己不信神，但我能诚心的谅解一切信神的人，也能诚心的容忍并且敬重一切信仰有神的宗教。

我要用容忍的态度来报答社会对我的容忍，因为我年纪越大，我越觉得容忍的重要意义。若社会没有这点容忍的气度，我决不能享受四十多年的大胆怀疑的自由，公开主张无神论的自由了。

在宗教自由史上，在思想自由史上，在政治自由史上，我们都可以看见容忍的态度是最难得、最稀有的态度。人类的习惯是喜同而恶异的，总不喜欢和自己不同的信仰、思想、行为。这就是不容忍的根源。不容忍只是不能容忍和我自己不同的新思想和新信仰。一个宗教团体总相信自己的宗教信仰是对的，是不会错的，所以它总相信那些和自己不同的宗教信仰必定是错的，必定是异端，邪教。一个政治团体总相信自己的政治主张是对的，是不会错的，所以它总相信那些和自己不同的政治见解必定是错的，必定是敌人。

一切对异端的迫害，一切对“异己”的摧残，一切宗教自由的禁止，一切思想言论的被压迫，都由于这一点深信自己是不会错的心理。因为深信自己是不会错的，所以不能容忍任何和自己不同的思想信仰了。

试看欧洲的宗教革新运动的历史[10]。马丁·路德（Martin Luther）和约翰·高尔文（John Calvin）等人起来革新宗教[11]，本来是因为他们不满意于罗马旧教的种种不容忍，种种不自由。但是新教在中欧、北欧胜利之后，新教的领袖们又都渐渐走上了不容忍的路上去，也不容许别人起来批评他们的新教条了。高尔文在日内瓦掌握了宗教大权，居然会把一个敢独立思想、敢批评高尔文的教条的学者塞维图斯（Servetus）定了“异端邪说”的罪名[12]，把他用铁链锁在木桩上，堆起柴来，慢慢的活烧死。这是1553年10月23日的事。

这个殉道者塞维图斯的惨史，最值得人们的追念和反省。宗教革新运动原来的目标是要争取“基督教的人的自由”和“良心的自由”。何以高尔文和他的信徒们居然会把一位独立思想的新教徒用慢慢的火烧死呢？何以高尔文的门徒（后来继任高尔文为日内瓦的宗教独裁者）柏时（Beze）竟会宣言“良心的自由是魔鬼的教条”呢？

基本的原因还是那一点深信我自己是“不会错的”的心理。像高尔文那样虔诚的宗教改革家，他自己深信他的良心确是代表上帝的命令，他的口和他的笔确是代表上帝的意志，那么他的意见还会错吗？他还有错误的可能吗？在塞维图斯被烧死之后，高尔文曾受到不少人的批评。1554年，高尔文发表一篇文字为他自己辩护。他毫不迟疑地说：“严厉惩治邪说者的权威是无可疑的，因为这就是上帝自己的说话……这工作是为上帝的光荣的战斗。”

上帝自己的说话，还会错吗？为上帝的光荣作战，还会错吗？这一点“我不会错”的心理，就是一切不容忍的根苗。深信我自己的信念没有错误的可能（infallible），我的意见就是“正义”，反对我的人当然都是“邪说”了。我的意见代表上帝的意旨，反对我的人的意见当然都是“魔鬼的教条”了。

这是宗教自由史给我们的教训：容忍是一切自由的根本；没有容忍“异己”的雅量，就不会承认“异己”的宗教信仰可以享受自由。但因为不容忍的态度是基于“我们的信念不会错”的心理习惯，所以容忍“异己”是最难得、最不容易养成的雅量。

在政治思想上，在社会问题的讨论上，我们同样的感觉到不容忍是常见的，而容忍总是很稀有的。我试举一个死了的老朋友的故事作例子。四十多年前，我们在《新青年》杂志上开始提倡白话文学的运动，我曾从美国寄信给陈独秀，我说：

> 此事之是非，非一朝一夕所能定，亦非一二人所能定。甚愿国中人士能平心静气与吾辈同力研究此问题。讨论既熟，是非自明。吾辈已张革命之旗，虽不容退缩，然亦决不敢以吾辈所主张为必是而不容他人之匡正也。

独秀在《新青年》上答我道：

> 鄙意容纳异议，自由讨论，固为学术发达之原则，独于改良中国文学当以白话为正宗之说，其是非甚明，必不容反对者有讨论之余地；必以吾辈所主张者为绝对之是，而不容他人之匡正也。……

我当时就觉得这是很武断的态度。现在四十多年之后，我还忘不了陈独秀这一句话[13]，我还觉得这种“必以吾辈所主张者为绝对之是”的态度是很不容忍的态度，是最容易引起别人的恶感，是最容易引起反对的。

我曾说过，我应该用容忍的态度来报答社会对我的容忍。现在常常想，我们还得戒律自己[14]：我们若想别人容忍谅解我们的见解，我们必须先养成能够容忍谅解别人的见解的度量。至少至少我们应该戒约自己决不可“以吾辈所主张者为绝对之是”。我们受过实验主义的训练的人，本来就不承认有“绝对之是”，更不可以“以吾辈所主张者为绝对之是”。

[1]《王制》:《礼记》中的篇名。　假：借用。　卜筮：指用龟甲、蓍草等工具预测吉凶。用龟甲称卜，用蓍草称筮。

[2]懵（měng）然：糊里糊涂的样子。

[3]卫道：卫护某种占统治地位的思想体系。多含有贬义。

[4]“析言”三句：意剖析言辞，破坏法律，变乱物名，擅改制度都是持其不合正道的思想，用来搞乱政治。左道，不正之道。

[5]“作淫声”句：倡导放荡的音乐、奇异的服装和怪诞的技法与器物借以摇惑群众。

[6]“行伪”四句：行为虚伪却坚持不改，言论虚伪却能说会道，学识不正却大肆夸耀，顺从错误却文过饰非，如此摇惑群众。

[7]“此四诛”两句：对犯了这四种该杀之罪的人，就不必再审问和听取意见。

[8]郑玄：字康成，东汉末年的经学大师。他遍注儒家经典，所注经书曾长期被封建统治者作为官方教材。主要著作有《毛诗笺》、《三礼注》等。　公输班：又名鲁班，姓公输，名班。我国的土木工匠们都尊称他为祖师。他在机械、土木、手工工艺等方面都有很多发明。

[9]孔颖达：字冲远，唐代经学家，曾奉命主持编订《五经正义》。

[10]宗教革新运动：16 世纪，欧洲新兴资产阶级在宗教改革旗帜下发动的一次大规模反封建的社会政治运动。

[11]马丁·路德：16 世纪欧洲宗教革命的倡导者。1517 年，他发表的《95 条论纲》揭开宗教改革的序幕。　约翰·高尔文：法国著名的宗教改革家、神学家、基督教新教的重要派别加尔文教派创始人，人称“日内瓦的教皇”。

[12]塞维图斯：西班牙医生，文艺复兴时代的自然科学家、肺循环的发现者。他也是一位神学家。1553 年，秘密出版了《基督教的复兴》一书。他的书被天主教与基督教徒视为异端邪说，宗教裁判所对他进行缉捕并判处火刑。

[13]陈独秀：字仲甫，号实庵，安徽怀宁（今安庆）人。1915 年起主编《新青年》，提倡民主与科学。1917 年任北京大学文科学长。1918 年与李大钊等创办《每周评论》，倡导新文化，是“五四”新文化运动的主要组织者和领导者，中国共产党的创始人及首任总书记，中共一大至五大期间党的最高领袖。

[14]戒律：多指有条文规定的宗教徒必须遵守的生活准则。

【导读】

本文选自《胡适文集》第11册，据北京大学出版社1998年版。本篇原载于1959年3月14日第26卷第6期的《自由中国》。胡适（1891－1962年），安徽绩溪人，原名嗣穈，学名洪骍，字希疆，后改名胡适，字适之，笔名天风、藏晖等。1910年赴美国，从学于实用主义哲学家杜威（John Dewey）。1917年回国，任北大教授，同年在《新青年》发表《文学改良刍议》，反对文言，提倡白话，提出文学改良，成为“五四”新文学的主要倡导者。1920年出版的《尝试集》是新诗史上的第一部新诗集，具有开拓之功。胡适在哲学、古典文学、教育学、史学等领域都有建树。他还是新文化运动的主将之一，中国自由主义的先驱，一生获得30多个博士学位。胡适一生著作颇丰，主要有《尝试集》、《中国哲学史大纲》、《先秦名学史》、《白话文学史》等。

容忍与自由之关系的思想，是晚年胡适思想中极为重要的一部分。胡适对自由及自由思想、自由信念的阐述，更多时候集中在言论自由、思想自由上面，一定程度上延伸到行为自由和道德自由上。胡适的《容忍与自由》一文及其思想，既有胡适个人思想演进的清晰脉络，更有胡适自己对于国民党在大陆的彻底失败以及败退到台湾之后依然未能彻底改变，特别是继续沿袭专制权威体制、不容异见的社会现实的不满、失望和郁闷。全文从古到今，从中到外，从讲历史到讲自己亲身的感受体会，反复说明“没有容忍，就没有自由”的道理，内容详实，说理透辟，语言平实，清楚明白，体现了胡适一贯倡导的文风。

【研讨】

1. 作者为什么说“没有容忍就没有自由”？

2. 文中阐述的容忍与自由之间有什么关系？你怎样看待二者之间的关系？

【延展】

1. 延伸阅读

还原一个真实的胡适——《胡适全集·序》

胡适受过中国传统教育，又接受了西方新式的教育。他是中西历史交会关键点上的一个人物。在他身上，既有中学又有西学，既有传统又有现代。在思想内涵上，基本上，他强调全盘西化，反传统，主张把传统东西全部丢掉。总之，他是一个受西化影响很深的人。可是如果从完全西化的角度来看，却又很容易误解胡适。胡适是站在中西文化的交接点上，他有中国文化的传承，也有西方文化的熏陶，而且他对中国文化和西方文化都做了一番抉择和取舍。他表面上是全盘推翻传统，实际上他对中国还有很强的依恋。（节选自胡适研究会编《胡适研究通讯》）

2. 推荐书目

（1）胡适．胡适全集．安徽教育出版社，2003.

（2）周泽之．胡适一生足迹简介．安徽史学，1987，4.

专家与通人

雷海宗

雷海宗

专家是近年来的一个流行名词，凡受高等教育的人都希望能成专家。专家的时髦性可说是今日学术界的最大流弊。学问分门别类，除因人的精力有限之外，乃是为求研究的便利，并非说各门之间真有深渊相隔。学问全境就是一种对于宇宙人生全境的探索与追求，各门各科不过是由各种不同的方向与立场去研究全部的宇宙人生而已。政治学由政治活动方面去观察人类的全部生活，经济学由经济活动方面去观察人类的全部生活。但人生是整个的，支离破碎之后就不是真正的人生。为研究的便利，不妨分工；但我们若欲求得彻底的智慧，就必须旁通本门以外的知识。各种自然科学对于宇宙的分析，也只有方法与立场的不同，对象都是同一的大自然界。在自然科学的发展史上，凡是有划时代的贡献的人，没有一个是死抱一隅之见的人。如牛顿或达尔文，不只精通物理学或生物学，他们各对当时的一切学术都有兴趣，都有运用自如的理解力。他们虽无哲学家之名，却有哲学家之实。他们是专家，但又超过专家；他们是通人。这一点总是为今日的一些专家或希望作专家的人所忽略。

假定某人为考据专家，对某科的某一部分都能详述原委，作一篇考证文字，足注能超出正文两三倍；但对今日政治经济社会的局面完全隔阂，或只有幼稚的观感，对今日科学界的大概情形一概不知，对于历史文化的整个发展丝毫不感兴趣。这样一个人，只能称为考据匠，若恭维一句，也不过是“专家”而已。又如一个科学家，终日在实验室与仪器及实验品为伍，此外不知尚有世界。这样一个人，可被社会崇拜为大科学家，但实际并非一个全人，他的精神上之残废就与身体上之足跛耳聋没有多少分别。

再进一步。今日学术的专门化，并不限于科门之间，一科之内往往又分化为许多的细目，各有专家。例如一个普通所谓历史专家，必须为经济史专家，或汉史专家，甚或某一时代的经济史专家，或汉代某一小段的专家。太专之后，不只对史学以外的学问不感兴味，即对所专以外的史学部分也渐疏远，甚至不能了解。此种人或可称为历史专家，但不能算为历史学家。片段的研究无论如何重要，对历史若真欲明了，却非注意全局不可。

今日学术界所忘记的，就是一个人除作专家外，也要作“人”，并且必须作“人”。一个十足的人，在一般生活上讲，是“全人”，由学术的立场讲，是“通人”。我们时常见到喜欢说话的专家会发出非常幼稚的议论。这就是因为他们只是专家，而不是通人，一离本门，立刻就要迷路。他们对于所专的科目在全部学术中所占的地位完全不知，所以除所专的范围外，若一发言，不是幼稚，就是隔膜。

学术界太专的趋势与高等教育制度有密切的关系。今日大学各系的课程，为求“专精”与“研究”的美名，舍本逐末，基本的课程不是根本不设，就是敷衍塞责，而外国大学研究院的大部课程在我们只有本科的大学内反倒都可以找到。学生对本门已感应接不暇，当然难以再求旁通。一般的学生，因根基的太狭太薄，真正的精通既谈不到，广泛的博通又无从求得；结果各大学每年只送出一批一批半生不熟的智识青年，既不能作深刻的专门研究，又不能正当地应付复杂的人生。近年来教育当局与大学教师，无论如何地善于自辩自解，对此实难辞咎。抗战期间，各部门都感到人才的缺乏。我们所缺乏的人才，主要的不在量，而在质。雕虫小技的人才并不算少。但无论做学问，或是做事业，所需要的都是眼光远大的人才。

凡人年到三十，人格就已固定，难望再有彻底的变化，要做学问，二十岁前后是最重要的关键，这正是大学生的在校时期。品格、风趣、嗜好，大半要在此时来做最后的决定。此时若对学问兴趣立下广泛的基础，将来的工作无论如何专精，也不至于害精神偏枯病。若在大学期间，就造成一个眼光短浅的学究，将来若要再作由专而博的功夫，其难真是有如登天。今日各种的学术都过于复杂深奥，无人能再望做一个活的百科全书的亚里士多德。但对一门精通一切，对各门略知梗概，仍当是学者的最高理想。二十世纪为人类有史以来最复杂最有趣的时代，今日求知的时会也可谓空前；生今之世，而甘作井底之蛙，岂不冤枉可惜？因为人力之有限，每人或者不免要各据一井去活动，但我们不妨时常爬出井外，去领略一下全部天空的伟大！

【导读】

本文选自杨东平编《大学精神》，据辽海出版社 2000 年版。作者雷海宗（1902－1962 年），著名历史学家、教育家。字伯伦，河北永清人。1927 年获美国芝加哥大学哲学博士学位，回国后历任中央大学、武汉大学、清华大学、西南联合大学教授、系主任等职；1952 年任南开大学历史系世界史教研室主任。雷海宗毕生从事历史教学和研究工作，在 30 多年执教过程中，讲授中国通史、世界上古史、世界中古史、世界近代史、中国哲学史、中国文化史、外国史学史、外国文化史、基督教史等多种课程。雷海宗精通多种外语，一贯主张通识教育，研究学术倡导“求真、求新、求通、求用”。不仅贯通古今中外的历史，而且在哲学、宗教、文学、艺术、地理、军事、政治、气象、生物和科技等领域都有渊博的知识和精辟的见解。曾发表《殷周年代考》、《古今华北的气候与农事》等重要论文，有《中国文化与中国的兵》、《历史的形态和例证》、《中国通史选读》等著作。

本文最初发表于 1940 年 2 月 4 日《大公报》重庆版。作者从教师和学者的角度，对当时大学培养人才现状深表忧虑，有感而发。全文围绕高等教育是出“专家”还是出“通才”的培养目标展开论述，勇于抨击学术界过分崇尚专家之弊端，提倡治学应将科学精神和人文精神并重，主张大学教育的宗旨要以培养“通才”为目标，形成科学的培养人才模式。作者这种观点至今仍对现阶段中国高等教育的教育模式有着深远的影响。

本文观点鲜明，视角独特，批评犀利，切中要害，说理充分，逻辑严密，遣词运句言简意赅。阐述层层递进，气势逼人，引人深思。

【研讨】

1. 何谓“通人”？你认为当代大学生应怎样处理好治学与人生的关系？

2. 作者是怎样论述“专”与“通”的关系的？

3. 请以“中医药院校学生应具备人文精神和科学素质”为话题展开讨论。

【延展】

1. 延伸阅读

欢迎“杂家”

马南邨

而广博的知识，包括各种实际经验，则不是短时间所能得到，必须经过长年累月的努力，不断积累才能打下相当的基础。有了这个基础，要研究一些专门问题也就比较容易了。马克思在许多专门学问上的伟大成就，正是以他的广博知识为基础的。这不是非常明显的例证吗？但是，有的人根本抹杀这两者之间的关系，孤立地、片面地强调专门学问的重要性，而忽视了广博知识的更重要意义。他们根据自己的错误看法，还往往以“广博”为“杂乱”，不知加以区别。因而，他们见到知识比较广博的人，就鄙视之为“杂家”。殊不知，真正具有广博知识的“杂家”，却是难能可贵的。如果这就叫做“杂家”，那末，我们倒应该对这样的“杂家”表示热烈的欢迎。（节选自马南邨《燕山夜话》，北京出版社 1979 年版）

2. 推荐书目

（1）熊思东．通识教育与大学：中国的探索．科学出版社，2010.

（2）礼记·学记，礼记·大学．中华书局影印．清·阮元校刻．十三经注疏．1980.

论　快　乐

钱钟书

钱钟书

在旧书铺里买回来维尼（Vigny）的《诗人日记》（Journal d'unpoete）[1]，信手翻开，就看见有趣的一条。他说，在法语里，喜乐（bonheur）一个名词是“好”和“钟点”两字拼成，可见好事多磨，只是个把钟头的玩意儿（Si le bonheur n'était qu'une bonne demie!）。我们联想到我们本国话的说法，也同样的意味深永，譬如快活或快乐的快字，就把人生一切乐事的飘瞥难留，极清楚地指示出来。所以我们又慨叹说：“欢娱嫌夜短！”因为人在高兴的时候，活得太快，一到困苦无聊，愈觉得日脚像跛了似的，走得特别慢。德语的沉闷（Langeweile）一词，据字面上直译，就是“长时间”的意思。《西游记》里小猴子对孙行者说：“天上一日，下界一年。”这种神话，确反映着人类的心理。天上比人间舒服欢乐，所以神仙活得快，人间一年在天上只当一日过。从此类推，地狱里比人间更痛苦，日子一定愈加难度。段成式《酉阳杂俎》就说[2]：“鬼言三年，人间三日。”嫌人生短促的人，真是最“快活”的人，反过来说，真快活的人，不管活到多少岁死，只能算是短命夭折。所以，做神仙也并不值得，在凡间已经三十年做了一世的人，在天上还是个初满月的小孩。但是这种“天算”，也有占便宜的地方：譬如戴孚《广异记》载崔参军捉狐妖，“以桃枝决五下”，长孙无忌说罚讨得太轻，崔答：“五下是人间五百下，殊非小刑。”可见卖老祝寿等等，在地上最为相宜，而刑罚呢，应该到天上去受。

“永远快乐”这句话，不但渺茫得不能实现，并且荒谬得不能成立。快过的决不会永久；我们说永远快乐，正好像说四方的圆形、静止的动作同样地自相矛盾。在高兴的时候，我们的生命加添了迅速，增进了油滑。像浮士德那样，我们空对瞬息即逝的时间喊着说：“逗留一会儿罢！你太美了！”那有什么用？你要永久，你该向痛苦里去找。不讲别的，只要一个失眠的晚上，或者有约不来的下午，或者一课沉闷的听讲——这许多，比一切宗教信仰更有效力，能使你尝到什么叫做“永生”的滋味。人生的刺，就在这里，留恋着不肯快走的，偏是你所不留恋的东西。

快乐在人生里，好比引诱小孩子吃药的方糖，更像跑狗场里引诱狗赛跑的电兔子。几分钟或者几天的快乐赚我们活了一世，忍受着许多痛苦。我们希望它来，希望它留，希望它再来——这三句话概括了整个人类努力的历史。在我们追求和等候的时候，生命又不知不觉地偷度过去。也许我们只是时间消费的筹码，活了一世不过是为那一世的岁月充当殉葬品，根本不会享到快乐。但是我们到死也不明白是上了当，我们还理想死后有个天堂，在那里——谢上帝，也有这一天！我们终于享受到永远的快乐。你看，快乐的引诱，不仅像电兔子和方糖，使我们忍受了人生，而且仿佛钓钩上的鱼饵，竟使我们甘心去死。这样说来，人生虽痛苦，却并不悲观，因为它终抱着快乐的希望；现在的账，我们预支了将来去付。为了快活，我们甚至于愿意慢死。

穆勒曾把“痛苦的苏格拉底”和“快乐的猪”比较[3]。假使猪真知道快活，那末猪和苏格拉底也相去无几了[4]。猪是否能快乐得像人，我们不知道；但是人会容易满足得像猪，我们是常看见的。把快乐分肉体的和精神的两种，这是最糊涂的分析。一切快乐的享受都属于精神的，尽管快乐的原因是肉体上的物质刺激。小孩子初生下来，吃饱了奶就乖乖地睡，并不知道什么是快活，虽然它身体感觉舒服。缘故是小孩子的精神和肉体还没有分化，只是混沌的星云状态。洗一个澡，看一朵花，吃一顿饭，假使你觉得快活，并非全因为澡洗得干净，花开得好，或者菜合你口味，主要因为你心上没有挂碍，轻松的灵魂可以专注肉体的感觉，来欣赏，来审定。要是你精神不痛快，像将离别时的筵席，随它怎样烹调得好，吃来只是土气息、泥滋味。那时刻的灵魂，仿佛害病的眼怕见阳光，撕去皮的伤口怕接触空气，虽然空气和阳光都是好东西。快乐时的你，一定心无愧怍。假如你犯罪而真觉快乐，你那时候一定和有道德、有修养的人同样心安理得。有最洁白的良心，跟全没有良心或有最漆黑的良心，效果是相等的。

发现了快乐由精神来决定，人类文化又进一步。发现这个道理和发现是非善恶取决于公理而不取决于暴力一样重要。公理发现以后，从此世界上没有可被武力完全屈服的人。发现了精神是一切快乐的根据，从此痛苦失掉它们的可怕，肉体减少了专制。精神的炼金术能使肉体痛苦都变成快乐的资料。于是，烧了房子，有庆贺的人；一箪食，一瓢饮，有不改其乐的人；千灾百毒，有谈笑自若的人。所以我们前面说，人生虽不快乐，而仍能乐观。譬如从写《先知书》的所罗门直到做《海风》诗的马拉梅（Mallarmé）[5]，都觉得文明人的痛苦，是身体困倦。但是偏有人能苦中作乐，从病痛里滤出快活来，使健康的消失有种赔偿。苏东坡诗就说："因病得闲殊不恶，安心是药更无方。"王丹麓《今世说》也记毛稚黄善病[6]，人以为忧，毛曰："病味亦佳，第不堪为躁热人道耳！"在着重体育的西洋，我们也可以找着同样达观的人。工愁善病的诺凡利斯（Novalis）在《碎金集》里建立一种病的哲学[7]，说病是"教人学会休息的女教师"。罗登巴煦（Rodenbach）的诗集《禁锢的生活》（Les Vies Encloses）里有专咏病味的一卷[8]，说病是"灵魂的洗涤（épuration）"。身体结实、喜欢活动的人采用了这个观点，就对病痛也感到另有风味。顽健粗壮的十八世纪德国诗人白洛柯斯（B. H. Brockes）第一次害病，觉得是一个"可惊异的大发现（Eine bewunderungswürdige Erfindung）"。对于这种人，人生还有什么威胁？这种快乐把忍受变为享受，是精神对于物质的大胜利。灵魂可以自主——同时也许是自欺。能一贯抱这种态度的人，当然是大哲学家，但是谁知道他不也是个大傻子？

是的，这有点矛盾。矛盾是智慧的代价。这是人生对于人生观开的玩笑。

[1]维尼：法国浪漫主义诗人、作家。主要作品有《摩西》、《爱洛亚》等，所写诗歌充满悲观情绪。

[2]《酉阳杂俎》：笔记小说集，唐代段成式撰，前集20卷，续集10卷。所记有仙佛、鬼怪、人事、动物等，包罗甚广，多有寓意。

[3]穆勒：英国经济学家、哲学家、逻辑学家，著有《论自由》、《逻辑体系》等。

[4]苏格拉底：古希腊哲学家，好谈论而无著述。其言行主要见于《柏拉图对话集》和色诺芬的《苏格拉底言行回忆录》中。

[5]马拉梅：法国诗人。法国文学史上象征派的代表人物，提倡"纯诗"论，作品充满神秘主义色彩。代表诗作《牧神的午后》，诗剧《爱罗狄亚德》。

[6]王丹麓：清代文学家。本名王晫，字丹麓，浙江杭州人。《今世说》为其所撰笔记，共8卷。仿《世说新语》体例，记录顺治、康熙两朝士大夫的言行逸事。

[7]诺凡利斯：今译作诺瓦利斯，德国作家。原名弗里德里希·冯·哈登贝格。代表作《夜的颂歌》，为悼念死去的未婚妻而作，具有消极浪漫主义诗歌的特点。

[8]罗登巴煦：比利时作家。著有小说《死城布鲁日》，属象征主义文学。他的作品具有颓废、忧郁的风格。

【导读】

本文选自钱钟书集《写在人生边上·人生边上的边上·石语》，据生活·读书·新知三联书店2002年版。作者钱钟书（1910－1998年），字默存，号槐聚，曾用笔名中书君，江苏无锡人，中国现当代著名学者、作家。1933年毕业于清华大学外文系，曾在英国牛津大学和法国巴黎大学留学。1938年归国后，先后任昆明西南联大外文系教授、湖南蓝田国立师范学院英文系主任。新中国成立后，一直在中国社会科学院文学研究所从事文学研究工作。钱钟书博通今古，渊博睿智，学贯中西，在文学、国故、比较文学、文化批评等领域成就卓著。他的文章风趣、幽默，极富哲理，给人启迪。主要文学作品有长篇小说《围城》、短篇小说集《人·兽·鬼》、散文集《写在人生边上》；学术著作有《谈艺录》、《宋诗选注》、《旧文四篇》、《管锥编》等。钱钟书一生淡泊名利，极富人格魅力，其夫人杨绛也是著名作家、翻译家、外国文学研究家。

《论快乐》写于1941年，是一篇哲理意味浓厚、政论性亦很强的随笔。当时正值抗战最艰难时期，人们的生活遭遇很大的困难，很需要有个精神支柱。作者从多角度反复论证对快乐的理解，认为快乐是人生永不悲观的精神源泉，鼓励人们永不丢弃理想与追求，也是他坚持抗日到底的精神写照。

本文思路开阔，文意深远，分析问题精准透彻，于幽默诙谐的语言中渗透哲理。文风如行云流水，论述耐人寻味，比喻生动新巧，趣味横生，足见其对生活的感悟和驾驭语言的能力。文章通篇引经据典，联想丰富，触类旁通，很能体现作者的写作风格。

【研讨】

1. 作者运用哪些事例和比喻反复论证快乐？

2. 文章中哪些语言体现出作者的幽默与智慧？

3. 体会作者对快乐的理解和对人生的感悟，也谈谈你对快乐的领悟。

【延展】

1. 延伸阅读

《写在人生边上》序

钱钟书

人生据说是一部大书。

假使人生真是这样，那末，我们一大半作者只能算是书评家，具有书评家的本领，无须看得几页书，议论早已发了一大堆，书评一篇写完缴卷。

但是，世界上还有一种人。他们觉得看书的目的，并不是为了写批评或介绍。他们有一种业余消遣者的随便和从容，他们不慌不忙地浏览。每到有什么意见，他们随手在书边的空白上注几个字，写一个问号或感叹号，像中国旧书上的眉批，外国书里的marginalia。这种零星随感并非他们对于整部书的结论。因为是随时批识，先后也许彼此矛盾，说话过火。他们也懒得去理会，反正是消遣，不像书评家负有指导读者、教训作者的重大使命。谁有能力和耐心做那些事呢？

假使人生是一部大书，那末，下面的几篇散文只能算是写在人生边上的。这本书真大！一时不易看完，就是写过的边上也还留下好多空白。

一九三九年二月一八日

（选自钱钟书集《写在人生边上·人生边上的边上·石语》）

2. 推荐书目

（1）钱钟书集．写在人生边上·人生边上的边上·石语．生活·读书·新知三联书店，2002.

（2）钱钟书．围城．人民文学出版社，1980.

论 学 问

培根

读书为学底用途是娱乐、装饰和增长才识。在娱乐上学问底主要的用处是幽居养静；在装饰上学问底用处是辞令；在长才上学问底用处是对于事务的判断和处理。因为富于经验的人善于实行，也许能够对个别的事情一件一件地加以判断；但是最好的有关大体的议论和对事务的计划与布置，乃是从有学问的人来的。在学问上费时过多是偷懒；把学问过于用作装饰是虚假；完全依学问上的规则而断事是书生底怪癖。学问锻炼天性，而其本身又受经验底锻炼；盖人底天赋有如野生的花草，他们需要学问底修剪；而学问底本身，若不受经验底限制，则其所指示的未免过于笼统。多诈的人渺视学问，愚鲁的人羡慕学问，聪明的人运用学问；因为学问底本身并不教人如何用它们；这种运用之道乃是学问以外，学问以上的一种智能，是由观察体会才能得到的。不要为了辩驳而读书，也不要为了信仰与盲从；也不要为了言谈与议论；要以能权衡轻重、审察事理为目的。

培根

有些书可供一尝，有些书可以吞下，有不多的几部书则应当咀嚼消化；这就是说，有些书只要读读他们底一部分就够了，有些书可以全读，但是不必过于细心地读；还有不多的几部书则应当全读，勤读，而且用心地读。有些书也可以请代表去读，并且由别人替我作出节要来；但是这种办法只适于次要的议论和次要的书籍；否则录要的书就和蒸馏的水一样，都是无味的东西。阅读使人充实，会谈使人敏捷，写作与笔记使人精确。因此，如果一个人写得很少，那么他就必须有很好的记性；如果他很少与人会谈，那么他就必须有很敏捷的机智；并且假如他读书读得很少的话，那么他就必须要有很大的狡黠之才，才可以强不知以为知。史鉴使人明智；诗歌使人巧慧；数学使人精细；博物使人深沉；伦理之学使人庄重；逻辑与修辞使人善辩。“学问变化气质”。不特如此，精神上的缺陷没有一种是不能由相当的学问来补救的：就如同肉体上各种的病患都有适当的运动来治疗似的。“地球”有益于结石和肾脏[1]；射箭有益于胸肺；缓步有益于胃；骑马有益于头脑；诸如此类。同此，如果一个人心志不专，他顶好研究数学；因为在数学底证理之中，如果他底精神稍有不专，他就非从头再做不可。如果他底精神不善于辨别异同，那么他最好研究经院学派底著作，因为这一派的学者是条分缕析的人；如果他不善于推此知彼，旁征博引，他顶好研究律师们底案卷。如此看来，精神上各种的缺陷都可以有一种专门的补救之方了。

[1]地球：即“地滚球”，又译“保龄球”。

【导读】

本文选自《培根论说文集》（英文版原名为《随笔》，出版于1625年），据商务印书馆2009年版。作者培根（1561－1626年），英国政治家、哲学家、史学家、作家，曾任律师、国会议员、总检察长、掌玺大臣、大法官（兼上议院议长）。后因宫廷政治斗争被指受贿遭国会弹劾去职，晚年脱离政治生涯，专心从事学术研究和著述。培根是哲学史和科学史上划时代的人物，英国17世纪杰出的唯物主义哲学家。他强调通过实验去揭示自然界的秘密，认为“知识就是力量”，在人类思想史上占有极重要地位。马克思曾赞誉他为“英国唯物主义和整个现代实验科学的真正始祖”（《马克思恩格斯全集·神圣家族》第2卷163页）。他的主要著述有《新工具论》、《自然史和实验史概论》、《科学推进论》、《论说随笔文集》。

《论说随笔文集》是培根在文学方面的主要著作，由58篇短文组成，对英国随笔文体的发展有开创之功。内容涉及广泛的人生问题，文集中每一个题目都是作者人生经验的结晶，从各种角度论述了他对人与社会、人与自己、人与自然的关系的许多独到而精辟的见解，常使人从中获得熏陶指导。文体形式短小，风格活泼，文笔优美，语言凝练，寓意深刻，常以精妙的格言警句提炼概括丰富深刻的人生哲理。

本文是培根随笔中的名作，全面阐述了学问的用途和治学的目的、方法，主张将学到的知识在实践中运用，提出了“学问变化气质”的重要论点。论述简要，含义丰富，充分运用比喻及排比手法，使文章说理形象生动，富有气势。尤其是“史鉴使人明智；诗歌使人巧慧；数学使人精细；博物使人深沉；伦理之学使人庄重；逻辑与修辞使人善辩”几句已成为尽人皆知的格言警句，对探索人生具有重要的指导意义。语言简洁，思想精密，句式工整，排笔构句一气呵成，显示了培根随笔的一贯风格。

【研讨】

1. 作者采用比喻论证的笔法论述问题，对阐明观点起到怎样的作用？

2. 怎样理解“学问变化气质”？

3. 试用“史鉴使人明智；诗歌使人巧慧；数学使人精细；博物使人深沉；伦理之学使人庄重；逻辑与修辞使人善辩”的句式，概括自己对学习、生活经验的认识和总结。

【延展】

1. 延伸阅读

黑格尔论培根

培根以实践的方式研究科学，通过思考收集现象，把现象当作第一手的东西加以考虑。他同时也对科学作方法上考察；他并不是仅仅提出一些意见，发表一些感想，也不是仅仅对科学大放厥词，像贵族老爷似的发作一通，而是力求严密，并且提出了一种科学认识上的方法。他之所以值得我们注意，只是由于他所开创的这种考察方法——也只是由于这一点，我们才必须把他写进科学史和哲学史；凭着这种认识方法上的原则，他也给他的时代带来了重大的影响，因为他促使他的时代注意到当时的科学既缺乏方法，也缺乏内容。培根被认为是经验哲学的首领；在这个意义上，他是万古留名的。他曾经提出了经验认识中普遍的方法原理。（节选自黑格尔《哲学史讲演录》第四卷）

2. 推荐书目

（1）培根论说文集．商务印书馆，2009.

（2）黑格尔．哲学史讲演录．商务印书馆，1997.

我的世界观

爱因斯坦

我们这些总有一死的人的命运是多么奇特呀！我们每个人在这个世界上都只作一个短暂的逗留；目的何在，却无所知，尽管有时自以为对此若有所感。但是，不必深思，只要从日常生活就可以明白：人是为别人而生存的——首先是为那样一些人，他们的喜悦和健康关系着我们自己的全部幸福；然后是为许多我们所不认识的人，他们的命运通过同情的纽带同我们密切结合在一起。我每天上百次地提醒自己：我的精神生活和物质生活都依靠着别人（包括生者和死者）的劳动，我必须尽力以同样的份量来报偿我所领受了的和至今还在领受着的东西。我强烈地向往着俭朴的生活，并且时常为发觉自己占用了同胞的过多劳动而难以忍受。我认为阶级的区分是不合理的，它最后所凭借的是以暴力为根据。我也相信，简单淳朴的生活，无论在身体上还是在精神上，对每个人都是有益的。

爱因斯坦

我完全不相信人类会有那种在哲学意义上的自由。每一个人的行为，不仅受着外界的强迫，而且还要适应内心的必然。叔本华说[1]：“人虽然能够做他想做的，但不能要他所想要的。”这句话从我青年时代起，就对我是一个真正的启示；在我自己和别人生活面临困难的时候，它总是使我们得到安慰，并且永远是宽容的源泉。这种体会可以宽大为怀地减轻那种容易使人气馁的责任感，也可以防止我们过于严肃地对待自己和别人；它还导致一种特别给幽默以应有地位的人生观。

要追究一个人自己或一切生物生存的意义或目的，从客观的观点看来，我总觉得是愚蠢可笑的。可是每个人都有一定的理想，这种理想决定着他的努力和判断的方向。就在这个意义上，我从来不把安逸和享乐看作是生活目的本身——这种伦理基础，我叫它猪栏的理想。照亮我的道路，并且不断地给我新的勇气去愉快地正视生活的理想是善、美和真。要是没有志同道合者之间的亲切感情，要不是全神贯注于客观世界——那个在艺术和科学工作领域里永远达不到的对象，那末在我看来，生活就会是空虚的。人们所努力追求的庸俗的目标——财产、虚荣、奢侈的生活——我总觉得都是可鄙的。

我对社会正义和社会责任的强烈感觉，同我显然的对别人和社会直接接触的淡漠，两者总是形成古怪的对照。我实在是一个“孤独的旅客”，我未曾全心全意地属于我的国家，我的家庭，我的朋友，甚至我最接近的亲人；在所有这些关系面前，我总是感觉到有一定距离并且需要保持孤独——而这种感受正与年俱增。人们会清楚地发觉，同别人的相互了解和协调一致是有限度的，但这不足惋惜。这样的人无疑有点失去他的天真无邪和无忧无虑的心境；但另一方面，他却能够在很大程度上不为别人的意见、习惯和判断所左右，并且能够不受诱惑要去把他的内心平衡建立在这样一些不可靠的基础之上。

我的政治理想是民主主义。让每一个人都作为个人而受到尊重，而不让任何人成为崇拜的偶像。我自己受到了人们过分的赞扬和尊敬，这不是由于我自己的过错，也不是由于我自己的功劳，而实在是一种命运的嘲弄。其原因大概在于人们有一种愿望，想理解我以自己的微薄绵力通过不断的斗争所获得的少数几个观念，而这种愿望有很多人却未能实现。我完全明白，一个组织要实现它的目的，就必须有一个人去思考，去指挥，并且全面担负起责任来。但是被领导的人不应当受到强迫，他们必须有可能来选择自己的领袖。在我看来，强迫的专制制度很快就会腐化堕落。因为暴力所招引来的总是一些品德低劣的人，而且我相信，天才的暴君总是由无赖来继承，这是一条千古不易的规律。就是这个缘故，我总是强烈地反对今天我们在意大利和俄国所见到的那种制度。像欧洲今天所存在的情况，使得民主形势受到了怀疑，这不能归咎于民主原则本身，而是由于政府的不稳定和选举制度中与个人无关的特征。我相信美国在这方面已经找到了正确的道路。他们选出了一个任期足够长的总统，他有充分的权力来真正履行他的职责。另一方面，在德国的政治制度中[2]，我所重视的是，它为救济患病或贫困的人作出了比较广泛的规定。在人生的丰富多彩的表演中，我觉得真正可贵的，不是政治上的国家，而是有创造性的、有感情的个人，是人格；只有个人才能创造出高尚的和卓越的东西，而群众本身在思想上总是迟钝的，在感觉上也总是迟钝的[3]。

讲到这里，我想起了群众生活中最坏的一种表现，那就是使我厌恶的军事制度。一个人能够洋洋得意地随着军乐队在四列纵队里行进，单凭这一点就足以使我对他轻视。他所以长了一个大脑，只是出于误会；单单一根脊髓就可满足他的全部需要了。文明国家的这种罪恶的渊薮，应当尽快加以消灭。由命令而产生的勇敢行为，毫无意义的暴行，以及在爱国主义名义下一切可恶的胡闹，所有这些都使我深恶痛绝！在我看来，战争是多么卑鄙、下流！我宁愿被千刀万剐，也不愿参与这种可憎的勾当。尽管如此，我对人类的评价还是十分高的，我相信，要是人民的健康感情没有被那些通过学校和报纸而起作用的商业利益和政治利益蓄意进行败坏，那末战争这个妖魔早就该绝迹了。

我们所能有的最美好的经验是奥秘的经验。它是坚守在真正艺术和真正科学发源地上的基本感情。谁要是体验不到它，谁要是不再有好奇心也不再有惊讶的感觉，他就无异于行尸走肉，他的眼睛是迷糊不清的。就是这样奥秘的经验——虽然掺杂着恐怖——产生了宗教。我们认识到有某种为我们所不能洞察的东西存在，感觉到那种只能以其最原始的形式为我们感受到的最深奥的理性和最灿烂的美——正是这种认识和这种情感构成了真正的宗教感情；在这个意义上，而且也只是在这个意义上，我才是一个具有深挚的宗教感情的人。我无法想象一个会对自己的创造物加以赏罚的上帝，也无法想象它会有像在我们自己身上所体验到的那样一种意志。我不能也不愿去想象一个人在肉体死亡以后还会继续活着；让那些脆弱的灵魂，由于恐惧或者由于可笑的唯我论，去拿这种思想当宝贝吧！我自己只求满足于生命永恒的奥秘，满足于觉察现存世界的神奇的结构，窥见它的一鳞半爪，并且以诚挚的努力去领悟在自然界中显示出来的那个理性的一部分，即使只是其极小的一部分，我也就心满意足了。

[1]叔本华（Arthur Schopenhauer，1788－1860 年）：德国“悲观主义哲学家”，意志主义的主要代表之一。代表作品有《作为意志和表象的世界》。

[2]德国：这里指的是“魏玛（Wei mar）共和国”，于 1918 年第一次世界大战结束时建立，1933 年被希特勒推翻。本文最初发表时用的是“我们的政治制度”。

[3]“而群众”句：由于当时德国军国主义的泛滥和法西斯瘟疫的蔓延，爱因斯坦对群众和群众运动产生了非常错误的看法，这在他别的文章中也有表述。

【导读】

本文选自《爱因斯坦文集》第三卷，据商务印书馆 1976 年版。作者阿尔伯特·爱因斯坦（1879－1955 年），美籍德国犹太裔，是 20 世纪伟大的科学家之一，理论物理学家，相对论的创立者，现代物理学的开创者、集大成者和奠基人，同时也是一位著名的思想家和哲学家。1921 年获诺贝尔物理学奖。

本文最初发表在 1930 年出版的《论坛和世纪》（Forum and century）丛书第 13 种《当代哲学》上，当时用的标题是《我的信仰》（What I believe）。在这篇演讲中，爱因斯坦阐释了自己的生活态度、政治理想和宗教感情，并对宇宙的奥秘作了深入的哲学思考，蕴含着丰富的人文思想内涵。

开篇作者就明确宣告了自己的世界观和人生观的基础和核心：人是应当为别人而生存的。这种对人的生存的理解源于他对其他人的劳动的尊重，他每天上百次地提醒自己，他的精神生活和物质生活都依靠着别人的劳动，自己必须尽力报偿，从而使他在个人生活上采取了俭朴的生活方式，严格自律，对他人的生活有足够的宽容。他生活上追求真、善和美，摒除“猪栏的理想”；他认为在国家、家庭、朋友和最亲近的人面前，要有一定的距离并保持孤独，这样才能坚持独立思考。他的政治理想是民主主义。他注重个人的人格，对群众和群众生活是不信任的，称军事制度是罪恶的渊薮，对“群众”制度下的战争深恶痛绝。他高度评价人类对“奥秘”的勇于探索精神，坚守真正艺术和真正科学发源地上的基本感情，对理性的认识和对美的理解才能形成真正的宗教感情。

本文文风清纯朴实，坦诚自然，深刻锐利，毫无掩饰。作者透过表象发现生活的真谛，看似平淡却表达了自己独特的思想。本文是爱因斯坦在谈及自己的世界观时最有代表性也最为著名的一篇文章。

【研讨】

1. 有人认为爱因斯坦对人类的贡献不仅表现在科学研究上，还表现在社会的进步上。结合本文谈谈你的看法。

2. 本文阐释了作者的世界观，从文中找出你所认同的观点，并说明认同的理由。

3. 结合本文，谈谈你自己的世界观。

【延展】

1. 延伸阅读

自 传

爱因斯坦

由于读了通俗的科学书籍，我很快就相信，《圣经》里的故事有许多不可能是真实的。其结果就是一种真正狂热的自由思想，并且交织着这样一种印象：国家是故意用谎言来欺骗年轻人的；这是一种令人目瞪口呆的印象。这种经验引起我对所有权威的怀疑，对任何社会环境里都会存在的信念完全抱一种怀疑态度，这种态度再也没有离开过我，即使在后来，由于更好地搞清楚了因果关系，它已失去了原有的尖锐性时也是如此。（节选自《爱因斯坦文集》）

2. 推荐书目

（1）爱因斯坦．恶运十年——《我的信仰》续篇．齐家莹选编．科技大师人文随笔精选．许良英，等译，新世界出版社，2003.

（2）许良英，王瑞智．走进爱因斯坦．辽宁教育出版社，2005.

（3）许良英，范岱年．爱因斯坦文集．商务印书馆，1976.

第五单元　诗词曲赋骈文

《诗经》四首

（一）关雎

关关雎鸠[1]，在河之洲。
窈窕淑女[2]，君子好逑[3]。

参差荇菜[4]，左右流之[5]。
窈窕淑女，寤寐求之。

求之不得，寤寐思服[6]。
悠哉悠哉[7]，辗转反侧。

参差荇菜，左右采之。
窈窕淑女，琴瑟友之。

参差荇菜，左右芼之[8]。
窈窕淑女，钟鼓乐之。

[1]关关：拟声词，水鸟相和的叫声。　雎鸠：水鸟。《毛诗》："雎鸠，王雎也。"

[2]窈窕：文静美好的样子。　淑：善，好。

[3]好逑（hǎo qiú）：理想的伴侣，好的配偶。逑，配偶。

[4]参差：长短不齐。　荇（xìng）菜：多年生水草，夏天开黄色花，嫩叶可食。

[5]流：顺水流而采摘。

[6]思服：思念。服，思念。《毛传》："服，思之也。"

[7]悠：忧思。

[8]芼（mào）：择取。

（二）蒹葭

蒹葭苍苍[1]，白露为霜。
所谓伊人[2]，在水一方[3]。
溯洄从之[4]，道阻且长；
溯游从之[5]，宛在水中央。

蒹葭萋萋，白露未晞[6]。
所谓伊人，在水之湄[7]。
溯洄从之，道阻且跻[8]；
溯游从之，宛在水中坻[9]。

蒹葭采采，白露未已。
所谓伊人，在水之涘[10]。
溯洄从之，道阻且右[11]；
溯游从之，宛在水中沚[12]。

[1]蒹葭（jiān jiā）：芦荻，芦苇。 苍苍：繁盛貌。后两章“萋萋”、“采采”义同。

[2]伊人：这个人。指诗人追寻之人。

[3]一方：那一边。

[4]溯洄：亦作“泝回”，逆流而上。

[5]溯游：顺流而下。

[6]晞（xī）：干。

[7]湄：岸边，水与草相接之处。

[8]跻（jī）：升。此指道高而陡。

[9]坻（chí）：水中小沙洲。

[10]涘（sì）：水边。

[11]右：迂回曲折。

[12]沚（zhǐ）：水中小块陆地。

（三）七月

七月流火[1]，九月授衣[2]。
一之日觱发[3]，二之日栗烈[4]。
无衣无褐[5]，何以卒岁[6]？
三之日于耜[7]，四之日举趾[8]。

同我妇子，馌彼南亩[9]，田畯至喜[10]。

七月流火，九月授衣。
春日载阳[11]，有鸣仓庚[12]。
女执懿筐[13]，遵彼微行[14]，爰求柔桑。
春日迟迟，采蘩祁祁[15]。
女心伤悲，殆及公子同归[16]。

七月流火，八月萑苇[17]。
蚕月条桑[18]，取彼斧斨，
以伐远扬，猗彼女桑[19]。
七月鸣鵙[20]，八月载绩[21]。
载玄载黄[22]，我朱孔阳[23]，为公子裳。

四月秀葽[24]，五月鸣蜩。
八月其获，十月陨萚[25]。
一之日于貉[26]，取彼狐狸，为公子裘。
二之日其同，载缵武功[27]。
言私其豵[28]，献豜于公[29]。

五月斯螽动股[30]，六月莎鸡振羽[31]。
七月在野，八月在宇[32]，
九月在户，十月蟋蟀入我床下。
穹窒熏鼠[33]，塞向墐户[34]。
嗟我妇子，曰为改岁，入此室处。

六月食郁及薁[35]，七月亨葵及菽[36]。
八月剥枣[37]，十月获稻。
为此春酒，以介眉寿[38]。
七月食瓜，八月断壶[39]，
九月叔苴[40]。采荼薪樗[41]，食我农夫。

九月筑场圃，十月纳禾稼：
黍稷重穋[42]，禾麻菽麦。
嗟我农夫，我稼既同，上入执宫功[43]。
昼尔于茅[44]，宵尔索绹[45]。

亟其乘屋[46]，其始播百谷。

二之日凿冰冲冲[47]，三之日纳于凌阴[48]。
四之日其蚤[49]，献羔祭韭[50]。
九月肃霜[51]，十月涤场。
朋酒斯飨[52]，曰杀羔羊。
跻彼公堂，称彼兕觥[53]，万寿无疆。

[1]流火：大火星向下行。火，星名，又称大火，心宿三。每年夏历五月黄昏时，大火星出现在南方，位置最高，方向最正，六月后向西偏斜。大火星向西下行标志着暑尽寒来，天气转冷。

[2]授衣：谓制备寒衣。一说把裁制冬衣的工作交给妇女们。

[3]一之日：指周历1月，夏历11月。以下类推。　　觱（bì）发：寒风吹起的声音。

[4]栗烈：凛冽。形容严寒。栗，通“溧”，寒冷。

[5]褐（hè）：粗布衣服。

[6]卒岁：终岁。

[7]于：为，修理。　　耜（sì）：古代的一种农具，犁的一种。

[8]举趾：抬足而耕。

[9]馌（yè）：往田野送饭。

[10]田畯（jùn）：农官。

[11]载阳：天气开始暖和。载，开始。

[12]有：动词词头，无义。　　仓庚：黄鹂。

[13]懿（yì）：深。

[14]微行（háng）：墙下小路。《毛诗》：“微行，墙下径也。”

[15]蘩（fán）：白蒿。　　祁祁：众多。

[16]殆：怕。　　公子：指国君之子。

[17]萑（huán）苇：芦苇。

[18]蚕月条桑：三月采桑。蚕月，夏历3月。条，通“挑”，动词。

[19]猗（yí）：通“掎”，牵引，拉着。　　女桑：小桑树。

[20]鵙（jú）：鸟名。又叫伯劳。

[21]载：开始。　　绩：拧成麻线，准备织布用。

[22]载：则。

[23]朱：大红色。　　孔：很。　　阳：鲜明。

[24]秀：植物开花。　　葽（yāo）：草名，葽草。

[25]陨萚（tuò）：草木凋落。

[26]于貉（hé）：猎取野兽皮毛为衣。于，猎取。

[27]载：则。　　缵（zuǎn）：继续。　　武功：指田猎之事。

[28]言：动词词头。　　私：私人占有。　　豵（zōng）：1 岁的猪。这里泛指小猪。

[29]豜（jiān）：3 岁的猪。这里泛指大猪。

[30]斯螽（zhōng）：动物名，蝗类。

[31]莎鸡：虫名，俗称纺织娘。

[32]宇：屋檐。

[33]穹窒：完全堵塞。穹，穷究。一说，指空隙。

[34]塞向墐（jìn）户：涂塞大门及北窗的孔隙。向，朝北的窗户。《说文》："北出牖也。"墐，用泥涂抹。户，门。

[35]薁（yù）：婴薁，即野葡萄。

[36]菽（shū）：豆，豆类。

[37]剥（pū）：通"扑"，击打。

[38]介：助，佐助。　　眉寿：长寿。多用作祝颂语。

[39]壶：通"瓠"，瓠瓜，即葫芦。

[40]叔：拾取。　　苴（jū）：结子的麻。

[41]樗（chū）：树名，即臭椿。

[42]重：通"穜"，早种晚熟的谷物。　　穋（lù）：晚种早熟的谷物。

[43]上入：到公家去。　　执：服役。　　宫功：统治者家的事。

[44]尔：你。　　于：往。　　茅：采取茅草。

[45]索绹（táo）：搓绳索。索，搓。绹，绳索。

[46]亟：急。　　乘：登上。

[47]冲冲：象声词，凿冰的声音。《毛传》："冲冲，凿冰之意。"

[48]凌阴：冰窖。《毛传》："凌阴，冰室也。"

[49]蚤：通"早"。

[50]"献羔"句：春令开冰之仪，即所谓"献羔祭韭而后启之"（朱熹语）。

[51]肃霜：凝露成霜。一说，肃霜犹肃爽，指天高气爽。

[52]飨（xiǎng）：以酒食待客。《说文》："乡人饮酒也。"

[53]称彼兕觥（sì gōng）：高举起牛角杯。称，举起。兕觥，用兕角做的酒器或像兕一样的酒器。兕，犀牛一类的野兽。觥，酒器。

（四）采薇

采薇采薇，薇亦作止[1]。
曰归曰归，岁亦莫止。
靡室靡家[2]，猃狁之故[3]。
不遑启居[4]，猃狁之故。

采薇采薇，薇亦柔止[5]。
曰归曰归，心亦忧止。
忧心烈烈[6]，载饥载渴。
我戍未定[7]，靡使归聘[8]。

采薇采薇，薇亦刚止[9]。
曰归曰归，岁亦阳止[10]。
王事靡盬[11]，不遑启处。
忧心孔疚[12]，我行不来。

彼尔维何[13]？维常之华[14]。
彼路斯何[15]？君子之车[16]。
戎车既驾，四牡业业[17]。
岂敢定居？一月三捷。

驾彼四牡，四牡骙骙[18]。
君子所依，小人所腓[19]。
四牡翼翼[20]，象弭鱼服[21]。
岂不日戒？猃狁孔棘[22]。

昔我往矣，杨柳依依[23]。
今我来思[24]，雨雪霏霏[25]。
行道迟迟[26]，载渴载饥。
我心伤悲，莫知我哀。

[1]薇：野生的豌豆，嫩叶可食用。　　作：兴起。此指薇菜刚冒出地面。止：句末语气助词。下同。

[2]靡：无。

[3]猃狁（xiǎn yǔn）：又作“玁狁”，北方少数民族。

[4]遑：闲暇。　　启居：跪与坐。均为古人家居生活行为，因泛指安居。启，通“跽”，跪。下“启处”义同。

[5]柔：幼嫩。

[6]烈烈：忧伤貌。

[7]戍：守。指防守的地点。

[8]聘：访问，探问。

[9]刚：坚硬。指薇茎叶长得老了。

[10]阳：即阳月，指农历十月。

[11]盬（gǔ）：止息，了结。

[12]孔：很，甚。　　疚：忧苦。

[13]尔：通“薾”，花盛貌。　　维：语助词。

[14]常：即棠棣，郁李。木名。　　华：同“花”。

[15]路：通“辂”，车。　　斯：语助词。

[16]君子：指军队的将帅。

[17]牡：雄马。　　业业：高大雄壮貌。

[18]骙（kuí）骙：马高大强壮貌。

[19]腓（féi）：通“庇”，庇荫。

[20]翼翼：整齐的样子。

[21]象弭：以象牙装饰末梢的弓。鱼服：鱼皮制的箭袋。服，通“箙”，盛箭的袋。

[22]棘：通“亟”，急迫。

[23]依依：柔软摇曳的样子。

[24]思：语助词。

[25]霏霏：雨雪甚盛貌。

[26]迟迟：缓慢貌。

采薇图

【导读】

《诗经》四首，据1980年中华书局影印清代阮元校刻《十三经注疏》本。《诗经》是我国第一部诗歌总集，原称“诗”或“诗三百”，收集了周初到春秋中叶500多年间的作品，共305篇，另有6篇笙诗。汉以后被儒家奉为“六艺”之一，始称为“诗经”，并沿袭至今。《诗经》产生的时代长，涉及的地域广，作者成分复杂。全诗分为“风”、“雅”、“颂”三部分。“风”即音乐的曲调，“国风”就是带有地方色彩的音乐，包括《周南》、《召南》、《邶风》、《鄘风》、《卫风》等15国风，计160篇，为各地民谣土乐。“雅”有《小雅》和《大雅》，计105篇。雅，即正，为宫廷正声雅乐。“颂”有《周颂》、《鲁颂》、《商颂》，计40篇，为宗庙祭祀之乐。在内容上，《诗经》如一幅画卷，真实地展示了周代政治、经济、军事、文化生活、民风民俗等各方面的社会生活，是我国最早的富于现实主义精神的诗歌。在艺术上，《诗经》以四言为主，节奏简约明快；常用重章叠句，情致回旋往复；多用比兴手法，意蕴丰赡含蓄。《诗经》是我国文学的源头，很多作品有很高的思想性和艺术性，对我国后代文学的发展产生了深远的影响。

《关雎》选自《国风·周南》，为全书首篇。讲述一个男子在河边遇到一个采摘荇菜的姑娘，并为姑娘的勤劳、美貌和娴静而动心，随之引起强烈的爱慕之情，突出表达了青年男女健康、真挚的思想感情，以及他们对正当、自由的爱情生活的大胆追求。本篇采用委婉含蓄的比兴手法，以雎鸠之“挚而有别”，兴淑女应配君子；以荇菜流动无方，兴淑女之难求；又以荇菜既得而“采之”、“芼之”，兴淑女既得而“友之”、“乐之”等，寄托深远，达到了文已尽而意有余的效果。诗句多采用双声叠韵的连绵词，以增强诗歌音调的和谐美和描写人物的生动性，体现了古代诗歌淳朴自然的风格。

《蒹葭》选自《国风·秦风》，是历来备受赞赏的一首抒情诗。描写诗人在深秋的早晨来到长满芦苇的河边，从“白露为霜”的黎明，找到“白露未晞”、“白露未已”的午前，访寻那行踪不定、可望而不可即的“伊人”，表现了诗人对“伊人”的一往深情和欲见不得的焦急怅惘的心情。全诗三章，每章前两句写景，点明时令，烘托气氛；后六句写寻求“伊人”不得的心情。全诗回旋三迭，往复歌咏，情调凄婉动人，意境朦胧深邃。诗中写“苍苍”、“萋萋”、“采采”的蒹葭，既以之起兴而怀“伊人”，又用之烘托抒情主人公。缘景生情，情景相生，意到境成，清寥空灵的深秋之景与怅惘迷茫的怀人之思浑然无间，构成了全诗的艺术境界，给人以一种真切自然而又朦胧迷离的美感。

《七月》选自《国风·豳风》，是《诗经》“风”这部分最长的一首诗。豳地在今陕西旬邑、彬县一带，公刘时代周之先民是一个农业部落，《七月》反映了这个部落一年四季的劳动生活，涉及衣食住行各个方面，从各个侧面展示了当时社会的风俗。诗从七月写起，按农事活动的顺序，逐月展开各个画面。通过诗中人物娓娓动听的叙述，又真实地展示了当时的劳动场面、生活图景和各种人物的面貌，以及农夫与公家的相互关系，构成了西周早期社会一幅男耕女织的风俗画。这首诗以叙事为主，在叙事中写景抒情，形象鲜明，诗意浓郁。全诗采用赋体，“敷陈其事”，“随物赋形”，反映了生活的真实。语言朴实无华，善于抓住各种物候的特征来表现节令的演变，使全诗充满了自然风光和强烈的乡土气息。

《采薇》选自《诗经·小雅》，是一首以远戍归来的士兵的口吻追述征战生活的诗。全诗以采薇起兴，前五章叙述了转战戍边生活的艰苦、强烈的思乡情绪以及久不能归家的原因，表达出士兵爱国恋家、渴望和平的心愿。末章以痛定思痛的抒情结束全诗，悲苦之情感人至深。此诗虽选自《小雅》，却与《国风》同样运用了重叠的句式与比兴的手法。如诗的前三章采用重章叠句的形式，通过回环往复、一唱三叹，充分流露了远戍士兵深切的思归之情。巧妙地采用比兴手法，以薇菜自然生长的三个阶段（作、柔、刚）来展示时间的推移、季节的转换、心绪的变化，集中体现了《诗经》的艺术特色。诗的末尾选取“杨柳依依”和“雨雪霏霏”两个诗歌意象，言浅意深，意境深幽，历来被认为是《诗经》中最有名的诗句，显示出《诗经》在诗歌意象捕捉上的高度审美水平，对后代的诗歌创作具有良好的启示作用。

【研讨】

1. 孔子在《论语·八佾》中说：“《关雎》，乐而不淫，哀而不伤。”你怎么理解？

2. 《蒹葭》诗中“伊人”的象征是什么？全诗意境的整体象征是什么？

3. 试结合《七月》将周代农民一年的劳动生活按时间顺序作一简要的概括，体会我国古代劳动人民“依天时而作”的传统。

4. “昔我往矣，杨柳依依；今我来思，雨雪霏霏”为什么被后人视为《诗经》中的佳句？

【延展】

1. 延伸阅读

（1）《关雎》，后妃之德也，风之始也，所以风天下而正夫妇也。故用之乡人焉，用之邦国焉。风，风也，教也；风以动之，教以化之……是以《关雎》乐得淑女配君子，忧在进贤不淫其色，哀窈窕，思贤才，而无伤善之心焉。是《关雎》之义也。（《毛诗序》）

（2）《诗·蒹葭》一篇最得风人深致，晏同叔之“昨夜西风凋碧树，独上高楼，望尽天涯路”意颇近之。但一洒落，一悲壮耳。（清·王国维《人间词话》）

（3）鸟语虫鸣，草荣木实，似《月令》；妇子入室，茅绹升屋，似风俗书；流火寒风，似《五行志》；养老慈幼，跻堂称觥，似庠序礼；田官染职，狩猎藏冰，祭献执功，似国家典制书。其中又有似《采桑图》、《田家乐图》、《食谱》、《谷谱》、《酒经》，一诗之中，无不具备，洵天下之至文也！（清·姚际恒《诗经通论》）

（4）今玩其辞，有朴拙处，有疏落处，有风华处，有典核处，有萧散处，有精致处，有凄婉处，有山野处，有真诚处，有华贵处，有悠扬处，有庄重处。无体不备，有美必臻。晋唐后陶、谢、王、孟、韦、柳田家诸诗，从未臻此境界。（清·方玉润《诗经原始》）

（5）此诗之佳，全在末章。真情实景，感时伤事。别有深意，不可言喻，故曰“莫知我哀”。（清·方玉润《诗经原始》）

（6）“昔我往矣，杨柳依依；今我来思，雨雪霏霏”以乐景写哀，以哀景写乐，一倍增其哀乐。（清·王夫之《姜斋诗话》）

2. 推荐书目

（1）周振甫译注．诗经译注．中华书局，2002.

（2）余冠英选注．诗经选．人民文学出版社，1956.

（3）姜亮夫，夏传才，等．先秦诗鉴赏辞典．上海辞书出版社，1988.

《楚辞》二则

（一）渔父

屈原

屈原既放，游于江潭，行吟泽畔。颜色憔悴，形容枯槁。渔父见而问之曰：“子非三闾大夫与[1]？何故至于斯？”屈原曰：“举世皆浊我独清，众人皆醉我独醒，是以见放。”渔父曰：“圣人不凝滞于物，而能与世推移。世人皆浊，何不淈其泥而扬其波[2]？众人皆醉，何不餔其糟而啜其醨[3]？何故深思高举，自令放为？”屈原曰：“吾闻之：新沐者必弹冠，新浴者必振衣[4]。安能以身之察察，受物之汶汶者乎[5]？宁赴湘流，葬身于江鱼之腹中，安能以皓皓之白，而蒙世俗之尘埃乎[6]？”渔父莞尔而笑，鼓枻而去[7]。歌曰：

"沧浪之水清兮，可以濯吾缨；沧浪之水浊兮，可以濯吾足[8]。"遂去，不复与言。

[1]三闾大夫：战国楚官名，掌昭、屈、景三姓贵族。

[2]淈（gǔ）：搅浑。

[3]餔（bū）：吃。　糟：酒渣。　醨（lí）：薄酒。

[4]沐：洗头发。　浴：洗身。

[5]察察：清洁。　汶汶（mén）：污浊。

[6]湘流：指湘江。

[7]莞尔：微笑貌。　鼓枻（yì）：亦作"鼓栧"。划桨。

[8]濯（zhuó）：洗涤。

（二）湘夫人[1]

帝子降兮北渚[2]，目眇眇兮愁予[3]。
嫋嫋兮秋风，洞庭波兮木叶下。
登白薠兮骋望[4]，与佳期兮夕张[5]。
鸟何萃兮蘋中？罾何为兮木上[6]？

沅有茝兮醴有兰[7]，思公子兮未敢言[8]。
荒忽兮远望[9]，观流水兮潺湲[10]。

麋何食兮庭中[11]？蛟何为兮水裔[12]？
朝驰余马兮江皋[13]，夕济兮西澨[14]。
闻佳人兮召予，将腾驾兮偕逝。
筑室兮水中，葺之兮荷盖[15]。
荪壁兮紫坛[16]，播芳椒兮成堂。
桂栋兮兰橑[17]，辛夷楣兮药房[18]。

罔薜荔兮为帷[19]，擗蕙櫋兮既张[20]。
白玉兮为镇，疏石兰兮为芳[21]。
芷葺兮荷屋[22]，缭之兮杜衡[23]。
合百草兮实庭[24]，建芳馨兮庑门[25]。
九嶷缤兮并迎[26]，灵之来兮如云。

捐余袂兮江中[27]，遗余褋兮醴浦[28]。
搴汀洲兮杜若[29]，将以遗兮远者。
时不可兮骤得，聊逍遥兮容与[30]。

[1]湘夫人：传说舜的妃子娥皇、女英投湘江而死，死后成为湘水之神，称湘夫人。

[2]帝子：指湘夫人。舜妃为帝尧之女，故称帝子。

[3]眇眇（miǎo）：眯眼远望貌。

[4]白薠（fán）：水草名，即薠草。朱熹《集注》："薠草，秋生，今南方湖泽皆有之，似莎而大，雁所食也。"薠，别本作"蘋"。　骋望：极目远眺。

[5]佳期：别本作"佳人"。　夕张：张罗安排晚间的约会。

[6]"鸟何萃兮"二句：意谓为什么鸟在水草中（应在树上）？罾在树木上（应在水中）？比喻所愿不得。罾（zēng），渔网。

[7]沅：即沅水，在今湖南省。　茝（zhǐ）：香草名，即白芷。　醴：同"澧"（lǐ），即澧水，在今湖南省。

[8]公子：指帝子，湘夫人。古代贵族称公族，贵族子女不分性别，均可称"公子"。

[9]荒（huǎng）忽：双声联绵词，同"恍惚"，模糊不清貌。

[10]潺湲（chán yuán）：叠韵联绵词，水缓流貌。

[11]麋：麋鹿，俗称"四不像"。

[12]蛟：传说中的龙类动物。　裔：边沿。

[13]皋：水边高地。

[14]澨（shì）：水滨。

[15]葺：修补，修建，此谓覆盖。

[16]荪：香草名。　紫：紫贝。　坛：指中庭。楚地方言。

[17]橑（lǎo）：屋椽。

[18]辛夷：香木名。　楣：门上横梁。　药房：用各种香草摆满房间。

[19]罔：通"网"，编结。　薜荔：一种蔓生香草。　帷：幕帐。

[20]擗（pǐ）：掰开。　櫋（mián）：屋檐板。

[21]疏：分列。　石兰：香草名。

[22]芷：白芷。　荷屋：荷叶覆顶的房屋。一解"屋"是"幄"的本字。荷屋，以荷为幄。

[23]缭：缠缭。　杜衡：即杜若。香草名。

[24]合：汇集。　实：充实。

[25]馨：远传的香气。　　庑（wǔ）：堂下周围的廊房，厢房。

[26]九嶷：即湖南九嶷山，传说中舜的葬地。　　缤：众多纷杂的样子。

[27]袂（mèi）：袖子。

[28]褋（dié）：单衣。

[29]搴（qiān）：拔取。　　汀洲：水中或水边平地。

[30]逍遥：悠闲自在。　　容与：逍遥自在的样子。

【导读】

《楚辞》二则选自宋·朱熹撰、蒋立甫校点《楚辞集注》，据上海古籍出版社 2001 年版。“楚辞”之名始见于西汉武帝时期，其本义泛指楚地的歌辞，以后才成为专称。“楚辞”有两个含义：一是诗歌体名称，二是总集名称。前者指战国时期我国南方以屈原为代表的楚国人创作的具有浓厚地方色彩的诗歌，是继《诗经》之后，彪炳我国诗坛的又一新兴的诗歌体裁，形成了中国诗歌史上以浪漫主义为特质的源头；后者指西汉末年刘向辑录屈原、宋玉等人的作品编辑成书、定名的《楚辞》。《楚辞》今佚，东汉王逸作《楚辞章句》，成为传至今最早的注本。

屈原（约前 339 – 前 278 年），名平，字原，战国时期楚国著名文学家、政治家，是楚辞创作的最大作家，也是我国诗史上第一位著名的浪漫主义诗人。楚怀王时期曾任左徒、三闾大夫等职，因遭谗言被放逐，后怨愤绝望，终因痛心国势日益危殆、理想无法实现而投汨罗江自尽。他将自己的政治思想、哲学思想及对祖国和人民深厚的感情熔铸在诗篇里，取得了无与伦比的辉煌成就，开创了我国抒情诗光辉的起点。

《渔父》的作者难以确定，也当是楚人追记屈原事迹之作。写一渔父因见屈原憔悴困苦，劝他随波逐流，与世浮沉，而屈原则表示决不妥协，表达了两种处世哲学的对立，展现出不同价值观的冲突。渔父对诗人的劝说，既出于关心，亦不妨看作是对屈原志节的一种试探。因为即使是主张退隐的清廉之士，也并不愿意与世共醉同浊的。屈原则不仅主张坚持清峻高洁，而且不能容忍世道之混浊。因此他所选择的不是退隐，而是不惧迫害放逐的挺身抗恶。

《湘夫人》为《九歌》中的一篇。《九歌》是屈原 11 篇作品的总称。“九”是泛指，非实数。《九歌》本是古乐章名，也有人认为是屈原在民间祭歌的基础上加工而成。

《湘夫人》是一首很有特色的爱情诗，以男神（湘君）的口吻，极尽丰富的想象力，抒发了对湘夫人的思慕哀怨之情，表现了他们驰神遥望，祈之不来、盼而不见的惆怅心情。全诗表达的对纯洁爱情的渴望，其实也象征着人们对美好生活的追求。全诗感情深沉，寓情于景，情景交融，语言华赡，意象丰富，典型地反映了楚辞的浪漫主义的风格特色，对后世的中国诗歌创作都产生了深刻而积极的影响。

【研讨】

1.《渔父》篇中，在屈原的执着与渔父的旷达之间，你更欣赏哪一个？说说其中的理由。

2. 渔父何以成为中国传统诗词中的一个经典的文化意象？

3. 《湘夫人》的主题是单一的抑或是多元的？如何理解？

4. “袅袅兮秋风，洞庭波兮木叶下”这一句历来被誉为“千古言秋之祖”，为什么？

【延展】

1. 延伸阅读

（1）《卜居》、《渔父》，皆假设问答以寄意耳。而太史公《屈原传》、刘向《新序》、嵇康《高士传》或采《楚词》、《庄子》渔父之言以为实录，非也。（宋·洪兴祖《楚辞补注》）

（2）叙物以言情谓之赋，余谓《楚辞·九歌》最得此诀。如“袅袅兮秋风，洞庭波兮木叶下”，正是写出“目眇眇兮愁予”来；“荒忽兮远望，观流水兮潺湲”，正是写出“思公子兮未敢言”来，俱有“目击道存，不可容声”之意。（清·刘熙载《艺概》）

（3）君不行兮夷犹，蹇谁留兮中洲。美要眇兮宜修，沛吾乘兮桂舟。令沅湘兮无波，使江水兮安流。望夫君兮未来，吹参差兮谁思。驾飞龙兮北征，邅吾道兮洞庭。薜荔柏兮蕙绸，荪桡兮兰旌。望涔阳兮极浦，横大江兮扬灵。扬灵兮未极，女婵媛兮为余太息。横流涕兮潺湲，隐思君兮陫侧。桂棹兮兰枻，斫冰兮积雪。采薜荔兮水中，搴芙蓉兮木末。心不同兮媒劳，恩不甚兮轻绝。石濑兮浅浅，飞龙兮翩翩。交不忠兮怨长，期不信兮告余以不闲。（屈原《湘君》）

2. 推荐书目

（1）宋·朱熹撰、蒋立甫校点．楚辞集注．上海古籍出版社，2001.

（2）林庚．诗人屈原及其作品研究．上海古籍出版社，1981.

（3）汤丙正，等．楚辞今注．上海古籍出版社，1996.

（4）褚斌杰．《诗经》与《楚辞》．北京大学出版社，2002.

《古诗十九首》二首

（一）西北有高楼

西北有高楼，上与浮云齐；
交疏结绮窗[1]，阿阁三重阶[2]。
上有弦歌声[3]，音响一何悲[4]！
谁能为此曲？无乃杞梁妻[5]。
清商随风发[6]，中曲正徘徊[7]；
一弹再三叹[8]，慷慨有余哀[9]。
不惜歌者苦，但伤知音稀！
愿为双鸿鹄，奋翅起高飞。

西北有高楼

[1]交疏：窗上交错雕刻的花格子。交，交错。疏，镂刻。绮：有花纹的丝织品。此指花纹。

[2]阿（ē）阁：四周有檐的楼阁。

[3]弦歌：指琴、瑟、琵琶之类伴奏的乐曲。

[4]一何：何其，多么。

[5]无乃：莫非。　　杞梁妻：据刘向《烈女传》记载，春秋时齐国大夫杞梁伐莒时死于莒国城下，其妻枕着丈夫的尸首在城下痛哭，十日后投淄水而死。《古乐府·琴曲》有《杞梁妻叹》。

[6]清商：乐曲名。声调清越，多表现哀怨幽思情调。如《管子·地员篇》中所说："凡听商，如离群羊。"

[7]中曲：曲子的中间部分。　　徘徊：乐声回环往复。

[8]叹：乐曲中的和声。

[9]慷慨：感慨，叹息。

（二）青青河畔草

青青河畔草，郁郁园中柳[1]。
盈盈楼上女[2]，皎皎当窗牖[3]。
娥娥红粉妆[4]，纤纤出素手。
昔为倡家女[5]，今为荡子妇[6]，
荡子行不归，空床难独守。

[1]郁郁：茂盛的样子。

[2]盈盈：仪态美好的样子。

[3]皎皎：白皙明洁的样子。　　牖（yǒu）：窗户。清·段玉裁《说文解字注》："在墙曰牖，在屋曰窗。"

[4]娥娥：汉代扬雄所作《方言》一书记载"秦晋之间，美貌谓之娥"。

[5]倡：表演歌舞的人。

[6]荡子：指辞家远出，长期游而不归的男子。

【导读】

这两首诗选自南梁·萧统编著的《文选》，据上海古籍出版社2007年版。萧统从传世的诸位无名氏的多首五言诗中选取了19首，列入"杂诗"类，这就是后来历代文人评价甚高的《古诗十九首》。如刘勰就在《文心雕龙》中称赞这些诗为"五言之冠冕"，明代的王世贞在《艺苑卮言》中认为这些诗是"千古五言之祖"。这些诗约创作于东汉末期汉桓帝、汉灵帝前后（约140－190年），作者姓名已失传。内容多写离愁别绪、人生无常、仕宦出游、志行高洁之类，在艺术方面达到的高度标志着五言诗已经成熟：首先是擅长抒情，多用比兴手法将情不露痕迹地融于景、事、物中，从而读来含蓄蕴藉回味无穷；其次语言自然浅近，朴素精炼，却能够言近旨远，引人浩叹！

《西北有高楼》一诗状写听曲而感慨伤叹知音稀少之情。"十九首中，惟此首最为悲酸"（吴淇《古诗十九首定论》）。全诗首先详细描写唱歌人的所在，接着写歌曲声的悲哀。楼高送远声，借风传悲凉，反复吟唱，缭绕不去，使听者悲不能自止感慨不已，从而与楼上歌者深深地共鸣：苦痛无人能理解，知音哪里去寻觅？真希望能像一对鸿鹄一样振翅高飞，冲破这低沉酸辛的现实！全诗由高耸入云、雕饰精美的楼阁引出歌声，从“上有弦歌声”开始连着八句极力摹写歌曲，使读者仿佛听到了那清越低婉萦绕不去的歌声。最后四句所发之听曲伤世的感慨也就自然而然地引发了读者的“千秋共叹”：愿为双鸿鹄，奋翅起高飞！

《青青河畔草》一诗摹写思妇的苦闷。全诗起首连用六叠字来写春天、思妇，生动而丰富，音韵和谐婉转。草之“青青”、柳之“郁郁”写出春天生机勃发、万物以荣的美好，同时烘托出登楼观春色之思妇“盈盈”、“皎皎”的美丽动人。春色与佳人相映相照，佳人之“娥娥”、“纤纤”仿佛已是春色的一部分，风采流溢，草、柳因之生辉！但这无限美景佳人引出的竟是离别的苦闷，前后对照，特别映衬出苦闷之深不可遣。“倡家女”、“荡子妇”的身世使得这位女子浓而真的感情得不到安放，发出自然真实的“空床难独守”的愁怨，呼唤渴求着本应如春天一样美好的生活与情感。

【研讨】

1. 《西北有高楼》一诗如何表达出“愿为双鸿鹄，奋翅起高飞”的感慨？
2. 如何理解《青青河畔草》一诗所表达出的对于爱情的态度？

【延展】

1. 延伸阅读

行行重行行

行行重行行，与君生别离。
相去万余里，各在天一涯。
道路阻且长，会面安可知？
胡马依北风，越鸟巢南枝。
相去日已远，衣带日已缓。
浮云蔽白日，游子不顾返。
思君令人老，岁月忽已晚。
弃捐勿复道，努力加餐饭。

（摘自南梁·萧统《文选·古诗十九首》）

2. 推荐书目

（1）隋树森．古诗十九首集释．中华书局，1957.
（2）马茂元．古诗十九首初探．陕西人民出版社，1981.
（3）昭明文选译注．吉林文史出版社，1992.

古体诗六首

（一）短歌行

曹操

对酒当歌[1]，人生几何？
譬如朝露，去日苦多[2]。
慨当以慷[3]，忧思难忘。
何以解忧？唯有杜康[4]。
青青子衿，悠悠我心[5]。
但为君故，沉吟至今[6]。
呦呦鹿鸣，食野之苹。
我有嘉宾，鼓瑟吹笙[7]。
明明如月，何时可掇[8]？
忧从中来，不可断绝。
越陌度阡[9]，枉用相存[10]。
契阔谈宴[11]，心念旧恩。
月明星稀，乌鹊南飞，
绕树三匝[12]，何枝可依？
山不厌高[13]，海不厌深。
周公吐哺[14]，天下归心。

[1]当：与“对”互文，面对。

[2]去日：逝去的日子。　　苦多：苦于太多。

[3]慨当以慷：即慷慨之意。

[4]杜康：传说中酒的发明者，夏朝人。后作为美酒代称。

[5]“青青子衿”二句：出自《诗经·郑风·子衿》。青青，蓝黑色。子衿（jīn），身着青衿的学子。衿，衣领。青衿是周代学子的服装。悠悠，长远，形容思虑连绵不断。这两句原诗表达的是对情人的思念，此处借以表达对贤才的渴求之情。

[6]沉吟：深思吟味。

[7]“呦呦鹿鸣”四句：出自《诗经·小雅·鹿鸣》。呦呦，鹿鸣声。苹，蒿的一种，即青蒿。鼓，弹。原诗写宴请嘉宾群臣之欢，此处表达对贤才的渴求。

[8]掇（duō）：拾取。一作“辍”，停止。

[9]越陌度阡：希望贤才越陌度阡而来。田间道路南北为阡，东西为陌。

[10]枉用相存：枉劳贤士来相存问。枉，屈驾。用，以。存，问候。

[11]契阔：聚散。这里有久别重逢之意。

[12]匝（zā）：周，圈。

[13]厌：满足。

[14]哺：口中咀嚼的食物。《韩诗外传》记载周公“一沐三握发，一饭三吐哺，犹恐失天下之士”。

（二）饮酒（其五）

陶渊明

结庐在人境[1]，而无车马喧。
问君何能尔？心远地自偏[2]。
采菊东篱下，悠然见南山。
山气日夕佳，飞鸟相与还[3]。
此中有真意，欲辩已忘言[4]。

陶渊明醉归图

[1]结庐：造房屋。　人境：人间。

[2]尔：如此。　偏：偏僻，偏远。

[3]日夕：黄昏。　相与还：结伴归巢。

[4]辩：辩说。一作“辨”，辨明。

（三）春江花月夜

张若虚

春江潮水连海平，海上明月共潮生[1]。
滟滟随波千万里[2]，何处春江无月明。
江流宛转绕芳甸[3]，月照花林皆似霰[4]。
空里流霜不觉飞[5]，汀上白沙看不见[6]。
江天一色无纤尘，皎皎空中孤月轮。
江畔何人初见月？江月何年初照人？
人生代代无穷已[7]，江月年年只相似。
不知江月待何人，但见长江送流水。
白云一片去悠悠[8]，青枫浦上不胜愁[9]。
谁家今夜扁舟子[10]？何处相思明月楼[11]？
可怜楼上月徘徊[12]，应照离人妆镜台[13]。
玉户帘中卷不去，捣衣砧上拂还来[14]。
此时相望不相闻，愿逐月华流照君[15]。
鸿雁长飞光不度，鱼龙潜跃水成文[16]。
昨夜闲潭梦落花，可怜春半不还家[17]。

江水流春去欲尽，江潭落月复西斜。
斜月沉沉藏海雾，碣石潇湘无限路[18]。
不知乘月几人归，落月摇情满江树。

[1]连海平：春潮高涨使江海不分。　共潮生：明月初升似从潮水中涌出。

[2]滟（yàn）滟：水波动荡闪烁的样子。

[3]芳甸：遍生花草的原野。甸，指郊外之地。

[4]霰（xiàn）：小雪珠，多在下雪前降下。

[5]空里：空中。　流霜：比喻月色。

[6]汀（tīng）：水边平地。

[7]无穷已：没有穷尽。已，止。

[8]白云：喻游子。

[9]青枫浦：一名双枫浦，在今湖南省浏阳。这里泛指水边。　胜（shēng）：能承担，能承受。

[10]扁（piān）舟子：漂泊在外的游子。扁舟，小舟。

[11]明月楼：指月夜楼中的思妇。

[12]徘徊：月影移动。

[13]离人：指思妇。

[14]玉户：玉饰之门户，此指思妇居室。　砧：捣衣石。

[15]逐：追逐，追随。　月华：月光。

[16]鸿雁：喻书信、信使。　鱼龙：指鱼书。古乐府《饮马长城窟行》：“客从远方来，遗我双鲤鱼。呼儿烹鲤鱼，中有尺素书。长跪读素书，书中竟何如？上言加餐食，下言长相忆。”后世即以鱼书指书信。　文：同“纹”，波纹，双关语，指文字。

[17]闲潭：幽深平静的水潭。　可怜：可惜。

[18]碣石潇湘：泛指天南地北相隔遥远。碣石，山名，在今河北省昌黎。潇湘，水名，指潇水、湘水，在今湖南省零陵县合流，称为潇湘，北入洞庭湖。

（四）将进酒[1]

李白

君不见黄河之水天上来，奔流到海不复回。
君不见高堂明镜悲白发，朝如青丝暮成雪[2]。
人生得意须尽欢，莫使金樽空对月[3]。
天生我材必有用，千金散尽还复来。
烹羊宰牛且为乐，会须一饮三百杯[4]。
岑夫子，丹丘生[5]，将进酒，杯莫停。
与君歌一曲，请君为我侧耳听。
钟鼓馔玉不足贵[6]，但愿长醉不复醒。
古来圣贤皆寂寞，惟有饮者留其名。
陈王昔时宴平乐[7]，斗酒十千恣欢谑[8]。
主人何为言少钱，径须沽取对君酌[9]。
五花马[10]，千金裘[11]，呼儿将出换美酒[12]，与尔同销万古愁。

[1]将（qiāng）：请。

[2]“君不见”二句：此句意为于高堂明镜中照见白发而生悲。

[3]樽（zūn）：酒器。

[4]会须：应该。

[5]岑夫子：指岑勋。　　丹丘生：指元丹邱。二人是李白的好友。

[6]钟鼓馔（zhuàn）玉：代指富贵利禄。钟鼓，权贵人家的音乐。馔玉，饮食精美如玉。馔，饮食。

[7]陈王：曹植曾被封为陈王。其诗《名都篇》：“归来宴平乐，美酒斗十千”。平乐：宫观名。

[8]斗酒十千：一斗酒值十千钱。　　恣欢谑（xuè）：尽情欢娱戏乐。

[9]径须：直须，只管。　　沽：买。　　酌（zhuó）：斟酒喝。

[10]五花马：名贵的马。一说毛色五花纹，一说马颈长毛修剪为五瓣。

[11]裘（qiú）：皮衣。

[12]将出：拿出。

（五）长恨歌

白居易

汉皇重色思倾国[1]，御宇多年求不得[2]。
杨家有女初长成，养在深闺人未识。
天生丽质难自弃，一朝选在君王侧。
回眸一笑百媚生，六宫粉黛无颜色[3]。
春寒赐浴华清池[4]，温泉水滑洗凝脂[5]。
侍儿扶起娇无力，始是新承恩泽时[6]。
云鬓花颜金步摇[7]，芙蓉帐暖度春宵[8]。
春宵苦短日高起，从此君王不早朝。
承欢侍宴无闲暇，春从春游夜专夜。
后宫佳丽三千人，三千宠爱在一身。
金屋妆成娇侍夜[9]，玉楼宴罢醉和春。
姊妹弟兄皆列土[10]，可怜光彩生门户[11]。
遂令天下父母心，不重生男重生女。

骊宫高处入青云[12]，仙乐风飘处处闻。
缓歌慢舞凝丝竹[13]，尽日君王看不足。
渔阳鼙鼓动地来[14]，惊破霓裳羽衣曲[15]。
九重城阙烟尘生[16]，千乘万骑西南行[17]。
翠华摇摇行复止[18]，西出都门百余里。
六军不发无奈何[19]，宛转蛾眉马前死[20]。
花钿委地无人收[21]，翠翘金雀玉搔头[22]。
君王掩面救不得，回看血泪相和流。
黄埃散漫风萧索，云栈萦纡登剑阁[23]。
峨眉山下少人行，旌旗无光日色薄[24]。
蜀江水碧蜀山青，圣主朝朝暮暮情。
行宫见月伤心色[25]，夜雨闻铃肠断声[26]。
天旋日转回龙驭[27]，到此踌躇不能去。
马嵬坡下泥土中[28]，不见玉颜空死处[29]。

君臣相顾尽沾衣，东望都门信马归[30]。
归来池苑皆依旧，太液芙蓉未央柳[31]。
芙蓉如面柳如眉，对此如何不泪垂。
春风桃李花开夜[32]，秋雨梧桐叶落时。

西宫南内多秋草[33]，落叶满阶红不扫。
梨园弟子白发新[34]，椒房阿监青娥老[35]。
夕殿萤飞思悄然，孤灯挑尽未成眠[36]。
迟迟钟鼓初长夜[37]，耿耿星河欲曙天[38]。
鸳鸯瓦冷霜华重[39]，翡翠衾寒谁与共[40]。
悠悠生死别经年[41]，魂魄不曾来入梦。

临邛道士鸿都客[42]，能以精诚致魂魄。
为感君王展转思，遂教方士殷勤觅。
排空驭气奔如电[43]，升天入地求之遍。
上穷碧落下黄泉[44]，两处茫茫皆不见。
忽闻海上有仙山，山在虚无缥缈间。
楼阁玲珑五云起[45]，其中绰约多仙子[46]。
中有一人字太真，雪肤花貌参差是[47]。
金阙西厢叩玉扃[48]，转教小玉报双成[49]。
闻到汉家天子使，九华帐里梦魂惊[50]。
揽衣推枕起徘徊，珠箔银屏迤逦开[51]。
云鬓半偏新睡觉[52]，花冠不整下堂来。
风吹仙袂飘飘举[53]，犹似霓裳羽衣舞。
玉容寂寞泪阑干[54]，梨花一枝春带雨。
含情凝睇谢君王[55]，一别音容两渺茫。
昭阳殿里恩爱绝[56]，蓬莱宫中日月长[57]。
回头下望人寰处[58]，不见长安见尘雾。
唯将旧物表深情[59]，钿合金钗寄将去[60]。
钗留一股合一扇[61]，钗擘黄金合分钿[62]。
但令心似金钿坚[63]，天上人间会相见。
临别殷勤重寄词，词中有誓两心知。
七月七日长生殿[64]，夜半无人私语时。
在天愿作比翼鸟[65]，在地愿为连理枝[66]。
天长地久有时尽，此恨绵绵无绝期！

[1]汉皇：以汉武帝借指唐玄宗。　　倾国：汉代倡乐人李延年有一次在汉武帝前唱道："北方有佳人，绝世而独立；一顾倾人城，再顾倾人国；宁不知倾城与倾国？佳人难再得。"后汉武帝召入李延年的妹妹，封为李夫人。后代用倾城倾国形容女子的美貌。

[2]御宇：驾驭宇内，即统治天下。

[3]六宫粉黛：指宫内所有嫔妃。粉黛，古代妇女脂粉抹脸，黛以画眉。这里代指

宫妃。　无颜色：显得不美了。

[4]华清池：在今陕西省临潼县东南骊山上。唐开元年间在骊山建温泉宫，天宝年间改名华清宫，有浴池多处。

[5]凝脂：比喻皮肤洁白细嫩。

[6]新承恩泽：刚得到玄宗宠幸。

[7]步摇：首饰，钗的一种。上有垂珠，走起路来会摇动，故名。

[8]芙蓉帐：华丽的帐子。又五代孟蜀后主以芙蓉花染缯制帐子，称为“芙蓉帐”。

[9]金屋：指藏男子所喜爱女性的地方。《汉武故事》载，汉武帝小时候，他的姑母问他是否愿意娶自己的女儿阿娇。武帝说：“若得阿娇作妇，当作金屋贮之。”

[10]列土：即裂土，天子把土地分封给王侯。这里指封爵封官。

[11]可怜：犹可羡，可慕。

[12]骊宫：即华清宫。

[13]凝丝竹：乐器奏出缓慢的旋律。

[14]渔阳：今河北省蓟县一带，为玄宗时范阳节度使所领八郡之一。　鼙（pí）鼓：古代骑兵用的小鼓。此句指安禄山起兵反唐。

[15]霓裳羽衣曲：又名婆罗门曲。开元时由中亚传入，西凉节度使杨敬述采而编之，后流传广泛。

[16]九重城阙：指京城长安。

[17]乘（shèng）：马车。　西南行：天宝十五年（756 年）六月，安禄山破潼关，仓促间唐玄宗等在少量军队的护卫下逃亡四川。

[18]翠华：天子的旌旗，用翠羽装饰。

[19]六军：周制天子六军。此处指护卫皇帝的军队。　不发：玄宗一行西出长安约百里至马嵬驿，将士们兵变杀了杨国忠，并请玄宗杀杨贵妃。玄宗为定军心，令高力士缢死杨贵妃。

[20]蛾眉：美貌的女子，此指杨贵妃。

[21]钿（diàn）：用金翠珠宝等制成的形如花朵的首饰。　委：丢弃。

[22]翠翘：一种首饰，形状像翠鸟的长羽。　金雀：一种钗。　玉搔头：玉簪。

[23]云栈：高入云霄的栈道。　萦纡（yíng yū）：环绕曲折。

[24]峨眉山：玄宗一行并未路过峨眉山，此处泛指蜀中山脉。　日色薄：日光暗淡。

[25]行宫：京都以外供帝王出行暂住的地方。

[26]夜雨闻铃肠断声：《明皇杂录·补遗》载“明皇既幸蜀，西南行，初入斜谷，霖雨涉旬，于栈道雨中闻铃音，与山相应。上既悼念贵妃，采其声为《雨霖铃曲》，以寄恨焉”。这句暗指此事。

[27]天旋日转：大局转变。指唐肃宗至德二载（757 年）十月郭子仪军收复长安，肃宗派人入蜀迎接玄宗。同年十二月玄宗还京。“日”，一本作“夜”。　龙驭：皇帝

的车驾。

[28]马嵬（wéi）坡：地名，在今陕西兴平市西。

[29]空死处：空见死处。空，徒然。

[30]信马：任随马前行。意为心思纷然无意鞭马。

[31]太液、未央：分别指汉代宫禁中的池名和殿名。此处借指唐代宫殿池苑。

[32]夜：一作“日”。

[33]西宫南内：西宫指唐太极宫，也称西内。南内指唐兴庆宫，也称南苑。玄宗回京后以太上皇身份初居兴庆宫，后迁太极宫。

[34]梨园弟子：《雍录》载：“开元二年，置教坊于蓬莱宫，上自教法曲，谓之‘梨园弟子’。”　白发新：刚长出白发。

[35]椒房：后妃宫殿有用椒和泥涂壁，取香暖多子之意。　阿监：宫中女官。青娥：年轻貌美的宫女。

[36]“孤灯”句：古代宫廷及豪门贵族夜间不点油灯，燃烛照明。这里以“孤灯挑尽”渲染玄宗晚年生活的凄凉孤单。

[37]钟鼓：用以报时。　初长夜：秋夜。秋季夜始长，故称。

[38]耿耿：明亮貌。　欲曙天：长夜将晓之时。

[39]鸳鸯瓦：两片扣合在一起的瓦。　霜华：霜花。

[40]翡翠衾（qīn）：饰有翡翠羽毛的被子。一说绣有翡翠鸟的被子。衾，被子。

[41]经年：过了1年以上的时间。

[42]临邛（qióng）：县名，今四川邛崃。　鸿都：东汉都城洛阳宫门名，此借指长安。

[43]排空驭气：犹言腾云驾雾。

[44]碧落、黄泉：古人认为，天有九重，最上一层曰碧落；地有九层，最下一层曰黄泉。

[45]五云起：耸立在五色云彩中。

[46]绰约：姿态柔美轻盈的样子。

[47]参差：好像，仿佛。

[48]金阙：金碧辉煌的神仙宫殿。　扃（jiōng）：本义为从外面关门的门闩，此指门。

[49]“转叫”句：让侍女辗转通报之意。小玉，吴王夫差的女儿。双成，西王母侍女。借指杨贵妃在仙府中的侍女。

[50]九华帐：绘饰华美的帐幔。九华，图案名。张华《博物志》载：“汉武帝好仙道，祭祀名山大泽，以求神仙之道。时西王母遣使乘白鹿告帝当来，乃供帐九华殿以待之。”

[51]珠箔（bó）：用珍珠串编成的帘子。　屏：屏风。　迤逦（yǐ lǐ）：曲折连绵不断之意。

[52]新睡觉（jiào）：刚睡醒。

[53]袂（mèi）：衣袖。

[54]阑干：纵横。

[55]凝睇（dì）：注视，凝视。

[56]昭阳殿：汉成帝皇后赵飞燕所居宫殿，此处借指杨玉环生前寝宫。

[57]蓬莱宫：指杨玉环所在的仙宫。蓬莱，传说海上三仙山之一。

[58]人寰：人间。

[59]旧物：指生前和玄宗定情的信物。

[60]钿合：珠宝镶嵌的首饰，两片和在一起。合，一本作“盒”，钿合指珠宝镶嵌的盒子。下二“合”字同。

[61]“钗留”句：谓将钿、钗分成两半，两人各持一半。

[62]擘（bò）：用手分开。

[63]令：一作“教”。

[64]长生殿：在华清宫，又名集灵台，用以祭神。一说唐代后妃寝宫的统称。

[65]比翼鸟：雌雄并翅而飞的鸟。《尔雅·释地》载：“南方有比翼鸟焉，不比不飞。”

[66]连理枝：两株树木不同根而枝或干连生在一起。

（六）关山月[1]

陆游

和戎诏下十五年[2]，将军不战空临边[3]。
朱门沉沉按歌舞[4]，厩马肥死弓断弦[5]。
戍楼刁斗催落月[6]，三十从军今白发。
笛里谁知壮士心[7]？沙头空照征人骨。
中原干戈古亦闻，岂有逆胡传子孙[8]！
遗民忍死望恢复[9]，几处今宵垂泪痕！

[1]关山月：《汉乐府·横吹曲辞》之一。《乐府解题》曰："《关山月》，伤离别也。"这首诗用乐府旧题，写现实感受。

[2]和戎：指宋与金国议和。

[3]空：白白。　边：边境。

[4]朱门：豪门贵族。　沉沉：形容院落屋宇深阔重叠。　按：依乐曲节奏。

[5]厩（jiù）：马房。

[6]戍楼：守望边防的军事建筑。　刁斗：古代军中用具，白天用来烧饭，晚上用来打更。

[7]笛：《关山月》本汉乐府横吹曲名，用笛吹奏。王昌龄《从军行》："更吹羌笛《关山月》。"

[8]逆胡传子孙：自金灭北宋至作者写此诗时，金已在中原传国五世。

[9]遗民：金统治下的北宋遗民。

【导读】

《短歌行》选自南梁·萧统《文选》，据上海古籍出版社2007年版。曹操（155－220年），字孟德，沛国谯（今安徽亳县）人。东汉末年杰出的军事家、政治家和文学家，曾被封为魏王。其子曹丕称帝后，追尊他为太祖武皇帝。曹操精通音律，善作诗文。其诗质朴雄浑，抒发治世抱负政治胸怀，反映战乱分裂中百姓的苦难。后人将其诗文辑为《魏武帝集》。本诗当写于建安十三年（208年），此时曹操已年过半百，而国家仍处于四分五裂、生灵涂炭的动荡不安之中，此诗即感于此而发。全诗通过对时光易逝、贤才难得的再三咏叹，抒发了自己求贤若渴的感情，表现出统一天下的雄心壮志和自强不息的进取精神。首八句抒发时光流逝、功业未就的深沉忧虑；接着书写思慕贤才、宴饮嘉宾、表达求贤若渴之情；最后四句表达他顽强进取、平定天下的宏伟怀抱。全诗音韵优美，质朴自然。读来慷慨悲凉，沉郁顿挫，"如幽燕老将，气韵沉雄"。

饮酒（其五）选自《陶渊明集》，据中华书局1979年版。陶渊明（365－427年），字元亮，号五柳先生，世称靖节先生，刘裕篡晋立宋后改名潜。东晋末期南朝宋初期诗人、辞赋家、散文家。东晋浔阳柴桑（今江西省九江市）人。少有"大济苍生"之志，但只做过江州祭酒、镇军参军、建威参军、彭泽县令等小官。后因不满现实的黑暗辞官归家，从此隐居直至贫病去世。陶渊明的诗从内容上可分为饮酒诗、咏怀诗和田园诗三大类。田园生活是陶渊明创作的主要题材，其被誉为田园诗派的鼻祖。其诗感情真挚，朴素自然，有时流露出逃避现实、乐天知命的老庄思想。陶渊明的文赋写得冲和平淡，精炼简洁，多寄寓对官场与世俗社会的厌倦，表现作者的洁身自好、耿介不阿。《饮酒》是组诗，共20首。本诗作于诗人52岁时，表现了作者归隐田园后的人生态度和生活情趣。诗的前四句袒露了诗人能够超然出世的原因是"心远地自偏"，后六句写隐逸生活的乐趣，表现了诗人弃官归田后远离尘世、醉心田园的情志。这其中既有不满现实、洁身自好的一面，同时也流露出回避矛盾、与世无争的消极情绪。本诗语言浅近，结构巧妙，写景如画，意境高远，蕴涵深刻。

《春江花月夜》选自宋·郭茂倩编纂的《乐府诗集》，据中华书局1979年版。张若虚，扬州人。初唐诗人。曾任兖州兵曹。中宗神龙（705－707）年间，以文辞俊秀驰名京都，与贺知章、张旭、包融并称为“吴中四士”。《全唐诗》录存其诗两首。本诗被近代王闿运评为“孤篇横绝，竟为大家”。全诗围绕春、江、花、月、夜五种事物描写自然景致，抒发人生感慨、离愁别绪。笔触细腻，音韵回环谐婉，柔美流畅，营造了一个美妙的境界，幽美恬静，引人沉醉。首八句，由远及近又由近及远，详写明月从海中涌出，将光辉洒向大地。“春江”、“芳甸”、“花林”、“空里”无不被月光浸染，整个宇宙都被月光照彻！接下来的八句写面对已被月光染为一色的江天不由得心生感慨。生命短暂易逝，时空绵延久长，却都在明月清辉中共存。感慨但并不颓废、绝望，从而奠定了全诗“哀而不伤”的基调。年年相似的江月等待着谁？随长江而去的流水又送走了什么？这两句承上启下，自然地由自然景色转到了人生景象，引出之后的离愁别恨。月光笼罩下的美景本是人生的良辰，然而不止一家、一处有等待，有送别。“白云一片”以下四句就集中写了普遍的离愁别绪。以下“可怜”八句写思妇对离人的思念。但不直说思妇的悲哀，几乎全用“月”来烘托。“月徘徊”、“卷不去”、“拂还来”反复生动地描摹出思妇的惆怅和迷惘，而“此时相望不相闻，愿逐月华流照君”更是千古传唱、情深至极的名句。只能相思不能相见的痛苦以“鸿雁”两句尽情描写，“水成文”又自然引出最后八句仍然得不到排解的相思之苦。春天将尽，月亮将落，但离别的人仍遥遥相隔。结句“落月摇情满江树”写不绝如缕的思念之情，将月光、离人、诗人、读者的感情交织在一起，洒落在江树上，袅袅摇曳。整首诗情感深沉热烈，读来却轻柔和缓。句与句之间转承无痕，如江水、如月光之流泻，自然道出千秋长叹，感动一代又一代读者。

《将进酒》选自《李太白全集》，据中华书局1998年版。李白（701－762年），字太白，号青莲居士。唐朝伟大的浪漫主义诗人，有“诗仙”之称。祖籍陇西郡成纪县（今甘肃省平凉市静宁县南），隋末其先人迁于碎叶（今吉尔吉斯斯坦托克马克附近），5岁时随父迁居于蜀郡绵州昌隆县（今四川省江油市青莲乡）。病逝于安徽当涂县。存世诗文千余篇，有《李太白集》传世。李白的诗歌有着强烈的主观色彩，有一种排山倒海、先声夺人的力量，充满夸张的想象，又触及苦难的现实，语言瑰丽奇伟非常人能及，堪称我国最伟大的浪漫主义诗人。本诗约写于天宝十一载（752年）。诗人与友人岑勋在嵩山另一好友元丹丘的颍阳山居为客，借酒抒情，表达了怀才不遇、乐观自信、狂放、傲视权贵、悲愁交加的情怀。全诗开篇即以两个排比句引出人生短暂、时光易逝的感叹，再自然写出作者的人生态度“人生得意须尽欢”，坚信“天生我材必有用”，以对抗现实黑暗的压抑、生命脆弱的悲哀。在与朋友推杯换盏之际，作者愤激地说出“钟鼓馔玉不足贵，但愿长醉不复醒。古来圣贤皆寂寞，惟有饮者留其名”。其中的痛苦、无奈、不甘、挣扎不言而喻。但作者豪放不羁的性格使他偶尔消极却不沉沦，虽遭打击仍能洒脱地“与尔同销万古愁”。当然饮酒时的畅快终究短暂，诗人要面对的仍是“万古愁”：国家垂危、百姓疾苦、自己志向难展、怀才不遇。诗人越是挥洒饮酒尽欢的豪情，就越衬托出愁的深重，越引发后人的同感。“千金散尽”、“烹羊宰牛”、“一饮三百杯”、“斗酒十千”、“五花马，千金裘，呼儿将出换美酒”等等这些典型的李白句式，既展现了狂放豪迈、才华横溢的作者，更对照写出现实之下连李白这样的人都无法逃脱的苦闷与无奈。

《长恨歌》选自《白居易集笺校》，据上海古籍出版社 2003 年版。白居易（772－846年），字乐天，号香山居士，祖籍太原。其曾祖父迁居下邽（今陕西省渭南北）。唐代著名诗人、文学家。他与元稹共同发起了“新乐府运动”，世称“元白”。主张“文章合为时而著，歌诗合为事而作”，写下了不少感叹时世、揭露时弊、反映人民疾苦的诗文。语言通俗易懂，“不求宫律高，不务文字奇”，被称为“老妪能解”。今存诗三千多首，数量之多为唐人之冠。晚年与刘禹锡友善，称“刘白”，提倡歌诗发挥美刺讽喻作用。其词极有特色，以风格明丽见长，为后世词人所推崇。有《白氏长庆集》。本诗写于唐宪宗元和元年（807 年）冬十二月，与友人到马嵬坡附近的游仙寺游览，谈及唐玄宗、杨贵妃之事，友人王质夫鼓励白居易：“夫希代之事，非遇出世之才润色之，则与时消没，不闻于世。乐天深于诗，多于情者也，试为歌之，如何?”白居易就写下了这首长诗，同时友人陈鸿写下传奇《长恨歌传》。白居易的这类叙事长诗影响非常深远，当时号称“元和体”，又称为“千字律诗”。全诗前半部分直接讽刺批判了唐玄宗、杨贵妃荒淫骄纵误国、使国家陷入混乱之中的错误，后半部分转而极力描写唐玄宗、杨贵妃对爱情的专一忠贞、催人泪下的美好。前半实写，以历史入诗；后半虚写，以想象描摹。在一气舒卷之中，有着曲折完整、离奇虚幻的情节描写，鲜明细致的人物塑造，语言优美生动，音韵流畅匀称，令人反复吟咏而唏嘘。

陆游和唐琬

《关山月》选自《剑南诗稿校注》，据上海古籍出版社 1985 年版。陆游（1125－1210 年），字务观，号放翁，山阴（浙江绍兴）人。南宋爱国诗人，与尤袤、杨万里、范成大并称“南宋四大家”。陆游早年受江西诗派影响，后取法李、杜，终自成一家。他的诗实际上有一万多首，经他自己删汰后仍有 9300 多首。诗歌内容贴近现实，热爱人民，也写生活琐事。诗风壮伟瑰丽，悲壮奔放，平易精炼。词作量不如诗篇多，但同样贯穿了气吞胡虏的爱国精神，词风或纤丽或雄慨。有《渭南文集》、《剑南诗稿》等。本诗写于宋孝宗淳熙四年（1177 年），时陆游在成都。由于陆游坚持北伐，不断触犯主和势力，在淳熙三年被强加以“燕饮颓放”的罪名而免去官职。诗歌描写了南宋朝廷长期执行投降政策造成的恶果，表达了对外族侵略者的仇视，对统治集团的愤怒谴责和对要求抗战爱国战士、遗民的同情。首四句写南宋统治者妥协投降，苟且偷生，醉生梦死；次四句写戍边将士年华流逝，功业无成；末四句写遗民渴望恢复却总是落空，垂泪忍辱异族统治。本诗沉郁苍凉，慷慨激越，语言精练自然，婉转流畅，具有催人泪下、惊心动魄的力量。

【研讨】

1.《短歌行》是如何表现曹操政治胸怀的？

2. 分析《饮酒》（其五）的意境美。

3. 分析《春江花月夜》是如何寓情于景的？

4.《将进酒》表达了李白怎样的人生感慨？

5.《长恨歌》一气呵成，分析它的构思之巧。

6.《关山月》是如何表达作者悲壮愤慨之情的？

【延展】

1. 延伸阅读

（1）陶潜，字元亮，大司马侃之曾孙也。祖茂，武昌太守。潜少怀高尚，博学善属文，颖脱不羁，任真自得，为乡邻之所贵。尝著《五柳先生传》以自况曰："先生不知何许人，不详姓字，宅边有五柳树，因以为号焉。闲静少言，不慕荣利。好读书，不求甚解，每有会意，欣然忘食。性嗜酒，而家贫不能恒得。亲旧知其如此，或置酒招之，造饮必尽，期在必醉。既醉而退，曾不吝情。环堵萧然，不蔽风日，短褐穿结，箪瓢屡空，晏如也。常著文章自娱，颇示己志，忘怀得失，以此自终。"其自序如此，时人谓之实录。（选自《晋书·隐逸传》）

（2）浅浅说去，节节相生，使人伤感，未免有情，自不能读，读不能厌。将"春江花月夜"五字炼成一片奇光，分合不得，真化工手。（明·钟惺、谭元春《唐诗归》）

（3）

春日忆李白

杜甫

白也诗无敌，飘然思不群。清新庾开府，俊逸鲍参军。
渭北春天树，江东日暮云。何时一杯酒，重与细论文。

（4）太真姿质丰艳，善歌舞，通音律，智算过人。每倩盼承迎，动移上意。宫中呼为"娘子"，礼数实同皇后。有姊三人，皆有才貌，玄宗并封国夫人之号：长曰大姨，封韩国；三姨，封虢国；八姨，封秦国。并承恩泽，出入宫掖，势倾天下。妃父玄琰，累赠太尉、齐国公；母封凉国夫人；叔玄珪，光禄卿。再从兄铦，鸿胪卿。锜，侍御史。（选自《旧唐书·列传第一·后妃上》）

2. 推荐书目

（1）张作耀．曹操评传．南京大学出版社，2001.

（2）叶嘉莹．叶嘉莹说陶渊明饮酒及拟古诗．中华书局，2007.

（3）周汝昌．千秋一寸心：周汝昌讲唐诗宋词．中华书局，2006.

（4）詹锳．李白全集校汇释集评．百花文艺出版社，1996.

（5）孙明君评注．白居易诗——唐诗名家诵读．人民文学出版社，2005.

（6）邹志方．陆游诗词选．中华书局，2009.

格律诗四首

（一）登岳阳楼

杜甫

昔闻洞庭水，今上岳阳楼。
吴楚东南坼[1]，乾坤日夜浮[2]。
亲朋无一字，老病有孤舟[3]。
戎马关山北[4]，凭轩涕泗流[5]。

[1]吴楚：春秋时代的吴国和楚国。今湖北、湖南及安徽、江西的部分地区古属楚地；今江苏、浙江及江西的部分地区古属吴国。　坼（chè）：裂开，隔开。

[2]乾坤：指天地，或指日月。

[3]“老病”句：当时杜甫57岁，多病缠身，阖家在水漂泊，故云。有，在。

[4]“戎马”句：是年吐蕃入侵，战事未已。

[5]涕：眼泪。　泗：鼻涕。

杜甫

（二）赤壁[1]

杜牧

折戟沉沙铁未销[2]，自将磨洗认前朝[3]。
东风不与周郎便[4]，铜雀春深锁二乔[5]。

[1]赤壁：地名。东汉献帝十三年（208年）周瑜大败曹操处，现在湖北省赤壁西北长江南岸。

[2]折戟：指残破的兵器。折，折断。戟，古代一种兵器。　销：锈蚀。

[3]将：把，拿。

[4]周郎：吴国将领周瑜。

[5]铜雀：即铜雀台，曹操修建的歌舞宴饮之所。　二乔：乔公二女，大乔嫁孙策，小乔嫁周瑜。

（三）锦瑟

李商隐

锦瑟无端五十弦[1]，一弦一柱思华年。
庄生晓梦迷蝴蝶[2]，望帝春心托杜鹃[3]。
沧海月明珠有泪[4]，蓝田日暖玉生烟[5]。

此情可待成追忆，只是当时已惘然[6]。

[1]锦瑟：漆有织锦纹的瑟。《周礼·乐器图》："饰以宝玉者曰宝瑟，绘文如锦者曰锦瑟。" 无端：无缘无故。 五十弦：传说中的女神素女鼓五十弦瑟，声悲，因此被太帝破为二十五弦。

[2]"庄生"句："庄周梦蝶"典故，出自《庄子·齐物论》："庄周梦为蝴蝶，栩栩然蝴蝶也；自喻适志与！不知周也。俄然觉，则蘧蘧然周也。不知周之梦为蝴蝶与？蝴蝶之梦为周与？"

李商隐

[3]"望帝"句：传说古蜀国的帝王杜宇（号望帝）因水灾让位于臣子，自隐山林，死后化为杜鹃日夜悲啼至吐血。典出《华阳国志·蜀志》。

[4]"沧海"句：传说南海外有鲛人，其泪珠可化为珍珠。典出《博物志》。另外唐代阎立本称狄仁杰为"沧海遗珠"，赞其才而惜其被黜。见《新唐书·狄仁杰传》。

[5]"蓝田"句：蓝田为山名，位于秦岭北麓，产美玉。晚唐司空图引戴容州语，谓"诗家之景，如蓝田日暖，良玉生烟，可望而不可置于眉睫之前也"。见《困学纪闻》。

[6]惘然：惆怅，若有所失的样子。

（四）登快阁[1]

黄庭坚

痴儿了却公家事[2]，快阁东西倚晚晴。
落木千山天远大，澄江一道月分明[3]。
朱弦已为佳人绝[4]，青眼聊因美酒横[5]。
万里归船弄长笛[6]，此心吾与白鸥盟[7]。

[1]快阁：位于吉州太和县（今江西泰和）东的赣江之畔，本因其所览风景江山远阔爽朗得名，又因黄庭坚此诗的品题而名重天下。

[2]"痴儿"句：《晋书·傅咸传》载夏侯济语："生子痴，了官事，官事未易了也。了事正作痴，复为快也。"晋代的清谈家认为专注于做实际工作的人是傻瓜，此处反用此典。作者自称"痴儿"，正以"了事"为快。

[3]澄江：语用双关，快阁所临之江名字就叫澄江，同时也指平静清澈的江水。

[4]"朱弦"句：没有了知心人，也就不再弹琴了。朱弦，琴。古时俞伯牙善弹琴，钟子期为其知音。子期死，伯牙摔琴绝弦，表示不再弹琴。典出《吕氏春秋》。

[4]青眼：晋代阮籍能作青白眼。白眼看人，表示轻蔑和厌恶；青眼看人，表示敬重和喜爱。典出《世说新语》。 聊因：姑且为了。 横：斜着眼睛看，表示

勉强。

[5]白鸥：《列子·黄帝篇》载："海上之人有好鸥鸟者，每旦之海上，从鸥鸟游，鸥鸟之至者百数而不止。"

【导读】

《登岳阳楼》选自仇兆鳌《杜诗详注》，据中华书局1979年版。作者杜甫（712－770年），唐代伟大的现实主义诗人，人称"诗圣"。字子美，自号少陵野老。原籍湖北襄阳，生于河南巩县。出生于奉官守儒之家，历任左拾遗、剑南节度府参谋、加检校工部员外郎，故又称杜拾遗、杜工部。有《杜工部集》传世。杜甫生活在唐代由盛转衰的时期，以其大量的优秀诗歌真实而艺术地反映了这一时期的社会心灵史。在风格上呈现出多样化的特点，其中最突出的是"沉郁顿挫"风格。在诗歌体裁上可谓众体兼擅，并加以创造性地发展。在新乐府诗、五古长篇、七古长篇、五律、七律等诗体的继承与发展上都有突出贡献。本篇所选为杜诗中的五律名篇，前人称之为盛唐五律第一。这首诗写于诗人逝世前一年，当时杜甫沿江由江陵、公安一路漂泊，来到岳州（今属湖南），登上神往已久的岳阳楼。面对壮阔无垠的洞庭湖，诗人发出由衷的礼赞；继而想到自己晚年仍漂泊无定，国家也多灾多难，不免悲伤感慨。全诗纯用赋法，其特点是不注重诗的语言和局部事物的形象化，而着力创造诗的总体意境，将江山之壮阔与诗心之悲壮大相表里，虽悲伤却不消沉，虽沉郁却不压抑，意境开阔宏伟，风格雄浑渊深，艺术上已达炉火纯青的境地。

《赤壁》选自冯集梧《樊川诗集注》，据上海古籍出版社1978年版。作者杜牧（803－约852年），晚唐前期优秀诗人。字牧之，号樊川居士，京兆万年（今陕西西安）人。大和二年中进士，历任监察御史，黄州、池州、湖州刺史，官至中书舍人。因在牛李党争中不肯苟附一党，故一生受排挤。其文学成就多样，诗、赋、古文都堪称名家。诗与李商隐并称"小李杜"，古近体兼擅，以七绝成就最高，总体风格为豪爽俊逸，清丽明快，有《樊川文集》。杜牧是个颇有政治抱负的人物，诗文多论政、咏史之作，尤喜论兵。本诗是借咏史和论兵发表独到见解，寄托自己生不逢时的身世之感。诗歌创作于会昌二年（842年）杜牧出任黄州刺史期间，第一、二句以古战场赤壁淤沙中一柄残戟置于诗端，引发后两句的历史议论，具有历史的纵深感。第三、四句是说周瑜的获胜是偶然的机遇所致，假若不是东风骤起，周瑜的火攻之计大显神威，那么东吴政权就必然为曹操所灭，暗示了对曹操的肯定与悲慨，同时暗指自己胸怀大志却无奈时运不济。最后一句"铜雀春深锁二乔"因涉艳语而颇惹争议，实际上这句诗恰恰用形象性的语言来预见在"东风不与周郎便"的情况之下，曹操胜利后的骄恣和东吴失败后的屈辱，且应和上句"周郎"，英雄美人更显情致。

《锦瑟》选自刘学锴、余恕诚编注《李商隐诗歌集解》，据中华书局1988年版。作者李商隐（约812年或813－约858年），晚唐杰出诗人。字义山，号玉溪生、樊南生，河南荥阳人。开成进士。曾任县尉、秘书郎和东川节度使判官等职。因受牛李党争影响，被人排挤，潦倒终身。其诗构思新奇，情致婉曲，风格秾丽，然有用典太多、意旨隐晦之病。也工骈文。有《李义山诗集》，文集已散轶，后人辑有《樊南文集》、《樊南文集补编》。《锦瑟》是李商隐诗的代表作，极负盛名，也最难索解。有人说是写给令狐家侍女"锦瑟"的爱情诗；有人说是写给亡妻的悼亡诗；也有人认为中间四句诗可与瑟的适、怨、清、和四种声情相合，从而推断为描写音乐的咏物诗。此外还有自伤身世、影射政治、自叙诗歌创作等多种说法，千百年来莫衷一是。大体而言，以"悼亡"和"自伤"说者为多。诗人借用大量具有形象性的典故，采用比兴手法，运用联想与想象，以片段意象的组合，创造朦胧的境界，从而借助可视可感的诗歌形象来传达其真挚浓烈而又幽约深曲的思想感情。

《登快阁》选自任渊等《黄庭坚诗集注》，据中华书局2003年版。黄庭坚（1045－1105年），北宋著名诗人。字鲁直，号山谷道人，又号涪翁，洪州分宁（今江西省修水）人。进士出身。其政治遭遇随新旧党争的变化而起落，曾任秘书省校书郎、国史编修官、涪州别驾等，最后卒于宜州贬所。为"苏门四学士"之一。诗与苏轼并称"苏黄"。能词善书，书法为"宋四家"之一。有《豫章黄先生文集》，另有南宋任渊等人所注的《山谷诗集注》。其诗歌擅以丰富的人文意象来抒写士大夫生活情趣及精神世界，追求"生新"的艺术个性，化用前代诗歌语言乃至诗境，并总结为"夺胎换骨"、"点铁成金"之法，对后世影响颇大，被尊为江西诗派之祖。本诗作于元丰五年（1082年），当时诗人任太和知县，公事之余常到快阁上游赏。首句反用"痴儿"典故，又与下句的"快阁"暗合，是一处绝妙的用典。第二句交代了时间、地点、天气、诗人的动作态度，言简意丰。第二联是著名的警句。就意境而言，上句雄阔，令人心胸开朗，下句明丽，令人心地澄澈。这两句又各自暗含哲理意味。第三联抒发了知音难求的感慨。虽为用典而不生涩，意象鲜明而流动，引出尾联表达归隐的愿望。尾联造语豪放，既与第二联的阔朗境界合拍，又充分表现了诗人孤高兀傲的精神品格。"归船"、"长笛"和"白鸥"等意象更增美感和诗意，令人神往。总之，这首诗既带有黄庭坚诗歌的艺术特色，又避免了其爱用僻典、生硬晦涩、不够自然的缺点，平易晓畅中见豪放气势，达到了舒卷自如、情韵悠长的艺术境界。

【研讨】

1. 结合《登岳阳楼》这首诗，谈一谈为什么称杜甫为"诗圣"，而称杜诗为"诗史"?

2. 如果将《赤壁》的最后一句"铜雀春深锁二乔"改写成"国破人亡在此朝"，在诗歌意蕴的表达上会有什么不同?

3. 李商隐诗有时因用典太多而被指为晦涩，请谈谈《锦瑟》一诗中典故的运用造成了怎样的表达效果?

4. 请以《登快阁》为例，讨论宋诗与唐诗的不同之处。

【延展】

1. 延伸阅读

（1）洞庭天下壮观，自昔骚人墨客，题之者众矣……然未若孟浩然"气蒸云梦泽，波撼岳阳城"，则洞庭空旷无际，气象雄张，如在目前。至读子美诗，则又不然。"吴

楚东南坼，乾坤日夜浮”，不知少陵胸中吞几云梦也。（宋・胡仔《苕溪渔隐丛话》引《西清诗话》）

（2）望帝春心托杜鹃，佳人锦瑟怨华年。诗家总爱西昆好，独恨无人作郑笺。（金・元好问《论诗绝句》）

（3）苏、黄二公，当时争名，互相讥消。东坡尝云：“黄鲁直诗文如蝤蛑、江珧柱，格韵高绝，盘飧尽废，然不可多食，多食则发风动气。”山谷亦云：“盖有文章妙一世，而诗句不逮古人者。”此指东坡而言也。（宋・胡仔《苕溪渔隐丛话》）

2. 推荐书目

（1）清・仇兆鳌．杜诗详注．中华书局，1979.

（2）清・冯集梧．樊川诗集注．上海古籍出版社，1978.

（3）刘学锴等．李商隐诗歌集解．中华书局，1988.

（4）南宋・任渊注．刘尚荣校点．黄庭坚诗集注．中华书局，2003.

词　五　首

（一）八声甘州[1]

柳永

对潇潇暮雨洒江天[2]，一番洗清秋。
渐霜风凄紧[3]，关河冷落[4]，残照当楼。
是处红衰翠减[5]，苒苒物华休[6]。
惟有长江水，无语东流。

不忍登高临远，望故乡渺邈[7]，归思难收。
叹年来踪迹，何事苦淹留[8]？
想佳人妆楼颙望[9]，
误几回、天际识归舟？
争知我、倚阑干处[10]，正恁凝愁[11]？

[1]八声甘州：词牌名，是从唐教坊大曲《甘州》截取一段而成的慢词。

[2]潇潇：风雨急骤的样子。

[3]霜风：秋风，寒风。

[4]关河：关山河川，即山河。

[5]是处：处处。

[6]苒苒（rǎn）：渐渐。　物华：美好的景物。

[7]渺邈：遥远。

[8]何事：为什么。　淹留：久留。

[9]颙（yóng）望：凝望。
[10]争知：怎知。
[11]恁（rèn）：这样。

（二）定风波[1]

苏轼

东坡戴笠图

三月七日，沙湖道中遇雨[2]。雨具先去，同行皆狼狈，余独不觉。已而遂晴，故作此词。

莫听穿林打叶声，
何妨吟啸且徐行[3]。
竹杖芒鞋轻胜马[4]，
谁怕？
一蓑烟雨任平生[5]。
料峭春风吹酒醒[6]，
微冷，
山头斜照却相迎[7]。
回首向来萧瑟处[8]，
归去，
也无风雨也无晴。

[1]定风波：唐玄宗时教坊曲名。又名《定风流》、《定风波令》、《醉琼枝》。
[2]沙湖：位于黄州东南三十里，苏轼到那里去看所买的地。
[3]吟啸：高声吟唱。
[4]芒鞋：草鞋。
[5]蓑：蓑衣，用草或棕编制成的雨衣。
[6]料峭：略带寒意。
[7]斜照：偏西的阳光。
[8]向来：方才。　　萧瑟：风吹雨打的声音。

（三）声声慢[1]

李清照

寻寻觅觅，冷冷清清，
凄凄惨惨戚戚。
乍暖还寒时候[2]，最难将息[3]。
三杯两盏淡酒，怎敌他，晚来风急？

雁过也，最伤心，却是旧时相识。

满地黄花堆积，憔悴损，如今有谁堪摘[4]？
守着窗儿，独自怎生得黑[5]？
梧桐更兼细雨，到黄昏、点点滴滴。
这次第[6]，怎一个愁字了得？

[1]声声慢：原调名《胜胜慢》。慢，即慢词，为词中长调。

[2]乍暖还寒：形容冬末春初气候冷热不定。

[3]将息：将养休息。

[4]堪摘：可供摘取。堪，胜任，能够。堪，又作“忺（xiān）”，意为想要。

[5]怎生：怎么。

[6]次第：情境，况味。

（四）破阵子·为陈同甫赋壮词以寄之[1]

辛弃疾

醉里挑灯看剑，
梦回吹角连营[2]。
八百里分麾下炙[3]，
五十弦翻塞外声[4]，
沙场秋点兵。

马作的卢飞快[5]，
弓如霹雳弦惊[6]。
了却君王天下事[7]，
赢得生前身后名。
可怜白发生！

[1]破阵子：一名《十拍子》，词牌名。　陈同甫，即陈亮，著名的爱国词人，与辛弃疾同属主战派。

[2]梦回：梦醒。　吹角：军队中吹号角的声音。

[3]八百里：牛的代称。《世说新语·汰侈》载，王恺有一头爱牛，名“八百里驳”。后即用“八百里”指牛。　麾下：指部下。麾，军旗。

[4]五十弦：即瑟。这里泛指军中乐器。　翻：演奏。

[5]的卢：一种性烈的快马。相传刘备在荆州遇难，骑的卢马“一跃三丈”而脱险。

[6]霹雳：惊雷，比喻拉弓时弓弦响如惊雷。

[7]天下事：此特指恢复中原之事。

（五）长相思[1]

纳兰性德

山一程，水一程[2]，
身向榆关那畔行[3]，
夜深千帐灯[4]。

风一更，雪一更[5]，
聒碎乡心梦不成[6]，
故园无此声[7]。

[1]长相思：词牌名，原为唐教坊曲。又名《长相思令》、《相思令》、《吴山青》等。

[2]“山一程”句：言山长水远。程，路程。

[3]榆关：即山海关，古名榆关，明代改今名。　那畔：那边。

[4]千帐：言军营之多。帐，军营的帐篷。

[5]更：旧时一夜分五更，每更大约两小时。

[6]聒（guō）：嘈杂搅人。

[7]故园：谓京师。　此声：指风雪交加的声音。

【导读】

《八声甘州·对潇潇暮雨洒江天》选自薛瑞生《乐章集校注》，据中华书局1994年版。作者柳永（987？－1053年？），北宋词人。原名三变，字景庄，后改名永，字耆卿，因排行七，又称柳七。福建崇安人。宋仁宗朝进士，官至屯田员外郎，故世称柳屯田。由于仕途坎坷，生活潦倒，他由追求功名转而厌倦官场，在“倚红偎翠”、“浅斟低唱”中寻找寄托。作为北宋第一个专力作词的词人，他不仅开拓了词的题材内容，而且制作了大量的慢词，发展了铺叙手法，促进了词的通俗化、口语化，在词史上产生了较大的影响。有词集《乐章集》。这首词大约作于游宦江浙时，上片写萧瑟寥廓的深秋景象，下片抒羁旅愁恨相思之情，章法结构细密，写景抒情融为一体，以铺叙见长。尤妙处在词尾，遥想佳人相思正苦，又反问佳人可知我也在倚栏凝愁。推己及人，反照自身，曲折动人，写尽相思之缠绵！

《定风波·莫听穿林打叶声》选自邹同庆、王宗堂编注《苏轼词编年校注》，据中华书局2007年版。作者苏轼（1037－1101年），北宋文学家、书画家。字子瞻，号东坡居士。政治生涯坎坷跌宕，因处于新旧党争的夹缝中坚持己见而屡遭贬谪。在思想上沟通儒、释、道三家，可谓通才。其词开豪放一派，与辛弃疾并称“苏辛”。词集有《东坡乐府》。这首《定风波》词作于苏轼被贬黄冈第三年的春天。通过野外途中偶遇风雨这一生活小事，表现出作者旷达超脱的胸襟，寄寓着超凡超俗的人生理想。于简朴中见深意，于寻常处生奇境，写景、状物、抒情各有特色。首先是景中寓情，全词所述之事、所抒之情，均被词人置于“风雨”这一环境之中来展开。其次是物有所寄。“竹杖芒鞋”、“一蓑烟雨”，既表现了风雨中的“艰辛”，也表现了作者渔樵江渚之上的逍遥惬意。再次情理兼胜，妙用双关，将自然景物与心中情理结合起来，有效传达出诗人的内心世界与人生哲学。

《声声慢·寻寻觅觅》选自徐培均《李清照集笺注》，据上海古籍出版社2002年版。作者李清照（1084－1155年?），南北宋之际女词人，婉约词派代表人物。山东济南人，号易安居士。出身书香门第，与丈夫赵明诚诗词唱和，共同致力于书画金石的收集整理，生活优裕安定。金兵入据中原时，李清照因国破家亡，流寓南方。其词前期多写悠闲生活，后期多悲叹身世，情调感伤。形式上善用白描，语言清丽，提出词“别是一家”说。诗文集有《李易安集》，词集有《漱玉词》，均已散佚。后人辑其词40余首及诗文若干篇。这首《声声慢》是李清照晚年流落江南为抒发家国身世之愁而作，最大的特点是成功地运用了叠字。开篇三句十四个叠字，表达出三种境界。“寻寻觅觅”，写人的动作、神态；“冷冷清清”，写环境的悲凉；“凄凄惨惨戚戚”，写内心世界的巨大伤痛。同时，这几对叠字还造成音律的回环往复，加强了词作的音乐性。第二个特点是借物抒情。上阕用“淡酒”、“晚风”、“过雁”，下阕用“黄花”、“梧桐”、“细雨”，都准确而形象地表达出内心的愁情，最后逼出“怎一个愁字了得”的强烈感情，突然作结，沉痛无限。全词语言朴实，感受细腻，满纸呜咽，回味绵长。

《破阵子·为陈同甫赋壮词以寄之》选自邓广铭《稼轩词编年笺注》，据上海古籍出版社2007年版。作者辛弃疾（1140－1207年）南宋词人。原字坦夫，改字幼安，别号稼轩，历城（今山东济南）人。出生时历城已为金兵所占。21岁参加抗金义军，不久归南宋。历任湖北、江西、浙东安抚使等职。一生力主抗金。曾上《美芹十论》与《九议》，条陈战守之策，显示其卓越的军事才能与爱国热忱。但提出的抗金建议均未被采纳，并遭到打击，曾长期落职闲居。辛弃疾用其词作展开了一位力主抗金复国的封建英雄的慷慨悲歌，题材广阔，善化用前人典故入词，风格沉雄豪迈又不乏细腻柔媚之处，打通词风“婉约”与“豪放”的壁垒。在苏轼的基础上，大大开拓了词的思想意境，后人遂以“苏辛”并称。词集有《稼轩长短句》，今人辑有《辛稼轩诗文钞存》。这首《破阵子》当于词人闲居期间所作，基调雄壮高昂，采用幻想与现实相结合的方式，创造了雄奇的意境，抒发了杀敌报国、恢复山河、建立功名的壮怀，结句抒发壮志不酬的悲愤心情。从全词看，壮烈与悲凉、理想与现实又形成了强烈的对照。在结构上，词的上下片语义连贯，直到最后一句突然一个顿挫，读来荡气回肠，深得老杜沉郁顿挫之致。

《长相思·山一程》选自张草纫《纳兰词笺注》，据上海古籍出版社2007年版。作者纳兰性德（1655－1685年），清词人。原名成德，避太子保成讳改性德，字容若，号楞伽山人，满洲正黄旗人。大学士纳兰明珠长子，生长在北京。善骑射，好读书。经史百家无所不窥，谙悉传统学术文化，尤好填词。康熙十五年（1676年）进士，授乾清门三等侍卫，后循迁至一等。30岁患急病去世。工诗善文，有《通志堂集》。词以小令见长，多感伤情调，间有雄浑之作。总体的特点为“自然真切”（王国维语）。词集名《纳兰词》。本词作于纳兰性德随从康熙帝诣永陵、福陵、昭陵告祭后出山海关之时。上片侧重写行程之劳，写面、写外，铺陈壮观；下片侧重写游子思乡之苦，写点、写内，曲描心情。上下两片呈现出整齐的对称之美。词人选取的都是平凡的事物，如山水风雪、灯火声音。又采用短小精悍而通俗易懂的语句，信手拈来，不显雕琢。全篇融细腻情感于雄壮景色之中，缠绵而不颓废，柔情之中露出男儿的慷慨报国之志。

【研讨】

1. 苏轼曾说过“霜风凄紧，关河冷落，残照当楼”数句，“不减唐人高处”。请你谈谈他为什么这么说？

2. “归去，也无风雨也无晴”一句使用了什么样的修辞手法？有何妙处？

3. 李清照论词强调协律，崇尚典雅，提出词“别是一家”之说，反对以作诗文之法作词。请结合这首《声声慢》谈谈对易安词论的理解。

4. 辛词中“了却君王天下事，赢得生前身后名”一句反映了怎样的思想意识？

5. 王国维在《人间词话》中说：“纳兰容若以自然之眼观物，以自然之舌言情……故能真切如此。”试以《长相思》为例，简要说说它的自然真切是如何体现的？

【延展】

1. 延伸阅读

（1）东坡一日退朝，食罢扪腹徐行，顾谓侍儿曰：“汝辈且道是中有何物？”一婢遽曰：“都是文章。”坡不以为然。又一人曰：“满腹都是见识。”坡亦未以为当。至朝云，乃曰：“学士一肚皮不合时宜。”坡捧腹笑。（宋·费衮《梁溪漫志》）

（2）宋人中填词，易安亦称冠绝，使在衣冠，当于秦七、黄九争，不独争雄于闺阁也。（明·杨慎《词品》）

（3）眼光有稜，足以照映一世之豪；背胛有负，足以荷载四国之重。出其毫末，翻然震动。不知须鬓之既斑，庶几胆力之无恐。呼而来，麾而去，无所逃天地之间；挠弗浊，澄弗清，岂自为将相之种？故曰：真鼠枉用，真虎可以不用。而用也者，所以为天宠也。（宋·陈亮《辛稼轩画像赞》）

2. 推荐书目

（1）薛瑞生．乐章集校注．中华书局，1994.

（2）邹同庆，王宗堂．苏轼词编年校注．中华书局，2007.

（3）徐培均．李清照集笺注．上海古籍出版社，2002.

（4）邓广铭．稼轩词编年笺注．上海古籍出版社，2007.

（5）张草纫．纳兰词笺注．上海古籍出版社，2007.

元曲一首

西厢记·长亭送别

王实甫

（夫人、长老上云[1]）今日送张生赴京，十里长亭，安排下筵席；我和长老先行，不见张生、小姐来到。

（旦、末、红同上[2]）（旦云）今日送张生上朝取应[3]，早是离人伤感[4]，况值那暮秋天气，好烦恼人也呵！悲欢聚散一杯酒，南北东西万里程。

【正宫·端正好[5]】碧云天，黄花地，西风紧。北雁南飞。晓来谁染霜林醉？总是离人泪。

【滚绣球】恨相见得迟，怨归去得疾。柳丝长玉骢难系[6]，恨不倩疏林挂住斜晖[7]。马儿迍迍的行[8]，车儿快快的随。却告了相思回避，破题儿又早别离[9]。听得道一声“去也”，松了金钏；遥望见十里长亭，减了玉肌。此恨谁知？

（红云）姐姐今日怎么不打扮？（旦云）你哪知我的心里呵！

【叨叨令】见安排着车儿、马儿，不由人熬熬煎煎的气；有甚么心情花儿、靥儿，打扮得娇娇滴滴的媚[10]！准备着被儿、枕儿，只索昏昏沉沉的睡[11]；从今后衫儿、袖儿，都揾做重重叠叠的泪[12]。兀的不闷杀人也么哥[13]！兀的不闷杀人也么哥！久已后书儿、信儿，索与我凄凄惶惶的寄。

[1]长老：寺院住持僧的通称。

[2]旦：剧中的女主角。　　末：剧中的男主角。　　红：红娘。

[3]取应：应试。

[4]早是：本来已是。

[5]正宫：宫调名，类似现在乐调中的D调。　　端正好：曲牌名。后面的“滚绣球”、“叨叨令”等均同。

[6]玉骢（cōng）：青白色相杂的马。这里泛指马。

[7]倩：请。

[8]迍迍（zhūn zhūn）：行动迟缓貌。

[9]“却告了”二句：意谓刚摆脱男女回避之戒，了却相思之苦，又起别离之恨。却，刚。破题儿，唐宋时称诗赋开头剖析题义称破题，此指事情开始。

[10]靥（yè）儿：古代妇女面部的一种妆饰。

[11]索：须。

[12]揾（wèn）：擦，拭。

[13]兀的不：表示反诘，犹言“怎的不”。　　也么哥：元曲中常用的句末衬字，无义。

（做到、见夫人科[1]）（夫人云）张生和长老坐，小姐这壁坐[2]，红娘将酒来。张生，你向前来，是自家亲眷，不要回避。俺今日将莺莺与你，到京师休辱没了俺孩儿，挣揣一个状元回来者[3]！（末云）小生托夫人余荫[4]，凭着胸中之才，视官如拾芥耳[5]。（洁云[6]）夫人主见不差，张生不是落后的人。（把酒了。坐科）（旦长吁科，唱）

【脱布衫】下西风黄叶纷飞，染寒烟衰草萋迷[7]。酒席上斜签着坐的[8]，蹙愁眉死临侵地[9]。

【小梁州】我见他阁泪汪汪不敢垂[10]，恐怕人知。猛然见了把头低，长吁气，推整素罗衣[11]。

【幺篇[12]】虽然久后成佳配，奈时间怎不悲啼！意似痴，心如醉，昨宵今日，清减了小腰围。

（夫人云）小姐把盏者！（红递酒，旦把盏长吁科云）请吃酒！（唱）

【上小楼】合欢未已，离愁相继。想着俺前暮私情，昨夜成亲，今日别离。我谂知这几日相思滋味，却原来比别离情更增十倍[13]。

【幺篇】年少呵轻远别，情薄呵易弃掷。全不想腿儿相挨，脸儿相偎，手儿相携。你与俺崔相国做女婿，妻荣夫贵，但得一个并头莲，煞强如状元及第。

（夫人云）红娘把盏者！（红把酒科）（旦唱）

【满庭芳】供食太急，须臾对面，顷刻别离。若不是酒席间子母每当回避，有心待与他举案齐眉[14]。虽然是厮守得一时半刻，也合着俺夫妻每共桌而食。眼底空留意，寻思起就里[15]，险化做望夫石。

（红云）姐姐不曾吃早饭，饮一口儿汤水。（旦云）红娘，甚么汤水咽得下！（唱）

【快活三】将来的酒共食，尝着似土和泥。假若便是土和泥，也有些土气息泥滋味。

【朝天子】暖溶溶玉醅[16]，白泠泠似水，多半是相思泪。眼面前茶饭怕不待要吃，恨塞满愁肠胃。蜗角虚名[17]，蝇头微利，拆鸳鸯在两下里。一个这壁，一个那壁，一递一声长吁气[18]。

[1]科：表示演员到此处要表演某种戏剧动作。

[2]这壁：这边。

[3]挣揣：努力争取。　者：句末语气词，表祈使。

[4]余荫：恩泽。

[5]拾芥：拾取小草，比喻容易得到。芥，不起眼的小草。

[6]洁：元代称和尚为洁郎。此指普救寺长老。

[7]萋迷：形容景物模糊迷茫。

[8]斜签着坐：侧身而坐，表示恭谦。这里描写张生当时惴惴不安的情态。签，插。

[9]蹙（cù）：皱。　　死临侵地：发呆发痴的、无精打采的样子。

[10]阁：含着眼泪。

[11]推整：装作整理。推，推托，这里引申为假装。

[12]幺篇：元杂剧中凡重复前曲的叫“幺篇”，与前曲的字数有时有出入。

[13]“我谂知”二句：这些天我本已尝够了相思之苦，现如今到了离别时才发现原来这别离之情比相思更苦十倍。谂（shěn）知，深深知道。谂，详尽。

[14]“若不”二句：若不是母亲大人在场，有所忌避，我是有心要和张生一叙夫妻之情的。每，们。

[15]眼底空留意：仅只能以目传情。　　就里：内情，指和张生曲折的爱情经历。

[16]玉醅（pēi）：美酒。醅，未过滤的酒。

[17]蜗角虚名：《庄子·则阳》篇说蜗牛的左右触角上有两个国家，为争夺地盘，互相厮杀。这里用蜗角比喻微不足道的虚名。

[18]一递一声：一声连一声。递，交替。

（夫人云）辆起车儿[1]，俺先回去，小姐随后和红娘来。（下）

（末辞洁科）（洁云）此一行别无话儿，贫僧准备买登科录看[2]，做亲的茶饭，少不得贫僧的。先生在意[3]，鞍马上保重者！从今经忏无心礼[4]，专听春雷第一声。（下）（旦唱）

【四边静】霎时间杯盘狼藉。车儿投东，马儿向西，两意徘徊，落日山横翠。知他今宵宿在哪里？有梦也难寻觅。

（云）张生，此一行得官不得官，疾便回来。（末云）小生这一去白夺一个状元，正是：青霄有路终须到[5]，金榜无名誓不归。（旦云）君行别无所谓，口占一绝[6]，为君送行：弃掷今何在，当时且自亲。还将旧来意，怜取眼前人。（末云）小姐之意差矣，张珙更敢怜谁？谨赓一绝[7]，以剖寸心：人生长远别，孰与最关亲？不遇知音者，谁怜长叹人？（旦唱）

【耍孩儿】淋漓襟袖啼红泪[8]，比司马青衫更湿[9]。伯劳东去燕西飞[10]，未登程先问归期。虽然眼底人千里[11]，且尽生前酒一杯。未饮心先醉，眼中流血，心里成灰。

【五煞】到京师服水土，趁程途节饮食[12]，顺时自保揣身体[13]。荒村雨露宜眠早，野店风霜要起迟。鞍马秋风里，最难调护，最要扶持。

【四煞】这忧愁诉与谁？相思只自知，老天不管人憔悴。泪添九曲黄河溢[14]，恨压三峰华岳低[15]。到晚来闷把西楼倚，见了些夕阳古道，衰柳长堤。

【三煞】笑吟吟一处来，哭啼啼独自归。归家若到罗帏里，昨宵个绣衾香暖留春住，今夜个翠被生寒有梦知。留恋你别无意，见据鞍上马，阁不住泪眼愁眉。

（末云）有甚言语嘱咐小生咱？（旦唱）

【二煞】你休忧文齐福不齐[16]，我只怕你停妻再娶妻[17]。休要一春鱼雁无消息。我这里青鸾有信频须寄[18]，你却休金榜无名誓不归。此一节君须记：若见了那异乡花草，再休似此处栖迟[19]。

（末云）再谁似小姐，小生又生此念？（旦唱）

【一煞】青山隔送行，疏林不做美，淡烟暮霭相遮蔽。夕阳古道无人语，禾黍秋风听马嘶。我为甚么懒上车儿内，来时甚急，去后何迟？

（红云）夫人去好一会，姐姐，咱家去！（旦唱）

【收尾】四围山色中，一鞭残照里。遍人间烦恼填胸臆，量这些大小车儿如何载得起[20]？

（旦、红下）（末云）仆童赶早行一程儿，早寻个宿处。泪随流水急，愁逐野云飞。（下）

[1]辆起车儿：套上车子。古时坐车由牲口拖拉，因而要套上车架。

[2]登科录：科举后发表的录取名册，即金榜上的名录。

[3]在意：注意，小心。

[4]经忏：经文忏词。这里指佛教经文。

[5]青霄：青天云霄，比喻高中。

[6]口占一绝：随口吟诵一首绝句。

[7]赓（gēng）：续，酬和。

[8]红泪：伤别血泪。语本《拾遗记》：“薛灵芸选入宫时，别父母，以玉壶承泪，壶即红色。”

[9]比司马青衫更湿：语本白居易《琵琶行》：“座中泣下谁最多，江州司马青衫湿。”

[10]伯劳东去燕西飞：比喻分离。乐府诗《东飞伯劳歌》：“东飞伯劳西飞燕，黄姑织女时相见。”有劳燕分飞之说。伯劳，鸟名。

[11]眼底人千里：眼前之人将去到千里之外。眼底，眼前的。

[12]趁程途：赶路程。

[13]顺时自保揣身体：依据气候的变化，自己注意身体。保揣，保重。

[14]九曲黄河：指曲折的黄河河道。

[15]三峰华岳：华山著名的三大高峰，即莲花峰、毛女峰、松桧峰。

[16]文齐福不齐：古时成语，意思说文章虽然写得好，运气却不佳。

[17]停妻再娶妻：抛开原来的妻子又娶妻。即重婚。

[18]青鸾：神话传说中为西王母报信的神鸟。

[19]栖迟：停留，耽搁。

[20]大小车儿：“大小”是偏义复词，这里指小车。

【导读】

《长亭送别》选自王季思校注《西厢记》，据上海古籍出版社 1978 年版。作者王实甫（约 1230－1310 年），元初大都（今北京）人，元代著名杂剧作家。生平事迹不详，《录鬼簿》记载其名德信，位于关汉卿之后。曾著有杂剧 14 种，今传《西厢记》、《破窑记》、《丽春堂》三种。另有《芙蓉亭》、《贩茶船》各一折曲文。他的作品抒情性强，曲词优美，对元杂剧和后来戏曲的发展有很大的影响。

本折是《西厢记》第四本《草桥店梦莺莺》中的第三折。《西厢记》全名为《崔莺莺待月西厢记》，全剧共五本二十一折，是王实甫的代表作，也是我国古典戏曲中的不朽之作。该剧取材于唐人元稹的《莺莺传》和金人董解元改编的《西厢记诸宫调》，在一些关键的地方作了修改，弥补了原作的缺欠；增加了戏剧冲突的内容，增强了剧情的紧张性和吸引力；使全剧的主题更为突出，人物更为鲜明。它通过对相国小姐崔莺莺和书生张生的爱情故事的描写，热情歌颂了他们反抗封建礼教的叛逆行为，赞美了他们不恋豪杰、不羡骄奢、生则同衾、死则同穴的爱情理想，发出了“愿天下有情的都成了眷属”这惊世骇俗的强烈呼声。

此前的主要情节：书生张生在普救寺遇见崔相国之女莺莺，一见钟情，百般爱恋，虽经周折，最终在侍女红娘的帮助下，冲破封建礼教的束缚而私自结合。后被老夫人发觉，一定要张生赴京应试，得状元后才能正式成亲。本折写的是崔莺莺在长亭送别张生所表现出的复杂而悲痛的心情，表现了张生与莺莺之间的真挚爱情，突出了莺莺的叛逆性格，强化了全曲歌颂婚姻自由、反对封建礼教的主题。文辞优美，曲文感情色彩强烈，诗意浓郁，韵味沉怨，读来缠绵悱恻，凄怨感人。

【研讨】

1. 分析莺莺的性格。

2. 《长亭送别》中多处运用比喻、拟人和夸张等修辞手法，请一一找出并说明各自的表达效果。

3. 体会剧中情景交融的艺术境界。

【延展】

1. 延伸阅读

（1）作词章，风韵美，士林中等辈伏低。新杂剧，旧传奇，《西厢记》天下夺魁。（元·贾仲明《凌波仙》）

（2）王实甫之词，如花间美人。铺叙委婉，深得骚人之趣。极有佳句，若玉环之出浴华清，绿珠之采莲洛浦。（明·朱权《太和正音谱》）

（3）《西厢记》，必须尽一日一夜之力，一气读之者。一气读之者，总揽其起尽也。《西厢记》，必须展半月一月之功，精切读之。精切读之者，细寻其肤寸也。（明·金圣叹《读第六才子书〈西厢记〉法》）

2. 推荐书目

（1）蒋星煜．元曲鉴赏辞典．上海辞书出版社，2008.

（2）王季思校注．西厢记．上海古籍出版社，1978.

赋 一 篇

别 赋

江淹

江淹墓

黯然销魂者[1]，唯别而已矣！况秦吴兮绝国，复燕宋兮千里[2]；或春苔兮始生，乍秋风兮蹔起[3]。是以行子肠断[4]，百感凄恻。风萧萧而异响，云漫漫而奇色。舟凝滞于水滨，车逶迟于山侧[5]。棹容与而讵前[6]，马寒鸣而不息。掩金觞而谁御[7]，横玉柱而沾轼[8]。居人愁卧，怳若有亡[9]。日下壁而沉彩[10]，月上轩而飞光。见红兰之受露，望青楸之罹霜[11]。巡曾楹而空掩[12]，抚锦幕以虚凉。知离梦之踯躅[13]，意别魂之飞扬。

[1]黯然：神伤意沮貌。　　销魂：丧魂落魄，形容极其哀愁。

[2]“况秦吴兮”二句：春秋战国时，秦国和吴国，一在西北，一在东南；燕国和宋国，燕在宋的东北，宋在燕的西南，都相隔遥远。绝国，相隔极远的邦国。

[3]“或春苔兮”二句：季节变换，最容易引起人们的离愁别绪。乍，忽然。一说或者。蹔（zàn），同“暂”。

[4]行子：出行的人。　　肠断：形容极度悲伤。

[5]逶迟：缓慢行走貌。

[6]棹（zhào）：船桨，这里指船。　　容与：迟疑不前貌。　　讵：岂。

[7]觞：酒杯。　　御：用。此指喝酒。

[8]玉柱：琴、瑟上支弦的弦码，这里代指琴瑟。　　轼：车前横木，泛指车。

[9]怳：同“恍”，心神不定貌。　　亡：失。

[10]沉彩：落日的光辉消失。

[11]楸（qiū）：木名，落叶乔木。　　罹：遭受。

[12]曾楹：高高的房屋。曾，通“层”，高。楹，堂前柱子，此指房屋。

[13]踯躅（zhí zhú）：徘徊不进貌。

故别虽一绪[1]，事乃万族[2]：

至若龙马银鞍，朱轩绣轴[3]，帐饮东都[4]，送客金谷[5]。琴羽张兮箫鼓陈[6]，燕赵歌兮伤美人[7]。珠与玉兮艳暮秋，罗与绮兮娇上春[8]。惊驷马之仰秣，耸渊鱼之赤鳞[9]。造分手而衔涕[10]，感寂寞而伤神。

乃有剑客惭恩[11]，少年报士[12]，韩国赵厕[13]，吴宫燕市[14]，割慈忍爱，离邦去里，沥泣共诀[15]，抆血相视[16]。驱征马而不顾，见行尘之时起[17]。方衔感于一剑[18]，非买价于泉里[19]。金石震而色变[20]，骨肉悲而心死[21]。

或乃边郡未和，负羽从军[22]，辽水无极，雁山参云[23]。闺中风暖，陌上草薰[24]。日出天而曜景[25]，露下地而腾文[26]。镜朱尘之照烂[27]，袭青气之烟煴[28]。攀桃李兮不忍别，送爱子兮沾罗裙。

至如一赴绝国，讵相见期[29]。视乔木兮故里，决北梁兮永辞[30]。左右兮魄动，亲宾兮泪滋。可班荆兮赠恨[31]，惟樽酒兮叙悲。值秋雁兮飞日，当白露兮下时。怨复怨兮远山曲[32]，去复去兮长河湄[33]。

又若君居淄右[34]，妾家河阳。同琼佩之晨照，共金炉之夕香[35]。君结绶兮千里[36]，惜瑶草之徒芳[37]。惭幽宫之琴瑟，晦高台之流黄[38]。春闺闷此青苔色[39]，秋帐含兹明月光。夏簟青兮昼不暮[40]，冬釭凝兮夜何长[41]。织锦曲兮泣已尽，回文诗兮影独伤[42]。

傥有华阴上士[43]，服食还山[44]。术将妙而犹学，道已寂而未传[45]。守丹灶而不顾[46]，炼金鼎而方坚[47]。驾鹤上汉[48]，骖鸾腾天[49]。蹔游万里，少别千年。惟世间兮重别，谢主人兮依然。

下有芍药之诗[50]，佳人之歌[51]。桑中卫女[52]，上宫陈娥[53]。春草碧色，春水渌波[54]。送君南浦[55]，伤如之何！至乃秋露如珠，秋月如珪，明月白露，光阴往来，与子之别，思心徘徊。

[1]一绪：一样情绪。

[2]族：种类。

[3]朱轩绣轴：形容车子装饰非常华丽。朱轩，漆成红色的车。绣轴，用丝织品装饰的车。

[4]帐饮东都：西汉疏广、疏受告老还乡，公卿大夫故旧数百人为其饯行于长安东都门外。事见《汉书·疏广传》。帐饮，谓于郊野设帐饮酒饯行。

[5]送客金谷：金谷，指金谷园，晋石崇的别墅，在洛阳西北。石崇曾在这里设盛

大宴会送别王诩。

[6]琴羽：琴声中的羽音。羽音比较慷慨。

[7]燕赵歌：燕地赵地的美人相和而歌。古代燕赵出歌姬。　伤美人：谓离别之苦况使别筵中歌唱佐欢的美人也伤感不已。

[8]上春：初春。

[9]“惊驷马”二句：形容音乐美妙动听，连马儿鱼儿也倾听感动。仰秣，谓马听见美妙的音乐，昂起头吃饲料。秣，饲马。耸，惊动。

[10]造：至。　衔涕：含泪。

[11]惭恩：报恩。因受别人的恩惠而感惭愧。

[12]报士：报答主上以国士相待之恩。

[13]韩国：指聂政刺侠累事。韩国严仲子与韩相侠累有仇，严遂结交聂政，聂政为之刺杀侠累。　赵厕：指豫让谋刺赵襄子事。豫让事晋智伯，智伯非常尊崇他，后智伯为赵襄子所灭，豫让遂入赵襄子宫中潜伏于厕，欲伺机刺杀赵襄子。

[14]吴宫：指专诸刺吴王僚事。吴公子光谋夺吴国王位，派专诸将匕首放进鱼腹中，在宴席上刺杀吴王僚。　燕市：指荆轲为燕太子丹刺秦王事。秦国东伐，威胁到燕国。燕君臣寻猛士以刺秦王，于燕市中得荆轲，以献图为名入秦行刺。以上四人事均见《史记·刺客列传》。

[15]沥泣：下泪。

[16]抆（wèn）血：擦拭血泪。

[17]行尘：车行所扬起的尘土。

[18]衔感于一剑：心里铭记着知遇之恩，愿用以剑行刺来为此效命。

[19]买价：追求名声。　泉里：阴间，地下。

[20]金石：金石，指钟磬一类的乐器。　色变：指秦舞阳事。荆轲与秦舞阳见秦王时，钟鼓齐发，舞阳大恐，面如死灰色。

[21]骨肉：指聂政姐姐聂荣（或作嫈）。聂政刺杀了韩相侠累之后，怕被认出连累家人，自己割破面皮，剜出双眼，破腹出肠而死。韩国将聂政之尸暴于市，下令能识其人者奖千金。聂荣跑去相认，在聂政的尸体旁自杀。

[22]负羽：背负羽箭。

[23]雁山：即雁门山。　参云：高插入云。

[24]薰：香。

[25]曜景：闪闪发光。

[26]腾文：形容露珠在草木上纹彩闪烁。

[27]镜：照。　朱尘：红尘。　照烂：明亮灿烂。

[28]袭：侵入。　青气：春天郊野之气。　烟煴（yīn yūn）：同“氤氲”，云烟弥漫貌。

[29]讵相见期：岂有相见之期。

[30]决：通“诀”，远离或久别。　北梁：北边的桥梁。　永辞：永别。

[31]可：犹“岂”。　　班荆：折荆铺地而坐。　　赠恨：倾诉离忧别恨。

[32]山曲：山坳。

[33]湄：水边。

[34]淄：淄水，在今山东省境内。　　右：指西边。

[35]“同琼佩”二句：追写别离前的生活。琼佩，玉佩。

[36]结绶：当官。绶，挂官印的带子。

[37]瑶草：香草。

[38]晦：昏暗不明。　　流黄：一种精美的丝织品。

[39]闷（bì）：关闭。

[40]簟（diàn）：竹席。　　昼不暮：天总是不黑，谓时日难熬。

[41]釭（gāng）：灯。　　凝：指灯影不动，喻死气沉沉。

[42]织锦曲：《晋书·列女传》记载：前秦苻坚时，秦州刺史窦涛被流放到沙漠，其妻子苏蕙心中思念，织锦为回文诗以寄赠。回文诗，古代一种文体，其文顺读反读义皆可通。苏氏的回文诗则正反、横直、旁斜皆可诵读成义。

[43]华阴上士：华山上的求仙之士。

[44]服食：服食丹药。

[45]寂：道家悟道的高超境界，亦称寂灭。

[46]丹灶：炼丹的灶。

[47]金鼎：方士炼丹药的鼎。　　方坚：指意志正坚。

[48]汉：银河。

[49]骖鸾（cān luán）：乘鸾风云游。

[50]芍药之诗：《诗经·郑风·溱洧》有“维士与女，伊其相谑，赠之以芍药”的句子。

[51]佳人之歌：指汉代李延年的诗：“北方有佳人，绝世而独立。”

[52]桑中卫女：《诗经·鄘风·桑中》：“期我乎桑中，要我乎上宫，送我乎淇之上矣。”鄘亦为卫地，故称《桑中》诗中的女子为卫女。

[53]上宫：卫地名。　　陈：陈国，都城宛丘（今河南淮阳）。　　娥：美女。

[54]渌：清澈。

[55]南浦：南面的水边，常用指送别之地。

是以别方不定[1]，别理千名，有别必怨，有怨必盈，使人意夺神骇[2]，心折骨惊[3]。虽渊、云之墨妙[4]，严、乐之笔精[5]，金闺之诸彦[6]，兰台之群英[7]，赋有凌云之称[8]，辨有雕龙之声[9]，讵能摹暂离之状，写永诀之情者乎？

[1]方：方式，类别。

[2]意夺：神志沮丧。

[3]心折骨惊：应作“心惊骨折”，作者有意颠倒词序以显示用词造语之奇。

[4]渊、云：指西汉时著名的辞赋家王褒、扬雄。王褒，字子渊；扬雄，字子云。墨妙：文章精妙。

[5]严、乐：指西汉时人严安和徐乐。二人曾上书言时务，深得武帝赏识。

[6]金闺：指汉代的金马门。学士待诏金马门以备顾问。 彦：俊才。

[7]兰台：汉代朝廷藏书的机关，设兰台令史，掌校理图籍文书之事。

[8]凌云之称：《史记·司马相如传》说司马相如奏《大人赋》，武帝大悦，飘飘有凌云之意。

[9]雕龙：形容文辞优美。《史记·孟子荀卿列传》说，战国齐人邹奭“采邹衍之术以纪文”，裴骃《集解》引刘向《别录》说：“邹奭修衍之文，饰若雕镂龙文，故曰雕龙。”

【导读】

本文选自《江文通集汇注》，据中华书局1984年版。作者江淹（444－505年），南朝文学家。字文通，济阳考城（今河南兰考县）人。出身贫寒。历仕南朝宋、齐、梁三代，在梁时官至金紫光禄大夫，封醴陵侯。诗歌风格幽深奇丽，长于拟古。又擅作抒情小赋，尤以《恨赋》、《别赋》最为著名。有《江文通集》。

此赋是一篇著名的抒情小赋，也是南朝齐、梁间抒情赋的代表作。这篇赋以浓郁的抒情笔调，以环境烘托、情绪渲染、心理刻画等艺术方法，通过对富贵之别、剑士侠客之别、从军之别、绝国之别、夫妻之别、方士之别、情人之别的描写，生动表现了不同离别的愁苦。其结构类似议论文，开宗明义，点出题目，以“黯然销魂者，惟别而已矣”总摄全文，定一篇之基调；中间则具体描写了7种离别，各不相同，各具特色；最后又以“有别必怨，有怨必盈”总括全篇，归结到离别悲伤的深重，具有高度的典型性和概括力。

本赋最突出的特色在于借环境的描写精确地刻画人物的心理感受，把精湛的状物技巧与高超的心理刻画完美地糅合在一起，运用多变的环境描写，通过反面映衬（如以乐景写哀或以哀景写乐）和正面烘托（如用适当的景物烘托人物的情感活动），层次清晰地刻画了离人的心理感受。

本赋对仗工整，文句活泼，词采绚丽，用典精当，为骈赋中的佳作。

【研讨】

1. 离情别绪是中国文学中一个常见的主题，为什么在同类题材的作品中《别赋》给人留下的印象特别深刻？

2. 骈赋追求对偶精工、炼词熔典、音韵和谐，注意体会《别赋》语言的音乐之美。

3. 为什么离别在古人眼里往往成为最令人“黯然销魂”的一件事？

【延展】

1. 延伸阅读

恨 赋

江淹

试望平原，蔓草萦骨，拱木敛魂。人生到此，天道宁论！于是仆本恨人，心惊不已，直念古者，伏恨而死。

至如秦帝按剑，诸侯西驰，削平天下，同文共规，华山为城，紫渊为池。雄图既溢，武力未毕。方架鼋鼍以为梁，巡海右以送日。一旦魂断，宫车晚出。

若乃赵王既虏，迁于房陵。薄暮心动，昧旦神兴。别艳姬与美女，丧金舆及玉乘。置酒欲饮，悲来填膺。千秋万岁，为怨难胜。

至如李君降北，名辱身冤。拔剑击柱，吊影惭魂。情往上郡，心留雁门。裂帛系书，誓还汉恩。朝露溘至，握手何言？

若夫明妃去时，仰天太息。紫台稍远，关山无极。摇风忽起，白日西匿。陇雁少飞，代云寡色。望君王兮何期？终芜绝兮异域。

至乃敬通见抵，罢归田里。闭关却扫，塞门不仕。左对孺人，顾弄稚子。脱略公卿，跌宕文史。赍志没地，长怀无已。

及夫中散下狱，神气激扬。浊醪夕引，素琴晨张。秋日萧索，浮云无光。郁青霞之奇意，入修夜之不旸。

或有孤臣危涕，孽子坠心。迁客海上，流戍陇阴。此人但闻悲风汩起，血下沾衿；亦复含酸茹叹，销落湮沉。

若乃骑叠迹，车屯轨；黄尘匝地，歌吹四起。无不烟断火绝，闭骨泉里。

已矣哉！春草暮兮秋风惊，秋风罢兮春草生。绮罗毕兮池馆尽，琴瑟灭兮丘垄平。自古皆有死，莫不饮恨而吞声。

（选自梁·萧统编、唐·李善注《文选》，中华书局1977年版）

2. 推荐书目

（1）胡之骥注．李长路，赵威点校．江文通集汇注．中华书局，1984.

（2）俞绍初，张亚新校注．江淹集校注．中州古籍出版社，1994.

骈文二篇

（一）哀江南赋序

庾信

粤以戊辰之年[1]，建亥之月[2]，大盗移国，金陵瓦解[3]。余乃窜身荒谷[4]，公私涂炭[5]。华阳奔命，有去无归[6]。中兴道销，穷于甲戌[7]。三日哭于都亭[8]，三年囚于别馆[9]。

天道周星，物极不反[10]。傅燮之但悲身世，无处求生[11]；袁安之每念王室，自然流涕[12]。昔桓君山之志事[13]，杜元凯之平生[14]，并有著书，咸能自序。潘岳之文采，始述家风[15]；陆机之辞赋，先陈世德[16]。信年始二毛[17]，即逢丧乱，藐是流离[18]，至于暮齿[19]。燕歌远别，悲不自胜[20]；楚老相逢[21]，泣将何及！畏南山之雨，忽践秦庭[22]；让东海之滨，遂餐周粟[23]。下亭漂泊[24]，高桥羁旅[25]；楚歌非取乐之方[26]，鲁酒无忘忧之用[27]。追为此赋，聊以记言[28]；不无危苦之辞，惟以悲哀为主。

庾信

[1]粤：发语词，无实义。　戊辰：梁太清二年（548年）。

[2]建亥之月：阴历十月。

[3]“大盗移国”二句：指侯景叛乱，攻陷梁都金陵（今南京）。移国，篡国。

[4]窜身：逃亡。

[5]公私：公室和私家。　涂炭：谓陷于泥涂和炭火之中。比喻遭遇灾难。

[6]“华阳奔命”二句：华阳，指华山之南，此指江陵。梁元帝平定侯景之乱，定都于此。奔命，这里指庾信奉使奔走西魏。有去无归，指被留在西魏，不得回归。

[7]“中兴道销”二句：中兴，指梁元帝于承圣元年（552年）平侯景之乱，即位江陵。道销，中兴之道销亡。穷于甲戌，指这一年西魏攻破江陵，梁元帝被杀。甲戌，梁元帝承圣三年（590年）。

[8]都亭：都下之亭。三国时蜀将罗宪守永安城，听说刘禅降魏，率领部属在都亭哭了三天（见《晋书·罗宪传》）。这里借指庾信哭梁元帝。

[9]馆：客馆，使者所居。

[10]“天道周星”二句：谓天道周而复始，但梁武帝江陵一败却一蹶不振。天道，自然之道。周星，即岁星，因其12年绕天一周，故名。

[11]“傅燮”二句：傅燮，字南容，东汉末年人。《后汉书·傅燮传》：傅燮为汉阳太守，王国、韩遂等攻城，城中兵少粮乏，其子劝燮弃城归乡，燮慨叹：“汝知吾必死邪……世乱不能养浩然之志，食禄又欲避其难乎？吾行何之，必死于此！”遂令左右进兵，临阵战死。

[12]“袁安”二句：袁安，字邵公，东汉时人。《后汉书·袁安传》：袁安为司徒，“以天子幼弱，外戚擅权，每朝会进见及与公卿言国家事，未尝不噫呜流涕”。涕，眼泪。

[13]桓君山：即桓谭，字君山，东汉学者。著《新论》29篇。　志事：与下“平生”均指抱负而言。

[14]杜元凯：即杜预，字元凯，晋代人，著有《春秋经传集解》。其序云：“少而好学，在官则观于吏治，在家则滋味典籍。”

[15]“潘岳”二句：潘岳，字安仁，晋代诗人。始述家风，潘岳曾作《家风诗》。

[16]“陆机”二句：陆机，字士衡，晋代诗人。先陈世德，陆机有《祖德赋》、《述先赋》。

[17]二毛：指头发有黑白二色，年纪半老。侯景之乱时庾信36岁，使西魏时42岁。

[18]藐是：一作“狼狈”。藐，远。

[19]暮齿：暮年。

[20]“燕歌”二句：庾信同时人王褒曾作《燕歌行》，“妙尽塞北苦寒之言，元帝及诸文士和之，而竞为凄切”。见《北史·王褒传》。

[21]楚老：楚人龚胜不愿“一身事二姓”，拒王莽征召，绝食而死。庾信世居楚地，却留北朝，故引此事深惭自己身事二姓。

[22]“畏南山之雨”二句：谓自己原想学南山玄豹畏雨避祸，却不料奉使西魏，如申包胥求救到秦。畏南山之雨，指远避祸害。刘向《列女传·陶答子妻》：“南山有玄豹，雾雨七日而不下食者，何也？欲以泽其毛而成文章也，故藏而远害。”践秦庭，《左传·定公四年》：“申包胥如秦乞师……立依于庭墙而哭，日夜不绝声……七日……秦师乃出。”此喻己出使求和救急。

[23]“让东海”二句：据《史记·伯夷列传》载，孤竹君之子伯夷、叔齐因相互推让君位，先后逃至海滨。武王灭纣，二人以为不义，遂不食周粟，饿死于首阳山。二句言己本以谦让为怀，却不能如夷、齐那样殉义。

[24]下亭：《后汉书·范式传》载，孔嵩应召入京，路宿下亭，马匹被盗。

[25]高桥：一作“皋桥”。《后汉书·梁鸿传》载，梁鸿曾依大户皋伯通家做佣工。此句借梁鸿事写自己寄迹他乡的生活。

[26]楚歌：楚地民歌。刘邦欲立戚夫人之子赵王如意为太子，不成，戚夫人哭泣，刘邦安慰她说：“为我楚舞，吾为若楚歌。”见《汉书·高帝纪》。

[27]鲁酒：楚王大会诸侯，鲁国献的酒味薄。见《庄子·胠箧》。

[28]记言：《汉书·艺文志》：“古之王者，世有史官，左史记言，右史记事。”据此可知庾信为此赋，非惟慨叹身世，亦兼记史。

日暮途远[1]，人间何世？将军一去，大树飘零[2]；壮士不还，寒风萧瑟[3]。荆璧睨柱，受连城而见欺[4]；载书横阶，捧珠盘而不定[5]。钟仪君子，入就南冠之囚[6]；季孙行人，留守西河之馆[7]。申包胥之顿地，碎之以首[8]；蔡威公之泪尽，加之以血[9]。钓台移柳，非玉关之可望[10]；华亭鹤唳，岂河桥之可闻[11]？

孙策以天下为三分[12]，众才一旅[13]；项籍用江东之子弟[14]，人惟八千；遂乃分裂山河，宰割天下。岂有百万义师，一朝卷甲；芟夷斩伐，如草木焉[15]！江淮无涯岸之阻[16]，亭壁无藩篱之固[17]。头会箕敛者，合从缔交[18]；锄耰棘矜者，因利乘便[19]。将非江表王气[20]，终于三百年乎[21]？是知并吞六合[22]，不免轵道之灾[23]；混一车书[24]，无救平阳之祸[25]。呜呼！山岳崩颓，既履危亡之运；春秋迭代[26]，必有去故之悲[27]。天意人事，可以凄怆伤心者矣。况复舟楫路穷，星汉非乘槎可上[28]；风飙道阻[29]，蓬莱无可到之期。穷者欲达其言，劳者须歌其事。陆士衡闻而抚掌，是所甘心[30]；张平子见而陋之[31]，固其宜矣。

[1]日暮途远：谓年岁已老而离乡路远。

[2]“将军”二句：东汉冯异，为人谦退，诸将论功时，他常独倚大树下。见《后汉书·冯异传》。

［3］“壮士”二句：壮士，指荆轲。太子丹送荆轲易水上，唱道：“风萧萧兮易水寒，壮士一去兮不复还！”见《史记·刺客列传》。

［4］“荆璧”二句：《史记·廉颇蔺相如列传》记载，赵王得楚和氏璧，秦王闻之，写信愿以十五城易璧。赵王遂派遣蔺相如奉璧西入秦。相如看秦王无给赵十五城之意，因持璧睨柱欲碎之。后秦王无奈，完璧归赵。荆璧，即和氏璧，因楚人和氏得之楚山而名。睨，斜视。连城，相连之城。

［5］“载书”二句：谓自己出使西魏，未能缔约，梁朝反遭攻打。载书，盟书。珠盘，用珠装饰的盘，诸侯盟誓所用器皿。

［6］“钟仪”二句：《左传·成公七年》记载，春秋时楚人钟仪，被郑国俘获，献给晋国，囚于军府中，仍旧戴着南方楚人戴的帽子。使他操琴，又奏出南国的曲调。此句以钟仪自比，谓己本楚人而羁留魏，有类南冠之囚，心中不忘故国。

［7］“季孙”二句：《左传·昭公十三年》记载，诸侯盟于平丘，季孙意如随鲁昭公参加。邾、莒等国告发鲁侵伐其地，晋君便不让鲁与盟，并扣季孙意如不放，留在西河。此处自比季孙意如被魏扣留。季孙意如，春秋时鲁国大夫。行人，掌朝觐聘问之官。西河，今陕西省东部。

［8］“申包胥”二句：《左传·定公四年》记载，吴伐楚，申包胥至秦求兵，日夜哭泣，七日不食，秦哀公为之赋《无衣》，暗示愿出兵相助。申包胥感激，九顿首而坐。此喻出使责任之艰难。申包胥，春秋时楚国大夫。

［9］“蔡威公”二句：刘向《说苑》：蔡威公闭门而泣，三日三夜，泣尽而继之以血，曰：“吾国且亡。”此言己对梁亡深感悲痛。

［10］“钓台移柳”二句：谓滞留北地的人再也见不到南方故土的柳树了。钓台，在武昌。此代指南方故土。移柳，据《晋书·陶侃传》，陶侃镇武昌时，曾令诸营种植柳树。玉关，玉门关，在今甘肃敦煌县西。此代指北地。

［11］“华亭鹤唳”二句：《晋书·陆机传》记载，陆机在八王之乱中，兵败河桥，被成都王所杀，临刑叹曰：“华亭鹤唳，岂可复闻乎？”喻故乡难回。

［12］孙策：字伯符，三国时吴郡富春（即今浙江富阳）人。建立吴国。　　三分：指魏、蜀、吴三分天下。

［13］才：仅。　　一旅：五百人。

［14］项籍：字羽，下相（今江苏宿迁西南）人。率江东八千子弟兵渡江击秦，后自立为西楚霸王。

［15］“岂有百万义师”四句：意谓侯景反叛，攻陷梁都金陵，梁朝百万勤王之师，弃甲而逃。百万义师，指平定侯景之乱的梁朝大军。卷甲，卷敛衣甲而逃。芟夷，刈除。

［16］江淮：指长江、淮河。

［17］亭壁：指军中壁垒。　　藩篱：竹木所编屏障。

［18］“头会箕敛”二句：意谓搜敛民财者，相互勾结，乘乱起事。头会箕敛，按照人头数出谷，用畚箕收取所征的谷物。比喻赋税繁重。　　合从缔交：原为战国时六

国联合抗秦的一种谋略，此指起事者们彼此串联，相互勾结。

[19]“锄耰（yōu）棘矜者”二句：指原为梁将的陈霸先乘梁朝衰乱，取而代之。锄耰，简陋的农具。棘矜，低劣的兵器。

[20]将：或者。　江表：江外，长江以南。

[21]三百年：指从孙权称帝江南，历东晋、宋、齐、梁四代，前后约三百年的时间。

[22]六合：指上下和四方。此泛指天下。

[23]轵（zhǐ）道之灾：《史记·高祖本纪》记载，高祖入关，“秦王子婴素车白马……降轵道旁”。轵道，在今陕西咸阳市西北。

[24]混一车书：指统一天下。

[25]平阳之祸：《晋书·孝怀帝本纪》：永嘉五年，刘聪攻陷洛阳，迁怀帝于平阳，怀帝被害。后刘曜攻陷长安，迁愍帝于平阳，愍帝遇害。平阳，在今山西临汾西南。

[26]春秋迭代：喻梁、陈更替。

[27]去故：离别故国。

[28]“舟楫路穷”二句：古时传说大海与天河相通，人可乘木筏浮海而直达天河。星汉，银河。槎（chá），木筏。

[29]风飙：暴风。　蓬莱：传说中的三座神山之一。

[30]“陆士衡”二句：陆机，字士衡。抚掌，拍手。据《晋书·左思传》记载，左思作《三都赋》，陆机听说后拍手大笑，说准备拿它盖酒瓮。等到左思《三都赋》问世，陆机叹服，为之停笔不作。此喻作《哀江南赋》，虽见讥于人，也心甘情愿。下“张平子”句寓意相同。

[31]张平子：东汉文学家、科学家张衡，字平子。他鄙薄班固《两都赋》，另作《两京赋》。

（二）《理瀹骈文》三则

吴师机

（一）

吴师机

干戈未靖[1]，乡村尚淹[2]。瞻望北斗，怀想西湖[3]。愁闻庾子《哀赋》[4]，怕览陶公《归辞》[5]。案有医书，庭多药草。幸晨夕之闲暇，借方技以销磨。地去一二百里，人来五六十船[6]。未挹上池之水[7]，空悬先天之图[8]。笑孟浪而酬塞[9]，愧不良而有名。徒以肺腑无言，且托毫毛是视。浮沉迟数之不明，汗吐下和之弗问[10]。或运以手[11]，或点其背[12]。膏既分傅，药还数裹。爱我者见而讶之[13]，忌我者闻而议之[14]。然而非萧敌鲁之明医[15]，讵能知病[16]？比羊叔子之馈药，要不鸩人[17]！寄诸远道，偶同段医之缄封[18]；平以数旬，非必陈珪之缝合[19]。时无上工十全，聊作穷乡一剂。

［1］干戈未靖：指咸丰三年（1853年）太平天国农民起义军攻占南京、扬州。靖，安定。

［2］淹：淹没。此喻淹没在战乱之中。

［3］“瞻望北斗”二句：咸丰三年吴尚先一家从扬州迁往泰州（今江苏境内），客居他乡，故云。

［4］庾子《哀赋》：指庾信《哀江南赋》。

［5］陶公《归辞》：指陶渊明《归去来兮辞》。

［6］“地去”二句：据作者自述，到他那里就诊的患者，方圆一二百里，每天有五六十船。

［7］未挹上池之水：谓自己未饮上池之水，因而没有扁鹊隔垣见人的才能。挹（yì），舀取。上池之水，未沾到地面的水。

［8］空悬先天之图：喻诊脉如观先天之图，非心清气定者不能察。空，徒然。先天之图，即八卦。

［9］酬塞：搪塞。

［10］“浮沉”二句：意谓看病毋须切脉，也不必讲究汗、下、吐等治病之法。

［11］运以手：指用手按摩。

［12］点其背：在背部点明（贴膏药的）部位。

［13］讶：称誉。

［14］议：评论是非，多指“非议”。《孟子·滕文公下》：“处士横议。”

［15］萧敌鲁：即辽朝的耶律敌鲁。耶律为复姓，辽以后改为汉姓萧。《辽史·方技传》载：耶律敌鲁“精于医，察形色即知病原，虽不诊候，有十全功”。

［16］讵：岂。

［17］“比羊叔子”二句：意为比作羊叔子赠送药物，总不会毒害人。羊叔子，名祜（hù），晋南城（今山东费县）人，以清德闻于世。其馈药事见《晋书·羊祜传》。鸩（zhèn），毒害。

［18］“寄诸”二句：意为赠送给长途跋涉的人，其作用或许与段翳的书信相同。段翳预为一书生合膏药，并封信于筒中。事见《后汉书·段翳传》。段翳，字元章，广汉新都（今属四川）人。缄封，书信。

［19］“平以”二句：意为用膏药治病虽然疗程较长，但不必像华佗那样要开刀、缝合。陈珪，暗喻华佗。

（二）

嗟呼！金液徒闻[1]，玉版空在[2]。三医之谒[3]，谁是神手？一药之误，每欲噬脐[4]。夙披古籍，仰企前修[5]。李元忠研习积年[6]，高若讷兼通诸部[7]。慨此事之难知[8]，觉而方之非是[9]。昌阳、豨苓，欲反韩公之论[10]；楮实、姜豆，恨乏廷绍之才[11]。因思合欢蠲忿，萱草忘忧，博物者讵必应病投药？艾炷灸额，瓜蒂喷鼻[12]，知名者何曾诊脉处汤？是以慕元化之术，传神膏于汉季；不复避韩皋之讳，嫌膏硬于天寒[13]。今夫慑于势者，必不能尽其意；狃于习者[14]，亦无以得于心。是以郭玉治病，多在贫贱[15]；元素处方，自为家法[16]。

[1]金液：指金浆玉醴。古代方士所炼丹液，谓服之可以长生。

[2]玉版：自注："《素问》有《玉版篇》。"

[3]三医之谒：事见《列子·力命》。三医，指矫氏众医、俞氏良医、卢氏神医。

[4]噬（shì）脐：比喻后悔莫及。

[5]前修：前代的贤人。

[6]李元忠：北齐赵郡柏人（今河北唐山）人。据《北齐书·李元忠传》，李元忠因母老多疾，乃专心医学，研习数年，遂精于方技。为人仁恕，见有疾者，不问贵贱，皆为救疗。

[7]高若讷：北宋并州榆次（今属山西省）人。据《宋史·高若讷传》载："若讷强学善记，自秦汉以来诸传记无不该通。因母病遂兼通医书，虽国医皆屈伏。"

[8]"此事"句：暗含《此事难知》一书之名。元代王好古撰《此事难知》，编集其师李杲的医学论述。此事，指医学理论。

[9]"而方"句：《史记·扁鹊仓公列传》："庆（公乘阳庆）谓意（淳于意）曰：'尽去而方书，非是也。'"

[10]"昌阳"二句：意为自己用膏药治病，会被人讥为服豨苓延年。韩愈《进学解》："訾医师以昌阳引年，欲进其豨苓也。"昌阳，即菖蒲，古人认为久服可以延年。豨苓，即猪苓，渗利之品。

[11]"楮实"二句：意谓自恨缺乏吴廷绍的才识。《十国春秋》载廷绍用楮实汤治李昇喉噎，一服疾良已，甘豆汤治冯延巳脑痛。廷绍，即吴廷绍，五代南唐医家。姜豆，疑系"甘豆"之误。

[12]瓜蒂喷鼻：谓用瓜蒂散喷鼻取嚏。

[13]"不复"二句：韩皋，字仲闻，唐代人。据说韩皋有疾，请医诊治，医曰天寒膏硬，皋不悦。因为寒膏与韩皋同音，医生冒犯了他的名讳。

[14]狃（niǔ）：拘泥。

[15]"郭玉"二句：郭玉治疗贫贱常常一针即愈，而医治贵人疗效却不甚理想。事见《后汉书·郭玉传》。

[16]"元素"二句：据《金史·张元素传》："平素治病不用古方，其说曰：'运气不齐，古今异轨，古方新病，不相能也。'自为家法云。"元素，即张元素，字洁古，金代著名医学家。

（三）

有讥外治为诡道以欺世者，不知其道即近在人耳目前也。人生惟饮食属内耳，其余有益于身者，无非身外物也。夏之箑[1]，冬之裘，不在外者乎？暑则卧簟[2]，寒则围炉，不在外者乎？而热者以凉，冷者以暖，随四时而更变，因是得免于病。不独此也。诸阳聚于头[3]，十二经脉三百六十五络，其气血皆上于面而走空窍。面属阳明胃。晨起擦面，非徒为光泽也，和气血而升阳益胃也；洗眼，滋脏腑之精华以除障也[4]；漱齿，坚骨以防蠹也；梳发，疏风散火也。饭后摩腹，助脾运免积滞也。临卧濯足，三阴皆起于足指，寒又从足心入，濯之所以温阴而祛寒也[5]。痛则手揉，痒则爪搔；唾可抹毒，溺可疗伤。近取诸身，甚便也，何尝必须服药乎？七情之病也，看花解闷，听曲消愁，有胜于服药者矣。人无日不在外治调摄之中，特习焉不察耳。

谚曰："看不见遮一层，走不动拖一根。"无理之言中有妙理，老人有疾亦不恃药饵也。又谚曰："瓜熟蒂落。"妇人胎产，始终不服药者多。至于小儿断乳、种痘，只传外治，不闻古有内服之方，时贤亦未有言内服者，如以外治为不然，胡不出一内服之方乎？又《洗冤录》所载五绝救法[6]，大都外治起死回生，有功匪浅，盖服药者至此技亦穷矣。夫绝症可以外治法救，未绝者更易救也。倘医家能以其法推之，而体察于人情物理，于无法之中别生妙法，则治诸症莫不可起死回生，岂非人心之大快哉！又何嫌于诡道以欺世乎？

[1]箑（shà）：扇子。

[2]簟（diàn）：竹席。

[3]诸阳：指人身六条阳经。

[4]障：翳障。

[5]阴：此指下肢。

[6]洗冤录：指宋代宋慈的法医专著《洗冤集录》。　　五绝：旧指缢死、压死、溺死、魇死和产乳（临产时突然晕厥）5 种绝症。

【导读】

《哀江南赋序》选自《庾子山集》，据吉林出版集团 2005 年版。庾信（513－581 年），南北朝文学家。字子山，南阳新野（今属河南）人。早年是梁朝有名的宫体诗人。任东宫领直、右卫将军等官。后奉命出使西魏，不久西魏灭梁，被迫留在北方。历仕西魏、北周，官至骠骑大将军、开府仪同三司，故世称庾开府。在梁时出入宫禁，为文绮艳，与徐陵并为宫廷文学代表，号称"徐庾体"。留北后虽居高位，却常怀故国之思，作品风格亦由早期的轻靡华丽变为苍劲沉郁。庾信文学创作集六朝诗、赋、文之大成，虽用典颇多，但情文兼至，变化自如，故杜甫称"庾信文章老更成，凌云健笔意纵横"。有《庾子山集》。《哀江南赋》作于庾信晚年。据《北史·庾信》记载，庾信出使西魏被扣留，后又仕周，"位虽通显，常作乡关之思，乃作《哀江南赋》"。作品概括了梁朝由盛至衰的历史，凝聚着对故国和人民遭受劫乱的哀伤，具有史诗般的规模和气魄，在辞、赋和整个文学发展史上都占有重要的地位。又其叙家世，抒哀思，感情深挚动人。本文即《哀江南赋》前的序文，概述了全赋的主题，着重说明创作的背景和缘起，尽情抒发了追忆江南旧事的悲苦心情，充满危苦之辞和伤悼之意，情致哀婉，凄楚动人。在表现形式上，全篇以骈文写成，多用典故来暗喻时世，正用反用方法多变，明用暗用贴切传神。在句式运用上极为灵活，既有双句对句，也有单句对句，或对偶中间用散句，长短错落，纵横自如，体现出音节整齐、和谐可诵的艺术效果。序文虽属赋的有机组成部分，却可独立成篇，为六朝骈文的典范之作。

《理瀹骈文》三则，选自《理瀹骈文》，据人民卫生出版社 1955 年影印本。吴师机（1806－1886 年），清代著名中医外治法专家。原名安业，字尚先，浙江钱塘（今浙江杭州）人，幼年随父吴笏庵侨居扬州。道光十四年中举人，次年赴京考进士，以微疾不应试。自此以后，淡于功名，甘愿弃儒业医。创内病外治法，以膏药、熏洗等法治疗内、外、妇、儿科诸病，世称外治之宗。著有《理瀹骈文》一书（原名《外治医说》）。书中提出“外治之理即内治之理”的观点，阐述外治法的理论依据，以及膏药的制法、用法和治疗范围、作用等，有较高的实用价值。本文采用骈体文写成。第一则叙述作者侨居他乡的乡愁及用膏药治病的盛况，表明尽管“忌我者闻而议之”，也要坚持使用膏药治病的决心。第二则说明“艾炷灸额，瓜蒂喷鼻”，古已有之，前圣治病，并非必处汤药，同时批判那些“慑于势者”和“狃于习者”，表明用膏药治病的坚定立场。第三则驳斥人们对外治法的种种非难，说明外治之法无日不在身边，表明作者不守陈规，敢于创新，甚至不嫌“诡道欺世”的无畏精神。本文虽是一篇医学文章，但在表达上频用对偶，音律和谐，用典平易，语言雅洁，说理有力，堪称医学骈文中的佳作。

【研讨】

1. 为什么说“庾信文章老更成”？

2. 《理瀹骈文》第三则从哪些方面论述外治“近在人耳目前”？

3. 结合《哀江南赋序》和《理瀹骈文》，谈谈骈体文的风格和特点。

【延展】

1. 延伸阅读

（1）其骈偶之文，则集六朝之大成，而导四杰之先路。自古迄今，屹然为四六宗匠。初在南朝，与徐陵齐名。故李延寿《北史·文苑传序》称：“徐陵、庾信，其意浅而繁，其文匿而采。词尚轻险，情多哀思。”王通《中说》亦曰：“徐陵、庾信，古之夸人也，其文诞。”令狐德棻作《周书》，至诋其“夸目侈于红紫，荡心逾于郑卫”，斥为词赋之罪人。然此自指台城应教之日，二人以宫体相高耳。至信北迁以后，阅历既久，学问弥深，所作皆华实相扶，情文兼至。抽黄对白之中，灏气舒卷，变化自如，则非陵之所能及矣。（清·纪昀等《四库全书总目·集部·庾开府集笺注》）

（2）外治之理，即内治之理；外治之药，亦即内治之药，所异者法耳。医理药性无二，而神奇变幻。上可以发泄造化五行之奥蕴，下亦扶危救急层见叠出而不穷。且治在外则无禁制，无窒碍，无牵掣，无沾滞。世有博通之医，当于此见其才。（清·吴师机《理瀹骈文·略言》）

（3）若行道者适遇急症，恐病家嫌膏药尚缓，力请非处汤不可，则不妨竟以古汤头煎服之方，改为煎抹炒熨，于医理无悖，于外治一门亦变而不失其正，与医家亦分途亦合辙。且应用何汤足以取效，此中自具本领，高手未尝不于此异人也（二法叶天士每用之。余亦试用已久，内伤外感无不验，兹特从外治法中更为标出。但审症用药，此中大有本领，如伤寒衄吐有宜用犀角地黄汤者，有宜用麻黄汤者，此表里之别也。伤寒发狂有宜用大承气者，有宜用海藏参、芪、归、术、陈、甘者，此虚实之分也。高手之异人，全在一双慧眼，不可忽也）。此法亦从岐伯“摩之浴之”推出，炒熨即摩也，煎抹即浴也。寒症喜火宜炒熨，热症喜水宜煎抹，然亦不拘。（清·吴师机《理瀹骈文·续增略言》）

2. 推荐书目

（1）胡之骥注．李长路，赵威点校．江文通集汇注．中华书局，1984.

（2）林怡．庾信研究．人民文学出版社，2000.

（3）程章灿．魏晋南北朝赋史．凤凰出版社（原江苏古籍出版社），2001.

（4）赵辉贤注释．理瀹骈文．人民卫生出版社，1984.

现当代诗四首

（一）再别康桥[1]

徐志摩

徐志摩

轻轻的我走了，
正如我轻轻的来；
我轻轻的招手，
作别西天的云彩。

那河畔的金柳，
是夕阳中的新娘；
波光里的艳影，
在我的心头荡漾。

软泥上的青荇[2]，
油油的在水底招摇；
在康河的柔波里，
我甘心做一条水草。

那榆阴下的一潭，
不是清泉，是天上虹；
揉碎在浮藻间，
沉淀着彩虹似的梦。

寻梦？撑一支长篙，
向青草更青处漫溯；
满载一船星辉，
在星辉斑斓里放歌。

但我不能放歌，
悄悄是别离的笙箫；
夏虫也为我沉默，
沉默是今晚的康桥！

悄悄的我走了，
正如我悄悄的来；
我挥一挥衣袖，
不带走一片云彩。

[1]康桥：今通译剑桥，是英格兰的一个城市，靠近康河（剑河），是英国著名的剑桥大学所在地，也是英国学术、文化中心和风景胜地。

[2]青荇（qīng xìng）：即荇菜，为水生植物。

（二）雨巷

戴望舒

撑着油纸伞，独自
彷徨在悠长，悠长
又寂寥的雨巷，
我希望逢着
一个丁香一样的
结着愁怨的姑娘。

雨巷

她是有
丁香一样的颜色，
丁香一样的芬芳，
丁香一样的忧愁，
在雨中哀怨，
哀怨又彷徨；

她彷徨在这寂寥的雨巷，
撑着油纸伞

像我一样，
像我一样地
默默彳亍着[1]
冷漠，凄清，又惆怅。

她静默地走近，
走近，又投出
太息一般的眼光；
她飘过
像梦一般地，
像梦一般地凄婉迷茫。

像梦中飘过
一枝丁香地，
我身旁飘过这女郎；
她静默地远了，远了，
到了颓圮的篱墙[2]，
走尽这雨巷。

在雨的哀曲里，
消了她的颜色，
散了她的芬芳，
消散了，甚至她的
太息般的眼光，
丁香般的惆怅。

撑着油纸伞，独自
彷徨在悠长，悠长
又寂寥的雨巷，
我希望飘过
一个丁香一样的
结着愁怨的姑娘。

[1]彳亍（chì chù）：徘徊。
[2]颓圮（tuí pǐ）：坍塌。

（三）相信未来

食指

当蜘蛛网无情地查封了我的炉台，
当灰烬的余烟叹息着贫困的悲哀，
我依然固执地铺平失望的灰烬，
用美丽的雪花写下：相信未来。

当我的紫葡萄化为深秋的露水，
当我的鲜花依偎在别人的情怀，
我依然固执地用凝露的枯藤，
在凄凉的大地上写下：相信未来。

我要用手指那涌向天边的排浪，
我要用手掌那托住太阳的大海，
摇曳着曙光那枝温暖漂亮的笔杆
用孩子的笔体写下：相信未来。

我之所以坚定地相信未来，
是我相信未来人们的眼睛——
她有拨开历史风尘的睫毛，
她有看透岁月篇章的瞳孔。

不管人们对于我们腐烂的皮肉，
那些迷途的惆怅、失败的苦痛，
是寄予感动的热泪、深切的同情，
还是给以轻蔑的微笑、辛辣的嘲讽。

我坚信人们对于我们的脊骨，
那无数次的探索、迷途、失败和成功，
一定会给予热情、客观、公正的评定。
是的，我焦急地等待着他们的评定。

朋友，坚定地相信未来吧，
相信不屈不挠的努力，
相信战胜死亡的年轻，
相信未来，热爱生命。

（四）双桅船

舒婷

雾打湿了我的双翼
可风却不容我再迟疑
岸啊，心爱的岸
昨天刚刚和你告别
今天你又在这里
明天我们将在
另一个纬度相遇

是一场风暴、一盏灯
把我们联系在一起
是一场风暴、另一盏灯
使我们再分东西
不怕天涯海角
岂在朝朝夕夕
你在我的航程上
我在你的视线里

1979 年 8 月

【导读】

《再别康桥》选自《猛虎集》。作者徐志摩（1897－1931 年），现代诗人、散文家。新月派代表诗人。浙江海宁市硖石镇人。原名章垿，字槱（yǒu）森，留学美国时改名志摩。在剑桥两年深受西方教育的熏陶及欧美浪漫主义和唯美派诗人的影响。他的诗字句清新，韵律谐和，比喻新奇，想象丰富，意境优美，神思飘逸，富于变化，追求艺术形式的整饬、华美，具有鲜明的艺术个性。他的作品结集为《徐志摩文集》出版。

诗人曾在剑桥游学两年。1928 年故地重游，于 11 月 6 日在中国南海的归途中，吟成这首传世之作，表达了诗人故地重游时眷恋、珍惜而又略带忧郁的情怀。本诗充分体现了新月诗派的“三美”，即绘画美、建筑美、音乐美。音乐美是徐志摩最强调的。全诗七节，每行六至八字，大体上每行三顿，音节长短不一，每节二、四行押韵，而且每节都自然换韵，诗行整齐匀称，声调回环往复，随情变韵，平仄声交替使用，读起来抑扬顿挫，舒纡婉转，节奏鲜明和谐，形成流动感，极富音乐性。绘画美也是诗人非常追求的境界。本诗的每一节都可以称得上一幅迷人的图画，如诗的第二节就是一幅康河晚照图，诗的第五节就是一幅星下泛舟图。诗人敏锐地抓住“金柳”、“波光”、“星辉”等具体而生动的景象，巧妙地把气氛、感情、景象三者融合在一起，既写景又写意，融情于景，情景交融，创造了耐人寻味的意境。本诗建筑美主要表现在诗行的排列上，为了避免诗句过于整齐而呆板，诗人别出心裁地把每一节的偶数行退后一格，每行的字数稍有增减，使诗行整齐中富于变化，充满了参差错落之美，让人赏心悦目。

《雨巷》选自《我的记忆》，最初发表在1928年出版的《小说月报》第十卷第八号上。作者戴望舒（1905－1950年），中国现代派象征主义诗人，又称“雨巷诗人”。原名戴朝安，又名戴梦鸥，浙江杭县（今杭州市余杭区）人。戴望舒为其笔名，取自屈原的《离骚》“前望舒使先驱兮，后飞廉使奔属”，望舒是神话传说中替月亮驾车的天神，美丽温柔，纯洁幽雅。戴望舒曾赴法国留学，受法国象征派诗人影响。诗集主要有《我的记忆》、《灾难的岁月》、《戴望舒诗选》、《戴望舒诗集》等。

本诗写于1927年夏天，当时全国处于白色恐怖之中。戴望舒因曾参加进步活动而不得不避居友人家中，在孤寂中咀嚼着大革命失败的幻灭与痛苦，心中既充满了迷惘的情绪又怀抱着朦胧的希望，《雨巷》一诗就是他这种心情的表现，诗中交织着失望和希望、幻灭和追求的双重情调。

《雨巷》的突出特点是象征性抒情手法的运用。诗中那狭窄阴沉的雨巷、在雨巷中徘徊的独行者，以及那个像丁香一样结着愁怨的姑娘，都是象征性的意象。这些意象共同构成了一种象征性的意境，含蓄地暗示出作者既迷惘感伤又期待的情怀，并给人一种朦胧而又幽深的美感。富于音乐性是《雨巷》的另一个突出的艺术特色。诗中运用了复沓、叠句、重唱等手法，造成了回环往复的旋律和宛转悦耳的乐感，因此叶圣陶称赞这首诗“替新诗开创了一个新纪元”。

《相信未来》作者食指（1948－），本名郭路生，山东鱼台人。职业作家。著有诗集《相信未来》、《食指、黑大春现代抒情诗合集》、《诗探索金库·食指卷》、《食指的诗》等。

本诗写于1968年，正处“文革”期间，在那个让很多人经受肉体和精神双重考验的时代，《相信未来》在人们心灵上投下了一道希望之光。这首诗构思巧妙：前三节写我是怎样“相信未来”的，接下来的三节写为什么应该“相信未来”，最后一节呼唤人们带着对未来的美好憧憬和信念去努力，去热爱，去生活。用语质朴而思想深刻；性格鲜明，又令人折服。

《双桅船》作者舒婷（1952－），原名龚佩瑜，祖籍福建泉州。当代女诗人，朦胧诗派的代表作家之一。主要著作有诗集《双桅船》、《会唱歌的鸢尾花》、《始祖鸟》，散文集《心烟》等。

《双桅船》是诗人运用朦胧诗的写法，采用象征、意象来表达人的主观情绪，从而张扬人性的佳作。“双桅船”并不是单纯地指代一艘真实的船，而是借用双桅船这一具体形象来表现诗人自己，表现诗人双重的心态与复杂的情感。意象的运用，是本诗的另一个重要艺术特点。《双桅船》所表达的是一种心态，一种情绪，一种感情历程。诗人把“船”、“岸”、“风暴”、“灯”等这些具体形象加以组合，形成一幅完整的动态画面，而在画面之下，蕴含并跳动着作者的心、作者的情。全诗意象清新，组合自然，使诗人内在强烈的情绪得以自然、流畅的表达。

【研讨】

1.《再别康桥》这首诗寄托了诗人什么样的情感？

2. “像丁香一样结着愁怨的姑娘”象征着什么？

3. 结合时代背景，体会《相信未来》这首诗歌的内涵。

4.《双桅船》表达了作者什么样的情感？

【延展】

1. 延伸阅读

追悼志摩（节选）

胡适

志摩走了，我们这个世界里被他带走了不少云彩。他在我们这些朋友之中，真是一片最可爱的云彩，永远是温暖的颜色，永远是美的花样，永远是可爱。他常说：我不知道风是在哪一个方向吹——我们也不知风是在哪一个方向吹，可是狂风过去之后，我们的天空变惨淡了，变寂寞了，我们才感觉我们的天上的一片最可爱的云彩被狂风卷去了，永远不回来了！

这十几天里，常有朋友到家里来谈志摩，谈起来常常有人痛哭，在别处痛哭他的，一定还不睡。志摩所以能使朋友之间哀念他，只是因为他的为人整个的只是一团同情心，只是一团爱。叶公超先生说：“他对于任何人、任何事，从未有过绝对的怨恨，甚至于无意中都没有表示过一些憎嫉的神气。”陈通伯先生说：“尤其朋友里缺不了他。他是我们的连索，他是黏着性的、发酵性的。在这七八年中，国内文艺界里起了不少的风波，吵了不少的架，许多很熟的朋友往往弄得不能见面。但我没有听见有人怨恨过志摩。谁也不能抵抗志摩的同情心，谁也不能避开他的黏着性。他才是和事佬，他有无穷的同情，他总是朋友蹭的‘连索’。他从没有疑心，他从不会妒忌，使这些多疑善妒的人们十分惭愧，又十分羡慕。”

他的一生真是爱的象征。爱是他的宗教，他的上帝。

……

朋友们，志摩是走了，但他投的影子会永远留在我们心里，他放的光亮也会永远留在人间，他不曾白来了一世。我们有了他做朋友，也可以安慰自己说不曾白来了一世。我们忘不了，和我们在那交会时互放的光亮！（二十年，十二月，三夜）

（选自《新月》4 卷 1 期）

2. 推荐书目

（1）韩石山．徐志摩全集．天津人民出版社，2005.

（2）戴望舒．雨巷．吉林出版集团有限责任公司，2010.

（3）食指．食指诗选．人民文学出版社，2009.

（4）舒婷．一种演奏风格：舒婷自选诗集．作家出版社，2009.

第六单元　小　　说

《世说新语》五则

刘义庆

（一）咏絮之才[1]

谢太傅寒雪日内集[2]，与儿女讲论文义。俄而雪骤[3]，公欣然曰："白雪纷纷何所似?"兄子胡儿曰[4]："撒盐空中差可拟[5]。"兄女曰："未若柳絮因风起[6]。"公大笑乐。即公大兄无奕女[7]，左将军王凝之妻也[8]。

咏絮之才

[1]本篇选自卷二《言语》。

[2]谢太傅：谢安。　　内集：家里人聚会。

[3]俄而：一会儿。　　骤：急。

[4]胡儿：谢朗小字，谢安次兄谢据之长子，字长度，善言玄理。后官至东阳太守。

[5]"撒盐"句：形容雪花飘扬，好似空中撒盐。拟，比。

[6]"未若"句：以撒盐比拟，比不上以柳絮随风飞舞形容好。未若，不如。

[7]无奕女：无奕，谢安长兄谢奕字，官至豫州刺史。奕女，指谢道蕴，有文才，嫁王凝之。

[8]王凝之：字平叔，羲之次子，亦善草隶，位至会稽内史，被孙恩所害。

（二）举目见日不见长安[1]

晋明帝数岁[2]，坐元帝膝上。有人从长安来，元帝问洛下消息[3]，潸然流涕[4]。明帝问何以致泣，具以东渡意告之[5]。因问明帝："汝意谓长安何如日远[6]?"答曰："日远。不闻人从日边来，居然可知[7]。"元帝异之。明日，集群臣宴会，告以此意，更重问之。乃答曰："日近。"元帝失色，曰："尔何故异昨日之言邪[8]？”答曰：“举目见日，不见长安。”

[1]本篇选自卷十二《夙惠》。

[2]晋明帝：司马绍，晋元帝司马睿长子。

[3]洛下：洛阳，西晋都城。

[4]涕：眼泪。

[5]“具以”句：晋元帝为琅琊王时，住在洛阳。他的好友王导知天下将要大乱，就劝他回到自己的封国，后来又劝他镇守建康，意欲经营一个复兴帝室的基地。这就是所谓东渡意。

[6]长安：本为西汉都城，后为王都代称。

[7]居然：显然。

[8]异：改变。

（三）坦腹东床[1]

郗太傅在京口[2]，遣门生与王丞相书[3]，求女婿。丞相语郗信[4]：“君往东厢，任意选之。”门生归白郗曰：“王家诸郎亦皆可嘉，闻来觅婿，咸自矜持，唯有一郎在东床上坦腹卧[5]，如不闻。”郗公云：“正此好！”访之，乃是逸少[6]，因嫁女与焉。

[1]本篇选自卷六《雅量》。

[2]郗（chī）太傅：郗鉴，曾兼徐州刺史，镇守京口。　京口：地名，今江苏省镇江县治。

[3]门生：魏晋时门客之称，即依附于豪门贵族的人。　王丞相：王导。

[4]信：使者。晋人称使者为信。

[5]坦腹：敞开上衣，露出腹部。

[6]逸少：王羲之，字逸少，王导的侄儿。

（四）雪夜访戴[1]

王子猷居山阴[2]。夜大雪，眠觉，开室，命酌酒。四望皎然，因起彷徨，咏左思《招隐》诗[3]。忽忆戴安道[4]，时戴在剡[5]，即便夜乘小船就之[6]。经宿方至，造门不前而返。人问其故，王曰：“吾本乘兴而行，兴尽而返，何必见戴！”

[1]本篇选自卷二十三《任诞》。

[2]王子猷：名徽之，字子猷，王羲之第五子，为人性格孤傲。　山阴：今浙江绍兴。

[3]左思：字太冲，临淄（今山东淄博）人，西晋初年著名诗人，代表作是《咏史》和《三都赋》。其《招隐诗》共两首，其中“策杖招隐士”一首歌咏了隐士的清高生活。

雪夜访戴图（夏葵作）

[4]戴安道：名逵，字安道，好鼓琴，善属文，并擅画和雕刻，常与风流名士游宴，不乐仕进。

[5]剡（shàn）：古县名，西汉置，治所在今浙江嵊县西南，有剡溪可通山阴县。

[6]就：往访。

（五）陶侃[1]

陶公性检厉[2]，勤于事。作荆州时，敕船官悉录木屑[3]，不限多少。咸不解此意。后正会[4]，值积雪始晴，听事前除雪后犹湿[5]，于是悉用木屑覆之，都无所妨。官用竹，皆令录厚头[6]，积之如山。后桓宣武伐蜀装船[7]，悉以作钉。又云，尝发所在竹篙[8]，有一官长连根取之，仍当足[9]，乃超两阶用之[10]。

[1]本文选自卷六三《政事》。

[2]陶公：陶侃，东晋人，任荆州刺史，是陶渊明的曾祖。　　检厉：检点，严肃。

[3]录：收藏。

[4]正会：正旦集会。正，正旦，正月初一。

[5]听事：处理政事的厅堂。　　除：宫殿的台阶。

[6]厚头：指竹子上截下来的靠根部较粗的一头。

[7]桓宣武：即桓温，东晋人，字子元，宣武是他的谥号。

[8]尝发所在：曾经征集所在地区。

[9]仍当足：才够作竹篙所要求的长度。仍，乃。

[10]阶：官的等级。

【导读】

本文选自余嘉锡《世说新语笺疏》，据中华书局1983年本。作者刘义庆（公元403－444年），彭城（今江苏徐州）人，宋武帝刘裕的侄儿，长沙景王刘道怜的次子，后立为临川王刘道规的嗣子，袭封临川王。曾任侍中、中书令、荆州刺史等显职。性喜文学，门下才学之士云集。著作除《世说新语》外，还有《幽明录》等，均为我国小说初创期的重要作品。《世说新语》是一部笔记小说集，一般认为是刘义庆及其门人的集体创作。全书分“德行”、“言语”、“政事”、“文学”等36篇，记载汉末至东晋士大夫的轶事和言谈，比较真实地反映了当时士族阶级的生活和精神面貌，被公认为是“志人”小说的代表，是表现“魏晋风度”的杰出范本。本文的成功之处：一是把魏晋两三百年间众多名士的形象形神兼备地表现出来，如放荡不羁的刘伶、沉稳洒脱的谢安、潇洒脱俗的嵇康、粗犷无礼的王敦等，无不惟妙惟肖，栩栩如生；二是从体例上说，《世说新语》采取以类相从、分类叙事的方式，每一则故事都非常简短，故事与故事之间又相互独立。这种方式既使得读者对人物性格的某些方面获得了强烈鲜明的感受，同时又可以将这些感受集中起来，加深对人物的理解，既自由灵活，又便于记诵和收藏。此外，《世说新语》的语言也极其简练优美，富有哲理性。

第一则，记述晋谢安子侄辈一起咏雪的故事，显示其兄女谢道韫的超凡才华。

第二则，记述晋明帝幼时解说长安与日远近，言之成理，显示明帝的聪明机智。

第三则，记述晋郗鉴择婿的故事。王羲之以其率真任性、洒脱超逸的个性赢得了青睐，表现了晋人喜欢追求一种符合人类本性的、回归自然的生活方式。

第四则，记述王子猷乘兴访友、至门前而返的故事。寥寥七十余字，传神地勾勒出了晋人寄兴趣于生活过程的本身而不拘泥于目的的作风。情景如画，富有诗意，使人神往。

第五则，记述陶侃勤俭节约、未雨绸缪的故事，告诉人们使物要节用，做事要有前瞻性。

【研讨】

1. 简析《世说新语》中人物形象塑造的特点。

2. 讨论《世说新语》的文化内涵。

3. 谈谈你对“魏晋风度”的理解。

【延展】

1. 延伸阅读

华歆、王朗俱乘船避难，有一人欲依附，歆辄难之。朗曰：“幸尚宽，何为不可？”后贼追至，王欲舍所携人。歆曰：“本所以疑，正为此耳。既已纳其自托，宁可以急相弃邪？”遂携拯如初。世以此定华、王之优劣。（《世说新语》卷一《德行》）

2. 推荐书目

（1）余嘉锡．世说新语笺疏．上海古籍出版社，1996.

（2）张永言．世说新语辞典．四川人民出版社，1992.

霍小玉传

《太平广记》

霍小玉

大历中[1]，陇西李生名益[2]，年二十，以进士擢第。其明年，拔萃[3]，俟试于天官[4]。夏六月，至长安，舍于新昌里。生门族清华[5]，少有才思，丽词嘉句，时谓无双；先达丈人[6]，翕然推伏[7]。每自矜风调，思得佳偶，博求名妓，久而未谐。长安有媒鲍十一娘者，故薛驸马家青衣也[8]，折券从良[9]，十余年矣。性便辟[10]，巧言语，豪家戚里，无不经过，追风挟策，推为渠帅[11]。常受生诚托厚赂，意颇德之[12]。经数月，李方闲居舍之南亭。申未间[13]，忽闻叩门甚急，云是鲍十一娘至。摄衣从之[14]，迎问曰："鲍卿今日何故忽然而来?"鲍笑曰："苏姑子作好梦也未[15]？有一仙人，谪在下界，不邀财货[16]，但慕风流。如此色目[17]，共十郎相当矣。"生闻之惊跃，神飞体轻，引鲍手且拜且谢曰："一生作奴，死亦不惮。"因问其名居。鲍具说曰："故霍王小女[18]，字小玉，王甚爱之。母曰净持。净持，即王之宠婢也。王之初薨，诸弟兄以其出自贱庶，不甚收录。因分与资财，遣居于外，易姓为郑氏，人亦不知其王女。资质浓艳，一生未见，高情逸态，事事过人，音乐诗书，无不通解。昨遣某求一好儿郎格调相称者，某具说十郎。他亦知有李十郎名字，非常欢惬。住在胜业坊古寺曲，甫上车门宅是也。已与他作期约。明日午时，但至曲头觅桂子[19]，即得矣。"

鲍既去，生便备行计。遂令家僮秋鸿，于从兄京兆参军尚公处假青骊驹，黄金勒[20]。其夕，生浣衣沐浴，修饰容仪，喜跃交并，通夕不寐。迟明[21]，巾帻[22]，引镜自照，惟惧不谐也。徘徊之间，至于亭午[23]。遂命驾疾驱，直抵胜业。至约之所，果见青衣立候，迎问曰："莫是李十郎否?"即下马，令牵入屋底，急急锁门。见鲍果从内出来，遥笑曰："何等儿郎，造次入此[24]?"生调诮未毕[25]，引入中门。庭间有四樱桃树；西北悬一鹦鹉笼，见生入来，即语曰："有人入来，急下帘者!"生本性雅淡，心犹疑惧，忽见鸟语，愕然不敢进。逡巡[26]，鲍引净持下阶相迎，延入对坐[27]。年可四十余，绰约多姿，谈笑甚媚。因谓生曰："素闻十郎才调风流，今又见容仪雅秀，名下固无虚士[28]。某有一女子，虽拙教训[29]，颜色不至丑陋，得配君子，颇为相宜。频见鲍十一娘说意旨，今亦便令永奉箕帚[30]。"生谢曰："鄙拙庸愚，不意顾盼[31]，倘垂采录，生死为荣。"遂命酒馔，即令小玉自堂东阁子中而出，生即拜迎。但觉一室之中，若琼林玉树，互相照曜，转盼精彩射人。既而遂坐母侧。母谓曰："汝尝爱念'开帘风动竹，疑是故人来[32]'，即此十郎诗也。尔终日吟想，何如一见。"玉乃低鬟微笑，细语曰："见面不如闻名，才子岂能无貌?"生遂连起拜曰："小娘子爱才，鄙夫重色。两好相映，才貌相兼。"母女相顾而笑，遂举酒数巡。生起，请玉唱歌。初不肯，母固强之。发声清亮，曲度精奇。

酒阑，及暝，鲍引生就西院憩息。闲庭邃宇，帘幕甚华。鲍令侍儿桂子、浣沙与生脱靴解带。须臾，玉至，言叙温和，辞气宛媚。解罗衣之际，态有余妍[33]，低帏昵枕，极其欢爱。生自以为巫山、洛浦不过也[34]。中宵之夜，玉忽流涕顾生曰："妾本倡家，自知非匹。今以色爱，托其仁贤。但虑一旦色衰，恩移情替[35]，使女萝无托[36]，秋扇见捐[37]。极欢之际，不觉悲至。"生闻之，不胜感叹。乃引臂替枕，徐谓玉曰："平生志愿，今日获从，粉骨碎身，誓不相舍。夫人何发此言！请以素缣，著之盟约。"玉因收泪，命侍儿樱桃褰幄执烛[38]，授生笔研[39]。玉管弦之暇，雅好诗书[40]，筐箱笔研，皆王家之旧物。遂取绣囊，出越姬乌丝栏素缣三尺以授生[41]。生素多才思，援笔成章，引谕山河，指诚日月[42]，句句恳切，闻之动人。誓毕[43]，命藏于宝箧之内。自尔婉娈相得，若翡翠之在云路也[44]。

[1]大历：唐代宗李豫的年号，公元766－779年。

[2]李益：约公元749－827年，字君虞，陇西姑臧（现在甘肃武威）人。唐大历四年中进士，长于诗歌，与李贺齐名。他年轻时多猜忌，《新唐书》说他“防闲妻妾苛严”。但本文所述他抛弃霍小玉的故事则未见史书记载，大约根据有关传闻写成。

[3]拔萃：吏部考试的一种。唐代考中进士后不能直接做官，通过皇帝的“制科”和吏部的考试后才授以官职。

[4]天官：吏部的别称。

[5]清华：指门第高贵。

[6]先达：有德行、有学问的长辈。　　丈人：对老人的尊称。

[7]翕然：一致的样子。

[8]青衣：婢女。“青衣”本指青色或黑色的衣服，因汉以后多为地位低下者所穿，故用以代指婢女。

[9]折券：毁弃债券，谓赎身。　　从良：指奴婢役满被释或赎身为自由民。

[10]便（pián）辟：谄媚逢迎，能说会道。

[11]追风挟策，推为渠帅：意为想追求女子的，她都可以代为设法，因此大家推她做一个头儿。追风，指追求女人的行为。挟策，有主意，有办法。渠帅，首领。渠，首领。

[12]德：感激。

[13]申未：午后一时至五时。

[14]摄衣从之：撩着衣襟跑出来。形容急速的样子。

[15]苏姑子：“书罐子”的音变，当时对书生的谑称。

[16]邀：贪求。

[17]色目：种类名目。指这一类人。

[18]霍王：唐高祖李渊的儿子李轨被封为霍王，这里当指他的后代。

[19]曲头：巷口，街头。曲，唐代指京城坊里的小街巷。　　桂子：霍小玉婢女的名。

[20]黄金勒：黄金制成的马络头。

[21]迟明：黎明。

[22]巾帻（zé）：戴上头巾。

[23]亭午：正午。

[24]造次：冒昧，随便。

[25]调诮：打趣，说俏皮话。

[26]逡巡：顷刻。

[27]延：引进，迎接。

[28]名下固无虚士：谓名不虚传，名副其实。

[29]拙教训：谓教育得不够好。

[30]奉箕帚：做洒扫一类的事情。指侍奉丈夫，是做妻子的谦词。

[31]不意顾盼：没有料到承蒙看得起。

[32]“开帘风动竹”二句：这是李益《竹窗闻风寄苗发司空曙》中的诗句。

[33]余妍：形容体态无限娇媚。余，饶足。

[34]巫山、洛浦：我国古代的两个爱情传说。巫山，指战国楚襄王的故事。宋玉《高唐赋》序里说，楚襄王和他游云梦，他告诉襄王，先王（楚怀王）游高唐时曾遇到巫山神女来和他幽会，神女“朝为行云，暮为行雨，朝朝暮暮，阳台之下”。洛浦，洛水之滨，指洛神的故事。相传宓羲氏之女溺死于洛水而成神。三国时曹植作《洛神赋》，描写他在洛水边上和宓妃欢会的情形。

[35]替：衰退。

[36]女萝：松萝，一种蔓生植物，多攀附在别的树上生长。比喻女子对丈夫的依附。

[37]秋扇见捐：扇子到了秋天就被弃置不用了。比喻女子因年老色衰而被抛弃。

[38]褰（qiān）幄：揭起帷幔。褰，揭起。

[39]研：通“砚”，砚台。

[40]雅：素来。

[41]越姬乌丝栏素缣：指越地出产的织着墨线格子的白色细绢。

[42]“引谕山河”二句：引山河来比喻恩情的深厚，指着日月发誓，表明相爱的诚挚。

[43]誓毕：写完。

[44]“自尔婉娈相得”二句：意谓从此以后，彼此恩爱称心，如同翠鸟高飞云端一样。婉娈，形容感情缠绵、缱绻。翡翠，鸟名，常双飞双宿。云路，云端。

如此二岁，日夜相从。其后年春，生以书判拔萃登科，授郑县主簿[1]。至四月，将之官，便拜庆于东洛[2]。长安亲戚，多就筵饯。时春物尚余，夏景初丽，酒阑宾散，离思萦怀。玉谓生曰：“以君才地名声，人多景慕，愿结婚媾，固亦众矣。况堂有严亲，室无冢妇[3]，君之此去，必就佳姻。盟约之言，徒虚语耳。然妾有短愿[4]，欲辄指陈，永委君心，复能听否？”生惊怪曰：“有何罪过，忽发此辞？试说所言，必当敬奉。”玉曰：“妾年始十八，君才二十有二，迨君壮室之秋[5]，犹有八岁。一生欢爱，愿毕此期。然后妙选高门，以谐秦晋[6]，亦未为晚。妾便舍弃人事，剪发披缁[7]。夙昔之愿，于此足矣。”生且愧且感，不觉涕流。因谓玉曰：“皎日之誓[8]，死生以之。与卿偕老，犹恐未惬素志，岂敢辄有二三[9]？固请不疑，但端居相待。至八月，必当却到华州[10]，寻使奉迎，相见非远。”更数日，生遂诀别东去。

到任旬日，求假往东都觐亲[11]。未至家日，太夫人已与商量表妹卢氏，言约已定。太夫人素严毅，生逡巡不敢辞让[12]，遂就礼谢，便有近期[13]。卢亦甲族也[14]，嫁女于他门，聘财必以百万为约，不满此数，义在不行。生家素贫，事须求贷，便托假故，远投亲知，涉历江淮，自秋及夏。生自以孤负盟约[15]，大愆回期[16]，寂不知闻，欲断其望，遥托亲故，不遣漏言[17]。

玉自生逾期，数访音信。虚词诡说，日日不同。博求师巫，遍询卜筮[18]，怀忧抱恨，周岁有余。羸卧空闺，遂成沉疾[19]。虽生之书题竟绝[20]，而玉之想望不移，赂遗亲知，使通消息。寻求既切，资用屡空，往往私令侍婢潜卖箧中服玩之物，多托于西市寄附铺侯景先家货卖[21]。曾令侍婢浣沙将紫玉钗一只，诣景先家货之。路逢内作老玉工[22]，见浣沙所执，前来认之曰："此钗，吾所作也。昔岁霍王小女将欲上鬟[23]，令我作此，酬我万钱，我尝不忘。汝是何人？从何而得？"浣沙曰："我小娘子即霍王女也。家事破散，失身于人。夫婿昨向东都[24]，更无消息。悒怏成疾，今欲二年。令我卖此，赂遗于人，使求音信。"玉工凄然下泣曰："贵人男女，失机落节[25]，一至于此[26]！我残年向尽，见此盛衰，不胜伤感。"遂引至延光公主宅[27]，具言前事。公主亦为之悲叹良久，给钱十二万焉。

[1]郑县：今陕西省华县，当时为华州治所。　主簿：管理文书簿册的官。

[2]便拜庆于东洛：顺便回到洛阳看望父母。拜庆，"拜家庆"的简称，指回家探望父母。东洛，指东都洛阳。

[3]冢妇：主妇，正妻。

[4]短愿：小小的愿望。

[5]壮室之秋：壮年娶妻的时候。《礼记·曲礼》："三十曰壮，有室。"

[6]秦晋：结婚。春秋时秦晋两国交好，世为婚姻，后世就称缔结婚约为"秦晋之好"。

[7]剪发披缁：即出家当尼姑。缁，缁衣，僧尼所穿的黑色僧服。

[8]皎日之誓：指着太阳发的誓。皎日，白日。语出《诗经·王风·大车》："谓予不信，有如皎日。"

[9]二三：三心二意。指用情不专。

[10]却到：回到。　华州：在今陕西华县。

[11]觐亲：探望父母。

[12]逡巡：犹豫，迟疑。

[13]"遂就礼谢"二句：于是到卢家去谢婚，并且商定了在短期内举行婚礼。

[14]甲族：世家大族。

[15]孤负：违背。

[16]愆：错过，延误。

[17]漏言：泄漏真实情况。

[18]卜筮：占卜吉凶。古人占卜有两种方法：用龟壳占卜叫做卜，用蓍草占卜叫做筮。

[19]沉疾：沉重的疾病。

[20]书题：书信。

[21]寄附铺：也称"柜房"，是一种代人保管或出售珍贵物品的商行。　货卖：卖。货，卖。

[22]内作：皇家工匠。

[23]上鬟：古时女子十五及笄，要举行仪式，把披散的头发梳上去，用簪子别起来，表示已经成年，称为“上鬟”。

[24]昨：以前，过去。

[25]失机落节：倒霉，落魄。

[26]一：乃，竟然。

[27]延光公主：即郜国公主，唐肃宗之女。

时生所定卢氏女在长安，生既毕于聘财，还归郑县。其年腊月，又请假入城就亲。潜卜静居[1]，不令人知。有明经崔允明者[2]，生之中表弟也[3]。性甚长厚，昔岁常与生同欢于郑氏之室，杯盘笑语，曾不相间，每得生信，必诚告于玉。玉常以薪刍衣服[4]，资给于崔，崔颇感之。生既至，崔具以诚告玉[5]。玉恨叹曰：“天下岂有是事乎！”遍请亲朋，多方召致。生自以愆期负约，又知玉疾候沉绵[6]，惭耻忍割[7]，终不肯往。晨出暮归，欲以回避。玉日夜涕泣，都忘寝食，期一相见，竟无因由[8]。冤愤益深，委顿床枕[9]。自是长安中稍有知者。风流之士，共感玉之多情；豪侠之伦，皆怒生之薄行。

时已三月，人多春游。生与同辈五六人诣崇敬寺玩牡丹花[10]，步于西廊，递吟诗句。有京兆韦夏卿者，生之密友，时亦同行，谓生曰：“风光甚丽，草木荣华。伤哉郑卿，衔冤空室！足下终能弃置，实是忍人[11]。丈夫之心，不宜如此。足下宜为思之！”叹让之际[12]，忽有一豪士，衣轻黄纻衫[13]，挟弓弹，风神隽美，衣服轻华，唯有一剪头胡雏从后[14]，潜行而听之。俄而前揖生曰：“公非李十郎者乎？某族本山东，姻连外戚[15]。虽乏文藻，心尝乐贤。仰公声华，常思觏止[16]。今日幸会，得睹清扬[17]。某之敝居，去此不远，亦有声乐，足以娱情。妖姬八九人[18]，骏马十数匹，唯公所欲，但愿一过。”生之侪辈，共聆斯语，更相叹美。因与豪士策马同行，疾转数坊，遂至胜业。生以近郑之所止，意不欲过，便托事故，欲回马首。豪士曰：“敝居咫尺，忍相弃乎？”乃挽挟其马，牵引而行。迁延之间[19]，已及郑曲。生神情恍惚，鞭马欲回。豪士遽命奴仆数人，抱持而进。疾走推入车门，便令锁却，报云：“李十郎至也！”一家惊喜，声闻于外。

先此一夕，玉梦黄衫丈夫抱生来，至席，使玉脱鞋。惊寤而告母。因自解曰：“‘鞋’者，谐也，夫妇再合；‘脱’者，解也，既合而解，亦当永诀。由此征之[20]，必遂相见，相见之后，当死矣。”凌晨，请母梳妆。母以其久病，心意惑乱，不甚信之。黾勉之间[21]，强为妆梳。妆梳才毕，而生果至。玉沉绵日久，转侧须人。忽闻生来，欻然自起[22]，更衣而出，恍若有神。遂与生相见，含怒凝视，不复有言。羸质娇姿，如不胜致[23]。时复掩袂，返顾李生。感物伤人，坐皆欷歔。顷之，有酒肴数十盘，自外而来。一坐惊视，遽问其故，悉是豪士之所致也。因遂陈设，相就而坐。玉乃侧身转面，斜视生良久，遂举杯酒酬地[24]，曰：“我为女子，薄命如斯。君是丈夫，负心若此！韶颜稚齿[25]，饮恨而终。慈母在堂，不能供养。

绮罗弦管，从此永休。征痛黄泉[26]，皆君所致。李君李君，今当永诀！我死之后，必为厉鬼，使君妻妾，终日不安！”乃引左手握生臂，掷杯于地，长恸号哭数声而绝。母乃举尸，置于生怀，令唤之，遂不复苏矣。

生为之缟素，旦夕哭泣甚哀。将葬之夕，生忽见玉繐帷之中[27]，容貌妍丽，宛若平生。著石榴裙，紫榼裆[28]，红绿帔子[29]。斜身倚帷，手引绣带，顾谓生曰：“愧君相送，尚有余情。幽冥之中，能不感叹！”言毕，遂不复见。明日，葬于长安御宿原[30]。生至墓所，尽哀而返。

[1]卜：挑选，寻找。

[2]明经：科举考试的一种。唐代科考分为秀才、明经、进士等科，由考察经义取中的为“明经”。

[3]中：同“仲”。指排行第二位。

[4]薪刍：柴草。泛指生活用品。

[5]诚：实情。

[6]疾候沉绵：病得很沉重。

[7]惭耻忍割：又惭愧又羞耻，只能忍痛割舍。

[8]因由：机会。

[9]委顿：疲乏。

[10]崇敬寺：唐代长安中区靖安坊的一座庙宇。

[11]忍人：狠心的人。

[12]让：责备。

[13]纻（zhù）：苎麻纤维织的布。

[14]胡雏：卖身为奴的幼年胡人。

[15]姻连外戚：与外地的人结为亲戚。

[16]觏（gòu）止：遇见，相会。止，语助词。

[17]清扬：本指人眉清目秀的样子，目美为清，眉美为扬。引申为对人的褒扬之辞，犹如说“尊容”。

[18]妖姬：美丽的女子。

[19]迁延：拖延。

[20]征：证明，征验。

[21]黾（mǐn）勉：勉强。

[22]欻（xū）然：忽然。

[23]如不胜致：好像禁不住的样子。致，意态，神态。

[24]酬地：浇酒在地。表示誓愿。

[25]韶颜稚齿：美色青春。韶，美。齿，指年龄。

[26]征痛黄泉：造成死亡的痛苦。征，招致。

[27]繐帷：灵帐。

[28]石榴裙：朱红色的裙。榼（kè）裆：唐时妇女穿的一种外袍。

[29]帔（pèi）子：唐时妇女披于肩背的一种纱巾，多为薄质纱罗所制。长的叫披帛，短的叫帔子。

[30]御宿原：在长安城南，是古时埋葬死者的地方。

后月余，就礼于卢氏[1]。伤情感物，郁郁不乐。夏五月，与卢氏偕行，归于郑县。至县旬日，生方与卢氏寝，忽帐外叱叱作声。生惊视之，则见一男子，年可二十余，姿状温美，藏身映幔，连招卢氏。生惶遽走起，绕幔数匝，倏然不见。生自此心怀疑恶，猜忌万端，夫妻之间，无聊生矣[2]。或有亲情，曲相劝喻，生意稍解。后旬日，生复自外归，卢氏方鼓琴于床，忽见自门抛一斑犀钿花合子[3]，方圆一寸余，中有轻绢，作同心结，坠于卢氏怀中。生开而视之，见相思子二[4]，叩头虫一，发杀觜一[5]，驴驹媚少许[6]。生当时愤怒叫吼，声如豺虎，引琴撞击其妻，诘令实告。卢氏亦终不自明。尔后往往暴加捶楚[7]，备诸毒虐，竟讼于公庭而遣之[8]。卢氏既出[9]，生或侍婢媵妾之属，暂同枕席，便加妒忌，或有因而杀之者。生尝游广陵，得名姬曰营十一娘者，容态润媚，生甚悦之。每相对坐，尝谓营曰："我尝于某处得某姬，犯某事，我以某法杀之。"日日陈说，欲令惧己，以肃清闺门。出则以浴斛覆营于床[10]，周回封署[11]，归必详视，然后乃开。又畜一短剑，甚利，顾谓侍婢曰："此信州葛溪铁[12]，唯断作罪过头！"大凡生所见妇人，辄加猜忌，至于三娶，率皆如初焉。

[1]就礼于卢氏：到卢氏处举行婚礼。

[2]无聊生：无法生活。聊生，赖以生活。

[3]斑犀钿花合子：杂色犀牛角雕刻成的嵌有金花的盒子。合，同"盒"。

[4]相思子：红豆。

[5]发杀觜（zī）：可能是一种媚药。

[6]驴驹媚：《物类相感志》云："凡驴驹初生未堕地，口中有一物，如肉，名'媚'，妇人带之能媚。"这是一种迷信说法。

[7]捶楚：鞭打。

[8]遣：把妻子休掉。

[9]出：休弃。

[10]浴斛：澡盆一类。　　覆营：覆盖。营，环绕，围绕。

[11]周回：周围。　　封署：谓封缄后复加印记。

[12]信州葛溪铁：信州，约辖江西贵溪以东、怀玉山以南地区，州治在今上饶。上饶葛溪铁精而工细。

【导读】

《霍小玉传》，唐代传奇小说，收入《太平广记》卷487。本文据《唐宋传奇选》，人民文学出版社1979年版。作者蒋防（约公元792－835年），字子徵（一作子微），出生于义兴（今江苏宜兴）蒋氏望族。年少时聪慧好学，有才名。蒋防于唐宪宗元和年间（公元806－820年）至长安，与李绅相识。李绅久闻蒋防才名，以“鞲上鹰”为题，命他吟诗。蒋防口占七绝一首，诗中有“几欲高飞天上去，何人为解绿丝绦”句。李绅识其意，与元稹共荐之。长庆元年（821年），自右补阙充翰林学士。二年，加司封员外郎。三年，加知制诰。四年，李绅被逐，蒋防亦贬为汀州刺史，不久改连州刺史。郁郁而终，年仅44岁。其遗作仅存诗12首，收入《全唐诗》，另有赋及杂文一卷。

小说描写了陇西李益与妓女霍小玉的爱情悲剧。李益初与霍小玉相恋，同居两载。李益得官后，畏母严毅，聘表妹卢氏，遂与小玉断绝关系。小玉思念成疾，后得知李益负约，愤恨欲绝。忽有豪士黄衫客挟持李益至小玉家中，小玉临死前发誓死后必为厉鬼报复。李益娶卢氏后，因“心怀疑恶，猜忌万端”，以致休妻。此后对于妻妾防备甚严，横生妒忌，甚而杀之。小说表现出对霍小玉悲惨命运的深切同情，对李益的负心绝情则加以谴责，爱憎分明。故事情节完整，注重心理刻画，语言与动作描写生动传神，采用了烘托、对比等表现手法。

《霍小玉传》是唐传奇中的名篇，对后世文学产生了一定影响，明代胡应麟认为，“此篇尤为唐人最精彩动人之传奇，故传诵弗衰”。明代汤显祖作戏曲《紫钗记》即取材于此。

【研讨】

1. 分析讨论本文的艺术特点。小说中写老玉工的感慨、李益朋友的指责，以及长安人对霍小玉、李益情变的看法各有什么作用？

2. 霍小玉爱情悲剧形成的原因是什么？试从社会环境、个人因素等角度加以分析讨论。

3. 霍小玉的爱情悲剧对当今的年轻人有什么启发意义？年轻人应该如何对待爱情与婚姻？

【延展】

1. 延伸阅读

蒲　萄

俗言蒲萄蔓好引于西南。庾信谓魏使尉瑾曰：“我在邺，遂大得蒲萄，奇有滋味。”陈招曰：“作何形状？”徐君房曰：“有类软枣。”信曰：“君殊不体物，何得不言似生荔枝？”魏肇师曰：“魏武有言：‘末夏涉秋，尚有余暑，酒醉宿醒，掩露而食，甘而不饴，酸而不酢。’道之固以流沫称奇，况亲食之者？”瑾曰：“此物出自大宛，张骞所致。有黄白黑三种。成熟之时，子实逼侧，星编珠聚。西域多酿以为酒，每来岁贡。在汉西京，似亦不少。杜陵田五十亩，中有蒲萄百树。今在京邑，非直止禁林也。”信曰：“乃园种户植，接荫连架。”昭曰：“其味何如橘柚？”信曰：“津液胜奇，芬芳减之。”瑾曰：“金衣素里，见苞作贡，向齿自消，良应不及。”（《太平广记》卷411《草木六》）

焦练师

唐开元中，有焦练师修道，聚徒甚众。有黄裙妇人，自称阿胡，就焦学道术。经三年，尽焦之术，而固辞去。焦苦留之。阿胡云已是野狐，本来学术；今无术可学，义不得留。焦因欲以术拘留之。胡随事酬答，焦不能及。乃于嵩顶设坛，启告老君。自言己虽不才，然是道家弟子，妖狐所侮，恐大道将隳。言意恳切。坛四角忽有香烟出，俄成紫云，高数十丈。云中有老君见立。因礼拜陈云："正法已为妖狐所学，当更求法以降之。"老君乃于云中作法。有神立于云中，以刀断狐腰。焦大欢庆。老君忽从云中下，变作黄裙妇人而去。(《太平广记》卷449《狐三》)

2. 推荐书目

(1) 卞孝萱.《霍小玉传》是早期"牛李党争"的产物. 社会科学战线，1986，2.

(2) 关四平. 唐传奇《霍小玉传》新解. 文学遗产，2005，4.

(3) 太平广记. 北京：中华书局，2008.

贾宝玉神游太虚境（节选）

曹雪芹

……

因东边宁府中花园内梅花盛开，贾珍之妻尤氏乃治酒，请贾母、邢夫人、王夫人等赏花。是日，先携了贾蓉之妻，二人来面请。贾母等于早饭后过来，就在会芳园游玩，先茶后酒，不过皆是宁、荣二府女眷家宴小集，并无别样新文趣事可记。

一时，宝玉倦怠，欲睡中觉。贾母命人好生哄着，歇一回再来。贾蓉之妻秦氏便忙笑回道："我们这里有给宝叔收拾下的屋子，老祖宗放心，只管交与我就是了。"又向宝玉的奶娘、丫鬟等道："嬷嬷、姐姐们，请宝叔随我这里来。"贾母素知秦氏是个极妥当的人，生得袅娜纤巧，行事又温柔和平，乃重孙媳中第一个得意之人，见他去安置宝玉，自是安稳的。

当下秦氏引了一簇人来至上房内间。宝玉抬头先看见一幅画贴在上面，画的人物固好，其故事乃是《燃藜图》[1]，也不看系何人所画，心中便有些不快。又有一副对联，写的是：

世事洞明皆学问

人情练达即文章

及看了这两句，纵然室宇精美，铺陈华丽，亦断断不肯在这里了，忙说："快出去！快出去！"秦氏听了，笑道："这里还不好，可往那里去呢？不然，往我屋里去吧。"宝玉点头微笑。有一个嬷嬷说道："那里有个叔叔往侄儿媳妇房里睡觉的礼呢？"秦氏笑道："嗳哟哟，不怕他恼，他能多大了，就忌讳这些个？上月你没有看见我那个兄弟来了，虽然和宝叔同年，两个人若站在一处，只怕那一个还高些呢。"宝玉道："我怎么没有见过？你带他来我瞧瞧。"众人笑道："隔着二三十里，那里带去，见的日子有呢。"

说着，大家来至秦氏房中。刚至房门，便有一股细细的甜香袭了人来。宝玉便愈觉得眼饧骨软[2]，连说："好香！"入房，向壁上看时，有唐伯虎画的《海棠春睡图》，两边有宋学士秦太虚写的一副对联，其联云：

嫩寒锁梦因春冷

芳气袭人是酒香

案上设着武则天当日镜室中设的宝镜，一边摆着赵飞燕立着舞过的金盘，盘内盛着安禄山掷过伤了太真乳的木瓜。上面设着寿昌公主于含章殿下卧的榻，悬的是同昌公主制的连珠帐。宝玉含笑，连说："这里好！"秦氏笑道："我这屋子，大约神仙也可以住得了。"说着，亲自展开了西子浣过的纱衾，移了红娘抱过的鸳枕。于是众奶母服侍宝玉卧好，款款散去，只留下袭人、媚人、晴雯、麝月四个丫鬟为伴。秦氏便吩咐小丫鬟们，好生在廊檐下看着猫儿狗儿打架。

那宝玉刚合上眼，便惚惚睡去，犹似秦氏在前，遂悠悠荡荡，随了秦氏至一所在。但见朱栏白石，绿树清溪，真是人迹希逢，飞尘不到。宝玉在梦中欢喜，想道："这个去处有趣。我就在这里过一生，纵然失了家也愿意，强如天天被父母、师傅打去。"正胡思之间，忽听山后有人作歌曰：

春梦随云散，飞花逐水流；

金陵十二钗

宝玉听了是女子的声音。歌音未息，早见那边走出一个人来，蹁跹袅娜，端的与人不同。有赋为证：

方离柳坞[3]，乍出花房。但行处，鸟惊庭树[4]；将到时，影度回廊[5]。仙袂乍飘兮，闻麝兰之馥郁；荷衣欲动兮，听环佩之铿锵。靥笑春桃兮，云堆翠髻；唇绽樱颗兮，榴齿含香。纤腰之楚楚兮，回风舞雪[6]；珠翠之辉辉兮，满额鹅黄。出没花间兮，宜嗔宜喜；徘徊池上兮，若飞若扬。蛾眉颦笑兮，将言而未语；莲步乍移兮，欲止而欲行。羡彼之良质兮，冰清玉润；慕彼之华服兮，闪灼文章[7]。爱彼之貌容兮，香培玉琢；美彼之态度兮，凤翥龙翔[8]。其素若何[9]？春梅绽雪。其洁若何？秋菊被霜。其静若何？松生空谷。其艳若何？霞映澄塘。其文若何？龙游曲沼。其神若何？月射寒江。应惭西子，实愧王嫱。吁，奇矣哉！生于孰地？来自何方？信矣乎！瑶池不二，紫府无双。果何人哉？如斯之美也！

宝玉见是一个仙姑，喜的忙上来作揖，笑问道："神仙姐姐不知从那里来？如今要往那里去？我也不知这是何处，望乞携带携带。"那仙姑笑道："吾居离恨天之上，灌愁海之中，乃放春山遣香洞太虚幻境警幻仙姑是也。司人间之风情月债，掌尘世之女怨男痴。因近来风流冤孽，缠绵于此处，是以前来访察机会，布散相思。今忽与尔相逢，亦非偶然。此离吾境不远，别无他物，仅有自采仙茗一盏，亲酿美酒一瓮，素练魔舞歌姬数人，新填《红楼梦》仙曲十二支，试随吾一游否？"宝玉听了，喜悦非常，便忘了秦氏在何处，竟随了仙姑至一所在。有石牌横建，上书“太虚幻境”四个大字，两边一副对联，乃是：

假作真时真亦假

无为有处有还无

转过牌坊，便是一座宫门，也横书四个大字，道是：“孽海情天”。又有一副对联，大书云：

厚地高天，堪叹古今情不尽

痴男怨女，可怜风月债难偿

宝玉看了，心下自思道：“原来如此。但不知何为‘古今之情’，又何为‘风月之债’?从今倒要领略领略。”宝玉只顾如此一想，不料早把些邪魔招入膏肓了。当下随了仙姑进入二层门内，只见两边配殿皆有匾额对联，一时看不尽许多，惟见有几处写的是“痴情司”、“结怨司”、“朝啼司”、“夜哭司”、“春感司”、“秋悲司”。看了，因向仙姑道：“敢烦仙姑引我到那各司中游玩游玩，不知可使得?”仙姑道：“此各司中皆贮的是普天之下所有的女子过去未来的簿册，尔凡眼尘躯，未便先知的。”宝玉听了，那里肯依？复央之再四，仙姑无奈，说：“也罢，就在此司内略随喜随喜罢了[10]。”宝玉喜不自胜，抬头看这司的匾上，乃是“薄命司”三字，两边对联写道是：

春恨秋悲皆自惹

花容月貌为谁妍

宝玉看了，便知感叹。进入门来，只见有十数个大厨[11]，皆用封条封着。看那封条上，皆是各省的地名。宝玉一心只拣自己的家乡封条看，遂无心看别省的了。只见那边厨上封条上大书七字云“金陵十二钗正册”。宝玉因问：“何为‘金陵十二钗正册?”警幻道：“即贵省中十二冠首女子之册，故为‘正册’。”宝玉道：“常听人说，金陵极大，怎么只十二个女子？如今单我们家里，上上下下就有几百女孩儿呢。”警幻冷笑道：“贵省女子固多，不过择其紧要者录之。下边二厨则又次之。余者庸常之辈，则无册可录矣。”宝玉听说，再看下首二厨上，果然一个写着“金陵十二钗副册”，又一个写着“金陵十二钗又副册”。宝玉便伸手先将“又副册”厨门开了，拿出一本册来。揭开一看，只见这首页上画着一幅画，又非人物，亦非山水，不过是水墨滃染的满纸乌云浊雾而矣[12]。后有几行字迹，写道是：

霁月难逢，彩云易散[13]。心比天高，身为下贱，风流灵巧招人怨。寿夭多因毁谤生，多情公子空牵念。

宝玉看了，又见后面画着一簇鲜花[14]，一床破席。也有几句言词，写道是：

枉自温柔和顺，空云似桂如兰；堪羡优伶有福，谁知公子无缘。

宝玉看了不解，遂掷下这个，又去开了“副册”厨门，拿起一本册来，揭开看时，只见画着一株桂花[15]，下面有一池沼，其中水涸泥干，莲枯藕败。后面书云：

根并荷花一茎香[16]，平生遭际实堪伤；自从两地生孤木，致使香魂返故乡。

宝玉看了仍不解，便又掷下，再去取“正册”看。只见头一页上便画着两株枯木[17]，木上悬着一围玉带；又有一堆雪，雪下一股金簪。也有四句言词，道是：

可叹停机德[18]，堪怜咏絮才[19]；玉带林中挂，金簪雪里埋。

宝玉看了仍不解。待要问时，情知他必不肯泄漏；待要丢下，又不舍。遂又往后看时，只见画着一张弓，弓上挂着香橼[20]，也有一首歌词云：

二十年来辨是非，榴花开处照宫闱[21]；三春怎及初春景[22]，虎兔相逢大梦归。

后面又画着两人放风筝，一片大海，一只大船。船中有一女子，掩面泣涕之状。也有四句，写云：

才自精明志自高[23]，生于末世运偏消[24]；清明涕送江边望，千里东风一梦遥。

后面又画几缕飞云[25]，一湾逝水。其词曰：

富贵又何为？襁褓之间父母违[26]；展眼吊斜晖，湘江水逝楚云飞[27]。

后面又画着一块美玉[28]，落在泥垢之中。其断语云：

欲洁何曾洁，云空未必空；可怜金玉质，终陷淖泥中。

后面忽画一恶狼，追扑一美女，欲啖之意。其书云：

子系中山狼[29]，得志便猖狂；金闺花柳质，一载赴黄粱。

后面便是一所古庙，里面有一美人在内看经独坐。其判云：

勘破三春景不长[30]，缁衣顿改昔年妆；可怜绣户侯门女，独卧青灯古佛傍。

后面便是一片冰山，上面有一只雌凤[31]。其判曰：

凡鸟偏从末世来，都知爱慕此生才；一从二令三人木，哭向金陵事更哀。

后面又是一座荒村野店，有一美人在那里纺绩[32]。其判云：

势败休云贵，家亡莫论亲；偶因济刘氏[33]，巧得遇恩人。

诗后又画着一盆茂兰[34]，傍有一位凤冠霞帔的美人[35]。也有判云：

桃李春风结子完[36]，到头谁似一盆兰？如冰水好空相妒，枉与他人作笑谈。

后面又画着高楼大厦，有一美人悬梁自缢。其判云：

情天情海幻情身[37]，情既相逢必主淫；漫言不肖皆荣出，造衅开端实在宁。

宝玉还欲看时，那仙姑知他天分高明，性情颖慧，恐把仙机泄漏，遂掩了卷册，笑向宝玉道："且随我去游玩奇景，何必在此打这闷葫芦！"

宝玉恍恍惚惚，不觉弃了卷册，又随了警幻来至后面。但见珠帘绣幕，画栋雕檐，说不尽那光摇朱户金铺地，雪照琼窗玉作宫。更见仙花馥郁，异草芬芳，真好个所在。又听警幻笑道："你们快出来迎接贵客。"一语未了，只见房中又走出几个仙子来，皆是荷袂蹁跹，羽衣飘舞，姣若春花，媚如秋月。一见了宝玉，都怨谤警幻道："我们不知系何贵客，忙的接了出来。姐姐曾说今日今时必有绛珠妹子的生魂前来游玩[38]，故我等久待。何故反引这浊物来污染这清净女儿之境？"

宝玉听如此说，便吓得欲退不能退，果觉自形污秽不堪。警幻忙携住宝玉的手，向众姊妹笑道："你等不知原委。今日原欲往荣府去接绛珠，适从宁府经过，偶遇宁、荣二公之灵，嘱吾云：'吾家自国朝定鼎以来，功名奕世[39]，富贵流传，虽历百年，奈运终数尽，不可挽回。故近之子孙虽多，竟无一可以继业者。其中惟嫡孙宝玉一人，禀性乖张，性情诡谲，虽聪明灵慧，略可望成，无奈吾家运数合终，恐无人规引入正。幸仙姑偶来，万望先以情欲声色等事警其痴顽，或能使彼跳出迷人圈子，然后入于正路，亦吾弟兄之幸矣。’如此嘱吾，故发慈心，引彼至此。先以彼家上中下三等女子之终身册籍，令彼熟玩，尚未觉悟；故引彼再至此处，令其再历饮馔声色之幻，或冀将来一悟，亦未可知也。”

说毕，携了宝玉入室。但闻一缕幽香，竟不知所焚何物，宝玉遂不禁相问。警幻冷笑道：“此香尘世中既无，尔何能知！此香乃系诸名山胜境内初生异卉之精，合各种宝林珠树之油所制，名为‘群芳髓’。”宝玉听了，自是羡慕。已而大家入座，小环捧上茶来。宝玉自觉清香味异，纯美非常，因又问何名。警幻道：“此茶出在放春山遣香洞，又以仙花灵叶上所带宿露而烹。此茶名曰‘千红一窟’[40]。”宝玉听了，点头称赏。因看房内，瑶琴宝鼎，古画新诗，无所不有；更喜窗下亦有唾绒，奁间时渍粉污。壁上亦有一副对联，书云：

幽微灵秀地

无可奈何天

宝玉看毕，无不羡慕。因又请问众仙姑姓名：一名痴梦仙姑，一名钟情大士，一名引愁金女，一名度恨菩提，各各道号不一。少刻，有小鬟上来调桌安椅，设摆酒馔。真是：琼浆满泛玻璃盏，玉液浓斟琥珀杯。更不用再说那肴馔之盛。宝玉因闻得此酒清香甘冽，异乎寻常，又不禁相问。警幻道：“此酒乃以百花之蕊、万木之汁，加以麟髓之醅、凤乳之曲酿成，因名为‘万艳同杯’[41]。”宝玉称赏不迭。

饮酒间，又有十二个舞女上来，请问演何词曲。警幻道：“就将新制《红楼梦》十二支演上来。”舞女们答应了，便轻敲檀板，款按银筝，听他歌道是：

开辟鸿蒙……

方歌了一句，警幻便说道：“此曲不比尘世中所填传奇之曲，必有生旦净末之别，又有南北九宫之限。此或咏叹一人，或感怀一事，偶成一曲，即可谱入管弦。若非个中人，不知其中之妙。料尔亦未必深明此调。若不先阅其稿，后听其歌，反成嚼蜡矣。”说毕，回头命小鬟取了《红楼梦》的原稿来，递与宝玉。宝玉揭开，一面视其文，一面耳聆其歌曰：

第一支[红楼梦·引子] 开辟鸿蒙，谁为情种？都只为风月情浓。趁着这奈何天、伤怀日、寂寥时，试遣愚衷。因此上，演出这悲金悼玉的《红楼梦》[42]。

第二支[终身误][43]都道是金玉良姻，俺只念木石前盟。空对着山中高士晶莹雪，终不忘世外仙姝寂寞林。叹人间，美中不足今方信。纵然是齐眉举案[44]，到底意难平。

第三支[枉凝眉][45]一个是阆苑仙葩，一个是美玉无瑕。若说没奇缘，今生偏又遇着他；若说有奇缘，如何心事终虚化？一个枉自嗟呀，一个空劳牵挂。一个是水中月，一个是镜中花。想眼中能有多少泪珠儿，怎经得秋流到冬，春流到夏！

宝玉听了此曲，散漫无稽，不见得好处；但其声韵凄婉，竟能销魂醉魄。因此也不察其原委，问其来历，就暂以此释闷而已。因又看下面道：

第四支[恨无常][46]喜荣华正好，恨无常又到。眼睁睁把万事全抛，荡悠悠芳魂消耗。望家乡路远山遥，故向爹娘梦里相寻告：儿命已入黄泉，天伦呵，须要退步抽身早！

第五支[分骨肉][47]一帆风雨路三千，把骨肉家园齐来抛闪。恐哭损残年，告爹娘，休把儿悬念。自古穷通皆有定，离合岂无缘？从今分两地，各自保平安。奴去也，莫牵连。

第六支[乐中悲][48]襁褓中父母叹双亡，纵居那绮罗丛，谁知娇养？幸生来英豪阔大宽宏量，从未将儿女私情略萦心上，好一似霁月光风耀玉堂。厮配得才貌仙郎，博得个地久天长，准折得幼年时坎坷形状。终究是云散高唐，水涸湘江。这是尘寰中消长数应当，何必枉悲伤！

第七支[世难容][49]气质美如兰，才华馥比仙。天生成孤僻人皆罕。你道是，啖肉食腥膻，视绮罗俗厌；却不知，太高人愈妒，过洁世同嫌。可叹这青灯古殿人将老，辜负了红粉朱楼春色阑。到头来依旧是风尘肮脏违心愿，好一似无瑕白玉遭泥陷，又何须王孙公子叹无缘。

第八支[喜冤家][50]中山狼，无情兽，全不念当日根由。一味的骄奢淫荡贪欢媾。觑着那侯门艳质同蒲柳，作践的公府千金似下流。叹芳魂艳魄，一载荡悠悠。

第九支[虚花悟][51]将那三春看破，桃红柳绿待如何？把这韶华打灭，觅那清淡天和。说什么天上夭桃盛，云中杏蕊多，到头来谁把秋捱过？则看那白杨村里人呜咽，青枫林下鬼吟哦，更兼着连天衰草遮坟墓。这的是，昨贫今富人劳碌，春荣秋谢花折磨。似这般生关死劫谁能躲？闻说道西方宝树唤婆娑，上结着长生果。

第十支[聪明累][52]机关算尽太聪明，反算了卿卿性命。生前心已碎，死后性空灵。家富人宁，终有个家亡人散各奔腾。枉费了意悬悬半世心，好一似荡悠悠三更梦。忽喇喇似大厦倾，昏惨惨似灯将尽。呀！一场欢喜忽悲辛，叹人世终难定！

第十一支[留余庆][53]留余庆，留余庆，忽遇恩人；幸娘亲，幸娘亲，积得阴功。劝人生济困扶穷，休似俺那爱银钱、忘骨肉的狠舅奸兄。正是乘除加减，上有苍穹。

第十二支[晚韶华][54]镜里恩情，更那堪梦里功名！那美韶华去之何迅，再休提绣帐鸳衾！只这戴珠冠，披凤袄，也抵不了无常性命。虽说是人生莫受老来贫，也须要阴骘积儿孙。气昂昂头戴簪缨，光灿灿胸悬金印，威赫赫爵位高登，昏惨惨黄泉路近。问古来将相可还存？也只是虚名儿与后人钦敬。

第十三支[好事终][55]画梁春尽落香尘。擅风情，秉月貌，便是败家的根本。箕裘颓堕皆从敬[56]，家事消亡首罪宁，宿孽总因情！

第十四支[收尾·飞鸟各投林]为官的家业凋零，富贵的金银散尽，有恩的死里逃生，无情的分明报应。欠命的命已还，欠泪的泪已尽。冤冤相报岂非轻，分离聚合皆前定。欲知命短问前生，老来富贵也真侥幸。看破的遁入空门，痴迷的枉送了性命。好一似食尽鸟投林，落了片白茫茫大地真干净！

歌毕，还又歌副曲。警幻见宝玉甚无趣味，因叹："痴儿竟尚未悟！"那宝玉忙止歌姬不必再唱，自觉朦胧恍惚，告醉求卧。警幻便命撤去残席，送宝玉至一香闺绣阁之中。其间铺陈之盛，乃素所未见之物。更可骇者，早有一位女子在内，其鲜艳妩媚，有似乎宝钗；风流袅娜，则又如黛玉。正不知何意，忽警幻道："尘世中多少富贵之家，那些绿窗风月，绣阁烟霞，皆被淫污纨绔与那些流荡女子悉皆玷辱。更可恨者，自古来多少轻薄浪子，皆以好色不淫为饰，又以情而不淫作案，此皆饰非掩丑之语也。好色即淫，知情更淫。是以巫山之会，云雨之欢，皆由既悦其色、复恋其情所致也。吾所爱汝者，乃天下古今第一淫人也。"

宝玉听了，唬的慌忙答道："仙姑差了。我因懒于读书，家父母尚每垂训饬，岂敢再冒淫字。况且年纪尚小，不知淫字为何物。"警幻道："非也。淫虽一理，意则有别。如世之好淫者，不过悦容貌，喜歌舞，调笑无厌，云雨无时，恨不能尽天下之美女供我片时之趣兴，此皆皮肤滥淫之蠢物耳。如尔则天分中生成一段痴情，吾辈推之为'意淫'。'意淫'二字，惟心会而不可口传，可神通而不可语达。汝今独得此二字，在闺阁中固可为良友，然于世道中未免迂阔怪诡，百口嘲谤，万目睚眦。今既遇令祖宁、荣二公，剖腹深嘱，吾不忍君独为我闺阁增光，见弃于世道，是以特引前来，醉以灵酒，沁以仙茗，警以妙曲，再将吾妹一人，乳名兼美字可卿者，许配与汝。今夕良时，即可成姻。不过令汝领略此仙阁幻境之风光尚然如此，何况尘境之情景哉！而今后万万解释[57]，改悟前情，将谨勤有用的工夫，留意于孔孟之间，委身于经济之道。"说毕，便秘授以云雨之事，推宝玉入帐。

那宝玉恍恍惚惚，依警幻所嘱之言，未免有阳台巫峡之会。数日来，柔情缱绻，软语温存，与可卿难解难分。

那日，警幻携宝玉、可卿闲游，至一个所在，但见荆榛遍地，狼虎同群。忽而大河阻路，黑水淌洋，又无桥梁可通。宝玉正自彷徨，只听警幻道："宝玉，再休前进，作速回头要紧！"宝玉忙止步问道："此系何处？"警幻道："此即迷津也。深有万丈，遥亘千里，中无舟楫可通。只有一个木筏，乃木居士掌舵[58]，灰侍者撑篙[59]，不受金银之谢，但遇有缘者渡之。尔今偶游至此，如堕落其中，则深负我从前一番以情悟道、守理衷情之言。"宝玉方欲回言，只听迷津内水响如雷，竟有一夜叉般怪物撺出[60]，直扑而来。唬得宝玉汗下如雨，一面失声喊叫："可卿救我！可卿救我！"慌得袭人、媚人等上来扶起，拉手说："宝玉别怕，我们在这里。"

却说秦氏正在房嘱咐小丫头们好生看着猫儿狗儿打架，忽闻宝玉在梦中唤他的小名，因纳闷道："我的小名这里从没人知道，他如何从梦里叫出来？"

[1]《燃藜图》：古代宣扬勤学苦读的一幅故事画。典出王嘉《拾遗记》卷六。

[2]眼饧（xíng）：眼似蜜糖般黏涩，形容一种朦胧陶醉的眼色。饧，古"糖"字。

[3]坞（wù）：泛指四面高中央低的处所。

[4]鸟惊庭树：丽人经过，使庭树之鸟惊飞。犹"沉鱼落雁"。极言仙姑之美。

[5]影度回廊：身影在回廊上移动。形容仙姑姿态优美。

[6]回风舞雪：形容体态轻盈飘忽，如雪花随风飞舞。典出曹植《洛神赋》。

[7]文章：指花纹错杂。

[8]凤翥（zhù）龙翔：犹言“龙飞凤舞”。翥：鸟飞起。

[9]素：指本性。

[10]随喜：佛家语，即随人为善，这里指随意玩赏。

[11]厨：通“橱”。

[12]滃（wěng）染：中国绘画技法中的一种，即用水墨淡彩润画面，不露或少露笔痕。

[13]霁：雨后初晴，寓“晴”字。下句“彩云”寓“雯”字，云呈彩叫雯。

[14]鲜花：寓袭人之姓“花”。下句“破席”之“席”，谐音“袭”。

[15]桂花：寓“夏金桂”，薛蟠之妻。

[16]根并荷花一茎香：寓香菱（根），就是原来的英莲（荷花），甄士隐之女。后被拐卖至薛家为婢妾，易名香菱。

[17]两株枯木：即“林”字。下句“玉带”谐音黛玉。

[18]停机德：这里是赞扬薛宝钗有妇德。“停机”典出《后汉书·列女传》乐羊子妻事。

[19]咏絮才：这里是赞扬林黛玉有文才。“咏絮”典出《世说新语·言语》所记谢道韫事。

[20]香橼（yuán）：俗称佛手柑。“橼”谐音“贾元春”的“元”。

[21]榴花开：喻元春被封为凤藻宫尚书、贤德妃。典出《北齐书·魏收传》。

[22]三春：指迎、探、惜春三姐妹。　初春：指元春。

[23]才自精明志自高：此句赞扬探春才志出众。

[24]消：同“浇”，薄。

[25]飞云：寓史湘云。下句“一湾逝水”喻其命运不幸。

[26]违：指去世。

[27]湘江水逝楚云飞：藏“湘云”两字，又喻婚姻不幸（湘云嫁卫若兰）。

[28]美玉：寓妙玉。

[29]子系：表面指“你是”，暗用拆字法，“子系”合为“孫”，指孙绍祖（迎春丈夫）。　中山狼：喻孙绍祖做了官后忘恩负义。

[30]勘破：看穿。　三春：这是从惜春的角度来说元、迎、探春三姐妹。

[31]雌凤：寓王熙凤。

[32]纺绩：把丝麻等纤维纺成纱或线。这里指巧姐最终成为以纺绩为生的乡村妇女。

[33]刘氏：指刘姥姥。

[34]茂兰：寓贾兰（李纨之子）。

[35]霞帔（pèi）：古代受帝王封号的女子的礼服。

[36]桃李春风结子完：李，点出李纨的姓。完，谐音“纨”。这里喻李纨丧夫守

寡，青春早逝。

[37]情天情海：此句的“情”谐音“秦可卿”的“秦”。

[38]绛珠妹子：指林黛玉。

[39]奕世：累代相接。

[40]窟：谐音“哭”。

[41]杯：谐音“悲”。

[42]金：指薛宝钗。　玉：指林黛玉。

[43][终身误]：此曲写薛宝钗。

[44]齐眉举案：指夫妻间相敬如宾，典出《后汉书·梁鸿传》。

[45][枉凝眉]：此曲写林黛玉。

[46][恨无常]：此曲写元春。

[47][分骨肉]：此曲写探春。

[48][乐中悲]：此曲写史湘云。

[49][世难容]：此曲写妙玉。

[50][喜冤家]：此曲写迎春

[51][虚花悟]：此曲写惜春。

[52][聪明累]：此曲写王熙凤。

[53][留余庆]：此曲写巧姐。

[54][晚韶华]：此曲写李纨。

[55][好事终]：此曲写秦可卿。

[56]箕裘：簸箕与旗袍，喻祖先的事业。典出《礼记·学记》。　敬：指贾敬。

[57]解释：指醒悟、释然。

[58]木居士：木制的神像。居士，不出家的佛教信徒。

[59]灰侍者：泥塑的和尚。侍者，指寺院中的执事僧。

[60]撺（cuān）：跳。

【导读】

本篇选自《脂砚斋重评石头记》第五回“贾宝玉神游太虚境，警幻仙曲演红楼”，据上海人民出版社1975年影印乾隆甲戌年（1754年）抄本。作者曹雪芹（1715－1763年），名霑，字梦阮，号雪芹、芹圃等。祖籍丰润，后迁辽阳，入满洲正白旗，为内务府“包衣”（满语，即奴仆）。自曾祖曹玺起，数代任江宁织造，达60余年；至雍正时父曹頫被革职抄家。曹雪芹多才多艺，工诗善画。中年后居北京西郊，最终贫病而卒。所作《石头记》，只完成八十回。今本一百二十回本《红楼梦》的后四十回，为高鹗所续补。

本回是《红楼梦》最关键的一回，它以贾宝玉梦游太虚幻境的形式，预示了全书的结局——“好一似食尽鸟投林，落了片白茫茫大地真干净！”又通过贾宝玉阅览金陵十二钗正册、副册、又副册以及《红楼梦曲》，预示了小说主要人物的悲剧命运。同时，作者借“千红一窟”、“万艳同杯”等隐喻手法，表示了对封建社会女性悲剧命运的同情。在艺术上，本回以梦境为线索，又穿插判词、演曲等形式，将梦境写得瑰丽恍惚，诗意盎然，充满哲理意味，其中的《红楼梦曲》借用元明以来的曲体形式，曲牌和曲词却完全出自作者自己的创造，如用［终身误］咏宝钗，以［聪明累］唱凤姐等。因此本回既体现了中国小说的民族特点，也表现了中国文化的深厚意蕴，更显示了作者的卓越才华。

【研讨】

1. 以你喜欢的一个人物形象为例，谈谈《红楼梦》第五回在人物形象塑造方面所用的表现手法。

2. 体会《红楼梦》的悲剧意蕴。

【延展】

1. 延伸阅读

（1）护花主人评语：“第五回自为一段，是宝玉初次幻梦，将‘正册十二金钗’及‘副册’、‘又副册’二三妾婢点明，全部情事已笼罩在内，而宝玉之情窦亦从此而开，是一部书之大纲领。”（《新评绣像红楼梦全传》）

（2）鲁迅先生在《中国小说的历史的变迁》中说：“至于说到《红楼梦》的价值，可是在中国底小说中实在是不可多得的。其要点在敢于如实描写，并无讳饰，和从前的小说叙好人完全是好，坏人完全是坏的，大不相同，所以其中所叙的人物，都是真的人物。总之自有《红楼梦》出来以后，传统的思想和写法都打破了——它那文章旖旎和缠绵，倒还是在其次的事。”

2. 推荐书目

（1）蒋和森．红楼梦论稿．人民文学出版社，1981.

（2）韩金瑞．红楼梦人物大全．商务印书馆，2008.

伤 逝

——涓生的手记

鲁迅

如果我能够，我要写下我的悔恨和悲哀，为子君，为自己。

会馆里的被遗忘在偏僻里的破屋是这样地寂静和空虚[1]。时光过得真快，我爱子君，仗着她逃出这寂静和空虚，已经满一年了。事情又这么不凑巧，我重来时，偏偏空着的又只有这一间屋。依然是这样的破窗，这样的窗外的半枯的槐树和老紫藤，这样的窗前的方桌，这样的败壁，这样的靠壁的板床。深夜中独自躺在床上，就如我未曾和子君同居以前一般，过去一年中的时光全被消灭，全未有过，我并没有曾经从这破屋子搬出，在吉兆胡同创立了满怀希望的小小的家庭。

不但如此。在一年之前，这寂静和空虚是并不这样的，常常含着期待；期待子

君的到来。在久待的焦躁中，一听到皮鞋高底尖触着砖路的清响，是怎样地使我骤然生动起来呵！于是就看见带着笑涡的苍白的圆脸，苍白的瘦的臂膊，布的有条纹的衫子，玄色的裙。她又带了窗外的半枯的槐树的新叶来，使我看见，还有挂在铁似的老干上的一房一房的紫白的藤花。

然而现在呢，只有寂静和空虚依旧，子君却决不再来了，而且永远，永远地！……

子君不在我这破屋里时，我什么也看不见。在百无聊赖中，顺手抓过一本书来，科学也好，文学也好，横竖什么都一样；看下去，看下去，忽而自己觉得，已经翻了十多页了，但是毫不记得书上所说的事。只是耳朵却分外地灵，仿佛听到大门外一切往来的履声，从中便有子君的，而且橐橐地逐渐临近，——但是，往往又逐渐渺茫，终于消失在别的步声的杂沓中了。我憎恶那不像子君鞋声的穿布底鞋的长班的儿子[2]，我憎恶那太像子君鞋声的常常穿着新皮鞋的邻院的搽雪花膏的小东西！

莫非她翻了车么？莫非她被电车撞伤了么？……

我便要取了帽子去看她，然而她的胞叔就曾经当面骂过我。

蓦然，她的鞋声近来了，一步响于一步，迎出去时，却已经走过紫藤棚下，脸上带着微笑的酒窝。她在她叔子的家里大约并未受气；我的心宁帖了，默默地相视片时之后，破屋里便渐渐充满了我的语声，谈家庭专制，谈打破旧习惯，谈男女平等，谈伊孛生[3]，谈泰戈尔，谈雪莱……她总是微笑点头，两眼里弥漫着稚气的好奇的光泽。壁上就钉着一张铜板的雪莱半身像，是从杂志上裁下来的，是他的最美的一张像。当我指给她看时，她却只草草一看，便低了头，似乎不好意思了。这些地方，子君就大概还未脱尽旧思想的束缚——我后来也想，倒不如换一张雪莱淹死在海里的纪念像或是伊孛生的罢；但也终于没有换，现在是连这一张也不知那里去了。

"我是我自己的，他们谁也没有干涉我的权利！"

这是我们交际了半年，又谈起她在这里的胞叔和在家的父亲时，她默想了一会之后，分明地，坚决地，沉静地说了出来的话。其时是我已经说尽了我的意见，我的身世，我的缺点，很少隐瞒；她也完全了解的了。这几句话很震动了我的灵魂，此后许多天还在耳中发响，而且说不出的狂喜，知道中国女性，并不如厌世家所说那样的无法可施，在不远的将来，便要看见辉煌的曙色的。

送她出门，照例是相离十多步远；照例是那鲇鱼须的老东西的脸又紧帖在脏的窗玻璃上了，连鼻尖都挤成一个小平面；到外院，照例又是明晃晃的玻璃窗里的那小东西的脸，加厚的雪花膏。她目不斜视地骄傲地走了，没有看见；我骄傲地回来。

"我是我自己的，他们谁也没有干涉我的权利！"这彻底的思想就在她的脑里，比我还透澈，坚强得多。半瓶雪花膏和鼻尖的小平面，于她能算什么东西呢？

我已经记不清那时怎样地将我的纯真热烈的爱表示给她。岂但现在，那时的事后便已模胡，夜间回想，早只剩了一些断片了；同居以后一两月，便连这些断片也化作无可追踪的梦影。我只记得那时以前的十几天，曾经很仔细地研究过表示的态度，排列过措辞的先后，以及倘或遭了拒绝以后的情形。可是临时似乎都无用，在慌张中，身不由己地竟用了在电影上见过的方法了。后来一想到，就使我很愧恧[4]，但在记忆上却偏只有这一点永远留遗，至今还如暗室的孤灯一般，照见我含泪握着她的手，一条腿跪了下去……

不但我自己的，便是子君的言语举动，我那时就没有看得分明；仅知道她已经允许我了。但也还仿佛记得她脸色变成青白，后来又渐渐转作绯红——没有见过，也没有再见的绯红；孩子似的眼里射出悲喜，但是夹着惊疑的光，虽然力避我的视线，张皇地似乎要破窗飞去。然而我知道她已经允许我了，没有知道她怎样说或是没有说。

她却是什么都记得：我的言辞，竟至于读熟了的一般，能够滔滔背诵；我的举动，就如有一张我所看不见的影片挂在眼下，叙述得如生，很细微，自然连那使我不愿再想的浅薄的电影的一闪。夜阑人静，是相对温习的时候了，我常是被质问，被考验，并且被命复述当时的言语，然而常须由她补足，由她纠正，像一个丁等的学生。

这温习后来也渐渐稀疏起来。但我只要看见她两眼注视空中，出神似的凝想着，于是神色越加柔和，笑窝也深下去，便知道她又在自修旧课了，只是我很怕她看到我那可笑的电影的一闪。但我又知道，她一定要看见，而且也非看不可的。

然而她并不觉得可笑。即使我自己以为可笑，甚而至于可鄙的，她也毫不以为可笑。这事我知道得很清楚，因为她爱我，是这样地热烈，这样地纯真。

去年的暮春是最为幸福，也是最为忙碌的时光。我的心平静下去了，但又有别一部分和身体一同忙碌起来。我们这时才在路上同行，也到过几回公园，最多的是寻住所。我觉得在路上时时遇到探索、讥笑、猥亵和轻蔑的眼光，一不小心，便使我的全身有些瑟缩，只得即刻提起我的骄傲和反抗来支持。她却是大无畏的，对于这些全不关心，只是镇静地缓缓前行，坦然如入无人之境。

寻住所实在不是容易事，大半是被托辞拒绝，小半是我们以为不相宜。起先我们选择得很苛酷——也非苛酷，因为看去大抵不像是我们的安身之所；后来，便只要他们能相容了。看了二十多处，这才得到可以暂且敷衍的处所，是吉兆胡同一所小屋里的两间南屋；主人是一个小官，然而倒是明白人，自住着正屋和厢房。他只有夫人和一个不到周岁的女孩子，雇一个乡下的女工，只要孩子不啼哭，是极其安闲幽静的。

我们的家具很简单，但已经用去了我筹来的款子的大半；子君还卖掉了她唯一的金戒指和耳环。我拦阻她，还是定要卖，我也就不再坚持下去了；我知道不给她加入一点股份去，她是住不舒服的。

和她的叔子，她早经闹开，至于使他气愤到不再认她做侄女；我也陆续和几个自以为忠告，其实是替我胆怯，或者竟是嫉妒的朋友绝了交。然而这倒很清静。每日办公散后，虽然已近黄昏，车夫又一定走得这样慢，但究竟还有二人相对的时候。我们先是沉默的相视，接着是放怀而亲密的交谈，后来又是沉默。大家低头沉思着，却并未想着什么事。我也渐渐清醒地读遍了她的身体，她的灵魂，不过三星期，我似乎于她已经更加了解，揭去许多先前以为了解而现在看来却是隔膜，即所谓真的隔膜了。

子君也逐日活泼起来。但她并不爱花，我在庙会时买来的两盆小草花，四天不浇，枯死在壁角了，我又没有照顾一切的闲暇。然而她爱动物，也许是从官太太那里传染的罢，不一月，我们的眷属便骤然加得很多，四只小油鸡，在小院子里和房主人的十多只在一同走。但她们却认识鸡的相貌，各知道哪一只是自家的。还有一只花白的叭儿狗，从庙会买来，记得似乎原有名字，子君却给它另起了一个，叫作阿随。我就叫它阿随，但我不喜欢这名字。

这是真的，爱情必须时时更新，生长，创造。我和子君说起这，她也领会地点点头。

唉唉，那是怎样的宁静而幸福的夜呵！

安宁和幸福是要凝固的，永久是这样的安宁和幸福。我们在会馆里时，还偶有议论的冲突和意思的误会，自从到吉兆胡同以来，连这一点也没有了；我们只在灯下对坐的怀旧谭中，回味那时冲突以后的和解的重生一般的乐趣。

子君竟胖了起来，脸色也红活了；可惜的是忙。管了家务便连谈天的工夫也没有，何况读书和散步。我们常说，我们总还得雇一个女工。

这就使我也一样地不快活，傍晚回来，常见她包藏着不快活的颜色，尤其使我不乐的是她要装作勉强的笑容。幸而探听出来了，也还是和那小官太太的暗斗，导火线便是两家的小油鸡。但又何必硬不告诉我呢？人总该有一个独立的家庭。这样的处所，是不能居住的。

我的路也铸定了，每星期中的六天，是由家到局，又由局到家。在局里便坐在办公桌前抄，抄，抄些公文和信件；在家里是和她相对或帮她生白炉子，煮饭，蒸馒头。我的学会了煮饭，就在这时候。

但我的食品却比在会馆里时好得多了。做菜虽不是子君的特长，然而她于此却倾注着全力；对于她的日夜的操心，使我也不能不一同操心，来算作分甘共苦。况且她又这样地终日汗流满面，短发都粘在脑额上；两只手又只是这样地粗糙起来。

况且还要饲阿随，饲油鸡……都是非她不可的工作。我曾经忠告她：我不吃，倒也罢了；却万不可这样地操劳。她只看了我一眼，不开口，神色却似乎有点凄然；我也只好不开口。然而她还是这样地操劳。

我所豫期的打击果然到来。双十节的前一晚，我呆坐着，她在洗碗。听到打门声，我去开门时，是局里的信差，交给我一张油印的纸条。我就有些料到了，到灯下去一看，果然，印着的就是：

奉局长谕史涓生着毋庸到局办事

秘书处启　　十月九号

这在会馆里时，我就早已料到了；那雪花膏便是局长的儿子的赌友，一定要去添些谣言，设法报告的。到现在才发生效验，已经要算是很晚的了。其实这在我不能算是一个打击，因为我早就决定，可以给别人去抄写，或者教读，或者虽然费力，也还可以译点书，况且《自由之友》的总编辑便是见过几次的熟人，两月前还通过信。但我的心却跳跃着。那么一个无畏的子君也变了色，尤其使我痛心；她近来似乎也较为怯弱了。

"那算什么。哼，我们干新的。我们……"她说。

她的话没有说完；不知怎地，那声音在我听去却只是浮浮的；灯光也觉得格外黯淡。人们真是可笑的动物，一点极微末的小事情，便会受着很深的影响。我们先是默默地相视，逐渐商量起来，终于决定将现有的钱竭力节省，一面登"小广告"去寻求抄写和教读，一面写信给《自由之友》的总编辑，说明我目下的遭遇，请他收用我的译本，给我帮一点艰辛时候的忙。

"说做，就做罢！来开一条新的路！"

我立刻转身向了书案，推开盛香油的瓶子和醋碟，子君便送过那黯淡的灯来。我先拟广告；其次是选定可译的书，迁移以来未曾翻阅过，每本的头上都满漫着灰尘了；最后才写信。

我很费踌躇，不知道怎样措辞好，当停笔凝思的时候，转眼去一瞥她的脸，在昏暗的灯光下，又很见得凄然。我真不料这样微细的小事情，竟会给坚决的、无畏的子君以这么显著的变化。她近来实在变得很怯弱了，但也并不是今夜才开始的。我的心因此更缭乱，忽然有安宁的生活的影像——会馆里的破屋的寂静，在眼前一闪，刚刚想定睛凝视，却又看见了昏暗的灯光。

许久之后，信也写成了，是一封颇长的信；很觉得疲劳，仿佛近来自己也较为怯弱了。于是我们决定，广告和发信，就在明日一同实行。大家不约而同地伸直了腰肢，在无言中，似乎又都感到彼此的坚忍倔强的精神，还看见从新萌芽起来的将来的希望。

外来的打击其实倒是振作了我们的新精神。局里的生活，原如鸟贩子手里的禽鸟一般，仅有一点小米维系残生，决不会肥胖；日子一久，只落得麻痹了翅子，即使放出笼外，早已不能奋飞。现在总算脱出这牢笼了，我从此要在新的开阔的天空中翱翔，趁我还未忘却了我的翅子的扇动。

小广告是一时自然不会发生效力的；但译书也不是容易事，先前看过，以为已经懂得的，一动手，却疑难百出了，进行得很慢。然而我决计努力地做，一本半新的字典，不到半月，边上便有了一大片乌黑的指痕，这就证明着我的工作的切实。

《自由之友》的总编辑曾经说过，他的刊物是决不会埋没好稿子的。

可惜的是我没有一间静室，子君又没有先前那么幽静，善于体帖了，屋子里总是散乱着碗碟，弥漫着煤烟，使人不能安心做事，但是这自然还只能怨我自己无力置一间书斋。然而又加以阿随，加以油鸡们。加以油鸡们又大起来了，更容易成为两家争吵的引线。

加以每日的“川流不息”的吃饭；子君的功业，仿佛就完全建立在这吃饭中。吃了筹钱，筹来吃饭，还要喂阿随，饲油鸡；她似乎将先前所知道的全都忘掉了，也不想到我的构思就常常为了这催促吃饭而打断。即使在坐中给看一点怒色，她总是不改变，仍然毫无感触似的大嚼起来。

使她明白了我的做工不能受规定的吃饭的束缚，就费去五星期。她明白之后，大约很不高兴罢，可是没有说。我的工作果然从此较为迅速地进行，不久就共译了五万言，只要润色一回，便可以和做好的两篇小品，一同寄给《自由之友》去。只是吃饭却依然给我苦恼。菜冷是无妨的，然而竟不够；有时连饭也不够，虽然我因为终日坐在家里用脑，饭量已经比先前要减少得多。这是先去喂了阿随了，有时还并那近来连自己也轻易不吃的羊肉。她说，阿随实在瘦得太可怜，房东太太还因此嗤笑我们了，她受不住这样的奚落。

于是吃我残饭的便只有油鸡们。这是我积久才看出来的，但同时也如赫胥黎的论定“人类在宇宙间的位置”一般[5]，自觉了我在这里的位置：不过是叭儿狗和油鸡之间。

后来，经多次的抗争和催逼，油鸡们也逐渐成为肴馔，我们和阿随都享用了十多日的鲜肥；可是其实都很瘦，因为它们早已每日只能得到几粒高粱了。从此便清静得多。只有子君很颓唐，似乎常觉得凄苦和无聊，至于不大愿意开口。我想，人是多么容易改变呵！

但是阿随也将留不住了。我们已经不能再希望从什么地方会有来信，子君也早没有一点食物可以引它打拱或直立起来。冬季又逼近得这么快，火炉就要成为很大的问题；它的食量，在我们其实早是一个极易觉得的很重的负担。于是连它也留不住了。

倘使插了草标到庙市去出卖[6]，也许能得几文钱罢，然而我们都不能，也不愿这样做。终于是用包袱蒙着头，由我带到西郊去放掉了，还要追上来，便推在一个并不很深的土坑里。

我一回寓，觉得又清静得多了；但子君的凄惨的神色，却使我很吃惊。那是没有见过的神色，自然是为阿随。但又何至于此呢？我还没有说起推在土坑里的事。

到夜间，在她的凄惨的神色中，加上冰冷的分子了。

“奇怪。——子君，你怎么今天这样儿了？”我忍不住问。

“什么？”她连看也不看我。

“你的脸色……”

“没有什么，——什么也没有。”

我终于从她言动上看出，她大概已经认定我是一个忍心的人。其实，我一个人，是容易生活的，虽然因为骄傲，向来不与世交来往，迁居以后，也疏远了所有旧识的人，然而只要能远走高飞，生路还宽广得很。现在忍受着这生活压迫的苦痛，大半倒是为她，便是放掉阿随，也何尝不如此。但子君的识见却似乎只是浅薄起来，竟至于连这一点也想不到了。

我拣了一个机会，将这些道理暗示她；她领会似的点头。然而看她后来的情形，她是没有懂，或者是并不相信的。

天气的冷和神情的冷，逼迫我不能在家庭中安身。但是，往哪里去呢？大道上，公园里，虽然没有冰冷的神情，冷风究竟也刺得人皮肤欲裂。我终于在通俗图书馆里觅得了我的天堂。

那里无须买票；阅书室里又装着两个铁火炉。纵使不过是烧着不死不活的煤的火炉，但单是看见装着它，精神上也就总觉得有些温暖。书却无可看：旧的陈腐，新的是几乎没有的。

好在我到那里去也并非为看书。另外时常还有几个人，多则十余人，都是单薄衣裳，正如我，各人看各人的书，作为取暖的口实。这于我尤为合式。道路上容易遇见熟人，得到轻蔑的一瞥，但此地却决无那样的横祸，因为他们是永远围在别的铁炉旁，或者靠在自家的白炉边的。

那里虽然没有书给我看，却还有安闲容得我想。待到孤身枯坐，回忆从前，这才觉得大半年来，只为了爱，——盲目的爱，——而将别的人生的要义全盘疏忽了。第一，便是生活。人必生活着，爱才有所附丽。世界上并非没有为了奋斗者而开的活路；我也还未忘却翅子的扇动，虽然比先前已经颓唐得多……。

屋子和读者渐渐消失了，我看见怒涛中的渔夫，战壕中的兵士，摩托车中的贵人，洋场上的投机家，深山密林中的豪杰，讲台上的教授，昏夜的运动者和深夜的偷儿……子君，——不在近旁。她的勇气都失掉了，只为着阿随悲愤，为着做饭出神；然而奇怪的是倒也并不怎样瘦损……

冷了起来，火炉里的不死不活的几片硬煤，也终于烧尽了，已是闭馆的时候。又须回到吉兆胡同，领略冰冷的颜色去了。近来也间或遇到温暖的神情，但这却反而增加我的苦痛。记得有一夜，子君的眼里忽而又发出久已不见的稚气的光来，笑着和我谈到还在会馆时候的情形，时时又很带些恐怖的神色。我知道我近来的超过她的冷漠，已经引起她的忧疑来，只得也勉力谈笑，想给她一点慰藉。然而我的笑貌一上脸，我的话一出口，却即刻变为空虚，这空虚又即刻发生反响，回向我的耳目里，给我一个难堪的恶毒的冷嘲。子君似乎也觉得的，从此便失掉了她往常的麻木似的镇静，虽然竭力掩饰，总还是时时露出忧疑的神色来，但对我却温和得多了。

我要明告她，但我还没有敢，当决心要说的时候，看见她孩子一般的眼色，就使我只得暂且改作勉强的欢容。但是这又即刻来冷嘲我，并使我失却那冷漠的镇静。

她从此又开始了往事的温习和新的考验，逼我做出许多虚伪的温存的答案来，将温存示给她，虚伪的草稿便写在自己的心上。我的心渐被这些草稿填满了，常觉得难于呼吸。我在苦恼中常常想，说真实自然须有极大的勇气的；假如没有这勇气，而苟安于虚伪，那也便是不能开辟新的生路的人。不独不是这个，连这人也未尝有！

子君有怨色，在早晨，极冷的早晨，这是从未见过的，但也许是从我看来的怨色。我那时冷冷地气愤和暗笑了；她所磨练的思想和豁达无畏的言论，到底也还是一个空虚，而对于这空虚却并未自觉。她早已什么书也不看，已不知道人的生活的第一着是求生，向着这求生的道路，是必须携手同行，或奋身孤往的了，倘使只知道搥着一个人的衣角，那便是虽战士也难于战斗，只得一同灭亡。

我觉得新的希望就只在我们的分离；她应该决然舍去，——我也突然想到她的死，然而立刻自责，忏悔了。幸而是早晨，时间正多，我可以说我的真实。我们的新的道路的开辟，便在这一遭。

我和她闲谈，故意地引起我们的往事，提到文艺，于是涉及外国的文人，文人的作品：《诺拉》，《海的女人》[7]。称扬诺拉的果决……也还是去年在会馆的破屋里讲过的那些话，但现在已经变成空虚，从我的嘴传入自己的耳中，时时疑心有一个隐形的坏孩子，在背后恶意地刻毒地学舌。

她还是点头答应着倾听，后来沉默了。我也就断续地说完了我的话，连余音都消失在虚空中了。

“是的。”她又沉默了一会，说，“但是……涓生，我觉得你近来很两样了。可是的？你——你老实告诉我。”

我觉得这似乎给了我当头一击，但也立即定了神，说出我的意见和主张来：新的路的开辟，新的生活的再造，为的是免得一同灭亡。

临末，我用了十分的决心，加上这几句话：

“……况且你已经可以无须顾虑，勇往直前了。你要我老实说；是的，人是不该虚伪的。我老实说罢：因为，因为我已经不爱你了！但这于你倒好得多，因为你更可以毫无挂念地做事……”

我同时预期着大的变故的到来，然而只有沉默。她脸色陡然变成灰黄，死了似的；瞬间便又苏生，眼里也发了稚气的闪闪的光泽。这眼光射向四处，正如孩子在饥渴中寻求着慈爱的母亲，但只在空中寻求，恐怖地回避着我的眼。

我不能看下去了，幸而是早晨，我冒着寒风径奔通俗图书馆。

在那里看见《自由之友》，我的小品文都登出了。这使我一惊，仿佛得了一点生气。我想，生活的路还很多——但是现在这样也还是不行的。

我开始去访问久已不相闻问的熟人，但这也不过一两次；他们的屋子自然是暖和的，我在骨髓中却觉得寒冽。夜间，便蜷伏在比冰还冷的冷屋中。

冰的针刺着我的灵魂，使我永远苦于麻木的疼痛。生活的路还很多，我也还没有忘却翅子的扇动，我想——我突然想到她的死，然而立刻自责，忏悔了。

在通俗图书馆里往往瞥见一闪的光明，新的生路横在前面。她勇猛地觉悟了，毅然走出这冰冷的家，而且——毫无怨恨的神色。我便轻如行云，漂浮空际，上有蔚蓝的天，下是深山大海，广厦高楼，战场，摩托车，洋场，公馆，晴明的闹市，黑暗的夜……

而且，真的，我豫感得这新生面便要来到了。

我们总算度过了极难忍受的冬天，这北京的冬天；就如蜻蜓落在恶作剧的坏孩子的手里一般，被系着细线，尽情玩弄，虐待，虽然幸而没有送掉性命，结果也还是躺在地上，只争着一个迟早之间。

写给《自由之友》的总编辑已经有三封信，这才得到回信，信封里只有两张书券[8]：两角的和三角的。我却单是催，就用了九分的邮票，一天的饥饿，又都白挨给于已一无所得的空虚了。

然而觉得要来的事，却终于来到了。

这是冬春之交的事，风已没有这么冷，我也更久地在外面徘徊；待到回家，大概已经昏黑。就在这样一个昏黑的晚上，我照常没精打采地回来，一看见寓所的门，也照常更加丧气，使脚步放得更缓。但终于走进自己的屋子里了，没有灯火；摸火柴点起来时，是异样的寂寞和空虚！

正在错愕中，官太太便到窗外来叫我出去。

“今天子君的父亲来到这里，将她接回去了。”她很简单地说。

这似乎又不是意料中的事，我便如脑后受了一击，无言地站着。

“她去了么？”过了些时，我只问出这样一句话。

“她去了。”

“她——她可说什么？”

“没说什么。单是托我见你回来时告诉你，说她去了。”

我不信；但是屋子里是异样的寂寞和空虚。我遍看各处，寻觅子君；只见几件破旧而黯淡的家具，都显得极其清疏，在证明着它们毫无隐匿一人一物的能力。我转念寻信或她留下的字迹，也没有；只是盐和干辣椒，面粉，半株白菜，却聚集在一处了，旁边还有几十枚铜元。这是我们两人生活材料的全副，现在她就郑重地将这留给我一个人，在不言中，教我借此去维持较久的生活。

我似乎被周围所排挤，奔到院子中间，有昏黑在我的周围；正屋的纸窗上映出明亮的灯光，他们正在逗着孩子推笑。我的心也沉静下来，觉得在沉重的迫压中，渐渐隐约地现出脱走的路径：深山大泽，洋场，电灯下的盛筵；壕沟，最黑最黑的深夜，利刃的一击，毫无声响的脚步……

心地有些轻松，舒展了，想到旅费，并且嘘一口气。

躺着，在合着的眼前经过的预想的前途，不到半夜已经现尽；暗中忽然仿佛看见一堆食物，这之后，便浮出一个子君的灰黄的脸来，睁了孩子气的眼睛，恳托似的看着我。我一定神，什么也没有了。

但我的心却又觉得沉重。我为什么偏不忍耐几天，要这样急急地告诉她真话的呢？现在她知道，她以后所有的只是她父亲——儿女的债主——的烈日一般的严威和旁人的赛过冰霜的冷眼。此外便是虚空。负着虚空的重担，在严威和冷眼中走着所谓人生的路，这是怎么可怕的事呵！而况这路的尽头，又不过是——连墓碑也没有的坟墓。

我不应该将真实说给子君，我们相爱过，我应该永久奉献她我的说谎。如果真实可以宝贵，这在子君就不该是一个沉重的空虚。谎语当然也是一个空虚，然而临末，至多也不过这样地沉重。

我以为将真实说给子君，她便可以毫无顾虑，坚决地毅然前行，一如我们将要同居时那样。但这恐怕是我错误了。她当时的勇敢和无畏是因为爱。

我没有负着虚伪的重担的勇气，却将真实的重担卸给她了。她爱我之后，就要负了这重担，在严威和冷眼中走着所谓人生的路。

我想到她的死……我看见我是一个卑怯者，应该被摈于强有力的人们，无论是真实者，虚伪者。然而她却自始至终，还希望我维持较久的生活……

我要离开吉兆胡同，在这里是异样的空虚和寂寞。我想，只要离开这里，子君便如还在我的身边；至少，也如还在城中，有一天，将要出乎意表地访我，像住在会馆时候似的。

然而一切请托和书信，都是一无反响；我不得已，只好访问一个久不问候的世交去了。他是我伯父的幼年的同窗，以正经出名的拔贡[9]，寓京很久，交游也广阔的。

大概因为衣服的破旧罢，一登门便很遭门房的白眼。好容易才相见，也还相识，但是很冷落。我们的往事，他全都知道了。

“自然，你也不能在这里了。”他听了我托他在别处觅事之后，冷冷地说，“但那里去呢？很难——你那，什么呢，你的朋友罢，子君，你可知道，她死了。”

我惊得没有话。

“真的？”我终于不自觉地问。

“哈哈。自然真的。我家的王升的家，就和她家同村。”

“但是——不知道是怎么死的？”

“谁知道呢。总之是死了就是了。”

我已经忘却了怎样辞别他，回到自已的寓所。我知道他是不说谎话的；子君总不会再来的了，像去年那样。她虽是想在严威和冷眼中负着虚空的重担来走所谓人生的路，也已经不能。她的命运，已经决定她在我所给与的真实——无爱的人间死灭了！

自然，我不能在这里了；但是“那里去呢？”

四围是广大的空虚，还有死的寂静。死于无爱的人们的眼前的黑暗，我仿佛一一看见，还听得一切苦闷和绝望的挣扎的声音。

我还期待着新的东西到来，无名的，意外的。但一天一天，无非是死的寂静。

我比先前已经不大出门，只坐卧在广大的空虚里，一任这死的寂静侵蚀着我的灵魂。死的寂静有时也自己战栗，自己退藏，于是在这绝续之交，便闪出无名的，意外的，新的期待。

一天是阴沉的上午，太阳还不能从云里面挣扎出来；连空气都疲乏着。耳中听到细碎的步声和咻咻的鼻息，使我睁开眼。大致一看，屋子里还是空虚；但偶然看到地面，却盘旋着一匹小小的动物，瘦弱的，半死的，满身灰土的……

我一细看，我的心就一停，接着便直跳起来。

那是阿随。它回来了。

我的离开吉兆胡同，也不单是为了房主人们和他家女工的冷眼，大半就为着这阿随。但是，“那里去呢?”新的生路自然还很多，我约略知道，也间或依稀看见，觉得就在我面前，然而我还没有知道跨进那里去的第一步的方法。

经过许多回的思量和比较，也还只有会馆是还能相容的地方。依然是这样的破屋，这样的板床，这样的半枯的槐树和紫藤，但那时使我希望，欢欣，爱，生活的，却全都逝去了，只有一个虚空，我用真实去换来的虚空存在。

新的生路还很多，我必须跨进去，因为我还活着。但我还不知道怎样跨出那第一步。有时，仿佛看见那生路就像一条灰白的长蛇，自己蜿蜒地向我奔来，我等着，等着，看看临近，但忽然便消失在黑暗里了。

初春的夜，还是那么长。长久的枯坐中记起上午在街头所见的葬式，前面是纸人纸马，后面是唱歌一般的哭声。我现在已经知道他们的聪明了，这是多么轻松简截的事。

然而子君的葬式却又在我的眼前，是独自负着虚空的重担，在灰白的长路上前行，而又即刻消失在周围的严威和冷眼里了。

我愿意真有所谓鬼魂，真有所谓地狱，那么，即使在孽风怒吼之中，我也将寻觅子君，当面说出我的悔恨和悲哀，祈求她的饶恕；否则，地狱的毒焰将围绕我，猛烈地烧尽我的悔恨和悲哀。

我将在孽风和毒焰中拥抱子君，乞她宽容，或者使她快意……

但是，这却更虚空于新的生路；现在所有的只是初春的夜，竟还是那么长。我活着，我总得向着新的生路跨出去，那第一步，——却不过是写下我的悔恨和悲哀，为子君，为自己。

我仍然只有唱歌一般的哭声，给子君送葬，葬在遗忘中。

我要遗忘；我为自己，并且要不再想到这用了遗忘给子君送葬。

我要向着新的生路跨进第一步去，我要将真实深深地藏在心的创伤中，默默地前行，用遗忘和说谎做我的前导……。

一九二五年十月二十一日毕

[1]会馆：旧时都市中同乡会或同业公会设立的馆舍，供同乡或同业旅居、聚会之用。

[2]长班：旧时官员的随身仆人，也用来称呼一般的“听差”。

[3]伊孛生：通译易卜生（1828－1906年），挪威剧作家。现代现实主义戏剧的创始人。易卜生参加编导的剧本不少于145部。他在戏剧创作方面的实践经验可以与莎士比亚、莫里哀媲美。

[4]愧恧（nǜ）：惭愧。

[5]赫胥黎：1825－1895年，英国生物学家。他的《人类在宇宙间的位置》（今译《人类在自然界的位置》），是宣传达尔文的进化论的重要著作。

[6]草标：插在物品上，作为待售的标志的草束。

[7]《诺拉》：通译作《娜拉》（又译作《玩偶之家》）。《海的女人》：通译作《海的夫人》。二书都是易卜生的著名剧作。

[8]书券：购书用的代价券，可按券面金额到指定书店选购。旧时有的报刊用它代替现金支付稿酬。

[9]拔贡：清代科举考试制度，在规定的年限（原定六年，后改为十二年）选拔“文行兼优”的秀才，保送到京师，贡入国子监，称为“拔贡”。是贡生的一种。

【导读】

本文选自《鲁迅全集》第二卷《彷徨》，据人民文学出版社1981年版。作者鲁迅（1881－1936年），浙江绍兴人，字豫才。原名周樟寿，1898年改为周树人，字豫山、豫亭。以笔名鲁迅闻名于世。鲁迅的作品包括杂文、短篇小说、评论、散文、翻译作品，对于“五四运动”以后的中国文学产生了深刻的影响。

本篇是鲁迅先生唯一一部以爱情为主题的小说。“五四”新文化运动以来，西方的民主、自由思想影响了中国的进步青年，追求个性解放和爱情自由成为时尚。一些青年男女开始挣脱包办婚姻的枷锁，勇敢地追求自由恋爱。然而鲁迅却看到了这种自由背后的沉重，那就是社会环境中的保守势力还在残酷扼杀这种脆弱的小家庭。涓生和子君在追求爱情自由的过程中一度是勇往直前的，然而现实中的重重压力，人性中的软弱，还是将一份美好的爱情泯灭在生存危机中。鲁迅先生认识到，妇女权利的扩大是一切社会进步的基本原则，在经济权上社会应该有男女平等的分配，否则爱情和自由就是不堪一击的。通过这部小说，鲁迅先生尖锐地揭示了刚刚挣脱封建主义束缚的知识分子必须正视的社会矛盾和人性弱点。即使在今天读来，它仍然具有莫大的启发性。

《伤逝》采用了当时新颖的手记体叙述形式，在那些夹杂着幸福的回忆和悔恨、伤痛、自责的内心独白中，我们领略到了主人公诗意的浪漫和多重社会压力下的心灵挣扎。人物的情感、性格通过细腻的言行和心理描写在我们眼前鲜活起来，触动心弦，令人感动。这部小说带有浓郁的抒情色彩，开创了诗化小说的写作风格，是现代文学史上的杰出作品。

【研讨】

1. 从内因和外因的角度分析涓生、子君爱情悲剧的原因。

2. 根据本文，谈谈怎样理解爱情与经济基础的关系？

【延展】

1. 延伸阅读

所以为娜拉计，钱——高雅的说罢，就是经济，是最要紧的了。自由固不是钱所能买到的，但能够为钱而卖掉。人类有一个大缺点，就是常常要饥饿。为补救这缺点起见，为准备不做傀儡起见，在目下的社会里，经济权就见得最要紧了。第一，在家应该先获得男女平均的分配；第二，在社会应该获得男女相等的势力。可惜我不知道这权柄如何取得，单知道仍然要战斗；或者也许比要求参政权更要用剧烈的战斗。

（鲁迅《坟·娜拉走后怎样》）

2. 推荐书目

（1）鲁迅．彷徨·幸福的家庭．人民文学出版社，1981.

（2）胡桂红，郑磊．鲁迅对妇女解放和新式爱情的疑虑．时代文学，2010，12.

（3）何云贵．近年来《伤逝》研究综述．鲁迅研究月刊，1997，9.

边城（节选）

沈从文

一

由四川过湖南去，靠东有一条官路。这官路将近湘西边境，到了一个地方名为“茶峒”的小山城时，有一小溪，溪边有座白色小塔，塔下住了一户单独的人家。这人家只一个老人，一个女孩子，一只黄狗。

小溪流下去，绕山岨流[1]，约三里便汇入茶峒大河。人若过溪越小山走去，则只一里路就到了茶峒城边。溪流如弓背，山路如弓弦，故远近有了小小差异。小溪宽约二十丈，河床为大片石头作成。静静的水即或深到一篙不能落底，却依然清澈透明，河中游鱼来去皆可以计数。小溪既为川湘来往孔道，水常有涨落，限于财力不能搭桥，就安排了一只方头渡船。这渡船一次连人带马，约可以载二十位搭客过河，人数多时则反复来去。渡船头竖了一枝小小竹竿，挂着一个可以活动的铁环；溪岸两端水面横牵了一段竹缆，有人过渡时，把铁环挂在竹缆上，船上人就引手攀缘那条缆索，慢慢的牵船过对岸去。船将拢岸了，管理这渡船的，一面口中嚷着“慢点慢点”，自己霍的跃上了岸，拉着铁环，于是人货牛马全上了岸，翻过小山不见了。渡头为公家所有，故过渡人不必出钱。有人心中不安，抓了一把钱掷到船板上时，管渡船的必为一一拾起，依然塞到那人手心里去，俨然吵嘴时的认真神气：“我有了口粮，三斗米，七百钱，够了。谁要你这个！”

但不成，凡事求个心安理得，出气力不受酬谁好意思，不管如何还是有人把钱的。管船人却情不过，也为了心安起见，便把这些钱托人到茶峒去买茶叶和草烟，将茶峒出产的上等草烟，一扎一扎挂在自己腰带边，过渡的谁需要这东西必慷慨奉赠。有时从神气上估计那远路人对于身边草烟引起了相当的注意时，便把一小束草烟扎到那人包袱上去，一面说，“大哥，不吸这个吗？这好的，这妙的，看样子不成材，巴掌大叶子，味道蛮好，送人也合适！”茶叶则在六月里放进大缸里去，用开水泡好，给过路人解渴。

边城小镇

管理这渡船的，就是住在塔下的那个老人。活了七十年，从二十岁起便守在这小溪边，五十年来不知把船来去渡了若干人。年纪虽那么老了，骨头硬硬的，本来应当休息了，但天不许他休息，他仿佛便不能够同这一份生活离开。他从不思索自己的职务对于本人的意义，只是静静的很忠实的在那里活下去。代替了天，使他在日头升起时，感到生活的力量，当日头落下时，又不至于思量与日头同时死去的，是那个伴在他身旁的女孩子。他唯一的伙伴为一只渡船与一只黄狗，唯一的亲人便只那个女孩子。

女孩子的母亲，老船夫的独生女，十七年前同一个茶峒屯防军人唱歌相熟后，很秘密的背着那忠厚爸爸发生了暧昧关系。有了小孩子后，结婚不成，这屯戍军士便想约了她一同向下游逃去。但从逃走的行为上看来，一个违悖了军人的责任，一个却必得离开孤独的父亲。经过一番考虑后，军人见她无远走勇气自己也不便毁去作军人的名誉，就心想：一同去生既无法聚首，一同去死当无人可以阻拦，首先服了毒。女的却关心腹中的一块肉，不忍心，拿不出主张。事情业已为作渡船夫的父亲知道，父亲却不加上一个有分量的字眼儿，只作为并不听到过这事情一样，仍然把日子很平静的过下去。女儿一面怀了羞惭一面却怀了怜悯，依旧守在父亲身边，待到腹中小孩生下后，却到溪边故意吃了许多冷水死去了。在一种近于奇迹中，这遗孤居然已长大成人，一转眼间便十五岁了。为了住处两山多篁竹，翠色逼人而来，老船夫随便为这可怜的孤雏，拾取了一个近身的名字，叫作“翠翠”。

翠翠在风日里长养着，把皮肤变得黑黑的，触目为青山绿水，一对眸子清明如水晶。自然既长养她且教育她，为人天真活泼，处处俨然如一只小兽物。人又那么乖，如山头黄麂一样，从不想到残忍事情，从不发愁，从不动气。平时在渡船上遇陌生人对她有所注意时，便把光光的眼睛瞅着那陌生人，作成随时皆可举步逃入深山的神气，但明白了人无机心后，就又从从容容地在水边玩耍了。

老船夫不论晴雨，必守在船头。有人过渡时，便略弯着腰，两手缘引了竹缆，把船横渡过小溪。有时疲倦了，躺在临溪大石上睡着了，人在隔岸招手喊过渡，翠翠不让祖父起身，就跳下船去，很敏捷的替祖父把路人渡过溪，一切皆溜刷在行，从不误事。有时又和祖父、黄狗一同在船上，过渡时和祖父一同动手牵缆索。船将近岸边，祖父正向客人招呼："慢点，慢点"时，那只黄狗便口衔绳子，最先一跃而上，且俨然懂得如何方为尽职似的，把船绳紧衔着拖船拢岸。

风日清和的天气，无人过渡，镇日长闲，祖父同翠翠便坐在门前大岩石上晒太阳。或把一段木头从高处向水中抛去，嗾使身边黄狗自岩石高处跃下，把木头衔回来。或翠翠与黄狗皆张着耳朵，听祖父说些城中多年以前的战争故事。或祖父同翠翠两人，各把小竹做成的竖笛，逗在嘴边吹着迎亲送女的曲子。过渡人来了，老船夫放下了竹管，独自跟到船边去横溪渡人。在岩上的一个，见船开动时，于是锐声喊着：

"爷爷，爷爷，你听我吹，你唱!"

爷爷到溪中央便很快乐的唱起来，哑哑的声音同竹管声振荡在寂静空气里，溪中仿佛也热闹了一些。实则歌声的来复，反而使一切更加寂静。

有时过渡的是从川东过茶峒的小牛，是羊群，是新娘子的花轿，翠翠必争看作渡船夫，站在船头，懒懒的攀引缆索，让船缓缓地过去。牛羊花轿上岸后，翠翠必跟着走，站到小山头，目送这些东西走去很远了，方回转船上，把船牵靠近家的岸边。且独自低低地学小羊叫着，学母牛叫着，或采一把野花缚在头上，独自装扮新娘子。

茶峒山城只隔渡头一里路，买油买盐时，逢年过节祖父得喝一杯酒时，祖父不上城，黄狗就伴同翠翠入城里去备办东西。到了卖杂货的铺子里，有大把的粉条，大缸的白糖，有炮仗，有红蜡烛，莫不给翠翠很深的印象，回到祖父身边，总把这些东西说个半天。那里河边还有许多上行船，百十船夫忙着起卸百货。这种船只比起渡船来全大得多，有趣味得多，翠翠也不容易忘记。

……………………

四

还是两年前的事。五月端阳，渡船头祖父找人作了替手，便带了黄狗同翠翠进城，到大河边去看划船。河边站满了人，四只朱色长船在潭中滑着，龙船水刚刚涨过，河中水皆泛着豆绿色，天气又那么明朗，鼓声蓬蓬响着，翠翠抿着嘴一句话不说，心中充满了不可言说的快乐。河边人太多了一点，各人皆尽张着眼睛望河中，不多久，黄狗还在身边，祖父却挤得不见了。

翠翠一面注意划船，一面心想"过不久祖父总会找来的"。但过了许久，祖父还不来，翠翠便稍稍有点儿着慌了。先是两人同黄狗进城前一天，祖父就问翠翠："明天城里划船，倘若一个人去看，人多怕不怕?"翠翠就说："人多我不怕，但是只是自己一个人可不好玩。"于是祖父想了半天，方想起一个住在城中的老熟人，赶夜里到城里去商量，请那老人来看一天渡船，自己却陪翠翠进城玩一天。且因为那人比渡船老人更孤单，身边无一个亲人，也无一只狗，因此便约好了那人早上过家中来吃饭，喝一杯雄黄酒。第二天那人来了，吃了饭，把职务委托那人以后，翠翠等便进了城。到路上时，祖父想起什么似的，又问翠翠，“翠翠，翠翠，人那么多，好热闹，你一个人敢到河边看龙船吗?”翠翠说：“怎么不敢? 可是一个人玩有什么意思。”到了河边后，长潭里的四只红船，把翠翠的注意力完全占去了，身边祖父似乎也可有可无了。祖父心想：“时间还早，到收场时，至少还得三个时刻。溪边的那个朋友，也应当来看看年轻人的热闹，回去一趟，换换地位还赶得及。”因此就问翠翠，“人太多了，站在这里看，不要动，我到别处去有事情，无论如何总得赶回来伴你回家。”翠翠正为两只竞速并进的船迷着，祖父说的话毫不思索就答应了。祖父知道黄狗在翠翠身边，也许比他自己在她身边还稳当，于是便回家看船去了。

祖父到了那渡船处时，见代替他的老朋友，正站在白塔下注意听远处鼓声。

祖父喊他，请他把船拉过来，两人渡过小溪仍然站到白塔下去。那人问老船夫为什么又跑回来，祖父就说想替他一会儿，所以把翠翠留在河边，自己赶回来，好让他也过河边去看看热闹，且说，“看得好，就不必再回来，只须见了翠翠告她一声，翠翠到时自会回家的。小丫头不敢回家，你就伴她走走!”但那替手对于看龙船已无什么兴味，却愿意同老船夫在这溪边大石上各自再喝两杯烧酒。老船夫十分高兴，把葫芦取出，推给城中来的那一个。两人一面谈些端午旧事，一面喝酒，不到一会，那人却在岩石上被烧酒醉倒了。

人既醉倒了，无从入城，祖父为了责任又不便与渡船离开，留在河边的翠翠便不能不着急了。

河中划船的决了最后胜负后，城里军官已派人驾小船在潭中放了一群鸭子，祖父还不见来。翠翠恐怕祖父也正在什么地方等着她，因此带了黄狗向各处人丛中挤着去找寻祖父，结果还是不得祖父的踪迹。后来看看天快要黑了，军人扛了长凳出城看热闹的，皆已陆续扛了那凳子回家。潭中的鸭子只剩下三五只，捉鸭人也渐渐地少了。落日向上游翠翠家中那一方落去，黄昏把河面装饰了一层银色薄雾。翠翠望到这个景致，忽然起了一个怕人的想头，她想：“假若爷爷死了?”

她记起祖父嘱咐她不要离开原来地方那一句话，便又为自己解释这想头的错误，以为祖父不来必是进城去或到什么熟人处去，被人拉着喝酒，一时间不能脱身。正因为这也是可能的事，她又不愿在天未断黑以前，同黄狗赶回家去，只好站在那石码头边等候祖父。

再过一会，对河那两只长船已泊到对河小溪里去不见了，看龙船的人也差不多全散了。吊脚楼有娼妓的人家，已上了灯，且有人敲小斑鼓弹月琴唱曲子。另外一些人家，又有划拳行酒的吵嚷声音。同时停泊在吊脚楼下的一些船只，上面也有人在摆酒炒菜，把青菜萝卜之类，倒进滚热油锅里去时发出沙沙的声音。河面已朦朦胧胧，看去好像只有一只白鸭在潭中浮着，也只剩一个人追着这只鸭子。

翠翠还是不离开码头，总相信祖父会来找她，同她一起回家。

潭中那只白鸭慢慢地向翠翠所在的码头边游来，翠翠想：“再过来些我就捉住你！”于是静静地等着，但那鸭子将近岸边三丈远近时，却有个人笑着，喊那船上水手。原来水中还有个人，那人已把鸭子捉到手，却慢慢的踹水游近岸边的。船上人听到水面的喊声，在隐约里也喊道：“二老，二老，你真能干，你今天得了五只吧？”那水上人说：“这家伙狡猾得很，现在可归我了。”“你这时捉鸭子，将来捉女人，一定有同样的本领。”水上那一个不再说什么，手脚并用地拍着水傍了码头。湿淋淋地爬上岸时，翠翠身旁的黄狗，仿佛警告水中人似的，汪汪的叫了几声，表示这里有人，那人才注意到翠翠。码头上已无别的人，那人问：“是谁人？”

“我是翠翠！”

“翠翠又是谁？”

“是碧溪岨撑渡船的孙女。”

“这里又没有人过渡，你在这儿做什么？”

“我等我爷爷。我等他来好回家去。”

“等他来他可不会来，你爷爷一定到城里军营里喝了酒，醉倒后被人抬回去了！”

“他不会。他答应来，他就一定会来的。”

“这里等也不成。到我家里去，到那边点了灯的楼上去，等爷爷来找你好不好？”

翠翠误会了邀他进屋里去那个人的好意，正记着水手说的妇人丑事，她以为那男子就是要她上有女人唱歌的楼上去，本来从不骂人，这时正因为等候祖父太久了，心中焦急得很，听人要她上去，以为欺侮了她，就轻轻地说：

“你个悖时砍脑壳的！”

话虽轻轻的，那男的却听得出，且从声音上听得出翠翠年纪，便带笑说：“怎么，你那么小小的还会骂人！你不愿意上去，要待在这儿，回头水里大鱼来咬了你，可不要叫喊救命！”

翠翠说：“鱼咬了我，也不关你的事。”

那黄狗好像明白翠翠被人欺侮了，又汪汪的吠起来。那男子把手中白鸭举起，向黄狗吓了一下，“老兄，你要怎么！”便走上河街去了。黄狗为了自己被欺侮还想追过去，翠翠便喊：“狗，狗，你叫人也看人叫！”翠翠意思仿佛只在告给狗“那轻薄男子还不值得叫”，但男子听去的却是另外一种好意，男的以为是她要狗莫向好人叫，放肆地笑着，不见了。

又过了一阵，有人从河街拿了一个废缆做成的火炬，一面晃着一面喊叫着翠翠的名字来找寻她，到身边时翠翠却不认识那个人。那人说：老船夫回到家中，不能来接她，故搭了过渡人口信来，问翠翠要她即刻就回去。翠翠听说是祖父派来的，就同那人一起回家，让打火把的在前引路，黄狗时前时后，一同沿了城墙向渡口走去。翠翠一面走一面问那拿火把的人，是谁告他就知道她在河边。那人说是二老告他的，他是二老家里的伙计，送翠翠回家后还得回转河街。

翠翠说："二老他怎么知道我在河边？"

那人便笑着说："他从河里捉鸭子回来，在码头上见你，他说好意请你上家里坐坐，等候你爷爷，你还骂过他！你那只狗不识吕洞宾，只是叫！"

翠翠带了点儿惊讶轻轻地问："二老是谁？"

那人也带了点儿惊讶说："二老你都不知道？就是我们河街上的傩送二老！就是岳云！他要我送你回去！"

傩送二老在茶峒地方不是一个生疏的名字！

翠翠想起自己先前骂人那句话，心里又吃惊又害羞，再也不说什么，默默地随了那火把走去。

翻过了小山岨，望得见对溪家中火光时，那一方面也看见了翠翠方面的火把，老船夫即刻把船拉过来，一面拉船一面哑声儿喊问："翠翠，翠翠，是不是你？"

翠翠不理会祖父，口中却轻轻地说："不是翠翠，不是翠翠，翠翠早被大河里鲤鱼吃去了。"

翠翠上了船，二老派来的人，打着火把走了，祖父牵着船问："翠翠，你怎么不答应我，生我的气了吗？"

翠翠站在船头还是不作声。翠翠对祖父那一点儿埋怨，等到把船拉过了溪，一到了家中，看明白了醉倒的另一个老人后，就完事了。但另一件事，属于自己不关祖父的，却使翠翠沉默了一个夜晚。

五

两年日子过去了。

这两年来两个中秋节，恰好都无月亮可看，凡在这边城地方，因看月而起整夜男女唱歌的故事，通统不能如期举行，因此两个中秋留给翠翠的印象，极其平淡无奇。两个新年却照例可以看到军营里与各乡来的狮子龙灯，在小教场迎春，锣鼓喧阗很热闹。到了十五夜晚，城中舞龙耍狮子的镇筸[2]兵士，还各自赤裸着肩膊，往各处去欢迎炮仗烟火。城中军营里，税关局长公馆，河街上一些大字号，莫不预先截老毛竹筒，或镂空棕榈树根株，用洞硝拌和磺炭钢砂，一千槌八百槌把烟火做好。好勇取乐的军士，光赤着个上身，玩着灯打着鼓来了，小鞭炮如落雨的样子，从悬到长竿尖端的空中落到玩灯的光赤赤肩背上，锣鼓催动急促的拍子，大家情绪皆为这事情十分兴奋。鞭炮放过一阵后，用长凳绑着的大筒灯火，在敞坪一端燃起了引线，先是嗞嗞的流泻白光，慢慢的这白光便吼啸起来，作出如雷如虎惊人的声音，白光向上空冲去，高至二十丈，下落时便洒散着满天花雨。人人把颈脖缩着，又怕又欢喜。玩灯的兵士，却在火花中绕着圈子，俨然毫不在意的样子。翠翠同他的祖父，也看过这样的热闹，留下一个热闹的印象，但这印象不知为什么原因，总不如那个端午所经过的事情甜而美。

翠翠为了不能忘记那件事，上年一个端午又同祖父到城边河街去看了半天船，一切玩得正好时，忽然落了行雨，无人衣衫不被雨湿透。为了避雨，祖孙二人同那只黄狗，走到顺顺吊脚楼上去，挤在一个角隅里。有人扛凳子从身边过去，翠翠认得那人是去年打了火把送她回家的人，就告给祖父：

“爷爷，那个人去年送我回家，他拿了火把走路时，真像个山上的喽啰!”

祖父当时不作声，等到那人回头又走过面前时，就闪不知一把抓住那个人，笑嘻嘻说：

“嗨嗨，你这个人！要你到我家喝一杯也不成，还怕酒里有毒，把你这个真命天子毒死!”

那人一看是守渡船的，且看到了翠翠，就笑了。“翠翠，你大长了！二老说你在河边大鱼会吃你，我们这里河中的鱼，现在可吞不下你了。”

翠翠一句话不说，只是抿起嘴唇笑着。

这一次虽在这喽罗长年口中听到个“二老”名字，却不曾见及这个人。从祖父与那长年谈话里，翠翠听明白了二老是在下游六百里外沅水中部青浪滩过端午的。但这次不见二老却认识了大老，且见着了那个一地出名的顺顺。大老把河中的鸭子捉回家里后，因为守渡船的老家伙称赞了那只肥鸭两次，顺顺就要大老把鸭子给翠翠。且知道祖孙二人所过的日子十分拮据，节日里自己不能包粽子，又送了许多尖角粽子。

那水上名人同祖父谈话时，翠翠虽装作眺望河中景致，耳朵却把每一句话听得清清楚楚。那人向祖父说翠翠长得很美，问过翠翠年纪，又问有不有了人家。祖父则很快乐的夸奖了翠翠不少，且似乎不许别人来关心翠翠的婚事，故一到这件事便闭口不谈。

回家时，祖父抱了那只白鸭子同别的东西，翠翠打火把引路。两人沿城墙走去，一面是城，一面是水。祖父说：“顺顺真是个好人，大方得很。大老也很好。这一家人都好!”翠翠说：“一家人都好，你认识他们一家人吗?”祖父不明白这句话的意思所在，因为今天太高兴一点，便不加检点笑着说：“翠翠，假若大老要你做媳妇，请人来做媒，你答应不答应?”翠翠就说：“爷爷，你疯了！再说我就生你的气!”

祖父话虽不说了，心中却很显然的还转着这些可笑的不好的念头。翠翠着了恼，把火炬向路两旁乱晃着，向前怏怏的走去了。

“翠翠，莫闹，我摔到河里去，鸭子会走脱的!”

“谁也不稀罕那只鸭子!”

祖父明白翠翠为什么事情不高兴，便唱起摇橹人驶船下滩时催橹的歌声，声音虽然哑沙沙的，字眼儿却稳稳当当毫不含糊。翠翠一面听着一面向前走去，忽然停住了发问：

“爷爷，你的船是不是正在下青浪滩呢?”

祖父不说什么，还是唱着，两人都记起顺顺家二老的船正在青浪滩过节，但谁也不明白另外一个人的记忆所止处，祖孙二人便沉默的一直走还家中。到了渡口，那另外一个代理看船的，正把船泊在岸边等候他们。几人渡过溪到了家中，剥粽子吃。到后那人要进城去，翠翠赶即为那人点上火把，让他有火把照路。人过了小溪上小山时，翠翠同祖父在船上望着，翠翠说：

“爷爷，看喽啰上山了啊!”

祖父把手攀引着横缆，注目溪面升起的薄雾，仿佛看到了另外一种什么东西，轻轻地吁了一口气。祖父静静的拉船过对岸家边时，要翠翠先上岸去，自己却守在船边，因为过节，明白一定有乡下人上城里看龙船，还得乘黑赶回家去。

……………………

七

到了端午。祖父同翠翠在三天前业已预先约好，祖父守船，翠翠同黄狗过顺顺吊脚楼去看热闹。翠翠先不答应，后来答应了。但过了一天，翠翠又翻悔回来，以为要看两人去看，要守船两人守船。祖父明白那个意思，是翠翠玩心与爱心相战争的结果。为了祖父的牵绊，应当玩的也无法去玩，这不成！祖父含笑说：“翠翠，你这是为什么？说定了的又翻悔，同茶峒人平素品德不相称。我们应当说一是一，不许三心二意。我记性并不坏到这样子，把你答应了我的即刻忘掉!”祖父虽那么说，很显然的事，祖父对于翠翠的打算是同意的。但人太乖了，祖父有点愀然不乐了。见祖父不再说话，翠翠就说：“我走了，谁陪你?”

祖父说：“你走了，船陪我。”

翠翠把眉毛皱拢去苦笑着，“船陪你，嗨，嗨，船陪你。爷爷，你真是，只有这只宝贝船!”

祖父心想：“你总有一天会要走的。”但不敢提起这件事。祖父一时无话可说，于是走过屋后塔下小圃里去看葱，翠翠跟了过去。

“爷爷，我决定不去，要去让船去，我替船陪你!”

“好，翠翠，你不去我去，我还得戴了朵红花，装刘姥姥进城去见世面!”

两人都为这句话笑了许久。

祖父理葱，翠翠却摘了一根大葱呜呜吹着玩。有人隔溪喊过渡，翠翠不让祖父占先，便忙着跑下溪边，跳上了渡船，援着横溪缆子拉船过溪去接人。一面拉船一面喊祖父：“爷爷，你唱，你唱!”

祖父不唱，却只站在高岩上望翠翠，把手摇着，一句话不说。

祖父有点心事，心事重重的。翠翠长大了。

翠翠一天比一天大了，无意中提到什么时会红脸了。时间在成长她，似乎正催促她，使她在另外一件事情上负点儿责。她欢喜看满脸扑粉的新嫁娘，欢喜说到关于新嫁娘的故事，欢喜把野花戴到头上去，还欢喜听人唱歌。茶峒人的歌声，缠绵处她已领略得出。她有时仿佛孤独了一点，爱坐在岩石上去，向天空一起云一颗星凝眸。祖父若问："翠翠，你在想什么?"她便带着点儿害羞情绪，轻轻地说："在看水鸭子打架!"照当地习惯意思，就是"翠翠不想什么"。但在心里却同时又自问："翠翠，你真在想什么?"同时自己也在心里答着："我想的很远，很多。可是我不知想些什么。"她的确在想，又的确连自己也不知在想些什么。这女孩子身体既发育得很完全，在本身上因年龄自然而来的一件"奇事"，到月就来，也使她多了些思索，多了些梦。

祖父明白这类事情对于一个女子的影响，祖父心情也变了些。祖父是一个在自然里活了七十年的人，但在人事上的自然现象，就有了些不能安排处。因为翠翠的长成，使祖父记起了些旧事，从掩埋在一大堆时间里的故事中，重新找回了些东西。这些东西压到心上很显然是有个分量的。

翠翠的母亲，某一时节原同翠翠一个样子。眉毛长，眼睛大，皮肤红红的。也乖得使人怜爱——也照例在一些小处，起眼动眉毛，机灵懂事，使家中长辈快乐。也仿佛永远不会同家中这一个分开。但一点不幸来了，她认识了那个兵。到末了丢开老的和小的，却陪那个兵死了。这些事从老船夫说来谁也无罪过，只应由天去负责。翠翠的祖父口中不怨天，不尤人，心中却不能完全同意这种不幸的安排。摊派到本身的一份，说来实在不公平!说是放下了，也正是不能放下的莫可奈何容忍到的一件事!

可是终究还有个翠翠。如今假若翠翠又同妈妈一样，老船夫的年龄，还能把再下一代小雏儿再抚育下去吗?人愿意的事天却不同意!人太老了，应当休息了，凡是一个良善的乡下人，所应得到的劳苦与不幸，全得到了。假若另外高处真有一个玉皇上帝，这上帝且有一双巧手能支配一切，很明显的事，十分公道的办法，是应当把祖父先收回去，再来让那个年青的在新的生活上得到应分，接受那幸或不幸，才合道理!

可是祖父并不那么想，他为翠翠担心。他有时便躺到门外岩石上，对着星子想他的心事。他以为死是应当快到了的，正因为翠翠人已长大了，证明自己也真正老了。可是无论如何，得让翠翠有个着落。翠翠既是她那可怜的母亲交把他的，翠翠大了，他也得把翠翠交给一个可靠的人，他的事才算完结!翠翠应分交给谁?必需什么样的人才不委屈她?

前几天顺顺家天保大老过溪时，同祖父谈话，这心直口快的青年人，第一句话就说：

"老伯伯，你翠翠长得真标致，像个观音样子。再过两年，若我有闲空能留在茶峒照料事情，不必像老鸦成天到处飞，我一定每夜到这溪边来为翠翠唱歌。"

祖父用微笑奖励这种自白。一面把船拉动，一面把那双饱经风日的小眼睛瞅着大老。意思好像说：好小子，你的傻话我全明白，我不生气。你尽管说下去，看你还有什么要说。

于是大老当真又说：

"翠翠太娇了，我担心她只宜于听点茶峒人的歌声，不能作茶峒女子做媳妇的一切正经事。我要个能听我唱歌的有情人，却更不能缺少个照料家务的好媳妇。我这人就是这么一个打算，'又要马儿不吃草，又要马儿走得好，'唉，这两句话恰是古人为我说的!"

祖父慢条斯理把船掉了头，让船尾傍岸，就说：

"大老，也有这种事儿！你瞧着吧。"究竟是什么一种事儿？祖父可并不明白说下去。

那青年走去后，祖父温习着那些出于一个年轻男子口中的真话，实在又愁又喜。翠翠若应当交把一个人，这个人是不是适宜于照料翠翠？当真交把了他，翠翠是不是愿意？

[1]岨（jū）：上面有土的石山。一说为上面有石的土山。

[2]镇筸（gān）：地名。在今湖南省凤凰县，以附近有筸子溪而得名。

【导读】

本文节选自沈从文的中篇小说《边城》，据延边人民出版社 2009 年版。沈从文（1902－1988 年）原名沈岳焕，湖南凤凰县人。现代著名作家、历史文物研究家、京派小说代表人物。沈从文 14 岁起曾投身行伍，22 岁左右开始文学创作，抗战时期曾在西南联大任教，1946 年回到北京大学任教，新中国成立后主要从事中国古代服饰的研究。沈从文一生文集有 80 多部，主要作品有《边城》、《长河》、《湘行散记》等。

《边城》是沈从文的代表作，这部小说以渡船老人的外孙女翠翠与船总儿子傩送之间凄婉的爱情故事为主线，展示了湘西边城小镇独特的山水风情和善良朴实的人性，它承载着沈从文的美学理想，寄寓了作者对湘西"爱"与"美"的记忆。这部小说以它独特的艺术魅力、生动的乡土风情吸引了众多海内外读者，也使沈从文获得"湘西之魂"的称号。

在这部小说中，沈从文用如诗如画的语言描绘了茶峒小镇灵秀、优美的自然风光，以真实而乡土气息浓郁的对话反映了湘西人民的淳朴与豪放。在叙事线索上以时间推移为主线，同时将翠翠的爱情处理为明线，翠翠母亲的爱情为暗线，现实与回忆相交错，揭示了人物命运的神秘，流淌着淡淡的忧伤，反映了湘西人民在自然和人事面前不能把握自己命运的伤感，赞美了边城人民淳朴、善良的情怀。沈从文自己说：创作《边城》的主旨就是"我要表现的本是一种'人生的形式'，一种'优美、健康、自然'而又不悖乎人性的人生形式"。湘西是沈从文心目中的世外桃源，自然而宁静的生活气息、丰富而激荡的人物情感，营造了乱世之中一块田园牧歌式的心灵净土。

【研讨】

1. 中国历来有"一方水土养一方人"的俗语，《边城》中初次描写翠翠也提到"自然既长养她且教育她"。结合其内容谈谈湘西的风情有哪些钟灵毓秀的特点造就了翠翠别具一格的人性美?

2. 沈从文用细腻的文笔将翠翠与傩送之间的爱情描写得朦胧而凄美，中间充满一波三折的坎坷。阅读后找一找，翠翠在爱情逐渐萌生的过程中言行、心理有什么细微的变化?

【延展】

1. 延伸阅读

沈从文擅长于“用抒情诗的笔调写创作”，这使其小说有着浓郁的抒情性。他将这主观的抒情性与生活的真实性紧密结合，潜心地把创作同时向着两个世界掘进，五彩纷呈的客观世界和幽深奥秘的情感世界，从而创造出一种情景交融，“意与境浑”的艺术境界——浑然融彻的意境。而这“意境”因作家笔下湘西地域神秘玄妙的民风与人性、朦胧自然的优美意象、诗化的人生梦幻和含蓄隽永的思想内蕴而呈现出独特的美学风貌。

沈从文的小说，传达出婉晦而又有几分灵醒的崇尚自然、追求本真、执迷淳朴、嫉恨邪恶、意欲“超出于世”的思想情感。这情感和他笔下所描绘的“物境”——意象总是浑融为一的。由此，作家创造出一种“清幽的意境”。而其美学风采在意象的明秀、清奇。这同我国古典诗歌的艺术追求一脉相承，也是沈从文小说风格的精魂之所在。

（罗昌智《论沈从文小说的意境美》，湖北师范学院学报1998年第4期）

2. 推荐书目

（1）谭少元.《边城》语言艺术特色浅析. 作家，2009，4.

（2）李志华. 浅论《边城》的“人间梦想”. 语文教学与研究，2002，9.

（3）何玉嘉.《边城》隐喻和象征的哲学表征. 广西师范学院学报（社科版），2004，1.

第七单元　书序游记

太史公自序（节选）

司马迁

司马迁

太史公曰："先人有言[1]：'自周公卒，五百岁而有孔子[2]。孔子卒后，至于今五百岁，有能绍明世[3]，正《易传》[4]，继《春秋》，本《诗》、《书》、《礼》、《乐》之际。'意在斯乎！意在斯乎！小子何敢让焉[5]！"

[1]先人：指作者的父亲司马谈。

[2]周公：即姬旦，周武王之弟，周成王之叔。武王死时，成王尚年幼，于是周公摄政。周朝的礼乐制度相传为周公所制定。

[3]绍：继承。

[4]《易传》：《周易》的组成部分，是儒家学者对古代占筮用《周易》所作的各种解释。

[5]让：辞让。

上大夫壶遂曰[1]："昔孔子何为而作《春秋》哉?"太史公曰："余闻董生曰[2]：'周道衰废，孔子为鲁司寇[3]，诸侯害之，大夫壅之。孔子知言之不用，道之不行也，是非二百四十二年之中[4]，以为天下仪表[5]，贬天子，退诸侯，讨大夫，以达王事而已矣[6]。'子曰：'我欲载之空言[7]，不如见之于行事之深切著明也[8]'。"夫《春秋》，上明三王之道[9]，下辨人事之纪，别嫌疑，明是非，定犹豫，善善恶恶，贤贤贱不肖，存亡国，继绝世，补敝起废，王道之大者也。《易》著天地、阴阳、四时、五行，故长于变；《礼》经纪人伦[10]，故长于行；《书》记先王之事，故长于政；《诗》记山川、谿谷、禽兽、草木、牝牡、雌雄[11]，故长于风[12]；《乐》乐所以立[13]，故长于和；《春秋》辨是非，故长于治人。是故《礼》以节人，《乐》以发和，《书》以道事[14]，《诗》以达意，《易》以道化，《春秋》

以道义。拨乱世反之正，莫近于《春秋》。《春秋》文成数万，其指数千[15]，万物之散聚，皆在《春秋》。《春秋》之中，弑君三十六，亡国五十二，诸侯奔走不得保其社稷者不可胜数。察其所以，皆失其本已。故《易》曰‘失之毫厘，差以千里’。故曰‘臣弑君，子弑父，非一旦一夕之故也，其渐久矣’。

[1]壶遂：天文学家，曾参与司马迁所主持的太初改律事。官至詹事，秩二千石，故称上大夫。

[2]董生：指汉代儒学大师董仲舒，司马迁曾向他学习《公羊春秋》。生，尊称，即先生、老师之意。

[3]孔子为鲁司寇：鲁定公十年（前500年），孔子在鲁国由中都宰升任司空和大司寇，是年五十二岁。司寇，掌管刑狱的官。

[4]“是非”句：指孔子以《春秋》这部书来褒贬评定整个春秋时代的各国大事。《春秋》记事上起鲁隐公元年（前722年），下止于鲁哀公十四年（前481年），共242年。是非，褒贬。

[5]仪表：准则。

[6]王事：此指王道。

[7]空言：谓只起褒贬作用而不见用于当世的言论主张。

[8]行事：所行之事实。此指具体的历史事件。

[9]三王：指夏禹、商汤、周文王。

[10]《礼》：儒家经典《周礼》、《仪礼》、《礼记》三书的合称。　　经纪：本指纲常法度，此指规范。

[11]牝（pìn）：雌性的禽兽。　　牡（mǔ）：雄性的禽兽。

[12]风：教化。

[13]《乐》乐所以立：《乐记》是音乐设立的根据。《乐》，指《乐记》，儒家经典之一，今已不传。

[14]道：同“导”，指导。

[15]指：通“旨”。意旨，意向。

“故有国者，不可以不知《春秋》，前有谗而弗见[1]，后有贼而不知[2]。为人臣者，不可以不知《春秋》，守经事而不知其宜[3]，遭变事而不知其权[4]。为人君父而不通于《春秋》之义者，必蒙首恶之名。为人臣子而不通于《春秋》之义者，必陷篡弑之诛，死罪之名。其实皆以为善，为之不知其义，被之空言而不敢辞[5]。夫不通礼义之旨，至于君不君，臣不臣，父不父，子不子。夫君不君则犯[6]，臣不臣则诛，父不父则无道，子不子则不孝。此四行者，天下之大过也。以天下之大过予之，则受而弗敢辞[7]。故《春秋》者，礼义之大宗也。夫礼禁未然之前，法施已然之后；法之所为用者易见，而礼之所为禁者难知。”

[1]前：面前。　　谗：进谗言的人。

[2]贼：指叛逆作乱的人。

[3]守经事：处理一般情况下的事物。经，平常，经常。

[4]权：随机应变。

[5]“皆以为善”三句：意谓他们都以为自己在干好事，做了而不知道应该怎么做，受了毫无根据的批评而不敢反驳。空言，此指随心所欲的批评言论。

[6]犯：指被臣下冒犯。

[7]“以天下之大过予之”二句：意谓把这四种最大的过错加在这些人身上，他们也只能接受而不敢推托。辞，推辞。

壶遂曰：“孔子之时，上无明君，下不得任用，故作《春秋》，垂空文以断礼义[1]，当一王之法。今夫子上遇明天子[2]，下得守职，万事既具，咸各序其宜，夫子所论，欲以何明？”

[1]垂：流传。　空文：指文章。相对于具体功业而言，故云“空文”。

[2]明天子：圣明的天子，此指汉武帝。

太史公曰：“唯唯，否否，不然。余闻之先人曰：‘伏羲至纯厚[1]，作《易》八卦；尧、舜之盛，《尚书》载之[2]，礼乐作焉；汤、武之隆[3]，诗人歌之[4]；《春秋》采善贬恶，推三代之德，褒周室，非独刺讥而已也。’汉兴以来，至明天子，获符瑞[5]，建封禅[6]，改正朔[7]，易服色[8]，受命于穆清[9]，泽流罔极[10]，海外殊俗[11]，重译款塞[12]，请来献见者，不可胜道。臣下百官，力诵圣德，犹不能宣尽其意。且士贤能而不用，有国者之耻；主上明圣而德不布闻，有司之过也[13]。且余尝掌其官，废明圣盛德不载，灭功臣世家贤大夫之业不述，堕先人所言[14]，罪莫大焉。余所谓述故事，整齐其世传[15]，非所谓作也，而君比之于《春秋》，谬矣。”

[1]伏羲：神话传说中的远古帝王，曾教民结网，从事渔猎畜牧，据说《易经》中的八卦就是他画的。

[2]《尚书》载之：《尚书》的第一篇《尧典》，记载了尧禅位给舜的事迹。

[3]汤：商汤王，商朝的建立者。　武：周武王，西周王朝的建立者。隆：盛。

[4]诗人歌之：指《诗经》中有《商颂》、《周颂》、《大雅》，其中有些篇章是歌颂商汤、文武的。

[5]符瑞：吉祥的征兆。汉初思想界盛行“天人感应”之说，此曰“获符瑞”，指公元前122年，汉武帝猎获了一头白麟，于是改元“元狩”。

[6]封禅：古代帝王祭天地的典礼，秦汉以后成为国家大典。登泰山撮土为坛以祭天曰“封”，在泰山下的梁父山上辟出一块场地祭地为“禅”。汉武帝曾举行过封禅。

[7]改正朔：指使用新历法。正是一年的开始，朔是一月的开始；正朔即指一年的第一天。古时候改朝换代都要重新确定何时为一年的第一个月，以示受命于天。周以夏历的十一月为岁首；秦以夏历的十月为岁首；汉初承秦制，至汉武帝元封元年（前104年）改用“太初历”，才用夏历的正月为岁首，从此直到清末，历代沿用。“改正朔”

即指此。

[8]易服色：改变车马、祭牲的颜色。秦汉时代，盛行“五德终始说”，认为每一个朝代在五行中必定占据一德，与此相应，每一朝代都崇尚一种颜色。汉初沿用秦代历法，崇尚水德黑色，汉武帝时改历法，崇尚黄色。

[9]穆清：肃穆清和，指天。

[10]泽：皇帝的恩泽。　　罔极：无穷尽。

[11]殊俗：指异族异邦。

[12]重译：经过几重翻译的使者，喻远方邻邦。　　款塞（sài）：叩塞门。谓外族前来通好。款，叩。

[13]有司：政府主管部门的官吏，此指史官。

[14]堕：湮没。

[15]整齐：整理。

于是论次其文[1]。七年而太史公遭李陵之祸，幽于缧绁[2]。乃喟然而叹曰：“是余之罪也夫！是余之罪也夫！身毁不用矣。”退而深惟曰[3]：“夫《诗》、《书》隐约者，欲遂其志之思也。昔西伯拘羑里，演《周易》[4]；孔子厄陈、蔡，作《春秋》[5]；屈原放逐，著《离骚》；左丘失明，厥有《国语》；孙子膑脚，而论兵法[6]；不韦迁蜀，世传《吕览》[7]；韩非囚秦，《说难》、《孤愤》[8]；《诗》三百篇，大抵贤圣发愤之所为作也。此人皆意有所郁结，不得通其道也，故述往事，思来者。”于是卒述陶唐以来[9]，至于麟止[10]，自黄帝始。

[1]论次：评论编次。

[2]幽：囚禁。　　缧绁（léi xiè）：原是捆绑犯人的绳索，这里引申为监狱。

[3]惟：思。

[4]“昔西伯”二句：周文王被殷纣王拘禁在羑（yǒu）里（今河南汤阴县北）时，把上古时代的八卦推演成六十四卦，即后世《周易》的主干。西伯，即周文王。

[5]“孔子”二句：孔子为了宣传自己的政治主张曾周游列国，但到处碰壁，在陈国和蔡国还遭受绝粮和被人围攻的困厄，其后返回鲁国写作《春秋》。厄，困厄。

[6]“孙子”二句：孙膑，齐国人，曾与庞涓一起师从鬼谷子学兵法。后庞涓担任魏国大将，忌孙之才，把孙膑骗到魏国，处以膑刑。孙膑后为齐国军师，著有《孙膑兵法》。膑脚，一种截取两腿膝盖上髌骨的刑法。

[7]“不韦”二句：吕不韦，战国末韩国阳翟人，为秦相，召集宾客编撰《吕氏春秋》。后被秦始皇免职，迁往蜀郡，忧惧而自杀。《吕览》，因《吕氏春秋》中有《有始》、《孝行》等八“览”，故以《吕览》代指《吕氏春秋》。

[8]“韩非”二句：韩非，战国时法家代表人物，因李斯推荐而入秦。后被李斯陷害，在狱中自杀，著有《韩非子》。《说难》、《孤愤》皆为《韩非子》的名篇。

[9]陶唐：即唐尧。尧最初住在陶丘（今山东定陶县南），后又迁往唐（今河北唐县），故称陶唐氏。

[10]至于麟止：汉武帝元狩元年（前122年），猎获白麟一只，《史记》记事即止于此年。鲁哀公十四年（前481年），亦曾猎获麒麟，孔子听说后，停止了《春秋》的写作，后人称之为“绝笔于获麟”。《史记》“至于麟止”，是有意仿效孔子“绝笔于获麟”。

【导读】

本篇选自中华国学文库系列丛书《史记》第四册卷一百三十，据中华书局2011年版。作者司马迁，字子长，夏阳（今陕西韩城）人。

《太史公自序》分三部分：第一部分类似自传，历叙本族世系和家学渊源，并概述了自己前半生的经历；第二部分（即本文）以问答的方式表达了作者撰写《史记》的目的，并通过对历史人物的描绘、评价，来抒发作者心中的抑郁不平之气，表白他以古人身处逆境发愤著书的事迹自励，终于在遭受宫刑之后，忍辱负重，完成了《史记》这部巨著；第三部分是《史记》130篇各篇的小序。全序规模宏大，气势浩瀚，是《史记》的纲领。

本文为历代传诵的名篇，在写作上颇有特色：诸多人事典故的列举，增加了情感内涵的厚重；大量排比句的运用，强化了情感流动的气势；叙事与说理相融，使说理有了坚实根基，让叙事也长了灵气；骈偶与散句交错，在顿挫中见流畅，于起伏中见昂扬，正所谓“长江大河，奇峰怪石，而又出于自然”是也。

【研讨】

1. 文中司马迁对孔子作《春秋》给予极高的评价，其目的何在？

2. 仔细阅读文中末段，谈谈你对司马迁“发愤著书说”的理解。

3. 司马迁为李陵辩护，激怒了汉武帝，选择了一条怎样的人生之路？他为什么要这样做？谈谈你的看法。

【延展】

1. 延伸阅读

（1）大凡物不得其平则鸣。草木之无声，风挠之鸣；水之无声，风荡之鸣。其跃也或激之；其趋也或梗之；其沸也或炙之。金石之无声，或击之鸣。人之于言也亦然，有不得已者而后言，其歌也有思，其哭也有怀。凡出乎口而为声者，其皆有弗平者乎！（韩愈《送孟东野序》）

（2）予闻世谓诗人少达而多穷，夫岂然哉！盖世所传诗者，多出于古穷人之辞也。凡士之蕴其所有，而不得施于世者，多喜自放于山巅水涯之外，见虫鱼草木风云鸟兽之状类，往往探其奇怪；内有忧思感愤之郁积，其兴于怨刺，以道羁臣寡妇之所叹，而写人情之难言，盖愈穷则愈工。然则非诗之能穷人，殆穷者而后工也。（欧阳修《梅圣俞诗集序》）

2. 推荐书目

（1）司马迁．史记．中华书局，2009.

（2）白寿彝．史记新论．求实出版社，1981.

兰亭集序

王羲之

永和九年[1]，岁在癸丑，暮春之初，会于会稽山阴之兰亭[2]，修禊事也[3]。群贤毕至[4]，少长咸集[5]。此地有崇山峻岭，茂林修竹，又有清流激湍，映带左右[6]。引以为流觞曲水[7]，列坐其次[8]，虽无丝竹管弦之盛，一觞一咏，亦足以畅叙幽情。是日也，天朗气清，惠风和畅[9]，仰观宇宙之大，俯察品类之盛[10]，所以游目骋怀[11]，足以极视听之娱，信可乐也。

夫人之相与，俯仰一世[12]。或取诸怀抱[13]，悟言一室之内[14]；或因寄所托，放浪形骸之外[15]。虽趣舍万殊[16]，静躁不同，当其欣于所遇[17]，暂得于己，快然自足，曾不知老之将至[18]。及其所之既倦[19]，情随事迁，感慨系之矣[20]。向之所欣，俯仰之间，已为陈迹，犹不能不以之兴怀[21]。况修短随化[22]，终期于尽。古人云："死生亦大矣[23]。"岂不痛哉！

每览昔人兴感之由，若合一契[24]，未尝不临文嗟悼[25]，不能喻之于怀。固知一死生为虚诞，齐彭殇为妄作[26]。后之视今，亦犹今之视昔，悲夫！故列叙时人[27]，录其所述。虽世殊事异[28]，所以兴怀，其致一也[29]。后之览者，亦将有感于斯文。

[1]永和九年：公元353年。永和，晋穆帝年号。

[2]会（kuài）稽：东晋郡名，辖地今浙江北部及江苏东南部。　山阴：今浙江绍兴。　兰亭：在今绍兴西南兰渚。

[3]修禊（xì）：古代的一种风俗。阴历三月上旬巳日（魏以后定为三月三日），人们群聚于水滨嬉戏洗濯，以祓除不祥和求福。

[4]群贤：诸多贤士能人。指名流孙绰、谢安、支遁等人。

[5]少长：年少的、年长的。如王羲之的儿子王凝之、王徽之是少；谢安、王羲之等是长。

[6]映带左右：指水流环绕在亭子的四周。映带，映衬、围绕。

[7]流觞（shāng）曲水：用漆制的酒杯盛酒，放入弯曲的水道中任其漂流，杯停在某人面前，某人就引杯饮酒。这是古人一种劝酒取乐的方式。流觞，随水流动的酒杯。曲水，环曲的水流。

[8]次：处所，地方。

[9]惠风：和风。

[10]品类之盛：万物的繁多。品类，指自然界的万物。

[11]游目：纵目观望。　骋怀：舒展怀抱。

[12]"人之相与"二句：人与人相交往，很快便度过一生。相与，相处，相交往。俯仰，一俯一仰之间，表示时间的短暂。

［13］怀抱：内心。

［14］悟言：面对面谈话。悟，通“晤”，面对。

［15］“因寄所托”二句：依凭自己所爱好的事物，寄托自己的情怀，不受约束，放纵无羁地生活。因，依，随着。所托，所爱好的事物。

［16］趣舍万殊：各有各的爱好。趣，通“取”。舍，舍弃。

［17］欣于所遇：对所接触到的事物感到高兴。

［18］曾（zēng）：简直。　不知老之将至：不知道衰老将要到来。语出《论语·述而》：“其为人也，发愤忘食，乐以忘忧，不知老之将至云尔。”

［19］所之：指向往的或已经得到的东西。

［20］系之：随之而来。

［21］犹：尚且。　兴怀：引发感触。

［22］修短随化：寿命长短听凭造化。化，指造化，自然。

［23］死生亦大矣：死生毕竟是件大事啊。语见《庄子·德充符》：“仲尼曰：‘死生亦大矣，而不得与之变。’”

［24］若合一契：像符契那样相合（意思是感触相同）。契，符契，古代用作凭证，由两半合成，双方各执一半以资取信。

［25］临文嗟悼：读古人文章时叹息哀伤。临，面对。

［26］“固知”二句：本来知道把死和生等同起来的说法是不真实的，把长寿和短命等同起来的说法是妄造的。固，本来，当然。一，把……看作一样。齐，把……看作相等。虚诞，虚妄荒诞的话。彭，彭祖，相传活了八百年。殇，夭折短命的人。妄作，妄造，胡说。

［27］列叙时人：一个一个记下当时与会的人。

［28］虽世殊事异：纵使时代变了，事情不同了。

［29］其致一也：人们的思想情趣是一样的。

王羲之　兰亭集序

【导读】

本文选自唐·房玄龄等撰《晋书·王羲之传》卷八十，据吉林人民出版社 1995 年版。作者王羲之（303－361 年），字逸少，祖籍琅琊临沂（今山东临沂），后迁居会稽

（今浙江绍兴）。官至右军将军、会稽内史，世称“王右军”、“王会稽”，晚年称病去官，放情山水。他是东晋著名的书法家，被后人尊为“书圣”。所作《兰亭集序》历来被视为书苑珍品，称作“天下第一行书”。其字被誉为“飘若浮云，矫若惊龙”、“铁书银钩，冠绝古今”。他的诗文清朗俊逸，尤以此序堪称杰作。

本文是记述东晋文坛盛事雅集的一篇美文。东晋永和九年三月三日，作者王羲之与当时名士谢安、孙绰等 41 人，宴集于风景秀美的浙江绍兴兰渚山的兰亭，曲水流觞，吟诗抒怀。所作后被编纂成集，并由王羲之作序。序文仅 325 字，既记录了这次盛会的时间、地点、原因和集会者的盛况，又以清新的笔致描写了兰亭四周暮春恬静宜人的风光景物，并由良辰美景之乐自然引发出时光飞逝、人生短促的无限感慨，暗含着对人生的眷恋和热爱之情，批判了庄周“一生死”和“齐彭殇”的虚无主义思想。集记事、写景、抒情、议论于一体，语言清新洒脱，文字精练优美，如风行水上，自然成文。

【研讨】

1. 作者描写兰亭的景色突出了什么特征？与作者内心的情感有何关系？

2. “一死生为虚诞，齐彭殇为妄作”，表达了作者怎样的生死观？

3. 文章表现的主旨在今天有何意义？

【延展】

1. 延伸阅读

王羲之爱鹅

性好鹅，会稽有孤居姥养一鹅，善鸣，求市未能得，遂携新友命驾就观。姥闻羲之将至，烹以待之，羲之叹惜弥日。又山阴有一道士，养好鹅，羲之往观焉，意甚悦，固求市之。道士云：“为写《道德经》，当举群相赠耳。”羲之欣然写毕，笼鹅而归，甚以为乐。（《晋书·王羲之传》）

王羲之书扇

又尝在蕺山见一老姥，持六角竹扇卖之。羲之书其扇，各为五字。姥初有愠色。因谓姥曰：“但言是王右军书，以求百钱邪。”姥如其言，人竞买之。他日，姥又持扇来，羲之笑而不答。其书为世所重，皆此类也。（《晋书·王羲之传》）

2. 推荐书目

（1）刘长春. 王羲之传. 中国友谊出版社，2010.

（2）徐斌. 旷古书圣——王羲之传. 浙江人民出版社，2007.

《新修本草》序

孔志约

盖闻天地之大德曰生[1]，运阴阳以播物[2]；含灵之所保曰命[3]，资亭育以尽年[4]。蛰穴栖巢[5]，感物之情盖寡[6]；范金揉木[7]，逐欲之道方滋。而五味或爽[8]，时昧甘辛之节；六气斯沴[9]，易愆寒燠之宜[10]。中外交侵[11]，形神分战。饮食伺衅[12]，成肠胃之眚[13]；风湿候隙，遘手足之灾[14]。几缠肤腠[15]，莫知救止[16]；渐固膏肓[17]，期于夭折。暨炎晖纪物[18]，识药石之功；云瑞名官[19]，穷诊候之术。草木咸得其性，鬼神无所遁情[20]。刳麝刳犀[21]，驱泄邪恶；飞丹炼石[22]，引纳清和[23]。大庇苍生，普济黔首。功侔造化[24]，恩迈财成[25]。日用不知，于今是赖。岐、和、彭、缓，腾绝轨于前[26]；李、华、张、吴[27]，振英声于后[28]。昔秦政煨燔，兹经不预[29]；永嘉丧乱[30]，斯道尚存。

[1]天地之大德曰生：天地最高的品德是化生万物。语见《易·系辞下》。

[2]播物：繁殖万物。

[3]含灵：犹众生、百姓。佛家语。旧时谓人为万物之灵，故称人为含灵。

[4]资：凭借。　亭育：养育。亭，养。

[5]蛰穴：蛰伏于洞穴。《易·系辞下》："上古穴居而野处，后世圣人易之以宫室。"　栖巢：栖居于巢。《庄子·盗跖》："古者禽兽多而人民少，于是民皆巢居而避之。"

[6]感物之情：追求物质享受的欲望。　盖：句中语气词，无义。

[7]范金：铸造金属器具。范，铸造金属器皿的模子。这里指铸造，用如动词。揉木：使木材弯曲以制造轮子和耒耜等工具。《易·系辞下》："包牺氏没，神农氏作，斲（zhuó）木为耜，揉木为耒；耒耨（nòu）之利，以教天下。"

[8]五味或爽：谓饮食失节，使人败伤。五味，指各种食物。或，语气词，无义。爽，败伤。

[9]六气斯沴（lì）：谓六气不和。斯，句中语气词，无义。沴，气不和。

[10]易愆（qiān）寒燠（yù）之宜：谓容易违错寒暖的适度。愆，乖背。燠，热。

[11]中外交侵：指内邪和外邪交相侵犯人体。

[12]饮食伺衅：谓饮食之邪乘隙扰乱。衅，间隙。

[13]眚（shěng）：指病患。

[14]遘：通"构"，造成。

[15]几缠肤腠：邪气刚刚侵袭体表。几，微小。

[16]救止：犹言救疗。止，治疗。

[17]渐固膏肓：渐渐固结到膏肓部位。固，固结。膏，指心尖脂肪。肓，指心脏与隔膜之间的位置。

[18]暨：及，到。　　炎晖：指炎帝神农氏。相传神农氏以火德王，以火名官，故称炎帝。　　纪物：记事。此指作《神农本草经》。

[19]云瑞名官：指黄帝与岐伯等众医官讨论医事。相传黄帝出，有祥云相随，遂以云名官。语见《左传·昭公十七年》。

[20]鬼神无所遁情：谓能穷尽诊病之本，疾病虽如鬼神之幽冥多变，亦可洞悉，无处隐遁。语本《易·系辞上》："精气为物，游魂为变，是故知鬼神之情状。"

[21]刳（kū）麝剸（tuán）犀：剖取麝香，截断犀角。泛指采集药物。麝香与犀角属贵重药材，据《神农本草经》载，此二物均有"除邪"及"辟恶气"功用。刳，剖取。剸，截取。

[22]飞丹炼石：水飞丹砂，火炼金石。泛指炼制药物。《南史·陶弘景传》："弘景……以为神丹可成，而苦无药物，帝给黄金、朱砂、曾青、雄黄等，后合飞丹，色如霜雪，服之体轻。"

[23]引纳清和：收纳清静平和之气。

[24]功侔造化：功劳等同天地。侔（móu），等同。

[25]迈：超越。　　财成：即"裁成"。指筹谋成就万物的帝王。语见《易·泰卦》："天地交泰，后以财成天地之道。"财，通"裁"，筹划。

[26]腾绝轨于前：在前代创造了优异卓越的事业。腾，奔腾，此谓"开创"。绝轨，义同"绝迹"，指卓绝的功绩。

[27]李：似指东汉时蜀医李助，通经方，与郭玉齐名。　　华：华佗。　　张：张机。　　吴：吴普，华佗的弟子。著有《吴普本草》。

[28]振英声于后：在后世振兴起杰出的声望。振，兴起。英声，英名。

[29]预：牵涉。

[30]永嘉丧乱：谓经历永嘉之乱。永嘉，西晋怀帝司马炽的年号。永嘉五年（311年），匈奴贵族刘聪、石勒等举兵攻破晋都洛阳，俘怀帝，大焚宫殿图籍，史称"永嘉之乱"。隋代牛弘称此为"书之四厄"。

梁陶弘景雅好摄生[1]，研精药术。以为《本草经》者，神农之所作，不刊之书也[2]。惜其年代浸远[3]，简编残蠹，与桐、雷众记[4]，颇或踳驳[5]。兴言撰缉[6]，勒成一家[7]，亦以雕琢经方[8]，润色医业[9]。然而时钟鼎峙[10]，闻见阙于殊方[11]；事非佥议[12]，诠释拘于独学[13]。至如重建平之防己[14]，弃槐里之半夏[15]。秋采榆人[16]，冬收云实[17]。谬粱米之黄、白[18]，混荆子之牡、蔓[19]。异繁缕于鸡肠[20]，合由跋于鸢尾[21]。防葵、狼毒，妄曰同根[22]；钩吻、黄精，引为连类[23]。铅锡莫辨，橙柚不分。凡此比例[24]，盖亦多矣。自时厥后[25]，以迄于今，虽方技分镳[26]，名医继轨[27]，更相祖述[28]，罕能厘正[29]。乃复采杜蘅于及已[30]，求忍冬于络石[31]；舍陟厘而取莂藤[32]，退飞廉而用马蓟[33]。承疑行妄，曾无有觉[34]；疾瘵多殆[35]，良深慨叹。

[1]雅好：平素爱好。

[2]不刊之书：不能改动的著作。刊，削除。古人书于竹简，有误即以刀删削谓之刊。

[3]浸：逐渐。

[4]桐、雷众记：指桐君、雷公等人的著述。相传桐、雷两人都是黄帝时医官，著《桐君药录》、《雷公药对》等，均佚。其实为后人所假托。

[5]或：有。　　踳驳：犹舛驳。差错杂乱。

[6]兴言：立言。　　缉：补缀。

[7]勒：编纂。　　一家：有独到见解、自成体系的学术著作。这里指《神农本草经集注》。

[8]雕琢：雕刻研磨。此谓深入研讨琢磨。

[9]润色：原指修饰文辞，增加文采。此指增光。

[10]钟：当。　　鼎峙：指南北朝时天下不统一，南朝的梁和北朝的东魏、西魏，有如鼎足三分峙立。

[11]殊方：指异域，他乡。时陶弘景偏处江南，不谙北方的药物。

[12]佥（qiān）议：众议。佥，众人。

[13]独学：个人的学识见解。

[14]至：以至于。　　重：推崇。　　建平：郡名。今四川巫山。　　防己：药名。有汉防己、木防己之分。此指木防己。《新修本草》认为产于汉中郡的汉防己是佳品，而陶氏误把建平产的木防己当作佳品。

[15]槐里：地名。今陕西省兴平县东南。

[16]秋采榆人：榆人，即榆仁，榆树的果实。榆实三月成熟即坠落，陶氏误以为秋季八月采实。果仁的“仁”字本作“人”。《说文》段注：“果人之字，自宋元以前，本草方书，诗歌记载，无不作人字。自明成化重刊本草，乃尽改为仁字，于理不通，学者所当知也。”

[17]冬收云实：云实为豆科植物。晚秋采摘，陶氏误为冬收。

[18]谬粱米之黄白：粱米北方称“谷子”，有黄白之分。黄粱米食之香美，人称竹根黄，而陶氏误以襄阳竹根黄为白粱米。

[19]牡、蔓：牡荆实和蔓荆实。二者功效不同，而陶氏认为牡荆子即小的蔓荆子。

[20]异：区分。　　繁缕：又名鸡肠草、鹅儿不食草。民间通称鸡肠，文士总称繁缕。陶氏误为两种药物。

[21]合由跋于鸢尾：谓陶氏把天南星科的由跋混同于鸢尾科的鸢尾。

[22]“防葵”二句：陶氏把伞形科的防葵和瑞香科的狼毒错认为同根。

[23]“钩吻”二句：陶氏把百合科的黄精和马钱科的钩吻说成同类植物。连类，同类。

[24]比例：近似的事例。

[25]时：通“是”，此。

[26]方技分镳（biāo）：此谓医学与本草学的研究分头进行。镳，马嚼子的两端露

出嘴外的部分。

[27]继轨：犹继踵。继承前人之事业。

[28]更相：相互。　祖述：效法，承袭。《礼记·中庸》："仲尼祖述尧舜，宪章文武。"

[29]厘正：订正。

[30]杜蘅：属马兜铃科植物，别名马蹄香。　及己：属金粟兰科植物。

[31]忍冬：即金银花藤。　络石：指夹竹桃科藤本植物络石藤。二者科属、性能各别，而当时混用。

[32]陟厘：蕨类植物，生水中，又名石发，可止痢。　茆藤：不详。

[33]飞廉：菊科植物，形似蓟。一名漏芦。　马蓟：今又名大蓟。

[34]曾（zēng）：简直。

[35]疾瘵（zhài）：疾病。

既而朝议郎行右监门府长史骑都尉臣苏敬[1]，摭陶氏之乖违[2]，辨俗用之纰紊[3]，遂表请修定[4]，深副圣怀[5]。乃诏太尉扬州都督监修国史上柱国赵国公臣无忌、太中大夫行尚药奉御臣许孝崇等二十二人[6]，与苏敬详撰。窃以动植形生[7]，因方舛性[8]；春秋节变，感气殊功[9]。离其本土，则质同而效异[10]；乖于采摘，乃物是而时非。名实既爽[11]，寒温多谬。用之凡庶[12]，其欺已甚；施之君父，逆莫大焉。于是上禀神规[13]，下询众议，普颁天下，营求药物。羽、毛、鳞、介[14]，无远不臻；根、茎、花、实，有名咸萃。遂乃详探秘要，博综方术。《本经》虽阙，有验必书；《别录》虽存，无稽必正。考其同异，择其去取。铅翰昭章[15]，定群言之得失；丹青绮焕[16]，备庶物之形容[17]。撰本草并图经、目录等，凡成五十四卷。庶以网罗今古，开涤耳目，尽医方之妙极，拯生灵之性命，传万祀而无昧[18]，悬百王而不朽[19]。

[1]朝议郎：唐代官名，正六品上。　行：唐代官制，凡官员的身份级别高于其职务官的品级时，在官名前加"行"字。　右监门府长史：唐代官名。从七品上。协助管理宫殿门禁及守卫事。　骑都尉：唐代第八等军功勋号。　苏敬：唐代药物学家。宋代因避宋太祖赵匡胤家讳，改称"苏恭"。

[2]摭（zhí）：摘取。　乖违：错误。

[3]纰（pī）紊：错误紊乱。

[4]表：上表。呈上奏章。

[5]深副圣怀：非常符合皇上的旨意。

[6]太尉：官名。唐代优礼大臣的最高官衔。　都督：官名。唐代掌管州内兵马的官吏。　监修国史：领衔编修国史，实际上不参加具体编写，只是挂名而已。上柱国：唐代第一等军功勋号。　赵国公：唐代开国大臣长孙无忌的封爵。他后来因反对高宗立武则天为皇后，被放逐黔州（今四川黔江一带），旋又赐死。　太中大夫：唐代从四品下的文官。　尚药奉御：唐代中央官署殿中省设尚药奉御二人（正五

品下），主管御医。《旧唐书·职官志》：尚药奉御为尚药局主管，掌合和御药及诊候方脉之事。　许孝崇：唐代医药学家，著有《箧中方》三卷，已佚。

[7]形生：形态和禀性。生，通“性”。

[8]因方舛性：因地区不同而性味相异。方，地方。此指产地。

[9]“春秋节变”二句：意谓一年四季节令变更，感受气候不同而功效有别。

[10]“离其本土”二句：离开药物本来的产地，那么它的实物相同，但效果却不一样。

[11]爽：差失。

[12]凡庶：庶民百姓。

[13]神规：指皇帝的意图。

[14]羽、毛、鳞、介：分别代指鸟类、兽类、鱼类、甲虫类。

[15]铅翰：犹“笔墨”。此指代所书之文辞。　昭章：清晰明显。章，同“彰”。

[16]丹青：本指丹砂和青雘两种作画之颜料，此指《新修本草》所附之彩色药物图谱。　绮焕：美丽鲜艳。

[17]庶物：万物。此指众多的药物。

[18]万祀：万年。　无昧：不会埋没。

[19]悬：传布。　百王：百代帝王。此指百世、百代。

【导读】

本文选自1981年安徽科学技术出版社辑复本《新修本草》。作者孔志约，唐初人，里居未详。曾任礼部郎中兼弘文馆大学士。显庆二年（657年），孔志约与苏敬等22人奉敕编纂《新修本草》，孔志约为该书作序。另著有《本草音义》20卷，已佚。《新修本草》系苏敬首先建议，经唐高宗批准，由太尉长孙无忌受命领衔（后又改命英国公李勣领衔），组织苏敬等20余人编写，历时两年，于高宗显庆四年正月完成，颁行全国，是世界上最早的国家药典，比1542年编成的《纽伦堡药典》要早八百多年。宋人的著作中称其为《唐本草》，后又有人称之为《英公唐本草》。该书以陶弘景的《本草经集注》为基础，纠正某些错误，又增加120种药物，共收药850种，分54卷，其中彩色图谱25卷。此书至北宋渐亡失，但其基本内容仍保存在《证类本草》中。1889年在敦煌发现部分残卷，另外在日本也发现一部分相当于我国唐代的手抄卷子本。

文章用骈体文的形式简述药物学的起源、发展及其重要作用，肯定陶弘景《本草经集注》的成就，指出存在的问题，阐明重修的意义，说明本书的编写原则及过程。本文语言对偶，句式整炼，声韵和谐，用典朴实，辞采工丽，是中医古籍序言中的上乘之作。

【研讨】

1. 骈体文有哪些优点和缺点？

2. 与前代本草相比，《新修本草》有哪些创新的地方？

【延展】

1. 延伸阅读

南阳郦县山中有甘谷水，谷水所以甘者，谷上左右皆生甘菊，菊花堕其中，历世弥久，故水味为变。其临此谷中居民，皆不穿井，悉食甘谷水，食者无不老寿，高者百四五十岁，下者不失八九十，无夭年人，得此菊力也。故司空王畅、太尉刘宽、太傅袁隗，皆为南阳太守，每到官，常使郦县月送甘谷水四十斛以为饮食，此诸公多患风痹及眩冒，皆得愈，但不能大得其益，如甘谷上居民生小便饮食此水者耳。又菊花与薏花相似，直以甘苦别之耳。菊甘而薏苦，谚言所谓"苦如薏"者也。今所在有真菊，但为少耳。率多生于水侧，缑氏山与郦县最多。仙方所谓日精、更生、周盈皆一菊，而根茎花实异名，其说甚美，而近来服之者略无效，正由不得真菊也。夫甘谷水得菊之气味，亦何足言？而其上居民皆以延年，况将服好药，安得无益乎？（晋·葛洪《抱朴子内篇》卷十一《仙药》）

2. 推荐书目

（1）唐·苏敬，等．新修本草（辑复本第2版，尚志钧辑校）．安徽科学技术出版社，2005.

送李愿归盘谷序

韩愈

韩愈

太行之阳有盘谷[1]。盘谷之间，泉甘而土肥，草木丛茂，居民鲜少。或曰："谓其环两山之间，故曰盘。"或曰："是谷也，宅幽而势阻[2]，隐者之所盘旋[3]。"友人李愿居之[4]。

愿之言曰："人之称大丈夫者，我知之矣。利泽施于人，名声昭于时。坐于庙朝[5]，进退百官[6]，而佐天子出令。其在外，则树旗旄[7]，罗弓矢，武夫前呵，从者塞途。供给之人[8]，各执其物，夹道而疾驰。喜有赏，怒有刑。才畯满前[9]，道古今而誉盛德，入耳而不烦。曲眉丰颊，清声而便体[10]，秀外而惠中[11]，飘轻裾[12]，翳长袖[13]，粉白黛绿者[14]，列屋而闲居，妒宠而负恃[15]，争妍而取怜。大丈夫之遇知于天子、用力于当世者之所为也。吾非恶此而逃之，是有命焉，不可幸而致也[16]。穷居而野处，升高而望远，坐茂树以终日，濯清泉以自洁。采于山，美可茹；钓于水，鲜可食。起居无时，惟适之安。与其有誉于前，孰若无毁于其后；与其有乐于身，孰若无忧于其心。车服不维[17]，刀锯不加，理乱不知[18]，黜陟不闻[19]。大丈夫不遇于时者之所为也，我则行之。伺候于公卿之门，奔走于形势之途[20]，足将进而趑趄[21]，口将言而嗫嚅[22]，处污秽而不羞，触刑辟而诛戮[23]，侥幸于万一，老死而后止者，其于为人贤不肖何如也？”

昌黎韩愈闻其言而壮之[24]，与之酒，而为之歌曰：“盘之中，维子之宫；盘之土，维子之稼[25]；盘之泉，可濯可沿；盘之阻，谁争子所？窈而深[26]，廓其有容[27]；缭而曲[28]，如往而复[29]。嗟盘之乐兮，乐且无央[30]。虎豹远迹兮，蛟龙遁藏；鬼神守护兮，呵禁不祥；饮且食兮寿而康，无不足兮奚所望？膏吾车兮秣吾马[31]，从子于盘兮，终吾生以徜徉[32]。”

[1]盘谷：在今河南省济源县城北二十里。

[2]宅幽：地方很幽静。宅，位置，环境。　　势阻：形势很险要。

[3]盘旋：盘桓，流连。

[4]李愿：住在盘谷的一位隐士，称为盘谷子，生平不详。

[5]庙朝：宗庙和朝廷。指中央政权机构。

[6]进退：这里指升降任免。

[7]旗旄（máo）：旗帜。旄，旗杆上用旄牛尾装饰的旗帜。

[8]供给之人：指供差遣的人。

[9]才畯：才能出众的人。畯，通“俊”。

[10]便（pián）体：形容体态轻盈、合宜。

[11]惠中：内心聪慧。惠，通“慧”，聪敏。

[12]裾（jū）：衣襟。

[13]翳（yì）：遮蔽，掩映。

[14]粉白黛绿：形容女子打扮得娇艳妖媚。黛，青黑色颜料，古代女子用以画眉。

[15]负恃：倚仗。这里指自恃貌美。

[16]幸：侥幸。

[17]车服不维：不受官职的约束。车服，车辆与服饰，代指官职。古代因官职的高低，车的装饰有所不同。维，维系，约束。

[18]理乱：治和乱，指政事。唐代避高宗李治的名讳，以“理”代“治”。

[19]黜陟（chù zhì）：指官位的升降。黜，降。陟，升。

[20]形势：地位和权势。

[21]趑趄（zī jū）：迟疑不前的样子。

[22]嗫嚅（niè rú）：想说又不敢说的样子。

[23]刑辟：刑法。

[24]壮之：认为他很有气魄。

[25]稼：播种五谷。

[26]窈：幽远。

[27]廓其有容：广阔而有所容。廓，广阔。其，犹“而”。

[28]缭：缭绕，回环。

[29]如往而复：好像走过去了，又绕了回来。

[30]央：尽。

[31]膏：油脂，用作车辆的润滑剂。这里指涂。　秣（mò）：饲料。这里指喂养。

[32]徜徉：自由自在地来往游荡。

【导读】

本文选自《韩昌黎全集》卷十九，据1935年世界书局影印本。作者韩愈（768－824年），字退之，河阳（今河南孟县）人。祖籍河北昌黎，世称韩昌黎。谥号“文”，又称韩文公。唐代著名的政治家、文学家。唐德宗贞元八年（792年）中进士，曾任监察御史、刑部侍郎、潮州刺史、吏部侍郎等职。与柳宗元同为唐代古文运动的倡导者，名列“唐宋八大家”之首。其文内容殷实，气势壮盛，词锋峻利，语言练达。对唐及后代散文创作有巨大、深远影响。著有《昌黎先生集》。

这是一篇送友人归隐的序言，为历代称道。序文写于唐德宗贞元十七年（801年），当时韩愈34岁，离开了徐州幕府，到京城谋职，处境艰难，心情抑郁。借送友人李愿归盘谷隐居之机，写下这篇赠序，一吐胸中的不平之气。

作者借李愿之口，生动地描绘出三种人物形象：一是“坐于庙朝，进退百官”的达官贵人；二是“穷居而野处”的山林隐士；三是趋炎附势、投机钻营的小人。通过对比，对志得意满、穷奢极欲的大官僚和卑躬屈膝、攀附权贵之徒进行了辛辣的嘲讽，对友人的隐居之志大加赞赏。文章最后一段用一首古歌的形式和浓郁的抒情笔调歌颂隐居佳胜，祝福友人的隐居生活，也流露出欣羡之意。本文在写作上颇具特色，融铺叙、议论、抒情于一炉，兼有辞赋、骈体、散文之美，显示了高超的艺术技巧。

【研讨】

1. 文中描绘了哪三种人？作者对他们的态度是什么？如何理解作者矛盾而抑郁的心情？

2. 结合此文，谈谈韩愈散文的风格与特点。

【延展】

1. 延伸阅读

（1）欧阳文忠公尝谓晋无文章，惟陶渊明《归去来》一篇而已。余亦以谓唐无文章，惟韩退之《送李愿归盘谷》一篇而已。平生愿效此作一篇，每执笔辄罢，因自笑曰：不若且放，教退之独步。（苏轼《东坡题跋》）

（2）韩子之文，如长江大河，浑浩流转，鱼鼋蛟龙，万怪惶惑，而抑遏蔽掩，不使自露；而人望见其渊然之光，苍然之色，亦自畏避，不敢迫视。（苏洵《上欧阳内翰第一书》）

2. 推荐书目

（1）马其昶校注．韩昌黎文集校注．上海古籍出版社，1998.

（2）顾易生，徐粹育．韩愈散文选集．上海古籍出版社，1997.

黄州新建小竹楼记

王禹偁

黄冈之地多竹[1]，大者如椽[2]。竹工破之，刳去其节[3]，用代陶瓦，比屋皆然[4]，以其价廉而工省也。

子城西北隅[5]，雉堞圮毁[6]，榛莽荒秽[7]，因作小楼二间，与月波楼通[8]。远吞山光，平挹江濑[9]，幽阒辽敻[10]，不可具状[11]。夏宜急雨，有瀑布声；冬宜密雪，有碎玉声。宜鼓琴，琴调虚畅[12]；宜咏诗，诗韵清绝[13]；宜围棋，子声丁丁然[14]；宜投壶[15]，矢声铮铮然：皆竹楼之所助也。

公退之暇[16]，披鹤氅[17]，戴华阳巾[18]，手执《周易》一卷，焚香默坐，消遣世虑[19]。江山之外，第见风帆沙鸟、烟云竹树而已[20]。待其酒力醒，茶烟歇，送夕阳，迎素月，亦谪居之胜概也[21]。

彼齐云、落星[22]，高则高矣！井干、丽谯[23]，华则华矣！止于贮妓女，藏歌舞，非骚人之事[24]，吾所不取。

吾闻竹工云："竹之为瓦，仅十稔[25]，若重覆之，得二十稔。"噫！吾以至道乙未岁[26]，自翰林出滁上[27]；丙申，移广陵[28]；丁酉，又入西掖[29]；戊戌岁除日[30]，有齐安之命[31]，己亥闰三月到郡[32]。四年之间，奔走不暇，未知明年又在何处，岂惧竹楼之易朽乎？幸后之人与我同志，嗣而葺之[33]，庶斯楼之不朽也。

咸平二年八月十五日记。

傣家竹楼

[1]黄冈：今湖北省黄州市。

[2]椽（chuán）：放在屋檩上架屋面板和瓦的木条。

[3]刳（kū）：剖，削。

[4]比屋：家家户户。比，连。

[5]子城：大城所附属的小城，如内城及城门外的套城，用来加强城防。

[6]雉堞：城上矮墙。　　圮（pǐ）：坍塌。

[7]榛（zhēn）莽：丛生的草木。

[8]月波楼：黄州西北角的一座城楼，也是王禹偁修筑的。

[9]挹（yì）：汲取，这里指望见。　　江濑：江波。濑，沙上的流水。

[10]幽阒（qù）：幽静。　　辽敻（xiòng）：遥远。

[11]具状：完全描写出情状。

[12]虚畅：清虚和畅。

[13]绝：极。

[14]丁（zhēng）丁：象声词。

[15]投壶：古人的一种游戏，在宴会间举行，宾主向一个像瓶样的壶中投矢（箭），投中的为胜。

[16]公退：公事完毕回来。

[17]鹤氅（chǎng）：用鸟羽编织的外套。氅，外套。

[18]华阳巾：道士的一种帽子。

[19]世虑：世俗的念头。

[20]第：但，只。

[21]胜概：佳境。概，有“状况”的意思。

[22]齐云、落星：都是楼名。齐云楼，又名月华楼，唐代建筑，楼址在今江苏吴县。落星楼，古建筑，楼址在今江苏南京市东北。

[23]井干（hán）、丽谯：都是楼名。井干楼，在长安，汉武帝（刘彻）所建。丽谯楼，魏武帝（曹操）曾筑一楼，名叫“丽谯”。

[24]骚人：诗人墨客。此泛指文人。

[25]稔（rěn）：谷子一熟叫做一稔，引申指一年。

[26]至道乙未：宋太宗至道元年（995年）。

[27]出：贬谪。　　滁上：滁州（现在安徽滁州）。这年王禹偁从翰林学士被贬为滁州刺史。

[28]丙申：宋太宗至道二年（996年）。　　广陵：今江苏扬州。

[29]丁酉：宋太宗至道三年（997年）。　　西掖：中央最高行政机关中书省的别称。

[30]戊戌：宋真宗咸平元年（998年）。　　岁除日：旧历除夕，大年三十。

[31]齐安：指黄州，郡治在今湖北黄冈。王禹偁这年因编写《太祖实录》，直书赵匡胤篡夺的事，被贬黄州。

[32]己亥：宋真宗咸平二年（999年）。

[33]嗣：继承。　　葺（qì）：修缮。

【导读】

本文又题《黄冈竹楼记》，选自《小畜集》卷十七，据1984年台湾商务印刷馆影印文渊阁《钦定四库全书》本。作者王禹偁（954－1001年），字元之，北宋巨野（今山东巨野）人，著名的文学家。进士出身，历任右拾遗、翰林学士等官。因直言敢谏，屡遭贬斥。其散文风格简雅古淡，语言平易畅达，以“传道而明心”自励，继承了唐代韩愈、柳宗元的古文运动精神，对宋代散文风貌的形成有积极影响。著有《小畜集》、《小畜外集》。

此文是王禹偁在宋真宗咸平二年（999年）被贬为黄州刺史时写的。文中通过修筑竹楼的记叙和描写，渲染了作者豁达自适、游于物外的谪居之乐，把廉价省工的竹楼写得情趣盎然，似颇怡然自得，实际上却透露出落寞惆怅乃至愤懑不平的情感内蕴。尤可注意的是，文章体现了作者对于“屈身而不屈于道”的人格操守的追求。

与主题相适应，这篇文章写得轻灵潇洒。第二段写竹楼的声音，从夏雨、冬雪的自然现象，到鼓琴、咏诗、围棋、投壶等人事活动，层层排比，着力渲染，写出了一个幽邃、清隽的境界，着墨不浓，情韵淡远，朴实感人。此外构思方面，作者采用了相反相形的对比手法，突出了黄州竹楼景物之幽美、作者内心之恬静和人格形象之高洁。

【研讨】

1. 本文抒发了作者怎样的情感？反映了作者怎样的人生态度？从哪些语言可以看出他坚贞自守、不甘沉沦的精神？

2. 在中国传统文化中，竹子成为寓理明志的寄托，文章最后围绕竹楼之“不朽”与“易朽”展开议论，分析本文中竹楼的象征意义。

3. 具体分析本文语言表达的主要特征。

【延展】

1. 延伸阅读

（1）王元之，济州人，年七八岁，已能文。毕文简为郡从事，闻其家以磨面为生，因令作磨诗，元之不思，即对曰：“但存心里正，无愁眼下迟。若人轻著力，便是转身时。”文简大奇之，留于子弟间讲学。一日太守席上出诗句：“鹦鹉能言争似凤。”坐客皆未有对，文简写之屏间，元之书其下：“蜘蛛虽巧不如蚕。”文简叹息曰：“经纶之才也。”遂加以衣冠，呼为小友。至文简入相，元之已掌书命。（摘自《邵氏闻见录》）

（2）宁可食无肉，不可居无竹。无肉令人瘦，无竹令人俗。人瘦尚可肥，士俗不可医。傍人笑此言，似高还似痴。若对此君仍大嚼，世间那有扬州鹤？（苏轼《于潜僧绿筠轩》）

2. 推荐书目

（1）王延梯选注．王禹偁诗文选．人民文学出版社，1996.

（2）潘守皎．王禹偁评传．齐鲁书社，2009.

西湖七月半

张岱

西湖七月半[1]，一无可看，只可看看七月半之人。

看七月半之人，以五类看之：其一，楼船箫鼓，峨冠盛筵[2]，灯火优傒[3]，声光相乱，名为看月而实不见月者，看之[4]；其一，亦船亦楼，名娃闺秀[5]，携及童娈[6]，笑啼杂之，还坐露台[7]，左右盼望，身在月下而实不看月者，看之；其一，亦船亦声歌，名妓闲僧，浅斟低唱，弱管轻丝，竹肉相发[8]，亦在月下，亦看月而欲人看其看月者，看之；其一，不舟不车，不衫不帻[9]，酒醉饭饱，呼群三五，跻入人丛，昭庆、断桥[10]，嘄呼嘈杂[11]，装假醉，唱无腔曲，月亦看，看月者亦看，不看月者亦看，而实无一看者，看之；其一，小船轻幌，净几暖炉，茶铛旋煮[12]，素瓷静递[13]，好友佳人，邀月同坐，或匿影树下，或逃嚣里湖[14]，看月而人不见其看月之态，亦不作意看月者，看之。

杭人游湖，巳出酉归[15]，避月如仇[16]。是夕好名，逐队争出，多犒门军酒钱[17]，轿夫擎燎[18]，列俟岸上[19]。一入舟，速舟子急放断桥[20]，赶入胜会。以故二鼓以前[21]，人声鼓吹[22]，如沸如撼，如魇如呓[23]，如聋如哑，大船小船，一齐凑岸，一无所见，止见篙击篙，舟触舟，肩摩肩，面看面而已。少刻兴尽，官府席散，皂隶喝道去[24]。轿夫叫船上人，怖以关门，灯笼火把如列星，一一簇拥而去。岸上人亦逐队赶门，渐稀渐薄，顷刻散尽矣。

吾辈始舣舟近岸[25]，断桥石磴始凉[26]，席其上，呼客纵饮。此时月如镜新磨，山复整妆，湖复颓面[27]，向之浅斟低唱者出[28]，匿影树下者亦出，吾辈往通声气，拉与同坐。韵友来[29]，名妓至，杯箸安，竹肉发。月色苍凉，东方将白，客方散去。吾辈纵舟[30]，酣睡于十里荷花之中，香气拍人[31]，清梦甚惬。

[1]七月半：农历七月十五，又称中元节。杭州旧习，人们于这天晚上倾城出游西湖。

[2]峨冠：头戴高冠，指士大夫。　　盛筵：摆着丰盛的酒筵。

[3]优傒（xī）：乐妓和仆役。

[4]看之：意为可以看看这一类人。以下四类叙述末尾的“看之”同。

[5]名娃：名门的美女。

[6]童娈（luán）：俊童。娈，美貌。

[7]还：通“环”，环绕。

[8]竹肉相发：器乐声伴着歌声。竹，本指竹制的管乐器，此泛指器乐演奏。肉，指歌喉。

[9]不衫不帻（zé）：不穿长衫，不戴头巾。指放荡随便。帻，头巾。

[10]昭庆：昭庆寺，与断桥同为西湖名胜。

[11]嘄（jiāo）：叫喊。

[12]茶铛（chēng）：煮茶的小锅。

[13]素瓷：雅洁精致的瓷杯。

[14]逃嚣：躲避喧嚣。　　里湖：西湖苏堤以内的部分。

[15]巳：巳时，即上午九时至十一时。　　酉：酉时，即下午五时至七时。

[16]避月如仇：讽刺语，指缺乏赏月这种雅兴。

[17]门军：把守城门的兵士。

[18]擎燎：举着火把。

[19]列俟：列队等候。

[20]速舟子：催促船夫。速，催促。　　放：向……行船。

[21]二鼓：即二更。旧时夜间以鼓点声报时。

[22]鼓吹：奏乐声。

[23]如魇（yǎn）如呓：好像梦中惊叫和说梦话。魇，梦里惊呼。呓，说梦话。

[24]皂隶：衙门的差役。　　喝道：官员出行，衙役在前边吆喝开道。

[25]舣（yǐ）舟：船舶靠岸。

[26]石磴：石阶。

[27]颒（huì）面：洗脸。形容湖面恢复平静光洁。

[28]向：先前。

[29]韵友：高雅的朋友。

[30]纵舟：任船漂流。

[31]拍：扑。

【导读】

本文选自夏咸淳、程维荣校注《陶庵梦忆·西湖梦寻》，据上海古籍出版社 2011 年版。作者张岱（1597－1689 年），字宗子，号陶庵，浙江山阴（今绍兴）人，明末散文家。为人淡泊名利，一生未仕。明亡后避居剡溪山中，寄情山水，从事著述。文学创作以小品文见长，多描写江南山水风光、风土民情和自己的生活经历。文笔活泼清新，幽默诙谐，风格独特。著有《陶庵梦忆》、《西湖梦寻》等。

西湖

《西湖七月半》是一篇简洁优美的游记小品，描述了明末杭州人中元节晚上倾城游西湖、纵情作乐的盛况。作者以简练的文笔，重现了当时的西湖风光和世风民俗，重点通过对各类游客看月情态的描摹刻画，嘲讽了达官显贵附庸风雅的丑态和市井百姓赶凑热闹的俗气，标举文人雅士清高拔俗的情趣。褒贬不尽妥当，但立意颇为别致。

本文在写作上有三点颇可称道：一是写人穷形尽状，生动传神，如“装假醉，唱无腔曲”、“笑啼杂之”等等；二是笔调轻松诙谐，富于调侃意味，如“名为看月而实不看月者”、“月亦看，看月者亦看，不看月者亦看”等等；三是善于营造氛围，并通过不同氛围的对比，突出文章题旨。

【研讨】

1. 本文第二自然段写了五类游客同看月，在情态各异的描绘中寓以褒贬，试做具体分析。

2. 分析本文中“杭人”游湖与“吾辈”赏月是如何构成对比的?

3. 举例说明本文语言传神和笔调诙谐的特点。

【延展】

1. 延伸阅读

（1）余友张陶庵，笔具化工，其所记游，有郦道元之博奥，有刘同人之生辣，有袁中郎之倩丽，有王季重之诙谐，无所不有；其一种空灵晶映之气，寻其笔墨，又一无所有。（明·祁彪佳《西湖梦寻序》）

（2）兹编载方言巷咏、嬉笑琐屑之事，然略经点染，便成至文。读者如历山川，如睹风俗，如瞻宫阙宗庙之丽，殆与《采薇》、《麦秀》同其感慨，而出之以诙谐者欤？（清·金忠淳辑刊《砚云甲编》本《陶庵梦忆序》）

2. 推荐书目

（1）张岱．夏咸淳，程维荣校注．陶庵梦忆·西湖梦寻．上海古籍出版社，2001.

（2）美·史景迁．温洽溢译．前朝梦忆：张岱的浮华与苍凉．广西师范大学出版社，2010.

传是楼记

汪琬

昆山徐健庵先生筑楼于所居之后[1]，凡七楹[2]。间命工斫木为橱[3]，贮书若干万卷，区为经史子集四种。经则传注义疏之书附焉[4]，史则日录家乘山经野史之书附焉[5]，子则附以卜筮医药之书[6]，集则附以乐府诗余之书[7]。凡为橱者七十有二，部居类汇[8]，各以其次。素标缃帙[9]，启钥烂然。

于是先生召诸子登斯楼而诏之曰："吾何以传女曹哉[10]？吾徐先世，故以清白起家，吾耳目濡染旧矣[11]。盖尝慨夫为人之父祖者，每欲传其土田货财，而子孙未必能世富也；欲传其金玉珍玩鼎彝尊斝之物[12]，而又未必能世宝也；欲传其园池台榭舞歌舆马之具，而又未必能世享其娱乐也。吾方以此为鉴。然则吾何以传女曹哉？"因指书而欣然笑曰："所传者惟是矣。"遂名其楼为"传是"，而问记于琬。

[1]昆山：又作"昆山"，今江苏昆山市。　　徐健庵（1631－1694年），名乾学，字原一，号健庵，康熙九年（1670年）进士，授编修。曾任内阁学士、刑部尚书等职。奉命编纂《大清一统志》、《大清会典》及《明史》。著有《通志堂经解》、《读礼通考》。康熙二十九年（1690年）告老还乡，藏书甚多，有《传是楼书目》、《澹园集》。

[2]七楹：横排的七间房子。楹，厅堂前的柱子，代指房屋一间。

[3]间：近来。　　斫（zhuó）：砍，削。

[4]传注义疏：汉以前对儒家经典的训释叫传。东汉以后统称为注。义，即正义；疏，即注疏。义和疏是既解经文又解传注的。

[5]家乘（shèng）：家谱。　　山经：记录山脉河流的地理书籍。

[6]卜筮：占卜。

[7]乐府：初指乐府官署所采制的诗歌，后将魏晋至唐可以入乐的诗歌，以及仿乐府古题的作品统称乐府。　　诗余：词的别称。

[8]部居：按部归类。

[9]素标：白色的标志。　　缃帙：淡黄色的书套。

[10]女曹：你们。女，同"汝"。曹，辈。

[11]旧：久。

[12]鼎：古代烹煮用的器物。　　彝：古代青铜器的统称，多指祭器。　　尊斝：

均指酒器。

琬衰病不及为，则先生屡书督之，最后复于先生曰：甚矣，书之多厄也！由汉氏以来，人主往往重官赏以购之，其下名公贵卿又往往厚金帛以易之[1]，或亲操翰墨，及分命笔吏以缮录之[2]。然且裒聚未几[3]，而辄至于散佚，以是知藏书之难也。琬顾谓藏之之难不若守之之难，守之之难不若读之之难，尤不若躬体而心得之之难[4]。是故藏而弗守，犹勿藏也；守而弗读，犹勿守也。夫既已读之矣，而或口与躬违，心与迹忤，采其华而忘其实，是则呻占记诵之学[5]，所为哗众而窃名者也，与弗读奚以异哉？古之善读书者，始乎博，终乎约。博之而非夸多斗靡也，约之而非保残安陋也。善读书者，根柢于性命而究极于事功[6]。沿流以溯源，无不探也；明体以适用[7]，无不达也。尊所闻，行所知，非善读书者而能如是乎？

[1]易：交换。

[2]分命：命令。　　缮录：抄写。

[3]裒（póu）集：聚集。

[4]躬体：亲身实践。

[5]呻占：诵读。

[6]根柢（dǐ）：根基，基础。　　性命：上天赋予人的本质。此指个人品德修养。事功：功业。

[7]体：本体，实质。　　适用：适合使用。

今健庵先生既出其所得于书者[1]，上为天子之所器重，次为中朝士大夫之所矜式[2]，藉是以润色大业，对扬休命有余矣[3]。而又推之以训敕其子姓[4]，俾后先跻巍科[5]，取肬仕[6]，翕然有名于当世[7]。琬然后喟焉太息，以为读书之益弘矣哉！循是道也，虽传诸子孙世世，何不可之有？

若琬则无以与于此矣[8]。居平质驽才下[9]，患于书而不能读[10]；延及暮年，则又跧伏穷山僻壤之中[11]，耳目固陋，旧学消亡。盖本不足以记斯楼。不得已，勉承先生之命，姑为一言复之[12]，先生亦恕其老谆否耶[13]？

[1]出：指拿出使用。

[2]矜式：敬重效法。

[3]对扬休命：对答宣扬皇帝美善的命令。　　休：美善。

[4]子姓：子孙。

[5]巍科：古代科举考试，榜上名分等次，排在前面的叫巍科。

[6]取肬（wǔ）仕：获得高官厚禄。肬，美，厚。

[7]翕然：一致的样子。

[8]与（yù）：参与。

[9]居平：平常。

[10]“患于书”句：谓担心读书不多和不得法。

[11]跧（quán）伏：蜷伏，此指隐居。

[12]为一言：说一番话。

[13]老诗：同“老悖”，指年老昏乱，不通事理。

【导读】

本文选自《尧峰文钞》，据《四部丛刊》上海涵芬楼藏侯官林佶钞刊本。作者汪琬（1624－1691年），清初散文家。字苕文，号钝庵。晚年隐居太湖尧峰山，世称尧峰先生。长洲（今江苏苏州市）人。曾任户部主事、刑部郎中等。康熙十八年（1679年），举博学鸿词科，授翰林院编修，纂修《明史》。他通经学，善古文；与侯方域、魏禧，合称清初散文“三大家”。诗和王士祺合称“汪王”。身为清初诗文大家，汪琬力革晚明之弊，为重立诗文的正统地位而倾其心力，古文方面力主唐宋，学习韩愈、欧阳修。著有《钝翁类钞》、《尧峰文钞》等。

本文虽是为一藏书楼所写的记，但由藏书写到守书，再写到读书，进而写到要躬体心得，善于读书，由表及里，深刻揭示了建楼藏书的意义。先描述造楼藏书的原因，再由受命写记而合理地过渡到对藏书意义的议论和对徐健庵传书给后代行为的褒扬，最后以自谦之言收束全文。记事与议论简约而集中，达到了记事言事、有感而发的写作效果。议论部分是本文最精彩的部分，既表达了作者对藏书与读书的看法，又从正面准确地评价了徐健庵藏书之举的传世之功，立意巧妙而有深度。这篇散文写法自然，结构清晰，主题思想鲜明，是此类文章中的佳作。

【研讨】

1. 文章题为“传是楼记”，其中的“是”指的是什么？楼主人将楼命名为“传是楼”有何深刻用意？

2. 文中分别提到了对书的灾难、善于读书和书中道理的认识，反映了作者什么样的读书观？对我们有何启发？

3. 结合本文，谈谈清初散文的风格和特点。

【延展】

1. 延伸阅读

江天一传

江天一，字文石，徽州歙县人。少丧父，事其母，及抚弟天表，具有至性。尝语人曰：“士不立品者，必无文章。”前明崇祯间，县令傅岩奇其才，每试辄拔置第一。年三十六，始得补诸生。家贫屋败，躬畚土筑垣以居。覆瓦不完，盛暑则暴酷日中。雨至，淋漓蛇伏，或张敝盖自蔽。家人且怨且叹，而天一挟书吟诵自若也。

……

汪琬曰：方胜国之末，新安士大夫死忠者，有汪公伟、凌公駉与佥事公三人，而天一独以诸生殉国。予闻天一游淮安，淮安民妇冯氏者，刲肝活其姑，天一征诸名士作诗文表章之，欲疏于朝，不果。盖其人好奇尚气类如此。天一本名景，别自号石稼樵夫，

翁君汉津云。（选自《四库全书》本《尧峰文钞》）

2. 推荐书目

（1）李圣华．根柢六经　醇而不肆——汪琬古文创作探论．苏州大学学报（哲学社会科学版），2009，3.

（2）李圣华．汪琬的古文理论及其价值刍议．文艺研究，2008，12.

（3）章培恒，骆玉明．中国文学史．复旦大学出版社，1996.

“我要弄明白我是谁”

——《解剖刀下的风景：人体探索的背景文化》小引

余凤高

在威廉·莎士比亚以丰富而深刻的人生体验创作出的他最伟大的剧作之一《李尔王》中[1]，那个像是被剥空了的“豌豆荚”的主人翁李尔王，目睹了社会的黑暗、亲尝到人生的残酷之后，在极度的绝望、痛苦和愤怒中喊出：

谁能够告诉我，我是什么人？

我要弄明白我是谁。

“我要弄明白我是谁”是一句具有深邃哲理内涵的话语，它蕴含了人类渴求了解自身的强烈愿望。

还在人类的童年时代，希腊神话中就出现了狮身人面怪物斯芬克斯（Sphinx）从缪斯（Muses）那里传授来的最难解的谜语[2]：说有一物，早晨四只足，中午两只足，晚上三只足，但不论何时，都只发一种声音。请问是何物？这个谜语的谜底就是人。谜面的意思是人在婴儿时期，得靠四肢匍匐爬行，长大后仅用两脚即可步行，到年迈时又得倚仗拄杖才能行走，所以像是三只足。但是在未来的底比斯国王俄狄浦斯（Oedipus）之前没有一个人能猜中这个谜[3]，象征了“人”是最难解的谜。几千年来，斯芬克斯的神话和卧像不但遍及希腊和埃及，还出现于全欧洲，甚至亚洲，表明了人们对它和它那神秘之谜的普遍兴趣。这是因为人类在实践中感到，人自己本身是最需要认识、却也是最不容易认识的对象，既需要人的思维主体把自己全身的器官当做客体来认识，又要从认识人的外界进而认识人的自身，还要从认识人自身的肌体深入到认识它自身的心灵，并且要从深入自己心灵的表层意识到认识那个自己都无所知的潜意识。从刻在古希腊德尔菲阿波罗神殿正面上的“认识自己”的题词，到法国思想家米歇尔·德·蒙田（Michel de Montaigne）的著名论断“世界上最重要的事情就是认识自我”[4]，到法国后印象派著名画家保罗·高更（Paul Gauguin）的作品《我们来自何处？我们是什么？我们向何处去？》[5]，都在试图弄清这个问题。连荷籍美国通俗历史学家亨德里克·房龙（Hendrik Willem yan Loon）在他所著的书《人类的故事》开头[6]，也提出这样的问题：

我们生活在一个巨大问号的阴影底下，

我们是谁？

我们来自哪里？

我们去向何方？

有多少哲学家、思想家、作家、艺术家被认识自己、了解自己这个题目所吸引啊！

不错，18 世纪著名的英国诗人亚历山大·蒲柏（Alexander Pope）曾经在他名为《论人》的诗简中写到[7]：

认识你自己，勿需上帝审视，

只有人能够正确认识人类。

但这仅仅表明人对认识自己在总体上表现出的一点信念。实际是，人类要认识自己是何等的艰难啊！读一读生理学史、解剖学史、医学史、人类学史、考古学史、政治史、思想史、文化史就会了解，人在认识自己的过程中，即使是一点点微小的进展和深化，都是多么的不容易，需要付出何等高昂的代价，有时甚至是血的代价。同时，在认识自己的过程中，人类常常也并不只是着眼于人体本身这一范畴，而有意无意地会显示出时代的文化特征。如此看来，沐浴在 21 世纪曙光中的人，回过头去看几千年里人类认识自己的历史，毫无疑问是极有意义也极有趣味的。

[1]莎士比亚（1564－1616 年）：英国文艺复兴时期伟大的剧作家、诗人，欧洲文艺复兴时期人文主义文学的集大成者。

[2]斯芬克斯：最初源于古埃及的神话，被描述为长有翅膀的怪兽。希腊神话中的狮身人面怪兽曾盘踞在道路上，向过路的行人问一个谜语。谜语的内容为：是什么动物，早上四条腿走路，中午两条腿走路而晚上三条腿走路？谜语的答案是“人”。早上、中午、晚上分别比喻人的幼年、中年和老年。传说这个谜题后来被年轻的希腊人俄狄浦斯答对，斯芬克司因而自杀。　　缪斯：古希腊神话中科学、艺术女神的总称，为主神宙斯与记忆女神谟涅摩叙涅所生。欧洲诗人常以她比作灵感与艺术的象征。

[3]俄狄浦斯：外国文学史上典型的命运悲剧人物，是希腊神话中忒拜（Thebe）的国王拉伊奥斯（Laius）和王后约卡斯塔（Jocasta）的儿子。他在不知情的情况下，杀死了自己的父亲并娶了自己的母亲。

[4]米歇尔·德·蒙田（1533－1592 年）：文艺复兴时期法国思想家、作家、怀疑论者。阅历广博，思路开阔，行文无拘无束，其散文对培根、莎士比亚等影响颇大。以《尝试集》三卷留名后世。所著《随笔集》三卷名列世界文学经典，被人们视为写随笔的巨匠。蒙田开创了现代散文体裁。

[5]保罗·高更（1848－1903 年）：法国后印象派画家，与塞尚、梵高合称后印象

派三杰。他的画作充满大胆的色彩，在技法上采用色彩平涂，注重和谐而不强调对比，代表作品有《讲道以后的幻景》等。

[6]亨德里克·房龙（1882–1944年）：荷裔美国人，著名学者，出色的通俗作家。

[7]亚历山大·蒲柏（1688–1744年）：18世纪英国最伟大的诗人，杰出的启蒙主义者。

【导读】

本文选自《解剖刀下的风景——人体探索的背景文化》，据山东画报出版社2000年版。作者余凤高（1932–），作家，浙江黄岩人。1954年毕业于浙江师范学院中文系。曾任杭州市第六中学教师，1980年进入浙江省社会科学院文学研究所任研究员。1995年加入中国作家协会。

《解剖刀下的风景——人体探索的背景文化》是作者计划中的医学与文化丛书的第二部。此书从文化的视角详尽记叙了人类对人体自身由蒙昧到科学的认知过程，内容所涉多为人类学史、医学史、考古学史、生理学史和文学史上的典型人物或事件，从中可以看出人类在认识自己的过程中，即便是一点点微小的进展和变化都是那么的不容易，都需要付出那么多高昂的代价。

本文是《解剖刀下的风景——人体探索的背景文化》一书的小引。开篇用莎士比亚戏剧作品中的一段话，巧妙地引出全文的中心议题“我要弄明白我是谁”；接着，又引用古希腊斯芬克斯的著名神话，列举众多哲学家、思想家、作家和艺术家在认识自身时所产生的困惑，表达了人类渴求了解自身的强烈愿望和认识自身的艰难，强调了考察生理文化，即人类研究自身时的背景文化的必要性和重要意义。

这篇短文语言简洁，结构清晰，思想深刻。在论述时善于旁征博引，例证丰富，形象生动。

【研讨】

1. 本文使用了哪些例证？有何妙处？

2. 怎样理解“沐浴在21世纪曙光中的人，回过头去看几千年里人类认识自己的历史，毫无疑问是极有意义也极有趣味的”？

【延展】

1. 延伸阅读

谁不希望自己的一生都在平静的健康中度过？患病是无可奈何的事，如果有调理得当的饮食，能够像药物、或者代替药物，起到预防或治疗疾病的作用，那是多么的合乎理想啊！所以，一个好医生，应该不仅是能够治病，他同时还应该是懂得饮食健康的人，在考虑自己服务对象的饮食时，不是只能从该人的心理出发，而同时还应该从他的生理需要上考虑。美国约克郡的亚历山大·亨特（Alexander Hunter）博士在医学上并没有特别巨大的建树，但是因为他说过下面这样几句话，至今一直被人提起：“一个没有足够烹调知识的人，就不能成为一个好医生。在这点上，我得到从希波克拉底到西德纳姆的每一个名医的支持，他们全都是实践那种名叫饮食学，也就是烹调术的狂热的鼓

吹者。”（选自余凤高《解剖刀下的风景——人体探索的背景文化》）

2. 推荐书目

（1）余凤高．呻吟声中的思索——人类疾病的背景文化．山东画报出版社，1999.

（2）余凤高．解剖刀下的风景——人体探索的背景文化．山东画报出版社，2000.

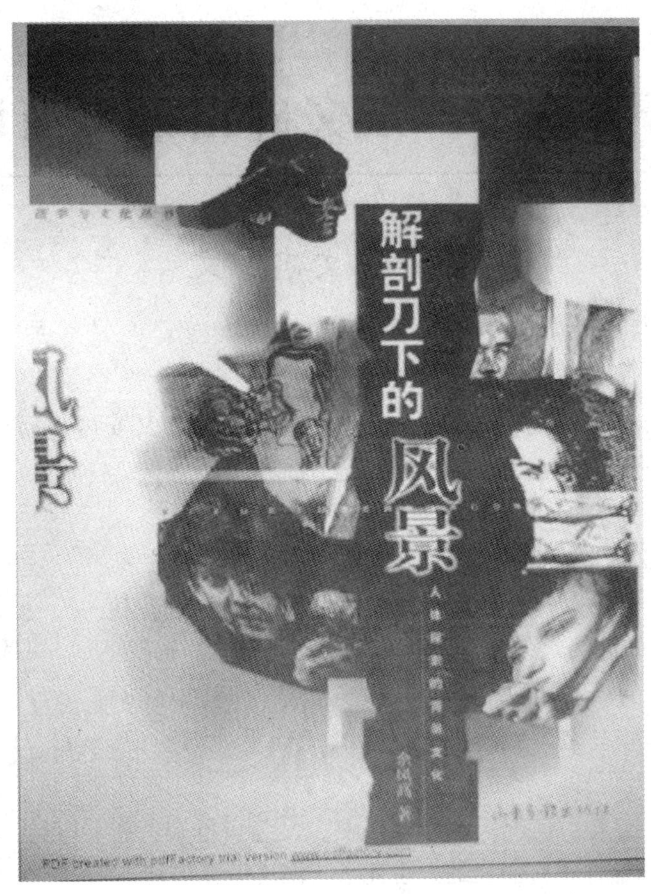

第八单元　祭文碑铭家书演说

祭欧阳文忠公文

王安石

夫事有人力之可致，犹不可期，况乎天理之溟漠，又安可得而推[1]？惟公生有闻于当时，死有传于后世，苟能如此足矣，而亦又何悲！

王安石

如公器质之深厚[2]，智识之高远[3]，而辅学术之精微[4]，故充于文章，见于议论，豪健俊伟，怪巧瑰琦[5]。其积于中者[6]，浩如江河之停蓄；其发于外者[7]，烂如日月之光辉。其清音幽韵[8]，凄如飘风急雨之骤至[9]；其雄辞闳辩[10]，快如轻车骏马之奔驰。世之学者，无问乎识与不识，而读其文，则其人可知。

[1]“况乎”二句：何况天意渺茫难测，又怎可推知？意谓想不到像欧阳修这样不应当死的人也死了。溟漠，渺茫。

[2]器：器量，胸怀。　质：品质。

[3]智识：见识。

[4]辅：助。此指再加上。

[5]怪巧：奇异巧妙。　瑰琦：瑰丽奇异。语出宋玉《对楚王问》：“夫圣人瑰意琦行，超然独处。”

[6]积于中者：指蕴藏在欧阳修胸中的知识、学术。

[7]发于外者：指写出的文章。发，表现。

[8]其清音幽韵：指欧阳修清丽的诗韵、幽深的词律。

[9]凄：凄厉。　飘风：暴风。

[10]其雄辞闳辩：指欧阳修雄健的文辞、宏大的议论。

呜呼！自公仕宦四十年，上下往复[1]，感世路之崎岖；虽屯邅困踬[2]，窜斥流离[3]，而终不可掩者，以其公议之是非[4]。既压复起，遂显于世；果敢之气，刚正之节，至晚而不衰。方仁宗皇帝临朝之末年，顾念后事，谓如公者，可寄以社稷之安危。及夫发谋决策[5]，从容指顾[6]，立定大计[7]，谓千载而一时[8]。

[1]上下：指官位升降。

[2]屯邅（zhūn zhān）：处境困难。　　困踬：遭受挫折。踬，绊倒。

[3]窜斥：贬逐。　　流离：被流放。以上几句指欧阳修一生数次被贬，逐出京城。

[4]公议之是非：即"是非公议之"，意谓是非自有公论。

[5]及夫发谋决策：到了那发出谋略、决定政策的时候。

[6]从容指顾：从容地以手指之，以目视之。即从容对待。

[7]立定大计：确立国家大计。指立英宗之事。仁宗无子，以太宗曾孙宗实为子，赐名曙，后即位为英宗。欧阳修曾两次上疏请选立皇子。后任参知政事时，参与决定立赵曙为皇太子。

[8]谓千载而一时：意谓人们认为欧阳修建立了千载难得之功勋。千载一时，千年才遇到一次，形容极为难得。

功名成就，不居而去[1]，其出处进退[2]，又庶乎英魄灵气，不随异物腐散[3]，而长在乎箕山之侧与颍水之湄[4]。

然天下之无贤不肖，且尤为涕泣而嘘唏[5]，而况朝士大夫，平昔游从，又予心之所向慕而瞻依[6]。

呜呼！盛衰兴废之理，自古如此。而临风想望，不能忘情者，念公之不可复见，而其谁与归[7]！

[1]居：居功。此指任官位。　　去：离去。欧阳修自英宗治平三年起，不断上表求辞官，终于熙宁四年致仕退休。

[2]出处进退：出仕或隐退。

[3]"又庶乎"二句：希望死者精神不朽。异物，指死去的人。

[4]"箕山"句：皇甫谧《高士传·许由》"由于是遁而耕于中岳，颍水之阳，箕山之下。"后因谓贤者隐居之地为箕颍。欧阳修晚年退居颍州，作者所以用此典故。箕山，在今河南登封县南。颍水，源出登封县境的颍谷。湄，水边。

[5]且：尚且。

[6]瞻依：尊敬和依恋。

[7]其谁与归：将归向谁呢？其，将。

【导读】

本文选自《临川先生文集》卷八十六，据中华书局1959年版。作者王安石（1021－1086年），字介甫，号半山，抚州临川（今属江西）人。北宋政治家、文学家、思想家，"唐宋八大家"之一。其散文雄健峭拔，诗歌遒劲清新，词虽不多，但风格高峻。诗文作品辑为《临川先生文集》。

本文主要赞颂欧阳修在文学上取得的光辉成就和在政治上所表现出的气节风范，并抒发作者个人的向慕之情。祭文用生动形象的比喻赞美欧阳修的盖世文学才华，读之令人难忘。作者极其简练地概括了欧阳修40年做官的经历："上下往复，感世路之崎岖"；"而终不可掩者，以其公议之是非"；"既压复起，遂显于世"。称他"果敢之气，刚正之节，至晚而不衰"，特别赞颂了他协助仁宗立英宗的千载难得之功。祭文最后抒发了对欧阳修的敬仰向慕之情，情真意切，表达了最深切的哀悼。整篇文章构思巧妙，富于变化。比喻形象生动，句式骈散相间。文章简洁而气势豪健，在当时诸文人所作的欧阳修祭文中，是深受称赞的一篇。

【研讨】

1. "凄如飘风急雨之骤至"、"快如轻车骏马之奔驰"表达了什么意思？

2. 王安石在本文中概括了欧阳修一生哪些成就？

3. 欧阳修早年站在革新派范仲淹一边，晚年却反对王安石的某些新法，而作者赞扬他"果敢之气，刚正之节，至晚而不衰"，这是为什么？

欧阳修

【延展】

1. 延伸阅读

（1）欧阳公四岁而孤，家贫无资。太夫人以荻画地，教以书字。多诵古人篇章，使学为诗。及其稍长，而家无书读，就闾里士人家借而读之，或因而抄录。抄录未毕，而已能颂其书。以至昼夜忘寝食，惟读书是务。自幼所作诗赋文字，下笔已如成人。（选自《欧阳公事迹》）

（2）王安石在相位，子妇之亲萧氏子至京师，因谒公，公约之饭。翌日，萧氏子盛服而往，意为公必盛馔。日过午，觉饥甚而不敢去。又久之，方命坐，果蔬皆不具，其人已心怪之。酒三行，初供胡饼两枚，次供猪脔数四，顷即供饭，旁置菜羹而已。萧氏子颇骄纵，不复下箸，惟啖胡饼中间少许，留其四旁。公取自食之，其人愧甚而退。（选自《独醒杂志》）

2. 推荐书目

（1）邓广铭．北宋政治改革家王安石．人民出版社，1997.

（2）杨庆存．宋代散文研究．人民文学出版社，2002.

清华大学王观堂先生纪念碑铭

陈寅恪

海宁王先生自沉后二年，清华研究院同人咸怀思不能自已。其弟子受先生之陶冶煦育者有年[1]，尤思有以永其念。佥曰[2]：宜铭之贞珉[3]，以昭示于无竟[4]。因以刻石之词命寅恪，数辞不获已，谨举先生之志事，以普告天下后世。其词曰：士之

陈寅恪

读书治学，盖将以脱心志于俗谛之桎梏[5]，真理因得以发扬。思想而不自由，毋宁死耳。斯古今仁圣所同殉之精义，夫岂庸鄙之敢望！先生以一死见其独立自由之意志，非所论于一人之恩怨、一姓之兴亡[6]。呜呼！树兹石于讲舍，系哀思而不忘。表哲人之奇节，诉真宰之茫茫[7]。来世不可知者也，先生之著述，或有时而不章；先生之学说，或有时而可商。惟此独立之精神，自由之思想，历千万祀，与天壤而同久，共三光而永光[8]。

[1]煦育：养育。裴度《蜀丞相诸葛武侯祠堂碑铭》："煦物如春，化人如神。"

[2]佥（qiān）：全，皆。

[3]贞珉（mín）：石刻碑铭的美称。珉，似玉的美石。

[4]无竟：永远。

[5]俗谛：佛教名词，指世俗的道理，对"真谛"而言。这里指利害的计较。

[6]"非所论"句：王国维自沉后，对其死因众说纷纭，有人认为与罗振玉的个人恩怨有关，有人说是为溥仪小朝廷殉节。

[7]真宰：天为万物的主宰，故称真宰。

[8]三光：日、月、星。

【导读】

本文选自《金明馆丛稿二编》，据上海古籍出版社 1980 年版。作者陈寅恪（1890－1969 年），江西义宁（今修水县）人，中国现代著名的历史学家、古典文学研究家、语言学家。陈寅恪先后在日本、德国、瑞士、法国、美国等求学。1925 年回国后，被清华大学聘任，与王国维、梁启超、赵元任并称为清华国学院四大导师。主要著作有《隋唐制度渊源略论稿》、《唐代政治史述论稿》、《元白诗笺证稿》、《柳如是别传》等。其思想学术对现代中国有重大影响。

王国维，字静安，号观堂，浙江海宁人，现代学者，清华四大国学大师之一。生平著作共六十余种，研究领域涉及文学、戏曲、甲骨文、金文、音韵学、汉晋简牍以及历代石经的考释等，且有划时代的伟大贡献，著述收入《海宁王静安先生遗书》。1927 年自沉颐和园昆明湖。两年后，王国维纪念碑在清华大学工字厅旁落成，陈寅恪受命撰写碑铭。

王国维

《清华大学王观堂先生纪念碑铭》是现代碑铭中的典范之作。铭文破除了世俗之人对王国维之死的庸鄙猜测，阐释了王国维自沉的深刻意义；赞扬了王国维崇高的学术品格，并概括为"独立之精神，自由之思想"；预言了王国维的学术品格可以与日月星辰一同达到永恒。这篇碑文简洁清晰，叙论结合，主题鲜明，寥寥数语就把王国维的死和王国维的一生总结为一种“文化现象”，赋予王国维之死以现代学术的意义，从而使得这篇碑文成为后来学者独立人格的精神象征。

【研讨】

1. 文章反映出王国维怎样的人格魅力？

2. 结合当今学术，谈谈这篇文章的现实意义。

3. 联系屈原自沉汨罗江、老舍自沉未名湖，谈谈你对王国维自沉昆明湖的看法。

【延展】

1. 延伸阅读

人生三境界

古今之成大事业、大学问者，必经过三种之境界：“昨夜西风凋碧树。独上高楼，望尽天涯路。”此第一境也。“衣带渐宽终不悔，为伊消得人憔悴。”此第二境也。“众里寻他千百度，蓦然回首，那人却在灯火阑珊处。”此第三境也。此等语皆非大词人不能道。然遽以此意解释诸词，恐为晏欧诸公所不许也。（王国维《人间词话》）

王观堂先生挽联

十七年家国久魂消，犹余剩水残山，留于累臣供一死；五千卷牙签新手触，待检玄文奇字，谬承遗命倍伤神。（《陈寅恪诗选》）

2. 推荐书目

（1）王国维．人间词话．中国人民大学出版社，2011.

（2）钱剑平．一代学人王国维．上海人民出版社，2002.

（3）岳南．陈寅恪与傅斯年．陕西师范大学出版社，2008.

国立西南联合大学纪念碑碑文

冯友兰

中华民国三十四年九月九日，我国家受日本之降于南京。上距二十六年七月七日卢沟桥之变，为时八年；再上距二十年九月十八日沈阳之变，为时十四年；再上距清甲午之役，为时五十一年[1]。举凡五十年间，日本所鲸吞蚕食于我国家者，至是悉备图籍献还。全胜之局，秦汉以来，所未有也。

国立北京大学、国立清华大学，原设北平；私立南开大学，原设天津。自沈阳之变，我国家之威权逐渐南移，惟以文化力量，与日本争持于平津，此三校实为其中坚。二十六年平津失守，三校奉命迁于湖南，合组为国立长沙临时大学，以三校校长蒋梦麟、梅贻琦、张伯苓为常务委员，主持校务，设法、理、工学院于长沙，文学院于南岳，于十一月一日开始上课。迨京沪失守，武汉震动，临时大学又奉命

冯友兰

迁云南。师生徒步经贵州，于二十七年四月二十六日抵昆明。旋奉命改名为国立西南联合大学，设理、工学院于昆明，文、法学院于蒙自，于五月四日开始上课。一学期后，文、法学院亦迁昆明。二十七年，增设师范学院。二十九年，设分校于四川叙永，一学年后，并于本校。

昆明本为后方名城，自日军入安南，陷缅甸，乃成后方重镇[2]。联合大学支持其间，先后毕业学生二千余人，从军旅者八百余人。河山既复，日月重光，联合大学之战时使命既成，奉命于三十五年五月四日结束。原有三校，即将返故居，复旧业。

缅维八年支持之苦辛，与夫三校合作之协和，可纪念者，盖有四焉：

我国家以世界之古国，居东亚之天府，本应绍汉唐之遗烈，作并世之先进，将来建国完成，必于世界历史居独特之地位。盖并世列强，虽新而不古；希腊罗马，有古而无今。惟我国家，亘古亘今，亦新亦旧，斯所谓“周虽旧邦，其命维新”者也[3]！旷代之伟业，八年之抗战已开其规模，立其基础。今日之胜利，于我国家有旋乾转坤之功，而联合大学之使命，与抗战相终如。此其可纪念者一也。

文人相轻，自古而然，昔人所言，今有同慨。三校有不同之历史，各异之学风，八年之久，合作无间，同无妨异，异不害同，五色交辉，相得益彰，八音合奏，终和且平。此其可纪念者二也。

“万物并育而不相害，道并行而不相悖，小德川流，大德敦化，此天地之所以为大”[4]。斯虽先民之恒言，实为民主之真谛。联合大学以其兼容并包之精神，转移社会一时之风气，内树学术自由之规模，外来“民主堡垒”之称号，违千夫之诺诺，作一士之谔谔[5]。此其可纪念者三也。

稽之往史，我民族若不能立足于中原，偏安江表，称曰南渡。南渡之人，未有能北返者。晋人南渡，其例一也；宋人南渡，其例二也；明人南渡，其例三也。“风景不殊”[6]，晋人之深悲；“还我河山”[7]，宋人之虚愿。吾人为第四次之南渡，乃能于不十年间，收恢复之全功，庚信不哀江南[8]，杜甫喜收蓟北[9]。此其可纪念者四也。

联合大学初定校歌[10]，其辞始叹南迁流离之苦辛，中颂师生不屈之壮志，终寄最后胜利之期望。校以今日之成功，历历不爽，若合符契。联合大学之始终，岂非一代之盛事、旷百世而难遇者哉！爰就歌辞，勒为碑铭。铭曰：

痛南渡，辞宫阙。驻衡湘，又离别。更长征，经峣嵲。望中原，遍洒血。抵绝徼，继讲说。诗书丧，犹有舌。尽笳吹，情弥切。千秋耻，终已雪。见仇寇，如烟灭。起朔北，迄南越，视金瓯，已无缺。大一统，无倾折，中兴业，继往烈。维三校，兄弟列，为一体，如胶结，同艰难，共欢悦，联合竟，使命彻，神京复，还燕碣。以此石，象坚节，纪嘉庆，告来哲。

[1]“上距二十六年”：此句所说数事分别指1937年“七七事变”、1931年“九一八事变”、1894年中日甲午战争。

[2]后方：作者《三松堂自序》引录此碑文时于此处加注：“当作‘前方’”。

[3]“周虽旧邦”二句：出《诗经·大雅·文王》。大意是周国虽是一个历史久远的国家，但文王新得天命，事业将要发展。

[4]“万物并育”五句：出《礼记·中庸》。大意是说圣人之道合乎天道，具有广泛的包容性。

[5]“违千夫”二句：出《史记·商君列传》“千人之诺诺，不如一士之谔谔”。大意是说一千个唯唯诺诺的人不如一个敢于坚持己见的人。

[6]风景不殊：用以悲叹国土破碎或沦丧。语出南朝·宋·刘义庆《世说新语·言语》：“风景不殊，正自有山河之异。”

[7]还我河山：出岳飞庙内岳飞草书“还我河山”巨匾。大多数人认为这四个大字乃岳飞手书。

[8]庾信（513－581年）：字子山，小字兰成。南阳新野（今属河南）人。前期在梁，作品多为宫体性质，轻艳流荡，富于辞采之美。羁留北朝后，诗赋大量抒发了自己怀念故国乡土的情绪，以及对身世的感伤，风格也转变为苍劲、悲凉。有《哀江南赋》。

[9]杜甫喜收蓟北：杜甫《闻官军收河南河北》有“剑外忽传收蓟北，初闻涕泪满衣裳”的诗句。

[10]校歌：即西南联合大学校歌，词为冯友兰所作。本碑文铭词之辞章、文意，取自该歌词者颇多。

【导读】

本文选自《三松堂自序》，据生活·读书·新知三联书店1984年版。冯友兰（1895－1990年），字芝生，河南唐河人。中国现代著名哲学家、史学家。1918年毕业于北京大学哲学系。1924年获哥伦比亚大学博士学位。抗战期间，任西南联大哲学系教授兼文学院院长。其代表作有《中国哲学史》、《人生哲学》、《贞元六书》等，著作结集为《三松堂全集》。

西南联合大学是抗日战争时期设于昆明的一所综合性大学，简称“西南联大”。1937年抗日战争爆发，北京大学、清华大学、南开大学先迁至湖南长沙，组成长沙临时大学，1938年4月又迁至昆明，改称国立西南联合大学，到1946年5月4日结束，在滇整整8年。1946年4月，抗战胜利后，北大、清华、南开三校准备北上复员，并决定在原址留碑纪念。西南联大师生在图书馆举行结业典礼，冯友兰教授宣读碑文，举行“西南联合大学纪念碑”揭幕仪式，标志着与抗战相始终的西南联大艰苦卓绝的历史使命的结束。

本文叙写我国家抗日的成功，西南联大的历程及历史意义，并以校歌和铭文简略概述“联合大学之始终”是一代盛事，阐发了西南联大的文化精神。在写作上文白间杂，骈散结合；行文简洁，立意高远；音韵铿锵，文采飞扬；内容丰富，道理深刻；情感浩然，让人振奋。

【研讨】

1. 从文章的章法、句法、情感三方面分析此文的气势表现在什么地方？

2. 为什么说此文是思想和艺术的完美结合？试以第三节来分析。

3. 搜集资料，讲述与西南联大有关的人物或事迹。

【延展】

1. 延伸阅读

西南联大纪念碑碑文自识

冯友兰

碑建于昆明西南联合大学旧址，原大饭厅后小土山上。文为余三十年前旧作。以今观之，此文有见识，有感情，有气势，有辞藻，有章节，寓六朝俪句于唐宋之古文。余中年为古典文，以此自期，此则其选也。承百代之流，而会乎当今之变，有蕴其中，故文情相生，不能自已。今日重读，感慨系之矣。敝帚自珍，犹过于当时操笔时也。（冯友兰《三松堂全集》卷十四）

2. 推荐书目

（1）张曼菱．西南联大启示录．人民文学出版社，2003.

（2）谢泳．西南联大与中国现代知识分子．湖南文艺出版社，1998.

赠与今年的大学毕业生

胡适

这一两个星期里，各地的大学都有毕业的班次，都有很多的毕业生离开学校去开始他们的成人事业。学生的生活是一种享有特殊优待的生活，不妨幼稚一点，不妨吵吵闹闹，社会都能纵容他们，不肯严格地要他们负行为的责任。现在他们要撑起自己的肩膀来挑他们自己的担子了。在这个国难最紧急的年头，他们的担子真不轻！我们祝他们的成功，同时也不忍不依据我们自己的经验，赠与他们几句送行的赠言，——虽未必是救命毫毛，也许作个防身的锦囊罢！

你们毕业之后，可走的路不出这几条：绝少数的人还可在国内或国外的研究院继续做学术研究；少数的人可以寻着相当的职业；此外还有做官，办党，革命三条路；此外就是在家享福或者失业闲居了。第一条继续求学之路，我们可以不讨论。走其余几条路的人，都不能没有堕落的危险。堕落的方式很多，总括起来，约有这两大类：

第一是容易抛弃学生时代求知识的欲望。你们到了实际社会里，往往所用非所学，往往所学全无用处，往往可以完全用不着学问，而一样可以胡乱混饭吃，混官做。在这种环境里，即使向来抱有求知识学问的决心的人，也不免心灰意懒，把求知的欲望渐渐冷淡下去。况且学问是要有相当的设备的，书籍，实验室，师友的切磋指导，闲暇的工夫，都不是一个平常要糊口养家的人所能容易办到的。没有做学问的环境，又谁能怪我们抛弃学问呢？

第二是容易抛弃学生时代的理想和人生的追求。少年人初次和冷酷的社会接触，容易感觉理想与事实相去太远，容易发生悲观和失望。多年怀抱的人生理想，改造的热诚，奋斗的勇气，到此时候，好像全不是那么一回事，渺小的个人在那强烈的社会炉火里，往往经不起长时期的烤炼就熔化了，一点高尚的理想不久就幻灭了。抱着改造社会的梦想而来，往往是弃甲曳兵而走，或者做了恶势力的俘虏。你在那俘虏牢狱里，回想那少年气壮时代的种种理想主义，好像都成了自误误人的迷梦！从此以后，你就甘心放弃理想人生的追求，甘心做现成社会的顺民了。

要防御这两方面的堕落，一面要保持我们求知识的欲望，一面要保持我们对理想人生的追求。有什么好法子呢？依我个人的观察和经验，有三种防身的药方是值得一试的。

第一个方子只有一句话："总得时时寻一两个值得研究的问题！"问题是知识学问的老祖宗；古往今来一切知识的产生与积聚，都是因为要解答问题，——要解答实用上的困难和理论上的疑难。所谓"为知识而求知识"，其实也只是一种好奇心追求某种问题的解答，不过因为那种问题的性质不必是直接应用的，人们就觉得这是"无所为"的求知识了。我们出学校之后，离开了做学问的环境，如果没有一个两个值得解答的疑难问题在脑子里盘旋，就很难继续保持追求学问的热心。可是，如果你有了一个真有趣的问题天天逗你去想他，天天引诱你去解决他，天天对你挑衅笑你无可奈何他，——这时候，你就会同恋爱一个女子发了疯一样，坐也坐不下，睡也睡不安，没工夫也得偷出工夫去陪她，没钱也得撙衣节食去巴结她。没有书，你自会变卖家私去买书；没有仪器，你自会典押衣服去置办仪器；没有师友，你自会不远千里去寻师访友。你只要能时时有疑难问题来逼你用脑子，你自然会保持发展你对学问的兴趣，即使在最贫乏的智识环境中，你也会慢慢地聚起一个小图书馆来，或者设置起一所小试验室来。所以我说：第一要寻问题。脑子里没有问题之日，就是你的智识生活寿终正寝之时！古人说："待文王而兴者，凡民也。若夫豪杰之士，虽无文王犹兴。"试想葛理略（Galileo）和牛敦（Newton）有多少藏书？有多少仪器？他们不过是有问题而已。有了问题而后，他们自会造出仪器来解答他们的问题。没有问题的人们，关在图书馆里也不会用书，锁在试验室里也不会有什么发现。

第二个方子也只有一句话："总得多发展一点非职业的兴趣。"离开学校之后，大家总得寻个吃饭的职业。可是你寻得的职业未必就是你所学的，或者未必是你所心喜的，或者是你所学而实在和你性情不相近的。在这种情况之下，工作就往往成了苦工，就不感兴趣了。为糊口而作那种非"性之所近而力之所能勉"的工作，就很难保持求知的兴趣和生活的理想主义。最好的救济方法只有多多发展职业以外的正当兴趣与活动。一个人应该有他的职业，又应该有他非职业的顽艺儿，可以叫做业余活动。凡一个人用他的闲暇来做的事业，都是他的业余活动。往往他的业余活动比他的职业还更重要，因为一个人的前程往往全靠他怎样用他的闲暇时间。他用他的闲暇来打麻将，他就成了赌徒；你用你的闲暇来做社会服务，你也许成个社会改革者；或者你用你的闲暇去研究历史，你也许成个史学家。你的闲暇往往定你的终身。英国十九世纪的两个哲人，弥儿（J. S. Mill）终身做东印度公司的秘书，然而他的业余工作使他在哲学上、经济学上、政治思想史上都占一个很高的位置；斯宾塞（Spencer）是一个测量工程师，然而他的业余工作使他成为前世纪晚期世界思想界的一个重镇。古来成大学问的人，几乎没有一个不是善用他的闲暇时间的。特别在这个组织不健全的中国社会，职业不容易适合我们的性情，我们要想生活不苦痛或不堕落，只有多方发展业余的兴趣，使我们的精神有所寄托，使我们的剩余精力有所施展。有了这种心爱的顽艺儿，你就做六个钟头的抹桌子工夫也不会感觉烦闷了，因为你知道，抹了六点钟的桌子之后，你可以回家去做你的化学研究，或画完你的大幅山水，或写你的小说戏曲，或继续你的历史考据，或做你的社会改革事业。你有了这种称心如意的活动，生活就不枯寂了，精神也就不会烦闷了。

第三个方子也只有一句话："你总得有一点信心。"我们生当这个不幸的时代，眼中所见，耳中所闻，无非是叫我们悲观失望的。特别是在这个年头毕业的你们，眼见自己的国家民族沉沦到这步田地，眼看世界只是强权的世界，望极天边好像看不见一线的光明，——在这个年头不发狂自杀，已算是万幸了，怎么还能够希望保持一点内心的镇定和理想的信任呢？我要对你们说：这时候正是我们要培养我们的信心的时候！只要我们有信心，我们还有救。古人说："信心（Faith）可以移山。"又说："只要功夫深，生铁磨成绣花针。"你不信吗？当拿破仑的军队征服普鲁士占据柏林的时候，有一位穷教授叫做菲希特（Fichte）的，天天在讲堂劝他的国人要有信心，要信仰他们的民族是有世界的特殊使命的，是必定要复兴的。菲希特死的时候（1814 年），谁也不能预料德意志统一帝国何时可以实现。然而不满五十年，新的统一的德意志帝国居然实现了。

一个国家的强弱盛衰，都不是偶然的，都不能逃出因果的铁律的。我们今日所受的苦痛和耻辱，都只是过去种种恶因种下的恶果。我们要收获将来的善果，必须努力种现在的新因。一粒一粒的种，必有满仓满屋的收成，这是我们今日应该有的信心。

我们要深信：今日的失败，都由于过去的不努力。

我们要深信：今日的努力，必定有将来的大收成。

佛典里有一句话："福不唐捐。"唐捐就是白白地丢了。我们也应该说："功不唐捐！"没有一点努力是会白白地丢了的。在我们看不见、想不到的时候，在我们看不见、想不到的方向，你瞧！你下的种子早已生根发叶开花结果了！

你不信吗？法国被普鲁士打败之后，割了两省地，赔了五十万万法郎的赔款。这时候有一位刻苦的科学家巴斯德（Pasteur）终日埋头在他的化学试验室里做他的化学试验和微菌学研究。他是一个最爱国的人，然而他深信只有科学可以救国。他用一生的精力证明了三个科学问题：（1）每一种发酵作用都是由于一种微菌的发展；（2）每一种传染病都是由于一种微菌在生物体中的发展；（3）传染病的微菌，在特殊的培养之下，可以减轻毒力，使它从病菌变成防病的药苗。——这三个问题，在表面上似乎都和救国大事业没有多大的关系。然而从第一个问题的证明，巴斯德定出做醋酿酒的新法，使全国的酒醋业每年减除极大的损失。从第二个问题的证明，巴斯德教全国的蚕丝业怎样选种防病，教全国的畜牧农家怎样防止牛羊瘟疫，又教全世界的医学界怎样注重消毒以减除外科手术的死亡率。从第三个问题的证明，巴斯德发明了牲畜的脾热瘟的疗治药苗，每年替法国农家灭除了两千万法郎的大损失；又发明了疯狗咬毒的治疗法，救济了无数的生命。所以英国的科学家赫胥黎（Huxley）在皇家学会里称颂巴斯德的功绩道："法国给了德国五十万万法郎的赔款，巴斯德先生一个人研究科学的成绩足够还清这一笔赔款了。"

巴斯德对于科学有绝大的信心，所以他在国家蒙奇辱大难的时候，终不肯抛弃他的显微镜与试验室。他绝不想他的显微镜底下能偿还五十万万法郎的赔款，然而在他看不见想不到的时候，他已收获了科学救国的奇迹了。

朋友们，在你最悲观失望的时候，那正是你必须鼓起坚强的信心的时候。你要深信：天下没有白费的努力。成功不必在我，而功力必不唐捐。

二十一年，六，二十七夜

【导读】

本文选自《胡适全集》第四卷，据安徽教育出版社 2003 年版。该文原载于 1932 年 7 月 3 日《独立评论》第 7 号，是胡适先生 1932 年 6 月写给即将走上社会的大学毕业生的。

胡适先生为防御毕业生抛弃学生时代的"求知识的欲望"和"理想的人生的追求"开出了"三种防身的药方"，也是"防身的锦囊"。那就是：一、"总得时时寻一两个值得研究的问题"；二、"总得多发展一点非职业的兴趣"；三、"总得有一点信心"。至 1960 年，胡适先生在台南大学演讲时，又设题《防身药方的三味药》，将上述的防身锦囊形象地概括为"问题丹"、"兴趣散"和"信心汤"。

所谓"问题丹"是告诫青年人"问题是一切知识学问的来源，活的学问、活的知识，都是为了解答实际上的困难，或理论上的困难而得来的"。胡适的这味"丹"药，是要激发青年人求知的欲望，只要有问题跟着你，就会继续有知识的长进了。

"兴趣散"开得有些别致，着意在"非职业"上，"这种非职业的玩意儿"，可以使生活"更有趣，更快乐，更有意思"；各种学科，在最高层次上都是相通的。有多方面兴趣，除去生活可以更丰富，还可以促进专业的进步。

"信心汤"更是青年人面对现实生活的种种困境不退缩、更不会堕落的法宝。

胡适先生以师长的身份面对学子，却毫无凌人之盛气，字里行间蕴藏着诚恳与真情。每个人在成长的过程中境遇各不相同，保有这三个"防身的药方"，定会受益无穷。

【研讨】

1. 你认为胡适先生的这三味药仍可成为青年人的防身锦囊吗？请阐明你的理由。
2. 你认为毕业后如何继续保持"求知识的欲望"和"理想的人生的追求"？

【延展】

1. 延伸阅读

谈读书

朱光潜

关于读书方法，我不能多说，只有两点须在此约略提起。第一，凡值得读的书至少须读两遍。第一遍须快读，着眼在醒豁全篇大旨与特色。第二遍须慢读，须以批评态度衡量书的内容。第二，读过一本书，须笔记纲要精彩和你自己的意见。记笔记不特可以帮助你记忆，而且可以逼得你仔细，刺激你思考。记着这两点，其他琐细方法便用不着说。各人天资习惯不同，你用哪种方法收效较大，我用哪种方法收效较大，不是一概论的。你自己终究会找出你自己的方法，别人决不能给你一个方单，使你可以“依法炮制”。（摘自朱光潜《给青年的十二封信》）

2. 推荐书目

（1）白吉庵．胡适传．红旗出版社，2009.

（2）胡适学术文集．中华书局，1993.

家书二则

傅雷

（一）一九六一年二月六日上午

傅雷与傅聪

昨天敏自京回沪度寒假[1]，马先生交其带来不少唱片借听[2]。昨晚听了维伐第的两支协奏曲[3]，显然是斯卡拉蒂一类的风格[4]，敏说“非常接近大自然”，倒也说得中肯。情调的愉快、开朗、活泼、轻松，风格之典雅、妩媚，意境之纯净、健康，气息之乐观、天真，和声的柔和、堂皇，甜而不俗：处处显出南国风光与意大利民族的特性，令我回想到罗马的天色之蓝，空气之清冽，阳光的灿烂，更进一步追怀两千年前希腊的风土人情，美丽的地中海与柔媚的山脉，以及当时又文明又自然，又典雅又朴素的风流文采，正如丹纳书中所描写的那些境界[5]。——听了这种音乐不禁联想到韩德尔[6]，他倒是北欧人而追求文艺复兴的理想的人，也是北欧人而憧憬南国的快乐气氛的作曲家。你说他 humain（有人情味）是不错的，因为他更本色，更多保留人的原有的性格，所以更健康。他有的是异教气息，不像巴赫被基督教精神束缚[7]，常常匍匐在神的脚下呼号，忏悔，诚惶诚恐地祈求。基督教本是历史上某一特殊时代，地理上某一特殊民族，经济政治某一特殊类型所综合产生的东西；时代变了，特殊的政治经济状况也早已变了，民族也大不相同了，不幸旧文化——旧宗教遗留下来，始终统治着两千年来几乎所有的西方民族，造成了西方人至今为止的那种矛盾、畸形，与十九、二十世纪极不调和的精神状态，处处同文艺复兴以来的主要思潮抵触。在我们中国人眼中，基督教思想尤其显得病态。一方面，文艺复兴以后的人是站起来了，到处肯定自己的独立，发展到十八世纪的百科全书派，十九世纪的自然科学进步以及政治经济方面的革命，显然人类的前途、进步、能力，都是无限的；同时却仍然奉一个无所不能、无所不在的神为主宰，好像人永远逃不出他的掌心，再加上原始罪恶与天堂地狱的恐怖与期望，使近代人的精神永远处于支离破碎、纠结复杂、矛盾百出的状态中。这个情形反映在文化的各个方面，学术的各个部门，使他们（西方人）格外心情复杂，难以理解。我总觉得从异教变到基督教，就是人从健康变到病态的主要表现与主要关键。——比起近代的西方人来，我们中华民族更接近古代的希腊人，因此更自然，更健康。我们的哲学、文学即使是悲观的部分也不是基督教式的一味投降，或者用现代语说，一味的"失败主义"；而是人类一般对生老病死、春花秋月的慨叹，如古乐府及我们全部诗词中提到人生如朝露一类的作品；或者是愤激与反抗的表现，如老子的《道德经》。——就因为此，我们对西方艺术中最喜爱的还是希腊的雕塑，文艺复兴的绘画，十九世纪的风景画，——总而言之是非宗教性、非说教类的作品。——猜想你近年来愈来愈喜欢莫扎特、斯卡拉蒂、韩德尔，大概也是由于中华民族的特殊气质。在精神发展的方向上，我认为你这条路线是正常的，健全的。——你的酷好舒伯特[8]，恐怕也反映你爱好中国文艺中的某一类型。亲切、熨帖、温厚、惆怅、凄凉，而又对人生常带哲学意味极浓的深思默想；爱人生，恋念人生而又随时准备飘然远行，高蹈、洒脱、遗世独立、解脱一切等等的表现，岂不是我们汉晋六朝唐宋以来的文学中屡见不鲜的吗？而这些因素是不是在舒伯特的作品中也具备的呢？——关于上述各点，我很想听听你的意见。关山远阻而你我之间思想交流、精神默契未尝有丝毫间隔，也就象征你这个远方游子永远和产生你的民族、抚养你的祖国、灌溉你的文化血肉相连，息息相通。

（二）一九六一年二月七日

从文艺复兴以来，各种古代文化、各种不同民族、各种不同的思想感情大接触之下，造成了近代人极度复杂的头脑与心情。加上政治、经济和社会的急剧变化（如法国大革命、十九世纪的工业革命、封建社会与资本主义社会的交替等等），人的精神状态愈加充满了矛盾。这个矛盾中最尖锐的部分仍然是基督教思想与个人主义的自由独立与自我扩张的对立。凡是非基督徒的矛盾，仅仅反映经济方面的苦闷，其程度决没有那么强烈。——在艺术上表现这种矛盾特别显著的，恐怕要算贝多芬了。以贝多芬与歌德作比较研究，大概更可证实我的假定。贝多芬乐曲中两个主题的对立，决不仅仅从技术要求出发，而主要是反映他内心的双重性。否则，一切 sonataform［奏鸣曲式］都以两个对立的 motifs［主题］为基础，为何独独在贝多芬的作品中，两个不同的主题会从头至尾斗争得那么厉害、那么凶猛呢？他的两个主题，一个往往代表意志，代表力，或者说代表一种自我扩张的个人主义（绝对不是自私自利的庸俗的个人主义或侵犯别人的自我扩张，想你不致误会）；另外一个往往代表犷野的暴力，或者说是命运，或者说是神，都无不可。虽则贝多芬本人决不同意把命运与神混为一谈，但客观分析起来，两者实在是一个东西。斗争的结果总是意志得胜，人得胜。但胜利并不持久，所以每写一个曲子就得重新挣扎一次，斗争一次。到晚年的四重奏中，斗争仍然不断发生，可是结论不是谁胜谁败，而是个人的隐忍与舍弃；这个境界在作者说来，可以美其名曰皈依，曰觉悟，曰解脱，其实是放弃斗争，放弃挣扎，以换取精神上的和平宁静，即所谓幸福，所谓极乐。挣扎了一辈子以后再放弃挣扎，当然比一开场就奴颜婢膝的屈服高明得多，也就是说"自我"的确已经大大地扩张了；同时却又证明"自我"不能无限止地扩张下去，而且最后承认"自我"仍然是渺小的，斗争的结果还是一场空，真正得到的只是一个觉悟，觉悟斗争之无益，不如与命运，与神，言归于好，求妥协。当然我把贝多芬的斗争说得简单化了一些，但大致并不错。此处不能作专题研究，有的地方只能笼统说说。——你以前信中屡次说到贝多芬最后的解脱仍是不彻底的，是否就是我以上说的那个意思呢？——我相信，要不是基督教思想统治了一千三四百年（从高卢人信奉基督教算起）的西方民族，现代欧洲人的精神状态决不会复杂到这步田地，即使复杂，也将是另外一种性质。比如我们中华民族，尽管近半个世纪以来也因为与西方文化接触之后而心情变得一天天复杂，尽管对人生的无常从古至今感慨伤叹，但我们的内心矛盾，决不能与宗教信仰、与现代精神（自我扩张）的矛盾相比。我们心目中的生死感慨，从无仰慕天堂的极其烦躁的期待与追求，也从无对永堕地狱的恐怖与忧虑；所以我们的哀伤只是出于生物的本能，而不是由发热的头脑造出许多极乐与极可怖的幻象来一方面诱惑自己一方面威吓自己。同一苦闷，程度强弱之大有差别，健康与病态的分别，大概就取决于这个因素。

中华民族从古以来不追求自我扩张，从来不把人看做高于一切，在哲学文艺方面的表现都反映出人在自然界中与万物占着一个比例较为恰当的地位，而非绝对统治万物，奴役万物的主宰。因此我们的苦闷，基本上比西方人为少为小；因为苦闷的强弱原是随欲望与野心的大小而转移的。农业社会的人比工业社会的人享受差得多，因此欲望也小得多。况中国古代素来以不滞于物、不为物役为最主要的人生哲学。并非我们没有守财奴，但比起莫里哀与巴尔扎克笔下的守财奴与野心家来，就小巫见大巫了。中华民族多数是性情中正和平、淡泊、朴实，比西方人容易满足。——另一方面，佛教影响虽然很大，但天堂地狱之说只是佛教中的小乘（净土宗）的说法，专为知识较低的大众而设的。真正的佛教教理并不相信真有天堂、地狱，而是从理智上求觉悟，求超度；觉悟是悟人世的虚幻，超度是超脱痛苦与烦恼。尽管是出世思想，却不予人以热烈追求幸福的鼓动，或急于逃避地狱的恐怖；主要是劝导人求智慧。佛教的智慧正好与基督教的信仰成为鲜明的对比。智慧使人自然而然的醒悟，信仰反易使人入于偏执与热狂之途。——我们的民族本来提倡智慧（中国人的理想是追求智慧而不是追求信仰。我们只看见古人提到彻悟，从未以信仰坚定为人生乐事［这恰恰是西方人心目中的幸福］。你认为韩德尔比巴赫为高，你说前者是智慧的结晶，后者是信仰的结晶：这个思想根源也反映出我们的民族性）。故知识分子受到佛教影响并无恶果。即使南北朝时期佛教在中国极盛，愚夫愚妇的迷信亦未尝在吾国文化史上遗留什么毒素，知识分子亦从未陷于虚无主义（即使有过一个短时期，但在历史上并无大害）。——相反，在两汉以儒家为惟一正统、罢斥百家、思想入于停滞状态之后，佛教思想的输入倒是给我们精神上一种刺激，令人从麻痹中觉醒过来，从狭隘的一家一派的束缚中解放出来。在纪元二三世纪的思想情况之下这是一个可喜的现象。——对中国知识分子拘束最大的倒是僵死的礼教，从南宋的理学（程子朱子）起一直到清朝末年，养成了规行矩步，整天反省，唯恐背礼越矩的迂腐头脑，也养成了口是心非的假道学、伪君子。其次是明清两代的科举制度，不仅束缚性灵，也使一部分有心胸、有能力的人徘徊于功名利禄与真正修心养性、致知格物的矛盾中（反映于《儒林外史》中）。——然而这一类的矛盾也绝不像近代西方人的矛盾那么有害身心。我们的社会进步迟缓，资本主义制度发展若断若续，封建时代的经济基础始终存在，封建时代的道德观、人生观、宇宙观以及一切上层建筑，到近百年中还有很大势力，使我们的精神状态、思想情形不致如资本主义高度发展的国家的人那样混乱、复杂、病态；我们比起欧美人来一方面是落后，一方面也单纯，就是说更健全一些——从民族特性、传统思想，以及经济制度等等各个方面看，我们和西方人比较之下都有这个双重性。——“五四”以来，情形急转直下，西方文化的输入使我们的头脑受到极大的骚动，正如“帝国主义的资本主义”的侵入促成我们半封建半资本主义社会的崩溃一样。我们开始感染到近代西方人的烦恼，幸而时期不久，并且宗教影响在我们思想上并无重大作用（西方宗教只影响到买办阶级以及一部分比较落后地区的农民，而且也并不深刻），故虽有现代式的苦闷，并不太尖锐。我们还是有我们老一套的东方思想与东方哲学，作为批判西方文化的尺度。当然以上所说特别是限于解放以前为止的时期。解放以后情形大不相同，暇时再谈。但即是解放以前我们一代人的思想情况，你也承受下来了，感染得相当深了。我想你对西方艺术、西方思想、西方社会的反应和批评，骨干里都有我们一代（比你早一代）的思想根源，再加上解放以后新社会给你的理想，使你对西欧的旧社会更有另外一种看法，另外一种感觉。——倘能从我这一大段历史分析（不管如何片面、如何不正确）来分析你目前的思想感情，也许能大大减少你内心苦闷的尖锐程度，使你的矛盾不致影响你身心的健康与平衡，你说是不是？

人没有苦闷，没有矛盾，就不会进步。有矛盾才会逼你解决矛盾，解决一次矛盾即往前迈进一步。到晚年矛盾减少，即是生命将要告终的表现。没有矛盾的一片恬静只是一个崇高的理想，真正实现的话并不是一个好现象。——凭了修养的功夫所能达到的和平恬静只是极短暂的，比如浪潮的尖峰，一刹那就要过去的。或者理想的平和恬静乃是微波荡漾，有矛盾而不太尖锐，而且随时能解决的那种精神修养，可决非一泓死水：一泓死水有什么可羡呢？我觉得倘若苦闷而不致陷入悲观厌世，有矛盾而能解决（至少在理论上、认识上得到一个总结），那末苦闷与矛盾并不可怕。所要避免的乃是因苦闷而导致身心失常，或者玩世不恭，变做游戏人生的态度。从另一角度看，最伤人的（对己对人、对小我与集体都有害的）乃是由 passion［激情］出发的苦闷与矛盾，例如热衷名利而得不到名利的人，怀着野心而明明不能实现的人，经常忌妒别人、仇恨别人的人，那一类苦闷便是与己与人都有大害的。凡是从自卑感、自溺狂等等来的苦闷对社会都是不利的，对自己也是致命伤。反之，倘是忧时忧国，不是为小我打算而是为了社会福利、人类前途而感到的苦闷，因为出发点是正义，是理想，是热爱，所以即有矛盾，对己对人都无害处，倒反能逼自己做出一些小小的贡献来。但此种苦闷也须用智慧来解决，至少在苦闷的时间不能忘了明哲的教训，才不至于转到悲观绝望，用灰色眼镜看事物，才能保持健康的心情继续在人生中奋斗，——而唯有如此，自己的小我苦闷才能转化为一种活泼泼的力量而不仅仅成为愤世嫉俗的消极因素；因为愤世嫉俗并不能解决矛盾，也就不能使自己往前迈进一步。由此得出一个结论，我们不怕经常苦闷、经常矛盾，但必须不让这苦闷与矛盾妨碍我们愉快的心情。

［1］敏：傅雷之子傅敏，傅聪之弟。

［2］马先生：指音乐家马思聪。

［3］维伐第（1675－1741 年）：意大利作曲家和指挥家。一般译为维伐尔第。

［4］斯卡拉蒂（1685－1757 年）：意大利作曲家。

［5］丹纳（1828－1893 年）：法国思想家、文艺评论家和历史学家，自然主义的倡导者。又译为泰纳、泰恩。

［6］韩德尔（1685－1759 年）：德国作曲家。一般译为亨德尔。

［7］巴赫（1685－1750 年）：德国作曲家。又译为巴哈。

［8］舒伯特（1797－1828 年）：奥地利作曲家。

【导读】

本文选自《傅雷家书》（增订第 5 版），据生活·读书·新知三联书店 1998 年版。《傅雷家书》是傅雷夫妇写与其子主要是长子傅聪的书信选集。傅雷（1908－1966 年），字怒安，号怒庵，上海市南汇县（现南汇区）人，是一位艺术造诣深湛并卓有成就的杰出翻译家、文艺评论家。其长子傅聪，1934 年生于上海，年轻时代远赴欧洲学习音乐。傅雷父子间的通信，长达 12 年，傅雷与其谈音乐、谈艺术、谈人生修养。本文所选的这两则书信，虽然分前后两天，谈论的却是一个完整的话题，即由对欧洲音乐的讨论延伸到对欧洲文化的认识，进而讨论了欧洲文化和中国文化的各自特征。

作为一个鉴赏家，傅雷是以欧洲艺术为基础来欣赏欧洲音乐的，他对东西方文化的评论富有人文主义的韵味，对基督教给欧洲带来的病态、复杂的精神状态持批评态度；赞赏希腊人更自然、更健康的民族特征，欣赏中华民族中正和平、淡泊朴实的性格。在书信中他将哲学、文化、艺术和人生体悟交融互汇，渗透一体，以期引导傅聪从整体上把握东西方文化的差异，并深刻领悟中国文化的精髓。

对于身在异乡的儿子的苦闷与矛盾，作为父亲，他劝勉傅聪，“人没有苦闷，没有矛盾，就不会进步”；“苦闷也须用智慧来解决，至少在苦闷的时间不能忘了明哲的教训”，如此，“才能保持健康的心情继续在人生中奋斗”。

两则书信情感真挚，哲理深刻，思维宏阔，文笔流畅，可谓书信体中的典范之作、真诚之作。

【研讨】

1. 如果说，傅雷对东西方文化的比较与认识，既是历史的又是世界的，你有何看法？

2. 读《傅雷家书》，你最深的感悟是什么？

【延展】

1. 延伸阅读

1955 年 1 月 26 日

成就的大小、高低，是不在我们掌握之内的，一半靠人力，一半靠天赋，但只要坚强，就不怕失败，不怕挫折，不怕打击——不管是人事上的，生活上的，技术上的，学习上的打击；从此以后你可以孤军奋斗了。何况事实上有多少良师益友在周围帮助你，扶掖你。还加上古今的名著，时时刻刻给你精神上的养料！孩子，从今以后，你永远不会孤独的了，即使孤独也不怕的了！

赤子之心这句话，我也一直记住的。赤子便是不知道孤独的。赤子孤独了，会创造一个世界，创造许多心灵的朋友！（摘自《傅雷家书》）

2. 推荐书目

（1）傅雷．傅雷家书．生活·读书·新知三联书店，1998.

（2）李泽厚．美的历程．生活·读书·新知三联书店，2009.

给青年的忠告

[美] 马克·吐温

听说期望我来谈谈，我便询问应该发表什么样的谈话。他们说应当宜于青年的话题——教诲性的、启发性的话题，或者实质上是良言忠告之类的话题。好吧。关于开导青年人，我心里倒是有几件事时常想说的；因为正是在人幼小时，这些事最适合扎根，而且最持久、最有价值。那么，首先呢，我要对你们、我的年轻朋友们说的是——我恳切地、迫切地要说的是——

永远服从你们的父母，只要他们在堂的时候。长远看来这是上策，因为你们要是不服从的话，他们也非要你们服从。大多数家长认为比你们懂得多，一般说来你们迁就那

马克·吐温

种迷信的话，比起你们根据自以为是的判断行事，你们会建树大些。

对待上司要尊重，要是你们有了上司；对待陌生人，有时还有别人，也要尊重。如果有人得罪了你们，你们要犹豫一番，看看是存心的还是无意的，不要采取极端的做法；只要看好机会用砖块打他一下，那就足够了。如果你们发现他并非故意冒犯，那就坦然走出来，承认自己打他不对；像个男子汉认个错，说声不是故意的。况且，永远要避免动武；处于这个仁慈和睦的时代，此类举动的年代已经过去了。“炸药”留给卑下而无教养的人吧。

早睡早起——这是聪明的。有的权威讲，跟着太阳起床；还有的讲，跟着这样东西起床，又有的讲，跟着那样东西起床。其实跟着云雀起床才是再好不过的。这样你就落个好名声，人人都知道你跟着云雀起床；如果弄到一只那种适当的云雀，在它身上花些工夫，你就很容易把它调教到九点半起来，每次都是——这可决不是欺人之谈。

接着来谈谈说谎的问题。你们可要非常谨慎地对待说谎；否则十有八九会被揭穿。一旦揭穿，在善良和纯洁的眼光看来，你就再也不可能是过去的你了。多少年轻人，因为一次拙劣难圆的谎言，那是由于不完整的教育而导致的轻率的结果，使得自己永远蒙受损害。有些权威认为，年轻人根本不该说谎。当然，这种说法言之过甚，其实未必如此；不过，虽然我可不能把话讲得太过分，我却认定而且相信自己看法正确，那就是，在实践和经验使人获得信心、文雅、严谨之前，年轻人运用这门了不起的艺术时要有分寸，只有这三点才能使得说谎的本领无伤大雅，带来好处。耐性、勤奋、细致入微——这些是必要素质；这些素质日久天长便会使学生变得完善起来；凭借这些，只有凭借这些，他才可能为将来的出类拔萃打下稳固的基础。试想一下，要付出多么漫长的岁月，通过学习、思考、实践、经验，那位盖世无双的前辈大师才具有如此的素养，他迫使全世界接受了“真理是强大的而且终将取胜”这句崇高而掷地有声的格言——这是关于事实的复杂层面道出的最豪迈的话，迄今任何出自娘胎的人都未获得。因为我们人类的历史，还有每个个人的经验，都深深地埋下了这样的证据：一个真理不难扼杀，一个说得巧妙的谎言则历久不衰。波士顿有座发现麻醉法的人的纪念碑；许多人到后来才明白，那个人根本没有发现麻醉法，而是剽窃了另一个人的发现。这个真理强大吗？它终将取胜吗？唉，错哉，听众们，纪念碑是用坚硬材料建造的，而它所晓示的谎言却将比它持久百万年。一个笨拙脆弱而有破绽的谎言是你们应该不断学会避免的东西；诸如此类的谎言比起一个普通事实来，决不具有更加真实的永恒性。嗨，你们倒不如既讲真话又和真理打交道。一个脆弱愚蠢而又荒谬的谎言持续不了两年——除非是对什么人物的诽谤。当然，那种谎言是牢不可破的，不过那可不是你们的光彩。最后说一句：早些开始实践这门优雅美妙的艺术——从现在做起。要是我早些做起，我就能学会门道了。

切莫随便摆弄枪支。年轻人无知而又冒失地摆弄枪支，造成了多少悲伤痛苦。就在四天前，就在我度夏的农庄住家的隔壁人家，一位祖母，年老花发一团和气，当地最可爱的一个人物，坐着在干活，这时她的小孙儿悄悄进屋，取下一把破烂生锈的旧枪，多年无人碰过，以为没装子弹，把枪对准了她，哈哈笑了吓唬着要开枪。她惊骇得边跑边叫边求饶，朝屋子对面的门口过去；可是经过身边的时候，小孙儿几乎把枪贴在她的胸口上，扣动了扳机！他以为枪里没有子弹。他猜对了——没装子弹。所以没有造成什么伤害。这是我听到的同类情况中绝无仅有的。因此呢，同样的，你们可不要乱动没装子弹的旧枪支；它们是人所创造的最致命的每发必中的家伙。你们不必在这些东西上花什么工夫；你们不必搞个枪架，你们不必在枪上装什么准星，你们连瞄准都没有必要。算了，你们就挑个相似的东西，砰砰打个几枪，你肯定能打中。三刻钟内用加特林机枪在三十码处不能击中一个教堂的年轻人，却可以站在百码开外，举起一把空膛的旧火枪，趟趟把祖母当靶子击倒。再试想一下，倘若有一支旧火枪武装起来的童子军，大概没有装上子弹，而另一支部队是由他们的女亲戚组成的，那么滑铁卢战役会是什么结局。只要一想到此，就会令人不寒而栗。

图书有许多种类；但好书才是年轻人该读的一类。记住这一点。好书是一种伟大、无价、无言的完善自我的工具。因此，要小心选择，年轻的朋友们；罗伯逊的《布道书》，巴克斯特的《圣者的安息》、《去国外的傻瓜》，以及这一类的作品，你们应该只读这些书。

我可是说得不少了。我希望大家会铭记我给你们的言教，让它成为你们脚下的指南和悟性的明灯。用心刻苦地根据这些规矩培养自己的品格，天长日久，培养好了品格，你们将会惊喜地看到，这种品格多么准确而鲜明地类似其他每个人的品格。

（杨自伍译）

【导读】

本文选自杨自伍主编《美国文化读本》，据华东师范大学出版社 1996 年版。作者马克·吐温（1835－1910 年），美国史上最伟大的作家之一。原名萨缪尔·兰亨·克莱门，马克·吐温是其笔名。马克·吐温出生于密西西比河畔小城汉尼拔一个乡村贫穷律师家庭，12 岁父亲死后即外出谋生，拜师学徒，当过排字工人、水手、士兵等，经营过木材业、矿业和出版业，业余时间写作故事。一生游历极广，作品幽默讽刺，深刻反映了当时美国社会各阶层的状况。其代表作主要有《百万英镑》、《汤姆索亚历险记》等。

本文是一篇演说词，是应邀给青年人教诲而作。因此在本文中，作者开门见山，用一本正经的口吻给了青年六条忠告：要服从父母；尊重上司与陌生人；早睡早起；切莫摆弄枪支；读好书；而作者讲得最多的是关于“说谎”的问题。乍一看，作者的确不拂主人的美意，“恳切地、迫切地”说出了他的忠告。仔细读来，在其谆谆训诲中，马克·吐温式的幽默显露无遗：服从父母，因为“大多数家长认为比你们懂得多”；不要用极端手段对待上司和他人，因为这是个“仁慈和睦”的时代；至于何时叫早起早睡，权威们也是异口众词；关于说谎，可要“非常谨慎地对待”，“否则十有八九会被揭穿”，“一个真理不难扼杀，一个说的巧妙的谎言则历久不衰”；年轻人切莫无知又冒失地摆弄枪支，即使是没装子弹，因为你的好奇心会吓坏别人；至于该读的好书，最好选择能“完善自我”的书。

忠告六条，实乃“正话反说”，这是本文贯穿始终的修辞手段，也是写作上的最大特点。马克·吐温无心借“忠告”来做青年的“导师”。他讨厌假正经，更讨厌以势压人。所以故作惊人之语，既是讽刺社会恶相，也是警醒青年，无须听那些把自己打扮成“青年导师”的人言不及义的忠告，要保持自己的主见，走自己的人生之路。

【研讨】

1. 透过本文，你对马克·吐温式的幽默有何体会？

2. 本文对“青年导师”所持的态度是什么？

【延展】

1. 延伸阅读

谈谈事故保险

马克·吐温

再没有另一项事业能比事故保险更富于慈善性质的了。我曾经见过，单是由于某人幸运地缺了一条腿，他全家人都摆脱了穷苦的困境，开始过富裕的生活。曾经有一些拄着拐来找我，他们都热泪盈眶，赞扬这种慈善机构。有一个新近成了残废的人，用他仅剩下的一只手在坎肩兜里摸索，发现他的事故保险单仍旧好好地藏在那里，我在整个一生的经历中从来没见过比他脸上那副神情更为美妙的了。同样，另一个遍体鳞伤的主顾，站在一条木腿上，发现他怎么也找不到他的保单，我从来没见过比那情景更悲惨的了。（摘自《马克·吐温幽默小品选》）

2. 推荐书目

（1）叶冬心译．马克·吐温中短篇小说选．人民文学出版社，2001.

（2）叶冬心译．马克·吐温幽默小品选．百花文艺出版社，1992.

在宾夕法尼亚大学的演说（节选）

［美］富兰克林·罗斯福

罗斯福酷爱集邮

你们还记得，在我们取得政治自由之后，发生了两种相反的观点的论争：一种是亚历山大·汉密尔顿的观点[1]。他真诚地相信由少数几个热心公务而往往又是家道富足的公民组成的政府的优越性。另一种是托马斯·杰弗逊的观点[2]。他竭力主张政府由全民选出的代表组成；他主张人人享有自由思想的权利，自由选择生活方式的权利，自由信仰宗教的权利，自由发表意见的权利；而最最重要的是，人人都有自由选举的权利。

许多具有杰弗逊派思想的人都坦率地承认汉密尔顿和他这一派具有高尚的动机和无私的精神。那时，许多美国人都乐于承认，倘若政府能够保证维持像汉密尔顿派所说的那种高水平的无私的服务精神，当然就用不着担心。因为汉密尔顿派的理论基础是，采用四年一次的选举制度，仅在少数受过高等教育和最有成就的公民中进行选举，总是能选出最优秀的分子来治理国家的。

然而，时间已经证明，正是杰弗逊以罕有的锐利目光明确地指出的，按照人类本性就存在弱点的法则，按汉密尔顿理论的做法长期发展下去，必然会使政府变成由自私自利分子把持的政府，或是为个人谋私利的或代表一个阶级的政府。这种做法最终会使自由选举归于乌有。因为杰弗逊认为，正是我们这个完全不受牵制的自由选举制度能够最确实可靠地保证组成一个民众的政府。只要全国的选举人，不论受教育程度的高低与财产的多寡，都能在投票地点不受阻碍地自由选举，国家就不会有专制寡头统治之虞。

从那个时候以来，在我们将近一个半世纪的历史上，有过许许多多美国人力求将选举权局限在一小部分人之中。记得25年前，哈佛大学的埃利奥特校长曾把这种观点归纳起来[3]，对我说了大意如下的一番话："罗斯福，我坚信，即使我们在美国各州成倍地增设大学，即使高等教育已得到全面普及，只要选举权局限在得到学位的人当中，不出几年，这个国家就要毁灭。"这番话若是由一个刚得到学位的人向在座许多早已持有学位的老前辈说出来，未免会失之于无礼；但是，向我说出这种观点的却是一位以在全国努力推广大学教育而闻名的伟大的教育家。

我必须承认我完全同意他的估计：全体选民通过自由的、不受牵制的选举从而对政治、社会问题做决定的能力一定大大优于上层社会少数人形成的小集团的能力。

本杰明·富兰克林对我们这所大学做出过极大贡献[4]，他也认为虽然自然科学、社会科学和道德的基本原则是永恒的、不变的，但是这些原则的应用则应随着一代代人生活条件、模式的变化而做必要的变化。倘若他今天仍然健在，我可以肯定他必然会坚持这样的观点：哲学家与教育家的全部职责在于根据现时的条件而不是过去的条件将真理、善良与正义的永恒理想付诸实用。生长与变化是一切生命的法则。昨日的答案不适用于今日的问题——正如今天的方法不能解决明天的需求一样。

永恒的真理如果不在新的社会形势下赋予新的意义，就既不是真理，也不是永恒的了。

教育的作用、美国一切大学术机构的作用，是使我们国家的生命得以延续，是将我们经过历史烈火考验的最优秀文化传给青年一代。同样，教育有责任训练我们青年的心智和才能，通过具有创造精神的公民行动，来改进我们美国的学术机构，适应未来的要求。

我们不能总是为我们青年造就美好未来，但我们能够为未来造就我们的青年一代。

正是一些像这所学校一样伟大的学府，冶炼和塑造各种保证国家安全、创造明天历史的思想。文明的形成有赖于许多知名与不知名的男女公民，他们心胸开阔，孜孜不倦，勇于探索，决不屈服于专制力量。

现在不是钻进象牙塔里，空喊自己有权高高在上，置身于社会的问题与苦难之外的时候。时代要求我们大胆地相信：人经过努力可以改变世界，达到新的、更美好的境界。没有人能够仅凭闭目不看社会现实的做法，就可以割断自己同社会的联系。他必须永远保持对新鲜事物的敏感，随时准备接受新鲜事物；他必须有勇气与能力去面对新的事实，解决新的问题。

要使民主得以存在，善于思索的人与敏于行动的人都必须去除傲慢与偏见；他们要有勇气、有全心全意的献身精神，最重要的是要有谦虚精神，去寻求与传播那使人民永葆自由的真理。

朝着上述目标，我们会寻找到个人的平静，那不是歇息而是经过努力奋斗后的平静；我们会对自己的有所作为感到由衷的满意；为取得力所不能及的成就而感到深深喜悦；懂得了我们所创造的远比我们所知道的要更为辉煌灿烂。

（石幼珊译）

[1]亚历山大·汉密尔顿：美国联邦党领袖，主张建立强大的中央政府、设立国家银行。

[2]托马斯·杰弗逊：美国第三任总统、民主共和党创始人，创立了弗吉尼亚州立大学。

[3]埃利奥特：美国高等教育史上最著名的教育思想家和改革家，1869－1908年任哈佛大学校长。又译为艾略特。

[4]本杰明·富兰克林：美国启蒙运动的开创者，18世纪美国最伟大的科学家、实业家，是独立革命的政治领导人之一。

【导读】

本文选自陶洁选编《英语美文50篇》，据译林出版社2002年版。作者富兰克林·D·罗斯福（1882－1945年），美国政治家，民主党人。大学毕业后从事律师业，不久出任纽约州参议员，开始涉足政界。1932年当选第32任美国总统，并于1936年、1940年、1944年获得连任。他是20世纪世界经济危机和世界大战的中心人物之一。推行实施国家干预以挽救经济的新政，使美国成功摆脱经济危机；在第二次世界大战中，呼吁帮助盟国反法西斯战争，帮助中国抗击日本入侵，发起《联合国宣言》，成为反法西斯联盟的领袖之一。罗斯福始终被学者排名为最伟大的美国总统之一。

本文是罗斯福1940年9月20日在宾夕法尼亚大学庆祝建校200周年大会上发表的演讲（节选）。此次演说时正值第二次世界大战，法西斯独裁统治的阴云笼罩着世界，多年建立起来的民主制度正面临严峻的考验。面对一所历史悠久的大学举办的校庆，罗斯福总统的演讲，没有将重点放在祝贺这一层面上，而是从美国建国之初，不同的政治家的不同的政治观念讲起，意在提醒听众，广泛的选举权比普及高等教育还重要；要使民主得以存在，“国家就不会有专制寡头统治之虞”，大学才能“根据现时的条件而不是过去的条件将真理、善良与正义的永恒理想付诸实用”。教育的作用，“是使我们国家的生命得以延续，是将我们经过历史烈火考验的最优秀文化传给青年一代”；塑造一个得到充分发展又适应社会发展需要的“完整的学生”，比传授特定的知识更重要。只有这样，他们才能成为国家民族文化的继承者、国家民族生命的延续者。

全文层层展开，步步推进，视野宏阔，主旨显达，措辞精警，准确有力，把对宾夕法尼亚这样一所伟大的学府的颂扬巧妙地融入对美国精神和大学价值的阐释之中。

【研讨】

1. “生长与变化是一切生命的法则”。这句话对在校大学生有何指导意义？

2. 谈谈“完整的学生”与大学价值观之间的关系。

【延展】

1. 延伸阅读

牛津度假记

查尔斯·兰姆

古老的牛津，在你那一切稀世珍宝之中，最最使我倾心、最能给我以慰藉者，莫过于你那些贮存古籍的宝库，你那些藏书架——

钻在古老的书库里，真是得其所哉！那些往昔的作家把自己的劳动成果过传给了波特莱图书馆这些职员，他们的精魂也就在这里安息，仿佛躺在什么寝室里，一排排，整整齐齐。我不去摸弄那些朽坏的书页，那是他们的尸衣，我不愿亵渎他们。我怕一摸，就有一个幽灵从书里走出来。我在这书林之中漫步，呼吸着学术的空气；那些带着虫蛀霉味的古书封套，散发出在无忧无虑的学艺园地里那些知识之果鲜花初放时的阵阵幽香。（摘自英·查尔斯·兰姆《伊利亚随笔记》）

2. 推荐书目

（1）英·查尔斯·兰姆，刘炳善译．伊利亚随笔记．上海译文出版社，2006.

（2）美·沃尔特·艾萨克森（Walter Isaacson）．史蒂夫·乔布斯传．中信出版社，2011.

我有一个梦想

［美］马丁·路德·金

马丁·路德·金在演讲《我有一个梦想》

一百年前，一位伟大的美国人签署了解放黑奴宣言[1]，今天我们就是在他的雕像前集会。这一庄严宣言犹如灯塔的光芒，给千百万在那摧残生命的不义之火中受煎熬的黑奴带来了希望。它之到来犹如欢乐的黎明，结束了束缚黑人的漫漫长夜。

然而一百年后的今天，我们必须正视黑人还没有得到自由这一悲惨的事实。一百年后的今天，在种族隔离的镣铐和种族歧视的枷锁下，黑人的生活备受压榨。一百年后的今天，黑人仍生活在物质充裕的海洋中一个穷困的孤岛上。一百年后的今天，黑人仍然萎缩在美国社会的角落里，并且意识到自己是故土家园中的流亡者。今天我们在这里集会，就是要把这种骇人听闻的情况公诸于众。

就某种意义而言，今天我们是为了要求兑现诺言而汇集到我们国家的首都来的。我们共和国的缔造者草拟宪法和独立宣言的气壮山河的词句时，曾向每一个美国人许下了诺言，他们承诺给予所有的人以生存、自由和追求幸福的不可剥夺的权利。

就有色公民而论，美国显然没有实践她的诺言。美国没有履行这项神圣的义务，只是给黑人开了一张空头支票，支票上盖着“资金不足”的戳子后便退了回来。但是我们不相信正义的银行已经破产，我们不相信，在这个国家巨大的机会之库里已没有足够的储备。因此今天我们要求将支票兑现——这张支票将给予我们宝贵的自由和正义的保障。

我们来到这个圣地也是为了提醒美国，现在是非常急迫的时刻。现在决非侈谈冷静下来或服用渐进主义的镇静剂的时候[2]。现在是实现民主的诺言的时候。现在是从种族隔离的荒凉阴暗的深谷攀登种族平等的光明大道的时候，现在是向上帝所有的儿女开放机会之门的时候，现在是把我们的国家从种族不平等的流沙中拯救出来，置于兄弟情谊的磐石上的时候。

如果美国忽视时间的迫切性和低估黑人的决心，那么，这对美国来说，将是致命伤。自由和平等的爽朗秋天如不到来，黑人义愤填膺的酷暑就不会过去。1963 年并不意味着斗争的结束，而是开始。有人希望，黑人只要撒撒气就会满足；如果国家安之若素[3]，毫无反应，这些人必会大失所望的。黑人得不到公民的权利，美国就不可能有安宁或平静，正义的光明的一天不到来，叛乱的旋风就将继续动摇这个国家的基础。

但是对于等候在正义之宫门口的心急如焚的人们，有些话我是必须说的。在争取合法地位的过程中，我们不要采取错误的做法。我们不要为了满足对自由的渴望而抱着敌对和仇恨之杯痛饮。我们斗争时必须永远举止得体，纪律严明。我们不能容许我们的具有崭新内容的抗议蜕变为暴力行动。我们要不断地升华到以精神力量对付物质力量的崇高境界中去。

现在黑人社会充满着了不起的新的战斗精神，但是我们却不能因此而不信任所有的白人。因为我们的许多白人兄弟已经认识到，他们的命运与我们的命运是紧密相连的，他们今天参加游行集会就是明证。他们的自由与我们的自由是息息相关的。我们不能单独行动。

当我们行动时，我们必须保证向前进。我们不能倒退。现在有人问热心民权运动的人：“你们什么时候才能满足？”

只要黑人仍然遭受警察难以形容的野蛮迫害，我们就绝不会满足。

只要我们在外奔波而疲乏的身躯不能在公路旁的汽车旅馆和城里的旅馆找到住宿之所，我们就绝不会满足。

只要黑人的基本活动范围只是从少数民族聚居的小贫民区转移到大贫民区，我们就绝不会满足。

只要密西西比仍然有一个黑人不能参加选举，只要纽约有一个黑人认为他投票无济于事，我们就绝不会满足。

不！我们现在并不满足，我们将来也不满足，除非正义和公正犹如江海之波涛，汹涌澎湃，滚滚而来。

我并非没有注意到，参加今天集会的人中，有些受尽苦难和折磨，有些刚刚走出窄小的牢房，有些由于寻求自由，曾在居住地惨遭疯狂迫害的打击，并在警察暴行的旋风中摇摇欲坠。你们是人为痛苦的长期受难者。坚持下去吧，要坚决相信，忍受不应得的痛苦是一种赎罪。

让我们回到密西西比去，回到亚拉巴马去，回到南卡罗来纳去，回到佐治亚去，回到路易斯安那去，回到我们北方城市中的贫民区和少数民族居住区去，要心中有数，这种状况是能够也必将改变的。我们不要陷入绝望而无法自拔。

朋友们，今天我对你们说，在此时此刻，我们虽然遭受种种困难和挫折，我仍然有一个梦想。这个梦想是深深扎根于美国的梦想中的[4]。

我梦想有一天，这个国家会站立起来，真正实现其信条的真谛：“我们认为这些真理是不言而喻的：人人生而平等。”

我梦想有一天，在佐治亚的红山上，昔日奴隶的儿子将能够和昔日奴隶主的儿子坐在一起，共叙兄弟情谊。

我梦想有一天，甚至连密西西比州这个正义匿迹，压迫成风，如同沙漠般的地方，也将变成自由和正义的绿洲。

我梦想有一天，我的四个孩子将在一个不是以他们的肤色，而是以他们的品格优劣来评价他们的国度里生活。

我今天有一个梦想。

我梦想有一天，亚拉巴马州能够有所转变，尽管该州州长现在仍然满口异议，反对联邦法令，但有朝一日，那里的黑人男孩和女孩将能与白人男孩和女孩情同骨肉，携手并进。

我今天有一个梦想。

我梦想有一天，幽谷上升，高山下降，坎坷曲折之路成坦途，圣光披露，满照人间。

这就是我们的希望。我怀着这种信念回到南方。有了这个信念，我们将能从绝望之岭劈出一块希望之石。有了这个信念，我们将能把这个国家刺耳的争吵声，改变成为一支洋溢手足之情的优美交响曲。

有了这个信念，我们将能一起工作，一起祈祷，一起斗争，一起坐牢，一起维护自由；因为我们知道，终有一天，我们是会自由的。

在自由到来的那一天，上帝的所有儿女们将以新的含义高唱这支歌："我的祖国，美丽的自由之乡，我为你歌唱。你是父辈逝去的地方，你是最初移民的骄傲，让自由之声响彻每个山冈。"

如果美国要成为一个伟大的国家，这个梦想必须实现。让自由之声从新罕布什尔州的巍峨峰巅响起来！让自由之声从纽约州的崇山峻岭响起来！让自由之声从宾夕法尼亚州阿勒格尼山的顶峰响起来！

让自由之声从科罗拉多州冰雪覆盖的落基山响起来！让自由之声从加利福尼亚州蜿蜒的群峰响起来！不仅如此，还要让自由之声从佐治亚州的石岭响起来！让自由之声从田纳西州的瞭望山响起来！

让自由之声从密西西比的每一座丘陵响起来！让自由之声从每一片山坡响起来。

当我们让自由之声响起来，让自由之声从每一个大小村庄、每一个州和每一个城市响起来时，我们将能够加速这一天的到来。那时，上帝的所有儿女，黑人和白人，犹太教徒和非犹太教徒，耶稣教徒和天主教徒，都将手携手，合唱一首古老的黑人灵歌："终于自由啦！终于自由啦！感谢全能的上帝，我们终于自由啦！"

（陆建德、许立中等译）

[1]一位伟大的美国人：指美国第16届总统林肯。

[2]渐进主义：美国民权运动中的保守主张，号召人们按部就班行事，不要采取过激的行动来达到目的。

[3]安之若素：对于困危境地或异常情况一如平素，泰然处之。

[4]美国的梦想：一个通用的口号，即美国所宣传的赖以立国的民主、平等、自由的理想。

【导读】

本文选自钱满素选编的《我有一个梦想》（世界散文随笔精品文库·美国卷），据中国社会科学出版社1993年版。作者马丁·路德·金（1929－1968年），美国黑人民权领袖，杰出的政治家。1964年马丁·路德·金被授予诺贝尔和平奖。1968年4月，他在演讲时被行刺者枪杀。

《我有一个梦想》是马丁·路德·金于1963年8月28日在林肯纪念堂前向25万人发表的著名演说。首先回顾并肯定林肯签署《解放黑奴宣言》的重大意义；其次揭示黑人生活的现状，抨击美国社会黑暗的一面，提出自己的正当要求，并特别强调讲究反抗种族歧视的斗争策略；最后以描绘多个"梦想"的方式来展望前途，认为前途是光明的。

这篇演讲词，言辞雄辩，气势磅礴，那饱满的激情通过形象化的语言表现出来，深深地感染着听众，引起人们的共鸣。直至今日，它对美国的民权立法，对全世界反对种族隔离、种族歧视和黑人争取民主自由解放的斗争都产生着不可估量的深远作用。

【研讨】

1. 马丁·路德·金擅长用整句构成排比，试举例说明排比在本文中的表达作用。

2. 演说辞开篇阐明了“签署解放黑奴宣言”的巨大意义，作者这样写有什么作用？

3. 马丁·路德·金曾言：“爱是基督教最高信仰之一，但还有另一面，叫做正义。正义是深思熟虑的爱，正义是克服了与爱相悖者的爱。”试分析在本文中，作者是如何处理爱与正义之关系的？

【延展】

1. 延伸阅读

人类历史上最珍贵的一刻

美·理查德·尼克松

因为你们的成就，使天空也变成了人类世界的一部分。而且当你们从宁静海对我们说话时，我们感到要加倍努力，使地球上也获得和平和宁静。

在这个人类历史上最珍贵的一刻，全世界的人都已融合为一体，他们对你们的成就感到骄傲，他们也与我们共同祈祷，祈望你们安返地球。

阅读提示：1969 年 6 月 19 日，美国“阿波罗 11 号”飞船点火升入太空，5 天后，即 6 月 21 日，乘坐该飞船的两位美国宇航员首次在月球上登陆，开辟了人类历史性旅程的新纪元。尼克松的这篇演讲，就是当宇航员登上月球之际，通过电视向他们发表的。

2. 推荐书目

（1）美·瓦莱里·施勒雷特，帕姆·布朗著. 汪群译，马丁·路德·金传. 上海世界图书出版公司，1997.

（2）美·J. 艾捷尔著. 赵一凡，郭国良，等译. 美国赖以立国的文本. 海南出版社，2000.

（3）何怀宏. 西方公民不服从的传统. 吉林人民出版社，2001.

第九单元　医药小品文

鉴　药

刘禹锡

刘禹锡故居

刘子闲居[1]，有负薪之忧[2]，食精良弗知其旨，血气交沴[3]，炀然焚如[4]。客有谓予："子病，病积日矣。乃今我里有方士沦迹于医[5]，厉者造焉而美肥[6]，辄者造焉而善驰[7]，矧常病也[8]？将子诣诸[9]！"

予然之，之医所。切脉观色聆声，参合而后言曰："子之病其兴居之节舛、衣食之齐乖所由致也[10]。今夫藏鲜能安谷，府鲜能母气，徒为美疢之囊橐耳[11]！我能攻之。"乃出药一丸，可兼方寸[12]，以授予曰："服是足以瀹昏烦而锄蕴结[13]，销蛊慝而归耗气[14]。然中有毒，须其疾瘳而止[15]，过当则伤和，是以微其齐也。"予受药以饵。过信而腿能轻[16]，痹能和；涉旬而苛痒绝焉[17]，抑搔罢焉；逾月而视分纤，听察微，蹈危如平[18]，嗜粝如精[19]。

或闻而庆予，且哄言曰[20]："子之获是药几神乎，诚难遭已。顾医之态[21]，多啬术以自贵，遗患以要财。盍重求之？所至益深矣。"予昧者也，泥通方而狃既效[22]，猜至诚而惑剿说[23]，卒行其言。逮再饵半旬，厥毒果肆[24]，岑岑周体[25]，如痁作焉[26]。悟而走诸医。医大咤曰[27]："吾固知夫子未达也！"促和蠲毒者投之[28]，滨于殆[29]，而有喜。异日进和药[30]，乃复初。

刘子慨然曰：善哉医乎！用毒以攻疹[31]，用和以安神，易则两踬[32]，明矣。苟循往以御变[33]，昧于节宣[34]，奚独吾侪小人理身之弊而已[35]！

[1]闲居：独居。

[2]负薪之忧："病"的婉词。《礼记·曲礼下》："君使士射，不能，则辞以疾。言曰：'某有负薪之忧。'"又作"采薪之忧"。

[3]沴（lì）：气不和。《汉书·五行志中之上》："气相伤谓之沴。"

[4]炀（yàng）然焚如：皆火烧貌。这里指发高烧。炀，西汉扬雄《方言》第十三："炀，炙也。"郭璞注："江东呼火炽猛为炀。"然、如，皆词尾。

[5]乃今：如今。　方士：古代求仙、炼丹、自言能长生不死的人。　沦迹：隐居。沦，隐没。

[6]厉：通"癞"，恶疮。　造：至。

[7]輒：足疾。《谷梁传·昭公二十年》："两足不能相过。齐谓之綦，楚谓之踂，卫谓之輒。"

[8]矧（shěn）：何况。

[9]将（qiāng）：请。　诣：至。　诸：之乎。兼词。

[10]舛（chuǎn）：错乱。　齐：调理。　乖：违逆。

[11]美疢（chèn）：指疾病。疢，病。《左传·襄公二十三年》："季孙之爱我，疾疢也；孟孙之恶我，药石也。美疢不如恶石。夫石犹生我，疢之美，其毒滋多。"囊橐（tuó）：口袋。这里喻疾病滋生处。

[12]可：大约。　兼：两倍。

[13]瀹（yuè）：疏导，治理。

[14]销：通"消"，消除。　蛊慝（tè）：病害。

[15]须：等待。　瘳（chōu）：治愈。

[16]信：两晚。　能：乃。

[17]苛痒：一种刺痒的皮肤病。苛，疥。

[18]危：高地。

[19]粝：粗劣的米。　精：上好的米。

[20]哄言：劝诱，怂恿。

[21]顾：只是。　态：习气。

[22]泥：拘泥。　通方：共通的道理。　狃（niǔ）：贪求。

[23]剿（chāo）说：抄袭别人的言论为己说。

[24]肆：猛烈发作。

[25]岑岑：胀痛貌。

[26]痁（shān）：疟疾之一种。其证只热不寒。

[27]咤（zhà）：怒斥声。

[28]促：马上。　蠲（juān）：除去。

[29]滨：临近。　殆：危险。

[30]异日：犹来日。

[31]疹：疾病。

[32]易：交换。　踬（zhì）：跌倒。引申指行事不利，失败。

[33]御：应付，处理。

[34]节宣：调节和宣散。节谓用和药调节，宣谓用攻药宣散。

[35]奚独：哪里只是。　吾侪：吾辈。　理身：调养身体。

【导读】

本文选自《刘宾客文集》卷六，据中华书局 1985 年版。作者刘禹锡（772 – 842 年），字梦得，因晚年任太子宾客，故又称刘宾客。洛阳（今属河南）人。唐代著名文学家、哲学家。贞元九年（793 年）进士，登博学宏词科，先后任监察御史、集贤院学士、苏州刺史等职。永贞元年（805 年）参加以王叔文为首的政治革新活动，不久失败，被贬为朗州（今湖南常德）司马，后续有迁升。所撰记叙文，简练深刻，于韩（愈）柳（宗元）外自成一家；其诗歌刚健清新，语言明快，善以比兴手法寄托政治内容。刘氏对医学也有研究，元和十三年（818 年）编集《传信方》两卷，元代以后渐次散佚，今人从古代方书中辑录成《传信方集释》一书，共收 45 方。《刘宾客文集》共 40 卷（包括外集 10 卷），其中文 22 卷，诗 18 卷，囊括了刘氏的传世作品。

本文是《因论七篇》中的首篇。"以小见大"是刘禹锡议论文的特色。"鉴药"，即是作者以自己服药的小事希望人们以此为借鉴之意。作者通过自己服药不当的亲身经历告诉人们，处理任何事情都应具体情况具体分析，不能墨守成规不知变通，尤其是注意"度"的把握，否则"过当则伤和"，借此抒发了对唐王朝因循守旧、不图改革的不满情绪。同时，对中医学所主张的"度"与"和"的思想也是生动的阐释。

【研讨】

1. 你对人们常说的"是药三分毒"如何理解？

2. 文章末段的寓意是什么？

【延展】

1. 延伸阅读

《刘宾客文集》30 卷、《外集》10 卷，唐刘禹锡撰。《唐书》禹锡本传称为彭城人，盖举郡望，实则中山无极人。是编亦名《中山集》，盖以是也。陈振孙《书录解题》称原本 40 卷，宋初佚其 10 卷。宋次道裒其遗诗 407 篇、杂文 22 首为《外集》，然未必皆 10 卷所逸也。禹锡在元和初，以附王叔文被贬，为八司马之一。召还之后，又以《咏玄都观桃花》触忤执政，颇有轻薄之讥。然韩愈颇与之友善，集中有《上杜黄裳书》，历引愈言为重。又《外集》有《子刘子自传》一篇，叙述前事，尚不肯诋諆叔文，盖其人品与柳宗元同。其古文则恣肆博辨，于昌黎、柳州之外，自为轨辙。其诗则含蓄不足，而精锐有余，气骨亦在元、白上，均可与杜牧相颉颃，而诗尤矫出。陈师道称苏轼诗初学禹锡，吕本中亦谓苏辙晚年令人学禹锡诗，以为用意深远，有曲折处。刘克庄《后村诗话》乃称其诗多感慨，惟"在人虽晚达，于树似冬青"十字差为闲婉，似非笃论也。其杂文 20 卷、诗 10 卷，明时曾有刊板。独《外集》世罕流传，藏书家珍为秘籍。今扬州所进抄本，乃毛晋汲古阁所藏。纸墨精好，犹从宋刻影写。谨合为一编，著之于录，用还其卷目之旧焉。(《四库全书总目·集部·别集类三》)

2. 推荐书目

(1) 刘宾客文集（附补遗）. 中华书局，1985.

(2) 朱炯远. 刘禹锡传. 辽海出版社，2009.

(3) 瞿蜕园. 刘禹锡集笺证. 上海古籍出版社，1989.

鼻 对

方孝孺

方孝孺

方子病鼻寒，鼻窒不通。踞炉而坐[1]，火燎其裳[2]。裳既及膝，始觉而惊，引而视之[3]，煜煜然红[4]，盖裳之火者半也。于是骂鼻曰："夫十二官各有主司[5]，维鼻何司[6]？别臭察微[7]。臭之不察，何以鼻为[8]？今火帛之臭亦烈矣，而尔顽若不知[9]，遽俾火毒烬裳及衣[10]。壅蔽之祸[11]，岂不大可悲乎？"

久之，鼻忽有声，声与口同。曰："我受命为子之鼻，今二十又二冬。兰茝椒桂[12]，其气苾芳[13]，我闻我知，俾子佩藏。槁莸腐鲍[14]，风腥气恶，我觉其秽，俾子避匿。子足不妄履而山不遇毒者，皆我之得职也[15]。今子乃昧于治身，宜暖而寒，去夹就单，为风所加[16]，外铄内郁，壅我鼻观[17]，遂至火燎切肤[18]，而不知其然，皆子之过也，于鼻何罪焉？假使服食以节，起处有常，顺阴燮阳[19]，无所败伤，宁有不闻馨香乎[20]？且古之志士，至于耄老[21]，犹且居不求适，维道是奋，大雪皴肌[22]，而炉不暇近[23]，恐适意之致毒[24]，知炎上之生灾[25]，可不慎也？今子当始弱之时[26]，有荼毒之祸[27]。方当茹冰嚼雪[28]，块枕草坐[29]，愁思怵迫[30]，冻饿摧挫[31]，犹恐不可；而乃放不加思[32]，恣肆颓惰。当祁寒时[33]，遽自溺于火，为身计者，良已左矣[34]。不此之责，而反诮我为何哉[35]！夫壅蔽之祸，厥有攸自[36]：秦亥蛊昏，赵高乃弑[37]；彼梁偏任，始有朱异[38]；隋广淫酗，而世基以肆[39]。木不虚中，虫何由萃[40]？此三主者，苟以至公为嗜好，以众庶为耳鼻，上宣下畅，无所凝滞，虽有奸邪，何恶之遂[41]？顾乃偏僻猜忌[42]，执一遗二，以莸为薰，椒兰是弃，由是祸乱交兴，宗覆社圮[43]。今子不务自尤[44]，而维鼻是訾。一身之理且不达，况于政治也哉[45]！"

方子仰而嗟，俯而愧，屏火捐炉[46]，凝神养气，既而鼻疾果愈。

[1]踞：倚靠。

[2]燎：烧。　裳：古人穿的遮蔽下体的裙。

[3]引：拉过来。

[4]煜煜（yù yù）：明亮貌。《说文·火部》："煜，熠也。""熠，盛光也。"

[5]司：主管。

[6]维：语气词。

[7]臭（xiù）：气味。

[8]何以鼻为：还要鼻子做什么呢？何以……为，表反问的固定结构，即哪里用得

着……呢？为，句末语气词“呢”。

[9]顽若：愚钝貌。若，形容词词尾，用如“然”。

[10]遽：很快。　　烬裳：把下衣烧成了灰烬。烬，烧尽。

[11]壅蔽：蒙蔽。亦作“雍蔽”、“拥蔽”。

[12]兰茝（chǎi）椒桂：皆芳香之物。兰，兰草，即泽兰，多年生草本，全草可供药用。茝，一种香草，即白芷。椒，花椒。芸香科植物。桂，即桂花。常绿灌木或小乔木，花极芳香。

[13]苾（bì）芳：芬芳。苾，浓香。

[14]槁莸腐鲍：皆恶臭之物。槁，枯木。莸，臭草。腐，这里指腐肉。鲍，盐腌的鱼，气腥臭。

[15]得职：称职。

[16]加：侵犯。

[17]鼻观：鼻孔。

[18]切：迫近。

[19]燮（xiè）：调和。《尔雅·释诂》：“燮，和也。”

[20]馨（xīn）香：香气。同义词复用。此泛指各种气味。

[21]耄（mào）老：老年。耄，老。《礼记·曲礼上》：“八十、九十曰耄。”

[22]皴（cūn）：干裂。

[23]暇：空闲。

[24]适意：舒适。

[25]炎上：火。《尚书·洪范》：“火曰炎上。”

[26]始弱：二十出头。弱，弱冠，二十岁。

[27]荼（tú）毒：毒害。

[28]茹：吃。

[29]块枕草坐：以土块作枕头，以草荐作坐席。

[30]怵（chù）迫：胁迫。

[31]摧挫：挫折。同义词复用。

[32]而：你。　　放：恣纵。

[33]祁：大。《小尔雅·广诂》：“祁，大也。”

[34]左：错误。

[35]诮：指责。

[36]攸自：所自，开始。

[37]“秦亥”二句：秦亥，秦二世嬴胡亥，秦始皇少子，前210年即位，在位三年，被赵高杀害。蛊昏，昏惑。赵高，秦宦官，二世时，任郎中令、中丞相。弑（shì），古代以臣杀君、子杀父为弑。事见《史记·秦始皇本纪》。

[38]“彼梁”二句：梁，指梁武帝萧衍，南朝梁的开国君王，502－549年在位。朱，指朱异，梁武帝大臣。据《梁书·朱异传》载：“异居权要三十余年，善窥人主意

曲，能阿谀以承上旨，故特被宠任。”侯景谋反，异“抑而不奏，故朝廷不为之备”，遂致都城被破。

[39]“隋广”二句：隋广，隋炀帝杨广，公元604－618年在位。世基，虞世基，隋炀帝时任内史侍郎。据《隋书·虞世基传》：“貌沉审，言多合意，是以特见亲爱，朝臣无与为比。”“鬻官卖狱，贿赂公行，其门如市，金宝盈积。”彼时天下大乱，世基知炀帝不可谏止，每遇变故，不以实闻。

[40]萃：聚集。

[41]遂（suì）：成功，实现。

[42]顾乃：反而，却。同义词复用。　　偏僻：偏狭。

[43]宗覆社圮（pǐ）：国家倾败。宗，宗庙；社，指社稷。皆用作国家的代称。圮，倾覆。

[44]尤：责备。

[45]政治：指国事。

[46]屏：除去。　　捐：舍弃。

【导读】

本文选自《逊志斋集》卷六，据1919年上海商务印书馆《四部丛刊》本。作者方孝孺（1357－1402年），字希直，一字希古，因其读书之舍名正学，故又称正学先生。宁海（今属浙江）人。明初著名文士。方氏自幼聪慧好学，擅长作文，乡人以“小韩（韩愈）子”名之。及长，从宋濂学，濂门下名士无出其右。明惠帝时任翰林侍讲，次年升侍讲学士，后改文学博士，深受惠帝信用，曾总裁《太祖实录》等书。建文四年（1402年），燕王朱棣攻入京师南京，夺取帝位，为明成祖，令孝孺起草即位诏书，孝孺因效忠惠帝，愤然拒绝，被分尸于市，灭十族（九族及其学生），达八百余人。170年后明神宗即位，在南京建表忠祠，孝孺位列第二，方得昭雪。著有《逊志斋集》存于世。今本共24卷，为明正德年间顾璘重编，其中文22卷，诗2卷，另有附录1卷，收载有关方孝孺生平事迹的资料。

文章采用拟人化手法，通过“鼻”对指责自己不司其职的回答，说明“服食以节，起处有常”乃是治身之法，并进而论及治国之道，认为“苟以至公为嗜好，以众庶为耳鼻”，则“上宣下畅，无所凝滞，虽有奸邪，何恶之遂”，说明治国者，重在大公无私，畅达民意。

同时，本文以物喻理，直抒胸臆，文笔畅达，言简意明，体现了其文章“乃纵横豪放，颇出入于东坡、龙川之间”（《四库全书总目》）的一贯文风。

【研讨】

1. 谈谈治身与治国有哪些相似之处？

2. “木不虚中，虫何由萃？”谈谈你对这句话的理解。

【延展】

1. 延伸阅读

方孝孺，字希直，一字希古，宁海人。父克勤，洪武中循吏，自有传。孝孺幼警敏，双眸炯炯，读书日盈寸，乡人目为“小韩子”。长从宋濂学，濂门下知名士皆出其下。先辈胡翰、苏伯衡亦自谓弗如。孝孺顾末视文艺，恒以明王道、致太平为己任……及惠帝即位，召为翰林侍讲。明年迁侍讲学士，国家大政事辄咨之。帝好读书，每有疑即召使讲解。临朝奏事，臣僚面议可否，或命孝孺就扆前批答。时修《太祖实录》及《类要》诸书，孝孺皆为总裁。更定官制，孝孺改文学博士。燕兵起，廷议讨之，诏檄皆出其手……成祖发北平，姚广孝以孝孺为托，曰：“城下之日，彼必不降，幸勿杀之。杀孝孺，天下读书种子绝矣。”成祖颔之。至是欲使草诏。召至，悲恸声彻殿陛。成祖降榻劳曰：“先生毋自苦，予欲法周公辅成王耳。”孝孺曰：“成王安在?”成祖曰：“彼自焚死。”孝孺曰：“何不立成王之子?”成祖曰：“国赖长君。”孝孺曰：“何不立成王之弟?”成祖曰：“此朕家事。”顾左右授笔札，曰：“诏天下，非先生草不可。”孝孺投笔于地，且哭且骂曰：“死即死耳，诏不可草。”成祖怒，命磔诸市。孝孺慨然就死，作绝命词曰：“天降乱离兮孰知其由，奸臣得计兮谋国用猷。忠臣发愤兮血泪交流，以此殉君兮抑又何求。呜呼哀哉兮庶不我尤。”时年四十有六。其门人德庆侯廖永忠之孙镛与其弟铭检遗骸聚宝门外山上。孝孺有兄孝闻，力学笃行，先孝孺死。弟孝友与孝孺同就戮，亦赋诗一章而死。妻郑及二子中宪、中愈先自经死，二女投秦淮河死。孝孺工文章，醇深雄迈。每一篇出，海内争相传诵。永乐中，藏孝孺文者罪至死。门人王稌潜录为《侯城集》，故后得行于世……神宗初，有诏褒录建文忠臣，建表忠祠于南京，首徐辉祖，次孝孺云。(《明史》卷一百四十一《方孝孺传》)

2. 推荐书目

明·方孝孺. 逊志斋集. 宁波出版社，2000.

医俗亭记

吴宽

吴宽（孔继尧绘）

余少婴俗病[1]，汤熨针石[2]，咸罔奏功[3]，而年日益久，病日益深，殆由腠理肌肤以达于骨髓，而为废人矣。客有过余[4]，诵苏长公《竹》诗[5]，至“士俗不可医”之句，瞿然惊曰[6]：“余病其痼也耶? 何长公之诗云尔也[7]?”既[8]，自解曰：“士俗坐无竹耳[9]。使有竹，安知其俗之不可医哉?”则求竹以居之。

而家之东偏[10]，隙地仅半亩[11]，墙角萧然有竹数十箇[12]。于是日使僮奴壅且沃之[13]，以须其盛[14]。越明年，挺然百余，其密如箦[15]，而竹盛矣。复自喜曰：“余病其起也耶[16]？”因构小亭其中。食饮于是，坐卧于是，啸歌于是，起而行于是，倚而息于是，倾耳注目，举手投足，无不在于是。其藉此以医吾之俗何如耶？吾量之隘俗也[17]，竹之虚心有容足以医之；吾行之曲俗也，竹之直立不挠足以医之[18]；吾宅心流而无制[19]，竹之通而节足以医之[20]；吾待物混而无别[21]，竹之理而析足以医之[22]。竹之干云霄而直上[23]，足以医吾志之卑；竹之历冰雪而愈茂，足以医吾节之变。其潇洒而可爱也，足以医吾之凝滞[24]；其为箫、为简、为箭、为笙、为箒、为簠簋也[25]，足以医吾陋劣而无用。盖逾年，而吾之病十已去二三矣。久之，安知其体不飘然而轻举，其意不释然而无累[26]，其心不充然而有得哉[27]？

古之俞跗、秦越人辈[28]，竹奚以让为[29]？然而，是竹也，不苦口，不瞑眩[30]，不湔浣肠胃[31]，不漱涤五脏[32]。长公不余秘而授之。余用之，既有功绪矣[33]。使人人皆用之，天下庶几无俗病与[34]？

明年余将北去京师[35]。京师地不宜竹。余恐去竹日远而病复作也[36]，既以名其亭，复书此为记。迟他日归亭中[37]，愿俾病根悉去之，不识是竹尚纳我否[38]？

[1]婴：染上。　俗病：这里指庸俗之病，人格方面的毛病。

[2]熨（wèi）：中医热敷疗法。

[3]奏功：取得功效。

[4]过：探望。

[5]苏长公：指北宋文学家苏轼。长公，长兄之称。　竹诗：此诗题为《于潜僧绿筠轩》。诗云：“可使食无肉，不可居无竹。无肉令人瘦，无竹令人俗。人瘦尚可肥，士俗不可医。傍人笑此言，似高还似痴。若对此君仍大嚼，世间那有扬州鹤。”

[6]瞿（jù）然：吃惊的样子。

[7]云尔：如此说。

[8]既：不久。

[9]坐：因为。

[10]东偏：东边。

[11]仅（jìn）：将近。

[12]萧然：冷落貌。　箇（gè）：竹一枝为箇。引申为量词，犹枚。

[13]壅：用土壤或肥料培在植物根部。　沃：浇水。

[14]须：等待。

[15]箦（zé）：用竹片编成的床席。也泛指竹席。

[16]起：痊愈。

[17]量：器量，度量。　隘：狭隘。

[18]挠：弯曲。

[19]宅心：居心。　流：放纵。

[20]通而节：谓中空而有节。

[21]待物：对待他人。

[22]理而析：有纹理且纹理分明。

[23]干：干犯。此谓上冲。

[24]凝滞：思想行为拘泥不化。

[25]筩（tǒng）：竹筒。　　簠簋（fǔ guǐ）：古代祭祀用器。簠用以盛稻粱，簋用以盛黍稷。

[26]释然：消散貌。　　累：牵挂。

[27]充然而有得：充实而有收获。

[28]俞跗（fū）：传说为黄帝时良医。　　秦越人：即扁鹊。战国时名医。见《史记·扁鹊仓公列传》。

[29]竹奚以让为：为什么不用竹子治病呢？奚，何。让，辞让。

[30]瞑眩：头晕目眩。《尚书·说命上》有“若药弗瞑眩，厥疾弗瘳”句，故云。

[31]湔浣（jiān huàn）：洗涤。

[32]漱涤：洗涤。

[33]功绪：功效。同义词复用。

[34]庶几：或许。　　与：通“欤”。

[35]京师：京都。此指北京。

[36]去：离开。

[37]迟（zhì）：等待。

[38]识：知道。

【导读】

本文选自《家藏集》卷三十一，据上海古籍出版社1987年重印台湾商务印书馆影印文渊阁《钦定四库全书》本。作者吴宽（1435－1504年），字原博，号匏庵，长洲（今江苏苏州）人，明代文学家、书法家。明宪宗成化八年会试、廷试皆得第一，后累官至礼部尚书兼翰林院学士，卒谥文定。吴宽读书涉猎甚广，为诸生时，即以文才、德行有声其间。其诗深厚醲郁，为文颇有典则，兼工书法。《家藏集》又称《匏翁家藏集》、《匏翁家藏稿》、《匏庵集》，为吴氏诗文别集。据《明史·艺文志》载，书凡78卷，其中诗30卷，文47卷，补遗一卷。

本文以竹为喻，通过自己种竹构亭医治俗病的经过，从竹子的虚心有容、直立不挠、通而节、理而析等方面赞美了竹子高贵的品质和医治俗病的奇效，表达了作者希望自己成为品格高尚的人和希望天下人都用竹子医治俗病的愿望。善用比喻，平和雅淡，是本文突出的艺术特色。

【研讨】

1. 作者所谓“俗病”指什么？据本文，作者有哪些“俗病”？

2. 谈谈当今社会有哪些“俗病”？你有哪些医治的方法？

【延展】

1. 延伸阅读

吴宽，字原博，长洲人，以文、行有声诸生间。成化八年，会试、廷试皆第一，授修撰，侍孝宗东宫。秩满，进右谕德。孝宗即位，以旧学迁左庶子，预修《宪宗实录》，进少詹事兼侍读学士。弘治八年，擢吏部右侍郎……十六年，进礼部尚书……年七十，数引疾，辄慰留，竟卒于官，赠太子太保，谥文定。授长子奭中书舍人，补次子奂国子生，异数也。宽行履高洁，不为激矫，而自守以正，于书无不读，诗文有典则，兼工书法。有田数顷，尝以周亲故之贫者。友人贺恩疾，迁至邸，日夕视之，恩死，为衣素一月。(《明史》卷一百八十四《吴宽传》)

2. 推荐书目

明·吴宽．家藏集（四库明人文集丛刊）．上海古籍出版社，1991.

医事笔记五则

（一）医以意用药

苏轼

欧阳文忠公尝言[1]：有患疾者，医问其得疾之由，曰："乘船遇风，惊而得之。"医取多年舵牙为舵工手汗所渍处[2]，刮末，杂丹砂、茯神之流[3]，饮之而愈。今《本草注·别药性论》云[4]："止汗，用麻黄根节及故竹扇为末服之。"文忠因言："医以意用药多此比[5]，初似儿戏，然或有验，殆未易致诘也[6]。"予因谓公："以笔墨烧灰饮学者，当治昏惰耶？推此而广之，则饮伯夷之盥水[7]，可以疗贪；食比干之馂余[8]，可以已佞；舐樊哙之盾[9]，可以治怯；嗅西子之珥[10]，可以疗恶疾矣[11]。"公遂大笑。

元祐三年闰八月十七日[12]，舟行入颍州界[13]，坐念二十二年前见文忠公于此[14]，偶记一时谈笑之语，聊复识之[15]。

[1]欧阳文忠：即欧阳修（1007－1072年），谥号文忠。

[2]舵牙：舵的把手。

[3]茯神：即茯苓。

[4]《本草注》：即陶弘景的《本草经集注》。

[5]比：类。

[6]致诘：追问。

[7]伯夷：商末孤竹君长子。初与其弟叔齐互让王位，皆投奔于周。武王灭商后，两人又逃奔到首阳山，不食周粟而死。古人谓之贤士。　盥（guàn）水：洗手水。

[8]比干：商代贵族。纣王的叔父，官少师。相传因屡次劝谏纣王，被剖心而死。古人谓之忠臣。　馂（jùn）余：吃剩的食物。馂，食之余。

[9]舐（shì）：舔。　樊哙（kuài）：汉初将领。以勇猛著称。鸿门宴上，项羽的

谋士范增拟派人刺杀刘邦，樊哙带剑持盾直入营门，斥责项羽，刘邦始得逃脱。

[10]珥（ěr）：耳饰。

[11]恶疾：此指恶疮。上古称“厉”，后世又称“癞”，其病外丑内凶，一般认为即今之麻风病。

[12]元祐三年：公元1088年。元祐，宋哲宗赵煦的年号（1086－1094年）。

[13]颍州：州名。治所在汝阴（今安徽阜阳）。苏轼因不同意司马光尽废新法，开罪旧党，复又遭贬，曾出任颍州等地。

[14]坐：因为。

[15]识：记。

（二）不服药胜中医

叶梦得

世言“不服药胜中医[1]”，此语虽不可通行，然疾无甚苦，与其为庸医妄投药反败之，不得为无益也。吾阅是多矣。其次有好服食，不量己所宜，但见他人得效，从而试之，抑或无益而反有害。魏、晋间尚服寒食散[2]，通谓之服散。此有数方，孙真人并载之《千金方》中[3]。而皇甫谧服之，遂为废人。自言性与之忤，违错节度，隆冬裸袒食冰，当暑甚至悲恚欲自杀，此岂可不慎哉！王子敬有帖云[4]：“服散发者亦是数见。”言服者而不闻有甚利，其为害之甚，乃有如谧，此好服食之弊也。吾少不多服药，中岁以后，或有劝之少留意者，往既不耐烦，过江后亦复难得药材[5]。每记《素问》“劳佚有常，饮食有节”八言[6]，似胜服药也。

[1]中医：中等水平的医生。

[2]寒食散：古代药剂名。又称五石散。主要由紫石英、白石英、赤石脂、钟乳石、硫黄等五种矿石组成。此散含有毒性，往往有服后残废致死的。

[3]孙真人：即孙思邈。真人，道教称修真得道的人。　《千金方》：即《备急千金要方》，简称《千金要方》或《千金方》，30卷，是综合性临床医著。唐代孙思邈著，约成书于永徽三年（652年）。该书集唐代以前诊治经验之大成，对后世医家影响极大。

[4]王子敬：即王献之（344－386年），东晋书法家，字子敬，会稽山阴（今浙江绍兴）人。官至中书令，故世称“王大令”，为王羲之第七子。

[5]过江：指北宋亡后，南宋高宗渡江而南，建都临安。

[6]“劳佚有常”二句：语本《素问·上古天真论》：“食饮有节，起居有常”。佚，通“逸”。

（三）不为良相则为良医

吴曾

范文正公微时[1]，尝诣灵祠求祷曰[2]：“他时得位相乎[3]？”不许[4]。复祷之曰：“不然，愿为良医。”亦不许。既而叹曰：“夫不能利泽生民，非大丈夫平生之志。”

他日，有人谓公曰：“大丈夫之志于相，理则当然；良医之技，君何愿焉[5]？无乃失之卑邪[6]？”

公曰：“嗟乎！岂为是哉[7]？古人有云：‘常善救人，故无弃人；常善救物，故无弃物[8]。’且大丈夫之于学也，固欲遇神圣之君，得行其道，思天下匹夫匹妇有不被其泽者，若己推而内之沟中[9]，能及小大生民者，固惟相为然；既不可得矣，夫能行救人利物之心者，莫如良医。”

果能为良医也，上以疗君亲之疾，下以救贫贱之厄，中以保身长全。在下而能及小大生民者，舍夫良医，则未之有也。

[1]范文正：即范仲淹（989－1052 年），字希文，谥号文正。　　微时：微贱之时，即未显贵时。

[2]灵祠：即神祠。

[3]位相：居相位。

[4]许：应允。

[5]愿：倾慕。

[6]无乃失之卑邪：恐怕失于卑下吧。无乃，表示委婉的询问，略同于“恐怕”。

[7]岂为是哉：难道是这样吗？

[8]“常善救人”四句：意思是，有道的人总是善于做到人尽其才，所以没有被遗弃的人；总是善于做到物尽其用，所以没有被遗弃的物。语出《老子》第二十七章。

[9]沟中：喻指野死之处。

（四）赵三翁日灸奇法

洪迈

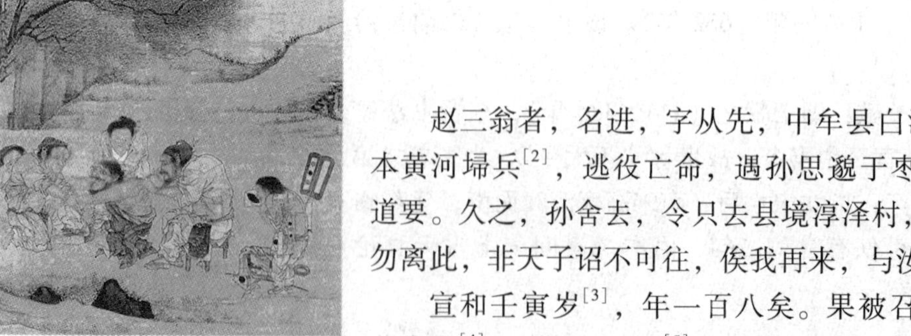

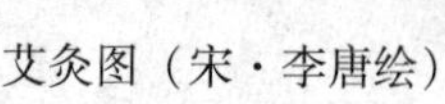

艾灸图（宋·李唐绘）

赵三翁者，名进，字从先，中牟县白沙镇人[1]。本黄河埽兵[2]，逃役亡命，遇孙思邈于枣林，授以道要。久之，孙舍去，令只去县境淳泽村，曰：“切勿离此，非天子诏不可往，俟我再来，与汝同归。”

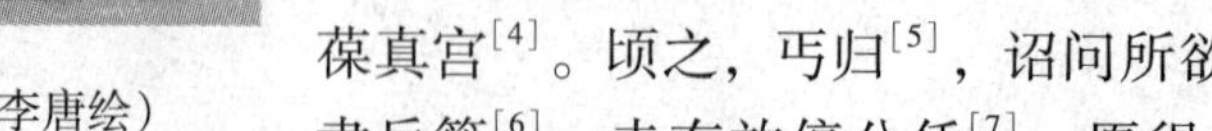

宣和壬寅岁[3]，年一百八矣。果被召，见馆于葆真宫[4]。顷之，丐归[5]，诏问所欲，对曰：“臣本隶兵籍[6]，未有放停公凭[7]，愿得给赐，它无所欲也。”即日有旨，开封尹盛章给与之[8]，遂放浪自如[9]。于技术无所不通，能役使鬼神，知未来事。为人嘘呵按摩[10]，疾痛立愈。

保义郎顿公苦冷疾二年[11]，至于骨立[12]。一日，正灼艾而翁来，询其病源，顿以实告。翁令撤去。时方盛暑，俾就屋开三天窗，于日光下射，使顿仰卧，揉艾遍铺腹上，约十数斤，乘日光灸之。移时，热透脐腹不可忍；俄，腹中雷鸣下泄，口鼻间皆浓艾气，乃止。明日，复为之。如是一月，疾良已。仍令满百二十日，自是宿疴如洗[13]，壮健似少年时。

翁曰：“此孙真人秘诀也。世人但知灼艾而不知点穴，又不审虚实楚痛，耗损气力。日者，太阳真火。艾既遍腹且久，徐徐照射，入腹之功极大，但五、六、七月为上；若秋冬间，当以厚艾辅腹，蒙以绵衣，熨斗盛灰火漫熨之，以闻浓艾气为度，亦其次也。”其术出奇，而中理皆类此。

[1]中牟：县名。在今河南省郑州市东部、黄河南部。

[2]黄河埽（sào）兵：守卫黄河堤岸的士兵。埽，埽材做成的挡水建筑物，泛指堤岸。

[3]宣和壬寅：即宋徽宗宣和四年，公元1122年。

[4]见馆于葆真宫：被安置在葆真宫居住。见，被。馆，留宿。葆，通“保”。

[5]丐：乞求。

[6]隶兵籍：名字被列入埽兵的名册。隶，隶属。籍，名册。

[7]放停公凭：放回停止兵役的公文凭证。

[8]开封尹：开封府的行政长官。尹，官名。多为主管之官。

[9]放浪：浪游。　　自如：谓活动不受阻碍。

[10]嘘呵：轻轻吹气。

[11]保义郎：官名。北宋徽宗时复位武职官阶，分五十三阶，保义郎为第五十阶，旧称为右班殿直。

[12]骨立：形容人消瘦到极点。

[13]宿疴：旧病。

（五）叶天士妄言巧治

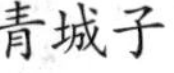

青城子

叶天士

有某公子，年方二十，家素富，父为某省制军[1]。是秋登贤书[2]，贺者盈门。公子忽两目红肿，痛不可忍，日夜咆哮，延叶天士诊之[3]。天士曰：“目疾不足虑，当即自愈。可虑者，七日内足心必生痈，毒一发则不可治矣。”天士平日决死生如烛照，不差累黍[4]，及闻是言，不觉悲惧交集，再三恳其拯救。天士曰：“此时不暇服药，且先以方散毒，如七日内不发，方可再议药也。”当求其方。曰：“息心静坐，以自己左手，擦右足心三百六十遍，又以右手，擦左足心三百六十遍，每日如此七次，俟七日后再来施治。”如方至七日，延天士至，曰：“目疾果如先生言已愈矣，未审痈毒能不发否[5]？”天士笑曰：“前言发毒者，妄也。公子富贵双全，事事如意，所惧者死耳。惟以死动之，则他念俱寂，一心注足矣。手擦足心，则火下行，目疾自愈，不然心益燥，目益痛，虽日服灵丹，庸有效乎[6]？”公子笑而厚酬之。

[1]制军：明清时总督的别称，又称“制台”。

[2]登贤书：谓考试得中。贤书，考试中式的名榜。

[3]叶天士：叶桂，字天士，号香岩。江苏吴县人，清代著名医家，温病学奠基人之一。著有《温热论》、《临证指南医案》、《叶案存真》等，均由其门人编辑整理而成。

[4]累（lěi）黍：累列或累积黍粒。比喻数量、差距非常微小。

[5]审：清楚。

[6]庸：怎么。

【导读】

笔记杂著是文学样式之一，大多出自文人名士之手。虽非医学文献，但其中载有丰富的医学资料，洋溢着传统医学文化的气息，有很大的参考与研究价值，为历代医家和有识之士所看重。其所涉及的医学内容相当广泛，举凡医事制度、医经训释、医论评介、医家人物、方药出产、各科诊治及掌故、轶闻等，均有记述。在写法上相当自由，注重描写亲历见闻，语言精练、生动，篇幅大多短小，颇资参阅，以开阔视野，提高素养。

第一则选自商务印书馆1939年《丛书集成初编》本《东坡志林》卷三。标题为编者所加。苏轼，北宋著名文学家。其笔记杂著集为《东坡志林》，主要记叙作者的日常见闻，兼有对时政、史事、艺文的评述。文章嘲讽批驳了庸医不学无术、欺诈病人的陋行，语言犀利，笔法幽默，堪称妙笔生花。

第二则选自文渊阁《四库全书》影印本《避暑录话》卷下。标题为编者所加。叶梦得（1077－1148年），字少蕴，号肖翁、石林居士，原籍吴县（今属江苏），居乌程（今浙江湖州市），南宋文学家。晚年归居乌程弁山时撰有《避暑录话》二卷。书中所记多为宋代掌故轶闻，间有文章品评、名物考证等。文章以俗语“不服药胜中医”为题，指出庸医妄投药物的危害，直斥服食之弊，当为警世之言。

第三则选自文渊阁《四库全书》影印本《能改斋漫录》卷十三。标题为编者所加。作者吴曾，字虎臣，崇仁（今属江西）人，南宋文学家。著有《能改斋漫录》十八卷，内容分事始、辨误、事实、地理、议论、乐府等十三类，主要记载唐宋名人轶事，考订诗文故事和辨析名物制度，具有一定的史料价值，但在记叙人物时也有过实之处。文章记叙范仲淹以良相良医为抱负，将经世与济民相统一，其精神难能可贵。“不为良相，则为良医”这句话，千百年来对仁人志士多有激励。

第四则选自江苏广陵古籍刻印社1983年重刊影印《笔记小说大观》本《夷坚志》卷十九。标题为编者所加。作者洪迈（1123－1202年），字景卢，别号野处，鄱阳县人，南宋文学家、学者。著有《夷坚志》。原书420卷，后屡经散佚，今存有辑本206卷，内容多为神怪故事和异闻杂录，也记载了一些医药疾病资料。文章记述了赵三翁所施的日灸法，十分神奇。至于是否果真如此，尚需验证。

第五则选自江苏广陵古籍刻印社1983年重刊影印《笔记小说大观》本《志异续编》卷四。标题为编者所加。作者青城子，事迹不详。著有《志异续编》四卷，所记多奇闻轶事，而莫知所出。文章记述清代名医叶天士以静心搓足而治愈目疾之事，看似匪夷所思，实为合情合理的“情治”法，叶氏医术之出神入化由此可见一斑。

【研讨】

1. 你对“不服药胜中医”的说法如何看待?

2. 由“不为良相，则为良医”，谈谈你对医生价值的认识。

【延展】

1. 延伸阅读

奉居山不种田。日为人治病，亦不取钱。重病愈者，使栽杏五株，轻者一株，如此数年，得十万余株，郁然成林。乃使山中百禽群兽游戏其下，卒不生草，常如芸治也。后杏子大熟，于林中作一草仓，示时人曰：“欲买杏者，不须报奉，但将谷一器置仓中，即自往取一器杏去。”常有人置谷来少而取杏去多者，林中群虎出，吼逐之，大怖，急挈杏走，路傍倾覆，至家量杏，一如谷多少。或有人偷杏者，虎逐之到家，啮至死。家人知其偷杏，乃送还奉，叩头谢过，乃却使活。奉每年货杏得谷，旋以赈救贫乏，供给行旅不逮者，岁二万余斛。解县令有女为精邪所魅，医疗不效，乃投奉治之，若得女愈，当以侍巾栉。奉然之，即召得一白鼍，长数丈，陆行诣病者门，奉使侍者斩之，女病即愈，奉遂纳女为妻。久无儿息，奉每出行，妻不能独住，乃乞一女养之，年十余岁。奉一日耸身入云中去，妻与女犹存其宅，卖杏取给，有欺之者，虎还逐之。奉在人间三百余年乃去，颜状如三十时人也。(《古今图书集成·医部全录·医术名流列传》)

2. 推荐书目

（1）苏轼．东坡志林．中华书局，2007.

（2）能改斋漫录（宋元笔记丛书）．上海古籍出版社，1979.

（3）石林避暑录话．上海书店出版社，1990.

（4）笔记小说大观．广陵书社，2007.

医 话 二 则

（一）读医书四病

罗浩

古今医书，汗牛充栋[1]。或矜一得之长，或为沽名之具，其书未必尽善，学者亦难博求。然其中果有精义，则不容以不阅矣。然读医书者，每有四病：一在于畏难。《内》、《难》经为医书之祖，而《内》、《难》经之理，精妙入神，则舍去而览易解之方书，以求速于自见[2]。即读《内经》，或取删节之本，文义不贯，或守一家之说，至道难明：其病一也。一在于浅尝。略观书之大意，自负明理[3]，不知医道至微至奥。前贤之书，阐明其理，博大精深，不独义非肤廓[4]，即其辞亦古茂[5]。若草率以观，既不能识其精妙，且误记误会，遂有毫厘千里之失：其病二也。一在于笃嗜古人[6]，不知通变。执《伤寒》、《金匮》之说[7]，不得随时应变之方，不考古今病情之异，胶柱鼓瑟[8]，以为吾能法古，治之不愈，即咎古人之欺我也。甚至读张子和书而用大攻大伐[9]，读薛立斋书而用大温大补[10]，不知二公南北殊途，施治各异，且其著书之意，亦不过指示后人见证之有宜大攻大伐、大温大补者，非以此即可概天下病也，乃不能深求其意而妄守之：其病三也。一在于不能持择[11]。广览群书，胸无定见，遇症即茫然莫之适从[12]。寒热温凉之见，交横于前[13]；迟疑恐惧之心，一时莫定。甚至用不经之语[14]，以为有据，而至当不易之理，反致相遗，其误人若此：其病四也。有此四病，则医书读与不读等。然不读书，其心必虚，尚可即病以推求；读书者自必言大而夸，据书以为治，而害人之患伊于胡底矣[15]。可不惧哉！

[1]汗牛充栋：谓书籍存放时可堆至屋顶，运输时可使牛马累得出汗。形容书籍之多，语出自于柳宗元《文通先生陆给事墓表》。

[2]自见（xiàn）：显示自己。

[3]负：恃。

[4]肤廓：谓文辞空泛而不切实际。

[5]古茂：古雅美盛。

[6]笃嗜：非常爱好。

[7]执：拘泥。

[8]胶柱鼓瑟：胶住瑟上的弦柱，以致不能调节音的高低。比喻固执拘泥，不知变通，语出自于《史记·廉颇蔺相如列传》。

[9]张子和（约 1156 – 1228 年）：金代医家，“金元四大家”之一。名从正，号戴人。睢州考城（今河南兰考）人。世业医，学宗刘完素。主张祛邪以扶正，治病善用汗、吐、下三法，后世称攻下派。著作有《儒门事亲》15 卷、《三复指迷》、《张氏经验方》等。

[10]薛立斋：即薛己（约 1486 – 1558 年），明代医学家。字新甫，号立斋，吴县（今江苏苏州）人。出身世医，精研医术，兼通内、外、妇、儿各科，名著一时。尤擅疡科。先后任御医及太医院使。在理论上重视脾胃，注重脾胃与肾命的关系，在治疗上善于温补。

[11]持择：选择。

[12]适从：犹依从。

[13]交横：纵横交错。

[14]不经：荒诞不合常理。

[15]伊于胡底：谓不知将弄到什么地步，即不堪设想的意思。《诗·小雅·小旻》："我视谋犹，伊于胡底。"郑玄笺："于，往；底，至也。"

（二）非才学识兼具不可为医

王士雄

王士雄

为医者，非博极群书不可。第有学无识[1]，遂博而不知反约[2]，则书不为我用，我反为书所缚矣。泥古者愚，其与不学无术者，相去几何哉？柯氏有读书无眼[3]，遂致病人无命之叹。夫人非书不通，犹人非饭不活也。然食而化，虽少吃亦长精神；食而不化，虽多吃徒增疾病。所以读书要识力[4]，始能有用；吃饭要健运，始能有益。奈毫无识力之人[5]，狃于如菜作齑之语[6]，涉猎一书，即尔悬壶应世[7]，且自夸曰儒理。喻氏所谓业医者愈众[8]，而医学愈荒，医品愈陋。不求道之明，但求道之行，此犹勉强吃饭，纵不停食而即死，亦为善食而形消。黄玉楸比诸酷吏蝗螟[9]，良不诬也[10]。更有文理全无，止记几个成方，遂传衣钵，而世其家业，草菅人命，恬不为羞[11]，尤可鄙矣。语云：用药如用兵[12]。善用兵者，岳忠武以八百人破杨幺十万[13]；不善用兵者，赵括以二十万受坑于长平[14]。噫！是非才、学、识三长兼具之豪杰，断不可以为医也。父兄之为其子弟择术者，尚其察诸[15]！

[1]第：只是。

[2]反：同"返"。

[3]柯氏：即柯琴，字韵伯，号似峰。清初医学家。著有《伤寒论注》、《伤寒论翼》、《伤寒附翼》，合称《伤寒来苏集》。　读书无眼：谓读书没有鉴别能力。说见柯氏《伤寒论注·自序》。

[4]识力：识别事物的能力。

[5]奈：无奈。

[6]狃（niǔ）：拘泥。　如菜作齑（jī）：谓如将姜、蒜、韭菜捣碎成末儿一样简单。

[7]悬壶：指行医。《后汉书·费长房传》："市中有老翁卖药，悬一壶于肆中。"

[8]喻氏：即喻昌，字嘉言，别号西昌老人。清初著名医家，著有《尚论篇》、《医门法律》、《寓意草》等书。

[9]黄玉楸：即黄元御。一名玉路，字坤载，号研农，别号玉楸子。清代著名医家。现存著作有《四圣心源》、《伤寒悬解》、《金匮悬解》、《素灵微蕴》等，合为《黄氏医书八种》。

[10]诬：虚假，虚妄。

[11]恬：泰然。

[12]"用药"句：语出南朝褚澄《褚氏遗书·除疾》："用药如用兵，用医如

用将。”

[13]“岳忠武”句：事见《宋史·岳飞传》。岳忠武，即宋代名将岳飞。

[14]“赵括”句：事见《史记·廉颇蔺相如列传》。赵括，战国时赵国将领，好空谈兵法。长平战役中，被秦击败身死。

[15]尚：请，希望。表示祈使语气。　　诸：之。

【导读】

医话是中医著述载体之一，属于医学小品文。它随手笔录，不拘一格，形式多样，短小活泼，或夹叙夹议地说理，或扼要生动地述事，往往含义深刻，意味隽永。

第一则选自嘉庆十七年（1812年）刊本《医经余论》。题目为编者所加。作者罗浩，字养斋，清代安徽歙县人。博学多才艺，尤精于医。《医经余论》为医话著作，全书包括论师道、论读书、《素问注》、论读《伤寒论》、论脉等24论。所论多为作者攻读医籍与临床心得体会，间有医书文字或人物事迹之考释内容。本文历陈读书之病，指出若读书不善，其弊甚于不读书，可谓至为允当。

第二则选自《潜斋医话》，据1936年上海大东书局《中国医学大成》本。作者王士雄（1808－1866年?），字孟英，浙江钱塘人，清代著名医家。著《潜斋简效方》，书末附《潜斋医话》。潜斋系王士雄的书斋名。文章要求学医者既要博览群书，又不可泥于古书，明确提出才、学、识三者具备，方可从事于医。

【研讨】

1. 想一想你读书有哪些毛病？如何改正？

2. 你对“业医者愈众，而医学愈荒，医品愈陋”如何看？有何良策改变这种局面？

【延展】

1. 延伸阅读

费长房者，汝南人也，曾为市掾。市中有老翁卖药，悬一壶于肆头，及市罢，辄跳入壶中，市人莫之见，唯长房于楼上睹之，异焉。因往再拜，奉酒脯。翁知长房之意其神也，谓之曰：“子明日可更来。”长房旦日复诣翁，翁乃与俱入壶中，惟见玉堂严丽，旨酒甘肴，盈衍其中，共饮毕而出。翁约不听与人言之。后乃就楼上候长房曰：“我神仙之人，以过见责，今事毕当去，子宁能相随乎？楼下有少酒，与卿为别。”长房使人取之，不能胜。又令十人扛之，犹不举。翁闻，笑而下楼，以一指提之而上。视其器如一升许，而二人饮之，终日不尽。长房遂欲求道，随从入深山。翁抚之曰：“子可教也。”遂能医疗众病。（《后汉书》卷八十二下《方术列传第七十二》）

2. 推荐书目

（1）罗浩．医经余论．清嘉庆十七年刻本．

（2）王孟英．王孟英医学全书．中国中医药出版社，1999.

下编　通论

第一章　中国文学史概述

第一节　先秦两汉魏晋南北朝文学

中国上古文学主要表现为诗歌和神话两种口头文学形式。原始诗歌主要与劳动和巫术活动有关，而现存最早的原始抒情诗当属作于禹时的《候人歌》。该诗只有一句“候人兮猗”，却可称之为中国情歌之祖。原始神话反映了人类童年时代对自身及周围环境的理解与想象，比如夸父逐日、女娲补天、盘古开天辟地等神话故事，正是中华民族早期文明智慧的结晶。这些故事主要保存在《山海经》、《淮南子》、《三五历记》、《穆天子传》等古文献当中。

先秦时期出现了我国第一部诗歌总集——《诗经》。《诗经》原名《诗》或《诗三百》，收录了西周初年至春秋中叶五六百年间的诗歌305篇，它按音乐标准分为风、雅、颂三部分。在内容上，《诗经》真切地反映了当时各个阶层的社会生活和思想感情。在艺术上，《诗经》句式以四言为主，篇章上重章叠句，音调流畅，语言朴素，常用赋、比、兴的手法来表情达意。《诗经》开启了我国诗歌创作的现实主义精神和“风雅”、“比兴”的优良传统，影响深远。

战国后期，在楚国产生了具有南方文化特色的新诗体——楚辞。楚辞体诗歌句式以六言、七言为主，长短参差，灵活多变，多用语气词“兮”字，洋溢着缠绵悱恻的情感和神奇瑰丽的想象。西汉末年，刘向将伟大的爱国主义诗人屈原创作的《离骚》、《九歌》、《九章》、《天问》等25篇楚辞体诗歌，以及宋玉等人的作品辑录成书，定名为《楚辞》，是为我国第二部诗歌总集。楚辞的出现，标志着中国诗歌从民间集体歌唱发展到诗人独立创作的更高阶段。古代文学史上第一篇抒情长诗《离骚》，作为楚辞艺术的巅峰之作，在文学史上与《诗经》并称“风骚”，垂范于后世。

古代散文是伴随着史官记事而出现的，而这些记录历史的散文被称为历史散文。中国最早的历史散文集是《尚书》。《尚书》即上古之书，是一部古代历史文献汇编，今存28篇，包括虞、夏、商、周之书。春秋末期，文化下移，私人开始编修史书，出现了《春秋》、《左传》、《国语》、《战国策》等各具特色的史书。《春秋》为鲁国的编年史，相传孔子曾对它加以修订。其记事极为简略，常常通过含蓄微妙的用语和行文寄寓褒贬，裁定是非。这种写法被称为“微言大义”。《左传》原名《左氏春秋》，作者左丘明，汉儒认为《左传》为解释《春秋》的作品，但实际上《左传》是独立的编年体史书。《国语》是国别体史书，分八国语，以记言为主。《战国策》是一部战国时期的史料汇编，按国别分为十二国策，主要记载当时谋臣策士的言行。这些史书当中的优秀篇章，情节曲折，人物生动，剪裁得体，成为后代散文家学习的典范。

与历史散文相辉映的是诸子散文。春秋战国时期，列国纷争，游说之士蜂起。在百家争鸣的政治文化环境中，产生了一大批政治家和思想家，写作了大量论说散文，史称诸子散文。诸子散文各具特色，并且在篇章形式上逐渐走向成熟：《论语》是一部记载孔子及其弟子言行的语录体散文集，简洁凝练，生动隽永；《墨子》记录墨子及其后学的思想，初具论文规模，平实质朴，逻辑严密；《老子》用格言警句的形式直接阐发主旨，精警凝练，玄妙精深；《孟子》用相对独立完整的篇章和对话论辩说理，犀利畅达，气势强劲；《庄子》散文已形成完整的篇章结构，它以意出尘外的想象、汪洋恣肆的文章形式和异彩纷呈的寓言故事来探讨人生问题，达到了哲理与诗意的交融，在诸子散文中最富文学性；淳厚富赡富有学术性的《荀子》和峻峭透辟富有政治性的《韩非子》，则在体式和技巧方面达到高度成熟。

秦代实行文化专制政策，焚书坑儒，二世而亡，只有李斯的《谏逐客书》堪称这一时期少有的优秀散文篇章。

两汉是大一统的鼎盛帝国，需要用文学来歌舞升平。于是一种以铺写帝王和都市生活为主的文学样式——赋便应运而生。赋是两汉最流行的文体，是一代文学的标志。汉赋经过了骚体赋、大赋、抒情小赋几个发展阶段。汉初贾谊等人的赋，尚未脱楚辞形迹，被称为骚体赋。枚乘的《七发》奠定了汉代大赋的形式格局，而武帝时期司马相如的《子虚赋》、《上林赋》代表了大赋的最高成就，之后扬雄、班固、张衡等也创作了风靡一时的大赋作品。汉大赋风格铺张奢华，多以歌功颂德为宗旨。东汉张衡的《归田赋》突破旧的传统，开创了抒情小赋的先河。两汉文学中最有价值的是乐府诗。“乐府”原指国家音乐机构，后代将乐府所收集与编辑的可以配乐演唱的歌辞也称为“乐府”。汉乐府民歌继承《诗经》民歌“饥者歌其食，劳者歌其事”的现实主义传统，多“感于哀乐，缘事而发”，通俗而深刻地反映了两汉社会生活的各个方面。在艺术上，汉乐府长于叙事铺陈，句式以杂言和五言为主，体现了诗歌艺术的新发展，标志着古代叙事诗的完全成熟。《孔雀东南飞》是我国诗歌史上第一篇思想性和艺术性高度统一的长篇叙事诗，是汉乐府叙事诗发展的高峰。汉代文人在乐府民歌影响下试作五言诗，班固的《咏史》诗是现存最早的文人五言诗。东汉末年产生的《古诗十九首》是一组无名氏文人创作的抒情短诗，标志着文人五言诗的成熟。

两汉散文创作的成就很高。西汉初贾谊和晁错的政论散文，思想敏锐，直言时弊，文采飞扬。西汉后期至东汉的散文虽有骈偶化的发展倾向，但尚能保存汉初关注现实的文风。代表两汉散文最高成就的是司马迁的《史记》。《史记》开创了纪传体这种以人物为中心的史书编写体例。它不虚美、不隐恶的实录精神在史学史上广受称道。从文学的角度看，司马迁以饱满的情感和丰富的历史知识，塑造了一大批出身不同、性格各异的人物形象，使之成为我国传记文学的典范。可以与《史记》相提并论的是班固的《汉书》。《汉书》记事详赡，自有精彩之处，但班固恪守儒家思想准则记史，显得拘泥和保守，成就稍逊于《史记》。

魏晋南北朝时期，文学日益摆脱经学的影响而获得独立的发展，开始进入文学的自觉时代，主要文学成就是诗歌。建安时期以曹操、曹丕、曹植父子为核心，加上孔融、王粲、刘桢、陈琳、徐干、阮瑀、应玚等所谓“建安七子”组成的邺下文人集团，创造了“建安文学”的辉煌。他们的创作反映了动乱的时代，加之政治理想的高扬、对人生短暂的哀叹、浓郁的悲剧色彩以及强烈的个性，形成了鲜明的时代风格，被后人称为“建安风骨”，并成为反对淫靡柔弱诗风的一面旗帜。邺下文人集团中，人称“建安之杰”的曹植文学成就最高，他将诗歌推进了“五言腾涌”的时代。正始时期，政治上的高压和玄学的兴起深深影响了诗歌的创作，主要表现为理性色彩的加强和表现手法的深隐。“竹林七贤”是正始时期的代表诗人群体，其中阮籍之遥深、嵇康之清俊，继承了建安文学的优秀传统，并形成自己独特的抒情方式。阮籍的82首《咏怀诗》是我国第一部规模较大、内容丰富的个人抒情五言组诗，进一步推动了五言古诗的发展。西晋太康时期诗歌繁荣，诗人有“三张二陆两潘一左”之称，但多数作品流于形式主义，唯左思的诗歌骨力遒劲，承传建安文学的精神。其《咏史》八首借咏史来抒怀，情调高亢，笔力矫健，有“左思风力”之称。西晋末年，在士族清谈玄理的风气下，产生了玄言诗。东晋玄佛合流，更助长了玄言诗的发展，以至其占据东晋诗坛达百年之久。晋宋之交，陶渊明以其田园诗、谢灵运以其山水诗各自为诗坛开出一片新领域。陶渊明开创的田园诗在日常生活中发掘出诗意，将汉魏古朴的诗风带入更纯熟的境地，并将“自然”提升为美的至境，代表了整个魏晋南北朝时期诗歌创作的最高成就，对后世文学的发展产生了巨大的影响；谢灵运诗以山水为主要描写对象，完成了由玄言诗向山水诗的转变。其后齐代谢朓的山水诗写得清新圆熟，与谢灵运并称为“大小谢”。另外，刘宋时期的鲍照擅用七言古体及乐府抒发愤世嫉俗之情，风格俊逸豪放，为唐代七言歌行的发展铺平了道路。齐代永明体诗歌将“四声八病”的理论运用到诗歌当中，为其后格律诗的发展奠定了基础。

南北朝的对峙和文化发展的不平衡，导致南北朝文风的不同，这主要体现在民歌上。南朝民歌清丽婉转，代表作是《西洲曲》；北朝民歌粗犷刚健，代表作是《木兰诗》。在文人创作上，北朝的诗歌模仿南朝的痕迹非常明显。梁代末年，庾信由南入北，他以刚健之笔写乡关之思，融合南北诗风，成为南北朝文学的集大成者。

从我国古代小说体裁的形成和发展来说，魏晋南北朝是一个重要阶段，出现了志怪小说和轶事小说。其中晋干宝的《搜神记》和南朝刘宋时刘义庆的《世说新语》最值得重视。《世说新语》记载了自汉至晋上层士族人物的轶事言谈，写人气韵生动，记言简约精妙，实开后世笔记小说之先声。

由于文学意识的渐趋自觉，这一时期出现了探讨文学观念、分析创作过程、批评作家作品的文学论著，如曹丕的《典论·论文》、陆机的《文赋》、刘勰的《文心雕龙》、钟嵘的《诗品》。其中后两部在我国文学理论发展史上堪称划时代的巨著。

第二节　隋唐五代文学

隋代统治者认识到六朝时期政治的腐败和文化的腐败有一定的内在联系，遂以行政手段提倡务实文学，出现了一些刚健质朴的作品。但六朝以来长期形成的华艳绮丽文风积重难返，又构成了隋代文学的另一面。

大唐王朝国力空前强盛，再加上朝廷在各方面采取了较为开放的政策，中外文化交流频繁。同时，唐朝确立了以诗赋取士的科举制度，打破了魏晋以来门阀对仕途的垄断，使大批有才华的寒门子弟脱颖而出，最终创造了唐代文学的空前繁荣。隋唐一代作家作品数量之多、成就之高、影响之大，都是前所未有的。

唐诗堪称一代文学之标志，中国古典诗歌的顶峰。诗体完备，流派各异，成就卓著，初、盛、中、晚各期皆名家辈出。《全唐诗》收录诗人两千余家，诗作近五万首，而当时之数应该远远不止。

初唐时期，宫廷诗歌承齐梁余风，流行靡丽软艳的“上官体”诗。“初唐四杰”王勃、杨炯、卢照邻、骆宾王和稍后的陈子昂，上承汉魏风骨，力扫齐梁宫体诗颓风，使唐诗开始由宫廷走向社会，由靡靡之音变为清新健康的歌唱。同时，宋之问和沈佺期在诗歌的形式上也做了大胆的探索，他们共同为唐诗的发展铺平了道路。

唐玄宗开元、天宝年间，史称盛唐，诗坛可谓硕果累累。以王维、孟浩然等人为代表的山水田园诗派，上承陶、谢而别开生面，把山水田园诗推向高峰。以高适、岑参等人为代表的边塞诗人，诗风刚健，韵味深长，唱出盛唐强音。李白、杜甫的出现更如日月经天。李白史称“诗仙”，其诗擅用想象和夸张，风格豪放飘逸。其诗歌代表作《将进酒》、《行路难》、《蜀道难》等，无不显示出诗人独特的情感色调和艺术个性。杜甫史称“诗圣”，他将自身命运与家国社会紧紧联系起来，用诗歌实录了唐王朝由盛转衰过程中一系列重大的事件，抒发其忧国忧民之心，风格沉郁顿挫，因此杜诗又被称为“诗史”。李、杜分别以其独特的风格和极高的成就将浪漫主义和现实主义发展到极致，成为彪炳千秋的伟大诗人。

“安史之乱”以后，唐代进入中期，国力衰退，但文学却以不同的面貌表现出新的繁荣，注重现实的倾向更加鲜明，风格更趋多样。在诗歌领域，中唐诗歌主要分为以下几派：其一是以白居易为首的“元白诗派”，包括元稹、张籍、王建等人，以浅近通俗为特色，倡导新乐府运动，提出“文章合为时而著，歌诗合为事而作”，以其明白如话的新乐府诗积极反映民生疾苦，与现实紧密相连。白居易诗歌创作的成就是多方面的，其《长恨歌》和《琵琶行》，也堪称古代叙事诗中的杰作。其二是以韩愈、孟郊为代表的"韩孟诗派"，包括贾岛、姚合、刘叉等人，他们作诗力避平俗而求生硬奇险，开后世宋诗风气。"诗鬼"李贺也可算入此派而独具特色，其诗冷艳深幽，恢奇诡谲，启迪了晚唐的李商隐。其三是以韦应物、刘长卿为主的大历诗人和柳宗元，这一派诗人的创作以山水诗为主，以清丽淡远为特色。其中韦应物和柳宗元并称"韦柳"。还有一些较多继承盛唐之风的诗人，如李益、卢纶、刘禹锡，其诗或悲凉，或豪放，颇具个性。

到了晚唐，随着李唐王朝走向没落，诗歌风格染上了浓厚的衰亡感伤色彩。最有成就的诗人是杜牧和李商隐，世称"小李杜"。杜牧长于写七绝，其咏史、怀古诗俊爽高绝，写景诗清丽流转。李商隐的七律沉博艳丽，其中包括大量优秀的政治诗和咏怀诗，而尤以爱情诗独擅胜场。其主要特色是构思缜密，情志深婉，长于用典，工于锤炼，可惜部分作品未免有晦涩难解之病。

唐文一如唐诗，在文学史上享有崇高地位。《全唐文》1000 卷，收录了 3000 多人 18400 余篇文章（包括骈散两体），可谓硕果累累。从大的方面看，唐代的骈文与古文（散文）处于不断消长变化之中。唐初近百年间，骈体占主要地位，至陈子昂首倡复古大旗。中唐是散文的辉煌时期，古文运动蓬勃兴起，先有李华、萧颖士、元结、独孤及等人导气于前，强调以道为本，以经为源，取法三代两汉，可惜太重说教而流于枯燥。至韩愈、柳宗元出，提出文以明道，使散文成为干预政治、反映现实的实用文体，而且以复古为创新，不仅吸收秦汉各家散体文之所长，而且充分借鉴六朝骈文的成就；不仅完备了古文理论，而且创造了大量优秀散文作品，把古文运动推向高潮。散体文终于压倒了盛行八代的骈体文，主导文坛，韩愈、柳宗元也成为继司马迁之后最优秀的散文家。韩、柳之后，散体文的写作趋于低潮。晚唐古文虽有杜牧的雄奇超迈，有皮日休、陆龟蒙、罗隐等人的犀利精悍，但由于政治及文学发展的内部原因，骈文又逐渐恢复了统治地位。李商隐为晚唐骈文家之巨擘。

唐代的小说也取得了长足发展，出现了"传奇"这一小说体式。唐传奇源于六朝志怪，中唐以后走向繁荣，内容涉及爱情、侠义、历史传说等，其中《霍小玉传》、《李娃传》等优秀作品，塑造了生动鲜明的形象，情节引人入胜，对后世小说的发展影响颇大。

随着燕乐的流行，唐代还兴起了一种新诗体——词。词源于民间，起自初唐，中唐之后文人填词者渐多。文学史上第一个大力作词的人是晚唐温庭筠。他创作大量言情之词，风格秾丽精工，确立了词体规范。另有韦庄词以清丽疏朗见长，与温庭筠并称"温韦"。五代时，西蜀和南唐成为词的创作中心，西蜀词人群被称为"花间词派"，因他们的词作合编为《花间集》（西蜀赵崇祚编）而得名。《花间集》为我国第一部文人词集，尊温庭筠为鼻祖，词作内容不脱冶游宴乐、男女情爱，风格绮靡柔艳。与之相比，南唐词较注重抒发真情实感，格调较高。代表人物主要有李璟、李煜父子和冯延巳三人。特别是南唐后主李煜亡国之后的词作，以强烈的抒情性、鲜明的形象性、朴素自然而又精炼隽永的语言，抒写人生际遇和真实性情，使词由应歌的艳曲向抒怀言志的方向发展，影响深远。正如王国维所评："词至李后主而眼界始大，感慨遂深，遂变伶工之词而为士大夫之词。"

第三节　宋金元文学

宋代文运昌盛，诗、文、词等各体文学出现了全面的繁荣。

宋诗处于唐诗极盛之后，继承和创新成为其发展中的焦点。宋初分别出现了香山体、晚唐体和西昆体诗人。他们分别效法唐代的白居易、贾（岛）姚（合）和李商隐的诗歌风格。后有梅尧臣、苏舜钦等人重视诗歌的社会和政治内容，追求质朴豪健的诗风。北宋诗文革新运动的领袖人物是欧阳修，而影响最大的两位诗人是苏轼和黄庭坚。苏轼诗说理、抒情自由奔放，更进一步发展了宋诗好议论、散文化的倾向，但由于他以丰富的生活阅历和深厚的艺术修养写诗，又基本上避免了宋诗尖新生硬和枯燥乏味这两个主要缺点，成为最受后代欢迎的北宋诗人。黄庭坚注重诗歌语言的借鉴和创造，主张“点铁成金”、“夺胎换骨”、“无一字无来处”，风格瘦硬生新。其诗法颇得当时效仿，后来在诗人吕本中的推尊下，渐渐形成所谓“江西诗派”，使宋诗进一步向形式化的方向发展。

北宋的覆亡重新激起诗人关怀现实的热忱，爱国抗敌成为南宋诗歌最重要的主题。陆游是南宋最伟大的爱国诗人，他存诗9300余首，一以贯之地表现了至死不渝的爱国壮志。此外，杨万里的诗多写自然景物，清新活泼；范成大的诗善写田园风情，颇有生活情趣。他们各自形成了鲜明的创作个性。南宋后期还出现了“永嘉四灵”和江湖诗人，他们试图突破宋诗传统，但诗格较浮弱。到宋末，文天祥、汪元量等人再度为国家民族慷慨悲歌，留下了一批诗史性作品。辽、金、元三朝最杰出的诗人是金代的元好问。其诗内容丰富，笔力遒劲，“沉挚悲凉，自成声调”（赵翼语），其成就足与两宋优秀作家相媲美。

宋文创作依然在骈散消长与交融中发展。宋初柳开、石介等人提倡古文，却走向了险怪奇涩的“太学体”。其后在杨亿等人的率导下，骈文继续风行。至欧阳修主持文坛，奖掖苏轼等人，方将北宋诗文革新运动真正导向健康的发展道路，迎来了散文创作的黄金时代。欧阳修在文风上既反对浮华又反对险涩，主张重道以充文，并在创作中身体力行，形成一种富于情韵、平易畅达的艺术风格。在欧阳修的提携指引下，王安石、曾巩、苏洵、苏轼、苏辙，皆为一时俊彦，其文风格各具。其中苏轼的散文众体兼备，自由挥洒，如行云流水，姿态横生，代表了诗文革新运动的最高成就。他的《前赤壁赋》、《后亦壁赋》，兼有辞赋的体格和散文的气韵，形象性与哲理性紧密结合，水乳交融，是宋代文赋的代表作。欧、王、曾、三苏加上唐代的韩、柳，被后世尊崇为“唐宋八大家”，他们的作品一直是后人学习古代散文的楷模。此外，由于两宋理学盛行，在重道轻文观念的指导下，理学家写了很多言简意赅的讲学之文以及语录体作品，代表作家有周敦颐、程颢、程颐、朱熹等。

词发展到宋代，进入了鼎盛时期，成为一代文学的主要标志。据《全宋词》所载，作品有两万余首，词人1400余位。宋初晏殊、欧阳修等人继承花间余绪，以令词为主，表现优游诗酒的闲雅生活。此外，晏殊之子晏几道，在词中表达其真诚专注的感情，格调清纯感伤。范仲淹以边塞生活及情怀入词，为词坛开出了境界开阔、格调苍凉之作，但未形成气候。词至柳永，出现了第一次革新。柳永扩大词的题材，表现与都市生活有关的内容，将市民阶层的艺术趣味引入词中，并大量创作慢词。柳词以写男女离别相思和羁旅之愁见长，多用铺叙白描之法，层次分明，语言通俗，在当时市民中传唱极盛。其后，苏轼再次开拓词的题材，肆力打破诗词界限，把艺术的笔触伸向了广阔的现实生活和个人极其丰富的内心世界，提高了词的意境，丰富了词的表现手法，使词成为独立的抒情诗体，开创了豪放词派。他用词来写景，抒情，怀古，感旧，记游，甚至说理谈禅，达到了“无意不可入，无事不可言”的境界。北宋后期词坛主流又复归婉约，代表人物为秦观、贺铸、周邦彦。秦词柔婉清丽，情辞兼胜，被奉为婉约派正宗。贺词笔调多变，刚柔相济。周邦彦集北宋婉约词之大成，其词在内容上沿袭柳永词，基本不脱男女恋情和羁旅行役等传统内容，但他精通音律，善作慢词，章法多变，技巧丰富，以思力取胜，词风典丽精工，对南宋格律派、风雅派词人影响极大。

在南北宋之交，我国古代最优秀的女词人李清照继承婉约词风而能有所发展。易安词集雅俗为一体，精于修辞，造语工巧，而又铺叙自然，擅用口语，令、慢均工。前期词多写闺情相思，表情达意清俊、真切乃至大胆；南渡以后的词作，如《声声慢》（寻寻觅觅），则将身世之感和家国之思融为一体，创造出缠绵、沉郁、凄婉、劲直兼而有之的风格，充满张力。南宋之初的词人大多亲历靖康之变，故将感时伤乱、爱国抗金作为词的一大主题，突破了北宋末年的平庸浮靡，表现了鲜明的时代特征。著名的有张元幹、张孝祥、陈与义、朱敦儒等，他们上承苏轼一脉，下启辛派词风，是两者之间的重要过渡。

南宋最伟大的爱国词人当推辛弃疾。辛弃疾作为生于金国统治区的宋人归正南宋朝廷，虽有将相之才和报国之志，却屡受朝廷的猜忌以及妥协苟安政策的羁缚，壮志难酬，郁愤深积，只得将满腔情怀寄之于词，使宋词的思想境界和精神面貌达到了空前的高度。他继承东坡词的豪放风格而加以发展，将经史子集之语熔铸入词而一如己出，深于寄托，用词作完整表现了一个封建英雄的慷慨悲歌，可谓豪放词派的最杰出代表。同时辛词又能融婉约和豪放于一体，人称“色笑如花，肝肠如火”，把词的艺术提高到一个新的境界。在辛弃疾的影响下，陈亮、刘过和稍后的刘克庄、刘辰翁等人形成了一个阵容强大的辛派爱国词人群体。南宋另有一些词人主要继承周邦彦一脉，走上了尚风雅、主格律的创作道路。成就较大的主要有姜夔和吴文英。姜夔词以纪游、咏物、怀人为主要内容，意境清空，格调骚雅，音律严整，在艺术上冠绝一时，在其影响下形成了格律词派。吴文英词也注重音律，讲求雅致，但不同于姜夔的清空杳渺。吴词风格绵密艳丽，人称“七宝楼台”，一枝独秀。由宋入元的重要词家尚有张炎、周密、王沂孙等，他们多以词作寄托亡国之思、身世之感，情调哀怨衰飒。

宋代的通俗文学也得到了发展。在唐代讲唱文学的基础上演化产生了话本，成为后世演义小说和白话小说的滥觞。其中的名篇如《碾玉观音》、《错斩崔宁》。宋代的南戏是产生在永嘉一带的地方戏曲，与北方的杂剧并称。金代的诸宫调也值得重视，如董解元的《西厢记诸宫调》，在结构安排、叙事手段和人物心理刻画方面达到较高的艺术水平，成为元代王实甫写作《西厢记》杂剧的基础。

元代文学以戏曲著称。元杂剧以其高度的社会历史价值、独特的艺术风格和形式体制，开辟了我国戏曲文学的黄金时代。元杂剧的奠基人和前期剧坛领袖当属关汉卿。他创作的公案剧、爱情剧、历史剧，如《窦娥冤》、《救风尘》、《单刀会》等，善于将现实主义精神和理想主义色彩融为一体，当行本色，雅俗共赏，是元杂剧中的第一流作品。王实甫的《西厢记》，通过崔莺莺和张君瑞的爱情纠葛，精心表现了人物之间的性格冲突和内心活动，唱出了“愿普天下有情的都成了眷属”的美好愿望，表达了追求美好爱情生活的理想，是元杂剧中一颗璀璨夺目的艺术明珠。重要的杂剧作家还有白朴、马致远、郑光祖等，著名的杂剧还有《梧桐雨》、《汉宫秋》、《倩女离魂》等。元末杂剧衰微，南戏又复盛行，出现了像高明《琵琶记》这样的杰作。南戏的兴盛为明清传奇奠定了基础。

一般所说的元曲是杂剧与散曲的合称。散曲是元代新出现的抒情诗体，最早是配合当时流行曲调清唱的，后来也逐渐案头化。散曲有小令和套数两种，小令是单支曲子，又叫“叶儿”，套数由两支以上属同一宫调的曲子依次联缀而成。散曲作品具有浓郁的市民通俗文学色彩，内容十分广泛，以歌唱山林隐逸和描写男女风情之作最多。也有少数作品接触到当时重大的社会问题，反映人民的疾苦。元代前期的散曲作家以关汉卿和马致远为代表。关汉卿的《南吕·一枝花》（不伏老）套曲质朴自然，诙谐泼辣；马致远的《天净沙·秋思》情景交融，堪称“秋思之祖”。元代后期散曲的代表作家是张可久和乔吉，他们抛离了散曲的本色，而趋于雅正典丽，与词很难区别。此外，白朴、睢景臣、张养浩、贯云石、徐再思等散曲作家也留下了不少优秀之作。与杂剧、散曲的成就相比，元代正统诗文相对衰落，没有出现特别杰出的作家和作品。

第四节 明清文学

明代城市经济高度发展，资本主义萌芽已经出现，市民势力不断增长，适应市民文化娱乐需要的小说、戏曲等通俗文学特别昌盛，而正统诗文则不免相形见绌。

明代出现了一种由宋元讲史话本发展而来的小说形式——长篇章回小说。其开山之作为明初罗贯中的《三国志通俗演义》。这部作品在史书《三国志》及民间流传的三国故事的基础上整理加工而成，以“拥刘反曹”为基本思想倾向。所谓“七分史实，三分虚构”。它以宏大的结构和曲折的情节，展现了东汉末年和整个三国时期各封建统治集团之间政治、军事、外交斗争的历史画卷，成功塑造了诸葛亮等许多鲜明生动的历史人物形象。明代另一部长篇巨著是施耐庵和罗贯中的《水浒传》，小说艺术地表现了北宋末年以宋江等36人为首的一场波澜壮阔的农民起义，并突出了“官逼民反”的进步主题，不少人物写得个性鲜明，活跃生动。

明中叶以后，长篇小说创作进入高潮。讲史小说、神魔小说、世情小说、公案小说各有佳作问世，留传至今的尚有五六十部之多。其中如吴承恩所写的神魔小说《西游记》，围绕唐僧师徒取经的艰难历程展开故事，通过刻画形象，尤其是人、神、兽合一的孙悟空，表现了古代人民对美好理想的不懈追求，以及与困难和邪恶作斗争的大无畏精神。兰陵笑笑生写的《金瓶梅》，直接取材于明代社会生活，以家庭生活为中心，结合社交、官场等几个方面写出了集官僚、恶霸和商人于一身的西门庆的种种丑恶行径，深刻折射了统治阶级的罪恶和糜烂，开创了世情小说一派，在古代小说中有开创性的意义。但其中有些色情描写有损于作品的审美价值。

明代短篇小说的主要形式是拟话本。这是一种文人模仿民间话本而创作的案头文学形式，是艺术上很成熟的白话小说。著名的拟话本结集有冯梦龙的《喻世明言》、《警世通言》和《醒世恒言》，以及凌蒙初的《初刻拍案惊奇》、《二刻拍案惊奇》，合称“三言”、“二拍”。“三言”的编写者冯梦龙，受心学思想影响，尚通俗，主“情真”，着重对明代社会市民阶层中的商人、手工业者和妓女的生活及心态进行描绘，其中最精彩的篇章如《杜十娘怒沉百宝箱》、《卖油郎独占花魁》等，均带有一定的人文主义特点。

在戏曲领域，明传奇取代了杂剧的主导地位。明后期，传奇创作出现了新的高潮，涌现出许多名家、名作，甚至还出现了主音律的吴江派（代表人物沈璟）与主才情的临川派（代表人物汤显祖）之争。汤显祖是明代戏剧家的杰出代表。他的爱情剧《牡丹亭》通过杜丽娘和柳梦梅生离死合的爱情波折，歌颂了女主人公为情而死，又为情而生的感人至情，揭示了反封建礼教的主题，体现了个性解放的时代精神。细腻的性格描写、优美动人的曲辞、瑰奇的艺术境界，使该剧成为明代戏曲的顶尖之作。此外，李开先的《宝剑记》、梁辰鱼的《浣纱记》和相传为王世贞所作的《鸣凤记》等也是明代重要的传奇作品。明代杂剧也不乏优秀之作，如康海的《中山狼》和徐渭的《四声猿》（包括《渔阳弄》、《雌木兰》、《女状元》、《翠乡梦》四部杂剧）。

明代诗文成就不及小说和戏曲，但先后出现了不少流派，概括起来主要是拟古主义与反拟古主义力量的相互消长。明初刘基、宋濂、高启的作品较有社会现实内容。而后以杨士奇、杨荣、杨溥等为首的“台阁体”诗派继起，统治文坛几十年之久。针对“台阁体”歌功颂德、空廓浮泛的文风，以李梦阳、何景明为首的“前七子”，以及以李攀龙、王世贞为首的“后七子”，以复古相号召，提出“文必秦汉，诗必盛唐”的主张，但其末流陷于刻意模拟，盲目尊古，了无生气。鉴于前、后七子的流弊，王慎中、唐顺之、茅坤、归有光等自觉提倡学习唐宋古文，人称“唐宋派”。“唐宋派”中文学成就最高的是归有光。接着以“三袁”（袁宗道、袁宏道、袁中道）兄弟为代表的“公安派”提出了“独抒性灵，不拘格套”的主张，擅长写作抒情小品、游记和尺牍，但其末流显得浮浅油滑。继而有钟惺、谭元春为首的“竟陵派”出来纠弊，崇尚“幽深孤峭”，别具一格，可惜趣味比较偏狭。经过以上各派作家的多方探索，晚明小品文特盛，且颇见光彩，代表作家如张岱等。明末在民族矛盾和阶级矛盾日益尖锐的时代气氛中，出现了复社、几社领袖们的爱国诗文，以陈子龙、夏完淳为代表作家。

清代是中国最后一个封建王朝。中国古代文学史以道光二十年（1840 年）鸦片战争为下限，以后便进入近代文学阶段。清代是中国古代文学全面复兴但又很难超越前代的时代。小说、戏曲继明代之后又取得了巨大的成就，诗、词、散文、骈文领域作家众多，流派林立，成就斐然。

清代文学成就最大的当属小说，曹雪芹的《红楼梦》是中国古代小说艺术的顶峰。《红楼梦》以贾、史、王、薛四大家族由盛而衰的过程为背景，以贾宝玉、林黛玉的爱情悲剧为中心，通过对日常生活琐事和人物内心活动的精微深刻的描写，塑造了一大批栩栩如生、呼之欲出的典型形象，成为表现封建社会、封建家庭各种生活和各层人物的百科全书。另一部长篇巨著是吴敬梓的《儒林外史》，小说以散点透视的独特结构，显示了封建社会和儒林的种种病态，严峻批判了科举制度，并彰显了对理想生活的追求。《儒林外史》作为我国文学史上少有的讽刺杰作，对晚清谴责小说有极大影响。清后期李汝珍的《镜花缘》，反映了作者在妇女问题上的民主性见解，但思想价值和艺术成就都显得逊色。就文言短篇小说而言，最优秀的是清初蒲松龄所编写的短篇小说集《聊斋志异》。《聊斋志异》继承并大大发展了六朝志怪小说、唐宋传奇小说以来的艺术传统，借用大量精彩感人的鬼狐花妖故事，曲折地反映现实，抨击时弊，歌唱爱情；情节变幻离奇，引人入胜；人物形象个性鲜明，跃然纸上，又极富人情味。此外，纪昀的《阅微草堂笔记》、袁枚的《新齐谐》等，也是聊可一观的笔记小说。

清代戏曲创作也有重要的收获，洪升的《长生殿》和孔尚任的《桃花扇》为其中的不朽之作。《长生殿》一剧，对唐明皇、杨贵妃爱情悲剧这一流传日久的题材进行了改造，注入了更为丰富的社会生活内容，情节动人，富于抒情气氛，在艺术上极见功力。《桃花扇》以明末名士侯方域与名妓李香君的离合之情为主线，展现南明一代的兴亡历史，表达了对封建社会江河日下的忧虑哀伤，做到了艺术真实与历史真实的较好统一。

清代的诗、词、散文、骈文，虽然总的成就未能超越前代，但是名家迭出，流派众多，也不可轻视。明末清初的遗民诗人黄宗羲、顾炎武、王夫之等，以深厚的功力表现了强烈的民族思想和不同程度的民主思想，诗风悲壮沉郁。而屈节仕清的钱谦益、吴伟业在诗歌上也取得了独特的成就。而后王士祯成为诗坛领袖，倡导“神韵说”，强调淡远的意境和含蓄的语言。清中叶以后，在清廷的政治压迫下，学界考据之风大盛。诗坛在其影响下，亦走向远离现实、重视形式和以学为诗的道路。沈德潜的“格调说”、翁方纲的“肌理说”，大旨不外乎此。唯郑燮反映民情之作、袁枚直抒性情之作和黄景仁抒写哀怨之作能不被时风所染，较有特色。词至清代又呈“中兴”气象。清初词坛，陈维崧效法苏、辛之豪放，开“阳羡词派”。朱彝尊推崇姜、张之清空，开“浙西词派”。纳兰性德善作小令，长于白描，其词逼近南唐李煜，自成一家。清中叶以后，以张惠言、周济为代表的“常州词派”强调词的比兴意义和社会作用，其影响直达近代。

散文方面，清初重要作家有魏禧、侯方域、汪琬等，被称为“国初三大家”。清中叶出现了最著名的散文流派——“桐城派”，其代表人物方苞、刘大櫆、姚鼐。其讲究古文“义法”，以“清真雅正”风格为宗，提倡唐宋八大家文体，影响直至“五四”时期。另一个散文流派“阳湖派”，以恽敬、张惠言为代表，实是“桐城派”的一个支流。清代骈文也呈复兴之势，足以与散文抗衡，较有成就的作家有陈维崧、袁枚、洪亮吉、汪中等。

清代的文学理论研究也具有集大成的特点。从宋元开始出现的诗话、词话，在这一时期又产生了许多具有全面性、系统性和多样性特点的著作。小说理论和戏曲理论也成绩卓著。清代文学理论成果是我国古典文学领域中一份具有民族特色的遗产，值得我们重视和发掘。

1840 年，鸦片战争爆发，中国文学进入阵痛阶段，逐步向新文学过渡。

一、复习思考

1. 什么是“建安风骨”?“建安风骨”对后代有何影响?

2. 如何理解盛唐气象?

3. 纵观整个中国古代文学史，中国古代各种文学体裁的产生和发展与民间文学有怎样的关系?

4. 中国古典小说主要有哪几种体式？请分别说出其出现的朝代及代表作。

二、推荐书目

1. 袁行霈，罗宗强．中国文学史．高等教育出版社，2005.

2. 郭预衡．中国古代文学史长编．首都师范大学出版社，2000.

3. 罗宗强，陈洪．中国古代文学作品选．高等教育出版社，2004.

第二章 诗词曲格律常识

我国古人在创作诗词曲时，都遵循一定的格律。所谓格律，是指创作诗词曲时所依照的格式和韵律，包括诗词曲的字数、句式、押韵、平仄、对仗等规律。

第一节 诗律

一、诗的类型

诗是我国古代运用最广的一种文学样式，门类众多，体式纷繁。

1. 以字数分 以诗句的字数言，诗可分为四言诗、五言诗、六言诗、七言诗、杂言诗等，其中四言诗以《诗经》为代表，六言诗以《楚辞》为代表。

2. 以体裁分 以体裁言，诗有楚辞体、乐府体、歌行体、律体等，其中楚辞体打破了《诗经》四言体诗的格式，在同一诗篇中，句式长短不齐，富于变化，而以六言一句最为常见，同时诗中大量运用语气词“兮”来表达语气，如屈原所作《离骚》。乐府体是指产生于汉魏时代可配乐演唱的民间歌谣和文人诗。歌行体是指汉魏以后由乐府发展而来的一种古体诗，其音节、格律一般比较自由，语言通俗流畅，形式采用五言、七言、杂言的古体，富于变化。

3. 以格律分 以格律言，诗又可分为古体诗和近体诗两大类。唐代人把从《诗经》到南北朝的庾信所写的诗统称为古体诗，或称之为古诗、古风。古体诗与近体诗并非单以产生年代作界定依据，因为唐宋以后，许多诗人也常常会写作古体诗。古体诗是依照古代的诗体来写的，形式比较自由，不受格律的束缚，通常不讲究平仄和对仗，押韵也较宽松，每首诗的篇式、句数等均无严格的规定。近体诗又称今体诗，是在唐代成熟定型的一种格律诗，由唐代人在汉魏六朝的五言诗、七言诗基础上加以改进发展而创造出来。近体诗是唐代以后最基本的诗体之一，并且是自唐至清科举考试的重要应制文体之一，在句数、字数、平仄、对仗、押韵诸方面均有着一系列较为严格的规定和要求。

以格律而分的古体诗和近体诗是唐代以后的主要诗体。古体诗除押韵以外，几乎不受任何格律的束缚。

二、近体诗的篇式句数

近体诗以篇式句数言，可分为绝句、律诗和排律（又称长律）三类；以每句字数言，一般有五言和七言两种。

绝句每首四句，律诗一般每首八句，排律每首至少十句。它们均两句为一联，其句数必须是偶数。律诗第一、二句称为首联，第三、四句称为颔联，第五、六句称为颈联，第七、八句称为尾联。每联的上句称为出句，下句称为对句。超过八句的律诗称为排律或长律。

唐宋以来流行的体式有五言绝句、七言绝句、五言律诗、七言律诗和五言排律。

五言绝句简称为五绝，每首四句，每句五字，全诗共二十字，如骆宾王所作《于易水送人》。七言绝句简称为七绝，每首四句，每句七字，全诗共二十八字，如刘禹锡所作《乌衣巷》。五言律诗简称为五律，每首八句，每句五字，全诗共四十字，如王维所作《辋川闲居赠裴秀才迪》。七言律诗简称为七律，每首八句，每句七字，全诗共五十六字，如柳宗元所作《登柳州城楼寄漳汀封连四州》。五言排律简称为五排，全篇至少十句五十字，如王维《送秘书晁监还日本国》。

三、诗的押韵

古人写律诗，要严格依照韵书来押韵。《诗韵》共有一百零六韵，平声三十韵，上声二十九韵，去声三十韵，入声十七韵。所谓押韵，就是把同韵的两个或更多的字放在同一位置上，一般总是放在句子末尾，所以又叫韵脚。押韵的目的是为了声韵的谐和。因为把同类的乐音放在同一位置上进行重复，就构成了一种声音回环的美。

近体诗押韵的位置是固定的，律诗是第二、四、六、八句押韵，绝句是第二、四句押韵。在汉语拼音中，ɑ、o、e 前面可以有韵头 i、u、ü，押韵时，不同韵头的字也算是同韵字，也可以押韵。

无论是律诗还是绝句，首句可以用韵，也可以不用韵。一般而言，五绝、五律的首句以不押韵者为多，七绝、七律的首句以押韵者为多。近体诗用韵的要求很严格，一般只押平声韵，必须一韵到底，邻韵一般不许通押。如《听弹琴》首句不押韵，《乌衣巷》、《西塞山怀古》首句押韵。《听弹琴》押的是平声寒韵，《乌衣巷》、《西塞山怀古》分别押的是平声麻韵、平声尤韵。

古体诗押韵时既可以押平声韵，也可以押仄声韵，平、上、去入四个声韵均可以押，只是不同声调一般不可以相押，但上声韵和去声韵偶然可以相押，并且在同一首诗中还可以换韵。如李白的《宣州谢朓楼饯别校书叔云》。此外，古体诗押韵比近体诗宽，邻近的韵可以通押。如杜甫所作《自京赴奉先县咏怀五百字》诗，全诗共一百句，押了五十个韵，其中质部用了八韵，物部用了一韵，月部用了十三韵，曷部用了八韵，黠部用了两韵，屑部用了十八韵。质、物、月、曷、黠、屑六个入声邻韵通为一韵，全诗一韵到底。

四、诗的平仄

平仄是近体诗最重要的格律因素，讲究平仄是近体诗的一个本质特征。平仄在诗歌中的作用是构成一种节奏，创造出一种声律之美。平，是指中古音四声中的平声；仄，是指中古音四声中的上声、去声和入声。近体诗的平仄规则主要有两点：

1. 平仄在本句中是交替的，即要以平仄相间的原理调配每句诗中各个字的声调，使得每句诗中每间隔两个字或者三个字更替平仄。近体诗的五言句平仄排列有四种基本格式：① 仄仄平平仄；② 平平仄仄平；③ 平平平仄仄；④ 仄仄仄平平（加○字为可平可仄，下同）。

七言诗平仄排列也有四种基本格式：① 平平仄仄平平仄；② 仄仄平平仄仄平；③ 仄仄平平平仄仄；④ 平平仄仄仄平平。

上述8种基本格式，是近体诗单句平仄的一般规则，各种类型的绝句和律诗均由这些基本格式组配而成。

2. 平仄在对句中是对立的，即要以黏对循环的原理组接每首诗中的各个单句。

对，是指处于偶数位置上的诗句（对句），其平仄格式必须与它的上一句（出句）对立，就是平对仄，仄对平。五律的对，只有两副对联的形式，即：① 仄仄平平仄，平平仄仄平；② 平平平仄仄，仄仄仄平平。

七律的对，也只有两副对联的形式，即：① 平平仄仄平平仄，仄仄平平仄仄平；② 仄仄平平平仄仄，平平仄仄仄平平。

但假如首句用韵，那么五律的首联就成为：仄仄仄平平，平平仄仄平；或平平仄仄平，仄仄仄平平。

七律的首联就成为：平平仄仄仄平平，仄仄平平仄仄平；或仄仄平平仄仄平，平平仄仄仄平平。

写诗时违反了对的平仄原则，称为“失对”。

黏，是指后联出句第二字的平仄必须跟前联对句第二字相一致，即第三句跟第二句相黏，第五句跟第四句相黏，第七句跟第六句相黏，就是平黏平，仄黏仄。如五绝第二句是“平平仄仄平”，那么第三句应该为“平平平仄仄”，七律第四句是“平平仄仄仄平平”，那么第五句必须为“平平仄仄平平仄”，写诗时如果违反了这一规则，称为“失黏”。黏对的作用，是使声调多样化。如果不黏，前后两联的平仄就雷同；如果不对，上下两句的平仄又雷同。黏对的格律要求，在盛唐以前并不严格，到中唐以后，渐渐严格起来，以至到宋代把“失黏”、“失对”看成是诗家之大忌。

此外，律诗还要避免孤平，讲究拗救。

古体诗的平仄并没有任何规定，汉魏六朝诗的平仄完全是自由的，唐代以后古体诗受到律诗的影响，平仄上才有了一些讲究，由此，古体诗可分为两种，一种是纯粹的古风，一种是入律的古风。纯粹的古风的平仄基本上是自由的，只是唐代以后有些诗人在写古风的时候，为了有意避免律句，以使古体诗尽可能与律诗的形式相区别，在无形中就造成了一种风气，形成了古体诗句子的某些特点，如三平调、不黏不对等。入律的古风则和纯粹的古风完全相反，它尽可能地采用律句，它与律诗的不同主要在于句数不定、平仄韵交替、常常四句一换韵等，而且这种情况一般只存在于七言古风中。如李白所作《宣州谢朓楼饯别校书叔云》诗共十二句，平声尤韵和入声月韵交替，四句一换韵。

五、诗的对仗

1. 对仗的条件　对仗也是近体诗的格律要求之一。近体诗要求必须对仗的有律诗和排律，绝句则四句中可不对仗，也可有一联对仗，也可有两联对仗，完全由诗人随意决定。构成对仗的条件除了平仄之外，主要有两个：第一要求一联中的出句与对句句法结构一致，要求处于同一位置上的词语词性相当。第二要求一联中的词类也要相对，因为词的分类是近体诗对仗的基础。

2. 对仗的运用　古代诗人在应用对仗时所分的词类，与今天语法上所分的词类大同小异。古人在近体诗中用于对仗的词类大约可分为名词、动词、形容词、数词（数目字）、颜色词、方位词、副词、虚词、代词九类。古人在运用对仗时，还特别注意到了名词的义类。《学对歌诀》中名词的义类分了24类，如：

（1）天文：天对地，地对天，日月对山川；（2）地理：溪对谷，水对山，峻岭对狂澜；(3）时令：朝对暮，夏对春，五戊对三更；（4）宫室：楼对阁，院对宫，栋宇对垣墉；(5）国号：今对古，汉对唐，五帝对三皇；（6）姓名：韩对赵，吕对申，张耳对李膺；(7）身体：心对口，面对身，皓齿对朱唇；(8）衣帛：襦对袜，帛对巾，束带对垂绅；(9）文史：经对史，赋对诗，传记对歌辞；（10）珍宝：犀对象，玉对金，宝瑟对银筝；（11）器皿：书对画，碗对觥，砚匣对棋枰；（12）食馔：茶对酒，饭对羹，美酿对香粳；（13）果品：柑对橘，榧对菱，圆眼对榄仁；（14）蔬菜：虀对菽，藻对苹，捋笋对采芹；(15）毳食：酥对脆，粿对糇，米果对麻球；（16）茶酒：斟对酌，盏对瓶，酒谱对茶经；（17）草木：松对柏，柳对花，紫萼对红葩；（18）药石：丸对散，灸对针，百合对山棱；(19）鸟兽：麟对凤，鹭对莺，马走对牛鸣；（20）水介：虾对蟹，鲫对鳊，双鲤对三鳝；　（21）虫名：虫对豸，蚓对蝇，蛤蚧对螟蛉；(22) 声色：声对色，艳对香，月影对星光；（23）方隅：南对北，上对中，后阁对前宫；(24）分别：中对外，后对前，日下对云边。其他还有讲动词、形容词、文言虚词等对仗的。

此外，近体诗对仗中用到连绵词时，还必须依其所属词类相对，一般必须是相同词性的连绵词相对，即名词性连绵词与名词性连绵词相对，形容词性连绵词与形容词性相对，动词性连绵词与动词性连绵词相对。如鸳鸯对鹦鹉，逶迤对磅礴，踊跃对踌躇。在近体诗的对仗中，常见的类型是工对，即同类的词相对。另外，还有流水对、错对等特殊的对仗。

作为格律要求，律诗对仗的常规是中间两联用对仗，首联和尾联可不用对仗。近体诗的对仗，一般避免用同字相对。

古体诗的对仗是极其自由的，一般而言是不讲究对仗；如有些地方用了对仗，也只是出于修辞上的需要，而不是格律的要求。

第二节　词律

词是随着隋唐燕乐的兴盛流行，由音乐与诗歌结合而形成的一种新型格律诗。古代的词都合乐歌唱，故唐五代时，词多称为曲、曲子、曲词或曲子词，入宋以后才习称为词。词体萌芽于隋唐之际（一说萌芽于南朝），形成于唐代，盛行于宋代。词的句子长短不齐，故也称为长短句，另外又有诗余、乐府、乐章、琴趣、歌曲、语业等别称。

一、词牌与词谱

1. 词牌　词牌，是词的格式的名称，是填词用的曲调名。

词是配乐歌唱的，所以每首词都有一个词调，每个词调都有一个名称，如《江城子》、《水调歌头》等。词调本来是指写词时所依据的乐谱，但后来随着词与音乐关系的逐渐疏远直至最终脱离，词调就仅仅作为一首词的字句、声律、押韵等方面固定格式的一种标志罢了。在唐宋时代，词调大致来源于民间音乐（如《摸鱼儿》即为内地渔夫的歌曲）、边地或外域音乐（如《苏幕遮》本是从古高昌，即今天的新疆吐鲁番传来的“浑脱舞”舞曲。“浑脱”为“囊袋”之意。据说，跳舞时舞者用油囊装水，互相泼洒，故唐代人又称之为“泼寒胡戏”。表演者为了不使冷水浇到头脸，就戴一种涂了油的帽子，高昌语叫“苏幕遮”，因而乐曲和后来依照乐曲填出的词也就被称为“苏幕遮”了）、乐工歌妓创制或改制（如《雨霖铃》即为唐玄宗避安禄山叛乱入蜀，在叛乱平息后自蜀返京途中，闻雨淋銮铃，因思念杨玉环而令乐工张野狐撰为曲名）、词人创制（如《渔歌子》即由张志和创制）、国家音乐机构或词曲家依据古曲、大曲改制而成（如《水调歌头》是摘取唐大曲《水调歌》的开头一段改制而成，《破阵子》、《八声甘州》是摘取大型舞曲《破阵乐》、《甘州》的部分章节改制而成）等方面。词调很多，每种词调都有不同的名称，这便是词牌。关于词牌的来源，大致有以下三种情况：

（1）本来是乐曲的名称，如《苏幕遮》是浑脱舞曲名。

（2）原曲题已失，最初填词者也没有留下词题，人们只是摘取词文中的几个字作为题目，后人沿用为词牌，如《贺新郎》又名《贺新凉》，是因苏轼词中有“晚凉新浴”句而得名，后人将“凉”误作“郎”，于是就成为《贺新郎》了；后人又因苏轼词中有“乳燕飞华屋”句而将《贺新郎》改称为《乳燕飞》；此词调后来还因叶梦得有“谁为我，唱金缕”而改称为《金缕曲》。

（3）本来就是词的题目，如《渔歌子》首见于唐张志和词，咏的是打鱼，歌唱渔夫生活，故以之为名。就大多数词作来说，词题和词牌一般不发生任何关系，如一首《浪淘沙》可以完全不讲到浪和沙，李煜所作《浪淘沙》即是，词牌只是词谱的代号罢了。

2. 词谱　词谱是集合词调各种体式，经过分类编排，给填词者作依据的书，它是把前人每一种词调作品的句法和平仄分别加以概括而建立起来的各种词调的格式。填词时，作者考虑的是某个词调是否符合自己表达的需要，至于其原有名称的含义和原来词曲的内容则基本不管。每个词调，都有其所限定的句数、字数、句式、声韵，即所谓“调有定句，句有定字，字有定声”。如《浪淘沙》这个词调，正规格式为五十四字，分上、下两片，各有五句，均为五四七七四句式，上、下两片各四句用韵，且用平韵。

宋代以后的人在作词时，有时为了既保留原词牌，又标明自己创作的内容及背景，往往会在词牌下面再加上词题或小序。如苏轼所作《江城子》词中“密州出猎”即为词题，辛弃疾所作《摸鱼儿》词中“淳熙己亥，自湖北漕移湖南，同官王正之置酒小山亭，为赋。”即为小序。

词牌的名称不同，其格律也就不一样。词牌名目众多，格律纷繁，清代康熙年间王奕清等人奉敕编写的《钦定词谱》收了唐宋元词826调、2306体，因此对其规律很难作抽象的概括，要具体了解某一词牌的格律要求，最简捷的方法便是翻检词谱。在现有词谱中，搜罗比较完备的有清人万树编著的《词律》和康熙命词臣王奕清等人编撰的《钦定词谱》，比较简明实用的为今人龙榆生所编的《唐宋词格律》。

二、词的篇制

1. 小令、中调和长调　词的篇制有短有长，差异很大。根据词的篇制长短，可将所有的词调分为小令、中调和长调三类：五十八字以内为小令，五十九字至九十字为中调，九十一字以外为长调。陆游的《诉衷情》（当年万里觅封侯）为小令，苏轼的《江城子》（密州出猎）为中调，辛弃疾的《摸鱼儿》（淳熙己亥）为长调。这种分类标准虽说并不很科学，且太拘泥、太绝对化，曾遭清人万树《词律》批驳。事实上存在着同一词调不同字数的体式，如《满江红》词调就有八十九字体、九十一字体，无法归属，但又因其自有举说便利之处，所以自明清以来沿用至今。

2. 单调、双调、三叠和四叠　从分段来看，词有单调、双调、三叠、四叠的区别。词的一段叫做阕或者片。单调的词只有一段，往往就是一首小令，如张志和的《渔歌子》（西塞山前白鹭飞）。双调的词在词中最常见，它们一般分为前后（或上下）两阕。第一段称为前阕、前片或上阕、上片，第二段称为后阕、后片或下阕、下片。两阕的字数相等或基本相等，如李煜的《浪淘沙》（帘外雨潺潺）共五十四字，上、下片各二十七字，两阕的字数相等。李之仪的《卜算子》（我住长江头）共五十五字，上片二十二字，下片二十三字，两阕的字数仅差一字，基本相等。两阕的字数不相等的大多数是前后阕起首的两三句字数不同或平仄不同，如张孝祥的《水调歌头》（泛湘江）。双调词下片的首句叫过片，如其与上片首句句式相同，称为重头，如其与上片首句句式不同，称为换头。双调的词有的是小令，如李之仪的《卜算子》（我住长江头）；有的是中调，如苏轼的《江城子》（密州出猎）；有的是长调，如辛弃疾的《摸鱼儿》（淳熙己亥）。三叠、四叠的词都是长调，较为少见。词调中还存在同调异名和同调异体两种情况，如《卜算子》又名《缺月挂疏桐》、《百尺楼》、《楚天遥》、《眉峰碧》、《黄鹤洞中仙》；《江城子》既有单调的，也有双调的。

三、词的押韵

古人填词并没有特别规定的词韵。所谓词韵，基本上也就是诗韵，只是词韵比诗韵更宽些、更自由些而已。清人戈载的《词林正韵》把词韵分为十九部，其中平、上、去三声分为十四部，入声分为五部，与古体诗的宽韵相差无几。

每个词调都有其独特的押韵规定：有些词调必须一韵到底，中间不换韵。一韵到底用平韵的如《浪淘沙》、《江城子》等，一韵到底用仄韵的如《卜算子》、《醉花阴》等。有的在仄声韵中，同韵部的上声韵和去声韵常常通押，但入声韵的独立性很强，一般单独使用。上声韵和去声韵通押的如《摸鱼儿》、《贺新郎》等，入声韵独用的如《雨霖铃》、《忆秦娥》等。还有些词调规定要平仄互押，有些词调规定要平仄换韵。实际上，词的押韵比近体诗更为复杂，要详尽了解，必须翻检词谱。

四、词的平仄与句式

词句基本上是律句，最明显的律句是七言律句和五言律句，但词句常常是不粘不对的。词句中最短的是一字句，最长的是十一字句。实际上，一字句和二字句均很少见，较为常见的是三字句、四字句、五字句、六字句和七字句。

三字句平仄格式大多是截取五言律句或七言律句的后三字，有平平仄、平仄仄、仄平平等格式。四字句一般是用七言律句的上四字，有(平)平(仄)仄、(仄)仄平平等格式。五字句很常见，一般为律句，有(仄)仄平平仄、(平)平平仄仄、(仄)仄仄平平等格式。六字句是四字句的扩展，是在四字句上面加两个字，在平起的四字句前加(仄)仄，在仄起的四字句前加(平)平。六字句有(仄)仄(平)平(仄)仄、(平)平(仄)仄平平等格式。七字句也很常见，一般也多是律句，七字句有(平)平(仄)仄仄平平、(仄)仄(平)平平仄仄等格式。八个字以上的句子均可以看作是七字以下两句复合而成。无论平仄格式还是节奏，它们都是合二为一的，只是意思是连贯而下的。八字句最常见的是上三下五两句的复合。九字句最常见的是上三下六的复合，也有上四下五等句子的复合。十字句很少见，一般是上三下七的复合。十一字句更少，常见的有上六下五、上四下七等格式。

此外，在词句中还存在着一字豆现象。一字豆是词的句法特点之一，豆即逗，为句中稍作的停顿。一字豆最常见的是出现在四字句前面构成五字句（上一下四），如“算只有殷勤”（辛弃疾《摸鱼儿》）。一字豆大多数是虚词，如但、正、又、渐、更、甚、且、纵等，也有些是大多数为去声的动词，如对、望、看、念、算、料、想、恨、怕、问等。

五、词的对仗

词的对仗不像近体诗那么严格，对仗的位置也不那么固定。词的对仗和律诗的对仗大致有三点不同：第一，词的对仗不限于平仄相对，即不一定要平对仄，仄对平。第二，词的对仗可以允许同字相对，如“我住长江头，君住长江尾”（李之仪《卜算子》），“住长江”三字为同字相对。第三，词的对仗很少有固定的位置，这是因为词是长短句，必须相连的两句字数相同，才有配对的可能。一般而言，作为每阕的起首两句，如果字数相等，一般都用对仗，如“碧云天，黄叶地”（范仲淹《苏幕遮》）。

词韵、词的平仄和对仗都是从律诗的基础上加以变化而来的，诗律研究透了，词律的掌握也就容易了。

第三节　曲律

曲是配合音乐的长短句，在元代时，一般称之为词和乐府，是宋末元初兴起于民间、元明时期盛行于文坛的一种诗体。曲有南曲、北曲之别。

一、南曲与北曲

1. 南曲　南曲是宋元时期南方戏曲、散曲所用各种曲调的统称，与北曲相对，大多数源于唐宋大曲、宋词和南方民间的曲调，盛行于元明。用韵以南方（今江浙一带）语音为标准，有平、上、去、入四声，明中叶以后也兼从《中原音韵》。

2. 北曲　北曲是宋元时期北方戏曲、散曲所用各种曲调的统称，与南曲相对，大都源于唐宋大曲、宋词和北方民间的曲调，并吸收了金元音乐，盛行于元代。用韵以《中原音韵》为标准，无入声字。元杂剧都用北曲。北曲是元曲的正宗，并且影响深远。

北曲最初流行于河北一带，元以后逐渐推向全国。北曲有杂剧和散曲之分。

杂剧是一种带有科（动作）、白（道白），并有人物故事、分折分场的歌剧。散曲与词的性质相近，它没有科白，不用来在舞台上表演故事，只是用来清唱。研究曲律，主要是研究戏曲的唱词部分和歌者文人的散曲。

散曲有小令和套数两种形式。小令在元代又叫“叶儿”，它是单独的一支曲子，相当于一首单调的词，如《醉太平》（讥贪小利者）。

套数是由两个以上的同一宫调的曲子按照一定的规则联缀起来的套曲。套数结构复杂，它是吸收了宋大曲、转踏、诸宫调等联套的方法，把同一宫调的许多曲子联缀起来歌唱，各套曲子的联缀有着一定的顺序，一般用一二支小曲开端，用“煞调”、“尾声”结束。中间选用的调数可多可少，少者只有三四调，多者可联缀二三十调，如睢景臣所作〔般涉调〕《哨遍》（高祖还乡）。

杂剧只有套数，没有小令，一个套数称为一折，全剧通常分为四折，有时还要再加上一个或用在全剧之首起介绍剧情、人物作用或用在两折之间起转折、过渡作用的楔子。各种曲体对于宫调曲牌的选用有一定的限制，有些曲调只用于小令，如《山坡羊》；有些曲调只用于套数，如《端正好》；有些曲调小令和套数通用，如《塞鸿秋》等。

二、曲调与曲牌

曲作为一种文体，是合乐歌唱的诗，每一首曲都有一定的乐谱，即“曲调”，每种曲调都有一个名称，即“曲牌”。每一种曲牌，曲调、唱法一定，字数、句法、平仄等也都有基本定法，可据以填写新曲词。曲牌大都来自民间，也有一部分由词发展而来，故曲牌名有的与词牌名相同，如《念奴娇》，有的与词牌名名称相同但格律迥异，如《卖花声》。也有一些专供演奏的曲牌，大多只有曲调而无曲词。每种曲调都隶属于一定的宫调。北曲共有六宫十一调。

六宫：①正宫；②中吕宫；③道宫；④南吕宫；⑤仙吕宫；⑥黄钟宫。

十一调：①大石调；②双调；③小石调；④歇指调；⑤商调；⑥越调；⑦般涉调；⑧高平调；⑨宫调；⑩角调；⑪商角调。

元代杂剧实际上只有正宫、中吕宫、南吕宫、仙吕宫和黄钟宫五宫及大石调、双调、商调和越调四调，合起来称为九宫。如张鸣善所作《水仙子》属于双调，无名氏所作《醉太平》属于正宫，睢景臣所作《哨遍》属于般涉调等。也有一些曲调调名虽相同，但却分属不同的宫调，音律也完全不同，如〔双调〕《水仙子》既不同于〔黄钟宫〕《水仙子》，也不同于〔商调〕《水仙子》。杂剧的套数里有时可以借宫，即借用属于其他宫调的曲调入套，而散曲的套数则不可借宫，如《哨遍》全用般涉调。曲跟词有单调、双调、三叠、四叠的不同，它一般都是单调，如果作曲的人意犹未尽，可以把前调重复一遍，再写么（yāo）篇。么篇的字句有时比前调稍有增损。

三、曲的押韵

曲有曲韵，曲的用韵有明确而独立的严密体系。曲韵和诗韵、词韵不同，元曲作家是根据当时的实际语音来用韵的，元代北曲所用的基本上是当时北方的口头语言。元人周德清根据当时的北曲写成的《中原音韵》一书，是我国最早的一部曲韵韵书。其声韵系统建立在元代北方口语音系基础之上，反映了当时北方的实际语音系统，是一部供北曲作家作曲押韵审音辨字的工具书。为了适应曲韵平、上、去三声通押的需要，这本韵书把“平水韵”的一百零六韵归并为十九个韵部。不过，它不按声调分韵部，一个韵部内包括当时各声调的字。但凡入声字就分派入平、上、去三声，同时又把平声分为阴平、阳平二声。每韵部用两个字作标目。如：

1. 东钟；2. 江阳；3. 支思；4. 齐微；5. 鱼模；6. 皆来；7. 真文；8. 寒山；9. 桓欢；10. 先天；11. 萧豪；12. 歌戈；13. 家麻；14. 车遮；15. 庚青；16. 尤侯；17. 侵寻；18. 监咸；19. 廉纤。

北曲的用韵特点：第一是同韵部平、上、去三声通押，也就是平仄通押。曲韵以平仄通押为常规，平仄不通押很少见到。第二，无论小令还是套数，曲韵一般都是一韵到底，中间不换韵。第三，不忌重韵。所谓重韵，就是在一首曲子里出现相同的韵脚字。曲还可以有赘韵。所谓赘韵，是在不必用韵的地方用韵。

北曲的声调与今天的普通话一样，分为阴平声、阳平声、上声和去声四声，没有入声，因为当时北方话中入声可能已经消失，归入到平、上、去三声中了。北曲的声调中把平声分为阴平和阳平，把中古的一部分上声字如“户”等归并到去声，均与今天的普通话相一致。不同的是入声字的归属，如入声字“国”，普通话归入阳平，北曲中则属于上声字，因此若要确切知道某一入声字在元曲中归入某声调，须查《中原音韵》一书。

北曲对上声和去声的分别很严，因为上声和去声虽然同属于仄声，但在元曲里上声韵比较接近平声韵，押韵字的上声和平声有些可以互易，该用上声韵的地方偶然可以用平声韵，该用平声韵的地方偶然可以用上声韵。去声的独立性则很强，在某些地方，尤其是用于韵脚的地方，该用上声的不能用去声，反之亦然，而且该用去声韵的地方一般也不可以用平声韵。

曲韵虽以平仄通押为常规，但并非每个韵脚均可平可仄。何处押平声，何处押仄声，完全取决于曲调的规定。有些曲调，最后一句不但平仄固定，甚至其中某个字该用上声、某个字该用去声也有讲究。

四、曲句中的衬字与对仗

1. 衬字　曲句可用衬字，这也是曲律的特点之一。衬字是在规定的字数以外所添加的字。衬字一般不占乐曲的节拍、音调，而是有节奏地、快速轻匀地一带而过。衬字只能加在句首或句中，不能加在句尾。加在句首的，可以是实词，也可以是虚词；加在句中的，以虚词为多，但不限于虚词。衬字不拘平仄，不拘多少，一句之中，衬字可以多至一二十字，但以六七字最为常见。一般而言，句首衬字三四字左右，句中衬字则少些。一般的情况是：小令衬字少，套数衬字多，散曲衬字少，剧曲衬字多。套数中用衬字较多者，如睢景臣所作〔般涉调〕《哨遍》（高祖还乡）里的尾声。

衬字还必须注意和曲调字句的增损相区别。衬字是曲调正文以外的字，一般不占音节；增损则是曲句和正文本身的增损，所增损的字句直接跟曲调密切相关，增则占据节拍，损则出现拖腔，如同词的“又一体”，即词的同调异体现象。这种情况在曲谱上称为不同的格。这方面的知识，可参看清人李玄玉编订的《北词广正谱》和近人吴梅所编的《南北词简谱》，这两本书中衬字均用小字写出。

2. 对仗　曲的对仗与词的对仗相似，它不像律诗那么严格，也没有具体规定何曲何处必须对仗。曲的对仗一般用在相邻两句字数相同的情况下，用了对仗以后，曲文语句就显得饱满而富有气势。

一、复习思考

1. 何谓古体诗？何谓近体诗？
2. 何谓词牌？举例说明词牌之由来。
3. 何谓北曲？举例说明之。

二、推荐书目

1. 王力．古代汉语（第四册）．中华书局，1981.
2. 王力．诗词格律．中华书局，1977.
3. 夏承焘，吴熊和．读词常识．中华书局，1981.
4. 刘致中，侯镜昶．读曲常识．上海古籍出版社，1985.
5. 兰少成，陈振寰．诗词曲格律与欣赏．广西师范大学出版社，1989.

第三章 中国古代文论史概述及作品选读

所谓“中国古代文论”，即中国古代文学理论与文学批评的简称。概言之，就是中国古人在古代的历史条件下对文学问题所作的思考及评论。长期以来，我们习惯于用西方文论的价值体系与话语系统来评价和解读中国的文学作品，中国古代文论却处于“失语”状态，这无疑是一种损失。学习、研究和运用古代文论，不仅有助于更好地理解中国古代文学作品乃至为所有文学作品提供另一种解读视角，而且还可借此进入古人的心灵世界，把握古人的人生旨趣和生存智慧，帮助我们探寻或建构更加平衡的生存方式。

中国古代文论话语体系像一条源远流长又支派纷呈的大河。就其思想旨趣而言，可以分为三个子系统：一是以儒家思想为底里的工具主义文论系统，包括孔子的“兴观群怨”说、荀子的“诗言志”说，乃至唐宋“文以载道”说等；二是以老庄及佛家为依托的审美主义文论系统，提倡在文学创作与欣赏当中体验一种超越的精神品格，标举“自然”、“淡远”、“神韵”等范畴；三是以文本分析为核心的诗文评话语系统，主要包括文体论、创作技法论以及诗文发展源流论等。

第一节 先秦两汉魏晋南北朝的文学理论批评

1. 先秦文论 先秦时期是中国古代文论的发生期。由于文学本身尚未成为自觉的精神生产，所以还没有成熟的文论，值得关注的文论观点主要在以下两大方面：一是儒家的工具主义文论观。从孔子开始，儒家思想家就从政治与教化的角度来看待诗书礼乐了，而从孔子到孟子再到荀子又有一个发展过程。首先是孔子对《诗经》的价值提出了“兴观群怨”说，认为“不学诗，无以言”，并以“思无邪”作为凌驾于所有价值之上的道德评价，这些无不以修身或政治功能为标准来看待《诗经》；其次是孟子提出的“以意逆志”说和“知人论世”说，从阐释学的角度来构建儒家道德人格境界；再次是荀子重新阐释了“诗言志”说，认为《诗》所表达的是圣人的意旨，并把“和”作为诗乐的功能，这实际上是将诗歌作为社会政治教化的手段。二是道家文化的诗性特征。从价值取向上看，老庄等道家思想的代表人物否认文学艺术存在的必要性，但道家文化精神本身却含有极其丰富的艺术与审美特征。老庄对“妙”、“虚静”和“自然”的推崇，庄子对“游”、“化”的描述及“言不尽意”论，不仅深刻地影响了中国古代诗歌、绘画和书法的艺术特色，还对中国古代文论的价值评判及言说方式产生了深远的影响。

2. 两汉文论　两汉文论是在先秦基础上的进一步深化。汉初道家文艺思想比较活跃，淮南王刘安主编《淮南子》，在继承道家文艺观的基础上，兼取百家，在一定程度上避免了道家的消极思想。如认为美的本质是形与神、文与质的统一，既注重无、神、虚、意的重要性，也不否认有、形、实、言的必要性。这些文艺思想启示了魏晋玄学的文艺观和美学。到了汉武帝时期，儒家思想在官方那里取得了独尊地位，汉代文论思想也就被笼罩在经学语境当中。《礼记·乐记》和《毛诗序》可谓代表汉代儒家文艺思想的纲领性著作。

《礼记·乐记》认为，音乐是王道政治的重要组成部分，音乐的功用在于通过“治心”来达到教化人们改恶从善的目的。由于诗歌与音乐的关系，这一理论同样适用于诗歌。

《毛诗序》直接提出了诗歌的创作要“发乎情，止乎礼义”，以“经夫妇，成孝敬，厚人伦，美教化，移风俗”。

此外，董仲舒把六经与天道联系在一起，为后代明道、宗经、征圣文学观的先声。刘向的《别录》、刘歆的《七略》及班固的《汉书·艺文志》从文体上把文章（文）与文学（学）区分开，加强了对文章文学性的认识。还有司马迁对“发愤著书”的提倡，班固、王充等人对文章真实性的强调，都对后世产生了广泛影响。

3. 魏晋南北朝文论　魏晋南北朝时期被称为“文学的自觉时代”。在此期间，文学创作脱离了政教，回归自身，取得了空前的繁荣。在文学和玄学思潮的影响下，文学理论批评长足发展，其成果涉及文学本体论（对文学的性质、意义和价值的反思和揭示）、文体论、创作论、文学发展观、鉴赏论和批评论等几大方面，出现了曹丕的《典论·论文》、陆机的《文赋》、刘勰的《文心雕龙》和钟嵘的《诗品》等一批影响深远的文学理论批评专著。

曹丕的《典论·论文》创作于建安时期，是我国最早的一篇文学理论批评专论。在本体论上，提出“文以气为主”，并把文章看作“经国之大业，不朽之盛事”，集中表现了建安作家的文学自觉精神。在文体论上，他分文体为“四科八类”，并提出“诗赋欲丽”的文学标准。

西晋陆机的《文赋》是中国文学批评史上第一篇完整而系统的文学理论论文。该文以赋的形式，生动描述了作家创作的过程，尤其重视艺术想象的作用。在文体论上，所论文体增至十种，并指出“诗缘情而绮靡”、“赋体物而浏亮”等新标准。

刘勰的《文心雕龙》创作于南朝齐代，共五十篇，包括总论、文体论、创作论、批评论四大部分，是一部体大思精的文学理论批评巨著，对有关文学创作和批评的一系列重大问题，提出了精湛透辟的见解。首先，它初步建立了以历史观点来审视和批评文学的文学史观，又十分重视文学自身发展的规律，系统论述了其继承与变革的关系。其次，将文体分为33类，对各种主要文体的源流及作家、作品一一评说，而以诗赋为讨论的重点。其三，比较全面地阐明了文学作品内容与形式的关系，提出了质文并重的主张。其四，总结创作过程中各个环节的经验，对夸张、用典等文学技巧也有精辟见解；最后，初步建立了文学批评的方法论。《文心雕龙》虽有其偏颇之处，但作为文学理论批评的集大成之作，对后世的文学创作与理论、批评产生了巨大而深远的影响。

钟嵘的《诗品》完成于南朝梁代，是我国第一部论诗专著。该书评论了自汉至梁五言诗作者100余人，分为上、中、下三品，并在序言中指陈诗歌的性质、作用，略论五言诗的发展历程及其艺术特征。钟嵘认为，诗的本质在于“吟咏情性”，将“滋味”作为五言诗的审美特征。他还对传统的“赋、比、兴”进行新的阐释，力倡内在风力与外在丹采的结合。此外，他从历史发展的角度及作家作品的风格特点着眼，重视历代诗人之间的源流关系，虽然很多观点不尽客观，但他启示了划分艺术流派的线索，为风格流变研究开辟了新的途径。

除了以上四部代表作外，挚虞的《文章流别论》和李充的《翰林论》的文体论，萧纲、萧子显等人提出的“缘情说”，以及沈约等永明诗人提出的“四声八病”说等等都是这一时期值得关注的文论成果。

第二节　隋唐五代宋辽金元的文学理论批评

1. 隋代文论　隋代文论的主要表现是出于政治舆论的需要而激烈批判六朝绮靡文风，可惜由于完全抛弃魏晋以来的文学审美观念而陷入形而上学，但还是为后来唐代声讨六朝文风起到了先驱作用。

2. 唐代文论　唐代以其广阔的疆域和强盛的国力创造了空前开放和多元的文化格局。其文学创作和文学理论批评是在儒、释、道三教思想的共同影响下发展起来的。首先是在佛教的影响下，唐人将佛禅的概念和理论引入了诗歌理论，如王昌龄的《诗格》以“境”论诗，提出“诗有三境”之说。其次是儒学的影响依然深远，陈子昂对六朝文风的清算、以韩愈为首的中唐古文运动、以白居易为首的新乐府运动，都强调作家以道德为根本，文章以载道、明道乃至批判现实为价值取向，无一不是儒家工具主义文论的后嗣。再次是道教的影响，主要表现在审美旨趣方面，比如李白在美学风格上“清水出芙蓉，天然去雕饰”的主张与道家的崇尚自然是一致的。唐末司空图的诗学思想则表现出杂糅三家的取向。此外，唐代文论还有一条线索特别值得注意，那就是中唐以后出现的文学“解构”思潮，即有意拆解既定的话语模式，主张在文学创作中另辟蹊径，对传统的审美标准进行大胆反叛，其中以韩愈等人提出的尚奇与从俗的言论最为典型。

唐代从理论上较为系统地提出文学见解的主要有皎然、韩愈、白居易和司空图。

皎然的《诗式》偏重于研究诗歌的艺术规律，先总论诗法，再划分五格，并举诗例加以评述。

皎然标举“天真”和“中道”的艺术准则，论诗以“取境”为中心，以“证性”来比喻品诗，开“以禅喻诗”之风，对“境界”说的发展产生了很大影响。

韩愈的文学主张散见于《原道》、《答李翊书》、《送孟东野序》等文章，除了“文道合一”的复古主义文章论以及尚奇从俗的解构主义诗文主张，韩愈还提出了“不平则鸣”的理论，上承司马迁“发愤著书”说，下启宋代欧阳修“诗穷而后工”及明代李贽“不愤不作”说。

白居易的文论思想主要见于《与元九书》，除了谈到诗歌产生的根源，他还强调诗歌对现实的批判，并倡导诗歌形式的通俗化。

晚唐司空图的诗学思想主要见于两部著作：一是《与李生论诗书》。文中提出了"味外之旨"说（即提倡中和之美）和"思与境谐"说（即情景交融）。二是《诗品》。它以四言韵语的形式，描述并评论了 24 种诗歌风格。这种诉诸感性意象的评论方法，以及从审美感受的角度解释诗歌艺术特质的见解对后世产生了重大影响。

3. 宋代文论　宋代儒、释、道三教在互相学习借鉴中发展，呈现出合流的面貌，并产生了新的学术思潮——理学。受理学精神的影响，宋代文论呈现出以下三个特点：

一是自觉建立以道义自任的文学人格。宋人论诗文往往文道并举，评论文人首重道德人格，其次才是文章。北宋诗文革新运动在文学形式上主张恢复古代散文的传统，其思想底里则是韩愈"文道合一"论的继承与发扬。

二是追求超然自得的精神，既肯定作者独立自主的人格精神，又追求自然超逸的艺术境界。这以苏轼诗论为代表。

三是尚意重理的精神。如黄庭坚提出文章"以理为主"；苏轼认为"不得意不可以明事，此作文之要也"；刘攽也指出"诗以意为主，文词次之"。在这种文学思想的影响下，宋代出现了大量议论诗法及诗人短长的"诗话"。

在释（禅）、道的冲击下，宋代文论又呈现出明显的审美主义倾向。

表现之一是对艺术至境的追求成为主流。比如北宋诗文革新的领导人物欧阳修、苏轼等人都十分重视文学的审美特征。黄庭坚的"夺胎换骨"、"点铁成金"之说，实际上是在唐诗高峰之下，对如何活用前人诗歌语言和意蕴的艺术探索。此外，杨万里的"风味"说、姜夔的"四高妙"说、李清照"词别是一家"说，都是从不同角度对诗歌审美情趣与艺术境界的追求。

表现之二是宋人更加广泛地运用禅宗话语以表述独特的审美理想。比如用"参"、"悟"来论诗谈文，以"空"、"静"来定位诗歌语言（见苏轼《宋参寥师》诗）。而真正运用禅宗的思想和语言全面论述诗学主张的是南宋严羽，他在《沧浪诗话》中以禅喻诗，提倡"妙悟"（直觉顿悟的艺术思维方式）和"兴趣"（词、理、情自然融汇的意境和含蓄空灵的韵味）之说，建构了一套体现禅宗文化特色的诗学体系，将宋代审美主义文论推向高潮。

4. 金元文论　金元时期的文学思想主要继承自宋代，而表现出对宋代思想文化的反思以及重构与融合的倾向。金代的王若虚和元好问是这一时期最重要的诗文理论家。

第三节　明清近代的文学理论批评

1. 明代文论　明代前期的文学理论批评主要集中在诗文领域，以复古为主调，少有实质性建树。至中晚期则出现了三种主要倾向：第一是市民阶层的崛起和文人的世俗化，开启了"俗"的审美风尚；第二是阳明心学的影响，带动了文学中的启蒙思潮；第三是新的文学样式戏剧和小说创作的繁荣，使得相应的理论批评获得了空前发展。

这三大倾向交织在一起，其中核心为文学启蒙思潮，而李贽和汤显祖就是弄潮的舵手。李贽提出“童心说”，呼吁文学应该表现人的自然本性，力主作家对性情的自由倾吐，反对一切虚饰矫情，并在文学史观上提出适时尚变的观点。汤显祖提出“至情说”，将情作为文学艺术表现的根本以及原动力，同时强调作家的艺术意趣和灵感。这些理论完全突破了“文以载道”的传统藩篱。

在晚明文学革新思潮中，提出系统的文学理论观点并开创诗文新风的是公安派作家，其代表人物为袁宏道。公安派打出“独抒性灵，不拘格套”的旗帜，提倡革新与创造，反对因袭模拟，崇尚自然、新奇的审美趣味，力求摆脱知识义理的束缚，有力地扫荡了文坛的泥古风气。但由于矫枉过正，其理论片面性也越来越突出，引起竟陵派的批判。后者追求“深幽孤峭”的境界，并提倡积学以涵养艺术灵感。

随着戏曲创作的繁荣，明代戏曲理论批评也取得了很大发展，其探讨的焦点主要围绕以下四个方面：一是在戏剧本体论上的情韵与音律之争，即戏曲创作是以情感为主还是以韵律为主；二是在戏剧语言论上的文词与本色之争，即戏剧语言的雅俗之争；三是在戏剧表演论上的探讨；四是在戏剧结构论上对关目与主脑（即情节和线索）的论述。

明代小说理论的贡献主要表现在对历史小说的批评、李贽对《水浒传》的评点以及世情小说理论的发展等方面。其中李贽将《水浒传》评为“发愤之作”，继承了司马迁“发愤著书”和韩愈“不平则鸣”等观点，引导小说创作走上批判现实的道路。

2. 清代文论 清代文论与整个清代文化一样，也表现出集大成的特点，故被称为中国古代文学批评的“结穴”。

（1）*诗歌理论方面*：清初三大思想家——黄宗羲、顾炎武、王夫之，抱着亡国之痛反思明代文风之误，批判应酬文字，提倡文学回归现实社会，并全面总结了诗歌创作的普遍规律。康雍乾嘉时期，受程朱理学及考据之学的影响，文论的关注点转向文学的内部，出现很多诗论大家。叶燮的《原诗》系统阐述了诗歌的本原与发展、诗歌创作主客关系及思维规律等问题，在理论的系统性上大大超越了前代。王士祯标举“神韵”，把司空图所谓“不著一字，尽得风流”作为诗歌的最高追求，表现出唯美主义倾向。沈德潜的“格调说”主张诗歌要“温柔敦厚”、“关系人伦”。翁方纲的“肌理说”提出“为学必以考据为准，为诗必以肌理为准”，走上了以学为诗的道路。作为格调说和肌理说的反对派，袁枚提出“性灵说”，力倡诗主性情，可谓明代公安派的余响。

（2）*古文写作方面*：在文论领域最具影响力的当属桐城派，他们主张作文要义理、考据、词章合一，还提出了神、理、气、味等范畴，全面总结了古文写作的思想原则、艺术规律，构建了完整的古文理论体系，但由于其思想和理论上的保守性，渐渐成为文人写作的桎梏，乃至其后遭到多方批评。

（3）*古典词学方面*：清代也是古典词学的成熟期，出现了三大词派。阳羡派领袖陈维崧认为，词可以像诗一样表现真性情，亦可“存经存史”。浙西词派朱彝尊和厉鹗倡导淳雅清空，主张诗词有别。常州派张惠言和周济，把比兴寄托的诗学传统引入词学，把词推上“与诗赋之流同类”的正宗地位。

（4）*戏曲、小说方面*：在戏曲、小说领域，明清之际的金圣叹把《西厢记》、《水浒传》与《庄子》、《离骚》、《史记》、杜诗并列为"才子书"，从而提高其地位，还从人物塑造、结构布局、文学语言等方面论述了中国古典小说创作的特点与规律，代表着中国古代小说理论的较高水平。在戏曲理论和批评方面，清代出现了大量曲话、曲论，而理论贡献当首推李渔的《闲情偶寄》。李渔博采众长，结合实践，对古代戏曲理论作了较系统的总结，构造了完备、丰富且具有民族特色的戏曲理论体系。

3. 近代文论　近代文论是清末民初传统文学观念向现代文学思想和理论的过渡，总体表现为三条主线：其一，传统诗文观念的衰变和总结，以刘熙载《艺概》为代表。其二，经世文潮的发展经历了从龚自珍、魏源到康有为、梁启超的发展过程。其三，小说和戏曲理论的发展主要见于梁启超、王国维等人的论著。其中梁启超先后提出"诗界革命"、"文界革命"、"小说界革命"和"戏剧改良"等口号，倡导革新，期望在语言与形式上与传统断裂，其主导思想依然属于工具主义文论。

与此同时，纯文学的观念也逐渐呈现，直到"五四"新文学运动时期正式确立。其中作出突出贡献的是王国维。王氏学贯中西，其文论思想吸取了当时最新的西方哲学思想，以《红楼梦评论》、《人间词话》和《宋元戏曲考》等著作创造了现代文学批评的典范，突出了纯文学的观念和文学的自律性，成为现代文论思想的源头之一。

第四节　中国古代文论作品选读

《毛诗·关雎》序（节选）

《关雎》，后妃之德也，风之始也，所以风天下而正夫妇也。故用之乡人焉，用之邦国焉。风，风也，教也；风以动之，教以化之。

诗者，志之所之也，在心为志，发言为诗。情动于中，而形于言。言之不足，故嗟叹之；嗟叹之不足，故永歌之；永歌之不足，不知手之舞之、足之蹈之也。

情发于声，声成文谓之音。治世之音安以乐，其政和；乱世之音怨以怒，其政乖；亡国之音哀以思，其民困。故正得失，动天地，感鬼神，莫近于诗。先王以是经夫妇，成孝敬，厚人伦，美教化，移风俗。

（选自《十三经注疏·毛诗正义》，阮元刻，中华书局，2009 年出版）

《典论·论文》（节选）

曹丕

常人贵远贱近，向声背实，又患暗于自见，谓己为贤。夫文，本同而末异，盖奏、议宜雅，书、论宜理，铭、诔尚实，诗、赋欲丽。此四科不同，故能之者偏也；唯通才能备其体。文以气为主，气之清浊有体，不可力强而致。譬诸音乐，曲度虽均，节奏同检，至于引气不齐，巧拙有素，虽在父兄，不能以移子弟。

盖文章，经国之大业，不朽之盛事。年寿有时而尽，荣乐止乎其身，二者必至之常期，未若文章之无穷。是以古之作者，寄身于翰墨，见意于篇籍，不假良史之辞，不托飞驰之势，而声名自传于后。

（选自《文选》，萧统编著，中华书局，1997 年出版）

《文赋》（节选）

陆机

其始也，皆收视反听，耽思傍讯，精骛八极，心游万仞。其致也，情曈昽而弥鲜，物昭晰而互进，倾群言之沥液，漱六艺之芳润，浮天渊以安流，濯下泉而潜浸。于是沉辞怫悦，若游鱼衔钩而出重渊之深；浮藻联翩，若翰鸟缨缴而坠曾云之峻。收百世之阙文，采千载之遗韵。谢朝华于已披，启夕秀于未振。观古今于须臾，抚四海于一瞬。

诗缘情而绮靡，赋体物而浏亮，碑披文以相质，诔缠绵而凄怆，铭博约而温润，箴顿挫而清壮，颂优游以彬蔚，论精微而朗畅，奏平彻以闲雅，说炜晔而谲诳。虽区分之在兹，亦禁邪而制放。要辞达而理举，故无取乎冗长。

若夫应感之会，通塞之纪，来不可遏，去不可止。藏若景灭，行犹响起。方天机之骏利，夫何纷而不理？思风发于胸臆，言泉流于唇齿。纷葳蕤以馺遝，唯毫素之所拟。文徽徽以溢目，音泠泠而盈耳。及其六情底滞，志往神留，兀若枯木，豁若涸流。揽营魂以探赜，顿精爽于自求。理翳翳而愈伏，思乙乙其若抽。是以或竭情而多悔，或率意而寡尤。虽兹物之在我，非余力之所戮。故时抚空怀而自惋，吾未识夫开塞之所由。

（选自《文选》，萧统编著，中华书局，1997 年出版）

《文心雕龙·神思第二十六》

刘勰

古人云：“形在江海之上，心存魏阙之下。”神思之谓也。文之思也，其神远矣。故寂然凝虑，思接千载，悄焉动容，视通万里；吟咏之间，吐纳珠玉之声，眉睫之前，卷舒风云之色：其思理之致乎？故思理为妙，神与物游，神居胸臆，而志气统其关键；物沿耳目，而辞令管其枢机。枢机方通，则物无隐貌；关键将塞，则神有遁心。是以陶钧文思，贵在虚静，疏瀹五藏，澡雪精神；积学以储宝，酌理以富才，研阅以穷照，驯致以绎辞；然后使玄解之宰，寻声律而定墨；独照之匠，窥意象而运斤：此盖驭文之首术，谋篇之大端。

夫神思方运，万涂竞萌，规矩虚位，刻镂无形；登山则情满于山，观海则意溢于海，我才之多少，将与风云而并驱矣。方其搦翰，气倍辞前，暨乎篇成，半折心始。何则？意翻空而易奇，言征实而难巧也。是以意授于思，言授于意，密则无际，疏则千里；或理在方寸，而求之域表，或义在咫尺，而思隔山河：是以秉心养术，无务苦虑，含章司契，不必劳情也。

人之禀才，迟速异分；文之制体，大小殊功：相如含笔而腐毫，扬雄辍翰而惊梦，桓谭疾感于苦思，王充气竭于沉虑，张衡研京以十年，左思练都以一纪。虽有巨文，亦思之缓也。淮南崇朝而赋骚，枚皋应诏而成赋，子建援牍如口诵，仲宣举笔似宿构，阮禹据鞍而制书，祢衡当食而草奏，虽有短篇，亦思之速也。若夫骏发之士，心总要术，敏在虑前，应机立断；覃思之人，情饶歧路，鉴在疑后，研虑方定：机敏故造次而成功，虑疑故愈久而致绩。难易虽殊，并资博练；若学浅而空迟，才疏而徒速，以斯成器，未之前闻。是以临篇缀虑，必有二患：理郁者苦贫，辞溺者伤乱，然则博见为馈贫之粮，贯一为拯乱之药，博而能一，亦有助乎心力矣。

若情数诡杂，体变迁贸，拙辞或孕于巧义，庸事或萌于新意，视布于麻，虽云未贵，杼轴献功，焕然乃珍。至于思表纤旨，文外曲致，言所不追，笔固知止；至精而后阐其妙，至变而后通其数，伊挚不能言鼎，轮扁不能语斤，其微矣乎！

赞曰：神用象通，情变所孕。物以貌求，心以理应。刻镂声律，萌芽比兴。结虑司契，垂帷制胜。

（选自《文心雕龙注释》，周振甫注，人民文学出版社，1981 年出版）

《诗品》（节选）

司空图

一、雄浑

大用外腓，真体内充。返虚入浑，积健为雄。具备万物，横绝太空。荒荒油云，寥寥长风。超以象外，得其环中。持之非强，来之无穷。

二、冲淡

素处以默，妙机其微。饮之太和，独鹤与飞。犹之惠风，荏苒在衣。阅音修篁，美曰载归。遇之匪深，即之愈希。脱有形似，握手已违。

三、纤秾

采采流水，蓬蓬远春。窈窕深谷，时见美人。碧桃满树，风日水滨。柳荫路曲，流莺比邻。乘之愈往，识之愈真。如将不尽，与古为新。

六、典雅

玉壶买春，赏雨茆屋。坐中佳士，左右修竹。白云初晴，幽鸟相逐。眠琴绿阴，上有飞瀑。落花无言，人淡如菊。书之岁华，其曰可读。

七、洗炼

如矿出金，如铅出银。超心炼冶，绝爱缁磷。空潭泻春，古镜照神。体素储洁，乘月返真。载瞻星气，载歌幽人。流水今日，明月前身。

十、自然

俯拾即是，不取诸邻。俱道适往，著手成春。如逢花开，如瞻岁新。真与不夺，强得易贫。幽人空山，过雨采蘋。薄言情悟，悠悠天钧。

十一、含蓄

不著一字，尽得风流。语不涉己，若不堪忧。是有真宰，与之沉浮。如渌满酒，花时返秋。悠悠空尘，忽忽海沤。浅深聚散，万取一收。

十九、悲慨

大风卷水，林木为摧。适苦欲死，招憩不来。百岁如流，富贵冷灰。大道日丧，若为雄才。壮士拂剑，浩然弥哀。萧萧落叶，漏雨苍苔。

（选自《诗品集解》，郭绍虞编注，人民文学出版社，1963 年出版）

《沧浪诗话·诗辩》（节选）

严羽

诗之法有五：曰体制，曰格力，曰气象，曰兴趣，曰音节。

诗之品有九：曰高，曰古，曰深，曰远，曰长，曰雄浑，曰飘逸，曰悲壮，曰凄婉。其用工有三：曰起结，曰句法，曰字眼。其大概有二：曰优游不迫，曰沉着痛快。

诗之极致有一：曰入神。诗而入神，至矣，尽矣，蔑以加矣！惟李杜得之。他人得之盖寡也。

论诗如论禅，汉魏晋与盛唐之诗则第一义也。大历以还之诗，则小乘禅也，已落第二义矣。晚唐之诗，则声闻、辟支果也。学汉魏晋与盛唐诗者，临济下也。学大历以还之诗者，曹洞下也。大抵禅道惟在妙悟，诗道亦在妙悟。且孟襄阳学力下韩退之远甚，而其诗独出退之之上者，一味妙悟而已。惟悟乃为当行，乃为本色。然悟有浅深，有分限，有透彻之悟，有但得一知半解之悟。汉魏尚矣，不假悟也。谢灵运至盛唐诸公，透彻之悟也；他虽有悟者，皆非第一义也。

夫诗有别材，非关书也；诗有别趣，非关理也。然非多读书，多穷理，则不能极其至。所谓不涉理路、不落言筌者，上也。诗者，吟咏情性也。盛唐诗人惟在兴趣，羚羊挂角，无迹可求。故其妙处透彻玲珑，不可凑泊，如空中之音，相中之色，水中之月，镜中之象，言有尽而意无穷。近代诸公作奇特解会，遂以文字为诗，以才学为诗，以议论为诗。夫岂不工？终非古人之诗也。

（选自《沧浪诗话校释》，郭绍虞校释，人民文学出版社，1961 年出版）

《童心说》（节选）

李贽

夫童心者，真心也。若以童心为不可，是以真心为不可也。夫童心者，绝假纯真，最初一念之本心也。若失却童心，便失却真心；失却真心，便失却真人。人而非真，全不复有初矣。

天下之至文，未有不出于童心焉者也。苟童心常存，则道理不行，闻见不立，无时不文，无人不文，无一样创制体格文字而非文者。诗何必古《选》？文何必先秦？降而为六朝，变而为近体，又变而为传奇，变而为院本，为杂剧，为《西厢曲》，为《水浒传》，为今之举子业，大贤言圣人之道皆古今至文，不可得而时势先后论也。故吾因是而有感于童心者之自文也，更说什么六经，更说什么《语》、《孟》乎！

（选自《焚书·续焚书》，李贽著，中华书局，2011 年出版）

《闲情偶寄·词曲部·立主脑》（节选）

李渔

古人作文一篇，定有一篇之主脑。主脑非他，即作者立言之本意也。传奇亦然。一本戏中有无数人名，究竟俱属陪宾；原其初心，止为一人而设。即此一人之身，自始至终，离合悲欢，中具无限情由、无穷关目，究竟俱属衍文；原其初心，又止为一事而设。此一人一事，即作传奇之主脑也。然必此一人一事果然奇特，实在可传而后传之，则不愧传奇之目，而其人其事与作者姓名皆千古矣！

（选自《闲情偶寄》，李渔著，江居荣、卢寿荣校注，上海古籍出版社，2000 年出版）

《人间词话》（节选）

王国维

词以境界为最上。有境界则自成高格，自有名句。五代北宋之词所以独绝者在此。

有有我之境，有无我之境。“泪眼问花花不语，乱红飞过秋千去”；“可堪孤馆闭春寒，杜鹃声里斜阳暮”，有我之境也。“采菊东篱下，悠然见南山”；“寒波澹澹起，白鸟悠悠下”，无我之境也。有我之境，以我观物，故物皆著我之色彩。无我之境，以物观物，故不知何者为我，何者为物。古人为词，写有我之境者为多，然未始不能写无我之境，此在豪杰之士能自树立耳。

无我之境，人惟于静中得之。有我之境，于由动之静时得之。故一优美，一宏壮也。

境非独谓景物也。喜怒哀乐亦人心中之一境界。故能写真景物真感情者，谓之有境界。否则谓之无境界。

客观之诗人不可不多阅世，阅世愈深则材料愈丰富愈变化，《水浒传》、《红楼梦》之作者是也。主观之诗人不必多阅世，阅世愈浅则性情愈真，李后主是也。

诗人对宇宙人生，须入乎其内，又须出乎其外。入乎其内，故能写之。出乎其外，故能观之。入乎其内，故有生气。出乎其外，故有高致。美成能入而不出。白石以降，于此二事皆未梦见。

诗人必有轻视外物之意，故能以奴仆命风月。又必有重视外物之意，故能与花鸟同忧乐。

（选自《人间词话》，王国维著，中华书局，2009年出版）

一、复习思考

1. 请从文论史的角度，谈谈魏晋南北朝时期为什么被称为“文学的自觉时代”？

2. 请结合司空图《诗品》的原文，谈谈这种文学评论的方式具有哪些特点？对形成中国古代文论的独特面貌有哪些影响？

3. 理学与宋、元、明、清四代文学理论及批评有哪些关系？

4. 如何理解王国维在《人间词话》中所说的“境界”？

二、推荐书目

（1）李壮鹰，李春青．中国古代文论教程．高等教育出版社，2005.

（2）李壮鹰．中华古文论选注（上、下册）．百花文艺出版社，1991.

第四章　儒、道、佛与中医学

儒、道、佛作为中国传统文化的三大思想体系，在社会文化、哲学、宗教、医药、科技、文学、艺术等诸多领域产生了重大而深远的影响。中医药学理论体系的建构与儒、道思想密不可分；中医临床各科在魏晋之后的发展，深受儒、道、佛思想的熏陶与渗透；中医养生学的繁荣以及预防医学和中药学、方剂学的发展，与儒、道、佛思想的影响有着千丝万缕的联系。

第一节　儒家与中医

一、儒、道、佛交融与儒学的宗教功能

明确地讲，儒学不是宗教，它是一种具有强烈的入世精神和深厚的人文传统的理性主义学说，由于它在中国长期占主导地位，才使中国未曾出现其他国家和民族大都有过的宗教全面统治的时代。但这不等于说儒学不具有宗教色彩和某种宗教功能。

儒家注重用世，有强烈的入世精神。其思想渊源可上溯到夏、商、周三代。三代占统治地位的思想是“天神”观念。“天”，不仅是自然界众神之首，而且是政治、道德的立法者。宇宙秩序，万物生长，王朝更替，军国大事，都要听从于“天命”。儒家创始人孔子罕言“性与天道”而注重人事，对鬼神敬而远之，开始了从“天”向“人”的转变。然而以孔子为代表的儒家并没有完全抛弃“天”这个外壳，尽管因时代不同，或称之为“天命”，或名之曰“天道”，或冠之以“天理”，但“天”一直是政治思想和人伦道德之本原。所谓“奉天承运”、“天命之谓性”等等，都说明“天”、“天命”、“天道”仍是儒家学说的最高范畴。

中国从秦汉建立统一的中央集权专制制度起，两千多年贯串着一对基本矛盾：政治上的高度统一与经济上的极端分散。自然经济的特点是封闭性，分散经营，不希望政府过多干预。秦汉以后，中国是一个统一的大国，民族众多，地区广大，从政治上要求集中权力；经济上的极端分散又是客观现实，它是自然经济的本性。这一矛盾如何协调，不使它畸轻畸重，便成了历代统治者关心的大问题。封建统治要控制辽阔的疆域和众多的人口，光靠武力和政治权力是办不到的，除了政治军事力量以外，还得有宗教来配合。儒家学说在这里发挥了它重要的宗教性功能。

如果说先秦儒家有意无意地淡化了“天”的宗教色彩，那么汉代董仲舒在其“天人感应”的理论框架下则把“天”进一步神化，儒家的“天”又被宗教化了。董仲舒甚而把世间的一切，包括政治制度、伦理纲常等，统统归结于“天”。所谓“王者法天意”，“人受命于天”，“王道之三纲，可求于天”（《基义》），把先秦儒家所建立的一整套正在逐步脱离宗教的政治、伦理学说，又重新神学化、宗教化了。

儒家学说的宗教色彩发展到宋明理学进入了一个新的阶段。宋明理学以理性主义为手段，最终把人引向信仰主义。哲学从宗教中分离出来以后，与科学关系密切，走的是理想主义的道路。宗教从本质上与科学对立，因为信仰主义不允许怀疑，崇拜的对象不允许当作研究的对象，走的是一条非理性的道路。而宋明理学则以理性主义的形式，把人引向信仰主义。传统儒学受上古宗教的影响，在天道观和修养方法等方面具有浓厚的宗教色彩，而在南北朝之后，儒、佛、道三教不断融汇，儒家大量吸收了佛、道二教的有关思维方法和思想内容，宋明理学则进一步把佛、道二教的许多思想内在化，从而使自己的学说具有一定的宗教功能。

南北朝之后，代表三大思想源流的儒、佛、道一直处于相互斗争、又互相融摄的局面。道教在“红花白藕青荷叶，三教原本是一家”的口号下，没有放松对儒、佛二教的攻击和吸收，至宋元建立了一个三教合一的“全真道”。佛教则在加快统一内部禅教合一步伐的同时，通过权实、方便究竟等说法，把自己变成一个凌驾于儒、道二教之上的“直显真源究竟教”。而儒家凭借自己在民族文化中的巨大影响，以及在政治、宗法制度等方面的优势，自觉不自觉地，或明或暗地把佛、道二教的大量思想纳入自己的学说体系之中，建立起一个冶三教于一炉的“新儒学”，即宋明理学。

宋儒教人读书要善于怀疑，但不允许怀疑人为什么要孝，为什么要忠，对忠孝发生怀疑等于禽兽。王阳明可以不盲从孔子，但他不敢怀疑人是否要忠，要孝。认为忠孝是天性，是良知所赖以发生的根荄。这样，把人们引向宗教信仰主义。

宋明理学最高范畴的“天理”、“天道”、“本心”、“良知”等，在思想蕴涵上，吸取了隋唐佛教的“佛性”论。明代阳明心学把心性本体化，其修行方法也逐渐由“修心养性”转向禅宗式的注重证悟的“明心见性”和静坐反省。宋明理学家教人“存天理、灭人欲”，“征忿、窒欲”，具有强烈的宗教禁欲主义倾向。宋明之后许多思想家早已指出理学的宗教色彩，他们或曰理学为“儒表道里”，或称心学为“阳儒阴释”。

儒学以封建宗法为核心，吸收了佛、道中的一些宗教修养方法，以入世的姿态把人们引入信仰主义和偶像崇拜。儒学虽不是明确的宗教，但它是一种具有浓厚宗教色彩的、一定宗教功能的政治伦理哲学。

儒学作为中国传统文化的主流，其思想影响渗透到中国文化和社会生活的方方面面，中医学当然也不例外。

二、儒家的“仁”与医为仁术

儒家崇尚“仁义”和“礼乐”，提倡“忠恕”和“中庸”之道，政治上主张“仁政”和“德治”，强调和重视伦理道德教育。“仁”是儒家道德修养的最高境界。孔夫子讲仁者爱人，以济世利天下众生为己任。医生具有治病救人之功德，故被称为“仁术”。医生不仅要有精湛的医疗技术，还要有广济博爱的社会责任感。不惮烦劳，全心全意为患者服务，正是医为仁术的体现。

忠恕和孝道是儒家纲常伦理的重要组成部分，儒家将行医治疗视为“仁术”，显示出仁泽百姓、爱护生命的道德理念。孔夫子说：“仁者，人也。”“仁”是人的本质，表达了儒家的人本主义思想。《素问·宝命全形论》中说：“天覆地载，万物悉备，莫贵于人。”张仲景“感往昔之沦丧，伤横夭之莫救，乃勤求古训，博采众方”，以悲天悯人的情怀，孜孜矻矻，精勤不倦，著成《伤寒杂病论》，成为人所敬仰的医圣。孙思邈讲：“人命至重，有贵千金”。李时珍看到历代本草舛谬多多，误人性命，而忧心如焚，乃发奋著书。经多方考察，历经艰难困苦，“岁历三十稔，书考八百余家，稿凡三易”，撰成巨著《本草纲目》。喻嘉言说：“医，仁术也，仁人君子必笃于情，笃于情则视人犹己。”医生治病救人、救死扶伤的职业操守与儒家“仁”的核心思想体系息息相通。

三、儒家的哲学思想与中医的整体观念和辨证论治

如何对待和处理人与自然的关系，儒家的哲学观点是强调人与自然的统一和人与人之间关系的协调，“天人合一”、“天人合德”、“万物一体”的思想是中国传统文化精神的主要内容之一。中医学的整体观念特别强调人与自然相统一，天地合气，万物化生。“人生于地，悬命于天，天地合气，命之曰人”（《素问·宝命全形论》）。人与天地万物同构，皆本原于气，这种观念与“天人合一”的思想血肉相连。《内经》言“人以天地之气生，四时之法成”（《素问·宝命全形论》），把“天人合一”的思想更为具体化和加深化。《内经》说：人“与天地相应，与四时相副”（《灵枢·邪客》）。杨上善说：“人之身也，与天地形象相参；身盛衰也，与日月相应也”（《黄帝内经太素》）。孙思邈说：“人生天地气中，动作喘息，皆应于天”（《千金翼方》）。叶天士也说：“人与天地参而在气交之中，随天地之气以升降浮沉。”“所与天地、日月、四时盈虚并同”（《医效秘传·阴虚论》）。人不仅具有生物自然属性，还要有人格理念，具有社会属性。整体观念讲天人合一，形神合一，以人为中心，天、地、人三位一体。《素问·血气形志》讲“人之常数”，即“天之常数”，认为“天地之大纪，人神之通应也”，主张把人体及其精神与大自然的探讨相结合，把人体的生理病理变化与大自然的四季变化和晨昏昼夜的变化相结合等等。中医学把“天人合一”的思想发挥到极致，形成别具一格的医学哲学理论。

儒家的中庸认知论对中医学的辨证论治有着深刻的影响。中庸是儒家文化的基本精神，极高明而道中庸。《论语》说：“过犹不及。”《中庸》讲：“执其两端，用其中于民。”“中也者，天下之大本也；和也者，天下之达道也。致中和，天地位焉，万物育焉。”朱熹在《中庸章句》中引程子（程颐、程颢）的话说：“不偏之谓中，不易之谓庸。中者，天下之正道；庸者，天下之定理。”中庸思想在社会实践中的应用，其目的是使事物达到“中和”、“和谐”，实现人与社会、人与自然、人与人之间关系的平衡与和谐。中庸的“中和”、“平衡”思想广泛渗透和贯串于中医学的生理、病理、病因、治则、治法、养生

预防等学说之中。《内经》中讲："阴平阳秘，精神乃治。"（《素问·生气通天论》）"阴阳匀平……命曰平人"（《素问·调经论》），"平人者不病"（《灵枢·始终》），"生病起于过用"（《素问·经脉别论》）；中医的治疗原则是"谨察阴阳所在而调之，以平为期"（《素问·至真要大论》）；"补其不足，泻其有余"（《灵枢·邪客》）。冯友兰在《中国哲学史新编》中就以中医方剂配伍的君臣佐使为例，讲述儒家中庸的辩证法思想，中医方药的配伍即"中节"，"中"与"和"相联系，以此为指导，可以达到治病的目的。在中医的临床实践中，因人、因时、因地制宜，对方药加减化裁，灵活应用，充分体现了中庸"执中有权"的思想，权即权变，根据情况，作相应的变化，《灵枢·卫气失常》所言"百病变化，不可胜数……随变而调气，故曰上工"即为此意。

四、儒家文化对中医学的影响

儒学作为中国传统的主流文化，不仅对医家的知识结构和思想方法有着深刻的影响，而且对整个医学事业的发展也起到了很大的推动作用。儒学促进了中医药学的社会化，对于习儒的士人，医术可谓实现其道德理想的重要手段，所谓"不为良相，即为良医"。历史上有众多文人兼通医学，如唐代王勃、李白、杜甫、刘禹锡、白居易等，宋代欧阳修、王禹偁、苏轼、黄庭坚、陆游、辛弃疾，元代关汉卿，明清时期冯梦龙、曹雪芹，等等。在他们的作品中，都包含有丰富的医药学内容。中国医学史上的名医也大都具有很高的文学素养，诸如张仲景、皇甫谧、孙思邈、李时珍、傅青主、薛雪、徐大椿等。由此也可约略看出中医学医文相通的特征。尤其是宋代以后，儒医大量涌现，使中医队伍的知识结构发生了深刻变化。与此同时，儒家文化也大大促进了医学文献的整理。历史上战乱频繁，兵火不断，而中医药学许多典籍和宝贵文献能得以传承至今，如果没有大批儒医的参与整理、校勘、编注、释义、刊印，中医药学的精髓及其文化的保留、沉淀和积累是无法想象的。

儒家文化对中医药事业建制的影响也是相当深远的。我国古代的医学教育制度与儒家的教育体系密切相关。历史上的太医署、太医院的行政建制及其教育体制、教育方法以及民间的师带徒教育形式，无不受到儒家文化的熏陶和影响。

当然，儒家文化也不可避免地对中医学的发展产生一定的负面影响。儒家的"仁"、"孝"思想和重人伦、轻自然、重道轻器的观念阻碍了生理解剖和医学实验的发展，影响了人体结构分析和基础理论的创新与进步。"尊经卫道"的崇古保守学风也严重束缚了中医学的创造性思维。

第二节　道教与中医

一、道教的哲学思想及其对中医学的认识

道教是我国本土自创的一种宗教，它形成于东汉末年。道教的产生来源于古代社会民俗信仰、民间巫术和神仙方术，它的思想渊源与先秦的道家息息相关。老子"道"

的理论是道教思想和信仰的主要来源之一，道教奉老子为教祖和最高天神。《庄子》中的仙学思想，充实了道教修炼的理论根据。战国秦汉时代的方士，两汉时期的黄老道，以及佛教传入中国，促进了道教的产生。

“天人合一”既是中国传统哲学的思想主题，也是传统文化体系核心内容之一。中国本土传统文化体系有两大支柱，即儒和道。儒道两家因文化路向不同，发展为两个相对独立的思想体系。儒家从社会现实出发，重人伦，明教化，建立文化体系，追求的是以文化体系引领现实世界符合天理。道家法天道，明自然，以自然之理作为文化体系的基础，使社会机制等人文建设不违背天道自然。儒家的文化构想由于拘执于社会现实而渐趋僵化，道家的天道自然每因与现实扞格而流于虚空高阔。总体而言，历史现实决定了儒道两家必须也必然互补，道为儒提供了文化活动和理论基础，儒为道开辟了切入现实的途径。

儒道两家在相对独立状态下的精神融通，既构成了传统文化体系的基本轮廓，也勾勒出了传统文化历史发展的轨迹。

先秦文化确立了中国文化的基本模式，“天人合一”的观念是其宗本。先秦道家理论的立足点，是自然主义的天道观。道家天人合一的文化构想，本为社会整体立言，切入现实的最好途径是与儒家融合。汉代独尊儒术，但代表汉初儒学的董仲舒之天人新学却介乎儒道之间。以尊崇天道的无上权威，以天道规范人事而言，近于道家；以人事鉴识天道，推衍王道仁义等人文秩序而言，则本诸儒家。道家的理论活动和儒家切入现实的途径，是董仲舒天人新学的两大要素。儒学渗透到社会机制以及生活方式等各个层面，虽然在稳定社会秩序方面发挥了强大的作用，但积久而弊生，社会关系不能得到有效的调整，儒学已不能适应社会变革的需要，道家之学便重登历史舞台。

把儒、道、佛三家进行比较，道家和道教文化与古代科学的关系更为密切，做出的成就更多。鲁迅在致许寿棠的信中说：“中国根柢全在道教，以此读书，有多种问题可以迎刃而解。”李约瑟指出：“道家思想乃是中国的科学和技术的根本。”“道家哲学虽然会有政治集体主义、宗教神秘主义以及个人修炼成仙的各种因素，但它却发展了科学态度的许多最重要的特点，因而对中国科学史是有着头等重要性的。此外，道家又根据他们的原理而行动，由此之故，东亚的化学、矿物学、植物学和药物学都起源于道家……道家深刻地意识到变化和转化的普遍性，这是他们最深刻的科学洞见之一。”（李约瑟：《中国科学技术史》第二卷《科学思想史》）李约瑟这里所说的道家是广义的，包括道教在内。

道教强调长生久视，积极地、持续不懈地探索自然变化的奥秘，开发、创制各种能够养命延年的方术与道技。这样，道教势必与中国古代科技结下不解之缘。为提高生命的质量，必然要与医药发生关联。自古就有“医道通仙道”、“十道九医”之说。

道教的创立与中医学理论体系的形成和建立有其共通之处，两者都汲取了先秦诸子百家的哲学思想，特别是先秦道家思想、《易》学思想。医道两家在各自发展过程中，一方面道教以医传教、借医弘道，不断“援医入道”，另一方面，传统医学也不断汲取、借鉴道教医学养生思想和成就，许多医家也“援仙入医”。在一千多年的历史发展中，两者形成一个互融互摄、相互促动的双向作用机制。道教医学是中国传统医学史上一个颇具特色的医学流派，曾经为中国传统医学的发展作出过积极贡献。道教的许多经典都涉及疗病、健身、延年等内容，如《太平经》、《黄庭经》。

《太平经》中医论部分，总结了活动于民间的早期道教医学的实践经验。经文关于人的生死寿夭、发育阶段的认识颇具合理性："人生百二十上寿，八十中寿，六十下寿，过此皆夭折。此盖神游于外，病攻其内也。"指出人出生后3岁能行，9岁明事理，15岁生理发育完善，20岁具生育能力，至30岁而极盛，此后转老趋衰，应当节欲保精以养生，与今日人体生理学的观点大体相近。经文还继承《内经》"天人一体"、"脏腑学说"等方面的内容，强调人体致病主要与自然和社会外界因素与脏腑机能、精神状态、动静性格等内在因素密切相关。经文还详论了灸刺疗法，同时还记载了修炼过程中的"守一"状态，从基本理论到具体方法，从祛病延年到激发人体潜能，从修炼的心理感受到生理效应，都有详细的论述。经文还反复强调治病用药"乃救生死之术，不可不审详"，表明道教医学十分重视医德。

《黄庭经》有《内景经》和《外景经》之分，以人身百脉关窍各有主神之说为本，结合脏腑功能的理论，以七言韵文形式，重点阐述了道教上清派典型修炼"存思法"。道教认为，人体多神，以五脏为主；存思之功，以五脏为甚。除存思自身五脏神外，并强调存思自然界的日、月、星辰，谓摄取外界的日精月华与体内元气相契合，就可保神全形，延年永寿。《黄庭经》是道教思想与医经杂糅之书，影响较大，注家甚多。东晋之后，蔚然成一派"黄庭之学"。

《黄庭内景五脏六腑补泻图》及《黄庭内景五脏六腑图》为唐宣宗时胡愔所撰，两书内容相同，惟前者脏腑各有图像，后者无图，但详于胆腑说。内容依次为：图说、修养法、相病法、医方、治脏腑六气法、月禁食忌法、导引法。对脏腑病理，强调"以药物治其标，行气导引固其本"。现代学者王明先生认为：该书"堪称实际养生之医著"。

北宋时期的《无上玄元三天玉堂大法》在继承陶弘景关于"尸注（肺结核病）"传染性论述的基础上，进一步总结经验，指出该病有"屋传"、"衣传"、"食传"三条途径。道士们以惊人的观察力所得出的结论，较之欧洲学者要早六七百年。

此外，一些道书如《云笈七签》等还有"三尸"、"九虫"的记载，是古代的人们在不明致病的病原体、病菌和病毒的情况下，根据实践所认定的那些危害人体健康"精灵"的总称，表明道教学者对致病的寄生虫与微生物的早期认识。基于此，书中还列举了以商陆、白芷、桃叶、蜀狗脊、丹砂、贯众、厚朴等药驱杀"尸"、"虫"的方药，如此等等。

在历次编修刊行的《道藏》中收录有为数不少的医学论著等大量涉及医药养生内容的道经，极大地丰富了中华传统医药学的宝库。

二、道教学者对医学的贡献

道教学者对中医药学的形成和发展，作出了不可磨灭的贡献。

东晋著名道医葛洪最早提出："为道者兼修医术，以救人危，护人疾病，令不枉死为上工。”他周游四方，广泛搜集民间医疗成果，“选而集之”，成《玉函方》百卷。尔后葛洪在医学知识上“由博返约”，治疗对象“由一般到贫家”，治疗原则上“由繁到简”，在《玉函方》基础上编撰《肘后备急方》，成为中国医学史上重要的备急方书而累代相传。书中汇集了不少别具一格的内科杂病包括中风、急腹症、食物中毒等诸多疾患的急救经验，记载了外科方面清洗疮口的原始消毒法、外疮引流术以及或误吞金钗、或百虫入耳等诸多颇具特色的救急经验。东晋前的医著中多详于针而略于灸，葛洪重点论述了灸法，填补了前人之不足，是保存灸法最为丰富的医学文献。书中关于青蒿汁治疟疾，“以毒攻毒”用狂犬脑外敷伤口治疗狂犬病，关于急性传染病和寄生虫病的认识，以及山、水间沙虱及江南水虫射工有关形态、生态环境、为害途径及症状的记载，在医学史上都是具有原创性意义的极为珍贵的资料。

陶弘景是南朝齐、梁间杰出的道教学者，曾撰写《效验方》五卷，今已散佚，现存有《补阙肘后百一方》。《百一方》将先秦道家关于精气一元论思想用于阐释人的生理、病理方面。他指出了“毒疠之气”能传播急性传染病，这是对“六气致病”说的发展。书中总结了不少有关内疾、外发、他犯方面诸多疾病的急救经验，同时对“足气病”、“尸注（肺结核病）”、“虏黄病（急性黄疸性肝炎）”等疾病的症状描述也颇为周详，并努力探索鉴别症状的客观指标。书中还保存了关于“虏疮”（天花）、恶脉病（急性淋巴管炎）、瘰疬病等疾患的病因、症状、治疗的珍贵资料。

孙思邈是隋唐时期的著名道士和大医药学家。他一生致力于医学临床研究，对内、外、妇、儿、五官、针灸各科都很精通，他对许多疾病的观察、诊断和治疗都有创造性的见解。诸如：对脚气病、麻风病的认识和治疗，用动物肝脏治眼病，用砷剂治疗疟疾，用羊靥治疗甲状腺肿，发明同身寸手指比量取穴法，创立“阿是穴”等等，特别是论述医德思想，倡导重视妇科、儿科等都是具有开创性意义的医学贡献。孙思邈论述“大医精诚”，身体力行，用毕生精力实现了自己的医德思想，成为与希波克拉底齐名的世界三大医德名人之一。孙氏淡泊名利，曾上峨眉山、终南山、太白山等地，边采集中药，边临床试验。晚年隐居陕西耀县五台山，专心著书。他一生著书数十种，其中以《备急千金要方》、《千金翼方》影响最大，两书各30卷，载方6500余首，是我国最早的临床实用百科全书。

道教学者对《黄帝内经》的注释，进一步阐发医理，其贡献功不可没。历史上为《内经》作注者甚多，最早、影响最大的有三部，即南朝全元起的《内经素问注》（又名《素问训解》）八卷，隋唐时期杨上善的《黄帝内经太素》三十卷，王冰的《重广补注黄帝内经素问》二十四卷。其中后两部均为著名的道家学者所撰。杨上善的注本将道家思想贯彻始终，书中称老子为“玄元皇帝”。王冰注本是现存最早、最完善的《素问》注本，其注文以道家思想阐发医理，道家引文随处可见。

在道教发展史上，历代兼通医术的道教名士层出不穷，在道教史和中国医学史上都享有盛誉的道教医家名家辈出，其中董奉、葛洪、鲍姑、陶弘景、杨上善、王冰、孙思邈、孟诜、张鼎、王怀隐、张伯端、马志、崔嘉彦、刘完素、赵宜真、周履靖、傅山、徐大椿等人就是其中的代表人物，他们杰出的医学成就在中国医学史上占有十分重要的地位。

三、道教医家对本草学的贡献

无论方士、道士，还是致力于养生的道教学者，大多主张通过服食药物（草木药、金丹）而延年益寿或长生成仙。他们在前赴后继的采药、炼丹活动中多有发现、发明，从而推动了本草学、方剂学的发展。

成书于东汉时期的《神农本草经》，载药365种，分为上、中、下三品。“养命延年”、“久服轻身”、“神仙不死”之类的解释和说明俯拾皆是，基本是方士、道家的口气。

《太平经》中有不少关于药物、方剂的记载，十分重视单味药或配伍使用后的疗效高低。

葛洪《肘后备急方》中总结了当时一些特效药的应用，有很高的药效价值。在《抱朴子》中考证了“五芝”系古代真菌类药物，列举了不少金石类药物如丹砂、雄黄、石英、曾青的使用，提出要重视鉴别同名而异物的药物，并把一些草药的功能主治编成口诀，通俗易懂，起到了普及本草学知识的作用。葛洪熟练地掌握了炼丹这一古老的化学实验技术，有意识地通过各种实验来制造新的物质，在书中记录了不少重要的化学反应现象，并发现了多种有医疗价值的化合物和矿物。

陶弘景著有《本草经集注》七卷，将《神农本草经》药物总数扩大了一倍，达730种。陶氏摒弃了上、中、下三品分类法，创用了按药品自然属性分类药物的方法，将药物列为七类。同时，又根据临证选药的需要，创立了按药物效用进行分类的方法，这对医生临证选药处方有很大的参考价值。陶氏的这两种药物分类方法，成为我国古代药物学分类的标准方法，一直沿用了一千多年。

孙思邈精通本草，造诣很深，一千多年来被人们誉为“药王”。他一生坚持自种、自采、自己炮制的原则，总结了197种常用药的相使相畏、相须相恶、相反相杀关系。孙氏特别重视道地药材，首论药物预贮的重要。《千金翼方》为首3卷，专论本草，详述了873种药物的入药部分、采收时节、同物异名、阴干曝干等诸多方面。书中收载的药物比唐初国家药典《新修本草》多出药物20多种。其中有一部分为外来药物。

宋代道医王怀隐奉诏编撰《太平圣惠方》，载方16834首，是一部具理、法、方、药完整体系的医书，对后世药物学和方剂学产生了较大的影响。宋初的著名道士马志受诏与刘翰等人一起，编修了《开宝本草》，共载新旧药983种，不仅增加了药物数量，而且改进了分类方法。

堪称宋代医学全书的《圣济总录》有神仙服饵三卷，此书具有很浓厚的道教色彩。

道士炼制金丹虽然失败了，但也有其积极意义和贡献，因为它为近、现代化学及化学药物的产生提供了丰富的实践经验。有些药物诸如三仙丹、密佗僧、甘汞、红升丹、白降丹等外用药，一直沿用至今。作为炼丹的副产品，这些化学药物丰富了本草学、方剂学宝库。

四、道教的养生思想

道教养生思想是道教思想和哲学的主干和特色所在，同时，它也代表着中国传统养生思想的基本内容，因为中国传统养生文化在历史上主要是由道教养生家的推动而发展的。李约瑟博士说："道家思想一开始就有长生不死的概念。而世界上其他国家没有这方面的例子。这种不死思想对科学具有难以估计的重要性。"神仙思想和长生不死观念是道教的本质内涵和基本特征。

1. 重人贵生，贵在养生　早期道教继承了先秦两汉"重人贵生"的思想，把它作为宗教宗旨之一。《太平经》说："是曹之事，要当重生，生为第一，余者自计所为。""但聚众贤，唯思长寿之道，乃安其上，为国宝器。"以什么途径达到长寿呢？《太平经·经文部数所应诀》提出："得长寿者，本当保知自爱自好自亲，以此自养，乃可无凶害也。"《老子河上公章句》认为："修道于身，爱气养神，益寿延年，其法如是，乃为真人。"葛洪讲："知上药之延年，故服其药以求仙，知龟鹤之遐寿，故效其道引以增年。"道教认为：人应当对自身性命躯体加以重视爱护，并加以自我锻炼和主动地养护，才能够求得长寿。它与佛教宣扬灵魂不死、六道轮回、四大皆空，把肉体视为臭皮囊显然不同，与基督教忍受苦难向上帝忏悔以消解"原罪"更是有别。

2. 元气论　元气论是中国古代哲学、医学、养生学及其他自然科学的思想基础和理论基础，道教全面继承了这一思想，并得以发展出养生学的气功、服食、房中等实践方法体系和理论体系。道教认为，人是天地中和之气的产物，人欲长生久视，自然要修其根本，以养气炼气为主要手段方法。道教的元气学说是把宇宙生成论、生命人体生成论、养生论通过元气论统一起来，其目的是论证"道在养生"的宗旨以及"养生以养气炼气为主"的理论。人的情性形命皆禀自元气，元气是人的生命之源、生命之本，养生以炼养元气为根本。道教的导引行气、服食药饵、房中术以及日常卫生，目的在于炼气养气，使元气充沛，最终达到健康长寿，乃至长生不死。

3. 人天观　道教的人天观主要有两个方面：一是认为人体的内环境系统与外部客观自然环境系统是统一的，它们有共同的生成、变化、盛衰规律，这很明显是继承了《黄帝内经》为代表的天人合一思想。这种思想在《太平经》、《黄庭经》、《抱朴子》、《云笈七签》、《度人经注》等许多道教典籍中都有详细的阐述。

其二，道教养生家认为，人体与宇宙是同构的，不仅人的身体器官与宇宙结构相应，而且通过阴阳五行八卦等符号体系，将天人结构巧妙地组合在一个同构体系中。宇宙是一个放大的人体，人体是一个缩小的宇宙。《周易参同契》内炼思想和炉鼎模型对道教养生的"天人合一"模式影响甚大，唐末五代至宋元以后，这一天人炉鼎修炼模式及其理论实践方法，成为道教养生内炼的主要流派。

4. 养生观　道教是世界上最重视人的现世肉体生命存在与发展的宗教。道教养生观的基本精神是积极的、进取的，它明确提出："我命在我不在天。"其核心是最大限度地发挥人的主观能动性，去求得自我生命的发展，获得生命的超脱和自由。道教养生观表现在四个方面：

①清静养生。其具体方法是："少思，少念，少欲，少事，少语，少笑，少愁，少乐，少喜，少怒，少好，少恶。行此十二少，养生之都契也。"（《养性延命录》）

②运动养生。"人体欲得劳动，但不当使极耳"。运动养生的观点，有力地促进了道教各种导引术和内炼方法的发展。

③性命双修，或称为形神合炼。将物质形体器官和精神意识合而为一进行修炼，既注重"命功"即身体保健修炼，又注重"性功"即精神、意识、道德、思想的修养。

④众术合修。"凡养生者，欲令多闻而体要，博见而善择。偏修一事，不足赖也。"（《抱朴子》）合众术为一体，各尽其长，互补其短，这种养生方法颇具科学性。

5. 形神观 先秦道家和医家的"神形相依，形为神舍"的神形观给予道教养生思想以极大启示和影响。《太平经》认为，"精神消亡，身即死矣"；"独贵自然，形神相守"，主张采用"守一"的养神练气法来养生。葛洪《抱朴子》将"形"比作堤，"神"比作水，来说明神舍于形的关系，同时又用烛和火的例子来阐明形与神的依附关系。由于以这种较为合理的形神观作指导，因此道教养生在实践方面，能始终坚持将人的身体和精神置于同等重要的地位来进行修炼。这发展了独具特色的养生体系，使其更加完整，对中国乃至世界文化作出了巨大贡献。

五、导引、气功在道教中的发展

1. 导引 导引作为一种健身体育运动，在先秦诸子著作中就有记载，西汉时期，已有一些导引专著出现。长沙马王堆汉墓出土有《却谷食气》和《导引图》。东汉三国时盛行导引养生之风，华佗的"五禽戏"堪称导引的杰作。两晋南北朝时期，道教大大推进了导引的发展。

导引大都组合成一套套的手势，成为成套的导引体操。《云笈七签》卷三十至三十四中，收有陶弘景、孙思邈、彭祖、王子乔导引法以及虾蟆、鱼鳖、龙行诸法。《道枢》内也收载了许多功法，重要的有炼精导气法、延龄导引法、天马立地法等。导引的发展还衍化派生出许多功法，如易筋经、八段锦、十二段锦、张三丰武当拳、内家拳、太极拳、八卦掌、形意拳等等，使导引的内容更为丰富和多彩。

中医也讲导引，医、道两家在导引行气的运用上关系十分密切，两者彼此渗透，互相影响，使导引既可疗疾，又可养生。

2. 气功 气功之道，与导引同中有异。导引与按摩应属气功中的动功内容。道教气功门类甚多，既有导引按摩等动功，更有守一、存思、行气、内丹等静功。气功在道教中的发展，大体可分为三个阶段：

第一阶段：东汉末至西晋末。《太平经》详述了守一的炼养之道，由守元气虚无而渐见种种光明幻象以及身心怡悦的主观感受，指出合炼精、气、神三者为一，宝精惜气啬神为养寿之要，同时还叙述了存思符箓、八卦以还精治病之法。《老子想尔注》、《河上公老子注》也提出"积精成神"、"固守其精"的修炼方法。

第二阶段，东晋至唐末。道教上清派所主张的存思、服气在社会上影响颇大，服气功至唐代多趋向服内元气。将服气过程分调气、淘气、咽气、行气、散气、委气、炼气、闭气等诸节。服气之始，先行导引、按摩、叩齿、咽津。孙思邈《存神炼气铭》以意守脐部丹田为生长之门。这类功法，后来渐渐走向内丹。这一阶段道教不仅以服气、存思为养生延寿之径，而且还用这些方法治病。陶弘景《养性延命录》、孙思邈《摄养枕中方》、司马承祯《服气精义论》等著作在气功治病方面多有论述。道教气功医道，在这一时期最为发达。《诸病源候论》所列导引治病方千余条，多数来自道教。

第三阶段，唐末之后。道教诸派在炼养方面渐渐趋归内丹一途。内丹学的发展又可分为前后两期：前期从唐末至北宋中期，以传统内丹的渐兴为特点，有钟离权、崔希范、吕洞宾、施肩吾、刘海蟾、陈抟等内丹大家活跃于世；北宋中期以后为后期，这一时期内丹学受禅宗影响，道禅交融，是其重要特点特征。内丹又分南宗、北宗。南宗以张伯端为代表，主张先命后性；北宗（全真道）以王重阳为代表，主张先性后命。后来两派合流，其内丹学说的发展一直延续至晚清。

内丹以祛疾健身为初效，以延年永寿为中效，以“阳神”飞升为最高目标。具体修持从意守丹田或降情摄念入手，是一种见效较快、弊端较少的静功。其理论、方法完备而成熟，可谓集道教传统炼养术之大成，对高深静定中的身心反应及掌握要点的阐述尤为周详。

第三节　佛教与中医

佛教在东汉明帝时传入中国。佛教文化涉及的领域很广，其中包括哲学、文学、语言、艺术（包括美术、雕刻、书法等）、建筑以及天文、医学等科技领域。佛教经过中国文化的改造，具有十分鲜明的特色。

一、佛教与中国传统哲学

魏晋南北朝时期，已形成儒、佛、道三家汇合而成的文化形态。自公元 148 年至公元 1175 年朱熹、陆象山鹅湖之会（前者标志一个新的文化运动——佛学之开始，后者标志又一个新的文化运动——理学之创立），这一千余年是中国民族文化的灿烂辉煌时期。恰恰在这一时期中，作为中国哲学思想发展主流的却是佛学。其时期之长、声势之大、影响之广，是两汉经学乃至宋明理学都难以与之比拟的。

佛教哲学蕴藏着极深的智慧，它对宇宙人生的洞察，对人类理性的反省，对概念的分析，有着深刻独到的见解。恩格斯在《自然辩证法》中曾称誉佛教徒处在人类辩证思维的较高发展阶段上。在世界观上，佛教否认有至高无上的“神”，认为事物是处在无始无终、无边无际的因果网络之中；在人生观上，佛教强调主体的自觉，并把一己的解脱与拯救人类联系起来。佛学和中国古典哲学的交互影响，推动哲学提出了新的命题和判断方法。

中国佛教不同于印度佛教，中国佛教思想是富于哲学思辨的矿藏，中国佛教哲学是中国哲学的一部分。中国佛教哲学大体上分为三大部分：人生论哲学、宇宙论哲学和实践论哲学。它们又各自包含了丰富的思想元素。人生论哲学包括因果报应论、形神关系的神不灭论、心性学说、人格理想、最高境界学说等。宇宙论哲学包括宇宙结构论、宇宙现象论、宇宙本体论等。实践论哲学包括伦理观、修禅论、直觉论、语言观、真理观等。这些基本思想元素之间的相互联系，形成中国佛教哲学的体系结构。这一体系结构又与外部思想文化，主要是与儒、道发生相互联系、相互作用，对中国古代哲学产生了重大影响。

中国佛教哲学的现代价值在于：其重要原理日益得到充分阐发，经过创造性诠释后，它在人与自我、人与人、人与自然三组基本矛盾中可以发挥积极的作用。把佛教哲学思想用于缓解人类社会的基本矛盾，必将有助于提升人类的精神素质和思想境界，减少人类的现实痛苦，满足人类的新需要，进而促进人类社会的和平共处和共同发展。

佛教传入中国，僧人在传教过程中，援佛入医，以医弘教，借医成佛，把印度医学与中国传统医学相结合，形成了中国的佛医学，产生了一批僧人医家。独特的佛医群体既是僧人，又是医家；既是医家，又相信佛教。这一群体在中国医学史上产生了一定的影响。

二、僧医著作及佛教对中医学的影响

西域僧侣多兼通医术，佛徒借医弘教，有利于在汉地传播佛教，同时也把印度医药知识带入中国。我国僧人中也产生了一批兼通医学的僧医，他们曾经编著了许多医学著作。虽然散佚不少，但在医学史上产生了不可忽视的影响。

西晋于法开，著《议论备豫方》一卷；东晋支法存，著《申苏方》五卷；竺潜著《深师方》、《脚气论》等。

南北朝惠义，著《寒食解杂论》七卷；僧深著《僧深药方》三十卷；昙鸾著《调气治疗法》一卷、《疗百病杂丸方》三卷；道洪著《寒食散对疗》一卷；莫满著《单复药验方》二卷；僧匡著《针灸经》一卷；智斌著《解寒食散方》二卷；行炬著《诸药异名》十卷。

隋朝释智宣，著《发背论》一卷；梅深师著《梅师方》和《梅师集验方》。

唐朝谢道人译胡僧口授《天竺经眼论》；鉴真大师著《鉴上人秘方》；普济著《口齿玉池论》一卷；波利著《吞字帖肿方》一卷。

五代高昙为浙江萧山竹林寺女科始祖，竹林寺女科历代享有盛誉，延至清末，所传妇科专著有数十种之多，其中流传较广、影响较大的有《竹林寺女科证治》四卷、《宁坤秘笈》三卷、《竹林寺三禅师女科全书》二十卷、《竹林寺女科秘书》一卷等。

宋朝文宥著《必效方》三卷。

元朝继洪撰《澹疗集验秘方》十五卷、《岭南卫生方》四卷。

明朝景隆汇编《慈济方》四卷、《慈惠方》一卷；释住想著《慎柔五书》；明末清初喻昌著《医门法律》、《寓意草》、《尚论篇》等。

清朝越林著《逸林医案》；雪岩禅师著《胎产新书》；轮应禅师撰《妇科秘旨》八卷；心禅撰《一得集》；傅杰撰《明医诸疠疡全书指掌》。

这些僧人行医是因为大慈大悲，济度众生，也是作为自身修持成佛的方法和途径。

我国古代有一些名医，受佛教思想影响，信仰或皈依佛教，把佛医学的理论、方法和技术引入中医学，与中医学结合在一起。隋代巢元方著《诸病源候论》、王焘著《外台秘要》等，都把佛教的有关内容引入了医学理论。大医药学家孙思邈，兼通儒、道、佛，把佛医的四大学说和禁咒治病载入《千金方》中，他的《大医精诚》讲医德训诫就吸纳了佛教戒律的一些内容。

三、僧医特色专科

僧医创立了一些富有特色的专科：

1. 眼科　随着佛教传入，印度的眼科技术也传到了我国。《龙树眼论》、《眼科龙木论》、《龙木论》被译成中文。金针拨白内障载入《外台秘要》、《针灸聚英》、《针灸大成》等医学著作。治疗眼病，除金针拨障术外，还有手术和药物治疗方法。许多眼科药方也由僧医传入。

2. 伤科　我国现存最早的骨伤科专著《仙授理伤续断方》，据蔺道人序文所言，“乃唐会昌间，有一头陀”所传授。该书首创“椅背复位法”，以治骨关节脱位。书中还介绍了整骨手法的 14 个步骤、方法和治疗骨伤的各类方药，对后世骨科发展有重要影响。

少林寺派是骨伤的一个重要流派。该派以经络穴位为诊断依据，强调手法复位，医者采用了佛学慈悲为怀的思想。少林伤科以武术接骨为主，辅以点穴疗法及功能锻炼，延续千年，影响至今。宋代张杲《医说》中《医功报应》一节，也是以佛教的善恶报应论说医家应以行善为本。明代名医陈实功《外科正宗》效佛教“五戒”，提出医家“五戒”。

3. 妇科　僧医治疗妇产科疾病，可追溯到晋。《高僧传》载晋僧于法开曾治妇人难产。后来出现了寺院办女科，如浙江萧山竹林寺、南京风井寺、陕西扶风县法门寺等，其中以浙江萧山竹林寺女科最为著名，历代相传的女科秘方刊本达 40 种。竹林寺妇科医派重视问诊，在治法上以理气活血为常法，在用药上强调药物炮制、煎服的方法，处方用药讲求实用有效。竹林寺实际上起到了妇产科诊所的作用，在中医界产生了较大的影响。

四、佛教对中医理论的影响及其他

佛教对中医理论的影响主要是四大学说。《佛说五王经》说：“人由四大和合而成其身，何谓四大？地大、水大、火大、风大。”“一大不调，百一病生，四大不调，四百四病同时俱作。”这种佛教思想在晋代就被中医所吸纳，陶弘景《肘后方》自序中说：“佛经云：人用四大成身，一大辄有一百一病”，遂将《肘后方》原 86 方改为《补阙肘后百一方》。隋代巢元方《诸病源候论》中讲到风病就用佛教和印度医学中的四大理论来解释人体生理和病理现象。孙思邈《千金方》、王焘《外台秘要》等著作也都受影响。四大学说也试图与中医阴阳五行学说结合，虽不成功，但作为朴素的唯物元素论也对中医学的发展起到了一些借鉴作用。

僧医除了金针拨障术、接骨法和一些外科手术、禅功方法、禁咒法外，还带来了一些天竺方药，并精于药物的制作，其制作方法对中成药的加工也产生一定影响。在公共设施方面，印度的蒸汽浴室、游泳池、排水管道等，对寺院卫生和社区卫生都产生了积极的作用。

佛教的禅定修持活动，通过安神定志，集中精神，排除内心和外界的种种干扰，对气功疗法和精神、心理调适治病都产生了重要的作用和影响，大大地丰富了中医学的内容。

一、复习思考

1. 谈谈儒学对中医学的影响。

2. “天人合一” 的哲学思想对中医学理论的构建起到什么样的作用？

3. 鲁迅为什么说“中国根柢全在道教”？道教对中医药学理论和实践产生了什么样的影响？

4. 佛教对中医药学的影响如何？

二、推荐书目

（1）吕大吉．宗教学通论．中国社会科学出版社，1989.

（2）冯友兰．中国哲学史新编（第 3 版）．人民出版社，1995.

（3）卿希泰．道教与中国传统文化．福建人民出版社，1990.

（4）盖建民．道教医学．宗教文化出版社，2001.

（5）任继愈，杜继文．佛教史．中国社会科学出版社，1991.

（6）薛公忱．中医文化溯源．南京出版社，1993.

第五章　古代文化常识

中国传统文化源远流长，博大精深。阅读中国古籍都会遇到古代天文、地理、科举等方面的知识。

第一节　天文

古人最早是根据物候来定农时的，如花的含苞、盛开、凋谢，树叶的萌芽、繁茂、枯落，虫鸟的蛰伏、孳生、繁衍，以及风霜雨雪等等。但观察物候往往不准确，而且物候变化也易受不同地区森林、湖泊等的影响，因而用来制定农时准确性较差。为此，古人不断总结经验，由观物候定农时而演进为观天象定四时，于是有了年、月、日的概念。

根据现有可信的史料，殷商时代的甲骨卜辞早就有了某些星名和日食、月食的记载，《尚书》、《诗经》、《春秋》、《左传》、《国语》、《尔雅》等书中有许多关于星宿的叙述和丰富的天象记录，《史记》有《天官书》，《汉书》有《天文志》，可以说早在汉代以前我国的天文知识就已经相当丰富了。以下介绍几个常见的古代天文学概念。

一、天球、黄道、赤道

1. 天球　天球是假想的以地球为中心的球形天空。地球上的一些特征点和圈在天球上都有相应的投影。地球沿着自己的轨道围绕太阳公转，从地球轨道不同的位置上看太阳，则太阳在天球上的投影位置也不相同。这种视位置的移动叫做太阳的视运动。天球运动和位置实际上是天体的视运动和视位置。

2. 黄道　黄道是古人想象的太阳周年视运行的轨道，也就是地球公转面在天球的投影。

3. 赤道　在古天文中是指天赤道（天球赤道），而不是指地球赤道，天赤道是地球赤道在天球上的投影。

此外，地球轴线在北天球的投影称为北天极，地平面在天球的投影称为地平圈。

二、二十八宿、四象

古人以恒星为背景观测日月五星运行的位置，经过长期的观测，古人先后选择了黄道、赤道附近的二十八个星宿作为“坐标”，称为二十八宿。二十八宿按四方排列，每一方有七宿：

东方七宿　　角亢氐房心尾箕

北方七宿　　斗牛女虚危室壁

西方七宿　　奎娄胃昴毕觜参

南方七宿　　井鬼柳星张翼轸

古人把每一方的七宿联系起来想象成四种动物形象，叫做四象。东方为苍龙，北方为玄武（龟蛇），西方为白虎，南方为朱雀。以东方苍龙为例，从角宿到箕宿看成为一条龙，角像龙角，氐房像龙身，尾即龙尾。再以南方朱雀为例，从井宿到轸宿看成为一只鸟，柳为鸟嘴，星为鸟颈，张为嗉，翼为羽翮。这与外国古代把某些星座想象成为某些动物的形象（如大熊、狮子、天蝎等）相类似。

二十八宿是在古人观察星辰出没以掌握季节变化的过程中逐步演变而来的。公元前1100年左右，黄昏见“大火”（即心宿二）在东方，就是耕种季节。《尚书·尧典》云：“日中星鸟，以殷仲春；日永星火，以正仲夏；宵中星虚，以殷仲秋；日短星昴，以正仲冬。”即黄昏时洛阳城日落后一刻的时间见鸟星（星宿一）在正南方，是春天第二个月；见大火（心宿二）在正南方是夏天第二个月；见虚星（虚宿一）在正南方是秋季第二个月；见昴星在正南方，是冬季第二个月。此四星以后发展为二十八宿的星、心、虚、昴，并逐渐演化为东方苍龙七宿、南方朱雀七宿、西方白虎七宿、北方玄武七宿。

随着天文知识的发展，出现了星空分区的观念。古人以上述的角亢氐房心尾箕等二十八个星宿为主体，把黄道、赤道附近的一周天按照由西向东的方向分为二十八个不等分。在这个意义上说，二十八宿就意味着二十八个不等分的星空区域了。

三、三垣

古代对星空的分区，除二十八宿外，还有“三垣”。三垣，即紫微垣、太微垣、天市垣。

古人在黄河流域常见的北天上空，以北极星为标准，集合周围其他各星，合为一区，名曰紫微垣。在紫微垣外，星张翼轸以北的星区是太微垣，房心尾箕斗以北的星区是天市垣。

四、五星、七曜

五星指金、木、水、火、土五大行星。五星又称为五纬。五星和日月合称为七政或七曜。五星亮度大，且位置在天空背景上不断变化，同时日月的运行产生了一年四季和朔望的变化，故五星与日月常并称。

金星古称明星，又名太白，因为它光色银白，亮度特强。金星黎明见于东方叫启明，黄昏见于西方叫长庚，所以《诗经》说“东有启明，西有长庚”。木星古名岁星，简称为岁。古人认为岁星十二年绕天一周，每年行经一个特定的星空区域，并据以纪年。水星一名辰星，火星古名荧惑，土星古名镇星或填星。值得注意的是，先秦古籍中谈到天象时所说的水并不是指行星中的水星，而是指恒星中的定星（营室），所说的火也并不是指行星中的火星，而是指恒星中的大火（心宿）。

五、北斗

北斗由天枢、天璇、天玑、天权、玉衡、开阳、摇光七星组成，古人把这七星联系起来想象成为舀酒的斗形。天枢、天璇、天玑、天权组成为斗身，称为魁；玉衡、开阳、摇光组成为斗柄，称为杓。北斗七星属于大熊座。

古人很重视北斗，不仅用它来辨别方向，而且用它决定季节。北斗星围绕北极星回转不息。北极星靠近北天极，是北方的标志。公元前2000年前，北斗更靠近天球北极。把天璇、天枢连成直线并延长约五倍的距离，就可以找到北极星。北极星居中，北斗星运转于外，旋指十二辰。北斗星在不同的季节和夜晚不同的时间，出现于天空不同的方位，人们看起来它在围绕着北极星转动，所以古人又根据初昏时斗柄所指的方向来决定季节，称为斗建。斗柄指东，天下皆春；斗柄指南，天下皆夏；斗柄指西，天下皆秋；斗柄指北，天下皆冬。《黄帝内经》有关于北斗星围绕北极星回转不息以及根据北斗斗柄确定时节的记载。

六、分野

在春秋战国时代，人们根据地上的区域来划分天上的星宿，把天上的星宿分别指配于地上的州国，使它们互相对应，认为某星是某国的分星，某星宿是某州国的分野，或某地是某星宿的分野，这就是所谓分野的观念。《周礼》中记“保章氏”以星土辨九州之地，所封封域皆有分星，以观妖祥。此为星占之范围。

第二节 地理

中国最早的地理著作是战国时代的《尚书·禹贡》和《管子·地员》。《尚书·禹贡》按地理特征将古代中国版图分为九州，并概要记载各地自然条件、经济活动和物产交通，堪称世界上第一部综合地理作品。《管子·地员》探索了中国土地的分类和山地植物的垂直带谱，是世界上最早对土地进行系统分类的作品。

一、京、都

古代称首都为京、都。京，《说文》：“人所为绝高丘也。”都，《说文》：“有先君之旧宗庙曰都。”京、都是人口众多、城池宏伟的帝王所居之处。我国古代随朝代更替，首都也屡经变迁。商代前期的都城屡次迁徙，自盘庚迁都至殷（今河南安阳市西），以后直至商朝灭亡一直未变。西周都镐京（今陕西西安市西南），东周都洛邑（也写作雒邑，即今河南洛阳市），秦都咸阳（今陕西咸阳市附近），西汉都长安（今陕西西安市附近），东汉都洛阳，魏和西晋均都洛阳，东晋都建业（后改名建康，在今江苏南京市），南朝均建都于建康。隋都大兴（今陕西西安市），唐都长安，北宋都东京（今河南开封市）；南宋先都南京（今河南商丘），后都临安（今浙江杭州）。元都大都（今北京市），明清均以顺天府（今北京市）为京师。

有的朝代还有陪都，例如唐有“五京”：京兆府为中京，凤翔府为西京，成都府为南京，河南府为东京，太原府为北京。宋以开封府为东京，河南府为西京，应天府（今河南商丘）为南京，大名府（今河北大名）为北京。

二、郡、国、州、县、府、省、道、路

秦始皇统一中国后，设立郡、县两级的行政区划。这种体制，一直为历代所沿用。秦初定三十六郡，后来逐渐增至四十余郡。

汉承秦制，行政区划主要是郡、县两级。但与郡平行的还有“国”。国是汉代诸侯王的封地，地方大小不一。汉景帝以国的区域略等于郡，所以“郡国”连称。汉武帝时，为了加强中央集权，除京师附近七郡外，分全国为十三个监察区，简称“十三部”或“十三州”，其名称为：豫、兖、青、徐、冀、幽、并、凉、益、荆、扬、交趾、朔方。东汉时朔方并入并州，“交趾”改称“交州”，加上司隶校尉部仍是十三部或十三州，但性质已逐渐变成郡上面的一级行政区划。

南北朝时行政区划仍有州、郡、县三级。西晋分全国为 19 州。后来形成南北对峙的局面，南朝和北朝各自的版图都缩小了，而州却不断增多，到陈末有 57 个州。州和郡的辖境就变得差不多了。

隋统一全国后，废郡，而以州县为两级行政区划。隋炀帝时，改州为郡。到唐朝，州郡迭改。宋朝废郡称州，以后各朝一直是以州统县。

唐代设置监察区，称“道”，略等于汉代的州。贞观时全国分为十道，如关内道（治凤翔）、河南道（治洛阳）等。开元年间又分为十五道，这是从关内道分出京畿道（治长安），从河南道分出都畿道（治洛阳）等。

宋朝没有“道”而有“路”。最初全国分为十五路，后来又分为十八路、二十三路。二十三路的区域与今天的省大致相当，名称也有不少相同。

唐宋时与州、郡平行的行政单位还有“府”。大州叫府，如唐代的凤翔府、兴元府等，都是曾经做过陪都的。宋代有开封府、大名府等。开封府是东京，大名府是北京。

元朝的行政区划比较复杂，有省、道、路、州（府）、县五级。“省”是“行中书省”的简称，意思是中书省的行署。本来是临时设置的，后来成为固定的行政区划。当时山东、山西及河北由中书省直辖，称为“腹里”，其余地方分为十一行中书省，简称十一行省。元朝的“道”相当于宋朝的“路”，元朝的“路”与后来明清的“府”相近。有的省下没有道，直接领路。路下是州（府），州（府）辖县。

明朝把“省”改为“布政使司”，全国各地除直辖京师和南京的地方外，分为十三布政使司，俗称“十三省”，习惯上把两京也算在里面，合称“十五省”，其名称为：山东、山西、河南、陕西、四川、湖广（今湖南、湖北）、浙江、江西、福建、广东、广西、云南、贵州、北直隶、南直隶。省以下的行政区划是府。明代改州为府，只有少

数直隶州直辖于省，其余的散州与县平行，隶属于府。

清朝的体制大致与明朝相同，只是把“布政使司”又改为省。清初把北直隶改为直隶省，把南直隶改为江南省，后来又把江南分为江苏、安徽，把陕西分为陕西、甘肃，把湖广分为湖南、湖北，这样，省的名称与现在就基本一致了。省下辖的行政单位，清朝和明朝一样，也是府和州、县两级。

第三节　职官

我国古代的职官制度历代都有所不同。秦汉以前还没有形成全国统一的官制。秦始皇统一中国以后，建立起中央集权的统一官制，把官吏分为中央和地方两类。汉代基本沿袭秦制，以后历代虽然有种种变化，但两千年来大致是以秦汉官制作为基础发展演变的。

一、三公、三省、二府

秦代皇帝之下设三公、九卿组成中枢机构。三公为丞相、太尉和御史大夫。丞相秉承皇帝意旨佐理国政；太尉掌全国军事；御史大夫是皇帝的秘书长兼管监察。丞相官位最高，尊称为相国，通称为宰相。汉初沿袭秦制，汉武帝以后，丞相地位虽尊，权力却逐渐缩小。西汉末丞相改称大司徒，太尉改称大司马，御史大夫改称大司空，号称“三公”（又称“三司”），都是宰相。但到东汉光武帝时，“虽置三公，事归台阁”，“三公”只处理例行公事，台阁反而成了实际上的宰相府了。所谓台阁，就是指尚书台，后世逐渐称为尚书省。尚书省首长是尚书令，副职是尚书仆射（yè）。

魏文帝鉴于东汉尚书台的权势太大，便把它改为外围的执行机构，另外设置中书省，以中书监、令为首长，参掌中枢机密。南北朝时皇帝鉴于中书省权势日大，又设置门下省，以侍中为首长，对中书省加以限制。这样就形成了皇朝中央尚书、中书、门下三省分职的制度：中书省取旨，门下省审核，尚书省执行，三省首长同为宰相，共议国政。

唐代因为唐太宗曾任尚书令，以后此官不再授人，而以左右仆射为尚书省的首长（宰相）。唐太宗又认为中书令和侍中的官位太高，不轻易授人，常委派其他官员加上“参议朝政”、“参议得失”、“参知政事”之类的名义掌宰相之职。唐高宗以后执行宰相职务的称为“同中书门下三品”、“同中书门下平章事”，这些官员成了实际的宰相，三省的首长没有什么权力了，左右仆射不再参决大政。

宋代中央是中书和枢密院分掌文武二柄，号称二府。枢密院类似秦代的太尉府，正副首长是枢密使、副使。

辽代中枢机构是北、南宰相府，各设左、右宰相，从此正式确定了“宰相”的官号。元代以尚书省、中书省为宰相府，以尚书令、左右丞相、平章政事为宰相，后废尚书省，并入中书省。明代废中书省，皇帝亲理国政，以翰林院官员加龙图阁大学士衔草拟诏谕。后来大学士逐渐参与大政，成了实际上的宰相。清沿明制。到雍正时成立军机处，大学士就没有什么职权了。

二、九卿

九卿指秦汉时中央的行政长官。其名称及分工是：奉常，汉景帝时改称太常，掌宗庙礼仪；郎中令，汉武帝时改称光禄勋，管宫廷侍卫；卫尉，汉景帝初一度改称中大夫令，管宫门警卫；太仆，管皇帝车马；廷尉，汉代有时又称为大理，是最高的法官；典客，汉景帝时改称大行令，汉武帝时改称大鸿胪，管理少数民族来朝事宜；宗正，管理皇族事务；治粟内史，汉景帝时改称大农令，汉武帝时改称大司农，管租税赋役；少府，管宫廷总务。九卿之中，廷尉、典客和治粟内史管的是政务，其余六卿管的是皇帝私人事务。

九卿之外，还有掌管京师治安的中尉（后来称为执金吾），以及掌管营建宫室的将作少府（后来称为将作大匠）等等。诸卿各有属官。

三、六部

从东汉到隋唐，尚书省（或尚书台）是行政的总负责机构。由于事务繁多，尚书省内分曹办事，每曹设尚书一人，这是后世中央各部的前身。隋以前分曹没有一定的制度，到隋代才定为吏、民、礼、兵、刑、工六部，属于尚书省。唐避太宗讳，改民部为户部。此后历代相承，作为中央行政机构的六部制一直沿袭到清代，基本未变。

六部的职责分工大致是：吏部，掌官吏的任免、铨叙、考绩、升降等；户部，掌土地、户口、赋税、财政等；礼部，掌典礼、科举、学校等；兵部，掌全国军政；刑部，掌刑法、狱讼等；工部，掌工程、营造、屯田、水利等。

后世以《周礼》六官作为六部尚书的代称，如户部尚书称为大司徒，礼部尚书称为大宗伯等。六部成立，诸卿的职权变小，有的卿由于职务并入有关的部司，后来就裁撤了。

第四节　科举

科举是我国古代选拔人才的制度。先秦即有乡举里选之说，《周礼·地官·乡大夫》讲到三年举行一次“大比”，以考查乡人的“德行道艺”，选拔贤能的人才。《礼记·王制》提到“乡论秀才”，经过逐级选拔，有所谓俊士、进士等名称。《礼记·射义》还提到诸侯贡士于天子。

一、汉魏六朝察举制

汉代有察举制度，汉高祖下过求贤诏，汉文帝也曾下诏察举贤良方正直言极谏之士，汉武帝又诏令天下察举孝廉和茂才，茂才就是秀才（优秀的人才）。汉昭帝以后，举士包括多方面的人才。东汉承袭旧制。一般说来，西汉以举贤良为盛，东汉以举孝廉为盛。汉代被荐举的吏民经过皇帝“策问”后按等第高下授官，有所谓“对策”和

"射策"。"对策"是将政事或经义方面的问题写在简策上发给应举者作答；"射策"则类似抽签考试，由应举者用矢投射简策，并解释射中的简策上的疑难问题。后来"策问"的形式定型化为一种文体，萧统《文选》称之为"文"。"对策"也被认为是一种文体，简称为"策"。

魏晋六朝，地方察举孝廉、秀才的制度基本未废。当时有所谓"九品官人法"，各州郡都设中正官负责品评当地人物的高低，分为上上、上中、上下、中上、中中、中下、下上、下中、下下九品。这种制度本来是为了品评人才的优劣，以便选人授官，但是后来由于担任中正的都是"著姓士族"，人物品评全被豪门贵族所操纵，"上品无寒门，下品无势族"，九品实际上成了门第高低的标志了。

二、隋唐宋明清科举制

1. 隋代 魏晋以来，均以"九品中正制"选拔、任用人才，由此导致门阀世族垄断朝政。隋代为了加强中央集权，打击门阀世袭，故在开皇末年实行科举制，规定六品以下官吏须由尚书省吏部铨举，废除了传统的州郡辟举制和九品中正制。隋代的考试制度，除有秀才、明经科外，炀帝时又加了进士科；进士只试策，明经除试策外还试经。这两种科目都适应了一般士绅的要求，通过考试，即可入仕。这样就算是一般庶族寒门，只要有才就有机会跻身掌权的统治阶层中。这为后来唐代进一步完善科举制，奖拔寒庶、抑制门阀开了先河。

2. 唐代 唐承隋制，并增设明法、明字、明算诸科，而以进士、明经二科为主。进士科重文辞，明经科重经术。唐高宗武则天以后，进士科最为社会所重，参加进士科考试被认为是致身通显的重要途径。进士科以考诗赋为主，此外还考时务策等。诗赋的题目和用韵都有一定的规定。诗多用五言六韵（近代变为五言八韵），有一定的程序，一般称为试帖诗。

唐代取士由地方举送中央考试，称为乡贡。中央主持科举考试的机关是礼部，考官通常由礼部侍郎担任，称为知贡举。唐人有关科举考试的文章常常讲到有司、主司等，都指考官而言。参加进士科考试要请当世显人向考官推荐奖誉，才有及第（及格）的希望。及第以后称考官为座主、为恩门，对座主则自称门生。同科及第的人互称为同年。进士、明经等科通常每年都要举行。被地方举送应试的人通称为举人。唐人常说"举进士"，意思是应举参加进士科的考试，这种人在唐代就称为进士。唐人后来仍通称应进士科考试的人为秀才。可见，唐代进士、举人和秀才的概念与后世不同。

唐人进士及第第一名称为状头或状元。同榜的人在长安慈恩寺雁塔题名，称为题名会。宴会于曲江亭子，称为曲江会。又遍游名园，选同榜少年二人为"探花使"，探采名花。唐人进士及第后尚未授官称为前进士，还要参加吏部"博学宏词"或"拔萃"的考选，取中后才授予官职。

此外唐代还有"制举"，这是由皇帝特诏举行的考试，据说是要选拔特殊的人才。无论取中进士、明经等科与否，都可以应制举。考期不固定，科目由皇帝临时决定，有贤良方正能直言极谏科、才识兼茂明于体用科、文辞秀逸科、风雅古调科，等等，前后不下百十种。这些称为制科。唐代博学宏词科本来也是制科，开元十九年（731 年）以后改为吏部选人的科目，每年举行考试。宋代制举恢复博学鸿词科，直到清代还有博学鸿词科。

3. 宋代 宋代最初也以进士、明经等科取士。宋神宗时王安石建议废明经等科，只保留进士科。进士科不考赋而改试经义，此外仍考论策（后来也间或兼考诗赋）。礼部考试合格后，再由皇帝殿试复审，然后分五甲（五等）发榜，授予官职。

4. 明清 明清两代的科举制度大致相同。以清代科举制度为例，清人为了取得参加正式科举考试的资格，先要参加童试，参加童试的人称为儒童或童生，录取“入学”后称为生员，又称为庠生，俗称秀才。这是“功名”的起点。生员分为三种：成绩最好的是廪生，有一定名额，由公家发给粮食；其次是增生，也有一定名额；新“入学”的称为附生。每年由学政考试，按成绩等第依次升降。

正式的科举考试分为乡试、会试、殿试三级。

（1）乡试：乡试通常每三年在各省省城举行一次，又称为大比。由于是在秋季举行，所以又称为秋闱。参加乡试的是秀才（庠生），但是秀才在参加乡试之前先要通过本省学政巡回举行的科考，成绩优良的才能选送参加乡试。乡试取中后称为举人，第一名称为解元。

（2）会试：会试在乡试后的第二年春天在礼部举行，所以会试又称为礼闱，又称为春闱。参加会试的是举人，取中后称为贡士，第一名称为会元。会试后一般要举行复试。

以上各种考试主要是考八股文和试贴诗等。

（3）殿试：殿试是皇帝主试的考试，考策问。参加殿试的是贡士，取中后统称为进士。殿试分三甲录取。第一甲赐进士及第，第二甲赐进士出身，第三甲赐同进士出身。第一甲录取三名，第一名俗称状元，第二名俗称榜眼，第三名俗称探花，合称为三鼎甲。第二甲第一名俗称传胪。

状元授翰林院修撰，榜眼、探花授翰林院编修。其余诸进士再参加朝考，考论诏奏议诗赋，选擅长文学书法的为庶吉士，其余分别授主事（各部职员）、知县等。实际上，要获得主事、知县等职，还须经过候选、候补，有终身不得官者。庶吉士在翰林院内特设的教习馆（亦名庶常馆）肄业三年期满后举行“散馆”考试，成绩优良的分别授翰林院编修、翰林院检讨，原来是第二甲的授翰林院编修、原来是第三甲的授翰林院检讨。其余分发各部任主事，或分发到各省任知县。

科举还有武科一类，从唐朝武则天开始设立直到清代都有武科考试。

第五节　记时方法

中国古代由于农业生产的需要，希望根据天象变化确定年、月、日的时间长度。把年、月、日等记时单位，按照一定的法则组合起来，以计算较长时间的系统叫做历法。

古人经常观察到的天象是太阳的出没和月亮的盈亏，所以以昼夜交替的周期为一

“日”，以月相变化的周期为一“月”（现代叫做朔望月）。至于“年”的概念，最初大约是由于庄稼成熟的物候而形成的。《说文解字》说：“年，谷孰也。”（孰，同“熟”）如果说禾谷成熟的周期意味着寒来暑往的周期，那就是地球绕太阳一周的时间，现代叫做太阳年。以朔望月为单位的历法是阴历，以太阳年为单位的历法是阳历。我国古代的历法不是纯阴历，而是阴阳合历。

一、记日法

大约在殷商时代古人就采用干支记日的方法。甲骨文有干支记日的记载，有时只记天干不记地支。到了春秋战国，干支记日成为史官记日的传统方法。干即天干，计有甲、乙、丙、丁、戊、己、庚、辛、壬、癸十个，故亦称十干。支即地支，计有子、丑、寅、卯、辰、巳、午、未、申、酉、戌、亥十二个，故亦称十二支。十干和十二支依次组合，可得六十个单位，称为六十甲子。见表 5－1。

表 5－1　天干地支记日表

甲子	乙丑	丙寅	丁卯	戊辰	己巳	庚午	辛未	壬申	癸酉
甲戌	乙亥	丙子	丁丑	戊寅	己卯	庚辰	辛巳	壬午	癸未
甲申	乙酉	丙戌	丁亥	戊子	己丑	庚寅	辛卯	壬辰	癸巳
甲午	乙未	丙申	丁酉	戊戌	己亥	庚子	辛丑	壬寅	癸卯
甲辰	乙巳	丙午	丁未	戊申	己酉	庚戌	辛亥	壬子	癸丑
甲寅	乙卯	丙辰	丁巳	戊午	己未	庚申	辛酉	壬戌	癸亥

每个单位代表一天，假使某日是甲子，则甲子以后的日子就依次顺推为乙丑、丙寅、丁卯等，甲子以前的日子就依次逆推为癸亥、壬戌、辛酉等。六十甲子周而复始，可以无限期地记载下去。

古人记日，有时只记天干不记地支，后来干支记日通行，天干记日法便渐渐被摒弃不用了。也有只记地支不用天干的，这种记日方法属于后起，且大多限于特定的日子，如“三月上巳”之类。三月上巳，即阴历三月上旬第一个巳日，这一天（后来固定在三月三日），原是古人临水修禊的日子，后来便成为水边宴饮、郊外游春的节日。

一个月中的某些日子，古代有特定的名称。每月的第一天叫做“朔”，每月的最后一天叫做“晦”，在先秦古籍里，朔晦两天，一般称干支，又称朔晦。每月十五称为“望”，过了望日即每月十六就称为“既望”。每月的初七、初八称为“上弦”，二十二、二十三称为“下弦”，又统称之为“弦”。

二、记时法

古人最初根据天色把一昼夜分为若干时段，然后把每一时段定个名称。例如把太阳升起的时候叫做“旦、早、朝、晨”，也称为“日出”，把太阳下山的时候叫做“夕、晚、暮、昏”，也称为“日入”，把太阳正中的时候叫做“日中”，将近日中的时候叫做

"隅中"，太阳开始西斜叫做"日昃"或"日昳（dié）"。古代人一日只吃两餐，第一餐在日出之后隅中之前，称为"朝食"或"蚤食"，这段时间便叫"食时"；第二餐在日昃之后日入之前，称为"晡食"或"晏食"，这段时间便叫"晡时"。日入以后，称为"黄昏"，黄昏以后称为"人定"，人定以后就是"夜半"了。夜半以后是"鸡鸣"，鸡鸣以后是"昧旦"（又叫昧爽），这是天将亮以前两个先后相继的时段。天亮的时间，古代叫"平旦"或"平明"。

对一昼夜产生了等分的时间概念之后，古人开始用十二地支表示十二个时辰。每个时辰相当于今天的两个小时。小时，即小时辰之意。十二时段的名称，配以地支。见表5－2。

表5－2　十二地支记时表

时段	夜半	鸡鸣	昧旦	平旦	食时	隅中	日中	日昃	晡时	日入	黄昏	人定
地支	子	丑	寅	卯	辰	巳	午	未	申	酉	戌	亥

到了近代，又把每个时辰分为"初"、"正"。若拿现在的时间对照，晚上十一时是子初，夜半十二时是子正；凌晨一时是丑初，二时是丑正，余依此类推。这样就等于把一昼夜分成二十四等分。"小时"的概念则是到20世纪初才渐渐普遍使用的。

三、记月法

古人通常都用序数记月，如一月、二月、三月等等。每个月都有特定的名称。据《尔雅·释天》记载："正月为陬，二月为如，三月为寎，四月为余，五月为皋，六月为且，七月为相，八月为壮，九月为玄，十月为阳，十一月为辜，十二月为涂。"

古代还有一种所谓"月建"的记月方法。就是把十二个月份和十二支相配，以冬至所在的十一月（夏历）配子，称为建子之月，十二月配丑，称为建丑之月，正月配寅，称为建寅之月，由此顺推，直至十月为建亥之月，再周而复始。至于用干支相配来记月，则是后起的事。十二个月的地支是固定的，天干则随年变化。以夏历十二月为例，见表5－3。

表5－3　十二地支记月表

月	正月	二月	三月	四月	五月	六月	七月	八月	九月	十月	十一月	十二月
地支	寅	卯	辰	巳	午	未	申	酉	戌	亥	子	丑

四、纪年法

1. 君王即位纪年　我国古代最早是按照君王即位的年次来纪年的，如周平王元年（公元前770年）、鲁隐公元年（公元前722年）、秦始皇二十六年（公元前221年）等等。这种纪年法以元、二、三、四的序数递记，直至旧君去位新君即位为止。

2. 年号纪年　从汉武帝建元元年（公元前140年）开始用年号纪年，也是用元、二、三的序数递记，至更换年号又重新开始。有些皇帝只用一个年号，如大业（隋炀帝）、武德（唐高祖）、贞观（唐太宗）、洪武（明太祖），有些皇帝则经常更换年号，有多至十余个的，如唐高宗李治在位33年，年号竟换了14个之多。

3. 干支纪年　我国从西周共和元年（公元前841年）开始有了连续纪年。古代用干支纪年，一般认为始自东汉，但也有人认为在汉代初年就开始使用了，只是到东汉元和二年（公元85年）才用政府命令的形式，在全国范围内颁布施行。六十甲子，周而复始，至今不废。

第六节　节气、节日

一、二十四节气

古人在长期的生产实践中，逐步认识到季节的更替和气候的变化对掌握农事季节、发展农业生产关系十分密切，于是把一年的365日平分为立春、雨水、惊蛰等二十四节气，以反映四季气温、雨雪、物候等方面的变化规律。二十四节气的名称按顺序见表5－4。

表5－4　二十四节气表

月份	正月	二月	三月	四月	五月	六月	七月	八月	九月	十月	十一月	十二月
节气	立春 雨水	惊蛰 春分	清明 谷雨	立夏 小满	芒种 夏至	小暑 大暑	立秋 处暑	白露 秋分	寒露 霜降	立冬 小雪	大雪 冬至	小寒 大寒

二十四节气系统是逐步完善起来的。古人很早就掌握了“二分二至”这四个最重要的节气，后来又掌握了“启闭”等节气。“分”就是指春分、秋分，“至”就是指夏至、冬至，“启”就是指立春、立夏，“闭”就是指立秋、立冬。古人使用土圭，即竖立一条直立的杆，正午时候测量太阳的投影，当投影最短时称夏至，最长时称冬至，从而知道一回归年为365日。古人还根据“云物”即日旁云气的颜色以观测吉凶水旱。至秦代才出现立春、立夏、立秋、立冬四个节气的名称。与后世完全相同的二十四节气名称，则要到《淮南子》问世以后才有。《淮南子·天文训》详细记载了二十四节气的名称。其中“惊蛰”古代本叫“启蛰”，汉代避景帝刘启讳，改称“惊蛰”。二十四节气和阴历月份的搭配并不是年年一致的，因为节气跟太阳走，与朔望月无关。用古代天文学上的话来说，二十四节气是根据太阳在黄道上不同的视位置而定的。用现代天文学上的话来说，就是表示地球在围绕太阳公转轨道上的二十四个不同的位置。

二十四节气也与置闰有关系。最初，古人把二十四个节气分成节气和中气两种。如立春是正月节气，雨水是正月中气，惊蛰是二月节气，春分是二月中气，节气与中气相间，余依此类推。但由于一个节气加一个中气平均有三十天半，大于一个朔望月（平均二十九天半）的天数，所以每月的节气和中气总要比上个月往后推迟一至两天。这样向后推下去，当推至某月只有节气而没有中气的时候，就在这个月份置闰，所以古书上说“闰月无中气”。换言之，当节气出现在某年某月十五日的时候，这时它前后都挂空了，于是就把这一月份定为闰月。今天农历置闰仍是使用这个老办法。阳历则每月都有节气和中气，一至六月，每月六日和二十一日前后是交节日期；七至十二月，每月八日和二十三日前后是交节日期。

二、节日

由于风俗习惯的关系，我国古代的节日很多，有许多一直流传到今天。下面把一些主要的节日按夏历四季顺序加以介绍。表5－5～5－8。

（1）春季的节日：见表5－5。

表5－5　春季的节日

名称	时间	主要习俗
春节	正月初一（今日定为春节自辛亥革命始）	最受重视的传统节日。习俗有扫尘、守岁、放爆竹、贴春联、拜年五种。此外盛行舞狮子、耍花灯、逛花市、踩高跷、赏冰灯等活动
人日	正月初七	据汉·东方朔《占书》载，正月一日为鸡，二日为狗，三日为猪，四日为羊，五日为牛，六日为马，七日为人，八日为谷
上元	正月十五日	这天晚上叫元宵，也叫元夜。唐代以来有观灯的风俗，故又叫灯节。此日张灯结彩，进行猜谜活动，还要吃汤圆，包饺子
花朝	二月十五日	旧俗以二月十五日为百花生日，故称花朝节。一说为十二日（别名扑蝶会），又说为初二日（别名挑菜节）
春社	立春后第五个戊日，即春分前后	古代在春、秋季有两次祭祀土神的日子，叫做社日。此日先是祭神，然后饮酒庆祝
上巳	古为三月上旬巳日，魏晋定为三月三日	旧俗以此日临水洗濯，消除不祥，叫做禊日。后来成为水边饮宴、郊外踏青的节日
寒食	清明前两天（一说前一天）	相传起于晋文公悼念介之推事，因介之推抱木焚死，于是定此日禁火寒食
清明	三月初	二十四节气中唯一一个被演变为正式节日。旧时常把寒食延续到清明，故两者很难分辨。有踏青扫墓的习俗

（2）夏季的节日：夏季的节日见表5－6。

表5－6　夏季的节日

名称	时间	主要习俗
浴佛节	四月初八日	相传四月八日为释迦牟尼生日，佛寺在此日举行诵经，并设香汤浴佛，共作龙华会，后来演变成为民间的节日
浣花日	四月十九日	蜀人倾城宴游于成都西浣花溪旁，浣花日由此得名
女儿节	五月初一日	明清时京城女子习俗之一。五月一日至五日，家家妍饰小闺女，簪以榴花，曰女儿节

续表

名称	时间	主要习俗
端午节	五月初五日	本名端五，也称端阳、重午、午日。传说是为了纪念爱国诗人屈原。此日举行龙舟竞赛活动，还要吃粽子，喝雄黄酒，悬艾驱邪
伏日	夏至后第三个庚日	据说伏是隐伏避盛暑的意思。此日民间举行祭祀活动

（3）秋季的节日：秋季的节日见表5－7。

表5－7 秋季的节日

名称	时间	主要习俗
七夕（少女节、乞巧节）	七月初七日	相传这天晚上是牛郎织女在天河相会之夜，家家妇女结彩缕，穿七孔针，陈设酒脯瓜果于庭中，向织女乞求智巧
中元	七月十五日	旧时道观于此日作斋醮（jiào），僧寺作盂兰盆会，民俗祭祀亡故亲友等
天医日	八月初一日	《协纪辨方书·义例·成》：“其日宜请药避病，寻巫祷祀”
中秋	八月十五日	此时的月亮最亮最圆，所以是赏月的佳节。有吃月饼的习俗
重阳	九月初九日	九是阳数，日月都逢九，故称重阳，又叫重九此日“必糕酒登高眺远”、“酒必采茱萸甘菊以泛之，既醉而还”。重阳节里放风筝，也是传统活动

（4）冬季的节日：冬季的节日见表5－8。

表5－8 冬季的节日

名称	时间	主要习俗
下元	十月十五日	京城于此日张灯结彩如上元之夕
腊日	十二月初八日	旧时腊祭的日子。古人在这一天猎禽兽，用以岁终祭先祖
腊八	十二月初八日	相传此日是释迦牟尼的成道日，佛寺诵经，设五味粥供佛，名曰腊八粥，又名七宝粥。后演变为民间习俗，吃腊八粥有庆丰收之意
祀灶日	十二月廿三、四日	这是祭祀灶神的日子。又，旧俗以十二月二十四日为小年
除夕	十二月三十日	除是除旧布新的意思。一年的最后一天叫岁除，所以那天晚上叫除夕，俗称大年夜。旧俗除夕终夜不睡，以待天明，谓之守岁

上述这些节日，是许多时代积累下来的，而且都是汉族地区的习俗。我国是个多民族的大家庭，少数民族的传统节日也很多，如蒙古族每年七八月举行的那达慕大会，信奉伊斯兰教民族的开斋节、古尔邦节，藏族的望果节、雪顿节，彝族的火把节，傣族的泼水节等，反映了各族人民的生活习惯、文化特点和宗教信仰，具有浓厚的民族特色和地方色彩，也值得了解和研究。

第七节　饮食与器物

一、饮食

1. 五谷　古代所指的五种谷物。有多种说法，最主要的有两种：一种指稻、黍、稷、麦、菽；另一种指麻、黍、稷、麦、菽。两者的区别是：前者有稻无麻，后者有麻无稻。古代经济文化中心在黄河流域，稻的主要产地在南方，而北方种稻有限，所以“五谷”中最初无稻。

2. 五牲　五种动物。具体所指说法不一：一种指牛、羊、猪、犬、鸡；一种指麋、鹿、麏（jūn）、狼、兔；还有一种指麏、鹿、熊、狼、野猪。第一种说法流传较广。

3. 五味　指酸、咸、甜（甘）、苦、辣（辛）五种味道。

4. 六畜　指六种家畜：马、牛、羊、猪、狗、鸡。

5. 八珍　指八种珍贵的食品。其具体所指随时代和地域而不同。陶宗仪《南村辍耕录》卷九云：“所谓八珍，则醍醐、麆沆、野驼蹄、鹿唇、驼乳麋、天鹅炙、紫玉浆、玄玉浆也。”后世以龙肝、凤髓、豹胎、鲤尾、鸮炙、猩唇、熊掌、酥酪蝉为八珍。

6. 羹　古代羹有三种：一指用肉或菜调和五味做成的带浓汁的食物。如《说文》：“五味和羹。”（按，上古的“羹”，一般是指带汁的肉，而不是汤。“羹”表示汤的意思，是中古以后的事情）二指调和五味的汤。如《孟子·告子上》：“一箪食，一豆羹，得之则生，弗得则死。”三指煮熟带汁的蔬菜。如《韩非子·五蠹》：“藜藿之羹。”

7. 脍炙　脍，切得很细的鱼或肉；炙，烤肉。古代鲜肉一般用火炙，就像今天的烤羊肉串；干肉则用火烤。“食不厌精，脍不厌细”，可见古代脍食需要很高的刀工技法。脍炙，是人们所共同喜好的，后来把为人所称颂的诗文叫做“脍炙人口”。

二、器物

1. 古代食器　古代食器种类很多，主要的有：

簋（guǐ），形似大碗，人们从甗（yǎn）中盛出食物放在簋中再食用。

簠（fǔ），是一种长方形的盛装食物的器具，用途与簋相同，故有“簠簋对举”的说法。

豆，像高脚盘，本用来盛黍稷，供祭祀用，后渐渐用来盛肉酱与肉羹了。

皿，盛饭食的用具，两边有耳。

盂，盛饮之器，敞口，深腹，有耳，下有圆形之足。盆盂，均为盛物之器。

案，又称食案，是进食用的托盘，形体不大，有四足或三足，足很矮，古人进食时常“举案齐眉”，以示敬意。

匕，是长柄汤匙；俎，是长方形砧板，两端有足支地。古人食肉常用匕把鼎中肉取出，置于俎上，然后用刀割着吃。又常以刀匕、刀俎并举，并以“俎上肉”比喻受人欺凌、任人宰割的境遇。

箸，夹食的用具，与“住”谐音，含有停步之意，因避讳故取反义为“快”，又因以竹制成，故加个“竹”字头为“筷”，沿用至今。

以上食器的质料均可选用竹、木、陶、青铜等。一般百姓大多用竹、木、陶制成，贵族的食器则以青铜居多。古代统治者所用的筷子，有的用金、银或象牙制成。

2. 古代炊具 我国古代炊具有鼎、镬（huò）、甑（zèng）、甗（yǎn）、鬲（lì）等。

鼎，最早是陶制的，殷周以后开始用青铜制作。鼎腹一般呈圆形，下有三足，故有“三足鼎立”之说；鼎的上沿有两耳，可穿进棍棒抬举。鼎腹下面可烧烤。鼎的大小因用途不同而差别较大。古代常将整个动物放在鼎中烹煮，可见其容积较大。夏禹时的九鼎，经殷代传至周朝，象征国家最高权力，只有得到九鼎才能成为天子，可见它是传国之宝。

镬，是无足的鼎，与现在的大锅相仿，主要用来烹煮鱼肉之类的食物；后来它又发展成对犯人施行酷刑的工具，即将人投入镬中活活煮死。

甑，是蒸饭的用具，与今之蒸笼、笼屉相似，最早用陶制成，后用青铜制作，其形直口立耳，底部有许多孔眼，置于鬲或釜上，甑里装上要蒸的食物，水煮开后，蒸气透过孔眼将食物蒸熟。

鬲，与鼎相近，但足空，且与腹相通，这是为了更大范围地接受传热，使食物尽快烂熟。鬲与甑合成一套使用称为“甗”。鬲只用作炊具，故体积比鼎小。炊具可分为陶制、青铜制两大类。一般百姓多用陶制，青铜炊具为贵族所用。

3. 古代酒器 尊，是古代酒器的通称，作为专名是一种盛酒器，敞口，高颈，圈足。尊上常饰有动物形象。

壶，是一种长颈、大腹、圆足的盛酒器，不仅装酒，还能装水，故后代用“箪食壶浆”指犒劳军旅。

彝、卣（yǒu）、罍（léi）、缶（fǒu），都是形状不一的盛酒器。

爵，古代饮酒器的总称，作为专名是用来温酒的，下有三足，可生火温酒。

角，口呈两尖角形的带盖温酒、盛酒器具。

觥（gōng），是一种盛酒、饮酒兼用的器具，像一只横放的牛角，长方圈足，有盖，多作兽形，觥常被用作罚酒。欧阳修《醉翁亭记》中有这样的描述：“射者中，奕者胜，觥筹交错，起坐而喧哗者，众宾欢也。”

斝（jiǎ），温酒器。斝的形状似爵与角，与爵、角主要不同点是无流无尾，仅在口缘上有两柱。腹的形状为圆形、平底。

杯，椭圆形，是用来盛羹汤、酒、水的器物。杯的质料有玉、铜、银、瓷器，小杯为盏、盅。

卮，也是一种盛酒器，《鸿门宴》中有“卮酒安足辞”之句。

4. 古代家具 我国古代家具主要有席、床、屏风、镜台、桌、椅、柜等。

席子，是最古老、最原始的家具，最早由树叶编织而成，后来大都由芦苇、竹篾编成。古人常“席地而坐”，足见席子的应用是很广泛的。

床，是席子以后最早出现的家具。一开始，床极矮，古人读书、写字、饮食、睡觉几乎都在床上进行。《孔雀东南飞》："阿母得闻之，槌床便大怒。"诗中的"床"指的是坐具。

与这种矮床配合用的家具有几、案、屏风等。还有一种矮榻常与床并用，故有"床榻"之称。魏晋南北朝以后，床的高度与今天的床差不多，成为专供睡觉的家具。唐宋以来，高形家具广泛普及，有床、桌、椅、凳、高几、长案、柜、衣架、巾架、屏风、盆架、镜台等，种类繁多，品种齐全。各个朝代的家具都讲究工艺手法，力求图案丰富，雕刻精美，表现出浓厚的中国传统气派，成为我国传统文化的一个组成部分。其独特的风格与样式，对世界不少国家产生过深远影响。

第八节　称谓与避讳

中国古代的称谓较为复杂，本节只简略介绍年龄称谓、常见称谓及避讳常识。

一、称谓

（一）年龄称谓

古代表示年龄的方法丰富生动，不拘于数词一种。古代医书中，根据人之一生生理的生、长、盛、衰特点，对年龄有一定的称谓。例如《素问·上古天真论》篇首就有"生而神灵，弱而能言，幼而徇齐，长而敦敏，成而登天"的记载。

古代经书中，常根据人的一生中求学、成家、立业、为官、告退等经历特点，对各种年龄阶段冠以不同的名称。广为人知的有《论语·为政》、《礼记·曲礼上》、《礼记·王制》中对年龄的称谓。在一些诗词文章中，则从男女、婚否、装束、习俗、体态、学识等不同角度，给年龄以代称。

根据古代通常划分时期，择其常见者，列表如下。见表5－9～5－16。

表5－9　出生时期

称谓	所指年龄	简介
初度	出生之时	屈原《离骚》："皇览揆余初度兮，肇锡余以嘉名。"后称生日
汤饼之期	婴儿出生三日	汤饼犹今之切面。旧俗婴儿出生第三天时要举行庆贺宴会，因备有象征长寿的汤面，故名。又称汤饼筵、汤饼局

表5－10　幼年时期

称谓	所指年龄	简介
周晬（zuì）	小儿周岁	旧俗小儿一岁时举行的礼仪，又称晬日、晬盘日。是日以盘盛放纸笔、刀箭、钱币、针线等物，任小儿抓取，由此占其日后的志向和兴趣，谓之试儿，也叫抓周、试晬

续表

称谓	所指年龄	简介
孩提	二三岁	《孟子·尽心上》："孩提之童，无不知爱其亲者。"又作提孩、孩抱
免怀	三岁	《论语·阳货》："子生三年，然后免于父母之怀。"又称免怀之岁
幼弱	七岁以下	《周礼·司刺》："壹赦曰幼弱。"郑玄注："幼弱，年未满八岁"

表5－11　童年时期

称谓	所指年龄	简介
龆龀（tiáo chèn）	七八岁	龆龀均谓儿童换齿，即脱去乳齿，长出恒齿。又称毁齿、冲龀等
幼学	十岁	《礼记·曲礼上》："人生十年曰幼，学。"亦称幼学之年
总角	指童年	古代男女未成年前束发为两结，形状如角，故称。又称总发等
垂髫（tiáo）	指童年或儿童	古时儿童不束发，头发下垂，故称。又称垂发、髫年等
黄口	指幼童	《淮南子·氾论训》："古之伐国，不杀黄口，不获二毛。"高诱注："黄口，幼也。"又称黄吻、黄童等

表5－12　少年时期

称谓	所指年龄	简介
豆蔻	称少女十三四岁	杜牧《赠别》诗："娉娉袅袅十三余，豆蔻梢头二月初。"豆蔻，喻处女，言其少而美。豆，也作"荳"。后亦称"豆蔻年华"
志学	十五岁	《论语·为政》："吾十有五而志于学。"又称"志学之年"
束发	一般指十五岁前后	古代男孩成童时将头发束成一髻，故称。又称结发、结童等
及笄（jī）	指女子年满十五	笄，即发簪。盘发而用簪插之，称加笄，为女子成年之礼
破瓜	指女子十六岁	"瓜"字拆开为两个八字，即二八之年，故称。又称瓜字

表5－13　青年时期

称谓	所指年龄	简介
弱冠	男子二十岁	《礼记·曲礼上》："二十曰弱，冠。"古代男子二十岁行冠礼，为成人的标志，故称。又称及冠、弱龄等
花信	女子二十四岁	花信，即"花信风"的简称，犹言花期。风应花期，其来有信，故称。江南自小寒至谷雨，共八个节气，计一百二十日，每五日为一番风候，应一种花信，凡二十四番

表 5-14 壮年时期

称谓	所指年龄	简介
而立	三十岁	《论语·为政》："三十而立。"又称而立之年
有室	男子三十岁	《礼记·曲礼上》："三十曰壮，有室。"又称壮室

表 5-15 中年时期

称谓	所指年龄	简介
不惑	四十岁	《论语·为政》："四十而不惑。"又称不惑之年
强仕	男子四十岁	《礼记·曲礼上》："四十曰强，而仕。"又称强仕之年

表 5-16 老年时期

称谓	所指年龄	简介
知命	五十岁	《论语·为政》："五十而知天命。"又称知命之年
知非	五十岁	《淮南子·原道训》："蘧伯玉年五十，而知四十九年非。"又称知非之年
艾耆（qí）	泛指五六十岁	《荀子·致士》："耆艾而信，可以为师。"又称耆艾
耳顺	六十岁	《论语·为政》："六十而耳顺。"又称耳顺之年
耆	六十岁	《礼记·曲礼上》："六十曰耆，指使。"又称耆年、年耆
花甲	六十岁	本指六十甲子，以天干地支名号错综参互，故称花甲。又称花甲子、花甲之年等
耆老	泛指六七十岁	《国语·吴语》韦昭注："六十曰耆，七十曰老。"又称老耆
耆耄（mào）	泛指六十岁以上	又称耆眊、耆耇（gǒu）、耆齿、耄耋、眊耆等
从心	七十岁	《论语·为政》："七十而从心所欲，不逾矩。"邢昺疏："矩，法也"
老	七十岁	《礼记·曲礼上》："七十曰老，而传"
古稀	七十岁	杜甫《曲江》诗："酒债寻常行处有，人生七十古来稀。"又称古希、古稀年
耋（dié）	八十岁	《诗·秦风·车邻》："今者不乐，逝者其耋。"毛传："八十曰耋"
耄	泛指八、九十岁	《礼记·曲礼上》："八十、九十曰耄。"又称耄耋等
黄发	泛指高寿老人。一说，指九十岁	其他称谓尚有：鲵（ní）齿、耇老、黄耇、胡耇、皓首、白首、桑榆、垂榆、垂暮、耄期等
期颐	百岁	《礼记·曲礼上》："百年曰期颐。"一说百岁曰期；颐，养也

（二）常见称谓

1. 直称 姓名大致有3种情况：

（1）自称姓名或名：如“时珍，荆楚鄙人也”。

（2）用于介绍或作传：如“钱乙，字仲阳”。

（3）称所厌恶、所轻视的人：如“不幸吕师孟构恶于前，贾余庆献谄于后”。

2. 称字 字是为了便于他人称呼。对平辈或尊辈称字出于礼貌和尊敬。如称屈平为屈原，司马迁为司马子长，陶渊明为陶元亮，李白为李太白，杜甫为杜子美，张机为张仲景。

3. 称号 号又叫别号、表号。名、字与号的根本区别是：前者由父亲或尊长取定，后者由自己取定。号，一般只用于自称，以显示某种志趣或抒发某种情感；对人称号也是一种敬称，如陶潜号“五柳先生”，李白号“青莲居士”，杜甫号“少陵野老”，白居易号“香山居士”，李商隐号“玉溪生”，欧阳修号“醉翁”、晚年又号“六一居士”，王安石晚年号半山，苏轼号“东坡居士”，陆游号“放翁”，辛弃疾号“稼轩”，李清照号“易安居士”，罗贯中号“湖海散人”。

4. 称谥号 古代王侯将相、高级官吏、著名文士等死后被追加的称号叫谥号。如称陶渊明为靖节征士，欧阳修为欧阳文忠公，王安石为王文公，范仲淹为范文正公，林则徐为林文忠公。而称奸臣秦桧为缪丑则是一种“恶谥”。

5. 称斋名 指用斋号或室号来称呼。如称蒲松龄为聊斋先生，梁启超为饮冰室主人。

6. 称籍贯 如柳宗元是河东（今山西永济）人，故而人称其柳河东；北宋王安石是江西临川人，故而人称其王临川；清初学者顾炎武是江苏昆山亭林镇人，被称为顾亭林；刘完素为河间人，被称为刘河间。清末有一副饱含讥刺的名联：“宰相合肥天下瘦，司农常熟世间荒。”上联“合肥”指李鸿章（安徽合肥人），下联“常熟”即指出生江苏常熟的翁同龢。

7. 称郡望 韩愈虽系河内河阳（今河南孟县）人，但因昌黎（今辽宁义县）韩氏为唐代望族，故韩愈常以“昌黎韩愈”自称，世人遂称其为韩昌黎。再如苏轼本是四川眉州人，可他有时自己戏称“赵郡苏轼”、“苏赵郡”，就因为赵郡苏氏是当地望族。

8. 称官名 把官名用作人的称呼在古代相当普遍，如称贾谊为贾太傅；“竹林七贤”之一的阮籍曾任步兵校尉，世称阮步兵；嵇康曾拜中散大夫，世称嵇中散；东晋大书法家王羲之官至右军将军，至今人们还称其为王右军；杜甫曾任左拾遗，故而被称为杜拾遗，又因其任过检校工部员外郎，故又被称为杜工部；刘禹锡曾任太子宾客，则被称为刘宾客；苏轼曾任端明殿翰林学士，即被称为苏学士。

9. 称爵名 如诸葛亮曾封爵武乡侯，所以后人以武侯相称；大书法家褚遂良封爵河南郡公，世称褚河南；北宋王安石封爵荆国公，世称王荆公；司马光曾封爵温国公，世称司马温公；明初朱元璋的大臣刘基封爵诚意伯，故人们以诚意伯称之。

10. 称官地 指用任官之地的地名来称呼。如刘备曾任豫州刺史，故称刘豫州；

“建安七子”之一的孔融曾任北海相，世称孔北海；陶渊明曾任彭泽县令，世称陶彭泽；韦应物曾任苏州刺史，世称韦苏州；柳宗元曾任柳州刺史，世称柳柳州；张仲景曾任长沙太守，故称张长沙。

11. 谦称

(1) 表示谦逊的态度：用于自称。愚，谦称自己不聪明。鄙，谦称自己学识浅薄。敝，谦称自己的事物不好。卑，谦称自己身份低微。窃，有私下、私自之意，使用它常有冒失、唐突的含义在内。臣，谦称自己不如对方的身份地位高。仆，谦称自己是对方的仆人，使用它含有为对方效劳之意。

(2) 古代帝王的自谦词：有孤（小国之君）、寡（少德之人）、不谷（不善）。

(3) 古代官吏的自谦词：有下官、末官、小吏等。

(4) 读书人的自谦词：有小生、晚生、晚学等，表示自己是新学后辈；如果自谦为不才、不佞、不肖，则表示自己没有才能或才能平庸。

(5) 古人称自己一方的亲属、朋友的自谦词：常用“家”、“舍”等。“家”是对别人称自己的辈分高或年纪大的亲属时用的谦词，如家父、家母、家兄等。“舍”用以谦称自己的家或自己的卑幼亲属，前者如寒舍、敝舍，后者如舍弟、舍妹、舍侄等。

(6) 其他自谦词：因为古人坐席时尊长者在上，所以晚辈或地位低的人谦称在下；小可是有一定身份的人的自谦，意思是自己很平常、不足挂齿；小子是子弟晚辈对父兄尊长的自称；老人自谦时用老朽、老夫、老汉、老拙等；女子自称妾；老和尚自称老衲；对别国称自己的国君为寡君。

12. 敬称 表示尊敬客气的态度，也叫“尊称”。

(1) 对帝王的敬称：有万岁、圣上、圣驾、天子、陛下等。驾，本指皇帝的车驾。古人认为皇帝当乘车行天下，于是用“驾”代称皇帝。古代帝王认为他们的政权是受命于天而建立的，所以称皇帝为天子。古代臣子不敢直达皇帝，就告诉在陛（宫殿的台阶）下的人，请他们把意思传达上去，所以用陛下代称皇帝。

(2) 对皇太子、亲王的敬称：称作殿下。

(3) 对将帅的敬称：称作麾下。

(4) 对有一定地位的人的敬称：对使节称节下；对三公、郡守等有一定社会地位的人称阁下，现在多用于外交场合，如大使阁下。

(5) 对对方或对方亲属的敬称：有令、尊、贤等。令，意思是美好，用于称呼对方的亲属，如令尊（对方父亲）、令堂（对方母亲）、令阃（称对方妻子。“夫人”一般也用来尊称对方妻子）、令兄（对方哥哥）、令郎（对方儿子）、令爱（对方女儿）。尊，用来称与对方有关的人或物，如尊上（称对方父母）、尊公、尊君、尊府（皆称对方父亲）、尊堂（对方母亲）、尊亲（对方亲戚）、尊驾（称对方）、尊命（对方的嘱咐）、尊意（对方的意思）。贤，用于称平辈或晚辈，如贤家（称对方）、贤郎（称对方儿子）、贤弟（称对方弟弟）。仁，表示爱重，应用范围较广，如称同辈友人中长于自己的人为仁兄，称地位高的人为仁公等。

(6) 对年老之人的敬称：称年老的人为丈、丈人。唐朝以后，丈、丈人专指妻父，又称泰山，妻母称丈母或泰水。

（7）对先人和长辈的敬称：称谓前面加“先”，表示已死，用于敬称地位高的人或年长的人，如称已死的皇帝为先帝，称已经死去的父亲为先考或先父，称已经死去的母亲为先慈或先妣，称已死去的有才德的人为先贤。称谓前加“太”或“大”表示再长一辈，如称帝王的母亲为太后，称祖父为大（太）父，称祖母为大（太）母。唐代以后，对已死的皇帝多称庙号，如唐太宗、唐玄宗、宋太祖、宋仁宗、元世祖、明太祖等；明清两代，也有用年号代称皇帝的，如称朱元璋为洪武皇帝，称朱由检为崇祯皇帝，称玄烨为康熙皇帝，称弘历为乾隆皇帝。

（8）用于尊长者和朋辈之间的敬称：有君、子、公、足下、夫子、先生、大人等。

（9）君对臣的敬称：有卿或爱卿。

（10）对品格高尚、智慧超群之人的敬称：常用“圣”来表示，如称孔子为圣人，称孟子为亚圣。后来，“圣”多用于帝王，如圣上、圣驾等。

13. 贱称　表示轻慢斥骂的态度。如《鸿门宴》中“竖子不足与谋”之“竖子”。

14. 其他称呼

（1）百姓的称呼：常见的有布衣、黔首、黎民、生民、庶民、黎庶、苍生、黎元、氓等。

（2）职业的称呼：对一些以技艺为职业的人，称呼时常在其名前面加一个表示他职业的字眼，让人一看就知道这人的职业身份。如《庖丁解牛》中的“庖丁”，“丁”是名，“庖”是厨师，表明职业。

（3）不同的朋友关系之间的称呼：贫贱而地位低下时结交的朋友叫“贫贱之交”；情谊契合、亲如兄弟的朋友叫“金兰之交”；同生死、共患难的朋友叫“刎颈之交”；在遇到磨难时结成的朋友叫“患难之交”；情投意合、友谊深厚的朋友叫“莫逆之交”；从小一块儿长大的异性好朋友叫“竹马之交”；以平民身份相交往的朋友叫“布衣之交”；辈分不同、年龄相差较大的朋友叫“忘年交”；不拘于身份、形迹的朋友叫“忘形交”；不因贵贱的变化而改变深厚友情的朋友叫“车笠交”；在道义上彼此支持的朋友叫“君子交”；心意相投、相知很深的朋友叫“神交”（“神交”也指彼此慕名而未见过面的朋友）。

二、避讳

在封建社会里，凡遇到跟君主或尊长的名字相同的字或读音，要采用某种方法加以回避，这叫做“避讳”。避讳大约起源于周代，流行于秦汉，盛行于隋唐，而两宋时期最为严格。直至民国废除帝制，这一旧习才基本废止。

（一）避讳的方法

避讳的方法有改字、空字和缺笔。

1. 改字法　凡遇到需要避讳的字，就改用与之意义相同或相近的字，叫做改字法。

所避之字称为讳字，改用的字称为避讳字。

如司马迁《史记》，为避秦庄襄王子楚之名，改“楚”为“荆”。班固《汉书》，为避汉高祖刘邦之名，改“邦”为“国”。刘禹锡《鉴药》，为避唐高宗李治之名，改“治（身）”为“理（身）”。

避嫌名是指回避与君主或尊长的名字音同或音近的字，这是避讳的严格化和扩大化。如唐高祖祖父名虎，唐修《晋书》称南朝梁·沈约的先人沈浒为沈仲高。又据陆游《老学庵笔记》载，宋代田登做州官，自讳其名，州中皆谓“灯”为“火”。上元节放灯，州吏贴出榜文云：“本州依例放火三日。”民谚“只许州官放火，不许百姓点灯”，即本于此。

2. 空字法 凡遇到需要避讳的字，则空其字而不写，或用空围“囗”、“某”、“讳”来代替，叫做空字法。

如《新修本草》，为避太宗李世民讳而删去“世”字，“李世勣”改为“李勣”。《宋书》，为避宋武帝刘裕之名，“刘裕”改为“刘囗”。《史记·孝文本纪》“子某最长”之“某”实即“启”，为避汉景帝刘启之名而改。《医说·太素之妙》“予伯祖讳，字子充”之“讳”实即“扩”，为避宋宁宗赵扩之名而改。

3. 缺笔法 凡遇到需要避讳的字，就在原字基础上缺漏笔画，且多为最后一二笔，叫做缺笔法。这是产生于唐代的一种方式。

如为避孔子讳，将“丘”字写作“乒”。为避唐太宗讳，将“世”字写作“卋”或“丗”。为避宋太祖讳，将“胤”字写作“胄”或“乱”。为避清圣祖康熙皇帝玄烨讳，将“玄”写作“玄”。

（二）避讳的范围

历代因避讳而改变他人姓名、地名、官名、物名、书名等情况屡见不鲜。

1. 避君讳 各个朝代在位的君主必须避讳；已故的君主七世之内也须避讳，叫做避“庙讳”。其类别大致有以下几种情况：

（1）改姓氏：宋本《外台秘要》，为避宋太宗赵炅之父赵弘殷之讳，改“殷仲堪”为“商仲堪”。

（2）改名字：《南齐书·萧景先传》为避南齐高帝萧道成之名，改“萧道先”为“萧景先”。

（3）改地名：《宋史》为避宋太宗赵光义之名，改“义兴县”为“宜兴县”。

（4）改官名：《旧唐书·高宗纪》为避唐高宗李治之名，改“治礼郎”为“奉礼郎”。

（5）改物名：《史记·封禅书》为避吕后之名，改“雉”为“野鸡”。

（6）改书名：《晋书》为避晋简文帝郑太后阿春名讳，改《春秋》为“《阳秋》”。

（7）改干支名：杨上善《黄帝内经太素》为避唐高祖之父李昞之名，改“甲乙丙丁”为“甲乙景丁”。

（8）改方药名：宋本《伤寒论》为避宋始祖赵玄朗之讳，改“玄武汤”为“真武汤”。

(9) 改常语:《晋书》为避景帝司马师之讳，改“京师”为“京都”。

2. 避家讳 《后汉书》作者范晔的父亲名泰，故《后汉书》改“郭泰”、“郑泰”为“郭太”、“郑太”。苏轼、苏辙的序文，均因其祖父名序，而改“序”为“引”、“叙”或“题首”。

(三) 避讳学的应用

1. 避讳的危害 一是避讳所用改字、空字、缺笔等方法，造成了古籍文字上的混乱，给后人阅读带来诸多不便；二是避讳制度也从文化上暴露了封建专制的残暴。在封建时代，不避讳是要判刑的，明清时期，因犯君讳而引起文字之祸，甚至无辜遭戮的，也不少见。

2. 避讳的利用 由于避讳给我们提供了鲜明的时代标志，因而也可以辅助我们判断史料的时代，确定古籍的真伪，辨别作品、作者的年代，提示文字的讹误，具有一定的实用价值。如《黄帝内经太素》一书，据该书中只避唐讳而不避隋讳的情况来看，可判定为唐书，作者杨上善为唐人或由隋入唐之人。

研究避讳学的著作：清人钱大昕《十驾斋养新录》及《廿二史考异》、近人陈垣《史讳举例》创获最多。

一、复习思考

1. 古人是如何记日、记月、纪年及记时（一天之内）的？各举例说明。
2. 古代的年龄称谓有何特点？按人生各阶段各举例说明。
3. 何谓避讳？避讳的方法通常有几种？各举例说明。
4. 避讳学有何应用价值？试举医书实例说明。
5. 面对西方文化的冲击，你认为应该怎样继承和发扬中国传统文化?
6. 谈谈中医药学与中国传统文化的关系。

二、推荐书目

1. 张之洞编撰，范希曾补正，孙文泱增订．增订书目答问补正．中华书局，2011.
2. 王力．古代汉语（第3册，第2版）．中华书局，1983.
3. 张岂之．中国传统文化（第2版）．高等教育出版社，2005.
4. 陈垣．史讳举例．中华书局，2004.